吴晗论明史（上）

吴晗 著

中原出版传媒集团
中原传媒股份公司
河南电子音像出版社
·郑州·

图书在版编目(CIP)数据

吴晗论明史 / 吴晗著. — 郑州：河南电子音像出版社，2021.1
ISBN 978-7-83009-396-9

Ⅰ.①吴… Ⅱ.①吴… Ⅲ.①中国历史—研究—明代 Ⅳ.①K248.07

中国版本图书馆 CIP 数据核字（2020）第 174370 号

吴晗论明史

著　　者	吴　晗
责任编辑	杨　超
责任校对	敖敬华
特约编辑	史俊南
封面设计	观止堂_未　氓
出版发行	河南电子音像出版社有限公司
	（地址：郑州市郑东新区祥盛街 27 号　邮编：450016
	电话：0371-53610155）
印　　制	天津雅泽印刷有限公司
印　　张	43.75
字　　数	500 千字
开　　本	650mm×960mm　1/16
版　　次	2021 年 1 月第 1 版
印　　次	2021 年 1 月第 1 次印刷
书　　号	ISBN 978-7-83009-396-9
定　　价	98.00 元（上、下）

版权所有　侵权必究

目录 contents

第一编　政治大势 …………………………………………… 001

　　明太祖的建国 ………………………………………… 003

　　明成祖迁都北京 ……………………………………… 030

　　明代靖难之役与国都北迁 …………………………… 037

　　胡惟庸党案考 ………………………………………… 057

　　明初的恐怖政治 ……………………………………… 100

　　明成祖仁宗景帝之死及其他 ………………………… 115

　　北"虏"南倭问题 …………………………………… 117

　　东林党之争 …………………………………………… 129

　　论晚明"流寇" ……………………………………… 143

　　建州女真问题 ………………………………………… 149

第二编　制度变迁 …………………………………………… 165

　　明代的军兵 …………………………………………… 167

明初的学校 …… 214

明代的锦衣卫和东西厂 …… 241

明教与大明帝国 …… 252

明代的科举情况和绅士特权 …… 296

明代的殉葬制度——"美德组成的黄金世界"之一斑 …… 300

明初卫所制度之崩溃 …… 302

第三编　世情百态 …… 337

明初社会生产力的发展 …… 339

资本主义萌芽问题 …… 370

郑和下西洋 …… 381

明代之农民 …… 391

明代的奴隶和奴变 …… 425

记大明通行宝钞 …… 434

《明史》小评 …… 449

《明史》中的小说 …… 458

《金瓶梅》的著作时代及其社会背景 …… 494

第四编　风云人物 …… 555

明代民族英雄于谦 …… 557

海瑞的故事 …… 570

论海瑞 …… 582

况钟和周忱 607

戚继光练兵 621

衍圣公和张天师 624

献身于祖国地理调查研究工作的徐霞客 626

谈迁和《国榷》 632

关于魏忠贤 654

"社会贤达"钱牧斋 662

阮圆海 681

爱国学者顾炎武 683

第一编 政治大势

明太祖的建国

首先，我们应该弄清国家的含义。近几年来的学术讨论中，有人往往把我们这个时代关于国家的含义等同于历史上的国家的含义。这是错误的、不科学的。我们今天所说的国家，包括政府、土地、人民、主权各个方面。由于政权性质的不同，国家可以分为好几类，有人民民主国家、资本主义国家、民族主义国家，等等。历史上国家的含义就跟这不一样。简单地说：历史上的国家只能是某一个家族的政权，不能把它等同于今天我们所说的国家。曹操的儿子曹丕临死前写了一篇遗嘱，说："自古无不亡之国。"这里所说的"国"是什么呢？就是指某个家族的政权，是指刘家的、赵家的、李家的或者朱家的政权。这些政权经常更替，一个灭亡了，另一个起来。所以曹丕说："自古无不亡之国。"但是一个政权灭亡了，当时的国家是不是也灭亡了呢？没有。譬如汉朝刘家的政权被推翻了，曹操的儿子做了皇帝，还是有三国，我们的历史并没有中断。曹家的政权被推翻了，司马氏做了皇帝，国家也没有灭亡。所以，历史上的所谓亡国，就是指某一个家族的政权被推翻，国家还是存在的，人民还是存在的。因此我们所说的明太祖建国，也是指他建立的朱家的政权。这个国跟我们今天的中华人民共和国有本质的不同，它只代表一个家族、一个集团的利益，而不代表整个民族的共同的利益。把这个含义弄清楚,我们才可以讲下面的问题,就是朱元璋的政权依靠的是什么。

1. 土地关系问题

要讲土地关系问题,不能不概括地讲讲当时的基本情况。

在 14 世纪中叶,大致是从 1348 年到 1368 年的二十年中,发生了大规模的农民起义、农民战争。规模之大,几乎遍及全国,从东北到西南,从西北到中南,到处都有农民战争发生。不单是有汉族农民参加,各地的少数民族也参加了,如东北的女真族(就是后来的建州族)、西南的回族都参加了斗争的行列。时间很久,前后达二十年。战争激烈的情况,在整个历史上都是少有的。

在二十年的战争中,反对元朝的军事力量大致可以分为两个体系:一支是红军。因为参加起义的人都在头上包一块红布作为标志,在当时政府的文书上称为"红军",也有个别的叫作"红巾军"。这是反对元朝的主要力量。现在有些历史学家不大愿用"红军"这个名称,大都称为"红巾军"。大概有这样一个顾虑:怕把历史上的红军同我们党建立的红军等同起来。在我的记忆里有这样一件事:大约二十年前,国民党政府的一个什么馆,要我写明史。书写好之后交给他们看,他们什么意见也提不出来,最后说:你这上面写的"红军"改不改?要改就出版,不改就不出版。我说:不出版拉倒!(这本书现在没有出版)他们怕红军,不但怕今天的红军,也怕历史上元朝的红军,因此他们要我改掉。我不改,因为根据历史记载,这支起义军本来就叫红军,不叫白军。这不说明什么政治内容,而只是说他们头上包了一块红布而已。红军又分成两部分：一部分在东边活动，一部分在西边活动。具体说，东边是指今天的安徽、河南、河北一带，西边是指江汉流域（长江、汉水流域）。江汉地区的红军很多，包括"北锁红军"和"南锁红军"。反对元朝的另一支军事力量是非红军系统：在浙江有方国珍，在元末的反元斗争中，他起兵最早；在江苏有张士诚；在福建有陈友定。这几支军队都不属于红军系统。当时为什么能爆发这样大规模的农民起义呢？我在讲元朝历史的时候已提到了，这里就不再重复。

下面讲讲红军提出了些什么问题。

红军当中的一些领导者，他们在反元斗争展开之后发布了一个宣言（当时叫檄文），里面有这么两句话："贫极江南，富夸塞北"。（文件的全文已看不到了，只留下这么两句）这说明什么呢？说明红军反对元朝的统治，要推翻元朝的统治。这是一个有各族人民参加的阶级斗争。当时元朝的政治中心：一个在大都（今北京），一个在上都。元朝政府经常派出很多官吏和军队到南方去搜刮物资，把这些物资运到北方去供少数人享受。元朝的皇帝在刚上台时，为了取得军事首领、部族酋长的支持，对他们大加赏赐，按照不同的地位给他们金、银、绸缎一类的物资。遇到政治上有困难时，为了获得支持，以巩固自己的统治，也采取这种办法。每次赏赐的数目都很大，往往要用掉一年或者半年的收入，国家财政收支的一半甚至全部都给了他们。这些物资是从哪里来的呢？是从全国人民身上搜刮来的。几十年光景，造成了"贫极江南，富夸塞北"的局面。这样的统治使老百姓活不下去了，他们就起来斗争，改变这个局面，所以提出了这种鲜明的口号。

红军初期的主要领导人韩山童，是传布白莲教起家的（他家里世世代代都是传布白莲教的）。由于通过宣传白莲教，通过宗教迷信活动可以组织一部分力量，于是他就提出"明王出世"、"弥勒佛降生"的口号。明王是明教的神，也叫"明尊"或"明使"。明王出世的意思是光明必然到来，光明一到，黑暗就给消灭了，最后人类必然走上光明极乐的世界。弥勒佛是佛教里的著名人物。传说在释迦牟尼灭度后，世界就变坏了，种种坏事全部出现，人的生活苦到不能再苦。幸得释迦牟尼在灭度前留下一句话，说再过若干年，会有弥勒佛出世。这佛爷一出世，世界立刻又变得好起来：自然界变好了；人心也变慈善了，抢着做好事，太太平平过日子；种的五谷，用不着拔草翻土，自己会长大，而且下一次种有七次的收成。这种宗教宣传，对当时受尽苦难的农民产生了深刻的影响，他们希望有人来解救他们。所以，在广大农民中间，白莲教就用"明王出世"、"弥勒佛降生"这样的口号作为号召来组织斗争力量。

这种宗教宣传对农民能够发生作用，可是对知识分子就不能够发生作用了，特别是一些念四书五经的儒生不相信这一套。因此，对他们必须有另外一种口号。红军的领袖们就利用一些知识分子对元朝统治的不满，对宋朝怀念的心情，提出了"复宋"的口号。他们假托自己是赵家的子孙。韩山童是河北人，起兵之后被元朝政府杀害，他的儿子韩林儿跑掉了。以后刘福通就利用元朝政府治理黄河的机会组织反元斗争。当时黄河泛滥成灾，元朝政府用很大力量调了很多民夫、军队来做黄河改道的工作。民夫和军队都集中在一起，刘福通就乘机组织民工发动反元斗争。军事行动开始之后，他们就假托韩林儿是宋徽宗的第九代子孙，刘福通是南宋大将刘光世的后代。他们以恢复宋朝的口号来团结一部分知识分子。所以红军有两套口号：一方面宣传"明王出世"、"弥勒佛降生"来团结和组织农民；另一方面以恢复宋朝政权来号召，团结社会上有威信的知识分子。而中心则是阶级斗争，推翻剥削阶级。

刘福通起兵之后，声势很大，得到了各个地方的响应。在江苏萧县有芝麻李起兵响应；安徽凤阳有郭子兴起兵响应，一下子就发展到几十万军队。他们从山里把韩林儿找出来，让他做了皇帝，建立了统治机构。同时分路出兵攻打元朝：一支由华北打到内蒙，以后东占辽阳，转入高丽；另一支打到西北；还有一支打到四川。

以上讲的是东部红军的情况。

西部红军的主要领导人叫彭莹玉，他是一个和尚，原来在江西袁州组织过一次武装起义，失败以后，就跑到淮水、汉水流域，秘密传教，组织力量。后来他找到徐寿辉，组织武装力量，进行反元斗争。徐寿辉被他的部下陈友谅杀掉以后，西部红军的主要领导人就是陈友谅。此外，徐寿辉的另一个部将明玉珍跑到四川，在那里也建立了政权。

从二十年的长期战争中，我们可以看出这样几种基本情况：

第一，不管是东边韩林儿这一支，还是西边陈友谅这一支，他们遇到的最坚强的敌人不是元朝的军队。这时元朝军队已经失去了建国初期那种勇敢、剽悍的特征，无论是军官也罢，还是士兵也罢，都腐化了，不能打仗了，在与红军作战时，往往是一触即溃。既然元朝军队不能打仗，为什么战争还能延续二十年呢？原因就在于坚决抵抗红军的是一些地主阶级的武装力量。这些武装力量，元朝政府把它称为"义军"。这些力量很强大，最强的有察罕帖木儿、扩廓帖木儿父子所领导的这一支；此外，李思齐、张思道、张良弼、张良臣等也都很有实力。至于小的地主武装，就举不胜举了。这些地主武装为什么这样坚决地反对农民起义呢？因为红军坚决反对阶级压迫。应该说当时的农民革命领袖并没有消灭地主阶级的思想，若要把现代人的意识强加于古人，那是错误的。那个时代的人不可能有消灭地主阶级的思想，但是，他们恨地主阶级，因为他们世代受地主阶级的剥削、压迫，现在他们自己有了武装力量，就要对这些地主阶级进行报复。在这样的情况下，各地的地主阶级都组织力量来抵抗红军。其中最强的是察罕帖木儿和李思齐这两支力量。所以，红军在几路出兵的千里转战中，所遇到的主要敌人不是元朝的正规军，而是这些地主阶级的武装。在红军遭到这些地主武装的顽强阻击而受到损失之后，元朝政府就承认这些地主武装，封给察罕帖木儿、李思齐、张思道、张良弼、张良臣及其部队以官位和名号。

一方面是红军，他们要改变"贫极江南，富夸塞北"的局面；另一方面，顽强抵抗红军的主要是地主阶级的武装力量，其中主要的数量最多的是汉人地主的武装力量。这就是从1348年到1368年二十年战争中的第一个基本情况。

第二，在二十年的斗争中，尽管起义的面很广，战争区域很大，军事力量发展得很快，但是始终没有形成统一的指挥。不管是刘福通这个系统，还是徐寿辉这个系统，都是各自为政，互不配合。尽管在战争的过程中，东边的胜利可以支持西边，西边的胜利可以支持东边，可是战略上没有统一的部署，缺乏统一的领导。不只是东边这一支和西边这一支二者之间出现这种情况，就是在刘福通领导下的军事力量也是这样。军队从几路分兵出发，不能采取通盘的步骤，而是你打你的，我打我的。尽管他们也有根据地（刘福通建都今开封，陈友谅建都今武汉），但是在当时交通不便的情况下，前方和后方的联系很差，这支军队和那支军队之间的情况互不了解。尽管他们的军事力量都很强大，一打起仗来往往是几百里、几千里的远征，所到的地方都能把敌人打败，所消灭的敌人也很多，可是并不能把所占领的地方安定下来，没能建立起各个地方的政权。因此红军走了之后，原来的蒙古人和汉人地主的联合政权又恢复了。最后，这几支军队都由于得不到后方的接济，得不到友军的配合而逐个被消灭了。他们虽然失败了，但在历史记载上很少发现有投降元朝的，绝大多数都是战斗到最后。相反，不属于红军系统的那些反元力量，像浙江东部的方国珍（佃户出身）、以苏州为中心的张士诚（贩私盐的江湖好汉出身），他们也是反抗元朝的，也都有自己的政权，建号称王，可是在顶不住元朝军事压迫的时候，就投降元朝，接受元朝的指挥。过一个时期看到元朝军事力量不行了，又起来反对元朝。方国珍也罢，张士诚也罢，都这样经常反复。他们虽然反对元朝，但并没有像红军那样提出政治的、宗教的阶级斗争口号。在二十年战争中，最后取得胜利的不是这些人，而是在韩林儿的旗帜下成长起来的朱元璋。

朱元璋出身于红军。他家里很穷苦，没有土地。从他祖父起，就经常搬家，替地主干活。最后，他父亲在安徽凤阳（当时的濠州）的一个小村子里落了户。朱元璋小的时候给人家放牛羊，以后因为遇到荒年，瘟疫流行，他的父母、哥哥都死了，他自己没有办法生活，便在庙里当了和尚。庙里是依靠地租过活的

（过去寺院里都有大量的土地），遇到荒年，寺院里也收不到租，当和尚也还是没有饭吃。朱元璋只好出去化缘、要饭。他在淮水流域要了三年饭。这三年要饭的生活与朱元璋一生的事业有很大的关系。因为我们上面讲到的彭莹玉就是在这一带活动，通过宗教宣传、组织反元斗争的。这样，朱元璋就不能不受到他的影响。同时，这三年的流浪生活也使朱元璋熟悉了这一带的地理、山川形势和风俗民情。三年后，朱元璋重新回到庙里。这时，濠州的郭子兴已经起兵，成为红军的将领之一。因为朱元璋和红军有来往，元朝政府就很注意他。他的处境很危险。但这时朱元璋还很彷徨，两条道路摆在面前：是革命呢，还是反革命呢？经过一番考虑，他最后还是投奔了红军，在郭子兴的部下当了一名亲兵。朱元璋自己后来写文章回忆，说他当时参加这个斗争并不很坚决，而是顾虑很多的。参加了郭子兴的部队以后，他很勇敢，也能够出主意，能够团结一些人。后来成了郭子兴的亲信，郭子兴就把自己的养女马氏许配给他，这样他就成了郭子兴的女婿，军队里称他为朱公子。朱元璋在反元斗争中用计谋袭击了一些地主武装，把这些地主武装拉了过来。同时他又回到自己的家乡去吸收了一批人，当时有二十四个人跟他参加了红军，以后都成了有名的将领，开国名将徐达就是其中之一。郭子兴死了之后，朱元璋代替了郭子兴，成为韩林儿旗帜下的一支军事力量的将领。这时，他的力量还并不强大。那么，他为什么能够赢得战争的胜利，取得全国的政权呢？有这么几个因素：

第一个因素是正当朱元璋开始组织军事力量时，刘福通部下的红军正在跟元朝的军队作战，元朝军队顾不上来打朱元璋。朱元璋占领区的北面都是红军，这样，就把他的军队和元朝的军队隔开了。所以，当红军和元朝军队作战时，朱元璋可以趁此机会壮大自己的武装力量，占领许多城市。

第二个因素是他取得了地主阶级知识分子的支持。他起兵之后不久，就有一些知识分子投奔他，像李善长、冯国用、刘基、宋濂、章溢、叶琛等。这些人都是浙江、安徽地区的地主阶级知识分子，在地方上有些威望，而且都有武装力量。这些知识分子替朱元璋出主意，劝他搞生产、搞屯田。在安徽时，朱升劝他"高筑墙、广积粮、缓称王"。这就是要他先把根据地搞好，在后方解决粮食问题，一开始不要把目标搞得太大。李善长、刘基劝他不要乱杀人，不要危害老百姓，要加强军队纪律，要巩固占领的城市，并经常把历史上成功的经验和失败的教训告诉他。朱元璋本人也很用功地学习历史，他在进行军事斗争或政治安排时，总是要征求这些人的意见，研究历史上的经验教训。

这里有一个问题，朱元璋出身于红军，他反对地主，而地主阶级为什么要支持他呢？这不是一个很大的矛盾吗？要了解这个问题，必须从当时的具体历史情况来看。朱元璋本人要打击地主，因为他受过地主阶级的压迫。可是在进行军事斗争的过程中，他感到光像过去那样打击地主、消灭地主，不仅很难取得地主阶级的支持，而且会遭到地主阶级的顽强抵抗。所以，在他还没有成为一个军事统帅的时候，他就改变了红军的传统，开始和地主阶级合作，取得他们的支持。这是问题的一方面。另一方面，地主阶级怎么愿意支持他呢？前面不是说过，红军在北上的战争中所遇到的最大阻力不是元朝军队，而是地主阶级的武装吗？原因很简单，就是安徽、浙江地区的地主阶级，他们看到元朝政府已经不能维持下去了，他们不能再依赖元朝政府的保护，而他们自己的武装力量又无论如何也抗拒不了朱元璋的进攻；更重要的是他们了解到朱元璋欢迎他们，采取跟他们合作的方针。他们与其坚决反抗朱元璋而被朱元璋消灭，还不如依靠朱元璋，得到朱元璋的保护，以维护自己的阶级利益。所以，当朱元璋派人去请刘基的时候，刘基开始拒绝，可是经过一番考虑之后，最后终于接受了。

朱元璋的军队加入了这样一批力量之后，它的性质逐渐改变了。所以在他以后去打张士诚时所发布的一个宣言中，不但不再承认他自己是红军，反而骂红军，攻击红军，把红军所讲的一些道理称为妖言。尽管这时他在形式上还是接受韩林儿的命令，用韩林儿的年号，他的官爵也是韩林儿封的，但实质上他已经叛变了红军。到了1368年，他已把陈友谅、张士诚消灭，派大将徐达进攻北京，这时又发布了一个宣言。在这个宣言中，像红军所提出的"贫极江南，富夸塞北"的口号都没有了。主要提些什么问题呢？夷夏问题。就是说少数民族不能当中国的统治者，只能以夏治夷，不能以夷治夏。他要建立和恢复汉族的统治。在这样的情况下，战争的性质改变了，不再是红军原来的阶级斗争的性质，而是一个汉族与蒙古族的民族战争。

1368年，朱元璋的军队很顺利地打下了北京。元顺帝跑到蒙古，历史上称为北元。元顺帝虽然放弃了北京而回到蒙古，可是他的军事力量并没有受到太大的损失，还仍然保持着比较强大的军事力量和完整的政治机构。他并不认为自己统治的王朝已经结束了，他经常派兵来打北京，要收复失地。所以在明朝初年，明朝和北元还有几次很激烈的战争。到了洪武八年（1375），北元的统帅扩廓帖木儿死了，蒙古对明朝的威胁才减轻了一些，但仍然没有结束。这时北元和高丽还保持着密切的关系，高丽的国王还照样是北元的女婿（每一个高丽国王都要娶蒙古贵族女子做妻子），在政治上仍然依附于北元。这种关系一直维持到洪武二十五年（1392）。这一年，高丽内部发生斗争，大将李成桂为了取王朝而代之，他依靠明朝的支持，在国内发动政变，推翻了旧的王朝，建立了一个新的朝代。从此，高丽臣服于明朝。同时，李成桂在求得明太祖的同意之后，把国名高丽改为朝鲜。此后一直叫朝鲜，不再称高丽了。朝鲜国内的政治变革，反映了明朝和北元的斗争关系和势力的消长。

总结上面所说的历史情况，得到这样的结论：经过二十年长期的战争，一方面是红军（包括东、西两部分）和非红军（像方国珍、张士诚）；另一方面是元朝军队，更重要的是各个地方的汉人地主武装力量。在战争过程中，这些汉人地主武装大部分被消灭了。也由于二十年的长期战争，各地人口大大减少，土地大量地荒废。因此1368年明太祖建国之后，他就不得不采取一些措施，改变这种情况。一个以农业为主要生产手段的国家，农业生产得不到保证，它就不能维持下去。因此，在明朝初年采取了一系列的办法：

第一，大量地移民。例如移江浙的农民十四万户到安徽凤阳，迁山西的一部分人口到河南、河北、安徽去。移民的数量是很大的，一移就是几万家，甚至十几万家。迁移的农户到了新的地方之后，政府分配给他们土地。这些土地是从哪里来的呢？就是一些在战争中被消灭的大地主的土地和无主荒地。此外，政府还给耕牛、种子、农具，并宣布新开垦的荒地几年内不收租，鼓励他们的生产积极性。

第二，解放匠户。元朝有所谓匠户制度。成吉思汗定下了这样一种办法：每打下一个城市之后，一般的壮丁都杀掉，但是有技术的工人，无论是铜匠、铁匠还是其他行业的工匠，都保留下来。把每个大城市的技术工人都集合在一起，为官府生产，这些人就称为匠户。这些匠户几乎没有人身自由，世世代代为官府服役。明太祖把他们部分地解放了，给他们一些自由，鼓励他们生产。匠户数目很大，有几十万人。

第三，凡是战争期间，农民的子弟被强迫去当奴隶的，一律解放，给予自由。这样，增加了农业生产的劳动力。

第四，广泛地鼓励农业生产。明太祖采取了很多措施：规定以各地农业收成的好坏作为考核地方官工作成绩的重要标准之一，地方官每年要向中央报告当地人口增加多少，农作物的产量增加多少；大力鼓励农民种植桑树和棉花，规定每一户的土地必须种多少棉花、多少桑树和果树。而且用法令规定：只要能够种棉花的地方，就必须种棉花，能够种桑树、果树的地方，就必须种桑树、果树。这样，农民的副业收入增加了。关于朱元璋鼓励种棉花的措施特别值得提一下。在朱元璋以前，更具体地说，在1368年以前，我们的祖先穿的是什么衣服呢？有钱的人夏天穿绸、穿缎，冬天穿皮的（北方）或者穿丝锦。老百姓穿的是什么呢？穿的是麻布。有一本看相的书，就叫《麻衣相法》。当时棉花很少，中国自南北朝的时候就有棉花进口，但数量少。到宋朝时棉布还是很珍贵。可是到了明太祖的时候，由于大力提倡种植棉花，以及当时由于种种原因，纺纱、织布的技术提高了，因而棉布大量增加。这样，我们祖先穿的衣服就改变了，过去平民以穿麻衣为主，现在一般人都能穿上棉布衣服。并且形成了几个产棉区和松江等出产棉布的中心。也是在这个时期，棉花种子从中国传入了朝鲜。结果在不太长的时间内，朝鲜人也穿上了棉布衣服。

在农业生产发展、农业经济恢复的基础上，朱元璋采取了支持商业的方针。在南京和其他一些地方，都专门为商人盖了房子，当时叫作"塌房"，以便他们进行商业活动。

所以，经过从1348年到1368年的二十年的长期战争，由于战争延续的时间长，涉及的区域广，战争的情况又极为残酷，使得社会上人口死亡很多，荒芜了很多土地。但是，经过洪武时期二十多年的努力以后，社会生产逐渐恢复并发展了，经济繁荣了。

那么，最后，问题归结到什么地方呢？朱元璋的政权依靠谁呢？

上面说过，元朝的大地主在战争中基本上被消灭了，在这种情况下，土地关系发生了重大的变化：第一种情况，过去土地比较集中，一个大地主占有很多土地，拥有很多庄园。现在这些大地主被消灭了，他们的土地被分配给了无地、少地的农民，或者是新来的移民。这样，一家一户几亩地，土地分散了，这是基本的情况。土地分散的后果是什么呢？在政治上是阶级矛盾的缓和。原来那些人口密度很高的地区（江苏、浙江一带），现在一部分地主被消灭了，一部分人口迁徙出去，留下来的农民有了部分土地，有了一些生产资料，这样，阶级关系就比过去缓和了。第二种情况与此相反，就是那些没有被消灭的地主，像李善长、冯国用、刘基、宋濂这些人，他们原来的土地不但保留下来了，而且有了发展。他们大都成为明朝的开国功臣，做了大官。第三种情况是出现了新的地主阶级。像朱元璋回家招兵时，跟他出来的二十四个人后来都成了他的大将、开国功臣，朱元璋给他们封公、封侯。这些人在政治上有了地位，经济地位也跟着提高了。明朝初年分配土地的结果，他们都成了新的地主阶级。

情况这么复杂，那么，整个说来，农民的土地问题解决了没有呢？没有解决。封建剥削还是存在，农民还是要向地主交租，还是受地主阶级的压迫，在某些地方甚至还有所加强。明太祖是红军出身，是反对地主阶级的，现在他自己成了全国最大的地主。因此，就发生了前面所提到的那种情况：明太祖建国之后，农民的反抗斗争就随之开始，一直到明朝灭亡。什么原因呢？因为阶级关系没有改变，土地问题没有解决。但是由于元末大地主阶级的土地分散的结果，使得在一定的历史时期内，某些地区的阶级斗争有所缓和。在这个基础上才有可能出现以后的郑和下"西洋"的事情。

上面所说的，牵涉到最近史学界讨论的一个问题，就是农民起义能不能建立农民政权的问题。这个问题有不少争论，涉及所谓皇权主义问题。中国的农民有没有皇权主义？有的人说有，有的人说没有。我们现在从朱元璋这个具体的人以及从当时的具体历史事实来研究这个问题。我想，可以得出这样的结论：历史上任何农民战争最后必须建立一种政权。政权有大有小，有的农民起义领袖自称为将军，因为他只知道将军是最大的；有的自称为"三老"；有的称王；有的称皇帝。他们能不能采取别的称号呢？能不能不利用这些当时实际存在的、为大家所熟悉的名称，而采取跟当时历史实际没有关系的名称呢？或者说农民有没有这种可能，就是他们在建立政权时，不采取他们所反对的政权形式，而另外创立一种跟原来的政权完全不同的政权形式呢？没有！他们只能称将军，称"三老"，称王，称帝，不可能称几百年、几千年之后的苏维埃共和国，不可能称总统或者主席。

因此，在谈到农民革命能不能建立政权的问题时，结论只能是：（1）它必然要建立政权。没有政权怎么办事？大大小小总要有一个机构；（2）它组织的政权跟当时现行的政权不可能完全相反，它只能运用它所熟悉的东西，而不能采取它所不知道的东西；（3）这个政权不可能是为农民服务的政权。因为它为了使自己能够长期存在下去，所能采取的办法只可能是封建国家压迫农民的办法，而不可能有其他办法。如果它要真正成为农民自己的政权，它就必须解决这样的问题：推翻地主阶级的统治，实行土地革命。但是这样的思想认识，在长期的封建社会里是不可能有的。任何国家的封建社会都没有发生过。它只能对个别地主进行报复，你这个地主欺侮过我，杀了我的人，我现在也把你杀掉，把你的房子烧掉，把你的东西抢来。这些都是可能做到的。但是要把整个地主作为一个阶级推翻，这在当时是不可能的。要知道，反封建这种口号的提出，还是近代的事情。而且就是在今天世界各国，除了我们已经完成了这个任务之外，还有很多地区没有解决这个问题。印度也算是一个共和国，但是它不反封建，印度的地主阶级照样存在。我们不能以19世纪、20世纪才出现的思想去要求封建社会的农民。而且从理论上来说，农民政权要建立起来，而且要巩固下去，它的收入从何而来？它的财政开支从何而来？那时没有现代化的大工业，国家财政开支只能取之于农民。除此之外，别无出路。所以，它只能采取封建国家对农民压迫的形式，而不可能有别的形式。因此，历史上所有的农民革命没有例外地在它取得政权之后，必然变质，他们从反对地主阶级开始，结果是自己又变成了地主阶级，新的地主阶级代替旧的地主阶级。这就是历史上农民革命不断起来的根本原因。

在土地比较分散的基础上，尤其是在这样一个空前的大国的情况下，朱元璋建立了一个高度中央集权的政权。关于政治机构问题，当时要完全改变明朝以前的政治机构，既不容许这样做，也没有必要这样做。元朝的中央政权机构有中书省（相当于我们现在的国务院），中书省的长官有左丞相、右丞相、平章、参知政事等官。中书省下面有管具体事情的各部。为了统治全国，元朝政府把中书省分出一部分到地方上，代表中央管理地方工作，叫行中书省，简称行省。行省的职权很大，民政、财政、军事一切都管。掌管监察的机关叫御史台，地方上有行御史台，简称行台。在这样的情况下，发生了权力分散的问题。所以后来元朝政府对地方的统治愈来愈弱。明朝初年（洪武元年到洪武十三年）继承了元朝的这个制度，中央还设有中书省，地方上设立行中书省。这就是上面所说的，农民革命不能创造出新的东西来，它只能模仿和继承已有的东西。

这种局面给朱元璋提出了一个问题，就是如何巩固和加强自己的统治问题。明初政权逐渐产生了很多矛盾，第一，明朝的政权是地主阶级的政权，但明初地主阶级分为旧地主和新兴地主两派。朱元璋起兵于淮河流域，而刘基等则是参加了红军的江浙地主。两个地主集团之间存在着矛盾。当时有一首诗说："城中高髻半淮人"。衣服穿得漂亮的、有钱的，多是两淮流域的人。两淮流域的新兴的地主阶级、官僚贵族，其中绝大多数不但拥有广大的庄园，而且有大量的奴隶、家丁。有些将军还有假子。假子是朱元璋兴起的办法。他在起兵时把一些青年收作自己的儿子，像沐英、李文忠都是他的干儿子，也是他手下最有名的将领。他往往在派一个将军出去作战时，同时派一个假子去监视。在这种作风的影响下，他下面的许多将军也有很多假子，他们拥有武装力量，有土地，有很多奴隶。这样，就形成许许多多小的军事力量。他们往往不遵守政府的规定，违法乱纪。明太祖要把这些劳动力放在国家的控制下，他们却要放在自己的庄园里。这是第二个矛盾，两淮流域新兴的地主集团和国家，即和朱元璋的统治之间的矛盾。这两个矛盾从1379年到1381年逐步展开。两淮流域地主集团的代表人物胡惟庸在这个斗争中被杀了。除了上面所说的两个矛盾之外，还有第三个，胡惟庸个人和朱元璋之间的矛盾，这是君权和相权之间的矛盾。皇帝应该管什么事，宰相应该管什么事，历史上没有明文规定过。在设置中书省的情况下，许多事情都由中书省掌握，中书省认为这件事情有必要请示皇帝，就请示；认为没有必要请示的，就自己办了。胡惟庸这个人有野心，也很有才能，他在中书省多年，排斥了一些人，也提拔了一些人，造成他在中书省的强固地位。有许多事情他自己办了，明太祖根本不知道，以后明太祖发现了，就很生气。这样，矛盾就发生了，而且日益尖锐。洪武十三年（1380），这三个方面的矛盾终于全面爆发。按照明朝的规定，军队指挥权掌握在皇帝手中。这样，明太祖在这个斗争中取得了胜利，他假借一个罪名把胡惟庸杀了，还牵连杀了不少人。

胡惟庸被杀以后，明太祖从根本上改变了元朝以来的中书省、行中书省制度，取消了中书省。而且立了个法令，规定以后子子孙孙都不设宰相这个官。谁来办事呢？把原来中书省下面的六个部（吏、户、礼、兵、刑、工）的地位提高，来管理全国的事情，直接对他负责。结果他自己代替了过去的宰相，相权和君权合二为一，大大加强了中央集权。在地方上则取消了行中书省，把原来行中书省的职权分开，即民政、司法、军事分别由三个机构管理：布政使司（主管官叫布政使）管民政、财政，按察使司（主管官叫按察使）管司法，都指挥使司（主管官叫都指挥使）管军事。这三司都直接对皇帝负责。这种把一切权力都揽在皇帝个人手中的高度集权的状况，是在明朝以前没有过的。所以，封建专制主义经过一千几百年的发展，到了朱元璋的时候，形成了一个历史上从来没有过的高度中央集权制的政治系统。这样的政治制度跟当时的土地形态基本上是相适应的。过去土地很集中，皇帝权力的支柱是大地主。现在土地分散了，朱元璋依靠谁呢？依靠粮长。他收粮时，不是采取各地方官收粮的办法，而是采取粮长制。即某一个地方，谁的土地最多、纳粮最多的，就让他当粮长。每年收粮万石的地区就派纳粮最多的地主四人当粮长，由粮长负责这个地区的租粮的收运。政治制度的这种改变，适应了土地比较分散的情况，也保证了朱元璋的经济收入。因此，他对粮长很重视，每年都把这些人召到南京去，亲自接见，和他们谈话。发现了其中某些有能力的人，就提拔他们。他的政权依靠什么呢？就依靠这些人。他的统治基础就在这里。所以，明朝初年相当长的一个时期内，一些官职的任用是来自粮长。粮长之外，各地还有很多富户和耆民，朱元璋也经常把他们找来，发现有才能的，就任用他们为官。所以，他的政权是以中小地主作为支柱的。政治机构的这种发展变化，是和当时的土地形态、经济关系相适应的。

可是，在这样高度集权的情况下又发生了另一个新问题：皇帝到底是一个人，不是机器，什么事都要自己管，什么报告都得看，国家这么大，事情这么多，他怎么管得了呢？他只有每天看公文，变成文牍主义者。我曾给他做过统计，从洪武十七年（1384）九月十四到二十一日，八天内他收的文件有一千六百六十六件，计三千三百九十一件事情。他平均每天要看两百份文件，处理四百多件事情。这怎么可能长久搞下去呢？非变成官僚主义者不可。因此就发生了这样的矛盾：一方面他非看文件不可，怕别人欺骗他；另一方面，愈看愈烦，特别是那些空泛的万言书，更使他恼火。有一次，一个官员上了一份万言书，他看了好几千字，还没有看出什么问题，生了气，就把这个官员找来打了一顿屁股。打完之后又叫人继续念这个报告，念到最后五百字才提出一些问题，提出几条建议，而且还不错，这才知道打错了人。第二天，他向那个官员承认错误，他说：不过你的文章不该写这么长，最多写五百字就够了，为什么要写一万字呢？所以他就发起了一个反对文牍主义的运动，提出了一个写文章的格式，要求简单，讲什么事就写什么事，不要东扯西拉，从上古说到今天，没完没了。他希望通过这个办法使自己能够处理实际事务。结果还是不行。他一个人怎么能管那么多的事？以后他又另外想了个办法，找了一些有文才、能办事的五六品官到内阁来做机要秘书，帮他做事。为了勉励这些人，就给他们一个称号，叫作大学士。上面加上宫殿名称，如武英殿、文渊阁、东阁、文华殿等。这时，内阁还只是宫殿的名称，不是政治机构的名称。因为这些人是在内廷里办事，所以就叫殿阁大学士。后来，明成祖的时候，把这个办法制度化了，国家大事都集中在内阁办。内阁大学士在这里办事愈久，政治权力就愈大，官位就愈高，有的做到六部的尚书。这样，内阁大学士虽然没有过去丞相的名称，但事实上等于宰相。入阁也就是拜相。内阁大学士中的第一名称为首辅，就是第一个辅助皇帝的人。这时，内阁便正式成为政治机构了。

这个改变，在历史上是个很大的改变。皇帝的权力高度集中，提高了六部的地位，以后又设立内阁。明朝一直继承着这个制度。清朝也实行这个制度。所以，在政治制度上清朝是继承了明朝的。

随着经济的发展变化，土地占有形态也发生了变化。明朝前期土地比较分散，经过几十年之后，土地又慢慢集中了。到了明朝中叶，土地集中的情况已经很严重。到了万历时，土地集中到这样的程度，在张居正的信件里有一份材料，说一个姓郝的地主拥有土地七万顷。明朝建国时的土地不过是八百五十万顷，现在这一家的土地就等于建国时全国土地的百分之一。从明武宗（就是《游龙戏凤》中的那个正德皇帝）之后，皇帝大搞皇庄，左占一块地，右占一块地。北京附近的皇庄就有很多。不但是皇帝搞庄园，就是贵族也搞庄园。嘉靖的时候，封皇子到各地去做亲王，有一个亲王就有两万顷土地。万历封福王到河南洛阳，准备给他四万顷土地。这些土地是从哪里来的呢？都是从老百姓手里夺来的。把原来的自耕农变成了亲王的佃户。土地集中愈来愈严重，农民的生活愈来愈困难。凡是有皇庄的地方，不但皇庄内部的佃农要受管理皇庄的太监的统治，甚至周围的老百姓也要受皇庄管事人员的压迫和各种超经济剥削。你要过桥，就要交过桥税；要摆渡，就要交摆渡税。京戏《打渔杀家》中有一个萧恩抗鱼税。明末有一个大地主钱谦益,做大官,文章写得很好,却是一个没有骨头的人,后来投降了清朝。他占有几个湖,要湖边的老百姓向他交税。老百姓气极了,就把他的房子烧了,他有一个收藏了很多古书的"绛云楼"也被烧掉了。所以《打渔杀家》这样的事在历史上是有根据的。

由于土地形态的变化,一方面使原来的政治机构不能适应,结果造成明朝政治上停滞的状态。明朝后期有这么两个皇帝:一个是嘉靖皇帝(明世宗),一个是万历皇帝(明神宗)。这两代有共同点:明世宗做了很多年皇帝,但是他经常在宫廷里,不跟大臣们见面。万历皇帝也是如此。闹得有一个时期,六部很多长官辞了职,没人管事,他也不管,使朝廷很多问题不能解决。另一方面,由于土地高度集中,也促使农民起义以更大的规模开展起来,最后形成以李自成、张献忠为首的全国规模的大起义。

2. 明太祖为什么建都南京

明太祖之所以建都南京,主要是因为江苏、浙江、安徽这些地方比过去繁荣,是经济发达的地区,是粮食和棉花的产区。他建立了中央政权以后,有很多官员和军队,这些人吃什么呢?这就不能不依靠东南地区的粮食来养活。建都别的地方行不行?不行。以往的朝代建都洛阳、开封、西安,但这些地方交通不方便,粮食也供应不了。为了经济上的原因,他决定建都南京。可是这样发生了另外一个问题:军事上的问题怎么解决?元顺帝虽然跑掉了,但是他的军事实力并没有受到严重损失,他还保存着相当多的军队,并且时时刻刻在想办法反攻。因此,加强北边的防御，防止蒙古的反攻是非常必要的。不这样做，他的政权就不能巩固。但是建都在南京，对于在北方进行防御战争就比较困难了。当然，北边有一道万里长城，可是长城也要有人守才能发挥作用。因此，必须在北方驻重兵防守。可是把军队交给谁呢？交给将军行不行？不行，他不放心。如果他把十多万军队交给某个将军，一旦这个将军叛变，他就没有办法了。因此，他采取了分封政策，把自己的儿子封到沿边地区。第四个儿子燕王朱棣封在北京，其余的，宁王封在热河，晋王封在山西，秦王封在陕西，辽王封在辽东，代王封在大同，肃王封在甘肃。这些都叫作塞王。每一个王府都配有军队。亲王除了指挥自己的军队之外，在接到皇帝的命令以后，还可以指挥当地的军队。在有军事行动时，地方军队都要接受当地亲王的指挥。这样，就把每一个边防地区的军队都直接控制在中央的指挥之下了。

明太祖一方面建都南京，这样来解决粮食问题、服装问题；另一方面派自己的儿子到沿边地区去镇守，防止蒙古族南下；而且每年派亲信将领到北京来练兵，视察各个地方的军事情况，指挥军队，过一两年回去，然后又派人来，这样来巩固北方的边防。他自己认为这个办法是比较稳妥的。但是在他死后，情况发生了变化。他的大儿子早死了，孙子建文帝继位。当时他的第四个儿子燕王在北京，军事力量很强大，结果就发生了皇室内部的斗争。建文帝依靠的是一些知识分子，这些人认为亲王的军权太大，中央指挥不动，可能发生叛变，像汉朝时候的"七国之乱"一样。因此他们劝建文帝削藩，削减亲王的权力，把违法乱纪的亲王关起来或者杀掉。这样就引起了各个藩王的恐慌，最后燕王起兵打到南京。南京政权内部发生了变化，有的将军和亲王投降了燕王，建文帝自杀（关于建文帝的问题，我们以后还可以讲讲）。建文帝被推翻以后，燕王在南京做了皇帝，就是明成祖。可是北方的军事指挥权交给谁呢？为了解决这个问题，明成祖决定把都城迁到北京。

我们讲了明太祖建国的问题。围绕这个问题，对当前正在争论的一些问题提出了一些看法。现在就农民起义、农民战争到底能不能建立自己的政权的问题进一步提供一点意见。

农民战争、农民起义到底能不能建立政权呢？答复是肯定的。既然农民战争是要推翻旧的政权，它必然要建立一个新的政权。这个政权有大有小，有地区性，名称可以是多种多样的。但是，这个政权是不是农民自己的政权呢？是不是跟封建地主阶级的政权相对立的政权呢？从所有历史上的农民战争来看，不能得出这样的结论。农民战争在建立政权以前，它是要摧毁、冲击或者削弱旧的地主阶级的政权的；但是，等到它自己建立了政权之后，它不可能不根据旧的地主阶级政权的样子来办事，它不可能离开当时为人们所熟悉的、行之多年的一套政治机构。要知道，摧毁旧的国家机器这样的理论在《共产党宣言》里还没有提到，是在巴黎公社之后才总结出来的。无产阶级革命必须打碎旧的国家机器，建立新的国家机器，是只有在有了科学的共产主义理论，有了巴黎公社的经验之后才能得出的结论。既然是这样，中国历史上的农民战争怎么可能先知先觉，在还没有巴黎公社的经验的情况下，就能摧毁旧的国家政权，建立起农民自己的政权呢？这是不可能的。因此，在农民战争取得胜利之后，它所建立的政权必然变质。这也是一个历史规律，无论对谁都是一样的。汉高祖刘邦还不是变质了？朱元璋还不是变质了？明朝末年，李自成打到北京做了皇帝，他还不是变质了？李自成在进入北京以前，能取得广大农民支持的原因之一，就是过去明朝政府收租很重，人民负担很重，他现在不收租了，叫作"迎闯王，不纳粮"，以不纳粮为号召。可是能不能持久呢？老百姓都不交粮了，他的军队吃什么？他的政权的经济基础、财政基础放到哪里？他难道能够喝空气过日子？不行，维持不下去。因此，他进北京后没有待多久就失败了。即使当时清军不入关，他的政权也不能延续多长时间，也不能巩固。因为他没有生产作基础，没有经济基础。农民种地不纳粮了，对农民来说很好；可是那时候没有大工业，一旦农民不纳粮，不但他的军队没有吃的，连政府的经费也没有来源了。这样，那个政权是不能维持下去的。它要维持下去，也非采取明朝的办法不可，就是向农民收租。

上面讲的是第一个问题。

第二个问题，中国历史上的农民战争有没有皇权主义。有不少人说俄国的农民有皇权主义，中国的农民没有，好像中国的农民是另外一种农民。中国的农民没有皇权主义，那么他们有什么主义呢？任何一次农民战争，它要建立一个政权，不可能不根据现存的政权来办事，它不能离开现实。农民起义的领袖们只能够把当时为他们所熟悉、所理解的政权形式作为自己的政权形式。可是有些人硬要把中国的农民战争区别于其他国家的农民战争。当然，这个国家和那个国家的农民战争是有很多不同之处。但是，从皇权主义这一点来说，不能不是相同的。理由是它们都不能够离开现实政治。当时的农民除了他们所熟悉的政权形式之外，不可能创造出当时还不可能有的政权形式来。不只是农民战争如此，连旧时代的一些神话、传说也是如此。大家都熟悉的

《西游记》，孙悟空大闹天宫，天上的组织形式，玉皇大帝的那一套机构还不是反映了人间的机构。龙宫中龙王老爷的机构同样不能离开当时的现实，都是当时社会现实的反映。

第三个问题，对明太祖这个历史人物的评价问题。明太祖这个人到底是好人还是坏人？是应该肯定还是应该否定？当然应该肯定。因为他做了好事，他结束了长达二十年的战争混乱局面，统一了中国。统一这件事，在历史上是了不起的事情。而明太祖的统一中国，在历史上还有另外一种性质和意义。当时以北京和大同为中心，包括河北、山西及内蒙古一部分的这个地区，从唐末以来叫"燕云十六州"。从唐玄宗天宝末年，具体地说，从公元755年起，这个地区发生了"安史之乱"。以后虽然用很大的力量把这个战争结束了，但这个地区还是分裂了，少数民族化了。五代十国的时候，这个地区被一个卖国的奴才皇帝石敬瑭割让给了辽。从此，北京就成为辽的南京。在辽和北宋对立的时期，北宋从宋太祖起一直到宋神宗，曾经多少次想收复这个地方，几次出动军队，结果都失败了，没有能够统一。北宋末年，金灭掉辽，并继而推翻北宋政权，这样，便出现了金和南宋对峙的局面。后来元朝统一了。这时，不但是燕云十六州少数民族化，而且是整个国家都在蒙古族的统治之下。明太祖通过二十年的大规模的农民战争，把历史上长期没有解决的问题解决了，即把从公元755年起，一直到1368年长期在少数民族统治或者影响之下的北方广大地区统一了。过去多少世代没有能够完成的任务，到明太祖完成了，这是一个很大的历史功绩。所以，从那个时候起，北京一直是中国的政治中心。在这样的基础上，我们中华人民共和国才有条件建都北京。

其次，朱元璋统一中国之后，采取了许多鼓励生产的措施。因而，三十多年以后，人口慢慢增加了，开垦的土地面积也慢慢扩大了。到他晚年的时候，全国已开垦的土地有八百多万顷，合八亿多亩。今天我们的耕地是多少呢？大概是十六亿亩，也就是说，明太祖时期的耕地相当于我们现在的一半。人口增加了，耕地扩大了，生产发展了，人民生活也比过去好了，这应该说是他做了好事，在历史上起了进步作用。

还有一点，他建立了一个高度的封建中央集权的国家。这样一种政治制度，明清两代基本上没有什么改变。

因此，我们可以得出这样一个结论：明太祖在历史上是一个有地位的、了不起的人物，是应该肯定的。

反过来说，这个人是不是一切都好呢？不是的，他有很多缺点，做了不少坏事。不要说别的，我们就举这样一条：他定了一些制度，写成一本书叫《皇明祖训》。定制度是可以的，可是有一点，他不许他的后代改变。这个做法就有了问题，时代变了，情况不同了，可是老办法不许改变，用老办法适应新形势，这样，就影响到以后几百年的发展，把后代的手脚都捆住了。蒋介石有一句话，叫作"以不变应万变"。明太祖就是这样，以不变应万变。这是一种唯心主义的办法，很不合理。以后在政治上、经济上往往不能不改变，可是又不敢改变，原因何在？就是被这个东西捆住了。他定了这样的制度：把他的儿子封为亲王，封在那个地方以后，国家给这个亲王多少亩土地，每年给多少石粮食。这个制度定下来以后，过了一百多年，中央政府就不能负担了。像河南省征收来的粮食，全部给明太祖封在河南的子孙都不够，成为当时最大的一个负担。到了明朝末年，朱元璋的子孙有十几万人，这些人一不能做官，二不能种地，三不能搞手工业，四不许做生意，只能坐在家里吃饭，而且要吃好饭。这样，国家就养不起了。当然，他在其他方面的缺点还有很多，我们今天不能作全面的评论。

明成祖迁都北京

上一次讲了明太祖定都南京。到了第三代明成祖（十三陵长陵埋的那个皇帝）时，把朝廷搬到北京来了。这件事情在历史上有什么意义？他当时为什么非迁不可？

前面讲到，明太祖的军队打到北京以后，元顺帝跑掉了，元朝失去了在长城以内地区的统治权。尽管如此，元顺帝的军事力量、政治机构都还存在。因此，他经常派遣军队往南打，要收复失地。他认为这个地方是他的，他们已经统治了八九十年。而当时明朝的都城是在南京。为了抵抗蒙古的进攻，明太祖只好把他的许多儿子封在长城一线做塞王。可是现在情况变了，明成祖自己跑到南京去了；此外，原来封在热河的亲王叫宁王，宁王部下有大量蒙古骑兵。明成祖南下争夺帝位之前，先到热河，见到宁王就绑票，把宁王部下的蒙古骑兵都带过来了。他利用这些蒙古骑兵作为自己的军事主力，向南进攻取得了胜利。从此之后，他就不放宁王回热河，而把他封到江西去。这样一来，在长城以北原来可以抵抗蒙古军进攻的力量便没有了。原来他自己在北京，现在自己到了南京，因而就削弱了明太祖时代防御蒙古军进攻的力量，防御线有了缺口，顶不住了。因此，他不能不自己跑到北京来指挥军队，部署防御战。因为他自己经常在北京，当然政府里的许多官员也都跟来北京，北京慢慢变成了政治中心。于是他开始修建北京，扩建北京城，大体上是根据元朝的都城来改建的。元朝时北京南边的城墙在哪里呢？在现在的东西长安街。明朝就更往南了，东西长安街以南这个地区是明朝发展起来的。德胜门外五里的土城是元朝的北城，明朝往南缩了五里。明成祖营建北京是有个通盘安排的，他吸取了过去多少朝代的经验。所以街道很整齐，几条干线、支线把整个市区划成许多四四方方的小块。有比较完整的下水道系统，有许多中心建筑。从明成祖到北京以后，前后三十多年，重新把北京建成了。和这个时期的世界其他各国比较，北京是当时世界各国首都中建筑比较合理的、有规划的、最先进的城市。没有哪一个国家的首都比得上它。有人问：北京还有外城，外城是什么时候建筑的？外城的修建比较晚，是在公元1550年蒙古军包围北京的紧急情况下，为了保卫首都才修建的。但是因为这个工程太大，只修好了南边这一部分，其他部分就没有修。至于现在的故宫、天坛那些主要建筑，也都是在那个时代打下的基础。应该说明，现在的故宫并不是原来的故宫，认为明成祖修的宫殿一直原封未动地保留到现在是错误的。故宫曾经过多次的扩建和改修。过去三大殿经常起火，烧掉了再修。起火原因很简单，就是太监放火。宫廷里有许多黑暗的事情，太监偷东西，偷到不可开交的时候，事情包不住了，就放火一烧了事。烧掉了再修，反正是老百姓出钱。明清两代宫廷里经常闹火灾就是这个道理。故宫的整个建筑面积有十七万平方米左右，光修故宫就用了二十年的时间。我们人民大会堂的建筑面积是十七万四千多平方米，比整个故宫的有效面积还大。明朝修了二十年，我们只修了不到一年的时间，这种比较是很有意思的。由于从明成祖一直到明英宗连续地营建北京，政治中心就由南京转到北京来了，北京成为国都了。

以北京作为一个政治、军事的中心，就近指挥长城一线的军事防御，抵抗蒙古族的军事进攻，保证国家的统一，从这一点来说，明成祖迁都北京是正确的。如果他不采取这个措施的话，历史情况将会怎样，就很难说了。

即使明成祖迁都北京，并集中了大量的军队在这里，但在明朝历史上还是发生了两次严重的军事危机。一次是在公元1449年，一次是在1550年，中间只相隔一百零一年。

第一次危机叫"土木之役"。土木是什么意思呢？在今天官厅水库旁边的怀来县，有一个地方叫土木堡。当时蒙古族有一个部族叫瓦剌，它的领袖叫也先。也先带兵来打明朝，他的军事力量很强大，从几方面进攻，一方进攻辽东，一方攻打山西大同。那时明朝的皇帝英宗是个年轻人，完全没有军事知识，他相信太监王振。王振也是完全没有军事知识的。王振劝他自己带兵去抵抗，他就糊里糊涂带了五十万大军往当时正被瓦剌部队包围的大同跑。还没有到那里，大同的镇守太监郭敬就派人来向皇帝报告，说那里情况很严重，不能去。于是就班师回朝。王振是河北蔚县人，他想要英宗带着五十万大军到他家乡去玩玩，显显自己的威风。刚出发，他又一想，五十万大军所过之处，庄稼不就全踩完了！对自己的利益有损害，又不愿去了。这样来回一折腾，走到土木堡那个地方，敌人就追上来了。当时正确的办法应该是进入怀来城内坚守。下面的将军也要求进城。王振不干，命令部队就地扎营。但是这个地方附近没有水源，不宜于坚守。结果五十万大军一下子被敌人全部包围了，造成了必败的形势。在这个高地上待了两天，五十万人没吃没喝。到第三天他让部队改变营地。部队一改变营地，敌人就趁机冲锋。结果全军覆没，皇帝被俘虏了，王振也死于乱军之中，造成了很严重的军事危机。这是历史上最不光彩、最丢人的一次战争。

这时候北京怎么办呢？没有皇帝，五十万大军全部被消灭了，北京只剩下一些老弱残兵。情况很紧张。许多官员纷纷准备逃难，家在南方的主张迁都南京，认为北京反正守不住了。在这种情况下，比较有见解的兵部侍郎（相当于现在的国防部副部长）于谦反对迁都，他认为北京能够守住。如果迁都到南京去的话，北方没有一个政治中心，那么整个黄河以北的地区便都完了。他坚决主张抵抗，反对逃跑。他的主张得到了人民的支持，也得到了明英宗的兄弟郕王（不久即帝位，就是明景帝）的支持。于是就由于谦负责组织北京的保卫战。于谦组织了军事力量，安排了防御工作，跟人民一起保卫北京；并且在政治上提出了一套办法，他告诉所有的军事将领说：我们现在已经有了皇帝，要坚守。这样，加强了全城军民保卫北京的决心。果然，也先把俘虏去的明英宗带到城外诱降，说："你们的皇帝回来了，赶快开门。"他以为这样可以不战而取得北京城。但是守城的官兵们依照于谦的指示，坚决地回答说："我们有了新的皇帝了。"各地方都是坚决抵抗，没有一个受骗的。结果英宗在也先手里成了废物，不能起欺骗作用了。由于依靠了人民群众，北京的保卫战取得了胜利。这时，各地的援军也不断前来。也先见占不到便宜，便只好退兵。这样，北京保卫住了，整个黄河以北的地区保卫住了。

明英宗在也先手里起不了作用，有人就替也先出主意：明朝的皇帝留在这里没有用，还要养他，不如把他送回去，在明朝中央政权内制造弟兄俩之间的矛盾。这样，也先就把明英宗送了回来。明英宗回来后不能再做皇帝，被关起来了。八年之后，明景帝生了病，政府里有一派反对明景帝和于谦的人，还有一些不得志的军人、政客，他们把景帝害死，把英宗放出来重新做了皇帝。英宗出来之后，就把于谦杀害了。

明景帝和于谦对于保卫北京立下了很大的功劳，对人民是有功的。景帝是个好皇帝，他的坟墓不在十三陵。七八年以前，我和郑振铎同志一起在颐和园后面把他的坟墓找到了，并重新修理了一下，作为一个公园。因为他是值得我们纪念的。

从以上说的情况可以看出，如果不是建都在北京，那么 1449 年也先军队的进攻是很难抵抗的。

过了一百零一年，即 1550 年，蒙古族的另外一个军事领袖俺答又率兵包围了北京。情况也非常严重。也是因为北京是一个首都，是一个政治和军事中心，经过艰苦的斗争，俺答也像也先一样，由于占不到便宜而退回去了。

北京在明朝历史上经受住了两次这样的考验。由此可以说明成祖迁都北京是必要的和正确的，无论从军事上和政治上来说，他都做对了。

但是，仅仅只把政治、军事中心建立在北京还是不够的。当时东边从辽东起，西边到嘉峪关止，敌人从任何地方都可以进来。当然，从山海关往西有一道万里长城。可是城墙是死的，没有人守，还是不能起作用。所以，必须在适当的军事要点布置强大的军事力量。因此，明朝政府在北方沿边一线设立了所谓"九边"。"九边"是逐步发展起来的。开始只建立了四个镇，即辽东、宣府、大同、延绥。跟着又增加了三个镇：宁夏、甘肃、蓟州。以后又加上太原、固原二镇。这九个军事要塞，在明朝合称"九边"，是专门对付蒙古族的。每一个军事中心都有很多军队，譬如明朝后期，光在蓟州这个地方就有十多万军队。

九边有大量的军队，北京也有大量的军队。这些军队吃什么呢？光依靠河北、山东、山西这几个地区的粮食是不够供应的，必须从南边运粮食来。要运粮食，就要有一条运输线。当时没有公路、铁路，只能通过运河水运，把东南地区的粮食集中在南京，通过运河北上。一年要运三四百万石粮食来北京养活这些人。所以运河在当时是一条经济命脉。这种运输方法，当时叫作漕运。为了保护这条运输线的安全，明朝政府专门建立了一个机构，派了十几万军队保护运河沿线。明朝是如此，清朝也是如此。

把军事、政治中心放在北京，北方的问题解决了。可是发生了另外一个问题：南方发生了事情怎么办？于是就把南京改为陪都。陪都也和首都一样，除了没有皇帝之外，其他各种组织机构，北京有一套，南京也有一套。北京有六部，南京也有六部。因为南京没有皇帝，便派一个皇帝亲信的人做守备。当时的大学叫国子监，国子监也有两个：一个叫"北监"，一个叫"南监"。北监在北京，就在孔庙的旁边。北监、南监都刻了很多书，叫北监本和南监本。当然，陪都和首都也有区别，首都的六部（吏、户、礼、兵、刑、工，六部的部长叫尚书，副部长叫侍郎）有实权，而陪都的六部没有实权。所有的事情都集中在首都办。南京的这些官清闲得很，没有什么事情可做。这些人大都是些政治上不得志的人，在北京站不住脚，有的年纪大了，做不了什么事，就要他到南京去做一个闲官，有饭吃，有地位，可是没有什么事情可做。我们研究这个时代的历史要了解这一点。那么，他在南方搞一套机构的目的是什么呢？第一，以南京为中心来保护运河交通线；第二，以南京为中心，加强对南方人民的统治。南方各个地区发生了人民的反抗斗争，就可以就近处理、镇压。

明成祖迁都北京，这不但是抵抗蒙古族南下的一个最重要的措施，同时也为北京附近地区生产的发展、文化水平的提高、都市的繁荣创造了有利的条件。有了这个基础，清朝入关后才能继续建都北京。我们在全国解放之后，才有条件继续建都北京。这是一个历史发展的过程。我们国家建都北京，是经过了慎重、周密的考虑的。当时在讨论这个问题时，也有人提出不同的意见，他们认为北京是一个学术中心，首都最好建在别的地方，不要建在北京。北京一建都，就成为政治中心了。这些人认为政治是很不干净的东西，所以反对建都北京。甚至在我们建都北京之后，还有不同的论调。一些人认为旧北京城不能适应我们今天的政治要求，因此应该在复兴门外建一个新北京，把旧北京甩开。他们举了很多条理由。但是我们有一条：北京在 1949 年有一百几十万人口，你要把国家的中央机关放在复兴门外，孤孤单单地和人民脱离了，这在政治上是错误的。过去十几年以来，不断有这样的争论。现在事实证明：第一，今天建都北京是正确的；第二，在北京的旧基础上来扩建新北京也是正确的。中央机关——无产阶级的最高政权机关脱离人民行不行呢？当然不行，那是原则性的错误。当然还有其他方面的争论，今天不能多讲了。这是从明成祖迁都北京，顺便讲到我们今天的北京。

明代靖难之役与国都北迁

一 明太祖的折中政策

自称为淮右布衣，出身于流氓而做天子的朱元璋，在得了势力称王建国之后，最惹他操心的问题：第一是怎样建立一个有力的政治中心，建立在何处。第二是用什么方法来维持他的统治权。

明太祖在初渡江克太平时（至正十五年六月，1355），当涂学者陶安出迎：

> 太祖问曰："吾欲取金陵，何如？"安曰："金陵古帝王都，取而有之，抚形胜以临四方，何向不克？"太祖曰："善！"[1]

至正十八年（1358）叶兑献书论取天下规模：

> 今之规模，宜北绝李察罕（元将察罕帖木儿），南并张九四（吴张士诚），抚温、台，取闽、越，定都建康，拓地江、广，进则越两淮以北征，退则画长江而自守。夫金陵古称龙蟠虎踞，帝王之都，藉其兵力资财，

以攻则克，以守则固。[2]

部将中冯国用亦早主定都金陵之说：

洪武初定淮甸，得冯国用，问以天下大计。国用对曰："金陵龙蟠虎踞，真帝王之都，愿先渡江取金陵，置都于此。然后命将出师，扫除群寇，倡仁义以收人心，天下不难定也。"

上曰："吾意正如此。"[3]

参酌诸谋士的意见，经过了长期的考虑后，在至正二十六年（1366）六月拓应天城，做新宫于钟山之阳，至次年九月新宫成。这是吴王时代的都城。同月灭吴张士诚，十月遣徐达等北伐。十二月取温、台，降方国珍，定山东诸郡县。

至正二十八年（1368）正月吴王称帝，改元洪武，汤和平福建，四月平广东、河南。七月广西平。八月徐达率师入大都，元帝北走。十二月山西平。二年八月陕西平，南北一统。四年夏明升降，四川平。十五年平定云南。二十年元纳哈出降，辽东归附，天下大定。在这一长时期中，个人的地位由王而帝，所统辖的疆域由东南一隅而扩为全国。元人虽已北走，仍保有不可侮的实力，时刻有南下恢复的企图。同时沿海倭寇的侵袭也成为国防上的重大问题。在这样的情形之下，帝都的重建和国防的设计是当时朝野所最瞩目的两大问题。

基于天然环境的限制，东南方面沿海数千里时时处处有被倭寇侵犯的危险，东北方面长城外即是蒙古人的势力，如不在险要处屯驻重兵，则黄河以北便非我有。防边须用重兵，如以兵权付诸将，则恐尾大不掉，有形成藩镇跋扈的危险。如以重兵直隶中央，则国都必须扼驻边界，以收统辖指挥之效。东南是全国的经济中心，东北为国防关系，又必须成为全国的军事中心。国都如建设在东南，则北边空虚，不能防御蒙古人的南侵；如建设在北边，则国用仍须仰给东南，转运劳费，极不合算。

在政治制度方面，郡县制和封建制的选择，也成为当前的难题。秦、汉、唐、宋之亡，没有强藩屏卫是许多原因中之一。周代封建藩国，则又枝强干弱，中央威令不施。这两者中的折中办法，是西汉初期的郡国制。一面设官分治集大权于中央，一面又分封子弟，使为国家捍御。这样一来，设国都于东南财赋之区，封子弟于东北边防之地，在经济上、在军事上、在统治权的永久维持上都得到一个完满的解决。这就是明太祖所采用的折中政策。

二　定都南京[4]

明太祖定都南京的重要理由是受经济环境的限制。第一是因为江、浙富饶为全国冠，所谓"财赋出于东南，而金陵为其会"。[5]第二是因为吴王时代所奠定的宫阙，不愿轻易弃去。且若另建都邑，则又须重加一层劳费。第三是因为从龙将相都是江、淮子弟，不愿轻去乡土。洪武元年四月取汴梁后，他曾亲到汴梁去视察，觉得虽然地位适中，可是四面受敌，形势还不及南京。[6]在事实上，则西北未定，为转饷屯军计，不能不有一个军事上的后方重地，以便策应。于是仿成周两京之制以应天（金陵）为南京，开封为北京。二年八月陕西平。九月以临濠（安徽凤阳）为中都，事前曾和廷臣集议建都之地：

> 上召诸老臣问以建都之地，或言关中险固，金陵天府之国。或言洛阳天地之中，四方朝贡道里适均。汴梁亦宋之旧京。又言北平元之宫室完备，就之可省民力。上曰："所言皆善，唯时有不同耳。长安、洛阳、汴京实周、秦、汉、魏、唐、宋所建国。但平定之初，民力未苏息，朕若建都于彼，供给力役悉资江南，重劳其民。若就北平，要之宫室不能无更，亦未易也。今建业长江天堑，龙蟠虎踞，江南形胜之地，真足以立国。临濠则前江后淮，以险可恃，以水可漕，朕欲以为中都。何如？"群臣称善。至是始命有司建置城池宫阙，如京师之制焉。[7]

在营建中都时，刘基曾持反对的论调，以为"凤阳虽帝乡，非建都地"。[8]八年四月罢营中都。[9]

洪武十一年（1378）以南京为京师。[10]太祖对于建都问题已经踌躇了十年，到这时才决定。可是为了控制北边，仍时时有迁都的雄心。选定的地点仍是长安、洛阳和北平。当时献议迁都长安的有胡子祺：

> 洪武三年以文学选为御史，上书请都关中。帝称善，遣太子巡视陕西。后以太子薨，不果。[11]

他的理由是：

> 天下形胜地可都者四。河东地势高，控制西北，尧尝都之，然其地苦寒。汴梁襟带河、淮，宋尝都之，然其地平旷，无险可凭。洛阳周公卜之，周、汉迁之，然嵩、邙非有崤函、终南之阻，涧、瀍、伊、洛非有泾、渭、灞浐之雄。夫据百二河山之胜，可以耸诸侯之望，举天下莫关中若也。[12]

皇太子巡视陕西在洪武二十四年。则太祖在十一年定都南京以后仍有都长安之意。皇太子巡视的结果，主张定都洛阳：

> 太祖以江南地薄，颇有迁都之意。八月命皇太子往视关、洛。皇太子志欲定都洛阳，归而献地图。明年四月以疾薨。[13]

郑晓记此事始末，指出迁都的用意在控制西北：

> 国朝定鼎金陵，本兴王之地。然江南形势终不能控制西北，故高皇时已有都汴、都关中之意，以东宫薨而中止。[14]

《明史》记：

> 太子还，献陕西地图，遂病。病中上言经略建都事。[15]

是则假使太子不早死,也许在洪武时已迁都到洛阳或长安了。又议建都北平:

逮平陕西,欲置都关中。后以西北重地非自将不可,议建都于燕,以鲍频力谏而止。[16]

何孟春记鲍频谏都北平事说:

太祖平一天下,有北都意。尝御谨身殿亲策问延臣曰:"北平建都可以控制边塞,比南京何如?"修撰鲍频对曰:"元主起自沙漠,立国在燕今百年,地气天运已尽,不可因也。南京兴王之地,宫殿已完,不必改图。传曰:'在德不在险也。'"[17]

明太祖晚年之想迁都,次要的原因是南京新宫风水不好。顾炎武记:

南京新宫吴元年作。初大内填燕尾湖为之,地势中下南高而北卑。高皇帝后悔之。二十五年祭光禄寺灶神文曰:"朕经营天下数十年,事事按古有绪。维宫城前昂后洼,形势不称,本欲迁都。今朕年老,精力已倦。又天下新定,不欲劳民,且兴废有数,只得听天。惟愿鉴朕此心,福其子孙。"[18]

由此看来,从洪武初年到二十四年这一时期中,明太祖虽然以南京作国都，可是为了控制北边的关系，仍时时有迁都的企图。迁都到北边最大的困难是漕运艰难，北边硗瘠，如一迁都，则人口必骤然增加，本地的粮食不能自给，必须仰给东南，烦费不资。次之重新创建城地宫阙，财力和人力耗费过多。懿文太子死后，这老皇帝失去勇气，就从此不再谈迁都了。

三　封建诸王

洪武二年四月编《祖训录》，定封建诸王之制。[19]在沿边要塞，均置王国：

> 明兴，高皇帝以宋为惩，内域削弱，边圉勿威，使胡人得逞中原而居闰位。于是大封诸子，连亘边陲。北平天险，为元故都，以王燕。东历渔阳、卢龙、出喜峰，包大宁，控塞葆山戎，以王宁。东渡榆关，跨辽东，西并海被朝鲜，联开原，交市东北诸夷，以王辽。西按古北口，濒于雍河，中更上谷、云中，巩居庸，蔽雁门，以王谷代。雁门之南，太原其都会也，表里河山，以王晋。逾河而西，历延、庆、韦、灵，又逾河北，保宁夏，倚贺兰，以王庆。兼毂、陇之险，周、秦都圻之地，牧垧之野，直走金城，以王秦。西渡河领张掖、酒泉诸郡，西扃嘉峪，护西域诸国，以王肃。此九王者皆塞王也，莫不敷险陒，控要害，佐以元戎宿将，权崇制命，势匹抚军，肃清沙漠，垒帐相望。[20]

在内地则有：

周、齐、楚、潭、鲁、蜀诸王，护卫精兵万六千余人，牧马数千匹，亦皆部兵耀武，并列内郡。[21]

洪武五年置亲王护卫指挥使司，每府设三护卫。[22]护卫甲士少者三千人，多者至一万九千人。[23]王国中央所派守镇兵亦得归王调遣：

凡王国有守镇兵，有护卫兵。其守镇兵有常选指挥掌之。其护卫兵从王调遣。如本国是险要之地，遇有警急，其守镇兵、护卫兵并从王调遣。[24]

守镇兵之调发，除御宝文书外并须得王令旨方得发兵：

凡朝廷调兵须有御宝文书与王，并有御宝文书与守镇官。守镇官既得御宝文书，又得王令旨，方许发兵。无王令旨，不得发兵。[25]

扼边诸王尤险要者，兵力尤厚。如宁王所部至"带甲八万，革车六千，所属朵颜三卫骑兵皆骁勇善战"。[26]洪武十年又以羽林等卫军益秦、晋、燕三府护卫。[27]时蒙古人犹图恢复，屡屡南犯。于是徐达、冯胜、傅友德诸大将数奉命往北平、山西、陕西诸地屯田练兵，为备边之计。又诏诸王近塞者每岁秋勒兵巡边，[28]远涉不毛，校猎而还，谓之肃清沙漠。[29]诸王封并塞居者皆预军务，而晋、燕二王尤被重寄，数命将兵出塞及筑城屯田，大将如宋国公冯胜、颍国公傅友德皆受节制。[30]洪武二十六年三月诏二王军务大者始以闻,[31]由此军中事皆得专决。一方面又预防后人懦弱,政权有落于权臣和异姓人之手的危险,特授诸王以干涉中央政事之权。诸王有权移文中央索取奸臣:

> 若大臣行奸,不令王见天子,私下傅致其罪而遇不幸者,到此之时,天子必是昏君。其长史司并护卫移文五军都督府索取奸臣,都督府捕奸臣奏斩之,族灭其家。[32]

甚至得举兵入清君侧:

> 如朝无正臣,内有奸恶,则亲王训兵待命。天子密诏诸王统领镇兵讨平之。[33]

又怕后人变更他的法度,把一切天子亲王大臣所应做和不应做的事都定为祖训,叫后人永远遵守。洪武二十八年九月正式颁布《皇明祖训条章》于中外,并下令后世有言更祖制者以奸臣论。[34]由此诸王各拥重兵,凭据险厄,并得干涉国事,在军事上和政治上都握大权,渐渐地酿成了外重内轻之势。

分封过制之害,在洪武九年叶伯巨即已上书言之。他说:

> 先王之制,大都不过三国之一,上下等差,各有定分,所以强干弱枝,遏乱源而崇治本耳。今裂土分封,使诸王各有分地,盖惩宋、元孤立,宗室不竞之弊。而秦、晋、燕、齐、梁、楚、吴、蜀诸国,无不连邑数

十，城郭宫室亚于天子之都，优之以甲兵卫士之盛。臣恐数世之后，尾大不掉，然后削其地而夺之权，则必生觖望，甚者缘间而起，防之无及矣。……愿及诸王未之国之先，节其都邑之制，减其卫兵，限其疆理，亦以待封诸王之子孙。此制一定，然后诸王有贤且才者入为辅相，其余世为藩屏，与国同休。割一时之恩，制万世之利，消天变而安社稷，莫先于此。

书上，以离间骨肉坐死[35]。其实这时诸王止建藩号，尚未就国，有远见的人已经感觉到不安的预兆了。到洪武末年诸王数奉命出塞，强兵悍卒，尽属麾下，这时太祖衰病，皇太孙幼弱，也渐渐地感觉到强藩的迫胁了。有一次他们祖孙曾有如下的谈话：

先是太祖封诸王，辽、宁、燕、谷、代、晋、秦、庆、肃九国皆边徼，岁令训将练兵，有事皆得提兵专制便防御。因语太孙曰："朕以御虏付诸王，可令边尘不动，贻汝以安。"太孙曰："虏不靖，诸王御之，诸王不靖，孰御之？"太祖默然良久，曰："汝意何如？"太孙曰："以德怀之，以礼制之，不可则削其地，又不可则废置其人，又其甚则举兵伐之。"太祖曰："是也，无以易此矣。"[36]

太孙又和黄子澄密谋定削藩之计：

惠帝为皇太孙时，尝坐东角门，谓子澄曰："诸王尊属拥重兵，多不法，奈何？"对曰："诸王护卫兵才足自守，倘有变，临以六师，其谁能支？汉七国非不强，卒底亡灭。大小强弱势不同，而顺逆之理异也。"太孙是其言。[37]

即位后高巍、韩郁先后上书请用主父偃推恩之策："在北诸王，子弟分封于南；在南，子弟分封于北。如此则藩王之权，不削而自削。"[38]当局者都主削藩，不用其计而靖难师起。

四　靖难

明太祖在位三十一年（1368—1398），皇太子标早卒，太孙允炆继位，是为惠帝（1399—1402）。时太祖诸子第二子秦王樉、第三子晋王㭎均先卒，四子燕王棣、五子周王橚及齐、湘、代、岷诸王均以尊属拥重兵，多不法，朝廷孤危。诸王中燕王最雄杰，兵最强，尤为朝廷所嫉。惠帝用黄子澄、齐泰计谋削藩：

泰欲先图燕。子澄曰："不然。周、齐、湘、代、岷诸王，在先帝时尚多不法，削之有名。令欲问罪，宜先周。周王，燕之母弟[39]，削周是削燕手足也。"[40]

定计以后，第一步先收回王国所在地之统治权，下诏"王国吏民听朝廷节制，惟护卫官军听王"。[41]建文元年二月又"诏诸王毋得节制文武吏土"。[42]收回兵权及在王国之中央官吏节制权。洪武三十一年八月废周王橚为庶人。建文元年四月湘王柏惧罪自焚死，齐王榑、代王桂有罪，废为庶人。六月废岷王楩为庶人。

燕王智勇有大略，妃徐氏为开国元勋徐达女，就国后，徐达数奉命备边北平，因从学兵法。徐达死后，诸大将因胡惟庸、蓝玉两次党案诛杀殆尽，燕王遂与秦、晋二王并当北边御敌之任。洪武二十三年正月，与晋王率师往讨元丞相咬住太尉乃儿不花，征虏前将军颍国公傅友德等皆听节制。三月师次迤都，咬住等降。[43]获其全部而还，太祖大喜。是后屡率诸将出征，并令王节制沿边士马，威名大震。[44]二十四年四月督傅友德诸将出塞，败敌而还。二十六年三月冯胜、傅友德备边山西、北平，其属卫将校悉听晋王、燕王节制。二十八年正月率总兵官周兴出辽东塞，自开原追敌至甫答迷城，不及而还。二十九年率师巡大宁，败敌于彻彻儿山，又追败之于兀良哈秃城而还。三十一年率师备御开平。[45]太祖崩后，自以为三兄都已先死，伦序当立，不肯为惠帝下。周、湘诸藩相继得罪，遂决意反，阴选将校，勾军卒，收才勇异能之士，日夜铸军器。[46]建文元年七月杀朝廷所置地方大吏，指齐泰、黄子澄为奸臣，援引祖训，入清君侧，称其师曰"靖难"。

兵起时惠帝正在和方孝孺、陈迪一些文士讨论周官法度，更定官制，讲求礼文。当国的齐泰、黄子澄也都是书生，不知兵事，以旧将耿炳文为大将往讨。八月耿炳文兵败于滹沱河，即刻召还，代以素不知兵的勋戚李景隆。时燕王已北袭大宁，尽得朵颜三卫骑而南。景隆乘虚攻北平，不能克，燕王回兵大破之。二年四月燕王又败景隆兵于白沟河、德州。进围济南，三月不克，为守将盛庸所掩击，大败解围去。九月盛庸代李景隆为大将军。十二月大败燕兵于东昌，燕大将张玉战死，精锐丧失几尽。三年燕兵数南下，胜负相当。所攻下的城邑，兵回又为朝廷据守，所据有的地方不过北平、保定、水平三府。恰好因惠帝待宫中宦官极严厉，宦官被黜责的逃奔燕军，告以京师虚实。十二月复出师南下。朝廷遣大将徐辉祖（达子，燕王妃兄）出援山东，与都督平安大败燕兵于齐眉山。燕军谋遁还。惠帝又轻信谣言，以为燕兵已退，一面也不信任徐辉祖，召之还朝。前方势孤，相继败绩。燕兵遂渡淮趋扬州，江防都督陈瑄以舟师迎降，径渡江进围南京，谷王橞及李景隆开金川门迎降，宫中火起，惠帝不知所终。燕王入京师即帝位，是为成祖（1403—1424）。[47]

成祖入南京后做的第一件事是对主削藩议者的报复，下令大索齐泰、黄子澄、方孝孺等五十余人，榜其姓名曰奸臣，大行屠杀，施族诛之法，族人无少长皆斩，妻女发教坊司，姻党悉戍边。方孝孺之死，宗族亲友前后坐诛者至八百七十三人。[48]万历十三年（1585）释坐孝孺谪戍者后裔凡千三百余人。[49]即位后的第一件事是尽复建文中所更改的一切成法和官制，表明他起兵的目的是在拥护祖训和问惠帝擅改祖宗成法之罪。[50]由此《祖训》成为明朝一代治国的经典，太祖时所定的法令到后来虽然时移事变，也不许有所更改。太祖时所曾施行的制度，也成为明一代的金规玉律，无论无理到什么地步，也因为是祖制而不敢轻议。内中如锦衣卫和廷杖制，最为明一代的弊政。为成祖所创的有宦官出使专征监军分镇的制度，和皇帝的侦察机关东、西厂。

五　锦衣卫和东西厂[51]

锦衣卫和东、西厂，明人合称为厂卫。锦衣卫是外廷的侦察机关，东、西厂则由宦官提督，最为皇帝所亲信，即锦衣卫也在其侦察之下。

锦衣卫初设于明太祖时,是皇帝的私人卫队。其下有镇抚司,专治刑狱,可以直接取诏行事,不必经过外廷法司的手续。[52]锦衣卫的主要职务是"察不轨妖言人命强盗重事",专替皇帝侦察不忠于帝室的和叛逆者,其权力在外廷法司之上。洪武二十年(1387)曾一度取消锦衣卫的典诏狱权。到了成祖由庶子篡逆得位,自知人心不附,兼之内外大臣都是惠帝的旧臣,深恐惠帝未死,诸臣或有复国的企图,于是恢复锦衣卫的职权,使之活动,以为钳制臣民之计。另一方面又建立了一个最高侦察机关叫东厂。因为在起兵时很得了惠帝左右宦官的力量,深信宦官的忠心,赋以"缉访谋逆妖言大奸恶等"的职权。以后虽时革时复,名义也有时更换(如西厂、外厂、内行厂之类),但其职权及地位则愈来愈高,有任意逮捕官吏、平民和任意刑讯处死的权力。

靖难兵起时宦官狗儿、郑和等以军功得幸,即位后遂加委任。有派做使臣的,如永乐元年(1403)遣内官监李兴出使暹罗[53],马彬出使爪哇诸国。三年遣太监郑和出使西洋。[54]有派做大将的,如永乐三年之使中官山寿率兵出云州觇敌。[55]又因各地镇守大将多为惠帝旧臣,特派宦官出镇和监军,使之伺察,永乐元年命内臣出镇及监京营军。[56]出镇的例如马靖镇甘肃,马骐镇交趾,监军的如王安之监都督谭青军。[57]由是司法权和兵权都慢慢地落在宦官手中。宣德以后,人主多不亲政事,内阁的政权也渐渐地转到内廷司礼监手中去了。在外则各地镇守太监成为地方最高长官,积重难返,形成一种畸形的阉人政治。英宗时的王振、曹吉祥,宪宗时的汪直、梁芳,武宗时的刘瑾,神宗时的陈增、高淮,熹宗时的魏忠贤,思宗时的曹化淳、高起潜,莫不窃弄政柄，祸国殃民，举凡军事、外交、内政、财政、司法一切国家大政，都由宦官主持，甚至阁臣之用黜都以宦官的好恶为定。他们只图私人生活的享乐，极力搜刮掊敛，榨取民众的血汗，诱导皇帝穷奢极欲，大兴土木祷祠，对外则好大喜功，生衅外族，驯至民穷财尽，叛乱四起。外廷的士大夫与之相抗的都被诛杀、放逐，由此朝廷分为两党：一派附和宦官，希图富贵，甘为鹰犬；一派则极力攻击，欲将政权夺回内阁，建设清明的政府。阉人和士人两派势力互为消长，此仆彼兴，一直闹到亡国。

廷杖也是祖制的一种，太祖时曾杖死工部尚书薛祥[58]，鞭死永嘉侯朱亮祖父子。[59]以后一直沿用，正德十四年（1519）以谏止南巡廷杖舒芬等百四十六人，死者十一人。嘉靖三年（1524）群臣争大礼，廷杖丰熙等百三十四人，死者十六人。内外大臣一拂宦官或皇帝之意，即时廷杖，由锦衣卫执行，打而不死者或遣戍边地，或降官，或仍旧衣冠办事。宣宗时又创立枷之刑，国子祭酒李时勉至荷枷国子监前。[60]直到熹宗时魏忠贤杖死万燝，大学士叶向高以为言，忠贤乃罢廷杖，把所要杀的人都下镇抚司狱，用酷刑害死，算是代替了这一祖制。

锦衣卫，东、西厂和廷杖制原都是为镇压反对势力，故意造成恐怖空气，使臣民慑于淫威不敢反侧的临时设施。一经施用，大小臣民都惴惴苟延，不知命在何日。太祖时朝官得生还田里，便为大幸。[61]皇帝的威权由之达于顶点。这三位一体的恐怖制度使专制政体的虐焰高得无可再高，列朝的君主也有明知这制度的残酷不合理，但是第一为着维系个人的威权，第二因为这是祖制，所以因仍不废。英宗以来的君主多高拱深宫，宦官用事，利用这制度来树威擅权，排斥异己，虽然经过若干次士大夫的抗议，终归无效。一直到亡国才自然消灭，竟和明运相终始。

六　迁都北京

　　成祖以边藩篡逆得位，深恐其他藩王也学他的办法再来一次靖难，即位之后，也采用惠帝的削藩政策，依次收诸藩兵权，非唯不使干预政事，且设立种种苛禁以约束之。建文四年（1402）徙谷王于长沙，永乐元年徙宁王于南昌，以大宁地界从靖难有功之朵颜、福余、泰宁三卫，以偿前劳。[62]削代王、岷王护卫。四年削齐王护卫，废为庶人。十年削辽王护卫（辽王已于建文元年徙荆州）。十五年谷王以谋反废。十八年周王献三护卫。尽削诸王之权，于护卫损之又损，必使其力不足与一镇抗。[63]到宣宗时汉王高煦，武宗时安化王寘鐇、宁王宸濠果然援例造反，遂更设为厉禁，诸王行动不得自由，即出城省墓亦须奏请。二王不得相见，[64]受封后即不得入朝。[65]甚至在国家危急时，出兵勤王亦所不许。[66]只能衣租食税，凭着王的位号在地方上作威福，肆害官民。[67]王以下的宗人生则请名，长则请婚于朝，禄之终身，丧葬予费。[68]仰食于官，不使之出仕，又不许其别营生计，"不农不仕，吸民膏髓"。[69]生齿日藩，国力不给，世宗时御史林润言：

　　　　天下岁供京师粮四百万石，而诸府禄米凡八百五十三万石。以山西言，存留百五十二万石，而宗禄三百十二万。以河南言，存留八十四万三千石，而宗禄百九十二万。[70]

　　不得已大加减削，宗藩日困。[71]枣阳王祐楒"请除宗人禄，使以四民业自为生,贤者用射策应科第",不许。[72]万历二十二年(1594)郑靖王世子载堉请许宗室皆得儒服就试,毋论中外职,中式者视才品器使[73],从此宗室方得出仕。国家竭天下之力来养活十几万游荡无业的贵族游民,不但国力为之疲敝不支,实际上宗室又因不能就业而陷于贫困,势不能不作奸犯法,扰害平民。这也是当时创立"祖制"的人所意想不到的。

成祖削藩的结果,宁、谷二王内徙,尽释诸王兵权,北边空虚。按照当时的情势,"四裔北边为急,倏来倏去,边备须严。若畿甸去远而委守将,则非居重取轻之道"。[74]于是有迁都北京之计,以北京为行在,屯驻重兵,抵御蒙古人的入侵:

> 太宗靖难之勋既集,切切焉为北顾之虑,建行都于燕,因而整戈秣马,四征弗庭,亦势所不得已也。銮舆巡幸,劳费实繁。易世而后,不复南幸,此建都所以在燕也。[75]

合军事与政治中心为一,以国都当敌。朱健曾为成祖迁都下一历史的地理的解释。他说:

> 自古建立都邑,率在北土,不止我朝,而我朝近敌为甚。且如汉袭秦旧都关中,匈奴入寇,烽火辄至甘泉。唐袭隋旧都亦都关中,吐蕃入寇,辄到渭桥。宋袭周旧都汴,西无灵夏,北无燕、云,其去契丹界直浃旬耳。景德之后亦辄至澶渊。三治朝幅员善广矣,而定都若此者何?制敌便也。我朝定鼎燕京,东北去辽阳尚可

数日，去渔阳百里耳。西北去云中尚可数日，去上谷亦仅倍渔阳耳。近敌便则常时封殖者尤勤，常时封殖则一日规划措置者尤亟。是故去敌之近，制敌之便，莫有如今日者也。[76]

建都北京的最大缺点是北边粮食不能自给，必须仰给东南。海运有风波之险，由内河漕运则或有时水涸，或被"寇盗"所阻，稍有意外，便成问题：

> 今国家燕都可谓百二山河，天府之国，但其间有少不便者，漕粟仰给东南耳。运河自江而淮，自淮而黄，自黄而汶，自汶而卫，盈盈衣带，不绝如线，河流一涸，则西北之腹尽枵矣。元时亦输粟以供上都，其后兼之海运。然当群雄奸命之时，烽烟四起，运道梗绝，唯有束手就困耳。此京师之第一当虑者也。[77]

要解决这两个困难，则第一必须大治河道，第二必须仍驻重兵于南京，镇压东南。成祖初年，转漕东南，水陆兼挽，仍元人之旧，参用海运，而海运多险，陆运亦艰。九年命宋礼开会通河，十三年陈瑄凿清江浦，通北京漕运，直达通州，而海陆运俱废。[78]运粮官军十二万人，有漕运总兵及总督统之。[79]十九年（1421）迁都北京后，以南京为留都，仍设五府六部官，并设守备掌一切留守防护之事，节制南京诸卫所。[80]

永乐元年以北平为北京。四年诏以明年五月建北京宫殿。十八年北京郊庙宫殿成，诏以北京为京师，不称行在。[81]在实际上，自七年以后，成祖多驻北京，以皇太子在南京监国。自邱福征本雅失里汗败死后，五入漠北亲征。[82]自十五年北巡以后，即不再南返。南京在事实上，从七年北巡后即已失去政治上的地位，十九年始正式改为陪都。

迁都之举，当时有一部分人不了解成祖的用心，力持反对论调：

> 初以殿灾诏求直言，群臣多言都北京非便。帝怒，杀主事萧仪，曰："方迁都时，与大臣密议，久而后定，非轻举也。"[83]

仁宗即位（1425）后，胡濙从经济的立场"力言建都北京非便，请还南都，省南北转运供亿之烦"。[84]于是又定计还都南京，洪熙元年三月诏北京诸司悉称行在。五月仁宗崩，迁都之计遂又搁置不行。[85]一直到英宗正统六年（1441）北京三殿两宫都已告成，才决定定都北京，诏文武诸司不称行在，仍以南京为陪都。[86]

成祖北迁以后，三面临敌，边防大重。东起鸭绿，西抵嘉峪，绵亘万里，分地守御。初设辽东、宣府、大同、延绥四镇，继设宁夏、甘肃、蓟州三镇，又加上太原、固原，是为九边。[87]每边各设重兵，统以大将，副以裨帅，监以宪臣，镇以开府，联以总督，无事则画地防守，有事则犄角为援。[88]失策的是即位后即徙封宁王于江西，把大宁一带地[89]，送给从征有功的朵颜三卫，自古北口至山海关隶朵颜卫，自广宁前屯卫西至广宁镇白云山隶泰宁卫，自白云山以北至开原隶福余卫。而幽燕东北之险，中国与夷狄共之，胡马疾驰半日可抵关下。辽东广宁、锦义等城自此与宣府、怀来隔断，悬绝声不相联。[90] 又以东胜[91]孤远难守，调左卫于永平，右卫于遵化而墟其地[92]。兴和[93]为阿鲁台所攻，徙治宣府卫城而所地遂虚。[94]开平[95]为元故都，地处极边，西接兴和而达东胜，东西千里，最为要塞。自大宁弃后，宣、辽隔绝，开平失援，胡虏出没，饷道艰难，宣德五年（1430）从薛禄议，弃开平，徙卫于独石。[96]后来"三岔河弃而辽东悚，河套弃而陕右警，西河弃而甘州危"[97]，国防遂不可问。初期国力尚强，对付外敌的方法是以攻为守，太祖、成祖、宣宗三朝并大举北征，以兵力逼蒙古人远遁，使之不敢近塞。英宗以后国力渐衰，于是只以守险为上策，坐待敌来，诸要塞尽弃而边警由之日亟。正统十四年（1449），瓦剌也先入寇围北京。嘉靖二十九年（1550），鞑靼俺答入寇薄都城。这两次的外寇都因都城兵力厚不能得志，焚掠近畿而去。崇祯十七年（1644）李自成北上，宣府和居庸的守臣都开门迎降，遂长驱进围北京，太监曹化淳又开门迎入，明遂亡。由此看来，假如成祖当时不迁都北京，自以身当敌冲，也许在前两次蒙古人入犯时，黄河以北已不可守，宋人南渡之祸，又要重演一次了。

原载《清华学报》第十卷第四期

1935年10月

胡惟庸党案考

一 《明史》所记之胡惟庸

胡惟庸事件是明代初叶的一件大事，党狱株连前后十四年，一时功臣宿将诛夷殆尽，前后达四万余人。且因此和日本断绝国交关系，著之《祖训》。另一方面再三颁布《昭示奸党录》《臣戒录》《志戒录》《大诰》《世臣总录》诸书，谆谆告谕臣下，以胡惟庸为前鉴。到明成祖时代，还引这事件来诫谕臣下，勿私通外夷。明代诸著作家的每一部提及明初史迹的著述中，都有这事件的记载。清修明史且把胡氏列入奸臣传。在政治制度方面，且因此而永废丞相，分权于六部、五府、都察院、通政司、大理寺等衙门。在这事件的影响方面说，一时元功宿将皆尽，靖难师起，仅余耿炳文、吴祯等支撑御侮，建文因以逊国。综之，从各方面说，无论是属于政治的、外交的、军事的、制度的，这事件含有之重大意义，其影响及于有明一代，则无可置疑。

《明史》记此事颠末云：

> 自杨宪诛，帝以惟庸为才，宠任之。惟庸亦自励，尝以曲谨当上意，宠遇日盛。独相数岁，生杀黜陟，或不奏径行。内外诸司上封事，必先取阅，害己者辄匿不

以闻。四方躁进之徒及功臣武夫失职者争走其门，馈遗金帛名马玩好不可胜数。

大将军徐达深嫉其奸，从容言于帝。惟庸遂诱达阍者福寿以图达，为福寿所发。

御史中丞刘基亦尝言其短。久之，基病，上遣惟庸挟医视，遂以毒中之。基死，益无所忌。与太师李善长相结，以从女妻其从子佑。

学士吴伯宗劾惟庸既得危祸。自是势益炽。

其定远旧宅井中忽生石笋，出水数尺，谀者争引符瑞。又言其祖父三世塚上，皆夜有火光烛天。惟庸益喜自负，有异谋矣。

吉安侯陆仲亨自陕西归，擅乘传。帝怒责之曰："中原兵燹之余，民始复业，籍户买马，艰苦殊甚。使皆效尔所为，民虽尽鬻子女，不能给也。"责捕盗于代县。平凉侯费聚奉命抚苏州军民，日嗜酒色。帝怒，责往西北招降蒙古，无功。又切责之，二人大惧。惟庸阴以权利胁诱二人，二人素戆勇，见惟庸用事，密相往来。尝过惟庸家，酒饮酣，惟庸屏左右言："吾等所为多不法，一旦事觉，如何！"二人益惶惧，惟庸乃告以己意，令在外收集军马。

又尝与陈宁坐省中阅天下军马籍，令都督毛骧取卫士刘遇贤及亡命魏文进等为心膂，曰："吾有所用尔也。"

太仆寺丞李存义者善长之弟，惟庸婿李佑父也。惟庸令阴说善长，善长已老，不能强拒，初不许，已而依违其间。

惟庸益以为事可就，乃遣明州卫指挥林贤下海招倭与期会。又遣元故臣封绩致书称臣于元嗣君，请兵为外应，事皆未发。

会惟庸子驰马于市，堕死车下，惟庸杀挽车者。帝怒，命偿其死。惟庸请以金帛给其家，不许。惟庸惧，乃与御史大夫陈宁、中丞涂节等谋起事，阴告四方及武臣从己者。十二年九月占城来贡，惟庸等不以闻，中官出见之，入奏。帝怒，切责省臣，惟庸及广洋顿首谢罪，而微委其咎于礼部，礼部又委之中书，帝益怒，尽囚诸臣，穷诘主者。未几赐广洋死。广洋妾陈氏从死，帝询之，乃入官陈知县女也。大怒曰："没官妇女只给功臣家，文臣何以得给？"乃敕法司取勘。于是惟庸及六部堂属咸当坐罪。

明年正月，涂节遂上变告惟庸，御史中丞商皓时谪为中书省吏，亦以惟庸阴事告。帝大怒，下廷臣更讯，词连宁、节。廷臣言节本预谋，见事不成，始上变告，不可不诛。乃诛惟庸、宁并及节。

惟庸既死，其反状犹未尽露，至十八年李存义为人首告，免死安置崇明。十九年十月林贤狱成，惟庸通倭事始著。

二十一年蓝玉征沙漠，获封绩，善长不以奏。至二十三年五月事发，捕绩下吏，讯得其状，逆谋大著。会善长家奴卢仲谦首善长与惟庸往来状，而陆仲亨家奴封帖木亦首仲亨及唐胜宗、费聚、赵庸三侯与惟庸共谋不轨。帝发怒，肃清逆党，词所连及，坐诛者三万余人，乃为《昭示奸党录》布告天下，株连蔓引，迄数年来靖云。

惟庸通倭事，《明史》云：

先是胡惟庸谋逆，欲借日本为助，乃厚结宁波卫指挥林贤，佯奏贤罪，谪居日本，令交通其君臣。寻奏复贤职，遣使召之。密致书其王，借兵助己。贤还，其王遣僧如瑶率兵卒四百余人，诈称入贡，且献巨烛，藏火药刀剑其中。既至，而惟庸已败，计不行。帝亦未知其狡谋也。越数年，其事始露，乃族贤，而怒日本特甚，决意绝之，专以防海为务。

与李善长谋逆事，《明史》云：

京民坐罪应徙边者，善长数请免其私亲丁斌等，帝怒按斌，斌故给事惟庸家，因言存义等往时交通惟庸状。命逮存义父子鞫之，词连善长云："惟庸有反谋，使存义阴说善长，善长惊叱曰：'尔言何为者？审尔，九族皆灭！'又使善长故人杨文裕说之云：'事成当以淮西地封为王。'善长惊不许，然颇心动。惟庸乃自往说，善长犹不许。久之，惟庸复遣存义进说，善长叹曰：'吾老矣，吾死，汝等自为之。'"

或又告善长云将军蓝玉出塞至捕鱼儿海，获惟庸通沙漠使者封绩，善长匿不以闻。于是御史交章劾善长。而善长奴卢仲谦等亦告善长与惟庸通赂遗，交私语。狱具，谓善长元勋国戚知逆谋不发举，狐疑观望，怀两端，大逆不道。会有言星变，其占当移大臣，遂并其妻女弟侄家口七十余人诛之。而吉安侯陆仲亨、延安侯唐胜宗、平凉侯费聚、南雄侯赵庸、荥阳侯郑遇春、宜春侯黄彬、河南侯陆聚等皆同时坐惟庸党死。而已故荥阳侯杨璟、济宁侯顾时等追坐者又若干人。帝手诏条列其罪，傅著狱词，为《昭示奸党三录》布告天下。

谷应泰记胡惟庸被诛前又有云奇告变一事：

　　正月戊戌，惟庸因诡言第中井出醴泉，邀帝临幸，帝许之。驾出西华门，内使云奇冲跸道勒马衔言状，气方勃，舌駃不能达意，太祖怒其不敬，左右挝捶乱下，云奇右臂将折，垂毙，犹指贼臣第弗为痛缩。上悟，乃登城望其第，藏兵复壁间，刀槊林立。即发羽林掩捕考掠，具状磔于市。

综结以上的记载，胡惟庸党案的构成及经过是：

　　（1）胡惟庸擅权罔上。
　　（2）谋刺徐达。
　　（3）毒死刘基。
　　（4）与李善长相结交通。
　　（5）定远宅井生石笋，祖墓夜有火光，因有异志。
　　（6）结陆仲亨、费聚为助。
　　（7）收纳亡命。
　　（8）令李存义、杨文裕说李善长谋逆。
　　（9）遣林贤下海招倭，倭使如瑶伪贡率兵为助。
　　（10）遣封绩称臣于元求援。
　　（11）惟庸杀挽车者，太祖责偿死。
　　（12）阻占城贡使，被罪。
　　（13）私给文官以入官妇女坐罪。
　　（14）涂节上变。商皓白其私事。

（15）请上幸第谋刺，为云奇所发。

（16）狱具伏诛。胡党之名起。

（17）林贤狱成。

（18）李善长被杀。

（19）对日绝交。

（20）胡党株蔓数万人，元功宿将几尽。

以上试参证中日记载，说明这一事件的真相和明代初叶中日间的国际关系。

二 云奇告变

胡惟庸党案的真相，到底如何，即明人亦未深知，这原因大概是由于胡党事起时，法令严峻，著述家多不敢记载此事。到了事过境迁以后，实在情形已被淹没，后来的史家只能专凭《实录》，所以大体均属相同。他事有不见于《实录》的，便只能闭户造车，因讹传讹，所以极多矛盾的同时记载。正因为这许多记载之暧昧矛盾，所以当时人便有怀疑它的。郑晓以为"国初李太师、胡丞相、蓝国公诸狱未可知"。王世贞是明代的一个伟大精核的史学家，他的话应该可信了，他说：

> 胡惟庸谋逆，阴约日本国贡使以精兵装巨舶，约是日行弑，即大掠库藏，泛舟大海，事泄伏诛。上后却日本之贡以此。

他的儿子王士骐却不惜反对他的话，对这事件深为质疑，他以为：

> 按是年（十三年）诛丞相胡惟庸，延臣讯辞第云使林贤下海招倭军，约期来会而已。不至如野史所载，亦不见有绝倭之诏。本年日本两贡无表，又其将军奉丞相书辞意倨慢，故诏谕之。中云："前年浮辞生衅，今年人来匪诚。"不及通胡惟庸事，何耶？近年勘严世蕃亦云交通倭虏，潜谋叛逆，国史谓寻端杀之，非正法也。胡惟庸之通倭，恐亦类此。

由此可见，这事件的可信程度正如徐阶所授意的严世蕃狱词一样。按《明史》载世蕃狱具，徐阶以为彰主过，适所以活之，为手削其草。略云：

> 曩年逆贼汪直勾倭内讧，罪在不宥。直徽州人，与罗龙文姻旧，遂送十万金世蕃所，拟为授官……龙文亦招聚汪直通倭余党五百余人谋于世蕃。班头牛信亦自山海卫弃伍北走，拟诱致北虏，南北响应……

于是复勘实以"交通倭虏，潜谋叛逆，具有显证"上，严家由是方倒。狱辞中通倭诱虏二事，恰好做胡惟庸事件的影子。

在以上所引的史料中，冲突性最显著的是《明史》所记涂节、商皓告变和《纪事本末》所记的云奇告变二事。因为假使前者是真，则惟庸已得罪被诛，无请临幸谋刺之可能。假使后者是真，则惟庸亦当日被诛，无待涂、商二人之告发。质言之，两件告发案必有一件是假,或者两件都假,断不能两件都真。现试略征群籍,先谈云奇事件。

谷应泰关于云奇的记载,确有所本。此事最先见于雷礼所引《国琛集》。记述与谷氏小有异同。其文云:

> 太监云奇南粤人。守西华门,迹胡惟庸第,刺知其逆谋。胡诳言所居井涌醴泉,请太祖往观,銮舆西出,云虑必与祸,急走冲跸,勒马衔言状。气方勃崒,舌駃不能达。太祖怒其犯跸,左右挝捶乱下,云垂毙,右臂将折,犹奋指贼臣第。太祖乃悟,登城眺顾,见其壮士披甲伏屏帷间数匝,亟返棕殿,罪人就擒。召奇则息绝矣。太祖追悼奇,赐赠葬,令有司春秋祀之。墓在南京太平门外,钟山之西。

自后王世贞撰《胡惟庸传》即引此文,不过把"诳言所居井涌醴泉"改为:"伪为第中甘露降。"把地下涌出来的换成天上掉下来的罢了。邓元锡索性把他列入《宦官传》,以为忠义之首,不过又将名字改成奇云奇。傅维麟本之亦为立专传,仍复其名为云奇。其他明清诸著述家如陈建、严从简、邓球、尹守衡、彭孙贻、谷应泰,日人如饭田忠彦等,均深信不疑,引为实录。

在上引的诸家记载中,有一个共同的可疑点。这疑点是云奇身为内使,所服务地点与胡惟庸第相近,他既知胡氏逆谋,为什么不先期告发,一定要到事迫眉睫,方才闯道报警呢?这问题彭孙贻氏把它弥缝解答了。他说:

>时丞相胡惟庸谋大逆，居第距门甚迩。奇刺知其事，冀欲发未有路，适惟庸谩言所居井涌醴泉，邀上往赏，驾果当西出，奇虑必有祸，会走犯跸……

总算勉强可以遮过读者的究诘。但据以上诸书所记，惟庸请明太祖到他家里来看醴泉或甘露的日子是洪武十三年正月戊戌。据《明史》惟庸即以是日被诛。这样当天请客，当天杀头，中间并未经过审讯下狱的阶段，在时间上是否发生问题呢？这问题夏燮曾引《三编质实》证明其不可能，他说：

>考《实录》正月癸巳朔，甲午中丞涂节告胡惟庸谋反，戊戌赐惟庸等死。若然，则正月二日惟庸已被告发，不应戊戌尚有邀帝幸第之事。

我们在时间上的比较，已知此事非真。如再从事实方面考核，南京城高数仞，胡惟庸第据文中"壮士匿屏帷（或厅事）间"决非无屋顶——露天可知（《有学集》一○三引《明人记载》说：南京城西华门内有大门北向，其高与诸宫殿等，后门甍栋俱在，曰旧丞相府，即胡惟庸故第）。无论西华门离胡第怎样近（事实上愈近愈只能看屋脊），就譬如在景山山顶吧，故宫就在足下，除了黄澄澄的屋瓦以外，我们能看出宫殿内的任何事物出来吗？同理，胡第非露天，即使明太祖真有登过城这一回事，又何从知道胡第伏有甲兵，此甲兵且伏在厅事中，屏帷间！

据《国琛集》说胡惟庸第在西华门内——禁中。王世贞《旧丞相府志》颇疑其非是。考《昭示奸党第二录》载卢仲谦供，谓胡惟庸私第在细柳坊，按《洪武京城图志》：广艺街在上元县西，旧名细柳坊，一名武胜坊。又考《街市图》：广艺街在内桥之北，与旧内相近。则惟庸私第之不在禁中明甚。再按《实录》：丙午八月（1366）拓建康城；初旧内在建康旧城中，因元南台为宫，稍庳隘，上乃命刘基等卜地，定新宫于钟山阳。戊申正月（1368）自旧内迁新宫。由是知明太祖之迁居新宫在洪武元年，旧内固近惟庸第，新宫则在建康城北，云奇事件如在洪武十三年，则根本为不可能。

由以上的推断，云奇事件之无稽荒谬，已决然无可疑。不过这一传说又从何发生的呢？云奇与胡惟庸虽无关系，但这事件的本身是否有存在的可能性呢？这两疑问，何孟春氏的《云奇墓碑》将给我们一个满意的解答。

> 南京太平门外钟山西有内官享堂一区，我太祖高皇帝所赐，今加赠司礼监太监云公奇葬地也。案旧碑公南粤人，洪武间内使，守西华门。时丞相谋逆者居第距门甚迩，公刺知其事，冀因隙以发。未几，彼逆臣言所居井涌醴泉……
>
> 公所遭谋逆者旧状以为胡蓝二党。夫胡惟庸之不轨在洪武十三年，蓝玉在二十六年，胡被诛后，诏不设丞相，至蓝十四年矣。春敢定以胡为是，以补旧碑之缺，备他日史官之考证。

可见胡惟庸谋逆的真相，明初人就不大清楚。旧碑阙以存疑，尚不失忠实态度。何孟春自作聪明，硬断定为胡惟庸，后此史官，虽以此事不见《实录》，亦援引碑文，定为信谳，自王世贞以下至彭孙贻、饭田忠彦等都笃信其事，因讹传讹，结果当然是到处碰壁，怎么也解释不出时间性与空间的不可能和事实上的矛盾了。钱谦益《明太祖实录辨证》三说："云奇之事，国史野史，一无可考。嘉靖中朝廷因中人之请而加赠，何孟春据中人之言而立碑。"所谓中人，潘柽章以为是高隆。他说：

> 云奇事起于中官高隆等，相传为蓝玉时事。而何孟春从而附会之，以为玉未尝为丞相，故又移之胡惟庸。凿空说鬼，有识者所不道。

他疑心云奇事件是由邵荣三山门谋逆之事衍变来的。他说：

> 然考之史，惟平章邵荣尝伏兵三山门内欲为变，上从他道还，不得发。与墓碑所称相类。三山门在都城西南与旧内相近，上登城眺察，难悉睹也。岂云奇本守三山门，讹而为西华耶？或云奇以冲跸死，而宋国兴之告变踵至耶？事有无不可知，史之阙文，其为是欤？

三　如瑶藏主贡舶

《明史》所记之如瑶贡舶事，明清人记载极多。日人记载则多据中籍迻译，虽间有疑其支离者，亦仅及派使者之为征西或幕府，对于事实本身，则均一致承认。

关于胡惟庸通倭之明清人记述，其主要事实多根据《实录》及《大诰》，《明史》和《实录》更不过详略之异，大体一无出入。文中洋洋洒洒据口供叙述胡惟庸的罪状，于通倭投虏事，仅有二句：

惟庸使指挥林贤下海招倭军，约期来会。又遣元臣封绩致书称臣于元，请兵为外应。

惟庸诛后数日，在宣布罪状的演辞中，亦未提及通倭一字：

　　己亥，胡惟庸等既伏诛，上谕文武百官曰："……岂意奸臣窃国柄，枉法诬贤，操不轨之心，肆奸欺之蔽，嘉言结于众舌，朋比逞于群邪。蠹害政治，谋危社稷，譬堤防之将决，烈火之将燃，有滔天燎原之势，赖神发其蠹，皆就殄灭……"

于罢中书省诏中，亦只及其枉法挠政诸罪：

　　癸卯，罢中书省，诏曰："……丞相汪广洋、御史大夫陈宁昼夜淫昏，酣歌肆乐，各不率职，坐视废兴。以致胡惟庸私构群小，夤缘为奸，或枉法以贿罪，或挠政以诬贤，因是发露，人各伏诛……"

即在十六年后，太祖和刘三吾的谈话中，胡惟庸的罪状，也不过只是擅作威福和僭侈：

　　二十八年十一月上谓翰林学士刘三吾等曰："奸臣胡惟庸等擅作威福，谋为不轨，僭用黄罗帐幔，饰以金龙凤纹。迩者逆贼蓝玉，越礼犯分，床帐护膝，皆饰金龙，又铸金爵为饮器，家奴至于数百，马坊廊房，悉用九五间数,僭乱如此,杀身亡家。"

惟庸诛后七年,始于所颁《大诰》中提及林贤:

> 维十九年十二月望皇帝三诰于臣民曰:"……帝若曰前明州卫指挥贤私通惟庸,劫倭舶,放居倭,惟庸私使男子旺借兵私归贤,贤将辅入乱,不宁于黔黎,诛及出幼子。"

在洪武二十八年九月所颁《祖训》中,方才正式列出惟庸通倭的记载,其文云:

> 四方诸夷皆限山隔海,僻在一隅,得其地不足以供给,得其民不足以使令,若其自不揣量,来挠我边,则彼为不祥。彼既不为中国患,而我兴兵轻犯,亦不祥也。吾恐后世子孙,倚中国富强,贪一时战功,无故兴兵,致伤人命,切记不可。但胡戎与西北边境,互相密迩,累世战争,必选将练兵,时谨备之。

今将不征诸夷国名列后:

> 东北:朝鲜国
> 正东偏北:日本国(虽朝实诈,暗通奸臣胡惟庸,谋为不轨,故绝之。)
> 正南偏东:大琉球国 小琉球国

西南：安南国　真蜡国　暹罗国　占城国　苏门答剌　西洋国　爪洼国　湓亨国　白花国　三弗齐国　浡泥国

考《明史·胡惟庸传》谓："十九年十月林贤狱成，惟庸通倭事始著。"查《实录》十九年十月条不载此事。胡惟庸罪状中之通倭一事，据史言发觉在十九年，其唯一之根据为当时官书《大诰三编》。据此则十九年以前不当有绝倭之事，而事实上则却相反。《祖训》之成，据《大事记》所言第一次编成于洪武二年。第二次在六年五月。第三次在二十八年九月，重定名为《皇明祖训》，其目仍旧，而更其《箴戒》章为《祖训》首章。由是可知最后定本即仍洪武六年之旧，不过把原来《箴戒》章改成首章而已。胡惟庸事败在洪武十三年正月，通倭事发在十九年十月，不应先于洪武六年绝倭！细绎《祖训》文意，知其大旨不过戒子孙勿务远略损国威，所列不征之国，亦以其阻绝海洋，不易征服，于胡惟庸事，初无关涉。盖日本之被列为不征之国事在洪武六年以前，在洪武十九年到二十八年这时期，中方把胡惟庸事加入，作为佐证。后来读史的人不留心，把不征之国和胡惟庸事因《祖训》先后放在一起，就混为一事，并误为有因果关系。因胡惟庸狱词和《大诰》所载，辗转附会，惟庸之通倭谋逆及明廷因之与日绝交数事，遂成信谳了。

《国朝列卿记》所记全用《实录》原文，明代向例于《实录》修成后即焚稿扃史馆中，不为外人所见。所以后来人的记载大部分可说都是根据《列卿记》这部书。

因为《皇明祖训》《大诰》和《实录》中的记载，出于朝廷后来的史家便都一致相信，以为事实。自郑晓、郎瑛、章潢、邓元锡、茅瑞征、茅元仪、陈仁锡、张复、叶向高、方孔炤、黄道周及《制御四夷典故》诸书，一致以为太祖朝之中日绝交，是因为如瑶贡舶事件，如《苍霞草》所记：

> 已复纳兵贡艘中助逆臣胡惟庸，惟庸败，事发，上乃著《祖训》示后世毋与倭通。

《吾学编》《制御四夷典故》《皇明世法录》《图书编》诸书云：

> 十五年归廷用又来贡，于是有林贤之狱，曰故丞相胡惟庸私通日本，盖《祖训》所谓日本虽朝实诈，暗通奸臣胡惟庸，谋为不轨，故绝之也。是时惟庸死且三年矣。十七年如瑶又来贡，坐通惟庸，发云南守御。

渡边世祐《室町时代史》（页二三五）亦谓：

> 时明胡惟庸谋反，使宁波之指挥官请援于征西将军。征西府使僧如瑶率精兵四百余人伪入贡赴之。谋觉，胡惟庸伏诛，逮林贤狱起，我邦通谋事发觉，太祖大怒，尔后一时交通遂绝。

何乔远、郑若曾、严从简诸人记林贤与如瑶之事迹较详尽，《名山藏·王享记》云：

丞相胡惟庸得罪惧诛，谋诸倭不轨，奏调金吾卫指挥林贤备倭明州。阴遣宣使陈得中谕贤送日本使出境，则诬指为寇以为功。贤听惟庸计，事觉，惟庸佯奏贤失远人心，谪居之倭中。既惟庸请宥贤复职，上从之。惟庸以庐州人李旺充宣使召贤，且以密书奉日本王借精锐人为用，王许之。贤还，王遣僧如瑶等率精锐四百余人来，诈献巨烛，烛中藏火药兵器。比至惟庸已败，上犹未悉贤通惟庸状，发四百余人云南守御……十五年惟庸事觉，上追怒惟庸，诛贤磔之。于是名日本曰倭，下诏切责其君臣，暴其过恶天下，著《祖训》绝之。

所记恰与《大诰》合。《筹海图编》亦采此说，而误以胡惟庸为枢密使，为王士骐所讥。且以为先于洪武十六年诏绝日本，二十年如瑶事发，时代与各书歧异。日人辻善之助据之以为怀良亲王已于前四年卒，足证使非征西所遣。书中标明日使为归廷用，足补何氏之缺：

日本使归廷用入贡方物，厚赏回还，明州备倭指挥林贤在京随驾，时交通枢密使胡惟庸，潜遣宣使陈得中密与设谋，令将归廷用诬为倭寇，分用赏赐。中书省举奏其罪，流贤日本。洪武十六年诏绝日本之贡。贤流三年，逆臣胡惟庸暗遣人充宣使，私往日本取回，就借练精兵四百，与僧如瑶来献巨烛，中藏火药兵具，意在图乱，上大怒，磔贤于市，乃降诏责其君臣，绝其贡。

《殊域周咨录》本之，而以为十三年发如瑶云南守御，林贤事发则在洪武二十年。日人饭田忠彦、荻野由之、辻善之助、栗田元次及木宫泰彦和德人希泊鲁秃（Sicboldt）诸人所记大率根据以上所引。

李开先所记则与诸书微异，其所撰《宋素卿传》云：

> 自洪武年间因胡惟庸通倭密谋进寿烛，内藏刀箭。将夷以铜甑蒸死，绝其进贡。

这是他把永乐三年十一月日本使者自治倭寇的记载和如瑶贡舶事件混在一起误为一事的错误。

以上诸家所记都属于胡惟庸使林贤通倭，如瑶伪贡事件。王世贞一流的史家所记，则与此异：

> 日本来贡使，私见惟庸，乃为约其王，令舟载精兵千人，伪为贡者，及期会府中，力掩执上，度可取，取之；不可，则掠库物泛舸就日本有成约。

以下便接着叙云奇事件，把这两件事发生连带关系。他在另一记载中又说：

> 十三年丞相胡惟庸谋叛，令（日使）伏精兵贡舶中，计以表裹挟上，即不遂，掠库物，乘风而遁。会事露悉诛。而发僧使于陕西四川各寺中，著训示后世，绝不与通。

又把这事件和如瑶发生关系。陈仁锡、朱国桢诸人都相信这一说，引为定谳。稍后谷应泰、夏燮等，便兼采两家矛盾之说，并列诸事，作最完备之记录。

读了以上诸家记述之后，最后我们试一试与当时的官书一核，看到底哪些史料是可靠的，哪一些是不可靠的，《大诰三编》说：

> 前明州卫指挥林贤出海防倭，接至日本使者归廷用入贡方物。其指挥林贤移文赴都府，都府转奏，朕命以礼送来至京。廷用王事既毕，朕厚赏令归，仍命指挥林贤送出东海，既归本国。不期指挥林贤当在京随驾之时，已与胡惟庸交通，结成党弊。及归廷用归，惟庸遣宣使陈得中密与设计，令林指挥将廷用进贡舡只，假作倭寇舡只，失错打了，分用朝廷赏赐，却仍移文中书申禀。惟庸佯奏林指挥过，朕责指挥林贤就贬日本。居三年，惟庸暗差庐州人充中书宣使李旺者私往日本取回，就借日本国王兵，假作进贡来朝，意在作乱。其来者正使如瑶藏主左副使左门尉右副使右门尉，率精兵倭人带甲者四百余名——倭僧在外——比至，胡惟庸已被诛戮，其日本精兵，就发云南守御。洪武十九年朕将本人命法司问出造反情由，族诛了当。呜呼人臣不忠者如此！

又云：

> 其指挥林贤年将六旬，又将辅人为乱，致黔黎之不

宁，伤生所在，岂不得罪于天人者乎！遂于十九年冬十月二十五日将贤于京师大中桥及男子出幼者皆诛之，妻妾婢之。

我们且不推敲这事件的本身是否可靠，明太祖这样一个枭桀阴忮的人的话——一面之辞是否可信。光和其他的记载比较，至少以下几件事是明太祖或胡惟庸所未曾想及的。这几点是：

（一）诈献巨烛，烛中藏火药兵器的聪明主意。
（二）日本贡使私见惟庸，约贡千人相助绑票的事。
（三）时间的矛盾。
（四）归廷用十五年之再贡发觉事。
（五）奏调林贤备倭明州事。
（六）三年前惟庸初由右丞改左，正得宠眷而反惧诛事。

四　胡惟庸之罪状

洪武十三年正月胡惟庸被诛时的罪状是：

（一）毒死刘基。
（二）阻隔占城贡使。
（三）私给文臣以没官妇女。
（四）枉法挠政，朋比为奸。

刘基事据《明史》《本传》说：

基在京病时，惟庸以医来，饮其药，有物积腹中如拳石。其后中丞涂节首惟庸逆谋，并谓其毒基致死云。

据《胡惟庸传》，则惟庸之毒基，实为太祖所遣：

> 御史中丞刘基亦尝言其短，久之，基疾，上遣惟庸挟医视，遂以毒中之。

据《行状》所述，基未死前且曾以被毒状告太祖，太祖不理：

> 洪武八年正月，胡丞相惟庸以医来视疾，饮其药二服，有物积腹中如拳石，遂白于上，上亦未之省也，自是疾遂笃。三月上以公久不出，遣使问之，知其不能起也，特御制文一通，遣使驰驿送公还乡，里居一月而薨。

即由史臣纂修之《实录》，也说太祖明知刘基被毒事：

> 御史中丞涂节言前诚意伯刘基遇毒死，广洋宜知状。上问广洋，广洋对以无是事。上颇闻基方病时，丞相胡惟庸挟医往候，因饮以毒药。乃责广洋欺罔，不能效忠为国，坐视废兴……

由上引诸记载，参以《明史·刘基传》所叙胡惟庸与基之宿怨，乘隙中伤，太祖对基怀疑事。可知胡惟庸之毒基，确受上命，所以刘基中毒后，虽质言情状，亦置不理。并且派人看他会不会死，直到确知他必定要死，方派人送他回家。我们看汪广洋之死是为涂节告发，胡惟庸之被罪，也和刘基死事牵连，但在宣布胡氏罪状时，却始终没提起这事。由此可见"欲盖弥彰"，涂节之所以与胡惟庸骈戮东市，其故亦正在是。

关于阻隔占城贡使事，《明史》云：

> 洪武十二年占城贡便至都，中书不以时奏，帝切责丞相胡惟庸、汪广洋，二人遂获罪。

《实录》载此事较详，其文云：

> 十二年九月戊午，占城国王阿答阿者遣其臣阳须文旦进表及象马方物，中书臣不以时奏。内臣因出外，见其使者以闻，上亟召见，叹曰："壅蔽之害，乃至此哉！"因敕责省臣曰："朕居中国，抚辑四夷，彼四夷外国有至诚来贡者，吾以礼待之。今占城来贡方物既至，尔宜以时告，礼进其使臣，顾乃泛然若罔闻知，为宰相辅天子出纳帝命，怀柔四夷者固当如是耶！"丞相胡惟庸、汪广洋等皆叩头谢罪。

《明史》言："帝怒，切责省臣，惟庸及广洋顿首谢罪，而微委其咎于礼部，礼部又委之中书，帝益怒，尽囚诸臣，穷诘主者。"《高皇帝文集》卷七载《向中书礼部慢占城入贡第二敕》

云："敕问中书礼部必欲罪有所证。古有犯法者犯者当之，此私罪也。今中书礼部皆理道出纳要所，九月二十五日有慢占城入贡事，向及省部，互相推调，朕不聪明，罪无归著，所以囚省部，概穷缘由，若罪果有所证，则罪其罪者，仍前推调，未得释免。"旨意极严重，接着就是涂节上变告反，由此可见惟庸已于十二年九月二十五日下狱，到十二月又发生汪广洋妾陈氏从死事，再下法司取勘，涂节窥见太祖有欲杀之意，逢迎上变，遂于次年正月被诛。

庚午诏书中所指的"枉法朋比"，《明史》所记无实事可征。李善长狱后数年方发觉，此时当不能预为周纳。惟吴伯宗事别见其本传云：

> 胡惟庸用事，欲人附己，伯宗不为屈。惟庸衔之，坐事谪居凤阳，上书谕时政，因言惟庸专恣不法，不宜独任，久之必为国患，辞甚剀切。帝得奏召还，赐衣钞。

则伯宗自以坐事谪徙，亦未尝得"危祸"也。刘崧事见《高皇帝文集》七《召前按察副使刘崧职礼部侍敕》云："奸臣弄法，肆志跳梁，拟卿违制之责。迩者权奸发露，人各伏诛。卿来，朕命官礼部侍郎，故兹敕谕。"其朋比事，当时人的记载，《国初事迹》中，有这样一条：

> 杨宪为御史中丞。太祖尝曰："杨宪可居相位。"数言李善长无大才。胡惟庸谓善长曰："杨宪为相，我等

淮人不得为大官矣。"宪因劾汪广洋不公不法，李善长奏排陷大臣，放肆为奸等事，太祖以极刑处之。

刘辰曾佐太祖戎幕，所记当得之见闻，较可征信。且善长、惟庸均为淮人，惟庸之进用，又为善长所援引，为保全禄位树立党援计，其排斥非淮系人物，又为势之所必至。不过据这一条史料的引证，也仅能证明惟庸之树党而已。《高皇帝文集》卷十六《跋夏圭长江万里图》文中有指摘惟庸受赃语，不过尽他所能指摘的也还不过是一幅不甚著名的图。其文云："洪武十三年春正月奸臣胡惟庸权奸发露，令法司捕左右小人询情究源，良久，人报左丞赃贪淫乱甚非寡欲。朕谓来者曰：果何为实，以验赃贪？对曰：前犯罪人某被迁，其左相犹取本人山水图一轴，名曰《夏珪长江万里图》。朕犹未信，遣人取以验，去不逾时而至，吁！微物尚然，受赃必矣。"

促成惟庸谋反的动机，据《明史》说是：

会惟庸子乘马于市，堕死车下，惟庸杀挽车者，帝怒，命偿其死。惟庸请以金帛给其家，不许。惟庸惧，乃与御史大夫陈宁、中丞涂节等谋起事，阴告四方及武臣从己者。

此文全据《实录》，而略其下一段。今补列如下：

上日朝，觉惟庸等举措有异，怪之，涂节恐事觉，乃上变告。

据上文所申述，我们知道惟庸于十二年九月下狱取勘，《实录》所记太祖自己在朝堂上觉察惟庸举措，事实上为不可能。《宪章录》《皇明法传录》诸书因其矛盾，舍去不录，《明史》因之。我们如再细心检讨一下，就可以知道，不但《实录》之事后增饰和《明史》诸书之截短取长是靠不住的，即其所记之惟庸子死事，也是同样的叫人不敢相信。如王世贞记惟庸狱起前之所谓促成谋反之动机云：

会其家人为奸利事，道关榜辱关吏，吏奏之，上怒，杀家人，切责，丞相谢不知乃已。

又以中书违慢，数诘问所由。惟庸惧，乃计曰："主上鱼肉勋旧臣，何有我耶！死等耳，宁先发，毋为人束，死寂寂。"

同样是在叙述同一事件，并且用同一笔法，但所叙的事却全不相符，一个说是惟庸子死，一个说是惟庸家人被诛。显见这两种不同的记载是出于两种不同的来源，由此又可知胡惟庸事件在明嘉靖以前是怎样一个纷乱矛盾的样子了。

《高皇帝文集》卷七有《谕丞相柱序斑敕》，所谓丞相当即指惟庸言，但细绎敕意，亦只是责其刑罚不中而已。敕云："《传》曰：刑罚不中，则民无所措手足。今日序斑奏，昨晚一使自山西至，一使自太仓来省，引进将至与姓名，且曰郎中教只于此处候丞相提奏引见，已而终不见，郎中复唤，于是不敢引见，是有丞相怪责，不由分诉，刑及二十而肤开，甚枉之。因序斑奏枉，试释之，若为上者教人正其事而后罪人不行，此果刑罚之中乎？"

总之，在上文所引述的史料中，我们找不出有"谋反"和"通倭"、"通虏"的具体记载。这正好像一个故事，时代越后，故事的轮廓便越扩大，内容也越充实。到了洪武二十三年后，胡惟庸的谋反便成铁案，装点得有条有理了。钱谦益引《昭示奸党三录》说：

> 自洪武八年以后，惟庸与诸公侯约日为变，殆无虚月，或候上早朝，则惟庸入内，诸公侯各守四门，或候上临幸，则惟庸扈从，诸公侯分守信地，皆听候惟庸调遣，期约举事。其间或以车驾不出而罢，或以宿卫严密，不能举事而罢，皆惟庸密遣人麾散，约令再举，五年之中，期会为变无虑二百余。

考《太祖本纪》胡惟庸以洪武六年七月壬子任右丞相，十年九月辛丑改左。其时惟庸正被恩眷，得太祖信任。《高皇帝文集》卷二载是时《命丞相大夫诏》："朕平天下之初，数更辅弼，盖识见浅薄，任非其人。前丞相汪广洋畏懦迂滑，其于申冤理枉，略不留意。以致公务失勤，乃黜为岭南广省参政，观其所施，察其自省。今中书久阙丞相，御史台亦阙大夫，揆古稽今，诚为旷典，特命左丞相胡惟庸为中书右丞相，中丞陈宁为右御史大夫。且惟庸与宁自广洋去后，独署省台，协诚匡济，举直措枉，精勤不怠，故任以斯职。播告臣民。"云云。据《奸党录》所言，则不特《实录》所记惟庸诸谋叛动机为子虚，即明人诸家所言亦因此而失其立足点。因为假使惟庸已蓄意谋叛，其行动且早至被诛之五年前，且屡试屡败，则何以史文又曲为之隐？于《奸党三录》所云"五年之中期会为变无虑二百余次"一事至不著一字！何以《明史》及《弇州别集》诸书仅著其"以祥瑞自喜有异谋"、"令费聚陆仲亨收集军马"、"收集亡命"、"通倭欵虏"、"被责谋起事"诸近疑似暧昧之刑法上所谓"意图"的记载，而及略其主要之已举未遂行为！

《实录》记李善长狱事，尤暧昧支离，使人一见即知其捏造。盖其所述谋反情事，皆援据当时狱辞，其不可信，又无待究诘。且即以所叙和《昭示奸党录》所条列善长诸招一校，亦有未核。《实录》云：

> 太仆寺丞李存义者，善长之弟，惟庸之婿父也。以亲故往来惟庸家。惟庸令存义阴说善长同起，善长惊悸曰："尔言何为者！若尔，九族皆灭。"存义惧而去，往告惟庸，惟庸知善长素贪，可以利动。后十余日，又令存义以告善长，且言事若成，当以淮西地封公为王，善长虽有才能，然本文吏计深巧，佯惊不许，然心颇以为然，又见以淮西之地王已，终不失富贵，且欲居中观望，为子孙后计，乃叹息起曰："吾老矣，由尔等所为。"存义还告，惟庸喜，因过善长，善长延入，惟庸西面坐，善长东面坐，屏左右欵语良久，人不得闻，但遥见颔首而已。惟庸欣然就辞出，使指挥林贤下海招倭军约期来会，又遣元臣封绩致书称臣于元，请兵为外应。

《明史》别据明人所记以为说善长以封王者为其故人杨文裕。

于其冤抑，特载解缙所代草之王国用奏疏剖解甚明。钱谦益据当时招辞谓：

> 洪武十年九月惟庸以逆谋告李存义，使阴说善长，未得其要领。乃使其旧人杨文裕许以淮西地封王，是年十一月，惟庸亲往说善长，善长犹趑趄未许，即国史所记惟庸西面坐善长东面坐者是也。然此时善长未许，至十二年八月，存义再三往说，善长始有：我老了你每自做之语。

在上载的两项文件的矛盾中，最显著的是时间问题。《实录》说惟庸几经游说善长，得其赞许后，方进行通倭款虏二事，《实录辨证》据当时口供考定为洪武十二年八月事。惟庸被诛在次年正月，离定谋只是五个月间的事。下狱在九月，离定谋更仅一月。据《明史·日本传》《名山藏·王享记》《筹海图编》诸记载，惟庸先遣林贤为明州卫指挥，再佯奏其罪谪日本，使交通其君臣，再请宥贤复职，以李旺召之，且以密书奉日本王借精锐人为用。然后有如瑶藏主之贡舶事件。林贤在日本的时间，《大诰三编》和《筹海图编》都说是三年。其回国在洪武十六年后，这当然是不可靠的（郑若曾连胡惟庸卒年都弄不清楚，以为是洪武二十年间事）。不过无论如何，照那时代的航海情形，这一来一往总非一二月可办。据雷礼记如瑶第一次来华之时日为洪武十四年七月戊戌，正值惟庸败后一年，事颇巧合。不过我们所注意的是胡惟庸能否在死后再派人去召回林贤，在定谋和被诛的五个月中要容纳至少要三年以上的时间才办得到的事实是否可能？通倭事发的年月据《明史》说是在洪武十九年十月，但除当时的官书《大诰》外，我们翻遍《实录》也找不出有这项记载的存在。即在钱谦益所引胡党供辞中亦不及此事。同时在日本方面，除了引征中国的记载外，亦不著如瑶使节之任何事实。甚至在中日双方的若干记载中，有的连日本使者和派遣者的本身都有无数异说。这到底是什么缘故呢？很明显的，此种不被当事人所注意的时间问题，因为事实的本身，出于故意捏造或附会，事后编制，只图假题入罪，便不能顾及时间上的冲突。更因为所附会周纳的故事见于朝廷所颁发的《大诰》，大家不敢不相信，载诸记录，因讹传讹，遂成铁案了。

惟庸私通外夷的第二件事是通虏。《明史》说：

> 遣故元臣封绩致书称臣于元嗣君，请兵为外应……二十一年蓝玉征沙漠，获封绩，善长不以奏，至二十三年五月事发，捕绩下吏，讯得其状，逆谋大著。

《李善长传》亦言：

> 将军蓝玉出塞至捕鱼儿海，获惟庸通沙漠使者封绩，善长匿不以闻。

嗣后王世贞、朱国桢诸人所记，均据之以封绩为元臣或元遗臣。这一些记载的根据都很有来历，《实录》记：

> 封绩河南人，故元臣来归，命之官，不受，遣还乡

又不去，谪戍于边，故惟庸等遗书遗之。惟庸诛，绩惧不敢归，蓝玉于捕鱼儿海获绩，善长匿不以奏。

按《昭示奸党录》所载封绩供辞：

封绩招云："绩系常州府武进县人。幼系神童。大军破常州时被百户掳作小厮，拾柴使唤。及长，有千户见绩聪明，招为女婿。后与妻家不和，被告发迁往海南住。因见胡、陈擅权，实封言其非；为时中书省凡有实封到京，必先开视，其有言及己非者即匿不发，仍诬罪其人。胡丞相见绩所言有关于己，匿不以闻，诈传圣旨，提绩赴京，进刑部鞠问坐死。胡丞相著人问说，你今当死，若去北边走一遭，便饶了你。绩应允，胡丞相差宣使送往宁夏耿指挥（忠）、居指挥、于指挥（琥）、王指挥等处，耿指挥差千户张林、镇抚张虎、李用转送亦集乃地面，行至中途，遇达达人爱族保哥等就与马骑，引至火林，见唐兀不花丞相，唐兀不花令儿子庄家送至哈剌章蛮子处，将胡丞相消息备细说与：著发兵扰边，我奏了将京城军马发出去，我里面好做事。"

《国史考异》二引《庚午记书》亦云：

于琥（都督于）显男。先在宁夏任指挥时，听胡、陈吩咐，囚军封绩递送出京，往草地里通知消息。后大军克破胡营，获绩究问，二人反情，由是发觉。

与《实录》《明史》《弇州别集》《开国臣传》及明代诸记载家如黄金、陈仁锡、何乔远、雷礼诸人所言无一相合。由是知不但封绩非元臣，非河南人，非胡惟庸亲信，且与李善长亦始终无涉。不但上述诸正史及野记无一可信，即上引之封绩供辞亦不必实有，因为明代兵制初不集中兵力于首都，而于沿边要隘及内部冲区设卫分镇，明初尤重视北边防务，以燕王棣守北边，隶以重兵，自后九边终明一代为防虏重镇。即有侵轶，初无用于京军之调动，假使真有封绩使元这一件事，胡惟庸自身任军国大政，反说出这样荒谬绝伦的话，理宁可通！

由上引证，可知所谓通倭通虏都是"莫须有"的事。上文曾说过：胡惟庸事件正像一个在传说中的故事，时间越后，故事的范围便越扩大。根据这个原则，我们试再检校一下胡惟庸私通外夷这一捏造的故事的范围的扩大。

在时代较前的记载中，胡惟庸私通外夷的范围，仅限明代一代所视为大患的"南倭北虏"。稍后便加上一个三佛齐，再后又加上一个卜宠吉儿，最后又加上一个高丽。

《太祖实录》洪武三十年中，载胡惟庸通三佛齐事：

> 三十年，礼部奏诸番国使臣客旅不通。上曰："……近者安南、占城……西洋、邦嗒剌等凡三十国，以胡惟庸谋乱，三佛齐乃生间谍，给我使臣至彼。爪哇国王闻知其事，戒饬三佛齐，礼送还朝。是后使臣商旅阻绝，诸国王之意，遂尔不通……"
>
> 于是礼部咨暹罗王曰："……我朝混一之初，海外诸番莫不来庭。岂意胡惟庸造逆，通三佛齐，乃生间

谍，给我信使，肆行巧诈……可转达爪哇，俾以大义告于三佛齐，三佛齐原系爪哇统属，其言彼必信，或能改过从善，则与诸国成礼遇之如初，勿自疑也。"

永乐五年诏敕陕西官吏，又有通卜宠吉儿事：

　　八月敕陕西行都司都指挥陈敬等及巡按监察御史，禁止外交。

上曰："臣无外交，古有明戒，太祖皇帝申明此禁，最为严切。如胡惟庸私往卜宠吉儿，通日本等处，祸及身家，天下后世，晓然知也……"

高岱记太祖朝事，说胡惟庸和高丽也有关系：

　　十七年甲子三月上因高丽使来不遵臣礼，以贿结逆臣胡惟庸，事觉，遣其使还。以敕谕辽东守将唐胜宗、叶升，令绝高丽，勿通使命。

这样，胡惟庸私通外夷，东通日本高丽，西通卜宠吉儿，南通三佛齐，北通沙漠，东西南北诸夷，无不与胡惟庸之叛逆发生关系。

五　明初之倭寇与中日交涉

如瑶贡舶事件，记载纷纭，多不可信。举其矛盾处之显著者，如使节之派遣者或以为征夷将军源义满，或以为征西将军怀良亲王。明人如郑晓、雷礼、章潢、何乔远、李言恭、陈仁锡、王士骐、邓元锡、茅瑞征、严从简、方孔炤诸人均以为助胡惟庸谋逆者为怀良亲王。茅元仪、叶向高诸人则以为派遣如瑶来华者为征夷将军。《日本考》云：

> 十三年再贡皆无表，以其征夷将军源义满所奉丞相书来，书倨甚，命锢其使。明年复贡，命礼臣为檄，数而却之。已复纳兵贡舶中助逆臣胡惟庸。惟庸败，事发，上乃著《祖训》示后世，毋与倭通。

此以贡舶之来为在十四年后，时胡惟庸已死垂二年，叶向高所记全同。日人松下见林采其说，谓：

> 明太祖答日本征夷大将军曰："前奉书我朝丞相。"丞相谓胡惟庸也。又《武备志》曰："征夷将军源义满所奉丞相书来，已复纳兵贡舶中助胡惟庸。"观此则义满助胡惟庸者也。

荻野由之反之，肯定如瑶为怀良所遣。希泊鲁秃则不特坚持怀良遣使之说，且著其遣使之年为元中元年（洪武十七年，1384）并云：

> 胡之谋图被发觉，诛三族，如王念（如瑶，刊讹）不知入明，故被捕流云南，数年之后，被宥归国。

小林博氏亦主是说，且记此阴谋之发觉时间为弘和二三年间

（明洪武十五、十六年，1382—1383）。辻善之助则误据《筹海图编》所记，以贡舶为洪武二十年事，而断云：

  时怀良亲王死已四年，良成亲王继任，无出兵海外之余裕，此事恐为边陲倭寇之首魁所为。

他知道怀良的卒年，因以断定贡舶非其所遣，同时他却忘记了胡惟庸也已死了八年，这事如何能同胡惟庸发生联系！木宫泰彦亦主二十年之说，且以怀良之遣使事为必有。他说：

  此所指日本国王系指怀良亲王，细读《明史》，自能了解。此事不见于日本国史，但弘和元年曾有为亲王使者抵明之僧，由当时亲王对明之强硬态度，与弘安以来养成之冒险的风气推之，想必有此事也。

所说纯据想象，虚构楼阁，不足置信。

在另一方面的各家记载纷歧，也不一而足，如如瑶贡舶所纳兵士或以为四百人（《名山藏》《明史》诸书），或以为千人（《弇州别集》《献征录》诸书），通倭之经过，或以为使林贤下海招约（《明史》），或以为适日本贡使来因与私约（《弇州别集》），林贤狱具或以为在洪武十九年十月（《明史》），或以为在洪武十五年（《皇明书》《制御四夷典故》《皇明世法录》），或以为在二十年（《殊域周咨录》），如瑶末次来华或以为在十七年（《皇明书》），或以为在十九年（《大政记》），或以为在二十年（《筹海图编》）。如瑶末次来华之谪徙地方或以为发陕西（《明史纪事本末》），或以为发云南（《名山藏》《殊域周咨录》），或以为发川陕（《日本国志》），如瑶所率精兵或以为尽被诛夷（《献征录》《明史纪事本末》），或以为尽发云南守御（《皇明书》《名山藏》）。种种歧异矛盾，数不胜数。

如瑶贡舶事在《日本国史》既无足征，中籍所记又荒唐如此，由此可知这本是一件莫须有的事，如瑶即使真有其人，也不过只是一个通常的使僧或商贩，和胡惟庸党案根本无关。

向来中日两方的记载都以为明初中日绝交的主要原因是如瑶贡舶事件。上文既已论及如瑶贡舶之莫须有，以下试略一述中日初期交涉之经过，以说明其绝交前后之情势，从反面证明在此情势中实无容纳如瑶贡舶事件之可能。

明初中日两方之所以发生外交关系，在中国方面是因为倭寇出没，请求制止，在日本方面则可说完全是基于经济的关系。

《明史》说：

> 明兴，高皇帝即位，方国珍、张士诚相继诛服，诸豪亡命往往纠岛人入寇山东滨海州县。

日本在王朝之末，纪纲大乱，濑户内海，海贼横行，至镰仓时代不绝。南北争乱之顷，其势逾逼。伊豫之住人村上三郎左卫门义弘者统一近海海贼为之首长，义弘死后，北昌显家之子师清代为首长，率其党以掠夺为事。入寇者以萨摩、肥后、长门、三州之人居多，其次则大隅、筑前、筑后、博多、日向、摄摩、津州、纪伊、种岛，而丰前、丰后和泉之人亦间有之，盖因商于萨摩而附行者，其来或因贡舶，或因商舶。随风所之，南至广东，北至辽阳，无不受其荼毒。由是海防成明代大政，设戍置寨，巡捕海倭，东南疲于奔命。

明廷要解决倭患，只有三个办法：上策是用全国兵力，并吞日本以为藩属，倭患不扫自除。中策是以恩礼羁縻，示以小惠，许以互市，以其能约束国人为相对条件。下策是不征不纳，取闭关政策，努力防海，制止入犯。在这三个办法中，最难办到的是下策。因为中国海岸线延长二万里，倭寇可以随处侵入，中国却没有这财力和兵力来到处设防，即使可能，兵力太单了也不济事。上策也感觉困难，因为中国是一个大陆国，没有强大的海军，要征服这一倔犟的岛国，简直办不到。并且基于过去隋、元二代的历史教训，也不敢轻易冒这大险。元吴莱曾作了一篇《论倭》的文章，反复地说明伐倭之无益和大海之阻隔，要征服它是不可能的事。他建议应当遣使往谕，以外交的手腕去解决倭寇问题。这篇文章影响到明代的对日政策，明太祖差不多全盘地接受了他对元朝的劝告和建议，毅然地抛弃上策，把日本列为十五不征之国之一，著在《祖训》。

但是，一个国家要能行使它的统治权，先决问题是这个国家的统一。不幸在这时期，日本国内却陷于南北分裂的对峙局面，政治上的代表人物，在北朝是征夷将军源义满，在南朝是征西将军怀良亲王，北朝虽愿和中国通商，解决它财政上的困难，南朝却以倭寇为利，且以政治地位的关系，也不肯让北朝和明有任何外交关系。以此，明廷虽经几度的努力，终归无效，结果仍不得不采取下策，行闭关自守之计。

第一次的倭寇交涉完全是恐吓性质，洪武二年三月明廷派吴用、颜宗鲁、杨载、吴文华使日，到征西府责以倭寇责任，诏书云：

> ……间者山东来奏，倭兵数寇海边，生离人妻子，损害物命，故修书特报正统之事，兼谕越海之由。诏书到日，如臣奉表来庭，不臣则修兵自固，永安境土，以永天休。如必为寇盗，朕当命舟师扬帆诸岛，捕绝其徒，直抵其国缚其王，岂不代天伐不仁者哉！惟王图之。

怀良的答复是杀明使五人，拘留杨载、吴文华两人三个月才放回。

三年三月又作第二次交涉，以莱州府同知赵秩往谕，委婉劝导中含有恐吓的意味，诏书说：

> ……蠢尔倭夷，出没海滨为寇，已尝遣人往问，久而不答，朕疑王使之故扰我民，今中国奠安，猛将无用武之地，智士无所施其谋，二十年鏖战精锐，饱食终日，投食超距，方将整饬巨舟，致罪于尔邦，俄闻被寇者来归，始知前日之寇，非王之意，乃命有司暂停造舟之役。
>
> 呜呼！朕为中国主，此皆天造地设，华夷之分。朕若效前王恃甲兵之众，谋士之多，远涉江海，以祸远夷安靖之民，非上帝之所托，亦人事之不然。或乃外夷小邦故逆天道，不自安分，时来寇扰，此必神人共怒，天理难容，征讨之师，控弦以待；果能革心顺命，共保承平，不亦美乎！……

一面又派前曾使日之杨载送还捕获之日本海贼僧侣十五人，想用示惠的手腕，使日本自动地禁捕倭寇。这一次的交涉，总算博得相当的成功。洪武四年十月怀良遣其臣僧祖来进表笺，贡方物，并僧九人来朝。又送至明州、台州被掳男女七十余口。

日使祖来到南京后，明廷向之经过几度的咨询，才恍然知日本国内分裂情形，怀良并非日本国王，以前几次的交涉，不幸都找错了对手。

明廷于是改变方针，想和北朝直接交涉。洪武五年五月特派僧仲猷祖阐、无逸克勤为使，以日僧椿庭海寿、权中巽为通事，使者一行八人，送祖来回国。先是建德二年（洪武四年）肥后守菊池武光奉怀良亲王起兵谋复筑紫，与今川贞世（了俊）战于镇西，败绩，贞世寻为镇西探题，势力方盛。怀良由博多移于肥后之菊池。明使一登岸，新设的北朝守士官见其与祖来同来，以为是征夷府向中国乞师回来的使节，因加以拘辱。不久即遣送至京，滞留二月，始就归途。途经征西府，怀良愤其秘密入京，及颁示大统历有使奉正朔之意，复加拘辱。七年五月始还南京。

这一次对北朝交涉的结果，北朝因连年征战，帑藏奇绌，正盼能和中国通商，解决财政上的困难，所以明使一至京，便完全容纳禁倭之请，一面因征西府梗中日商道，派兵来攻。一面派僧宣闻溪（摁州太守圆宣）净业喜春备方物来贡，又送还所掳中国及高句丽民百五十人。这是征夷府第一次遣明的使节，不幸因无正式国书，征南之举又失败，道路不通，被明廷疑为商人假冒，以拒绝接待。

同年大隅守护之岛津氏久和征西府之菊池武政都遣使来贡，冀图通商，明廷以其非代表国家，且不奉正朔，均却之。又以频入寇掠，命中书移牒责之。

洪武八年七月征西府遣僧廷用文圭（归廷用，圭廷用）奉表贡马及方物，表词倨犟负固。此时明廷对日方有进一步之了解，他们知道日本南朝在利用倭寇，万不肯加以禁止，自闭财源。北朝虽极盼通商，并愿禁倭，但为南朝所阻，无力制止，其他派使入贡者又全是不能代表政府的大名藩士和唯利是图的商人。外交解决的途径至此全穷，在事实上不能不放弃中策，予日本以经济上的封锁，一面严修海防为自卫之计了。

明廷虽已决计绝日，但在表面上仍和日本派来的正式使节虚与委蛇，希望能得外交上的转机。洪武十三四年间和征夷、征西两方打了几次笔墨官司。征西府的挑战倨犟态度，给明廷以极大的侮辱。明廷极力容忍。以后通使较稀，但仍未完全断绝外交关系。1383年怀良亲王死，北朝势旺，忙于国内之统一运动，和明廷的关系因之暂时停止。

根据以上简约的叙述，可知明初即已列日本为十五不征之国之一，其地位和朝鲜、安南、爪哇、渤泥诸国同。明廷之所以决意绝日的原因是倭寇频繁，日政府不能禁止，无再向请求或恫吓之必要。且绝日的动机肇于洪武八年，在三次交涉失败之后，在胡惟庸死前五年。胡氏死后中日亦未完全断绝国交，时有使节往来。洪武十九年后的中日关系疏淡，则以倭患较稀，日本国内政治势力发生变化之故。由此可知，一切关于胡惟庸和明初中日国际关系之传说，均系向壁虚造，毫无根据。

六　胡惟庸党案之真相

据上文所论证，我们知道关于中日关系部分：

（一）明初明廷通好日本的真正原因，纯为请其禁戢倭寇。在日本方面，征西府借海贼寇掠所得支撑偏局，一面虚与明廷委蛇，借得赏赐贸易之大利，故态度倨犟，有恃无恐。征夷府极盼能和明廷缔结正当的外交关系，盼能因而达通商的愿望，但因政局不统一，且阻于南朝之割据，没有禁倭的力量。兼之明廷数度来日的使节，都因不明国情而发生严重的误会。日本使节则因其非代表整个国家，不能禁倭，且有时无正式国书和商人冒名入贡因而入寇的阔隔，使明廷不敢接待。在明初十数年中虽努力交涉，用尽外交上恫吓讲理示惠的能事，但倭寇仍不因之少减，对方仍蛮不讲理，明廷不得已，改采下策，却仍藕断丝连，企图贯彻前策。

（二）明太祖列日本于十五不征之国，事在洪武六年以前，和如瑶贡舶及绝交事根本无关。

（三）如瑶贡舶事纯出捏造。即使有如瑶其人，亦与胡案无任何联属。

（四）林贤下海招倭事，据记载上之矛盾及时间上之不可能，亦可决为必无。虽证出官书，不足置信。

关于胡案部分：

（一）云奇事件出于中人附会，也许即由邵荣谋叛事转讹。

（二）刘基被毒，出于明太祖之阴谋。胡惟庸旧与刘基有恨，不自觉地被明太祖所利用，胡下狱后涂节窥见明太祖欲兴大狱之意旨因以此上告，商皓亦受朝廷指，发其阴事，胡案因起。同时涂节等因触明太祖私隐，亦被杀灭口。

（三）占城贡使事及汪广洋妾从死事都只是胡惟庸和廷臣连带下狱的偶然口实，不过借此使人知胡失宠，无形中示意言官使其攻击胡氏，因以罗织成狱的一个过程而已。

（四）李善长狱与封绩使元事根本无关系。《明史》诸书所记封绩事最荒谬不可信。李善长之被株连，其冤抑在当时解缙所代草之王国用疏辞辨之甚明。

胡惟庸的本身品格，据明人诸书所记是一个枭猾阴险、专权树党的人。以明太祖这样一个十足的自私惨刻的怪杰，自然是不能相处在一起。一方面深虑身后子懦孙弱，生怕和他自己并肩起事的一班功臣宿将不受制驭，因示意廷臣，有主张地施行一系列的大屠杀，胡案先起，继以李案，晚年太子死复继以蓝案。胡惟庸的被诛，不过是这一大屠杀案的开端。

胡案的组织过程，根据当时的公私记载，很显然地摆露在我们的目前。在胡案初起时，胡氏的罪状只是擅权植党，这条文拿来杀胡惟庸有余，要用以牵蔓诸勋臣宿将却未免小题大做。在事实上有替他制造罪状的必要。明代的大患是南倭北虏，人臣的大罪是结党谋叛，于是明太祖和他的秘书们便代替胡氏设想，巧为造作，弄一个不相干的从未到过北边的江苏人封绩，叫他供出胡惟庸通元的事迹，算作胡党造反的罪状。后来又觉得有破绽，便强替封绩改籍为河南人，改身份为元遗臣，又叫他攀出李善长，引起第二次屠杀。一面又随便拣一个党狱中人林贤，捏造出一串事迹，算他通倭。恰巧胡惟庸死后不久，日使或日商来华，因无国书被明廷诘责，他们就把这两件事并为一事，装点成有因果关系，再加上洪武六年前所纂的《皇明祖训》中的文证，这反情便成铁案了。同时中日关系因倭寇问题恶化，明廷感于外交的失败，不得不采取下策，闭关自守，却又不愿自承失败，贻讥藩属，就大肆宣传名正言顺地把绝倭的责任委在莫须有先生的如瑶头上。为取信于天下后世计，又把此事特别写在《大诰》中叫全国人读，一面又在《祖训》首章加入小注，于是胡惟庸之通房通倭，成为信谳，明廷也从此脱卸了外交失败的耻辱。

除上文所说的政治的国际的关系之外，胡案构交的因素，还有经济的、阶级的关系在鼓动着。

明初连年用兵，承元疲敝之后，益以兵荒天灾，国库奇绌。一面又因天下未定，不能不继续用兵。明太祖及其部属大抵都出身卑贱，自来就不满于一般专事剋削的地主钜商，因此除不断用徙富民的政策以夺其田产以益军实外，又不断地寻出事来择肥而噬，屡兴大狱的目的只是措财筹款，最显著的如《明史·刑法志》所记郭桓事件：

> 郭桓吏部侍郎也。帝疑北平二司官吏李彧、赵全德等与桓为奸利，自六部左右侍郎下皆坐死。赃七百万，词连直省诸官吏，系死者数万人，核赃所寄借遍天下，民中人之家大抵皆破。

只是一疑心，就筹出七百万的大款，这是一件最便当的生财大道。又如空印事件：

> 十五年空印事发。每岁布政司府州县吏诣户部核钱粮军需诸事，以道远预持空印文书，遇部驳即改以为常。及是帝疑有奸，大怒，论诸长吏死，佐贰榜百戍边。

也只是一疑心，把天下的财政官长都杀了，杀头与籍没相连，这一疑心又自然地筹了一笔大款。胡案、蓝案的副目的也不外此，在这一串党狱中，把一切够得上籍没资格的一起给网进去，除了不顺眼的文官，桀骜的宿将以外，他所特别注意的是由大地主充当的粮长和大富豪充当的盐商，如《大诰三编》所举出的于友、李茂实、陆和仲和他书所记的浦江郑氏、苏州沈氏诸狱，均足以证明此狱的动机。

另一方的明太祖自身出身寒贱，寄迹缁流，且又赋性猜嫌，深恐遭知识分子所讥刺。在他初起事的时候，不能不装作礼贤下士的神气，借作号召，及至大事已定，便不惜吹毛求疵，屡兴文字之狱。又恐知识分子不为所用，特颁《大诰》，立寰中士夫不为君用之目。一面算是严刑示威，一面却也不无带着一些嫉视的阶级意识。《大诰》中所列文士得罪者不下千人。在胡蓝二狱中所杀的几万人中大部属于知识分子，其中之著者如宋濂以一代帝师匡翊文运，仍不惜曲为归纳，以其孙慎与胡党有连为辞，流之致死。其他同时诸文士，凡和明太祖稍有瓜葛的也都不得善终，赵瓯北《廿二史劄记》曾替他算过一笔草账。另一方面却极力设学兴教，进用宋讷一流刻薄寡恩的教师，用廪禄刑责造就出一批听命唯谨的新知识分子出来，做皇帝个人的驯仆，来代替老一辈的士大夫。这是明太祖巩固君权的方法，也是这几次大狱的起因。

原载《燕京学报》第十五期

1934年6月

明初的恐怖政治

洪武二十八年（1395）正式颁布《皇明祖训》。这一年，朱元璋已经是六十八岁的衰翁了。

在这一年之前，桀骜不驯的元功宿将杀光了，主意多端的文臣杀绝了，不顺眼的地主巨室杀得差不多了，连光会掉书袋子搬弄文字的文人也大杀特杀，杀得无人敢说话，甚至都不敢出一口大气了。杀，杀，杀！杀了一辈子，两手都涂满了鲜血的白头刽子手，踌躇满志，以为从此可以高枕无忧，皇基永固，子子孙孙吃碗现成饭，不必再操心了。这年五月，特别下一道手令说："朕自起兵至今四十余年，亲理天下庶务，人情善恶真伪，无不涉历，其中奸顽刁诈之徒，情犯深重，灼然无疑者，特令法外加刑，意在使人知所警惧，不敢轻易犯法。然此特权时措置，顿挫奸顽，非守成之君所用长法。以后嗣君统理天下，止守《律》与《大诰》，并不许用黥刺剕劓阉割刑，臣下敢有奏用此刑者，文武群臣即时劾奏，处以重刑。"[98]

其实明初的酷刑，黥刺剕劓阉割还算是平常的，最惨的是凌迟，凡是凌迟处死的罪人，照例要杀三千三百五十七刀，每十刀一歇一吆喝，慢慢地折磨，硬要被杀的人受长时间的痛苦。[99]其次有刷洗，把犯人光身子放在铁床上，浇开水，用铁刷刷去皮肉。有枭令，用铁钩钩住脊骨，横挂在竿上。有称竿，犯人缚在竿上，另一头挂石头对称。有抽肠，也是挂在竿上，用铁钩伸入穀门把肠子钩出。有剥皮，贪官污吏的皮放在衙门公座上，让新官看了发抖。此外，还有挑膝盖、锡蛇游种种名目。[100]也有同一罪犯，加以墨面文身，挑筋去膝盖剁指，并且五刑的。[101]据说在上朝时，老皇帝的脾气好坏很容易看出来，要是这一天他的玉带高高地贴在胸前，大概脾气好，杀人不会多。要是揿玉带到肚皮底下，便是暴风雨来了，满朝廷的官员都吓得脸无人色，个个发抖，准有大批人应这劫数。[102]这些朝官，照规矩每天得上朝，天不亮起身梳洗穿戴，在出门以前，和妻子诀别，吩咐后事，要是居然活着回家，便大小互相庆贺，算是又多活一天了。[103]

四十年中，据朱元璋自己的著作，《大诰》《大诰续篇》《大诰三篇》和《大诰武臣》的统计，所列凌迟枭示种诛有几千案，弃市（杀头）以下有一万多案。三篇所定算是最宽容的了。"进士监生三百六十四人，愈见奸贪，终不从命三犯四犯而至杀身者三人，三犯而诽谤杀身者又三人，姑容戴斩，绞、徒流罪在职者三十人，一犯戴死罪徒流罪办事者三百二十八人"。[104]有御史戴死罪，戴着脚镣，坐堂审案的，有挨了八十棍回衙门做官的。其中最大的案件有胡惟庸案、蓝玉案、空印案和郭桓案，前两案株连被杀的有四万人，后两案合计有七八万人。[105]所杀的人，从开国元勋到列儒裨将、部院大臣，诸司官吏到州县胥役、进士监生、经生儒士、富人地主僧道屠沽，以至亲侄儿、亲外甥，无人不杀，无人不可杀，一个个地杀，一家家地杀，有罪的杀，无罪的也杀，"大戮官民不分臧否。"[106]早在洪武七年，便有人向他控诉，说是杀得太多了，"才能之士，数年来幸存者，百无一二。"[107]到洪武九年，单是官吏犯笞以上罪，谪戍到凤阳屯田的便有一万多人。[108]十八年九月在给萧安石子孙符上也自己承认："朕自即位以来，法古命官，列布华夷，岂期擢用之时，并效忠贞，任用既久，俱系奸贪？朕乃明以宪章，而刑责有不可恕。以至内外官僚，守职维艰，善能终是者寡，身家诛戮者多。"[109]郭桓案发后，他又说："其贪婪之徒，闻桓之奸，如水之趋下，半年间弊若蜂起，杀身亡家者人不计其数。出五刑以治之，挑筋剁指足髡发文身，罪之甚者欤？"[110]

政权的维持建立在流血屠杀、酷刑暴行的基础上，这个时代，这种政治，确确实实是名副其实的恐怖政治。

胡惟庸案发于洪武十三年，蓝玉案发于洪武二十六年，前后相隔十四年，主犯虽然是两个，其实是一个案子。

胡惟庸是初起兵占领和州时的帅府旧僚，和李善长同乡，又结了亲，因李善长的举荐，逐渐发达，洪武三年拜中书省参知政事，六年七月拜右丞相。

中书省综掌全国大政，丞相对一切庶务都有专决的权力，统率百官，只对皇帝负责。这制度对一个平庸的，唯唯否否，阿附取容"三旨相公"型的人物；或者对手是一个只顾嬉游逸乐、不理国事的皇帝，也许不会引起严重的冲突。或者一个性情谦和容忍，一个刚决果断，柔刚互济倒也不致坏事，但是胡惟庸干练有为，有魄力，有野心，在中书省年代久了，大权在手，威福随心，兼之十年宰相，门下故旧僚友也隐隐结成一个庞大的力量，这个力量是靠胡惟庸做核心的。拿惯了权的人，怎么也不肯放下。朱元璋呢，赤手空拳建立的基业，苦战了几十年，拼上命得到的大权，平白被人分去了一大半，真是倒持太阿，授人以柄，想想又怎么能甘心！困难的是皇帝和丞相的职权，从来不曾有过清楚的界限，理论上丞相是辅佐皇帝治理天下的，相权是皇权的代表，两者是合二而一的，不应该有冲突。事实上假如一切庶政都由丞相处分，皇帝没事做，只能签字画可，高拱无为。反之，如皇帝躬亲庶务，大小事一概过问，那么，这个宰相除了伴食画诺以外，又有什么可做？这两个人性格相同，都刚愎，都固执，都喜欢独裁，好揽权，谁都不肯相让。许多年的争执、摩擦，相权和皇权相对立，最后，冲突表面化了。朱元璋有军队，有特务，失败的当然是文官。在胡惟庸以前，第一任丞相李善长小心怕事，徐达经常统兵在外，和朱元璋的冲突还不大明显严重（刘基自己知道性子太刚，一定合作不了，坚决不干），接着是汪广洋，碰了几次大钉子，末了还是赐死。中书官有权的如杨宪，也是被杀的。胡惟庸是任期最长、冲突最厉害的一个。被杀后，索性取消中书省，由皇帝兼行相权。皇权和相权合而为一。洪武二十八年手令："自古三公论道，六卿分职，自秦始置丞相，不旋踵而亡，汉唐宋因之，虽有贤相，然其间所用者多有小人，专权乱政。我朝罢相，设五府、六部、都察院、通政司、大理寺等衙门，分理天下事务，彼此颉颃，不敢相压，事皆朝廷总之，所以稳当。以后嗣君并不许立丞相，臣下敢有奏请设立者，文武群臣即时劾奏，处以重刑。"[111]这里所说的"事皆朝廷总之"的朝廷，指的便是他自己。胡惟庸被杀在政治制度史上的意义，是治权的变质，也就是从官僚和皇家共治的阶段，转变为官僚成奴才，皇帝独裁的阶段。

胡惟庸之死只是这件大屠杀案的一个引子，公布的罪状是擅权枉法。以后朱元璋要杀不顺眼的文武臣僚，便拿胡案做底子，随时加进新罪状，把它放大、发展，一放为私通日本，再放为私通蒙古。日本和蒙古，"南倭北虏"是当时两大敌人，通敌当然是谋反。三放又发展为串通李善长谋逆，最后成为蓝玉谋逆案。罪状愈多，牵连的罪人也更多，由甲连到乙，乙攀到丙，转弯抹角像瓜蔓一样四处伸出去，一网打尽，名为株连。被杀的都以家族为单位，杀一人也就是杀一家。坐胡案死的著名人物有御史大夫陈宁、中丞涂节、太师韩国公李善长、延安侯唐胜宗、吉安侯陆仲亨、平凉侯费聚、南雄侯赵庸、荥阳侯郑遇春、宜春侯黄彬、河南侯陆聚、宜德侯金朝兴、靖宁侯叶升、中国公邓镇、济宁侯顾敬、临江侯陈镛、营阳侯杨通、淮安侯华中和高级军官毛骧、李伯昇、丁玉和宋濂的孙子宋慎，宋濂也被牵连，贬死茂州。坐蓝党死的除大将凉国公蓝玉以外，有吏部尚书詹徽、侍郎傅友文、开国公常昇、景川侯曹震、鹤庆侯张翼、舳舻侯朱寿、东莞伯何荣、普定侯陈桓、宣宁侯曹泰、会宁侯张温、怀远侯曹兴、西凉侯濮玙、东平侯韩勋、全宁侯孙恪、沈阳侯察罕、徽先伯桑敬和都督黄辂、汤泉等。胡案有《昭示奸党录》，蓝案有《逆臣录》，把口供和判案都详细记录公布，让全国人都知道这些"奸党"的"罪状"。[112] 被杀公侯中，东莞伯何荣是何真的儿子，何真死于洪武二十一年，被帐下旧校捏告生前党胡惟庸，勒索两千两银子，何家子弟到御前分析，朱元璋大怒说："我的法，这厮把做买卖！"把旧校绑来处死。到二十三年何荣弟崇祖回广东时：

"兄把袂连声：弟弟，今居官祸福顷刻，汝归难料再会日。到家达知伯叔兄弟，勿犯违法事，保护祖宗，是所愿望！"

可是，逃过了胡党，还是逃不过蓝党。何家是岭南大族，何真在元明之际保障过一方秩序，威望极高，如何放得过？据何崇祖自述：

> 洪武二十六年，族诛凉国公蓝玉，扳指公侯文武家，名蓝党，无有分别。自京及天下，赤族不知几万户。长兄四兄宏维暨老幼咸丧。三月二十日夜鸡鸣时，家人彭康寿叩门，吾床中闻知祸事，出问故，云："昨晚申时，内官数员滞官军到衙，城门皆闭。是晚有公差出城，私言今夜抄提员头山何族，因此奔回。"……军来甚众，吾忙呼妻封氏，各自逃生。

崇祖一房从此山居岛宿，潜形匿迹，一直到三十一年新帝登极大赦，才敢回家安居。[113]

李善长死时已经七十七岁了，帅府元僚，开国首相，替主子办了三十九年事，儿子做驸马，本身封国公，富极贵极，到末了却落得全家诛戮。一年后，有人替他上疏喊冤说：

> 善长与陛下同心，出万死以取天下，勋臣第一，生封公，死封王，男尚公主，亲戚拜官，人臣之分极矣。藉令欲自图不轨，尚未可知。而今谓其欲佐胡惟庸者，则大谬不然。人情爱其子，必甚于兄弟之子（善长弟存义子佑是胡惟庸的从女婿），安享万全之富贵者，必不

侥幸万一之富贵。善长与惟庸，犹子之亲耳，于陛下则亲子女也。使善长佐惟庸成，不过勋臣第一而已矣，太师国公封王而已矣，尚主纳妃而已矣，宁复有加于今日？且善长岂不知天下之不可幸取？当元之季，欲为此者何限，莫不身为齑粉，覆宗绝祀，能保首领者几何人哉！善长胡乃身见之，而以衰倦之年身蹈之也？凡为此者，必有深仇激变，大不得已，父子之间，或至相挟以求脱祸。今善长之子祺，备陛下骨肉亲，无纤芥嫌，何苦而忽为此？若谓天象告变，大臣当灾，杀之以应天象，则尤不可。臣恐天下闻之，谓功如善长且如此，四方因之解体也。今善长已死！言之无益，所愿陛下作戒将来耳。

说得句句有理，字字有理，朱元璋无话可驳，也就算了。[114]

二案以外，开国功臣被杀的，还有谋杀小明王的凶手德庆侯廖永忠，洪武八年以僭用龙凤不法等事赐死。永嘉侯朱亮祖父子于十三年被鞭死。临川侯胡美于十七年犯禁伏诛。江夏侯周德兴于二十五年以帷薄不修、暧昧的罪状被杀。二十七年，杀定远侯王弼、永平侯谢成、颍国公傅友德，二十八年杀宋国公冯胜。周德兴是朱元璋儿时放牛的伙伴，傅友德、冯胜功最高，突然被杀，根本不说有什么罪过，正合着古人说的"飞鸟尽，良弓藏；狡兔死，走狗烹"的话。[115]

不但列将以次诛夷，甚至替他坚守南昌七十五日，力拒陈友谅，造成鄱阳湖大捷，奠定王业的功臣，义子亲侄朱文正也以"亲近儒生，胸怀怨望"被鞭死。[116] 义子亲甥李文忠，十几岁便在军中南征北伐，立下大功，也因为左右多儒生，礼贤下士，有政治野心被毒死。[117] 刘基是幕府智囊，运谋决策，不止有定天下的大功，而且是奠定帝国规模的主要人物，因为主意多，看得准，看得远，被猜忌最深，洪武元年便被休致回家，[118] 又怕隔得太远会出事，硬拉回南京，终于被毒死。[119] 徐达为开国功臣第一，小心谨慎，也逃不过。洪武十八年病了，生背疽，据说这病最忌吃蒸鹅，病重时皇帝却特赐蒸鹅，没办法，流着眼泪当着使臣的面吃，不多日就死了。[120] 这两个元勋特别被注意，被防闲，满朝文武全知道，给事中陈汶辉曾经上疏公开指出："今勋旧耆德，咸思辞禄去位，如刘基、徐达之见猜，李善长、周德兴之被谤，视萧何、韩信其危疑相去几何哉！"[121]

　　武臣之外，文官被杀的也着实不少。有记载可考的，有宋思颜、夏煜、高见贤、凌说、孔克仁，这几人都是初起事时的幕府僚属，宋思颜在幕府里的地位仅次于李善长。夏煜是诗人，和高见贤、杨宪、凌说一伙，专替朱元璋"伺察搏击"，尽鹰犬的任务，告密栽赃，什么事全干，到末了也被人告密，先后送了命。[122] 朝官中有礼部侍郎朱同、张衡，户部尚书赵勉，吏部尚书余㷆，工部尚书薛祥、秦逵，刑部尚书李质、开济，户部尚书茹太素，春官王本，祭酒许存仁，左都御史杨靖，大理寺卿李仕鲁，少卿陈汶辉，御史王朴，纪善、白信蹈等。[123] 外官有苏州知府魏观，济宁知府方克勤，番禺知县道同，训导叶伯巨，晋王府左相陶凯等。[124] 茹太素是个刚性人，爱说老实话，几次为了话不投机被廷杖、降官，甚至镣足治事。一天，在便殿赐宴，朱元璋赐诗，说："金杯同汝饮，不刃不相饶。"太素磕了头，续韵吟道："丹诚图报国，不避圣心焦！"元璋听了倒也很感动。不多时还是被杀。李仕鲁是朱嘉学派的学者，劝皇帝不要太尊崇和尚道士，想学韩文公辟佛，来发扬朱学。料想着朱熹和皇帝是本家，这着棋准下得不错。

不料皇帝竟不买朱夫子的账，全不理会，仕鲁急了，闹起迂脾气，当面交还朝笏，要告休回家。元璋大怒，叫武士把他掼死在阶下。陶凯是御用文人，一时诏令、封册、歌颂、碑志多出其手，做过礼部尚书，制定军礼和科举制度，只为了起一个别号叫"耐久道人"，犯了忌讳被杀。员外郎张来硕谏止取已许配的少女做宫人，说"于理未当"，被碎肉而死，参议李饮冰被割乳而死。[125] 叶伯巨在洪武九年以星变上书，论用刑太苛说：

> 臣观历代开国之君，未有不以仁德结民心，以任刑失民心者，国祚长短，悉由于此。议者曰宋元中叶，专事姑息，赏罚无章，以致亡灭。主上痛惩其敝，故制不宥之刑，权神变之法，使人知惧而莫测其端也。臣又以为不然。开基之主，垂范百世，一动一静，必使子孙有所持守，况刑者国之司命，可不慎欤！夫笞、杖、徒、流、死，今之五刑也。用此五刑，既无假贷，一出乎大公至正可也。而用刑之际，多裁自圣衷，遂使治狱之吏，务趋求意旨，深刻者多功，平反者得罪，欲求治狱之平，岂易得哉！近者特旨杂犯死罪，免死充军，又删定旧律诸则，减宥有差矣。然未闻有戒饬治狱者，务从平恕之条，是以法司犹循故例，虽闻宽宥之名，未见宽宥之实。所谓实者，诚在主上，不在臣下也。故必有罪疑惟轻之意，而后好生之德洽于民心，此非可以浅浅期

也。何以明其然也？古之为士者以登仕为荣，以罢职为辱，今之为士者以溷迹无闻为福，以受玷不录为幸，以屯田工役为必获之罪，以鞭笞捶楚与寻常之辱。其始也，朝廷取天下之士，网罗捃摭，务无余逸，有司敦迫上道，如捕重囚，比到京师，而除官多以貌选，所学或非其所用，所用或非其所学。洎乎居官，一有差跌，苟免诛戮，则必在屯田工役之科，率是为常，不少顾惜。此岂陛下所乐为哉！诚欲人之惧而不敢犯也。窃见数年以来，诛杀亦可谓不少矣，而犯者相踵，良由激劝不明，善恶无别。议贤议能之法既废，人不自励而为善者怠也。有人于此，廉如夷齐，智如良平，少戾于法，上将录长弃短而用之乎？将舍其所长苟其所短而置之法乎？苟取其长而舍其短，则中庸之材争自奋于廉智；倘苟其短而弃其长，则为善之人皆曰某廉若是，某智若是，朝廷不少贷之，吾属何所容其身乎？致使朝不谋夕，弃其廉耻，或自掊克，以备屯田工役之资者，率皆是也。若是非用刑之烦者乎！汉尝徙大族于山陵矣，未闻实之以罪人也，今凤阳皇陵所在，龙兴之地，而率以罪人居之，怨嗟愁苦之声，充斥园邑，殆非所以恭承宗庙意也。

朱元璋看了气极，连声音都发抖了，连声说：这小子敢如此！快逮来！我要亲手射死他。隔了些日子，中书省官趁他高兴的时候，奏请把叶伯巨下刑部狱，不久死在狱中。[126]

照规定，每年各布政使司和府州县都得派上计吏到户部，核算钱粮军需等账目，数目琐碎畸零，必须府合省、省合部，一层层上去，一直到部里审核报销，才算手续完备。钱谷数字有分毫升合不符合，整个报销册便被驳回，得重新填造。布政使司离京师远的六七千里，近的也是三四千里，册子重造不打紧，要有衙门的印才算合法，为了盖这个印，来回时间就得一年半载。为了免得部里挑剔，减除来回奔走的麻烦，上计吏照例都带有预先备好的空印文书，遇有部驳，随时填用。到洪武十五年，朱元璋忽然发觉这事，以为一定有弊病，大发雷霆，下令地方各衙门的长官主印者一律处死，佐贰官杖一百充军边地。其实上计吏所预备的空印文书是骑缝印，不能作为别用，也不一定用得着，全国各衙门都明白这道理，连户部官员也是照例默认的，算是一条不成文法律。可是案发后，朝廷上谁也不敢说明详情，有一个不怕死的老百姓，拼着命上书把这事解释明白，也不中用，还是把地方长吏一杀而空。当时最有名的好官济宁知府方克勤（建文朝大臣方孝孺的父亲）也死在这案内。上书人也被罚充军。[127]

郭桓是户部侍郎，洪武十八年，有人告发北平二司官吏和郭桓通同舞弊，从六部左右侍郎以下都处死刑，追赃七百万，供词牵连各直省官吏，死的又是几万人。追赃又牵连全国各地，中产之家差不多全被这案子搞得倾家荡产，财破人亡。这案子激动了整个社会，也大伤了中产阶级和中下级官僚的心。大家都指斥攻击告发此案的御史和审判官，议论沸腾，情势严重，朱元璋一看不对，赶紧下手诏条列郭桓等罪状，说是：

户部官郭桓等收受浙西秋粮，合上仓四百五十万石，其郭桓等只收（交）六十万石上仓，钞八十万锭入库，以当时折算，可抵二百万石，余有一百九十万石未曾上仓。其桓等受要浙西等府钞五十万贯，致使府、州县官黄文等通同刁顽人吏边源等作弊，各分入己。

其所盗仓粮，以军卫言之，三年所积卖空。前者榜上若欲尽写，恐民不信，但略写七百万耳。若将其余仓分并十二布政司通同盗卖见在仓粮，及接受浙西等府钞五十万张卖米一百九十万不上仓，通算诸色课程鱼盐等项，及通同承运库官范朝宗偷盗金银，广惠库官张裕妄支钞六百万张，除盗库见在金银宝钞不算外，其卖在仓税粮及未上仓该收税粮及鱼盐诸色等项，共折米算，所废（吞吐没）者二千四百余万（石）精粮。

其应天等五府州县数十万没官田地夏秋税粮，官吏张钦等通同作弊，并无一粒上仓，与同户部官郭桓等尽行分受。

意思是追赃七百万还是圣恩宽容，认真算起来该有二千四百万。这几万人死得绝不委屈。话虽如此说，到底觉得有些不妥，只好借审判官的头来平众怒，把原审官杀了一批，再三申说，求人民谅解。[128]一年后，他又特别指出："自开国以来，唯两浙、江西、两广、福建所设有司官，未尝任满一人，往往未及终考，自不免于赃贪。"[129]可见杀这些贪官污吏是不错的，是千该万该的。不过，倒过来说，杀了二十年的贪官污吏，而贪官污吏还是那么多，沿海比较富饶区域的地方官，二十年来甚至没有一个能够做满任期，都在中途犯了赃贪得罪，由此可见专制独裁的统治，官僚政治和贪污根本分不开，单用严刑重罚、恐怖屠杀去根绝贪污，是不可能有什么效果的。

在鞭笞、苦工、剥皮、抽筋，以至抄家灭族的威胁空气中，凡是做官的，不论大官小官，近臣远官，随时随地都会有不测之祸，人人在提心吊胆、战战兢兢过日子。这日子过得太紧张了，太可怕了，有的人实在受不了，只好辞官，回家当老百姓，不料又犯了皇帝的忌讳，说是不肯帮朝廷做事："奸贪无福小人，故行诽谤，皆说朝廷官难作。"[130]大不敬，非杀不可。没有做过官的儒士，怕极了，躲在乡间不敢出来应考做官，他又下令地方官用种种方法逼他们出来，"有司敦迫上道，如捕重囚"。还立下一条法令，说是："率土之滨，莫非王臣，寰中士大夫不为君用，是自外其教者，诛其身而没其家，不为之过。"[131]贵溪儒士夏伯启叔侄各剁去左手大指，立誓不做官，被拿赴京师面审，元璋气呼呼发问："昔世乱居何处？"回说："红寇乱时，避兵于福建、江西两界间。"不料红寇这名词正刺着皇帝的痛处："朕知伯启心怀愤怒，将以为朕取天下非其道也。特谓伯启曰：尔伯启言红寇乱时，意有他忿。今去指不为朕用，宜枭令籍没其家，以绝狂愚夫仿效之风。"特派法司押回原籍处决。[132]苏州人才姚润、王谟被征不肯做官，也都被处死，全家籍没。[133]

洪武朝朝臣幸免于屠杀的，只有几个例子：一个是大将信国公汤和，原是朱元璋同村子人，一块儿长大的看牛伙伴，比元璋大三岁，起兵以后，诸将地位和元璋不相上下的，都闹别扭，不听使唤，只有汤和规规矩矩，小心听话，服从命令。到晚年，徐达、李文忠死已多年，汤和宿将功高，明白老伙伴脾气，心里老大不愿意，让诸大将仍旧掌兵权，苦的是嘴里说不出。他首先告老交出兵权，元璋大喜，立刻派官给他在凤阳盖府第，赏赐稠渥，特别优厚，算是侥幸老死在床上。[134]一个是外戚郭德成，郭宁妃的哥哥，一天他陪朱元璋在后苑喝酒，醉了趴在地上去冠磕头谢恩，露出稀稀的几根头发，元璋笑着说："醉疯汉，头发秃到这样，可不是酒喝多了。"德成仰头说："这几根还嫌多呢，剃光了才痛快。"元璋不做声。德成酒醒，才知道闯了大祸，怕得要死，只好索性装疯，剃光了头，穿了和尚衣，成天念佛。元璋信以为真，告诉宁妃说："原以为你哥哥说笑话，如今真个如此，真是疯汉。"不再在意，党案起后，德成居然漏网。[135]一个是御史袁凯，有一次朱元璋要杀许多人，叫袁凯把案卷送给皇太子复讯，皇太子主张从宽。袁凯回报，元璋问："我要杀人，皇太子却要宽减，你看谁对？"袁凯不好说话，只好回答："陛下要杀是守法，东宫要赦免是慈心。"元璋大怒，以为袁凯两头讨好，脚踏两头船，老滑头，要不得。袁凯大惧，假装疯癫，元璋说疯子不怕痛，叫人拿木钻来刺他的皮肤，袁凯咬紧牙关，忍住不喊痛。回家后，自己拿铁链锁住脖子，蓬头垢面，满口疯话，元璋还是不放心，派使者去召他做官，袁凯瞪眼对使者唱月儿高曲，趴在篱笆边吃狗屎，使者回报果然疯了，才不追究。这一次朱元璋却受了骗，原来袁预先叫人用炒面拌砂糖，捏成段段，散在篱笆下，趴着吃了，救了一条命，朱元璋哪里会知道？[136]

吴人严德珉由御史升左佥都御史，因病辞官，犯了忌讳，被黥面充军南丹（今广西），遇赦放还，布衣徒步做老百姓，谁也不知道他曾做过官。到宣德时还很健朗，一天因事被御史所逮，跪在堂下，供说也曾在台勾当公事，颇晓三尺法度。御史问是何官，回说洪武中台长严德珉便是老夫。御史大惊谢罪，第二天去拜访，却早已挑着铺盖走了。有一个教授和他喝酒，见他脸上刺字,头戴破帽,问老人家犯什么罪过,德珉说了详情,并说先时国法极严,做官的多半保不住脑袋。说时还北面拱手,嘴里连说:"圣恩!圣恩!"[137]

元璋有一天出去私访,到一破寺,里边没有一个人,墙上画一布袋和尚,有诗一首:"大千世界浩茫茫,收拾都将一袋藏。毕竟有收还有放,放宽些子有何妨?"墨迹还新鲜,是刚画刚写的,赶紧使人去搜索,已经不见了。[138]这故事不一定是真实的,不过,所代表的当时人的情绪却是真实的。

原载《中建》半月刊(华北航空版)总第三卷第五期

1948 年 8 月 5 日

明成祖仁宗景帝之死及其他

明世宗中年好道，斋醮无虚日，其后卒死于金石，固尽人知之。若成祖、仁宗、景帝均非善终，则以史多讳言，不尽为人知也。成祖死于仙，方晚年多暴怒，不能治事。《明史》卷二九九《袁珙传》："礼部郎周讷自福建还，言闽人祀南唐徐知谔、知海，其神最灵。帝命往迎其像及庙祝以来，遂建灵济宫于都城，祀之。帝每遘疾，辄遣使问神。庙祝诡为仙方以进，药性多热，服之辄痰壅气逆，多暴怒，至失音。中外不敢谏。忠彻一日入侍，进谏曰：'此痰火虚逆之症，实灵济宫符药所至。'帝怒曰：'仙药不服，服凡药耶？'忠彻叩首哭，内侍二人亦哭。帝益怒，命曳二内侍仗之，且曰：'忠彻哭我，我遂死耶？'忠彻惶惧，趋伏阶下，良久始解。"灵济宫祀事详孙承泽《春明梦余录》。

仁宗之死，传闻异辞。或云死于雷，或云为宫人所毒，见皇甫录《明纪略》、杨仪《螭头密语》。陆釴《病逸漫记》则云："仁宗皇帝驾崩甚速，疑为雷震，又疑宫人欲毒张后，误中上。予尝遇雷太监，质之，云皆不然，盖阴症也。"

景帝之死，陆釴《病逸漫记》："景泰帝之崩，为宦者蒋安以帛勒死。"查东山《罪惟录》所记同。

明诸帝中最雄武残暴者无如太祖，衡石量书，初未尝溺于女色。顾中年时曾纳陈友谅妾，后颇以为悔，于所颁《大诰》中自白其事，忸怩作态，亦大可笑也。《大诰·谕官无作无为第四十三》："朕当未定之时，攻城略地，与群雄并驱，十有四年余，未尝妄将一妇人女子。惟亲下武昌，怒陈友谅擅以兵入境，既破武昌，故有伊妾而归。朕忽然自疑，于斯之为，色乎？豪乎？智者监之。"

诸帝中最昏庸无识者莫如熹宗，顾熹宗实一无才之工程师，使其不为帝王，当为不世出之大匠。李逊之《三朝野记》卷二："上性好盖房屋，自操斧锯凿削，巧匠不能及。日与亲近之臣涂文辅、葛九思辈朝夕营造，造成而喜，不久而弃，弃而又成，不厌倦也。当其斤斫刀削，解衣盘薄，非素昵近者不得亲视。王体乾等每闻其经营鄙事时，即从旁传奏文书，奏听毕，即曰：'你们用心行去，我知道了。'所以太阿下移，魏忠贤辈操纵如意，而崔呈秀、魏广微辈通内者亦如桴鼓之旋踵也。"此所记出刘若愚《酌中志》卷一四。

原载《文史杂志》第二卷第二期
1942年2月

北"虏"南倭问题

这里谈谈另外一个问题，就是如何对待明朝和蒙古族的关系问题。明朝和蒙古的关系始终是敌对的。从1368年之后，一直到明朝灭亡，几百年间始终是敌对的关系。我们今天来研究过去的历史，应该实事求是地处理这个问题。在历史上是敌对的关系，你就不能说那个时候我们已经贯彻了民族政策，汉族和兄弟民族都是友好相处的。这是一方面。另一方面，今天我们国家是各民族团结的大家庭，实行民族团结的政策，各民族互相尊重，友好相处。在这样的情况下，我们怎么来看待历史上的民族关系？譬如明朝和蒙古的关系，北宋和契丹的关系，清朝满族和汉族的关系，等等。对这些问题，有不少人感到难以处理。其实很简单，从今天学习历史的角度来说，从几千年各个民族发展的历史来说，我们应该把我们国家历史上的民族关系当作内部矛盾来处理。无论是蒙古或者契丹，无论是西夏或者女真，都是这样。经过几年的研究，我们得出这样的看法：就是凡是今天在我们中华人民共和国的疆域之内的各民族，不论是哪一个民族，历史上的关系，都是我们自己内部的问题，不能当作敌我矛盾来处理，不能把它们当作外国。要是当作外国，那问题就严重了。我们不能继承解放以前那些历史书、教科书和某些论文中的带有民族偏见的错误观点。总之，我们今天的看法可以分为两个方面：一方面必须实事求是，历史是怎么样就怎么样写。明朝和蒙古是打了几百年的仗，这个历史事实不能改，在当时是敌对关系，这一点不能隐讳，也不能歪曲。另一方面，凡是我国疆域以内的各民族，不管它在历史上是什么关系，今天我们看都是内部问题、内部矛盾。两个兄弟吵架，不能作为侵略和被侵略来处理。今天，蒙古族是我们五十几个兄弟民族里面的一个，我们今天来讲这段历史的时候，就不能像当时那样对蒙古族采取诬蔑、谩骂、攻击的语言。要互相尊重。明朝是骂蒙古的，蒙古也骂明朝，这是历史事实。但这是他们在骂，不是我们在骂，我们应该实事求是地记录。如果我们也用自己的话来骂就不对了。你有什么道理骂蒙古族？你根据什么事情骂？所以要正确处理历史上的民族关系。

至于区别战争的性质问题，是正义战争还是非正义战争的问题，我们不能把少数民族打汉族的战争不加区别地都说成是正义的，也不能把汉族为了自卫而进行的战争都说成是非正义的。应该就事论事，就战争发生的原因、经过情况、是非来判断战争的性质。比如说，汉朝和匈奴的关系。匈奴来打汉朝，他抢人家的东西，屠杀人畜；汉朝为了自卫，就应该还击，这当然是正义的。唐朝和突厥的关系也是一样。突厥经常来打，唐朝为了自卫进行还击，也是正义的。明朝和蒙古的关系。蒙古人要南下，明朝组织力量反抗，这同样也是正义的。但是，历史上汉族与少数民族之间的战争，也不是正义都在汉族的一边，这需要根据当时的历史情况作出具体分析，不能一概而论。汉族经常欺侮一些小民族，打人家，这是非正义的。少数民族中的一些统治阶级为了自己的阶级利益，闹分裂，闹割据，打汉族，也同样是非正义的。所以要具体分析，不能笼统地对待。不是哪个民族大、哪个民族小的问题，也不是简单的谁打谁的问题，而是要根据战争的情况、双方人民的利益来判断战争的正义性与非正义性。

明朝和蒙古的关系始终是敌对的关系，这个问题以后到清朝才解决。清朝打明朝经过了长期的战争，在这个战争中，清朝采取联合蒙古的政策，取得了蒙古的支持。在入关之后，清朝对待蒙古的政策是通过婚姻关系来保持满、蒙两个民族之间的和平，清朝皇帝总是把自己的女儿嫁给蒙古的酋长。乾隆过生日时，来拜寿的一些蒙古族酋长都是他的女婿、孙女婿、曾孙女婿。所以，万里长城在清朝失去了意义。秦始皇修筑万里长城在历史上是起了作用的。早在战国时代，北方一些国家，像燕国、赵国为了抗拒外族的侵略，已经修筑了一些城墙。秦始皇统一六国之后，把这些国家所修的城墙连结起来加以扩展，就成为万里长城。我们现在看到的长城是经过许多朝代修建的，特别是青龙桥八达岭这一段不是秦始皇修的，而是明朝后期修的。我们在评论历史上某一件事情的好坏时，应该用辩证的方法。秦始皇修万里长城花了很大的力量，死了不少人，这是坏的一方面；可是另一方面，长城在漫长的历史过程中也的确起了作用。虽然它不能完全堵住北方各民族向南发动战争，但是，无论如何，它起了一部分作用，至少因为有了这样一个防御工事，使得长城以南众多的人口可以从事和平的生产。把长城的作用估计过高，认为有了这一条防线，北方的少数民族就进不来了，这是错误的。它们还是进来了，而且进来不止一次。但是，由于有了这个防御工事，使得北方一些少数民族的军事进攻受到阻碍，这种作用，直到明朝还是存在的。所以明朝还继续修缮长城。只有到了清朝，这样的作用才不再存在了。当然，清朝和蒙古也有几次战争，不过跟明朝的情况比较起来就不同了。明朝和蒙古始终是敌对的关系。清朝不是这样，清朝和蒙古只是个别时候发生过战争。今天情况就更不同了，国家性质改变了，我们采取民族团结、民族区域自治的政策，内蒙古自治区是我们中华人民共和国的组成部分之一，现在长城只是作为一个历史文物而保留着。世界上有七大奇迹，长城是其中之一，是世界上最伟大、最古老的工程之一。

明朝和蒙古的关系，是明朝历史上的一个特征，跟过去的情况不一样，跟以后的情况也不一样。此外，明朝和倭寇的关系，即所谓南倭问题，也是这个时代很突出的一个问题。明朝以前没有这样的情况，明朝以后也没有这样的情况。

研究明朝和倭寇的关系，光从中国的情况、中国的材料出发，还不可能得到全面的理解，还必须研究日本的历史。不研究日本的历史，就很难理解当时为什么会有那么一些人专门从事抢劫，进行海盗活动，而且时间是如此之长，破坏是如此之严重。但是看看当时日本国内的情况，问题就很容易理解了。所以我们先讲讲日本的情况。

明朝的历史是从 1368 年开始的。而日本从 1336 年起，内部分裂为南朝、北朝。京都是北朝的政治中心，吉野是南朝的政治中心。这个分裂的局面，长达六十年之久。一直到 1392 年南朝站不住了，才投降了北朝。分裂期间，日本有两个天皇：京都有一个天皇，吉野有一个天皇。正当日本南北朝分裂的时候（1336—1396），明朝建立起来了。明朝建立初年，正是日本南北朝分裂的后期。

当时日本的政治形势怎么样呢？日本有天皇，可是那个天皇是虚的、无权的，是一个傀儡。不只是那个时候的天皇是傀儡，凡是明治维新以前的天皇都是傀儡，地位很高，可是政治上没有实际权力。掌握实权的是谁呢？是将军。当时的将军称为征夷大将军。将军有幕府，当时的幕府叫室町幕府，也叫足利幕府。那时日本处在封建社会，有很多封建领主，这些封建领主有很多庄园，占有很多土地，有自己的军事力量，他们不完全服从幕府的命令，各自在自己的势力范围内实行封建割据。足利幕府建立之后，由于它的经济基础很薄弱，不能完全控制他们。所以，在足利幕府时代，由于地方经济的发展，封建领主势力强大，在幕府控制下的中央财政发生了困难。怎么办呢？它就要求和明朝通商，做买卖。足利幕府的第三代叫足利义满，他派人到明朝来，要求和明朝通商。明朝政府当然欢迎，但是对日本的情况不了解，对国际形势缺乏知识，不知道日本国内已经有了天皇，糊里糊涂地就封足利义满为日本国王。足利义满希望通过和明朝通商来加强自己的经济地位，减少财政困难。但是，由于当时日本是处在一种分裂割据的状态，那些大封建领主并不听他的话。而在那些大封建领主下面有一批武士，由于得不到土地，生活困难，于是他们就到海上去抢劫，成为倭寇。这就是倭寇的来源。所以当时的情况是，一方面幕府和明朝有交往；另一方面幕府下面那些封建领主一批批地来破坏这种交往，到处抢劫。幕府不能控制那些诸侯、封建领主，最后发生了内战。从1467年到1573年这个时期，是日本历史上的"战国时期"。这个时期延续了一百多年，日本国内到处打来打去，战争频繁，人民不能正常地进行生产，因而土地荒废，粮食不够。这样，就使更多的人参加到倭寇的队伍中来。这就是日本在"战国时代"，也就是明朝中期（1467—1573）之后，倭寇侵略更加严重的原因。

从中国的情况来说，中国遭受倭寇的侵犯从明朝一开始就发生了。在明朝建国以前，倭寇已经侵略高丽。那时候，高丽王朝的政治很腐败，没有能力抵抗。接着倭寇南下骚扰我国沿海各地，从辽东半岛到山东半岛，到江苏、浙江、福建、广东，到处侵犯。洪武二年（1369）明朝政府派海军去抵抗倭寇。1384年之后又派了一个大将在山东、江苏、浙江沿海地区修了五十九个军事据点防御倭寇。1387年又在福建沿海地区修建了十六个军事据点。所以，从洪武时代起，倭寇就已在危害中国。在永乐时代，1419年倭寇大举进攻山东沿海地区。明朝军队狠狠地打了它一下，把这一股倭寇全部消灭了。倭寇的侵扰引起了明朝政府内部在政治上的争论。当时明朝政府专门设立了三个对外贸易机构，叫作"市舶司"。这三个市舶司设在广州、宁波和泉州。这些地方是当时的对外通商口岸，外国人可以到这里来做买卖。当倭寇侵略发生之后，有的人认为，倭寇之起是由于对外通商的缘故，因为你要做买卖，所以日本海盗就来了。最好的办法就是把市舶司封闭掉，对一切国家一概不做买卖。这种论调在明朝政府中占了优势，结果在1523年把三个市舶司撤销了。

撤销市舶司之后发生了另外一个问题。浙江、福建、广东等东南沿海地区，人口密度高，人多耕地少，不少人没有生产资料。这些人做什么呢？在通商的时候他们借一点资本出去做买卖，买一些外国货到中国来卖，把中国的土产卖出去。因此，这些人是依靠通商来维持生活的。这是一种情况。另外还有一种情况，就是东南沿海的一些大地主，他们看到对外通商的收入比在农业生产上进行剥削要多好几倍，因此从事对外贸易。他们自己搞了很多海船载运中国土产出国，同时把外国商品带回来卖。沿海大地主依靠通商发财，这在当时叫作"通番"。"通番"的历史已经很久了，宋朝后期就有许多大地主组织船队出海通商的事。宋代关于这一类事情的记载很多，元朝也有。民间有这样一个传说，说明朝有一个大富翁叫沈万三，他家里有一个聚宝盆，这个盆里可以出很多宝贝。这是传说，事实并不是这样。事实是他搞对外贸易发了财。有人说他富到这样的程度，明太祖修建南京城时，有一半是他出的钱；此外，每年还要他出很多钱。因为在明朝和元朝作斗争的时候，他曾经站在元朝这一边。所以后来明太祖干脆把他的家产全部没收了，把他充了军。有的说是充军到云南，也有的说是充军到东北。这个故事说明，当时是有这么一部分人是依靠通商和对外贸易来发财的。所以，当时东南沿海地区的情况是，一方面许多贫民依靠对外通商来维持生活，其中有一些穷苦的人长期停留在国外，这一批人就成为华侨。现在南洋各个地方都有华侨，大体上以广东、福建人为多；另一方面，沿海一些大地主依靠通商来发财。因此，当1523年，由于倭寇不断骚扰沿海，明朝政府封闭了市舶司，断绝了对外通商关系时，就发生了新的问题：一方面很多穷苦人失去了生活来源；另一方面，沿海大地主失去了发财机会。他们要求恢复通商。在这种情况下，某些地主集团便采取反抗手段。你禁止通商，他就秘密通商。他们自己组织船队出去，其中有一些照样发了财，有一些就遭到倭寇的抢劫；而另外一些则采取和倭寇合作的办法，他们也变成了倭寇。他们组织船队出去，能够做买卖就做买卖，不能做买卖就抢。因此，倭寇主要是日本海盗，但其中也有一部分是中国人。

除了倭寇之外，当时还有一种情况，即在16世纪初年

（1513），葡萄牙人到东方来了。这些葡萄牙人一方面进行通商活动，另一方面也进行海盗活动。不但进行海盗活动，而且占据了我国福建沿海的一些岛屿。

1546年，也就是日本的"战国时代"，倭寇对沿海的侵略更加严重了，浙江宁波一带受到严重的损害。明朝政府派了一个官员总管浙江、福建两省的军事，防御倭寇。这个官员叫朱纨，他坚决执行禁海方针，任何人都不许出去。坚决用军事力量打击倭寇，打击葡萄牙海盗。把抓到的九十多个海盗头目——有日本人，有葡萄牙人，也有中国人——都杀掉了。这样一来，引起政治上的一场轩然大波。因为被杀的这些人里面，有一些是沿海的大地主派出去的，把这些人杀了，就损害了沿海大地主阶级的利益。这些大地主集团在北京中央政权机构里的代言人（主要是一些福建人）大叫起来了，他们向皇帝控告朱纨，说他在消灭海盗时，错杀了良民和好百姓。这样就展开了政治斗争。在政府里和地方上形成两派：一派要求对外通商，一派反对通商。大体上沿海一些大地主坚决主张通商，而内地一些大地主反对。为什么内地的大地主反对呢？因为他们不但得不到通商的好处，而且海盗扰乱的时候，还要出钱，他们吃了亏。通商派和反通商派的斗争很激烈，代表闽、浙沿海大地主利益的许多官员都起来反对朱纨。朱纨也向皇帝上疏为自己辩护，并且很愤慨地说："去外国盗易，去中国盗难；去中国濒海之盗易，去中国衣冠之盗尤难。"这样，浙江、福建沿海的大地主集团更加恨他，对他的攻击更厉害了。结果明朝政府就把他负责的浙江、福建两省的军事指挥权撤销了，并且派了一个官员来查办这件事。最后朱纨在"纵天子不欲死我，闽浙人必杀我"的情况下自杀了。

朱纨失败了，倭寇问题没有解决。1552年之后，情况更加严重。在浙江沿海一带，倭寇长驱直入。一直到1563年的十一年中间，不但江苏、浙江、福建的许多城市、农村受到倭寇的烧杀、抢劫，倭寇甚至还打到南京城下，打到苏州、扬州一带。

这个时候，明朝的军事力量已经腐化了。明朝在地方的军事制度是卫所制，一个卫有5600人，一个千户所有1120人，一个百户所有120人。军队和老百姓分开，军户和民户分开。军人是世袭的，父亲死了以后，儿子接着当兵。明朝初年的军事力量是相当强大的，因为它有经济作基础，那时，明朝实行屯田政策，军队要参加生产。办法是国家拨一部分土地给军队，军队里抽一部分人，参加农业生产。自己生产粮食供应军队的需要，国家再补贴一部分。所以，尽管军队的数量很大，最多时达到两百多万人，可是国家的财政开支并不大。以后由于许多地主、官僚把屯田吞没了，把军队的钱贪污了，所以屯田的面积愈来愈小，粮食收入愈来愈少。同时，有些军官把士兵拉来替他搞私人劳动，在家里服役。此外，由于军队和老百姓是分开的，军户和民户是分开的，军人的服装、武器要自备；把河北人派到云南去，山东人派到浙江去，世世代代当兵，结果部队中逃亡的比例愈来愈大。从明朝初年一直发生军队减员的现象，以后愈来愈严重，往往一个单位的逃亡比例达到十分之七八，一百人当中只剩下二三十人。怎么办呢？明朝政府就采取这样的办法：张三如果逃跑了，就把他的弟弟、侄子抓去顶替。如果他家里没有人可以顶替，就抓他的邻居去代替。但是这些被抓去顶替的人又逃跑了。所以军队数量愈来愈少，质量愈来愈低。军官也腐化了。

从明太祖到明成祖，在沿海建立了许多军事据点，组织了海军，建造了一些战船。到这时这些战船因为用的时间太久了，破破烂烂，不能再用了。按照规定，船过一定时期要修一次。可是由于修船的钱也被军官贪污了，没办法修，所以战船愈来愈少。

由于上面这几方面的原因，明朝的军事力量腐化了，军队不能打仗了。在1552年之后，往往是数量不多的倭寇登陆之后，一抢就是几十个城市，抢了就跑。各地方尽管有很多军队，但是不能抵抗。人民遭受深重的灾难。特别应该指出的是，倭寇所侵犯的这些地区都是粮食产区，是最富庶的地方。像江苏（包括长江三角洲）、浙江及福建沿海地区，都是最富庶的地区、经济最发达的地区。这些地方长期遭到抢劫一直到什么时候呢？一直到1564年才改变这种局面。这时，出现了戚继光、俞大猷等有名的军事将领。戚继光看到原来的军队不能作战了，就自己练兵。他了解浙江义乌县的农民很勇敢，便招募了义乌县的农民三千人，成立了一支新军，进行严格的军事训练。他根据东南地区的地形，组织了一个新的阵法，叫作"鸳鸯阵法"。这个阵法的主要特点是各个兵种互相配合，长武器和短武器结合使用。更重要的是他有严格的军事纪律，对兵士进行严格的军事训练。经过两三年之后，他的这支军队便成了最有战斗力的军队。当倭寇侵入浙江的时候，在台州地区，戚继光的军队九战九胜，把浙江地区的倭寇消灭光了。以后把福建地区的倭寇也消灭了。他和俞大猷及其他地区的军事将领经过十年左右的努力，彻底解决了倭寇问题。

可是，在倭寇问题解决之后，又发生了新的问题。这时日本国内的情况发生了变化，原来的幕府被推翻了，新的军阀起来了。这就是丰臣秀吉。丰臣秀吉用军事力量统一了国内。不过这是表面上的统一，实际上国内各地还是一些封建领主在统治着。这些封建领主拥有强大的军事力量，他不能完全控制。为了把尚未完全控制的封建领主（大名）的目标转向国外，并消耗他们的实力，以稳固自己的统治，于是丰臣秀吉就发动一次侵朝战争，派军队去打朝鲜。他写信给朝鲜国王，说他要去打明朝，要朝鲜让路，让他通过朝鲜进入我国东北。他的军事野心非常狂妄，准备征服整个中国，然后把他的天皇带到中国来，以宁波为中心，建立一个庞大的帝国。步骤是：第一步占领朝鲜；第二步占领中国；第三步以中国为中心，向南洋群岛扩张。面临着这样的形势，明朝政府怎么办？有两种主张：一种认为日本打朝鲜与中国无关；另一些人看到了唇亡齿寒的关系，认为朝鲜是我们友好的邻国，丰臣秀吉占领朝鲜以后就会向中国进攻，因此援助朝鲜也就是保卫自己。经过一番争论，后一种意见占了优势，明朝派了军队出去援助朝鲜。这时候，朝鲜已经很混乱，大部分地区被日本军队占领，国王逃跑。明朝政府动员全国的力量来帮助朝鲜，前后打了七年（1592—1598）。由于中国人民的援助，朝鲜军队的奋勇抗战，特别是朝鲜海军名将李舜臣使用一种叫"龟船"的战舰，发挥了很大的作用，最后把日本侵略军打败了。1598年，丰臣秀吉病死。日本侵略朝鲜的军队跑掉了，战争结束了。

所以，我们和朝鲜的历史关系很深远，在甲午战争前三百年，中国就出兵援助过朝鲜，共同反抗外来的侵略。在中华人民共和国建立之后，我们的经济还没有恢复，美帝国主义就越过"三八线"，向朝鲜民主主义人民共和国进攻。情况很严重。我们又进行了抗美援朝运动，派出了志愿军支援了朝鲜人民。

这一段历史使我们得到这样的认识：日本军国主义者不是这

个时代才有，而是有其长远的历史原因。它总是要侵略别人的，从倭寇起，以后不断地向外侵略，1598年侵略朝鲜，甲午战争时期占领我国东北，1937年以后占领了我国大部分地方。我们进行了抗日战争才取得了胜利。要了解和熟悉日本的情况，必须了解和熟悉我们自己的历史情况，这样才能对我们很接近的国家有正确的看法。当然，说日本的军国主义有长远的历史原因，绝对不等于说日本人民都是侵略者。如果得出这样的结论，那就是错误的。但是日本的统治者，不管是过去的封建主，或者是近代的军国主义者，都是侵略成性的。中国与日本是一衣带水的邻邦，两国之间有着悠久的历史文化联系。但是在近代的半个多世纪中，由于日本军国主义的侵略，给中日两国人民带来了灾难。现在中日两国人民，都要从惨痛的历史中吸取有益的经验教训，使惨痛的历史永不重演，建立和巩固两国人民的友好关系。

明朝的历史情况与过去不同，与倭寇的斗争，与蒙古贵族的斗争贯穿着这个时代。明朝以前没有这样的情况，明朝以后也没有这样的情况，这是明朝历史的特征。要抓住这个特征才能够了解明朝人民的负担为什么那么重。因为北边有蒙古问题，沿海有倭寇问题，就要有军队打仗。军队要吃饭、要花钱，这些负担都落在人民身上。所以明朝的农民受着无比深重的苦难。在这样的情况下，从明朝开国一直到灭亡，都不断发生农民战争。农民战争次数之多、规模之大、时间之久、分布地区之广，在历史上没有任何一个时期可以和明朝相比。

东林党之争

东林党之争是明朝末年历史上的一个特征。

首先应该明确这样一个问题，历史上所谓党与我们今天所说的党是两回事，不能把历史上所说的党和今天的政党混同起来。历史上所说的党并没有什么组织形式，参加哪个党是没有任何形式的，既不要交党费，也没有组织生活，更没有党章和党纲。然而在历史上又确实叫作党。历史上所谓党是指的什么呢？是指政治见解大体相同的一些人的集团，也就是统治阶级内部某些人无形的组合。明朝的东林党，它的情况大致是这样：在江苏无锡有个书院叫东林书院，这是一所学校。当时有两个政府官员，叫顾宪成和顾允成，两兄弟在北京做官的时候，由于他们的政治见解与当时的当权人物相抵触，便辞官不做，回家后在东林书院讲学。他们很有学问，在地方上声望很高，为人也正派。这样，和他们意气相投的人跟他们的来往便越来越多了。不但在地方上，就是在北京，有一些官员跟他们的来往也比较多。他们以讲学为名，发表一些议论朝政的意见。这样，从万历二十二年（1594）开始，一直到明朝被推翻，前后五十年间，在明朝政治上形成了一批所谓东林党人和另外一批反对东林党的非东林党人。非东林党人后来形成齐（山东）、楚（湖北）、浙（浙江）三派，与东林党争论不休。这五十年中间，在几件大事情上都有争论。你主张这样，他反对；他主张那样，你反对。举例来说，党争中最早的一个问题，就是所谓"京察"问题。"京察"这两个字大家都认识，但是不好懂。这是古代历史上的一种制度，就是政府的官员经过一定的时期要考核，相当于现在的考勤考绩。主持考勤考绩的是吏部尚书、吏部侍郎（相当于现在的内务部长、副部长），他们主管文官的登记、资格审查、成绩考核及任免、升降、转调、俸给、奖恤等事。当时考取进士以后，有一部分进士就安排做科道官。科就是六科给事中，道就是十三道御史。六科就是按照六部（吏、户、礼、兵、刑、工）来分的。道是按照行政区划来设置的。当时全国有十三个布政使司，设了十三道御史，譬如浙江道有浙江道御史。科道官都是监察官，当时叫作"言官"。他们本身没有什么工作，只是监察别人的工作，提出赞成的或者反对的意见。他们的任务就是说话，所以叫"言官"。每次"京察"，吏部提出某些人称职，某些人不称职。1594年举行"京察"的时候，就发生了争论，这一部分人说这些人好，那一部分人说不好。凡是东林党人说好的，非东林党人一定说不好。争论中掺和了封建社会的乡里（同乡）关系。譬如齐、楚、浙就是乡里关系。不管这件事情正确不正确，只要是和我同乡的人，都是对的。还有一种同门的关系。所谓同门，就是指同一个老师出身的。不管事情本身怎么样，只要跟我是同学，就都是对的。至于对亲戚、朋友则更不用说了。就在这样的封建关系组合之下，从1594年"京察"开始，一直争吵了五十年。

继"京察"问题之后，接着发生了"国本之争"。所谓"国本"，就是国家的根本。我们今天说国家的根本就是人民，没有人民就没有国家。当时并没有这样的概念。那时候所谓"国本"

是指皇帝的继承人问题。万历做了多年皇帝，按照过去的惯例，他应该立一个皇太子，以便他死后有一个法定的继承人。可是他不喜欢他的大儿子，他所喜欢的是他的小老婆（郑贵妃）生的儿子福王（以后封在河南洛阳），所以他就迟迟不立太子。有些大臣就叫起来了，他们认为国家的根本很重要，也就是说第二代的皇帝很重要，应该早立太子。凡是提议立太子的，万历就不高兴，他说：我还活着，你们忙什么！这样，有人主张早立太子，有人反对立太子，争吵起来了，这就叫"国本之争"。

跟着又发生了一个案子叫"梃击案"。有一天早晨，突然有一个人跑到宫里来见人就打，一直打到万历的大儿子那里去了。当然，这个人马上被逮住了。可是这里发生了一个问题，是谁叫他到宫里来打万历的大儿子的？当时有人怀疑是郑贵妃指使的。这是宫廷问题，却成了当时政治上的一个大问题，引起了争吵，东林党与非东林党大吵特吵。

万历做了四十八年皇帝，死了。他的大儿子继位不到一个月又死了。怎么死的呢？搞不清楚。据说他在病的时候，有一个医生给他红丸药吃，吃了以后就死了。这样就发生了一个问题，这个皇帝是不是被毒死的？是谁把他毒死的？因此又发生了所谓"红丸案"。各个集团之间又争吵起来了。

正在争吵的时候，发生了另外一个问题：就是这个只做了个把月的皇帝死了以后，他的儿子继位，还没成年。这个短命皇帝有个妃子李选侍，她住在正宫里不肯搬出来。她有政治野心：想趁这个小孩做皇帝的机会把持朝政。这样，又发生了争论，有一些人出来骂她：你这个妃子怎么能霸着正宫？逼着她搬出去了。这个案件叫"移宫案"。京戏里有一出戏叫《二进宫》，就是反映这件事的，不过把时代改变了，把孙子的事情改成了祖父的事情。

"梃击"、"红丸"、"移宫"是当时三大案件，成为当时争论最激烈的事件。在这样的情况下，政治上出现了什么现象呢？每一件事情出来，这批人这样主张，那批人那样主张，争论不休，整天给皇帝写报告。到底谁对谁不对？从现在来看，东林党与非东林党之争，一般地说，道理在东林党方面。东林党的道理多，非东林党的道理少。但是，东林党是不是完全对呢？在某些问题上也不完全对。这样争来争去，争不出个是非来，结果只有争论，缺乏行动，许多政治上该办的事没人去管了。后来造成这种现象：某些正派的官员提出他的主张，这个主张一提出来，马上就有一批人来攻击他，他就不能办事，只好请求辞职。皇帝不知道这个人对不对，不作处理，把事情压下来。这个官既不能办事，辞职也辞不成，怎么办？干脆自己回家。他回家以后，政府也不管，结果这个官就空着没人做。到万历后期，政治纪律松懈到这样的地步：哪个官受了攻击就把官丢了回家，以致六部的很多部长都没人做了。万历皇帝到晚年根本不接见臣下，差不多一二十年不跟大臣见面，把自己关在宫廷里，什么事情也不管。大臣们有什么事情要跟他商量也见不着。政治腐化，纪律松懈，很多重要的问题得不到解决，却专搞无原则的纠纷。大是大非没人管了，成天纠缠在一些枝节问题上面。

这种无休止的争吵影响到一些重大的政治事件的发展。譬如日本侵略朝鲜，中国到底应不应该援助朝鲜，在这个问题上发生了争论。后来还是派兵去支援了朝鲜，第一个时期打了胜仗，收复了平壤。后来又派兵去，由于麻痹大意，打了败仗。打了败仗以后，政府里又发生争论了，主和派觉得和日本打仗没有必要，支援朝鲜意义不大，不如放弃军事办法，转而采取政治办法来解决问题。他们主张把丰臣秀吉封为日本国王，并答应和他做买卖。历史上封王叫作朝，做买卖叫作贡，所谓朝贡，说得通俗一点，就是你带些物资来卖给我，我给你一些物资作交换。在这种情况下，明朝政府只好一面按照主战派的主张，继续派兵援助朝鲜；一面派人暗中往来日本进行和议。后来明军与朝鲜军大败日本侵略军，日本愿和了。明朝政府便按照主和派撤兵议和的主张，允许议和。并派人到日本去办外交，封丰臣秀吉为国王。但日本国内本来已经有天皇，因此丰臣秀吉不接受王位，而且提出了很强硬的条件。结果外交失败了。日军重新侵略朝鲜。明朝政府只好再次出兵，最后打败了日军。由于追究外交失败的责任，又引起了争论。

这种影响在"封疆案"的问题上表现得更加明显。万历死后，东林党在政府做官的人越来越多了。这时北京有一个"首善书院"（在北京宣武门内），在这里讲学的也是东林党人。这些人在政治上提出意见时，非东林党人就起来攻击，要封闭这个书院。东林党人当然反对封闭。这样吵了二三十年。这个争论最后演变成什么局面呢？当时万历皇帝的孙子熹宗（年号天启，是崇祯皇帝的哥哥）很年轻，不懂事，光贪玩。他宠信太监魏忠贤，军事、政治各个方面都是太监当家。一些地主阶级的知识分子由于在魏忠贤门下奔走而当了官。凡是属于魏忠贤这一派的，历史上称为"阉党"。阉党里面没有什么正派人。东林党是反对阉党的。因此，党争发展到这个时候，就变成了地主阶级的知识分子与宦官的斗争。这个斗争影响到东北的军事形势。在万历以前，东北的建州女真已经壮大起来了，不断进攻辽东，占领了许多城市。到天启时代，明朝防御建州女真的军事将领熊廷弼提出一系列的军事上和政治上的主张，他认为跟建州女真进行军事斗争时，明朝军队不能退回到山海关以内，而应该在山海关以东建立军事据点。当时前方的另一个军事将领叫王化贞，他不同意这个意见，他认为只能依靠山海关来据守。熊廷弼虽然是统帅，地位比王化贞高，但是没有军事实权。而王化贞得到了魏忠贤的支持。这样，熊廷弼的正确意见因为得不到支持而不能贯彻，结果打了败仗，王化贞跑回来了，熊廷弼也跑回来了，山海关以东的很多地方都丢了。北京震动，面临着很严重的军事危机。在这种情况下又发生了有关"封疆案"的争论。当时追究这次失败的责任，到底是熊廷弼的责任，还是王化贞的责任？从当时的具体军事形势来看，熊廷弼是正确的，但他没有军队来支持。王化贞有十几万军队，坚持错误的主张，因此王化贞应该负责。但是因为熊廷弼得罪了很多人，结果把这个责任推到他身上，把他杀了。很显然，这样的争论和处理大大地影响了前方的军事形势。

"封疆案"以后，跟着就是魏忠贤对东林党人的屠杀。因为一些在朝的东林党人认为魏忠贤这样胡搞不行，就向皇帝写信控告他的罪恶。当时有杨涟等人列举了他的二十四条罪状。这些东林党人的行为得到了其他官员的支持。这样，东林党和阉党就面对面地斗争起来。由于魏忠贤军权在握，又指挥了特务，而东林党人缺乏这两样武器，结果大批的东林党人被杀。当时被杀的有杨涟、左光斗、周顺昌、黄尊素、缪昌期等。其中周顺昌在苏州很有声望，当特务逮捕他的时候，苏州的老百姓起来保护他。最后这次人民的斗争还是失败了，人民吃了苦头，周顺昌被带到北京杀害了。

熹宗死了以后，明朝最后的一个皇帝——崇祯皇帝比他哥哥清楚一点，他把魏忠贤这伙人收拾了，把一些阉党分子都杀了（魏忠贤是自己上吊死的）。但是这场斗争是不是停止了呢？没有停止，东林党人跟魏忠贤的余孽在崇祯十七年（1644）的时候还在继续斗争。崇祯五年（1632），一些东林党人的后代跟与东林党有关系的地方上的知识分子组织了一个团体，叫作"复社"，以后又有"几社"，有大批青年知识分子参加。表面上他们是以文会友，写文章、写诗，是学术研究组织，实际上有政治内容。大家可能看过《桃花扇》这出戏，这出戏里的侯朝宗、陈贞慧、吴应箕、冒辟疆四公子都是复社里面的人。当时李自成已经占领了北京，崇祯上吊死了。这个消息传到了南方，没有皇帝怎么办？这时一些阉党人物就想拥小福王（由崧）来做皇帝。原来万历把最喜欢的那个儿子福王（常洵）封在河南洛阳，这是老福王。这个人很坏，在他封到洛阳时，万历给他四万顷土地，河南的土地不够，还把邻省的土地也给他。老百姓都恨透了。李自成进入洛阳以后，把老福王杀掉了。小福王由崧（这也不是个好东西）逃到南京。当时在南京掌握军事实权的是过去和魏忠贤有关系的阉党人物马士英，替他出主意的也是一个阉党分子，叫阮大铖，他们把小福王抓到手中，把他捧出来做皇帝。可是政府里面另外一批比较正派的人，像史可法、高弘图、姜日广等主张立潞王（常淓）做皇帝。这个人比较明白清楚。但马士英他们先走了一步，硬把福王捧出来做了皇帝。这样，在南京小朝廷里又发生了东林党与非东林党之争。因为马士英和阮大铖是当权的，史可法被排挤出去，去镇守扬州。在清军南下的时候，史可法坚决抵抗，在扬州牺牲了。马士英和阮大铖在南京搞得不像样，清军一步步逼近南京。这时候小福王在做什么呢？在跟阮大铖排戏。也就在这个时候，上面说的四公子就起来反对阮大铖，他们出布告，揭露阮大铖过去是魏忠贤的干儿子，名誉很不好，做了很多坏事，不能让他在政府里当权，号召大家起来反对他。南京国子监的学生也支持他们的主张，这样就形成一个学生运动。侯朝宗这些人虽然得到广大知识分子的支持，但是他们根本没有实力。而马士英、阮大铖有军事力量。结果有的人被逮捕了，有的人跑掉了。不久之后，清军占领南京，小福王的政权也就被消灭了。

党争从1594年开始，一直到1645年，始终没有停止过。无论是在政治问题上，还是在军事问题上，都争论不休。这种争论是什么性质的呢？这是地主阶级内部的矛盾。开始是东林党和齐、楚、浙三党之争，后来演变为东林党与阉党之争。由于东林党的主张在某些方面是有利于当时的生产的发展的，因此他们得到了人民的支持。但是反过来说，所有的东林党人都反对农民起义。这是他们的阶级本质决定的。譬如史可法这个历史人物，从他最后这段历史来说是应该肯定的。那时候，清军南下包围扬州，他的军事力量很薄弱，也得不到南京的支持，孤军据守扬州。但他宁肯牺牲不肯投降。这是有民族气节的人，也就是毛主席所说的有骨气。我们中国人是有骨气的，史可法就是这种有骨气的代表人物。但是他以前的历史就不好追究了。他以前干什么呢？镇压农民起义。在阶级斗争极为尖锐的时候，这些人的阶级立场是极为清楚的，反对农民起义，镇压农民起义。即使在他抗拒清军南下的时候，还要反对农民起义。有没有同情农民起义呢？没有。不可能要求统治者来同情被统治者的反抗。

对于这样一段党争的历史，要具体分析，具体研究。党争跟明朝的政治制度有关系。明太祖在洪武十三年（1380）取消了宰相，取消了中书省，搞了几个机要秘书到内廷来办事情。到明成祖时搞了个内阁，这是个政府机构。内阁的权力越来越大，代替了过去的宰相，虽然没有宰相之名，但是有宰相之实。至于给皇帝个人办事的有秘书，就是在宫廷里面设立一个机构，叫作"司礼监"。这是一个内廷机构，不是政府机构。司礼监有一个秉笔太监，皇帝要看什么政府报告，让秉笔太监先看；皇帝要下什么书面指示，也让秉笔太监起稿。皇帝年纪大一些、知识多一些的，还能辨别是非，是不是同意，他自己有主见。可是一些年轻的皇帝就搞不清楚，结果司礼监的秉笔太监就操纵政治，掌握了政权。因为用人和行政的权力都给了司礼监，结果形成了明朝后期的太监独裁。在明朝历史上有很多坏太监，像明英宗时代的王振，明武宗时代的刘瑾，天启时代的魏忠贤等。太监当家的结果，就造成了政府与内廷之争，也就是统治阶级内部地主阶级知识分子与太监争夺政权的斗争。明朝后期五十年的东林党与非东林党之争就是在这样的背景之下进行的。

随着太监权力的扩大，不但中央被他们控制了，地方也被他们控制了。洪武十三年以后，地方上设有三司（都指挥使司、布政使司、按察使司）。三司是各自独立的，都受皇帝的直接指挥。到了永乐时代，当一个地区发生了军事行动，像农民起义或其他的群众斗争爆发的时候，这三个司往往意见不统一，各管各的。结果只好由中央政府派官员去管理这个地方的事。这个官叫巡抚。巡抚是政府官员，常常是由国防部副部长即兵部侍郎担任。巡抚出去巡视各个地方，事情完了就回来。可是由于到处发生农民战争和民族与民族之间的战争,这个官去了以后就回不来了,逐渐变成一个地方的常驻官了。因为巡抚是中央派去的,所以他的地位在三司之上。过去三司使是地方上最大的官,现在三司使上面又加了一个巡抚。但这能不能解决问题呢?还是不能解决问题。为什么呢?因为巡抚只能指挥这一个地区的军事行动,比如浙江的巡抚就只能管浙江这一个地方。可是遇到军事行动牵涉到几个省的时候,这个巡抚就不能管了。于是又派比巡抚更高的官,即派国防部部长——兵部尚书出去做总督。总督管几个省或一个大省。有了总督之后,巡抚就变成第二等官了,三司的地位则更低了。可是到了明朝后期,总督也管不了事。为什么呢?因为战争扩大了,农民战争和辽东的战争往往牵涉五六个省。五六个省就往往有五六个总督,谁也管不了谁。结果只好派大学士出去做督师,总督也归他管。这是一方面。另一方面,明朝为了镇压各地人民的反抗,就派军官到各地去镇守,叫作总兵官,也就是总指挥。统治者对总兵官不放心,怕他搞鬼,因此总是派一个太监去监督,叫作监军。哪个地方有总兵官,哪个地方就有监军。监军可以直接向皇帝写报告,因为他是皇帝直接派出去的。因此,不但总兵官要听他的话,就是像巡抚这一类的地方官也要听他的话。这样,就形成了中央和地方都是太监当家的局面,明朝的政治变成太监的政治了。此外,明朝的皇帝贪图享受,为了满足自己生活上的欲望,哪个地方收税多,就派一个太监去;哪个地方有矿藏,也派一个太监去,叫作"税使"、"矿使"。全国的主要矿区,东北起辽东,西南到云南,以及武汉、苏州等大城市都有税使、矿使搜刮民脂民膏。这些太监很不讲道理,他们的任务就是弄钱。他们根本不懂得什么矿,更不懂得怎么开采,却要开矿。只要听说这个地方有金矿就要开，而且规定要在这里开三百两、五百两。如果开不出来怎么办？就要这个地方的老百姓来赔。老百姓要反抗，他就说你的房子下面有矿，把房子拆了开矿。收税也很厉害。苏州有很多机户，纺织工人数量很大。他们要加税，每一张织机要加多少钱。老百姓交不起就请愿。请愿也不行。结果就起来反抗，把太监打死，形成市民暴动。苏州市民暴动出了一个英雄人物，叫作葛贤。这个人后来被杀了。因为明朝政府要屠杀参加暴动的市民，他挺身出来顶住了。不仅在苏州，在武汉、辽宁、云南各个地方都发生了市民暴动。有的地方把太监赶跑了，有的地方把太监下面的人逮住杀了。市民暴动是明朝后期历史的一个特征。人民的生活日益困难，不但农民活不下去，城市工商业者也活不下去了，他们便起来反对暴政。

因此，当时一些比较有见解的政治家，就在政治上提出了一些主张。譬如大家知道的海瑞就是这样。他提出了什么主张呢？他做苏州巡抚，管理江苏全省和安徽一部分。这个地区的土地情况怎样呢？前面说到明朝初年土地比较分散，阶级斗争比较缓和。可是一百多年以后，情况改变了，土地全部集中在大地主、大官僚的手中，而且越来越集中。就在海瑞所管辖的地区松江府，出了一个宰相叫徐阶，他就是一个大地主，家里有二十万亩土地。土地都被大地主占有，农民没有土地，只能逃亡。土地过分集中的结果，使农民活不下去，阶级矛盾越来越尖锐。海瑞看出了毛病，他想缓和这种情况。当然，他不能也不知道采取革命的手段。他采取什么办法呢？他认为要解决人民的生活问题，要使人民不去搞武装斗争反对政府，就必须使这些穷人有土地可种。土地从哪里来呢？土地都在大地主手里，而大地主之所以取得这些土地，主要的手段是非法的强占。因此他提出这样一个政治措施：要求他管辖地区内的大地主阶级，凡是强占的土地一律退还给老百姓，使老百姓多多少少有一些土地可以耕种，能够活下去。这样来缓和阶级矛盾。他坚决主张这种做法。这一来，大地主阶级就联合起来反对他，结果这个苏州巡抚只做了半年多，就被大地主阶级赶跑了。海瑞的办法能不能解决当时的土地问题？当然不可能。把大地主阶级强占的一部分土地归还给老百姓能不能稍微缓和一下阶级矛盾呢？可以缓和一下。可是办不到，因为地主阶级不肯放弃他们已经到手的东西。海瑞是非失败不可的。类似海瑞这样的政治家当时还有没有呢？有的。他们也感到了阶级矛盾和阶级斗争的严重性，认为这个政权维持不下去。但是能不能提出一个解决的办法呢？谁也没有办法。不但统治阶级，就连农民起义的领袖也提不出解决的办法来。

阶级矛盾日益尖锐的结果，最后形成了明末的农民大起义。崇祯时代，各地方的农民都起来斗争，最后形成两支强大的军事力量：一支以李自成为首，一支以张献忠为首。他们有没有明确地提出解决阶级矛盾的办法呢？也没有。李自成后期曾经提出"迎闯王，不纳粮"的口号争取广大农民的支持，结果他的队伍一下子就发展到一百多万，农民、小手工业者、城市贫民都跟着他走。但是不纳粮也不能解决问题。现在有一个材料，就是山东有一个县，李自成曾经统治过那个地方，当时有人主张分田给百姓。分了没有呢？没有分。他提不出明确的办法，不但提不出消灭地主阶级的根本方针，甚至连孙中山那样的"平均地权"的办法也提不出。所以消灭封建剥削、消灭地主阶级这个根本问题，在古代历史上的任何时期都不能解决。不但地主阶级知识分子、官僚提不出解决办法，就是反对封建地主阶级的农民起义领袖也提不出解决的办法，这个问题只有在我们这个时代才能解决。我们研究过去的农民革命、农民起义时，不能把我们今天的思想意识强加于古人。我们这个时代能办到的事，不能希望古人也能办到。否则，就是非历史主义的观点。目前史学界在有些问题上存在一些偏向，总希望把农民起义的领袖说得好一些，说得完满一些，不知不觉地就把自己所理解的东西加在古人身上。这是不科学的、非马克思主义的观点。我们只能根据历史事实来理解、来解释、来研究和总结历史，而不可以采取别的办法。

附带讲一个小问题。前面提到巡按御史，到底巡按御史是个什么官？我们经常看京戏，很多京戏里都有这么一个官。所谓八府巡按，威风得很。他是干什么的呢？我们前面讲过御史，就是十三道御史，是按照行政区划设置的。每一道御史的职务就是监察他这个地区的官吏和政务。同时，中央有一个机构叫都察院。都察院的官吏叫左、右都御史，左右都御史下面是左、右副都御史，左、右副都御史下面是左、右佥都御史，再下面就是御史和巡按御史。巡按御史是由都察院派出去检查地方工作的。凡是地方官有违法失职的，他们有权提出意见来。他们还可以监察司法工作，有的案子判得不正确，他们可以提出意见。老百姓申冤的，地方官那里不能解决问题，可以到巡按御史这里来告。这就是戏上八府巡按的来源。御史的官位大不大呢？不大，只是七品官。当时县官也是七品官。知识分子考上进士以后，有一批人就分配做御史。御史管的事情很少，可是在地方上有很高的职权。为什么呢？因为他代表中央，代表都察院，是皇帝的耳目之官。建立这样一种制度的目的是什么呢？目的是想通过巡按御史的监察工作，来缓和当时人民和政府之间的矛盾，解决一些问题。贪官污吏，提出来把他罢免；有冤枉的案子，帮助平反。于是老百姓对这样的官员寄予很大的希望，希望他们能帮助自己申冤。这种愿望，在当时的一些文学作品中得到了反映。虽然这些人在实际政治生活中并没有解决什么问题，但是一些文学家、艺术家在一定程度上反映了人民的要求，创作了许多这类题材的作品，特别是明清两代有很多剧本是反映这个思想的。这些作品大体上有这样一些共同的内容：一类是描写老百姓受了冤枉，被大地主、大官僚陷害，被关起来或者判处了死刑，最后一个巡按给他翻了案。或者是描写皇庄的庄头作威作福，不但庄田范围以内的佃农，就是庄田附近的老百姓也受他们的欺侮。姑娘被抢走了，家里面的东西被抢走了，后来遇上侠客打抱不平，或者清官出来把问题解决了。在明朝后期和清朝前期，有不少的小说、剧本是描写这些恶霸、庄头的残暴行为的。这是一类。另一类作品反映了当时知识分子的出路问题。当时的知识分子无非是通过考试中秀才、中举人、中进士。中了进士干什么呢？当巡按御史。因此有很多作品是这样的题材：一位公子遇难，在后花园里遇到一位小姐。小姐赠送他多少银子。以后上北京考上了进士，当上了八府巡按。最后夫妻团圆。这个时期的文学作品大体上有这几方面的题材，反映了这个时期的政治生活、阶级斗争的一些问题。

论晚明"流寇"

明末"流寇"的兴起，是一个社会组织崩溃时必有的现象，像瓜熟蒂落一样，即使李自成、张献忠这一班暴民领袖不出来，那些由贵族太监官吏和地主绅士所组成的统治集团，因为已经腐烂了，僵化了，肚子吃得太饱了，搜括到的财富已经堆积得使他们窒息了，只要人民能够自觉，团结成为伟大的力量，要求生存的权利，这个高高地挂在半空中的恶化的无能的机构，是可以一蹴即倒的。

朱明政权的被消灭，被消灭于这政权和人民的对立，杀鸡求卵；被消灭于财富分配的不均，穷人和地主的对立。在三百年前，崇祯十七年（1644）正月兵科都给事中曾应遴明白地指出此现象，用书面警告政府当局，他说："臣闻有国家者不患寡而患不均，不患贫而患不安。今天下不安甚矣，察其故原于不均耳。何以言之？今之绅富率皆衣租食税，安坐而吸百姓之髓，平日操奇计赢以役愚民而独拥其利，有事欲其与绅富出气力，同休戚，得乎？故富者极其富而至于剥民，贫者极其贫而甚至于不能聊生，以相极之数，成相恶之刑，不均之甚也。"富者愈富，贫者愈贫，绅富阶级利用他们所有的财力和因此而得到的特殊政治势力，加速地加重地剥削和压迫农民，吸取最后的一滴血液。农民穷极无路，除自杀，除逃亡以外，唯一的活路是起来反抗，团结起来，用暴力推翻这一集团的吸血鬼，以争得生存的权利。

17世纪初的农民反抗运动，日渐开展，得到一切被压迫人民的支持、参加，终于广泛地组织起来，用生命去搏斗，无情地对统治集团进攻，加以打击、消灭。这种运动，当时的统治集团和后来的正统派史家称之为"流寇"。

"流寇"的发动、成长和实力的扩充，自然是当时统治集团所最痛心疾首的。他们有的是过分的充足的财富，过着舒服、纵佚、淫荡、无耻的生活。他们要维持现状，要照旧加重剥削来维持欲望上更自由的需要，纵然已有的产业足够子子孙孙的社会地位的保证，仍然像饥饿的狼，又馋又贪，永远无法满足。然而，当前的变化明朗化了，眼见得被消灭，被屠杀，他们不能不联合起来，用一切可能的方法，加强统治，加强武力，侮蔑、中伤对方，作最后的挣扎。同时，集团的利益还是不能消除个人利害的冲突，这一集团的中坚分子，即使在火烧眉睫的时候，彼此间还是充满了嫉妒、猜疑、钩心斗角、互相计算。在整三百年前，北平的形势最紧张的时候，政府请勋贵大臣富贾巨商献金救国，话说得极恳切，希望自己人能自己想办法。可是，结果，最著名的一个富豪出得最少。他是皇帝的亲戚，皇帝皇后都动了气，才添了一点点，其他的人自然不会例外。人民虽然肯尽其所有报效国家，可惜的是他们早已被榨干了。三月十九日北平陷落后，这些悭吝的高贵的人们，被毫无怜悯的几夹棍几十板子，大量的金子银子珠宝被搜出以后，一批一批地斩决，清算了他们对人民所造的孽债。皇宫被占领以后，几十间尘封灰积的库房也打开了，里面堆满了黄的金子、白的银子！皇宫北面的景山，一棵枯树下，一条破席子，躺着崇祯皇帝和他的忠心的仆人的尸身！

站在相反的立场，广大的农民群众，他们是欢迎"流寇"的，因为同样是在饥饿线上挣扎的人们。举几个例子，山西的许多城市，没有经过什么战斗便被占领了，因为饿着肚子的人们到处都是，他们做内应，做先遣部队，打开城门，请敌人进来。山东河南的城市，得到"流寇"的安民牌以后，人民恨透了苛捐，恨透了种种名目的征税，更恨的是在位的地方官吏，他们不约而同，一窝蜂起来赶走了地方官，持香设酒，欢迎占领军的光临，有的地方甚至悬灯结彩，远近若狂。又如宣府是京师门户，北方重镇，被围以后，巡抚朱之冯悬重赏募人守城，没人理会。再三申说，城中的军民反而要求准许开城投降。朱之冯急了，自己单独上城，指挥炮手发炮，炮手又不理会，毫无办法，急得自己点着火线，要发炮，又被军民抢着拉住手，不许放，他只好叹一口气说："人心离叛，一至如此！"

由于政治的腐败，政府军队大部分是勇于抢劫，怯于作战的，他们不敢和"流寇"正面相见，却会杀手无寸铁的老百姓报功，"将无纪律，兵无行伍，淫污杀劫，惨不可言。尾贼而往，莫敢奋臂，所报之级，半是良民"。民间有一个譬喻，譬"流寇军"如梳，政府军如栉。到这田地，连剩下些过于老实的良民也不得不加入"流寇军"的集团去了。大将左良玉驻兵襄樊，奸淫掳掠，无所不为，老百姓气苦不过，半夜里放火烧营房，左良玉站不住脚，劫了一些商船逃避下游，左兵未发，老百姓已在椎牛设酒欢迎"流寇"了。其他一些将领，如马扩奉命援凤阳，凤阳被焚劫了四天以后，"流寇"走了，他才慢慢赶到。归德已经解围，尤玘才敢带兵到城下。颍、亳、安、庐一带的"流寇"已经唱得胜歌凯旋了，飞檄赴援的部队，连影子也看不见。将军们一个个脑满肠肥,要留着性命享受用人格换来的财富,士兵都是出身于贫困阶层的农民,穿不暖,吃不饱,脸黄肌瘦,走路尚且艰难,更犯不着替剥削他们的政权卖命。整个军队的纪律破坏了,士气消沉,军心涣散,社会秩序、地方安宁都无法维持,朱明政权也不能不随之解体了。

"流寇"初起,是从各地方陆续发动的,人自为战,目的只在不被饥饿所困死。后来势力渐大,兵力渐强,政府军每战必败,才有推翻统治集团的企图。最后到了李自成在 1643 年渡汉江陷荆襄后,恍然于统治集团的庸劣无能,才决定建立一个新政权,从此便攻城守地,分置官守,作争夺政权的步骤,一反过去流窜的作风。果然不到两年,北京朱明政府便被消灭,长江以北大部分被放在新政权之下。这是在李自成初起时所意料不及的。其实与其说这是李自成的成功,还不如说是社会经济的自然崩溃比较妥当。

分析朱明政权的倾覆,就政府当局说,最好的评论是戴笠的《流寇长篇序》,他说:"主上则好察而不明,好佞而恶直,好小人而疑君子,好速效而无远计,好自大而耻下人,好自用而不能用人。廷臣则善私而不善公,善结党而不善自立,善逢迎而不善执守,善因循而不善改辙,善蒙蔽而不善任事,善守资格而不善求才能,善大言虚气而不善小心实事。百年以来,习以为然。间有忧念国事者则共诧之如怪物。"君臣都是亡国的负责人,独裁、专制加上无能的结果是自掘坟墓。

就整个社会组织的解体说,文震孟在 1635 年上疏论致乱之源说:"堂陛之地,猜欺愈深,朝野之间,刻削日甚。缙绅蹙靡骋之怀,士子嗟束湿之困。商旅咨叹,百工失业,本犹全盛之海宇，忽见无聊之景色……此致乱之源也。"他又指出政府和人民的对立："边事既坏，修举无谋，兵不精而日增，饷随兵而日益；饷重则税重，税重则刑繁。……复乘之以天灾，加之以饥馑。……而守牧惕功令之严，畏参罚之峻，不得不举鸠形鹄面无食无衣之赤子而笞之禁之。……下民无知，直谓有司仇我虐我，今而后得反之也，此又致乱之源也。"驱民死地，为丛殴雀，文震孟是政府的一员大官，统治集团的一个清流领袖，委婉地说出致乱之源是由于政府的上下当局所造成，官逼民反。

　　正面的指斥是李自成的檄文。他指斥统治集团的罪状说："明朝昏主不仁，宠宦官，重科第，贪税敛，重刑罚，不能救民水火，日罄师旅，掳掠民财，奸人妻女，吸髓剥肤。"完全违反农民的利益，剥夺人民的生存权利。接着，他特别提出他是代表农民利益，而且他本身是出身于农民阶层的，他说："本营十世务农良善，急兴仁义之师，拯民涂炭，士民勿得惊惶，各安生理。各营有擅杀良民者，全队皆斩。"他提出鲜明的口号："吃他娘，着他娘，吃着不尽有闯王，不当差，不纳粮！"以除力役，废赋税，保障生活为号召，以所掠得统治集团的财富散给饥民。百姓喜欢极了，叫这政府所痛恨的军队为"仁义兵"。他标着鲜明的农民革命的旗帜，向统治集团作致命的打击。在这种情势下，对方还是执迷不悟，茫然于当前的危机，抱定对外和平、对内高压的政策，几次企图和关外对峙的建州部族讲求以不失面子为光荣的和平，只用一小部分军力在山海关内外，堵住建州入侵的门户，作消极的防卫，对内却用全力来消灭"流寇"。同时，内部又互相猜嫌排斥，"有忧念国事者则共诧之如怪物"，继续过着荒淫无耻的生活。对人民则更加强压迫，搜括出最后的血汗，迫其反抗。政府和人民的对立情势达于尖锐化，以一小撮的腐烂的统治集团来抵抗全体农民的袭击，自然一触即摧，朱明的政权于此告了终结。

17世纪前期的政府和人民的对立，政府军包围，追逐"流寇"，给关外的新兴的建州部族以可乘之机，乘虚窜入，建立了大清帝国。这新政权的本质是继承旧传统的，又给铲除未尽的地主阶级以更苏的机会，民族的进展活力又被窒息了三百年！

附带地提出两件事实：

> 其一是距今三百零一年前的七月二十五日，当外寇内乱最严重的时候，江苏枫桥，举行空前的赛会，绅袗士庶男女老幼，倾城罢市，通国若狂。

> 其二是距今三百年前的四月初二，江苏吴江在得到北都倾覆的消息以后，举行郡中从来未有的富丽异常的赛会。

这两次亡国的狂欢之后，接着就是嘉定三屠，扬州十日！

原名《晚明"流寇"之社会背景》

发表于天津《大公报·史地周刊》第五、六期

1934年10月

1944年3月重写于昆明

建州女真问题

现在讲第一部分的最后一个问题——建州问题。建州的历史和明朝一样长。在明朝初期和中期的时候，建州是服从明朝的。从明朝初年起一直到努尔哈赤的时候都是这样，努尔哈赤曾经被明朝封为"龙虎将军"。但是清军入关以后，清朝皇帝忌讳这段历史，他们不愿意让人们知道他们的祖先和明朝有关系。因此，清朝写的一些历史书把这几百年间建州女真和明朝的关系整个取消了，把这段历史的真实情况隐瞒起来，说他们的祖先从来就是独立的，跟明朝没有关系。凡是记载他们的祖先与明朝的关系的历史书，他们都想办法搜来毁掉。《四库全书总目提要》里有一部分禁毁书目，大体上有两类：一类是书里面有某些文章对清朝表示不满的，另一类就是牵涉到清朝的祖先的。这也是一种地方民族主义思想在作怪。因此这一段历史很长时间被埋没了，最近二三十年才有人进行研究。

现在讲讲建州这个部族的发展变化。建州在过去叫女真，金朝就是女真族建立的。建州就是金的后代。为什么叫建州呢？因为他们居住的地区长白山一带就叫建州。后来努尔哈赤统治了东北，建立了政权，国号仍称为"后金"。到了他儿子的时候才改国号为"清"。建州在明朝初年的时候，还没有进入农业社会，还不知道种地，生产很落后，文化当然也很落后。那时他们靠什么生活呢？靠打猎、采人参过活。把兽皮、人参一些奇特的物产跟汉人、朝鲜人交换他们所需要的布匹、铁锅一类的东西。所以建州人的经济生活跟汉人、朝鲜人分不开。后来由于人口的增加，对粮食的生产感到很迫切了。但是他们自己不会种，怎么办呢？找汉人、朝鲜人替他们种。于是通过战争把汉人、朝鲜人俘虏过去做他们的奴隶。有大量的汉文和朝鲜资料说明建州族的农业生产是农奴生产。建州贵族自己是不参加农业劳动的。农奴也不是他们本族人，而是俘虏来的汉人和朝鲜人。

他们通过以物换物的方法从汉人那里取得铁器。到了15世纪后期，他们俘虏了一些汉人铁匠，自己开始开矿、炼铁。有了铁器，生产水平提高了。到了努尔哈赤的时候，通过战争把原来的许多小部族统一起来，定居在辽阳以南一个叫赫图阿拉的地方。努尔哈赤一方面统一了东北的许多部族，另一方面他又用很大的力量来接受汉人的文化。在他左右有一批汉族的知识分子。他和过去的封建帝王一样，注意研究历史，接受历史上的经验教训，来制定他的政策方针和军事斗争方针。

上面简单地谈了一下建州的社会发展过程。现在我们来讲讲建州跟明朝的关系。在明朝初期，建州分为三种：分布在现在的松花江一带的叫海西女真，因为松花江原来的名字叫海西江。分布在长白山一带的叫建州女真，因为这些人主要居住在现在的依兰县。这个地方在历史上曾建立过一个国家，叫作"渤海国"。渤海国人把依兰县称为建州，因此住在这个地方的女真人称为建州女真。住在东方沿海一带的叫"野人女真"。野人女真的文化最落后。海西和建州又称为熟女真。野人女真又称为生女真。野人女真经常活动在忽剌温江一带，因此野人女真又称为"忽剌温女真"，也叫"扈伦"。从历史发展来看，熟女真是金的后代，生女真可能是另外一个种族。这三种女真分布的地区大致是这样：东边靠海，西边和蒙古接近，南边是朝鲜，北边是奴儿干（包括现在的库页岛）。在明朝建国以后，西边就是明朝，南边是朝鲜，北边是蒙古。

在明朝几百年间，东北建州族的历史也就是跟蒙古、朝鲜、明朝三方面发生关系的历史。明朝初期，有一部分建州族住在朝鲜境内，他们和朝鲜的关系很深，有一些酋长还由朝鲜政府封他们的官。同时，这些酋长又和明朝发生关系，明朝也给他们封官号。明朝对这三种女真采取什么政策呢？采取分而治之的政策。所谓分而治之，就是不让它们团结成为一个力量，老是保持若干个小的单位。所以从明太祖建国以后起，直到明成祖的几十年间，明朝经常派人到东北地区去，跟三种女真的各个地区的酋长联系，封他们的官，建立了一百多个卫所，用这些酋长充当卫所的指挥使。这样做对这些女真族的上层分子有没有好处呢？有好处，他们接受了明朝的官位以后，就得到了一种权力。明朝政府给他们一种许可证，当时叫作"勘合"。有了这种"勘合"，就可以在每年一定的时候到明朝边界来做买卖。没有这个东西就不行。对那些大头头，明朝政府就封他们为都督。历史上最早的建州族领袖有这么几个人：一个叫猛哥帖木儿（这是蒙古名字，当时受蒙古的影响），另一个叫阿哈出。这两个人是首先跟明朝来往、受明朝政府封官的。猛哥帖木儿后来成为明朝所建立的建州左卫的酋长，阿哈出是建州卫的指挥使。根据朝鲜的历史记载，阿哈出和明成祖有过亲戚关系（这点在汉文的记载中没有）。永乐时代，明朝又派了大批官员到东北库页岛地区建立了一个机构,叫"奴儿干都司"。至此,明朝前前后后在东北地区建立了一百八十四个卫所。这些卫所建立以后,明朝政府有什么军事行动,譬如跟蒙古打仗,这些建州酋长就派兵参加明朝的军队。这样,他们慢慢由原住的地方往西移,越来越靠近辽东(就是现在的辽东半岛)。他们一方面跟明朝的关系很好,另一方面也经常发生矛盾。矛盾表现在两个方面:一方面是前面所说的,他们为取得农业和手工业生产的劳动力,就俘虏汉人,这样就引起了冲突;另一个就是通商,物资上的交换得不到满足的时候,也发展成为军事冲突。同样,建州和朝鲜的关系也是如此,有和平时期,也有战争时期。

经过几十年以后,原来的一百八十四个单位发生了变化,有的小单位并到大单位里去了,单位的数目减少了,但是军事力量却强大起来。在这种情况下,建州族某些酋长有时就依靠朝鲜来抗拒明朝,有时又依靠明朝来抗拒朝鲜。结果,明朝政府便跟朝鲜政府商量,在1438年,两方面的军队合起来打建州,杀了一些建州领袖。建州因为遭到这次损失,在原来的地方待不下去了,于是就搬到浑河流域,在赫图阿拉的地方住下来。原来左右卫是分开的,到了这里以后,两个卫所合在一起了。这样,它的力量反而比过去更强大了。到了万历时代,右卫酋长王杲和他的儿子阿台跟明朝发生了冲突。当时明朝在东北的军事总指挥叫李成梁。他是朝鲜族人,是一个很有名的军事将领。他把王杲、阿台包围起来。右卫被包围了,而左卫酋长叫场和他的儿子塔失是依靠明朝的,他们给李成梁当向导。结果明朝的军队大举向右卫进攻,把王杲、阿台杀死了,同时把叫场、塔失也杀死了。塔失的儿子是谁呢?就是努尔哈赤。所以努尔哈赤以后起兵反对明朝时提出了七大恨，其中有一条就是明朝把他的父亲和祖父杀害了。

努尔哈赤在他父亲和祖父死时还很年轻，当时部族里剩下的人很少了，明朝后期的历史记载说李成梁把他收养下来，所以他从小就接受了汉族文化。长大以后，他就把自己部族的力量组织起来。他采取依靠明朝的方针，把建州族俘虏的汉人奴隶送回给明朝。这样便取得了明朝政府的信任。1587年，他以自己的军事力量把附近地区的部族吞并了。1589年被明朝封为都督，力量得到了发展。这个时候，建州部族里面另外两支强大的军事力量发生冲突和残杀，努尔哈赤就利用这次冲突来发展自己的实力。日本侵略朝鲜的时候，他表示愿意帮助明朝打日本。结果明朝和朝鲜都拒绝了他。1595年，明朝政府封努尔哈赤为龙虎将军，他成了东北地区军事实力最强大的领袖。

正当努尔哈赤的力量越来越强大的时候，明朝政府内部发生了许多问题。1589年，播州土司起兵反抗明朝，打了十几年的仗。1592年在现在的宁夏地区，少数民族的反抗又引起了战争。同一年丰臣秀吉侵入朝鲜，接连打了七年仗。在这样的情况下，明朝自己的问题很多，就顾不上努尔哈赤了。努尔哈赤利用这个机会更加积极地发展自己的力量，统一各个部族。他统一的方法有两个：一个办法是用军事力量征服；另一个办法是通婚，通过婚姻关系把许多部族组织起来。到了1615年，东北辽东半岛以东的大部分地区已经被努尔哈赤统一了。军事力量壮大以后，他建立了自己的军事制度。1600年，他规定三百人组成一个牛录（大箭的意思）。1615年又进一步把五个牛录组成为一个甲喇，五个甲喇组成为一个固山。他一共有四个固山。每一个固山有一面旗，分为红、黄、蓝、白四个旗，共有三万兵力。后来军事力量更加强了，俘虏的人更多了，于是又增加了四个旗，就是镶红旗、镶黄旗、镶蓝旗、镶白旗。一共为八个旗。后来征服了蒙古族，组成为蒙古八旗。再后来又把俘虏的汉人组成为汉军八旗。他的军事组织跟生产组织是统一的，每一个牛录（三百人）要出十人、四头牛来种地，每家要生产一些工艺品。1659年开始开金矿、银矿，并建立了冶铁手工业。这一年他创造了文字，用蒙古文字和建州语创造了一种新的文字。这种文字后来就成为老满文。加上标点就变成新满文。1616年（万历四十四年），努尔哈赤自称为皇帝，国号"后金"，年号"天命"，他认为他的一切都是上天的指示。他这个家族自己搞了一个姓，叫"爱新觉罗"。爱新觉罗是什么意思呢？在建州话里，爱新是金，觉罗是族，就是金族。用这个来团结组织东北女真族的力量。从他的国号和姓就说明他是继承金的。两年以后，他出兵攻打明朝。以上讲的就是努尔哈赤以前东北建州的具体情况。这些情况说明什么呢？

一、建州这个部族并不是像清朝的史书上所记载的那样，是从努尔哈赤才开始的，而是从明朝初年起，建州族就在东北地区活动。

二、建州和明朝、蒙古、朝鲜三方面都有关系。可以明显地看出，猛哥帖木儿就是蒙古名字。汉族、蒙古族、朝鲜族的文化对它都有影响。它接受了这几方面的东西，提高了自己。

三、明朝对东北女真族的政策是分而治之，但这个政策后来失败了。女真各部要求团结，从生活和文化的提高来说，从加强军事力量来说，都需要团结在一起。尽管中间遭到一些挫折，但是并不能阻止三种女真的团结。努尔哈赤一生的活动主要是为了实现这个愿望，他统一了东北许多部族。统一是好事还是坏事呢？应该说是好事情，不是坏事。努尔哈赤统一东北的各个部族，在民族发展的历史上是有贡献的。

四、东北建州部族社会发展的过程是：初期过着游牧生活，不善于耕种。后来俘虏汉人、朝鲜人去耕种，有了农业生产；同时也懂得了使用铁器、生产铁器，初步提高了自己的生活水平和生产水平。努尔哈赤取得了沈阳、辽阳以后，封建化的过程加快了，在很大的程度上接受了汉人的文化和生产方式。但是必须了解，建州族在其发展过程中是有自身的特点的。上面所说的八旗，表面上是军事组织，实际上是社会组织和生产组织，这三者是统一的。八旗军队在出去打仗的时候，明确规定俘虏到的人口和物资应该拿出一部分交给公家，剩下的才归自己。在努尔哈赤时代，八旗的头子还都有很大的权力，许多事情都要经过他们共同商量，取得他们的同意后才能作出决定。这种情况一直到努尔哈赤的儿子清太宗的时候才改变，才提高了皇帝的地位，而把八旗首领的地位降低了。

最后讲讲"满洲"这个名字的来源问题。这个名字到底是从什么地方来的？现在还没有完全解决。根据明朝的历史记载，在清太宗以前从来没有出现过"满洲"这个名字。一直到清太宗时才称"满洲"。后来又称为"满族"。在外国的地图上把中国的东北叫满洲，后来我们自己也跟着外国人这样叫。现在可能的解释是：建州族信仰佛教，佛教里有一个佛叫作"文殊"，满族人把文殊念作"满住"。1348年明朝跟朝鲜合起来打建州，很多建州人被杀，其中有一个领袖就叫李满住（女真族里有不少人叫满住,用宗教上的名词作为自己的名字)。可能"满洲"就是从"满住"演变而来的。从"文殊"演变为"满住",又从"满住"演变为"满洲"。这是一个试探性的解释,还不能说是科学的结论。其他方面的材料还没有。因此,究竟为什么叫"满洲",现在还不能下最后的结论。

以上我们介绍了建州的一些情况。我们对待汉族和满族的关系,也应该像对待汉族和蒙古族的关系一样。在明朝,汉族和满族之间是打过仗,但是更多的时候是不打仗的。清太宗改国号为清,到清世祖顺治元年(1644)入关,正式建立了清朝。清朝统治中国两百多年,它是中国历史上最后的一个王朝。清朝末年一些革命党人进行反满斗争,出了不少的书,宣传清朝的黑暗统治,宣传反满。这在那个时期是必要的。可是经过几十年,到了现在,我们如果还是这样来对待满族就不应该了。我们是多民族的国家,各个民族一律平等。一方面要承认清朝进行过多次非正义的战争,有过黑暗统治;另一方面也要承认清朝统治的两百多年并不都是黑暗时代,其中有一个时期的历史是很辉煌的。譬如像康熙、乾隆时代就是清朝的全盛时代,这个时代不但巩固了国家的统一,而且有所发展。我们中国今天的疆域是什么时候形成的?是康熙、乾隆时代奠定的。我们继承了他们的遗产。所以毛主席说:"今天的中国是历史的中国的一个发展……我们不应当割断历史。"我们对清朝的历史必须有足够的估价,对康熙、乾隆巩固国家的统一、发展国家的统一也要有足够的估价。应该给它以应有的尊重。不但对历史应该给予应有的尊重,今天在民族关系上也应该注意这点。解放以后,中央曾经发出过这样的指示,就是"满清"两个字不要连用。清朝就是清朝,满族就是满族。要把清朝统治者和广大的满族人民区别开,并不是所有的满族人都是清朝的统治者。满族人民在清朝统治下同样是受剥削、受压迫的。至于清朝统治者,他们做过坏事,但是在有些事情上也做过好事,而且做了很大的好事。应该从历史事实出发,好就是好,不好就是不好。

注 释

［1］《明史》卷一三六《陶安传》。

［2］《明史》卷一三五《叶兑传》。

［3］孙承泽《春明梦余录》卷一,《明史》卷一二九《冯胜传附冯国用传》。

［4］旧名建业、建康、金陵,元为集庆,明太祖克集庆后以为应天府,洪武二年以为南京。十一年改为京师,成祖北迁后以为南京,以北京为京师。文中为行文便利计,除引原文处仍用其原称外,一律称南京。

［5］邱濬《大学衍义补·都邑之建》。

［6］刘辰《国初事迹》。

［7］黄光昇《昭代典则》。

［8］《明史》卷一二八《刘基传》。

［9］《明史》卷二《太祖本纪》二。

［10］《明史》卷四〇《地理志》一。

［11］《明史》卷一四七《胡广传》。

［12］《明史》卷一一五《兴宗孝康皇帝传》。

［13］姜清《姜氏秘史》卷一。

［14］郑晓《今言》卷二七四。

［15］《明史》卷一一五《兴宗孝康皇帝传》。

［16］《春明梦余录》卷一。

［17］何孟春《余冬录》卷二。

［18］顾炎武《天下郡国利病书》卷一〇三《江南》一。

［19］《明史》卷二《太祖本纪》二。

［20］何乔远《名山藏》卷一《分藩记》。

［21］何乔远《名山藏》卷一《分藩记》。

［22］《明史》卷九十《兵志二·卫所》。

［23］《明史》卷一一六《诸王传序》。

［24］《皇明祖训》兵卫条。

［25］《皇明祖训》兵卫条。

［26］《明史》卷一一七《宁王传》。

［27］《明史》卷二《太祖本纪》二。

［28］《明史》卷九一《兵志三·边防》。

［29］祝允明《九朝野记》卷一。

［30］《明史》卷一一六《晋王传》。

［31］《明史》卷三《太祖本纪》三。

［32］《皇明祖训》法律条。

［33］《皇明祖训》法律条。

［34］《明史》卷三《太祖本纪》三。

［35］《明史》卷一三九《叶伯巨传》。

［36］尹守衡《明史窃革除纪》。

［37］《明史》卷一四一《黄子澄传》。

［38］《明史》卷一四三《高巍传》。

［39］高皇后无子。懿文太子标、秦王樉、晋王㭎，李淑妃出。燕王棣、周王橚，硕妃出。均为高皇后养子，故燕王起兵时冒称高后嫡子，以图耸动天下耳目！且以为三兄俱死，已伦序当立。（吴晗《明成祖生母考》，载《清华学报》十卷三期）。

［40］《明史》卷一四一《黄子澄传》。

［41］谷应泰《明史纪事本末》卷一五，《明史》卷一四一《齐泰传》。

［42］《明史》卷四《恭闵帝本纪》。

［43］《明史》卷三《太祖本纪》三。

［44］《明史》卷五《成祖本纪》一。

［45］《明史》卷三《太祖本纪》三。

［46］《明史》卷一四五《姚广孝传》。

［47］《明史》卷四《恭闵帝纪》，卷五《成祖纪》一，卷一四四《盛庸传》，卷一二六《李文忠传》，卷一二五《徐达传》，《明史纪事本末》卷一六。

［48］《明史纪事本末》卷一八。

［49］《明史》卷一四一《方孝孺传》。

［50］《明史》卷五《成祖本纪》一，钞本《燕王令旨》。

［51］作者有专文讨论，参阅《大公报·史地周刊》第十三期《明代的锦衣卫和东西厂》（1934年12月24日）。

［52］王世贞《锦衣志》。

[53]《明史》卷三四〇《宦官传序》。

[54]《明史》卷二《成祖本纪》二。

[55]《明史》卷二《成祖本纪》二。

[56]《明史》卷二《成祖本纪》二。

[57]《明史》卷三四〇《宦官传序》。

[58]《明史》卷一三八《薛祥传》。

[59]《明史》卷九五《刑法志》三。

[60]《明史》卷一六三《李时勉传》。

[61]《明史》卷一三八《杨靖传》附《严德珉传》，卷二八五《孙蕡传》。

[62]《明史》卷三二八《朵颜三卫传》。《成祖本纪》二，永乐元年三月"始以大宁地畀兀良哈"，《兵志》三同。按：兀良哈为地名，在潢水（西喇木伦，Sira Muren）北。西起兴安岭，东至哈尔滨、长春等平野。南有全宁卫，更南有大宁卫。《太祖高皇帝实录》卷一九六："二十二年五月辛卯，置泰宁、朵颜、福余三卫指挥使司于兀良哈之地以居降胡。"明人习称泰宁、朵颜、福余为兀良哈三卫，更节为兀良哈。兀良哈及三卫之名称由来，详见日本箭内亘《兀良哈三卫名称考》。

[63]万言《管邨文钞内编》二《诸王世表序》。

[64]《明史》卷一二〇《诸王传赞》，《明史》卷一一九《襄王传》。

[65]《明史》卷一一九《崇王传》。

[66]《明史》卷一一八《韩王传》、《唐王传》。

[67]赵翼《二十二史札记》卷三二《明分封宗藩之制》。

[68]《明史》卷一一六《诸王传序》。

[69]《明史》卷二一四《靳学颜传》。

[70]《明史》卷八二《食货志》六。

[71]《明史》卷一〇〇《诸王世表序》。

[72]《明史》卷一一九《襄王传》附《枣阳王传》。

[73]《明史》卷一一九《郑王传》。

[74]章潢《图书编》卷三三《论北龙帝都垣局》。

[75]顾祖禹《读史方舆纪要》卷一〇《直隶方舆纪要序》。

[76]朱健《古今治平略·古今都会》。

[77]谢肇淛《五杂俎》。

[78]《明史》卷五《成祖本纪》二,《明史》卷八五《河渠志》三,《明史》卷七九《食货志》三。

[79]《明史》卷七六《职官志》五,《明史》卷七九《食货志》三。

[80]《明史》卷七六《职官志》五。

[81]《明史》卷七《成祖本纪》三。

[82]八年征鞑靼本雅失里,十二年征瓦剌马哈木,二十年至二十二年三征鞑靼阿鲁台。

[83]《明史》卷一四九《夏原吉传》。

[84]《明史》卷一六九《胡濙传》。

[85]《明史》卷八《仁宗本纪》。

[86]《明史》卷一〇《英宗前纪》。

[87]《明史》卷九一《兵志》三。

[88]黄道周《博物典汇》卷一九《九边》。

[89]今热河平泉、赤峰、朝阳等县地。

[90]严从简《殊域周咨录》卷一六《鞑靼》。

[91]今绥远托克托县及内蒙古茂明安之地。

[92]《明史》卷九一《兵志》三,卷四二《地理志》二《山西》。

[93]元兴和路,自张家口以北至内蒙古苏尼特旗皆其境。洪武三年为府,后废。三十年置兴和守御千户所。今察哈尔张北县治即兴和故城。

[94]《明史》卷四〇《地理志》一《京师》。

[95]在今察哈尔多伦县地。

[96]《明史》卷四〇《地理志》一,严从简《殊域周咨录》卷一七《鞑靼》,方孔炤《全边略纪》卷三《宣府略》。

[97]《博物典汇》卷一九。

[98]《明太祖实录》卷二三九。

[99]邓之诚《骨董续记》卷二〇"碌条"引《张文宁年谱》;计六奇《明季北略》,记郑鄤事。

[100]吕毖《明朝小史》卷一《国初重刑》。

[101]《大诰》奸吏建言第三三、《刑余攒典盗粮第六九》,《续诰》相验囚尸不实第四二、《三编》逃囚第一六。

[102]徐祯卿《翦胜野闻》。

［103］赵翼《廿二史劄记》卷三二《明祖晚年去严刑》条引《草木子》。

［104］《明史》卷九四《刑法志》；《大诰三编》二，进士监生戴罪办事。

［105］《明史》卷九四《刑法志》。

［106］《明史》卷一三九《周敬心传》："洪武二十五年上疏极谏：'洪武四年录天下官吏，十三年连坐胡党，十九年逮官吏积年为民害者，二十三年罪妄言者，大戮官民，不分臧否。'"

［107］《明史》卷一三九《茹太素传》。

［108］《明史》卷一三九《韩宜可传》。

［109］《明朝小史》卷二。

［110］《大诰三篇》逃囚第一六。

［111］《明太祖实录》卷二三九。

［112］参看钱谦益《太祖实录辨证》，潘柽章《辨史考异》，《燕京学报》一五期吴晗《胡惟庸党案考》。

［113］何崇祖《庐江郡何氏家记》（《玄览堂丛书续集》本）。

［114］《明史》卷一二七《李善长传》。

［115］王世贞《史乘考误》，钱谦益《太祖实录辨证》，潘柽章《国史考异》。

［116］刘辰《国初事迹》，孙宜《洞庭集》大明初略三，王世贞《史乘考误》卷一。

［117］王世贞《史乘考误》卷一，钱谦益《太祖实录辨证》卷五，潘柽章《国史考异》卷二。

［118］刘辰《国初事迹》。

［119］《明史》卷三〇八《胡惟庸传》、卷一二八《刘基传》，《刘璟遇恩录》。

［120］徐祯卿《翦胜野闻》。

［121］《明史》卷一三八《李仕鲁传》附《陈汶辉传》。

［122］《明史》卷一三五《宋思颜传》。

［123］《明史》卷一三六《朱升传》，卷一三七《刘三吾传》《宋纳传》《安然传》，卷一三八《陈修传》《周祯传》《杨靖传》《薛祥传》，卷一三九《茹太素传》《李仕鲁传》《周敬心传》。

［124］《明史》卷一四〇《魏观传》、卷二八一《方克勤传》、卷一四〇《道同传》、卷一三九《叶伯巨传》、卷一三六《陶凯传》。

［125］刘辰《国初事迹》。

[126]《明史》卷一二九《叶伯巨传》。

[127]《明史》卷九四《刑法志》、卷一三九《郑士利传》。

[128]《明史》卷九四《刑法志》,《大诰》郭桓卖放浙西秋粮第二三、郭桓盗官粮第四九。

[129]《大诰续篇》。

[130]《大诰》奸贪诽谤第六四。

[131]《大诰二编》苏州人才第一三。

[132]《大诰三编》秀才剁指第一〇、《明史》卷九四《刑法志》。

[133]《大诰三编》苏州人才第一三、《明史》卷九四《刑法志》。

[134]《明史》卷一二六《汤和传》。

[135]《明史》卷一三一《郭兴传》。

[136]《明史》卷二八三《袁凯传》,徐祯卿《翦胜野闻》,陆深《金台纪闻》。

[137]《明史》卷一三八《周祯传》。

[138]徐祯卿《翦胜野闻》。

第二编 制度变迁

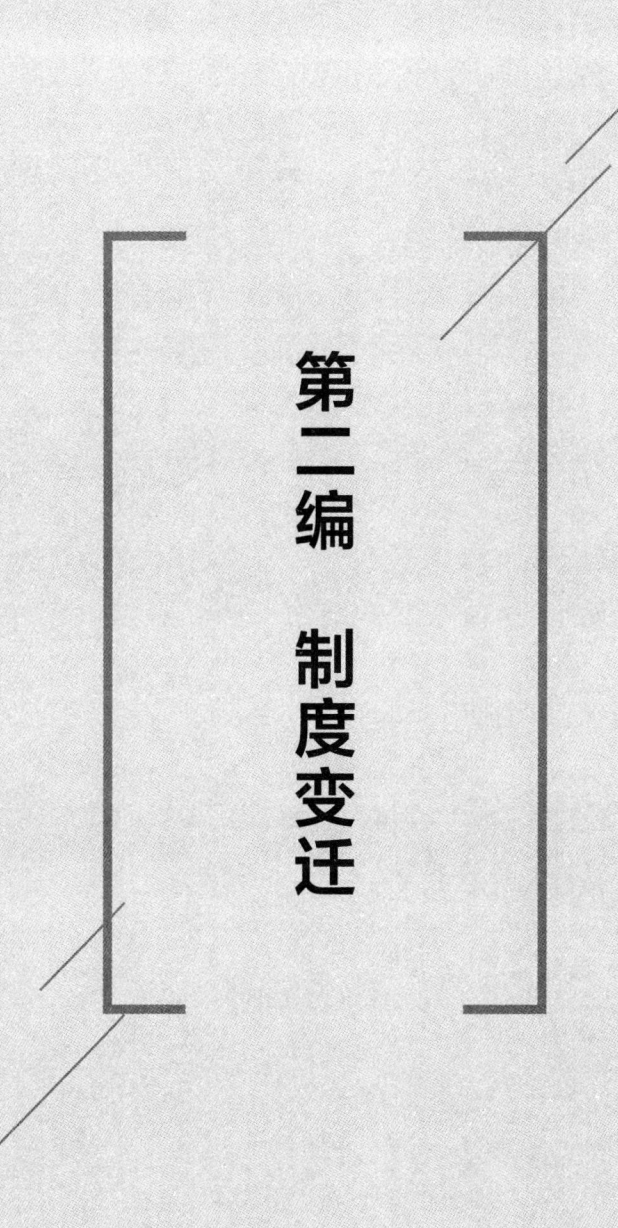

明代的军兵

一 军与兵

明初创卫所制度，划出一部分人为军，分配在各卫所，专负保卫边疆和镇压地方的责任。军和民完全分开。中叶以后，卫军废弛，又募民为兵，军和兵成为平行的两种制度。

军是一种特殊的制度，自有军籍。在明代户口中，军籍和民籍、匠籍平行，军籍属于都督府，民籍属于户部，匠籍属于工部。军不受普通行政官吏的管辖，在身份、法律和经济上的地位都和民不同。军和民是截然分开的。兵恰好相反，任何人都可应募，在户籍上也无特殊的区别。军是世袭的、家族的、固定的，一经为军，他的一家系便永远世代充军，住在被指定的卫所。直系壮丁死亡或老病，便须由次丁或余丁替补。如在卫所的一家系已全部死亡，还须到原籍勾族人顶充。兵则只是本身自愿充当，和家族及子孙无关，也无固定的驻地，投充和退伍都无法律的强制。军是国家经制的、永久的组织，有一定的额数，一定的戍地。兵则是临时招募的，非经制的，无一定的额数，也不永远屯驻在同一地点。

在明代初期，军费基本上是自给自足的，军饷的大部分由军的屯田收入支给。在国家财政的收支上，军费的补助数量不大。

虽然全国的额设卫军总数达到两百七十余万的庞大数字[1]，国家财政收支还能保持平衡。遇有边防屯田的收入不敷支给时，由政府制定"开中"的办法，让商人到边塞去开垦，用垦出的谷物来换政府所专利的盐引，取得买盐和卖盐的权利。商人和边军双方都得到好处。

兵是因特殊情势，临时招募的。招募时的费用和入伍后的月饷都是额外的支出。这种费用原来没有列在国家预算上，只好临时设法，或加赋，或加税，或捐纳，大部分由农民负担。因之兵的额数愈多，农民的负担便愈重。兵费重到超过农民的负担能力时，政府的勒索和官吏的剥削引起农民的武装反抗。政府要镇压农民，又只好增兵，这一笔费用还是出在农民身上。

卫所军经过长期的废弛而日趋崩溃，军屯和商屯的制度也日渐破坏，渐渐地不能自给，需要由国家财政开支。愈到后来，各方面的情形愈加变坏，需要国家的财政供给也愈多。这费用也同样地需由农民负担。同时又因为军力的损耗，国防脆弱，更容易引起外来的侵略。卫军不能作战，需要募兵的数量愈多。这两层新负担，年复一年地累加，国家全部的收入不够军兵费的一半，只好竭泽而渔，任意地、无止境地增加农民的负担，终于引起历史上空前的农民暴动。政府正在用全力去镇压，新兴的建州却又乘机而入，在内外交逼的情势下，颠覆了明室的统治权。

除中央的军和兵以外，在地方的有民兵、民壮（弓兵、机兵、快手）、义勇种种地方警备兵。在边地的有土兵（土军）、达军（蒙古降卒）。在内地的有苗兵、狼兵（广西土司兵）、土兵等土司兵。将帅私人又有家丁、家兵、亲兵。各地职业团体又有由矿工所组织的矿兵,盐丁所组织的盐兵,僧徒所组织的少林兵、伏牛兵、五台兵。也有以特别技艺成兵的,如河南之毛葫芦兵、习短兵,长于走山;山东有长竿手,徐州有箭手,井陉有蚂螂手,善运石,远可及百步。福建闽漳泉之镖牌兵等。[2]

从养军三百万基本上自给的卫兵制,到军兵费完全由农民负担,国库支出;从有定额的卫军,到无定额的募兵;从世袭的卫军,到雇用的募兵,这是明代历史上的一件大事。

次之,军因历史的、地理的、经济的关系,集中隶属于国家,在战时才由政府派出统帅总兵,调各卫军出征。一到战事终了,统帅立刻被召回,所属军也各归原卫。军权不属于私人,将帅也无直属的部队。兵则由将帅私人所招募、训练,和国家的关系是间接的。兵费不在政府的岁出预算中,往往须由长官向政府力争,始能得到。同时兵是一种职业,在中央权重的时候,将帅虽有私兵,如嘉靖时戚继光之戚家军,俞大猷之俞家军,都还不能不听命于中央。到明朝末年,民穷财尽,内外交逼,在非常危险的局面下,需要增加庞大的兵力,将帅到处募兵,兵饷都由将帅自行筹措,发生分地分饷的弊端,兵皆私兵,将皆藩镇,兵就成为扩充将帅个人权力和地位的工具了。

二 卫所制度

明太祖即皇帝位后,刘基奏立军卫法。

《明史》卷八九《兵志序》说:

> 明以武功定天下,革元旧制,自京师达于郡县,皆立卫所。外统之都司,内统于五军都督府。而上十二卫

为天子亲军者不与焉。征伐则命将充总兵官，调卫所军领之。既旋则将上所佩印，官军各回卫所，盖得唐府兵遗意。[3]

这制度的特点是平时把军力分驻在各地方，战时才命将出师，将不专军，军不私将，军力全属于国家。卫所的组织，《明史》卷九〇《兵志二·卫所门》记："天下既定，度要害地系一郡者设所，连郡者设卫。大率五千六百人为卫，千一百二十人为千户所，百十有二人为百户所。所设总旗二，小旗十，大小联比以成军。"卫有指挥使，所有千户、百户。总旗辖五十人，小旗辖十人。各卫又分统于都指挥使司（简称都司），司有都指挥使，为地方最高军政长官，和治民事的布政使司，治刑事的按察使司，并称"三司"。洪武二十六年（1393）时定天下都司卫所，共计都司十七（北平、陕西、山西、浙江、江西、山东、四川、福建、湖广、广东、广西、辽东、河南、贵州、云南、北平三护卫、山西三护卫），行都司三（北平、江西、福建），留守司一（中都）。内外卫三百二十九，守御千户所六十五。成祖以后，多所增改，都司增为二十一（浙江、辽东、山东、陕西、四川、广西、云南、贵州、河南、湖广、福建、江西、广东、大宁、万全、山西、四川行都司、陕西行都司、湖广行都司、福建行都司、山西行都司），留守司二（中都、兴都）。内外卫增至四百九十三，守御屯田群牧千户所三百五十九。[4]

全国卫军都属于中央的大都督府。大都督府掌军籍，是全国的最高军事机关。洪武十三年（1380）分大都督府为中、左、右、前、后五军都督府。洪武二十六年定分领在京各卫所及在外各都司卫所。其组织如下：

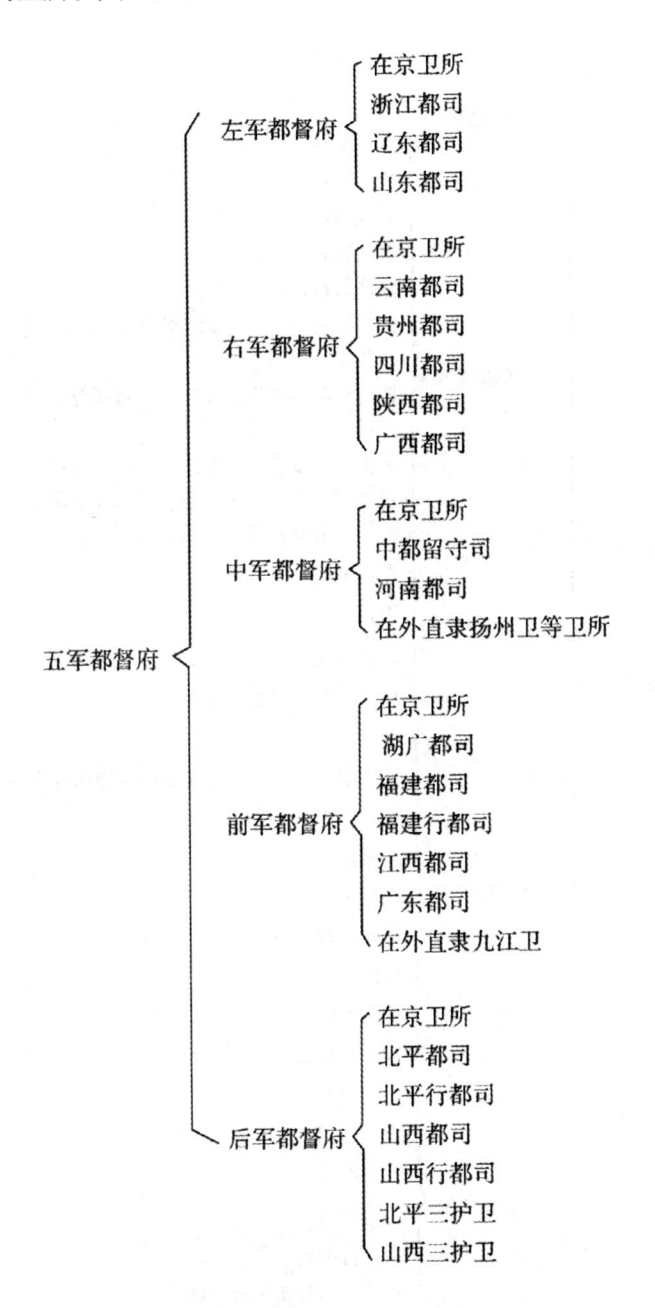

- 五军都督府
  - 左军都督府
    - 在京卫所
    - 浙江都司
    - 辽东都司
    - 山东都司
  - 右军都督府
    - 在京卫所
    - 云南都司
    - 贵州都司
    - 四川都司
    - 陕西都司
    - 广西都司
  - 中军都督府
    - 在京卫所
    - 中都留守司
    - 河南都司
    - 在外直隶扬州卫等卫所
  - 前军都督府
    - 在京卫所
    - 湖广都司
    - 福建都司
    - 福建行都司
    - 江西都司
    - 广东都司
    - 在外直隶九江卫
  - 后军都督府
    - 在京卫所
    - 北平都司
    - 北平行都司
    - 山西都司
    - 山西行都司
    - 北平三护卫
    - 山西三护卫

每府设左右教督各一，掌治府事。成祖以后，又改组如下：

五军都督府
- 左军都督府
  - 在京卫所
  - 浙江都司
  - 辽东都司
  - 山东都司
- 右军都督府
  - 在京卫所
  - 陕西都司
  - 陕西行都司
  - 四川都司及土官（天全六番招讨司、陇本头长官司等土司）
  - 四川行都司及土官（昌州长官司等土司）
  - 广西都司
  - 云南都司及土官（茶山长官司等土司）
  - 贵州都司及土官（新添长官司等土司）
  - 在外直隶宣州卫
- 中军都督府
  - 在京卫所
  - 中都留守司
  - 河南都司
  - 在外直隶扬州卫等卫所
- 前军都督府
  - 在京卫所
  - 湖广都司及土官（永顺军民宣慰司等土司）
  - 湖广行都司
  - 兴都留守司
  - 福建都司
  - 福建行都司
  - 江西都司
  - 广东都司
  - 在外直隶九江卫
- 后军都督府
  - 在京卫所
  - 大宁都司
  - 万全都司
  - 山西都司
  - 山西行都司
  - 在外直隶蓟州卫等卫所

各地都司分隶于各都督府，其组织如下：

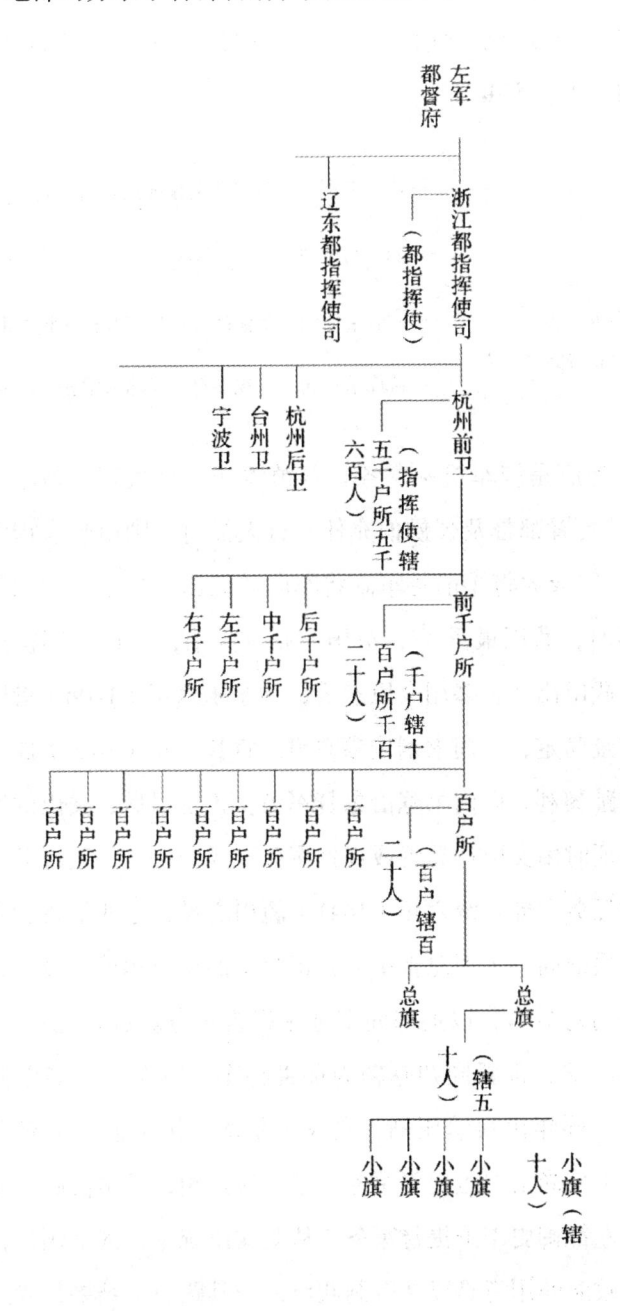

```
左军都督府
├── 浙江都指挥使司（都指挥使）
│   ├── 杭州前卫（指挥使辖五千户所五千六百人）
│   │   ├── 前千户所（千户辖十百户所千百二十人）
│   │   │   ├── 百户所（百户辖百二十人）
│   │   │   │   ├── 总旗（辖五十人）
│   │   │   │   │   ├── 小旗（辖十人）
│   │   │   │   │   ├── 小旗
│   │   │   │   │   ├── 小旗
│   │   │   │   │   └── 小旗
│   │   │   │   └── 总旗（辖五十人）
│   │   │   │       └── 小旗
│   │   │   ├── 百户所
│   │   │   ├── 百户所
│   │   │   ├── 百户所
│   │   │   ├── 百户所
│   │   │   ├── 百户所
│   │   │   └── 百户所
│   │   ├── 后千户所
│   │   ├── 中千户所
│   │   ├── 左千户所
│   │   └── 右千户所
│   ├── 杭州后卫
│   ├── 台州卫
│   └── 宁波卫
└── 辽东都指挥使司
```

和都督府相配合的机关是兵部，长官为兵部尚书，"掌天下武卫官军选授简练之政令"，其下设四清吏司，各设郎中一人，员外郎一人，主事二人：

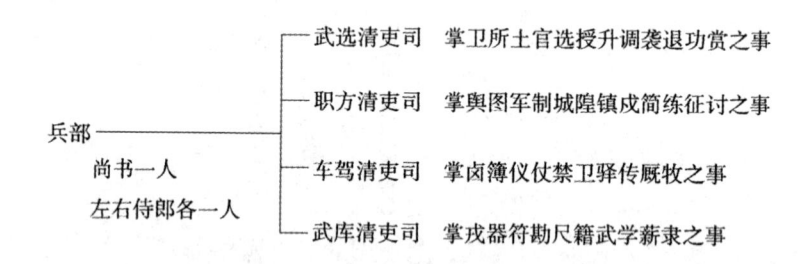

```
                    ┌─ 武选清吏司  掌卫所土官选授升调袭退功赏之事
                    │
                    ├─ 职方清吏司  掌舆图军制城隍镇戍简练征讨之事
兵部                │
   尚书一人         ├─ 车驾清吏司  掌卤簿仪仗禁卫驿传厩牧之事
   左右侍郎各一人   │
                    └─ 武库清吏司  掌戎器符勘尺籍武学薪隶之事
```

都督府是统军机关，各省各镇镇守、总兵官、副总兵都以三等[5]真署都督及公侯伯充任。有大征讨，则由政府指派挂诸号将军[6]或大将军前将军副将军印总兵出，事定缴印回任。明初开国时，武臣最重[7]，英国公张辅兄信，至以侍郎换授指挥同知。武臣出兵，多用文臣参赞，如永乐六年（1408）黔国公沐晟讨交趾简定，以尚书刘俊参军事。宣德元年（1426）成山侯王通讨交趾黎利，以尚书陈洽参赞军务。正统以后，文臣的地位渐高，出征时由文臣任总督或提督军务，经画一切，武臣只有领军作战的任务。如正统六年（1441）麓川之役，定西伯蒋贵充总兵官，以兵部尚书王骥总督军务；正统十四年讨福建邓茂七，宁阳侯陈懋为总兵官，以刑部尚书金濂提督军务。成化元年（1465）讨大藤峡徭，都督同知赵辅为征夷将军，以左佥都御史韩雍赞理军务。同年出兵镇压荆、襄农民暴动，抚宁伯朱永充靖虏将军，以工部尚书白圭提督军务。三年讨建州，武靖伯赵辅充总兵官，以左都御史李秉提督军务。从此文臣统率，武臣领兵，便成定制。政府的用意是以文臣制武臣，防其跋扈。结果是武臣的地位愈来愈低。正德以后幸臣戚里多用恩幸得武职，武臣愈为世所轻。在内有部、科，在外有监军、总督、巡抚，重重弹压，五军都督府职权日轻，将弁大帅如走卒，总兵官到兵部领敕，必须长跪，"间为长揖，即谓非体"。到明朝末年，卫所军士，虽一诸生，都可任意役使了。

各省都指挥使是地方的最高军政长官，统辖省内各卫所军丁，威权最重。在对外或对内的战事中，政府照例派都督府官或公侯伯出为总兵官，事后还任。明初外患最频的是北边的蒙古，派出边地防御的总兵官渐渐地变成固定，冠以镇守的名义，接着在内地军事要害地区也派总兵官镇守，独任一方的军务。又于其下设分守，镇守一路；设守备，镇守一城或一堡。至和主将同城的则称为协守。总兵之下有副总兵、参将、游击将军、守备、把总等名号。总兵是由中央派出的，官爵较高，职权较专，都指挥使是地方长官，渐渐地就成为总兵官的下属了。后来居上，于是临时派遣的总兵官驻守在固定的地点，代替了都指挥使原来的地位。

总兵官变成镇守地方的军事统帅以后，在有战事时，政府又派中央大员到地方巡抚，事毕复命，后来巡抚也成固定的官名，驻在各地方。因为这官的职务是抚安军民，弹压地方，所以以都御史或副佥都御史派充。因为涉及军务，所以又加提督军务或赞理军务、参赞军务名义。巡抚兼治一方的民事和军务，不但原来的都、布、按三司成为巡抚的下属，总兵官也须听其指挥。景泰以后因军事关系，在涉及数镇或数省的用兵地区，添设总督军务或总制、总理，派重臣大员出任。有的兵事终了后即废不设，有的却成为常设的官。因为辖地涉及较广，地位和职权也就在巡抚之上。明朝末年"流寇"和建州内外夹攻，情势危急，政府又特派枢臣（兵部尚书）外出经略，后来又派阁臣（大学士）出来督师，权力又在总督之上。这样层层叠叠地加上统辖的上官，原来的都指挥使和总兵官自然而然地每况愈下，权力日小、地位日低了。综合上述的情形，从下表（一）中我们可以看出明代地方军政长官地位的衍变。

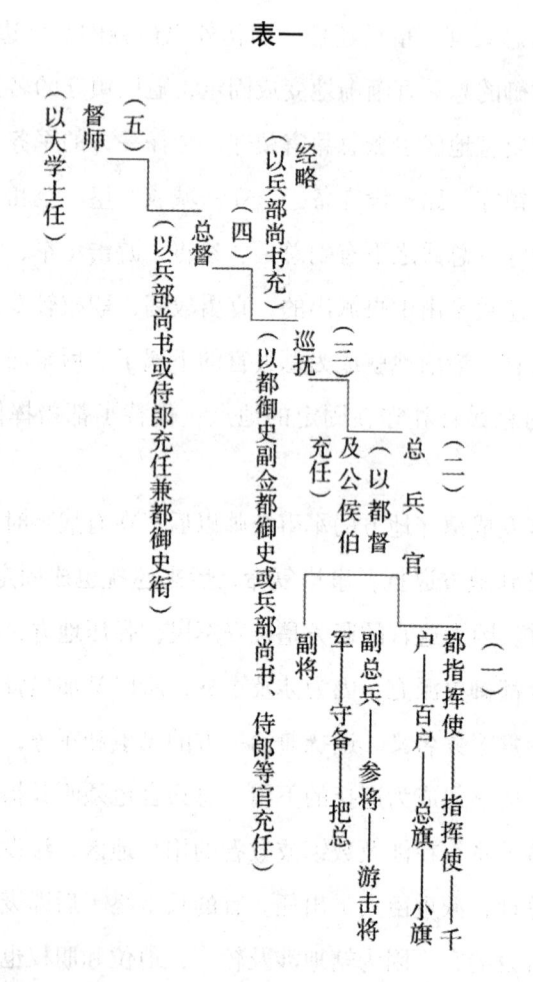

表一

（五）督师（以大学士任）
（四）总督（以兵部尚书或侍郎充任兼都御史衔）
经略（以兵部尚书充）
（三）巡抚（以都御史副佥都御史或兵部尚书、侍郎等官充任）
（二）总兵官（以都督及公侯伯充任）——副将——副总兵——参将——游击将军——守备——把总
（一）都指挥使——指挥使——千户——百户——总旗——小旗

卫所军丁的总数，在政府是军事秘密，绝对不许人知道。[8]甚至掌治军政的兵部尚书，和专司纠察的给事御史也不许预闻。[9]依《明太祖实录》卷二二三记载看，洪武二十五年的军数如下表（二）。

表二

在京军数马数		在外军数马数	
武官	2747 员	武官	13742 员
军士	206280 人	军士	992154 人
马	4751 匹马	马	40329 匹

总数超过一百二十万。洪武二十六年以后的军数，按卫所添设的数量估计，应该在一百八十万以上。明成祖以后的军数，约在二百八十万左右。[10]万历时代的军数见表（三）[11]。

表三　各镇军数马数

各镇	军数		马数	
	原额*	现额*	原额*	现额*
蓟镇：蓟州	39339	31658	10700	6399
密云	9065	33569	2032	13120 ▲
永平	22307	39940	6083	15080 ▲
昌平	14295	19039	3015	5625 ▲
辽东	94693	83340	77001	41830 ▲
保定	29308	34697	1199	4791 ▲
宣府	151452	79258	55274	33147 ▲
大同	135778	85311	51654 ▲	35870 ▲
山西	25287	55295	6551 ▲	24764 ▲

续表

各镇	军数 原额*	军数 现额*	马数 原额*	马数 现额*
延绥	80196	53254	45940	32133 ▲
宁夏	71693	27934	22182	14657
固原	126919	90412	32250 ▲	33842 ▲
甘肃	91571	46901	29318	21660 ▲
四川	14822	10897		
云南	63923	62593		
贵州		28355		
广西	121289	13097		
		25854		
湖广		68829		
广东		29947		
		35268		
南直隶	102167	7149		
		78062		
浙江	130188	20848		
江西	39893	9148		
南赣		8171		
	125381	829		
福建	43631	1928		
山东	2217	38475		
	3177			
河南	20020			
总共	1586611	1120058	343199	282918

* 原额：永乐以后　现额：万历初年

▲ 包括马驼牛骡在内

明初卫所军士的来源，大概可分四类，《明史》卷九〇《兵志二》记："其取兵有从征，有归附，有谪发。从征者诸将所部兵，既定其地，因以留戍。归附则胜国及僭伪诸降卒，谪发以罪迁隶为兵者，其军皆世籍。"从征和归附两项军士都是建国前后的旧军。谪发一项则纯以罪人充军，名为恩军[12]，亦称长生军[13]。如永乐初屠杀建文诸臣，一人得罪，蔓连九族，外亲姻连都充军役。[14]成化四年（1468）项忠平荆、襄农民暴动，俘获三万余人，户选一丁戍湖广边卫[15]，都是著例。

除以上三项外，第四类是垛集军，是卫军最大的来源。《明史》卷九二《兵志》四说："明初垛集令行，民出一丁为军，卫所无缺伍，且有羡丁。……成祖即位，遣给事等官分阅天下军，重定垛集军更代法。初三丁已上垛正军一，别有贴户，正军死，贴户丁补。至是今正军贴户更代，贴户单丁者免，当军家蠲其一丁徭。"平民一被佥发充军，便世世子孙都入军籍，不许变易。民籍和军籍的区分极为严格。[16]民户有一丁被垛为军，政府优免他的原籍老家的一丁差徭，以为弥补。军士赴戍所时，宗族为其治装，名为封桩钱。[17]在卫军士除本身为正军外，其子弟称为余丁或军余，将校的子弟则称为舍人。宣德四年（1429）定例免在营余丁一丁差役，令其供给军士盘缠。[18]边军似乎较受优待，如辽东旧制，每一军佐以三余丁。[19]内地的余丁亦称帮丁，专供操守卒往来费用。[20]日常生活则概由政府就屯粮支给，按月发米，称为月粮。其多少以地位高下分等差。洪武时令在京在外各卫马军月支米二石，步军总旗一石五斗，小旗一石二斗，军一石。守城者如数给，屯田者半之。恩军家四口以上一石，三口以下六斗，无家口者四斗。[21]月盐有家口者二斤，无者一斤。[22]衣服则岁给冬衣棉布棉花夏衣夏布，在出征时则例给胖袄鞋裤。[23]

三 京军

明初定都南京，集全国卫军精锐于京师。有事以京军为主力，抽调各地卫军为辅。又因蒙古人时图恢复，侵犯北边，命将于沿边安置重兵防守，分封诸子出王边境，大开屯田，且耕且守。靖难役后，明成祖迁都北京，以首都置于国防前线，成为全国的军事中心。

定制立三大营，一曰五军，一曰三千，一曰神机，合称为京军。

五军营的组织，太祖时设大都督府，节制中外诸军，京城内外置大小二场，分教四十八卫卒。洪武四年（1371）士卒之数二十万七千八百有奇。洪武十三年分大都督府为前、后、中、左、右五军都督府。成祖北迁后，增为七十二卫。永乐八年（1410）亲征本雅失里，分步骑军为中军，左、右掖，左、右哨，称为五军。除在京卫所外，每年又分调中都、山东、河南、大宁各都司兵十六万人，轮番到京师操练，称为班军。

三千营以边外降丁三千人组成。

神机营专用火器，永乐时平交趾得到火器，立营肄习。后来又得到都督谭广进马五千，置营名"五千"，掌操演火器。

三大营在平时，五军肄营阵，三千肄巡哨，神机肄火器。在皇帝亲征时，大营居中，五军分驻，步内骑外，骑外为神机，神机外为长围，周二十里，樵采其中。

皇帝侍卫亲军有锦衣卫和十二卫亲军。御马监又有武骧，腾骧，左、右卫，称四卫军。

明初京军总数在八十万以上。[24]永乐时征安南，用兵至八十万。[25]正统中征麓川，用兵亦十五万。[26]永乐宣德二朝六次对蒙古用兵，都以京军为主力。到正统十四年（1449）土木之变，丧没几尽。《明史》卷一七〇《于谦传》说："时京师劲甲精骑皆陷没。所余疲卒不及十万。人心恐慌，上下无固志。"事后一面补充，一面着手改革。当时主持兵政的兵部尚书于谦以为三大营的缺点，是在分作三个独立组织，各为教令。临时调发，军士和将弁都不相习。乘机改革，在诸营中选出精兵十万，分作十营集中团练，名为团营。其余军归本营，称为老家。京军之制为之一变。到成化时又选出十四万军分十二营团练，称为选锋，余军仍称老家，专任役作。团营之法又稍变。到正德时因"流寇"之乱，调边军入卫，设东西官厅练兵，于是边军成为选锋，十二团营又成为老家了。嘉靖时经过几次严重的外患，几次改革，又恢复三大营旧制，改三千为神枢营，募兵四万充伍。形式上虽然似乎还原，可是以募兵代世军，实质上却已大不相同了。

京军内一部分由外卫番上京师者称为班军。在名义上是集中训练，巩卫京师。实际上却被政府和权贵役作苦工，《明史》卷九〇《兵志》二说："成化间海内燕安，外卫卒在京只供营缮诸役，势家私占复半之，卒多畏苦，往往愆期。"修建宫殿陵墓，浚理城池，一切大工程都以班军充役，使供役军士，财力交殚，每遇班操，宁死不赴。[27]甚至调发出征的也被扣留役使，《明史》卷一九九《郑晓传》记："俺答围大同右卫急……晓言：今兵事方棘，而所简听征京军三万五千人，乃令执役赴工，何以备战守，乞归之营伍。"结果使各地卫军以番上为畏途。有的私下纳银于所属将弁，求免入京。有事则招募充数，名为"折乾"。嘉靖二十九年（1550）职方主事沈朝焕在点发班军月饷时，发现有大部分是雇乞丐代替的。后来索性专以班军做工，也不营操了。班军不做工和不在工作期间的便改行做商贩工艺，按时给他们所属的班将一点钱。到末年边事日急，又把班军调到边防，做筑垣负米的劳役。从班军一变而为班工，从应役番上到折乾雇募，虽然名义上还仍旧贯，实质上却已经变质了。

  京卫军的情形，也和班军一样困于役作。成化时以太监汪直总督团营，此后京军便专掌于内臣。其他管军将弁也照例由勋戚充任。在这一群贪婪的太监和纨绔的将弁统率之下，产生了种种弊端：第一是占役，军士名虽在籍，实际上却被权贵大官所隐占，替私人做工服役，却向政府领饷；第二是虚冒，军籍本来无名，却被权贵大官硬把家人苍头假冒选锋壮丁名色，月支厚饷。有人领饷，却无人应役[28]；第三是军吏的舞弊，军士在交替时，军吏需索重贿，贫军不能应付，虽然老羸，也只好勉强干下去。精壮子弟反而不得收练。因此军多老弱；第四是富军的贿免，有钱的怕营操征调，往往贿托将弁，把他搁在老家数中。贫军虽极疲老，也只能勉强拼命。积此四弊，再加上在营军士终年劳作，没有受训练的机会，名虽军士，实则工徒。给果自然营伍日亏，军力衰耗，走上崩溃的途径。[29]成化末年京军缺伍至七万五千有奇。到武宗即位时，十二团营锐卒仅六万五百余人，稍弱者二万五千。武宗末年给事中王良佐奉敕选军，按军籍应当有三十八万余人，较明初时已经只剩十分之五，实存者不及十四万，较原额缺伍至六分之五，较现额也缺伍到五分之三强。可是中选者又只二万余人。世宗立，额兵只有十万七千余人，实存者仅半。嘉靖二十九年（1550）俺答围都城，兵部尚书丁汝夔核营伍不及五六万人，驱出都门，皆流涕不敢前。吏部侍郎王邦瑞摄兵部，疏言："国初京营劲旅，不减七八十万，元戎宿将，常不乏人。自三大营变为十二团营，又变为两官厅，虽浸不如初，然额军尚三十八万有奇。令武备积弛，见籍止十四万余，而操练者不过五六万。支粮则有，调遣则无。比敌骑深入，战守俱称无军。即见在军率老弱疲惫市井游贩之徒，衣甲器械，取给临时。此其弊不在逃亡而在占役，不在军士而在将领。盖提督坐营号头把总诸官，多世胄纨绔，平时占役营军，以空名支饷，临操则肆集市人，呼舞博笑而已。"[30]

到崇祯末年简直无军可用。《明史》卷二六六《王章传》记："十七年（1644）王章巡视京营，按籍额军十一万有奇。喜曰：'兵至十万，犹可为也。'及阅视，半死者，余冒伍，惫甚，矢折刀缺，闻炮声掩耳，马未驰辄堕。而司农缺饷，半岁未发。"

即勉强调发出征，也是雇充游民，名为京军，实则招募。如崇祯十四年兵部侍郎吴甡所言："京营兵……承平日久，发兵剿贼，辄沿途雇充。将领利月饷，游民利剽掠，归营则本军复充伍。"[31]

积弊至极，京军仅存空名。可是，军官却与日俱增，越往后越多。洪武二十五年京军军官的总数是二千七百四十七员，六十几年后，到景泰七年（1456）突增三万余员，较原额加了十一倍。[32]再过十几年，到成化五年（1469）又增加到八万余员，较原额增加了三十倍。[33]正德时嬖佞以传奉得官，琐滥最甚。世宗即位，裁汰锦衣诸卫内监局旗校工役至十四万八千七百人，岁减漕粮百五十三万二千余石。[34]不久又汰去京卫及亲军冗员三千二百人。[35]经过这两次大刀阔斧的裁汰，不久却又继续增加:"边功升授,勋贵传请,曹局添设,大臣恩荫,加以厂卫监局勇士匠人之属,岁增月益,不可胜数。"[36]到万历时,神宗倦于政事,大小臣僚多缺而不补,可是武职仍达八万二千余员。到天启时魏忠贤乱政,武职之滥,打破了历朝的纪录,连当时人也说:"不知又增几倍?"[37]军日减而官日增,军减而粮仍旧额,国家负担并不减轻,官增则冗费愈多,国库愈匮。并且养的是不能战的军,添的也是不能战的官。到崇祯末年,内外交逼,虽想整顿,也来不及了。

从京军军伍的减削情形看,明初到正统可说是京军的全盛时期。土木变后,经过于谦一番整顿,军力稍强,可是额数已大减于旧,可说是京军的衰落时期。从成化到明末,则如江河日下,一年不如一年,是京军的崩溃时期。在全盛时期,明成祖和宣宗六次打蒙古,三次打安南,京军是全军中最精锐的一部分。在衰落时期,军数虽少,还能打仗。到成化以后,京军虽仍四出征讨,却已没有作战能力。《明史》卷一八〇《曹璘传》说:"弘治元年(1488)言:诸边有警,辄命京军北征。此辈骄惰久,不足用。乞自今勿遣,而以出师之费赏边军。"

《刘健传》也说:

"弘治十七年夏,小王子谋犯大同。健言京军怯不任战,乞自令罢其役作,以养锐气。"[38]

同时的倪岳则说京军之出,反使边军丧气,他说:"京军素号冗怯,留镇京师,犹恐未壮根本。顾乃轻于出御,用亵天威。临阵辄奔,反隳边军之功。为敌人所侮。"[39]

这时离开国不过一百四十年，京军已以冗怯著称，政府中人异口同声地以为不可用了。

四 卫军的废弛

京外卫所军的废弛情形也和京军一样。

明代军士的生活，可用明太祖的话来说明，他说："那小军每一个月只关得一担儿仓米。若是丈夫每不在家里，他妇人家自去关呵，除了几升做脚钱，那害人的仓官又斛面上打减了几升。待到家里岬（音伐）过来呵，只有七八斗儿米，他全家儿大大小小要饭吃，要衣裳穿，他哪里再得闲钱与人。"[40]

正军衣着虽由官库支给，家属的却需自己制备。一石米在人口多的家庭，连吃饭也还不够，如何还能顾到衣服！《明史》卷一八五《黄绂传》："成化二十二年巡抚延绥，出觅士卒妻衣不蔽体。叹曰：'健儿家贫至是，何面目临其上。'亟预给三月饷，亲为抚循。"

黄绂所见的是卫军的普遍情形，延绥士卒的遭遇却是一个难得的例外。甚至病无医药，死无棺殓，《明史》卷一六〇《张鹏传》：

"鹏，景泰二年进士……出按大同、宣府，奏：'两镇军士敝衣菲食，病无药，死无棺。乞官给医药棺槥，设义冢，俾飨厉祭。死者蒙恩，则生者劝。'帝立报可，且命诸边概行之。"

经过张鹏的提议，才由官给医药棺槥，却仍只限于诸边，内地的不能享受这权利。卫军生活如此，再加以上官的剥削和虐待,假如有办法,他们是会不顾一切,秘密逃亡的。

除从征和归附的军士以外,谪发和垛集军是被强逼从军的。他们被威令所逼,离开所习惯的土地和家族,到一个辽远的陌生的环境中去,替统治阶级服务。一代一代地下去,子子孙孙永远继承这同一的命运和生活。大部分的军士发生逃亡的现象,尤其是谪发的逃亡最多。万历时章潢说:"国初卫军藉充垛集,大县至数千名,分发天下卫所,多至百余卫,数千里之远者。近来东南充军亦发西北,西北充军亦多发东南。然四方风土不同,南人病北方之苦寒,北人病南方之暑湿。逃亡故绝,莫不由斯。道里既远,勾解遂难。"[41]

据正德时王琼的观察,逃亡者的比例竟占十之八九。他以为初期经大乱之后,民多流离失恒产,乐于从军。同时法令严密,卫军不敢逃亡。后来政府不能约束官吏,卫军苦于被虐待、剥削,和逼于乡土之思,遂逃亡相继。[42] 卫所的腐败情形,试举数例:

> 宣德九年(1434)二月壬申,行在兵部右侍郎王骥言:中外都司卫所官,惟知肥己,征差则卖富差贫,征办则以一科十,或占纳月钱,或私役买卖,或以科需扣其月粮,或指操备减其布絮。衣食既窘,遂致逃亡。[43]

弘治时刘大夏《条列军伍利弊疏》也说:

> "在卫官军苦于出钱,其事不止一端:如包办秋青草价;给与勇士养马;比较逃亡军匠;责令包工雇役;或帮贴锦衣卫夷人马匹;域加贴司苑局种菜军人;内

外官人造坟,皆用夫价;接应公差车辆,俱费租钱,其他使用,尚不止此。又管营内外官员,率于军伴额数之外,摘发在营操军役使,上下相袭,视为当然。又江南军士漕运,有修船盘削之费,有监收斛面之加,其他掊克,难以枚举。以致逃亡日多,则拨及全户,使富者贫,贫者终至于绝。江南官军每遇营操,虽给行粮,而往返之费,皆自营办。况至京即拨做工雇车运料,而杂拨纳办,有难以尽言者。"[44]

卫军一方面被卫官私家役使[45],甚至被逼为朝中权要种田。[46]月粮既被克扣[47],又须交纳月钱,供上官挥霍。[48]隆庆三年(1569)萧廪出核陕西四镇兵食,发现被隐占的卒伍至数万人。[49]军士无法生活,一部分改业为工人商贩,以所得缴纳上官。景帝即位时,刘定之上言十事,论当时情形:

> 天下农出粟,女出布,以养兵也。兵受粟于仓,受布于库,以卫国也。向者兵士受粟布于公门,纳月钱于私室,于是手不习击刺之法,足不习进退之宜,第转货为商,执技为工,而以工商所得,补纳月钱。民之膏血,兵之气力,皆变为金银,以惠奸宄。一旦率以临敌,如驱羊拒狼,几何其不败也。[50]

大部分不能忍受的,相率逃亡,有的秘密逃回原籍,如正统时李纯所言:"三年(1438)十月辛未,巡按山东监察御史李纯言:辽东军士往往携家属潜从登州府运船,越海道逃还原籍。而守把官军，受私故纵。"[51]

有的公开请假离伍：

> 正统十一年（1446）五月己卯，福建汀州府知府陆征言：天下卫所军往往假称欲往原籍取讨衣鞋，分析家赀，置备军装。其官旗人等贪图贿赂，从而给与文引遣之。及至本乡，私通官吏乡里，推称老病不行，转将户丁解补。到役未久，托故又去。以致军伍连年空缺。[52]

其因罪谪戍的，则预先布置，改换籍贯，到卫即逃，无从勾捕：

> 宣德八年（1433）十二月庚午，巡按山东监察御史张聪言：辽东军士多以罪谪戍，往往有亡匿者。皆因编发之初，奸顽之徒，改易籍贯，至卫即逃。比及勾追，有司谓无其人，军伍遂缺。[53]

沈德符记隆万时戍军之亡匿情形，直如儿戏。他说："吴江一叟号丁大伯者，家温而喜谈饮，久往来予家。一日忽至邸舍，问之，则解军来。其人乃捕役妄指平民为盗，发遣辽东三万卫充军，亦随在门外。先人语之曰：'慎勿再来，倘此犯逸去，奈何！'丁不顾，命之入叩头，自言姓王，受丁恩不逸也。去甫一月，则王姓者独至邸求见。先人骇问之，云已讫事，丁大伯亦旦夕至矣。先人细诘其故，第笑而不言。又匝月而丁来，则批回在手。其人到伍，先从间道逸归，不由山海关，故反早还。因与丁作伴南旋。近闻中途亦有逃者，则长解自充军犯，雇一二男女，一为军妻，一为解人，投批到卫收管，领批报命时竟还桑梓。彼处戍长，以入伍脱逃，罪当及己，不敢声言。且利其遗下口粮，潜入囊橐。而荷戈之人，优游闾里，更无谁何之者。"[54]

卫所官旗对于卫军之逃亡缺额，非但毫不过问，并且引为利源。因为一方面他们可以吞没逃亡者的月粮，一方面又可以向逃亡者索要贿赂。永乐十二年（1414）明成祖曾申说此弊："十月辛巳，上谕行在兵部臣曰：今天下军伍不整肃，多因官吏受赇，有纵壮丁而以罢弱充数者；有累岁缺伍不追补者；有伪作户绝及以幼小记录者；有假公为名而私役于家者。遇有调遣，十无三四。又多是幼弱老疾，骑士或不能引弓，步卒或不能荷戈，缓急何以济事！"[55]

五年后监察御史邓真上疏说军卫之弊，也说："内外各卫所军士，皆有定数，如伍有缺，即当勾补。今各卫所官吏惟耽酒色货贿，军伍任其空虚。及至差人勾补，纵容卖放，百无一二到卫，或全无者；又有在外娶妻生子不回者。官吏徇私蒙蔽，不行举发。又有勾解到卫而官吏受赃放免；及以差使为由，纵其在外，不令服役。此军卫之弊也。"[56]

在这情形下，《明史·兵志》记从吴元年十月到洪武三年十一月，三年中军士逃亡者四万七千九百余。到正统三年（1438）离开国才七十年，逃亡军士数目就突增到一百二十万有奇，占全国军伍总数二分之一弱。[57]据同年巡按山东监察御史李纯的报告，他所视察的某一百户所，照理应有旗军一百一十二人，可是逃亡所剩的结果，只留一人。[58]

边防和海防情况：辽东的兵备在正德时已非常废弛，开原尤甚,士马才十二,墙堡墩台圮殆尽,将士依城堑自守,城外数百里,悉为诸部射猎地。"[59]蓟镇兵额到嘉靖时也十去其五,唐顺之《覆勘蓟镇边务首疏》:"从石塘岭起,东至古北口墙子岭马兰谷,又东过滦河,至于太平寨燕河营,尽石门寨而止,凡为区者七。查得原额兵共七万六百零四名,见在四万六千零三十七名。逃亡二万四千五百六十七名。又从黄花镇起,西至于居庸关,尽镇边城而止,凡为区者三,查得原额兵共二万三千二十五名,逃亡一万零一百九十五名。总两关十区之兵,原额共九万三千八百二十四名,见在五万九千六十二名,逃亡三万四千七百六十二名……蓟兵称雄,由来久矣。比臣等至镇,则见其人物琐软,筋骨绵缓,靡靡然有暮气之惰,而无朝气之锐。就而阅之,力士健马,什才二三,钝戈弱弓,往往而是。其于方圆北牝九阵分合之变,既所不讲,剑盾枪箭五兵之长,亦不能习。老羸未汰,纪律又疏,守尚不及,战则岂堪。"[60]

沿海海防,经积弛后,尤不可问。记嘉靖二十六年时闽浙情形说:"漳、泉巡检司弓兵旧额二千五百余,仅存千人……浙中卫所四十一,战船四百三十九,尺籍尽耗。"

海道副使谭纶述浙中沿海卫所积弊:"卫所官军既不能以杀贼,又不足以自守,往往归罪于行伍空虚,徒存尺籍,似矣。然浙中如宁、绍、温、台诸沿海卫所,环城之内,并无一民相杂,庐舍鳞集,岂非卫所之人乎?顾家道殷实者,往往纳充吏承,其次赂官出外为商,其次业艺,其次投兵,其次役占,其次搬演杂剧,其次识字,通同该伍放回附近原籍,岁收常例,其次舍人,皆不操守。即此八项,居十之半,且皆精锐。至于补伍食粮,则反为疲癃残疾,老弱不堪之辈,军伍不振,战守无资,弊皆坐此。至于逃亡故绝，此特其一节耳。"[61]

以至一卫军士不满千余，一千户所不满百余。[62]一遇事变，便手足无措。倭寇起后，登陆屠杀，如入无人之境，充分证明了卫军的完全崩溃。于是有募兵之举，另外招募壮丁，加以训练，抵抗外来的侵略。

五 勾军与清军

卫所军士之不断逃亡，使统治阶级感觉恐慌，努力想法挽救。把追捕逃军的法令订而又订，规定得非常严密。《明史》卷九二《兵志》四记：

> 大都督府言：起吴元年十月至洪武三年十一月，军士逃亡者四万七千九百余。于是下追捕之令，立法惩戒。小旗逃所隶三人降为军，上至总旗百户千户皆视逃军多寡，夺俸降革。其从征在外者罚尤严。

把逃军的责任交给卫所官旗，让他们为自己的利益约束军士，这办法显然毫无效果，因为在十年后又颁发了同样性质的法令：

> 洪武十三年五月庚戌，上谕都督府臣曰：近各卫士卒率多逋逃者，皆由统之者不能抚恤。宜量定千百户罚格。凡一千户所逃至百人者千户月减俸一石，逃至二百人减二石。一百户所逃及十人者月减俸一石，二十人者减二石，若所管军户不如数，及有病亡事故残疾事，不在此限。[63]

洪武十六年又命五军都督府檄外卫所，速逮缺伍士卒，名为勾军。特派给事中潘庸等分行清理，名为清军。洪武二十一年以勾军发生流弊，命卫所及郡县编造军籍：

> 九月庚戌，上以内外卫所军伍有缺，遣人追取户丁，往往鬻法，且又骚动于民。乃诏自今卫所以亡故军士姓名乡贯编成图籍送兵部，然后照籍移文取之，毋擅遣人，违者坐罪。寻又诏天下郡县，以军户类造为册，具载其丁口之数，如遇取丁补伍，有司按籍遣之，无丁者止。[64]

军籍有三份，一份是清勾册（卫所的军士逃亡及死亡册），一份是郡县的军户原籍家属户口册，一份是收军册。卫所的军额是一定的，卫军规定必须有妻，不许独身不婚。[65]父死子继。如有逃亡缺伍或死绝，必须设法补足。补额的方法是到原籍追捕本身或其亲属。同年又置军籍勘合：

> 是岁命兵部置军籍勘合，遣人分给内外卫所军士，谓之勘合户由。其中间写从军来历，调补卫所年月，及在营丁口之数。遇点阅则以此为验。其底簿则藏于内府。[66]

这两种制度都为兵部侍郎沈溍所创。《明史》曾对这新设施的成效加以批评：

> 明初卫所世籍及军卒勾补之法，皆沈溍所定。然名

目琐细，簿籍繁多，吏易为奸。终明之世颇为民患，而军卫亦日益耗减。[67]

实际上不到四十年，这两种制度都已丧失效用了。不但不能足军，反而扰害农民。第一是官吏借此舞弊：

> 宣德八年二月庚戌，行在兵部请定稽考勾军之令。盖故事都司卫所军旗伍缺者，兵部预给勘合，从其自填，遣人取补。及所遣之人，事已还卫，亦从自销，兵部更无稽考。以故官吏夤缘为弊，或移易本军籍贯，或妄取平民为军，勘合或给而不销，限期或过而不罪。致所遣官旗，迁延在外，娶妻生子，或取便还乡，二三十年不回原卫所者。虽令所在官司执而罪之，然积弊已久，猝不能革。[68]

使奉命勾军的官旗，自身也成逃军。第二是军籍散失，无法勾补：

> 宣德八年八月壬午，河南南阳府知府陈正伦言：天下卫所军士，或从征，或屯守，或为事调发边卫。其乡贯姓名诈冒更改者多。洪武中二次勘实造册，经历年久，簿籍鲜存，致多埋没。有诈名冒勾者，官府无可考验虚实。[69]

政府虽然时派大臣出外清理军伍，宣德三年且特命给事中御史按期清军。清军条例也一增再增，规定得非常严格，军籍也愈来愈复杂。嘉靖三十一年（1551）又增编兜底、类卫、类姓三册，合原有之军黄总册（户口册）为四册。[70] 但是这一切的条例和繁复的手续，只是多给予官吏以舞弊的机会，卫军的缺伍情形，仍不因之稍减。

在明代前期，最为民害的是勾军。军士缺伍，勾捉正身者谓之跟捕，勾捕家丁者谓之勾捕。勾军的弊害，洪熙元年（1425）兴州左屯卫军士范济曾上书说：

> 臣在行伍四十余年，谨陈勾军之弊：凡卫所勾军有差官六七员者，百户所差军旗二人或三人者，俱是有力少壮，及平日结交官长，畏避征差之徒，重贿贪饕官吏，得往勾军。及至州县，专以威势虐害里甲，既丰其馈馔，又需其财物，以合取之人及有丁者释之。乃诈为死亡，无丁可取，是以留宿不回。有违限二三年者，有在彼典雇妇女成家者。及还，则以所得财物，贿其枉法官吏，原奉勘合，朦胧呈缴。较其所取之丁，不及差遣之官，欲求军不缺伍，难矣。[71]

官校四出，扰乱得闾里不宁，却对军伍之缺，一无裨补。正统元年（1436）九月分遣监察御史轩輗等十七人清理军政，在赐敕中也指出当时的弊害，促令注意。敕书说：

> 武备立国之重事。历岁既久，弊日滋甚。军或脱籍以为民，民或枉指以为军。户本存而谓其为绝，籍本异

而强以为同。变易姓名，改易乡贯，夤缘作弊，非止一端。推厥所由，皆以军卫有司及里甲人等贪赂挟私，共为欺蔽，遂致妄冒者无所控诉，埋没者无从追究，军缺其伍，民受其殃。[72]

实际上，不但法外的弊害，使农民受尽苦痛，本军本户的勾补，对农民也是极大灾难。试举数例说明。第一例要七十老翁和八岁孩子补伍：

洪武二十五年四月壬子，怀远县人王出家儿年七十余，二子俱为卒从征以死。一孙甫八岁，有司复追逮补伍。出家儿诉其事于朝，令除其役。[73]

第二例单丁补役，田地无人耕种：

永乐八年四月戊戌，湖广郴州桂阳县知县梁善言：本县人民充军数多，户有一丁者发遣补役，则田地抛荒，税粮无征，累及里甲。[74]

第三例地方邻里因勾军所受的损失。万历三年徐贞明疏言：

东南民素柔脆，莫任远戍。令数千里勾军，离其骨肉。军壮出于户丁，帮解出于里甲，每军不下百金。而军非土著，志不久安，辄赂卫官求归。卫官利其赂且可以冒饷也，因而纵之。是困东南之民，而实无补于军政也。[75]

解除军籍的唯一途径，明初规定，必须做到兵部尚书才能脱籍为民。[76]《明史》卷一三八《唐铎传》记陈质许除军籍，称为特恩：

> 潮州陈质父在戍籍。父殁，质被勾补，请归卒业，帝命除其籍。（兵部尚书）沈溍以缺军伍持不可。帝曰："国家得一卒易，得一士难。"遂除之。然此皆特恩云。[77]

后定制生员特许免勾，但要经考试合格：

> 凡开伍免勾，洪武二十三年令生员应补军役者，除豁遣归卒业。二十九年令生员应起解者，送翰林院考试，成效者开伍，发回读书。不成者照旧补役。[78]

永乐时又定例见任官吏免勾：

> 二年令生勾军有见任文武官及生员吏典等，户止三丁者免勾，四丁以上者勾一丁补伍。[79]

从此官僚阶级得豁去当军的义务，军伍的勾取只限于无钱无势的平民了。

勾军之害，已如上述。一到大举清军时，其害更甚。清军官吏是以清出军伍的多少定考成的，因此肆意诛求，滥及民户，唯恐所勾太少。《明史》记宣德时清军情形：

（赵豫）官松江知府。清军御史李立至，专务益军，勾及亲戚同姓，稍辩则酷刑榜掠，人情大扰。诉枉者至一千一百余人。[80]

正德时武定清军，一州至万余人：

（唐侃）官武定知州。会清军籍，应发谴者至万二千人。侃曰："武定户口三万，是空半州也。"力争之……得寝。[81]

王道论清军之弊有三：第一是清勾不明；第二是解补太拘；第三是军民并役。他说："清勾之始，执事不得其人，上官不屑而委之有司，有司不屑而付之吏胥，贿赂公行，奸弊百出。正军以富而幸免，贫民无罪而干连，有一军缺而致数人之命，一户绝而破荡数家之产者矣，此清勾不明之弊一也。国初之制，垛集者不无远近之异，谪戍者多罹边卫之科，承平日久，四海一家，或因迁发，填实空旷，或因商宦，流寓他方，占籍既久，桑梓是怀。今也勾考一明，必欲还之原伍，远或万里，近亦数千，身膺桎梏，心恋庭闱，长号即路，永诀终天，人非木石，谁能堪此，此解补太拘之弊二也。迩年以来，地方多事，民间赋役，十倍曩时，鬻卖至于妻子，算计尽乎鸡豚，苦不聊生，日甚一日，而又忽加之以军伍之役，重之以馈送之繁，行赍居送，无地方可以息肩，死别生离，何时为之聚首？民差军需，交发互至，财殚力竭，非死即亡，此军民并役之弊三也。"[82]

至嘉靖时，军伍更缺，法令愈严，有株累数十家，勾摄经数十年者，丁口已尽，犹移覆纷纭不已。万历中南直隶应勾之军至六万六千余，株连至二三十万人。[83]卫军已逃亡的，"勾军无虚岁，而什伍日亏"。未逃亡或不能逃亡的，却"平居以壮仪卫，备国容犹不足"。[84]卫所制度到这时候，已经到了完全崩溃的阶段。

六 募兵

从永乐迁都北京以后，每年须用船运东南米数百万石北上，漕运遂为明代要政。运粮多由各地卫军负责。宣宗即位后，始定南北卫军分工之制，南军转运，北军备边。[85]特设漕运总兵，用卫军十二万人。[86]东南军力由之大困。弘治元年（1488）都御史马文升疏论运军之苦说："各直省运船，皆工部给价，令有司监造。近者漕运总兵以价不时给，请领价自造，而部臣以军士不加爱护，议令本部出料四分，军卫任三分，旧船抵三分。军卫无从措办，皆军士卖资产，鬻男女以供之，此造船之苦也。正军逃亡数多，而额数不减，俱以余丁充之，一户有三四人应役者，春兑秋归，艰辛万状，船至张家湾，又雇车盘拨，多称贷以济用，此往来之苦也。其所称贷，运官因以侵渔，责偿倍息，而军士或自载土产以易薪米，又格于禁例，多被掠夺。"[87]

江南军士"多因漕运破家"，江北军士则"多以京操失业"。[88]南北卫军因之都废弛不可用。

明代用全力防守北边，备蒙古入侵。腹地军力极弱，且经积弛之后，一有事故，便手足无措。隆庆时靳学颜疏言："夫陷阵摧坚，旗鼓相当，兵之实也。今边兵有战时，若腹兵则终世不一当敌，每盗贼窃发，非阴阳医药杂职，则丞贰判簿为之将，非乡民里保，则义勇快壮为之兵，在北则借盐丁矿徒，在南则借狼土，此皆腹兵不足用之明验也。"[89]

这里所说的虽然是后期情形，其实在前期即已如此。正统时邓茂七起义，将帅尪怯退避，反由文吏指挥民兵作战。[90]天顺初年两广"盗"起，将吏率缩朒观望，怯不敢战。[91]至正德时刘宠、刘辰起义，腹地卫军已全不能用：

> 正德六年刘宠、刘辰等自畿辅犯山东河南，下湖广，抵江西。复自南而北，直窥霸州。杨虎等自河北入山西，复东抵文安，与宠等合。破邑百数，纵横数千里，所过若无人。[92]

只好调边兵来作战。西南和东南则调用素称彪悍嗜杀的狼土兵。[93]可是狼土兵毫无军纪，贪淫残杀，当时有"贼如梳，军如篦，土兵如鬀"[94]和"土贼尤可，土兵杀我"之谣[95]。甚或调用土达[96]，如毛胜（原名福寿）之捕苗云南：

> 正统六年，靖远伯王骥请选在京番将舍人捕苗云南，乃命胜与都督冉保统六百人往……（正统十四年）以左副总兵统河间东昌降夷赴贵州（平贼）。[97]

和勇（原名脱脱孛罗）之平两广"盗"：

天顺间以两广多寇，命充游击将军，统降夷千人往讨……成化初，赵辅、韩雍征大藤峡贼，诏勇以所部从征。[98]

又行佥民壮法，增加地方兵力。正统二年始募所在军余民壮愿自效者。十四年令各处招募民壮，就令本地官司率领操练，遇警调用，事定仍复为民。弘治二年又令：

> 州县七八百里以上，里佥五人；五百里，四；三百里，三；百里以上，二。有司训练，遇警调发，给以行粮，而禁役占放买之弊。[99]

富民不愿服务，可纳钱免佥，由官代募。此种地方兵又称机兵，在巡检司者称为弓兵。到此人民又加上一层新负担，军外加兵，疲于奔命。

调用边兵、土兵、达兵和佥点民壮，虽然解决了一时的困难，可是边兵有守边之责，土兵不易制裁，达兵数目不多，民壮此后也积弊不可用，而且是地方兵，只供守卫乡里，不能远调。王守仁在正德时曾申说当时兵备情形：

> 赣州财用耗竭，兵力脆弱，卫所军丁，只存故籍，府县机（兵）快（手），半充虚文，御寇之方，百无一恃，以此例彼，余亦可知。是以每遇盗贼猖獗，辄覆奏请兵，非调土军，即倩狼达，往返之际，辄已经年，靡费所需，动逾数万。逮至集兵举事，即已魍魉潜形，曾

无可剿之贼，稍俟班师旋旅，则又鼠狐聚党，复当不轨之群。机宜屡失，备御益弛。征发无救于疮痍，供饩适增其荼毒。群盗习知其然，愈肆无惮，百姓谓莫可恃，竟亦从非。[100]

在这种情况下，不得不另想办法。于是有募兵出现。在卫军民壮以外，又加上第三种军队。募兵出而卫军民壮自以为无用，愈加废弛。[101]

募兵之制，大约开端于正统末年。募兵和民壮不同，民壮是由地方按里数多少或每户壮丁多少佥发的，平时定期训练，余时归农，调发则官给行粮，事定还家。完全为警卫地方之用。募兵则由中央派人招募，入伍后按月发饷，东西征戍，唯政府之命。战时和平时一样，除退役外不能离开行伍。正统土木之变，京军溃丧几尽，各省勤王兵又不能即刻到达，于是派朝官四出募兵[102]，以为战守之计。嘉靖时倭寇猖獗，沿海糜烂，当时人对于卫军之毫无抵抗能力，不能保卫地方，极为不满。主张在卫军和募兵两者中择较精锐的精练御敌，即以所淘汰的军的粮饷归之能战的兵，郎瑛所记"近日军"即代表此种意见。他说："古之置军也防患，今之置军也为患。何也？太平无事，民出谷以养军，官有产以助军，是欲藉其有警以守，盗发以讨，所以卫民也。卫民，卫国也。今海贼为害有年矣，未闻军有一方之守，一阵之敌焉。守敌者非招募之土著，则选调别省兵勇。故见戮于贼也，非地方男妇良民，即远近招募之众。是徒有养军之害，而无卫军之实，国非亦为其所损哉！……为今之计，大阅军兵，使较射扑，军胜于募，则以募银之半加于军，募胜于军，则扣军粮之半以益募。如此则军兵各为利而精矣。以练精者上阵以杀贼，余当减之也。庶民不费于招募之费，国不至于倍常之费，虽为民而实为国矣。"[103]

要求用精练的兵作战。当时将帅都在这要求下纷纷募兵训练，内中最著名的如戚继光：

> 继光至浙，见卫所兵不习战，而金华义乌俗称慓悍，请招募三千人教以击刺法，长短兵迭用，由是继光一军特精。又以南方多薮泽，不利驰逐。乃因地形，制阵法，审步伐便利，一切战舰火器兵械，精求而更制之，戚家军名闻天下。[104]

谭纶：

> 东南倭患已四年，朝议练乡兵御贼。参将戚继光请期三年而后用之。纶亦练千人，立束伍法，自裨将以下节节相制，分数既明，进止齐一，未久即成精锐……益募浙东良家子教之。而继光练兵已及期，因收之为己用，客兵罢不复调。[105]

同时张鏊募兵名振武营[106]，郑晓[107]、朱先募盐徒为兵[108]，名将俞大猷所练兵名俞家军[109]，都卓有成效，在几年中完全肃清了倭寇。

另一方面，北边的边军也渐渐地用募兵来代替和补充卫军。《明史》卷二〇四《陈九畴传》：

世宗即位，巡抚甘肃。抵镇言："额军七万余，存者不及半，且多老弱，请令招募。"报可。[110]

嘉靖二十九年又令蓟镇自于密云、昌平、永平、遵化募兵一万五千。[111]隆庆二年以戚继光为总兵官练蓟镇兵，募浙兵三千做边军模范。[112]后又续募浙兵九千余守边，边备大饬。[113]甚至京军也用募兵充伍：

嘉靖二十九年，遣四御史募兵畿辅、山东、山西、河南得四万人，分隶神枢、神机。[114]

从此以后，以募兵为主力，卫军只留空名，置而不用。[115]时人以为募兵较世军有十便：

年力强壮者入选，老弱疲癃，毋得滥竽其中，便一。一遇有缺伍，朝募而夕补，不若清勾之旷日持久，便二。地与人相习，无怀故土逃亡之患，便三。人必能一技与善一事者方得挂名什伍，无无用而苟食者，便四。汰减之法，自上为政，老病不任役者弃之，不若祖军顶替，有贿官职而瞒年岁者，便五。部科遴拣，一朝而得数什百人，贪弁不得缘以勒掯需索，便六。有事而强壮者人可荷戈，不烦更为挑选，便七。家有有力者数人，人皆得为县官出力，不愿者勿强也，便八。壮而不能治生产者，得受糈于官，无饥寒之患，便九。猛健豪鸷之材，笼而驭之，毋使流为奸宄盗贼，便十。[116]

万历末年建州勃兴，辽沈相继失守，募兵愈多，国库日绌。募来的兵多未经严格训练，又不能按时发饷，结果也和卫军一样，逃亡相继。熊廷弼《辽左大势久去疏》：

> 辽东见在兵有四种：一曰募兵，佣徒厮役，游食无赖之徒，几能弓马惯熟？几能膂力过人？朝投此营，领出安家月粮而暮逃彼营；暮投河东，领出安家银两而朝投河西。点册有名，及派工役而忽去其半；领饷有名，及闻告警而又去其半。此募兵之形也。[117]

甚至内地兵尚未出关，即已逃亡。[118]在辽就地所募兵，得饷后即逃亡过半。[119]天启时以四方所募兵日逃亡，定法摄其亲属补伍[120]，也只是一个空头法令，实际上并不能实行。稍一缺饷，则立刻哗变，崇祯元年川、湖兵戍宁远时，以缺饷四月大噪，余十三营起应之，至缚系巡抚毕自严。[121]"流寇"起后，内外交逼，将帅拥兵的都只顾身家，畏葸不敢作战。政府也曲意宽容，极意笼络，稍有功效，加官封爵，唯恐不及。丧师失地的却不敢稍加罪责，唯恐其拥兵叛乱，又树一敌。由此兵骄将悍，国力日蹙。[122]诸将中左良玉兵最强，拥兵自重，跋扈不肯听调遣，《明史》说他：

> 多收降寇以自重，督抚檄调，不时应命……壁樊城，驱襄阳一郡人以实军，降贼附之，有众二十万……福王立……南都倚为屏蔽。良玉兵八十万，号百万，前五营为亲军，后五营为降军，每春秋肄兵武昌诸山，一

山帜一色，山谷为满。军法用两人夹马驰，曰过对，马足动地，殷如雷声。诺镇兵惟高杰最强，不及良玉远甚。[123]

一人拥兵八十万，当时号为左兵。崇祯时代他为保全私人实力，不听政府调遣。福王立，他又发动内战，以致清兵乘虚直捣南京。其他镇将如高杰、黄得功、刘泽清、刘良佐在北都亡后，拥兵江北，分地分饷，俨然成为藩镇。他们不但以武力干涉中央政事，还忙于抢夺地盘，互相残杀。高杰、黄得功治兵相攻，刘泽清、刘良佐、许定国则按兵不动。后来许定国诱杀高杰，以所部献地降清，刘泽清、刘良佐也不战降附，黄得功兵败自杀，南都遂亡。

七　军饷与国家财政

明初卫军粮饷，基本上由屯田所入支给。明太祖在初起兵时，即立民兵万户府，寓兵于农：

> 戊戌（1358）十一月辛丑，立管理民兵万户府。令所定郡县民武勇者，精加简拔，编辑为伍，立民兵万户府领之。俾农时则耕，闲则练习，有事则用之。事平有功者一体升擢，无功令还为民。[124]

又令诸将屯田各处。建国后宋讷又疏劝采用汉赵充国屯田备边的办法，以御蒙古。他说："今海内乂安，蛮夷奉贡。惟沙漠未遵声教。若置之不理，则恐岁久丑类为患，边圉就荒。若欲穷追远击，六师往还万里，馈运艰难，士马疲劳。陛下为圣子神孙万世计，不过谨备边之策耳。备边固在乎兵实，兵实又在乎屯田。屯田之制，必当以法汉（赵充国）……陛下宜于诸将中选其智勇谋略者数人，每将以东西五百里为制，随其高下，立法分屯。所领卫兵以充国兵数斟酌损益，率五百里一将，布列缘边之地，远近相望，首尾相应，耕作以时，训练有法，遇敌则战，寇去则耕，此长久安边之法也。"[125]

同时由海道运粮到辽东，又时遭风覆溺。因之决意兴屯，不但边塞，即内地卫所也纷纷开屯耕种。定制边地卫所军以三分守城，七分屯种，内地二分守城，八分屯种。每军受田五十亩为一分，给耕牛农具，教树植，复租赋。初税亩一斗。建文四年（1402）定科则，军田一分正粮十二石，贮屯仓，听本军自支。余粮为本卫所官军俸粮。永乐时东自辽左，北抵宣大，西至甘肃，南至滇、蜀，极于交趾，中原则大河南北，在兴屯。[126]养兵（数）百万，基本上由屯田收入支给。[127]

除军屯外，边上又有商屯。洪武时户部尚书郁新创开中法：

新以边饷不继，定石商开中法。令商输粟塞下，按引支盐，边储以足。[128]

商人以远道输粟，费用过大，就自己募人耕种边上闲田，即以所获给军，换取盐引，到盐场取盐贩卖营利，边储以足。

政府经费则户部银专给军旅，不作他用。[129]户部贮银于太仓库，是为国库。内廷则有内承运库，贮银供宫廷费用，收入以由漕粮改折之金花银百万两为大宗。除给武臣禄十余万两外，尽供御用。边赏首功不属经常预算，亦由内库颁发。国家财政和宫廷费用分开。[130]军饷又概由屯田和开中支给。所以明初几次大规模的对外战争，如永乐、宣德时代之六次打蒙古，三次打安南，七次下西洋，虽然费用浩繁，国库还能应付。

可是军屯和商屯两种制度，不久便日趋废弛，国库也不能维持其独立性，为内廷所侵用。卫军坏而募兵增，政府既须补助卫军饷糈，又加上兵的饷银，国家经费，入不敷出，只好采取饮鸩止渴的办法，以出为入，发生加派增税捐纳种种弊政，农民于缴纳额定的赋税以外，又加上一层军兵费的新负担。

军屯之坏，在宣德初年范济即已上书指出。他说："洪武中令军士七分屯田，三分守城，最为善策。比者调度日繁，兴造日广，虚有屯种之名，田多荒芜。兼养马采草伐薪烧炭，杂役旁午，兵力焉得不疲，农业焉得不废。"[131]

屯军因杂役而废耕，屯的田又日渐为势豪所占。[132]正统以后，边患日亟，所屯田多弃不能耕。再加上官吏的需索，军士的逃亡，屯军愈困，卫所收入愈少。[133]政府没有办法，只好减轻屯粮，免军田正粮归仓，止征余粮六石。弘治时又继续减削，屯粮愈轻，军饷愈绌。《明史》记：

> 初永乐时屯田米常溢三之一。常操军十九万，以屯军四万供之。而受供者又得自耕边外，军无月粮，是以边饷恒足。[134]

正统以后政府便须按年补助边费，称为年例。

军屯以势豪侵占，卫军逃亡而破坏，商屯则以改变制度而废弛。《明史·叶淇传》：

> 弘治四年为户部尚书。变开中之制，令淮商以银代粟，盐课骤增百余万，悉输之运司，边储由此萧然矣。[135]

盐商从此可以用银买盐，不必再在边境屯田。盐课收入虽然骤增，可是银归运司，利归商人，边军所需是月粮，边地所缺的是米麦，商屯一空，边饷立绌。《明史·食货志》说：

> 迨弘治中，叶淇变法，而开中始坏。诸淮商悉撤业归，西北商亦多徙家于淮。边地为墟，米石直银五两，而边储枵然矣。

后来虽然有若干人提议恢复旧制，但因种种阻碍，都失败了。

明代国家财政每年出入之数，在初期岁收田赋本色米，除地方存留千二百万石外[136]，河、淮以南以四百万石供京师，河、淮以北，以八百万石供边，一岁之入，足供一岁之用。[137]到正统时边用不敷，由中央补助岁费，名为年例。正统十二年（1447）给辽东银十万两，宣大银十二万两。[138]到弘治时内府供应繁多，"光禄岁供增数十倍，诸方织作，务为新巧，斋醮日费巨万，太仓所储不足饷战士，而内府收入，动四五十万。而宗藩贵戚之求土田，夺盐利者，亦数千万计。土木日兴，科敛不已。传奉冗官之俸薪，内府工匠之饩廪，岁增月积，无有穷期。"[139]财用日匮。国库被内廷所提用，军饷又日渐不敷，弘治八年尚书马文升以大同边警，至议加南方两税折银。[140]正德时诸边年例增至四十三万两[141]，军需杂输，十倍前制。[142]京粮岁入三百五万，而食者乃四百三万。[143]嘉靖朝北有蒙古之入寇，南有倭寇之侵轶，军兵之费较前骤增十倍。田赋收入经过一百五十年的休养生息，反比国初少。[144]嘉靖五年银的岁入止百三十万两，岁出至二百四十万。[145]光禄库金自嘉靖改元至十五年积至八十万，自二十一年以后，供亿日增，余藏顿尽。[146]嘉靖二十九年俺答入寇，兵饷无出，只好增加田赋，名为加派，征银一百十五万。这时银的岁入是二百万两，岁出诸边费即六百余万，一切取财法行之已尽。[147]接着是东南的倭寇，又于南畿浙闽的田赋加额外提编，江南加至四十万。提编是加派的别名，为倭寇增兵而设，可是倭寇平后这加派就成为正赋。[148]广东也以军兴加税，到万历初年才恢复常额。[149]诸边年例增至二百八十万两。[150]隆庆初年马森上书说：

> 屯田十亏七八，盐法十折四五，民运十逋二三，悉以年例补之。在边则士马不多于昔，在太仓则输入不多于前，而所费数倍。[151]

派御史出去搜括地方库藏，得银三百七十万也只能敷衍一年。内廷在这种情形下，还下诏取进三十万两，经户部力争，乃命止进十万两。[152]万历初年经过张居正的一番整顿，综核名实，裁节冗费，政治上了轨道，国库渐渐充实，渐渐成小康的局面。张居正死后，神宗惑于货利，一面浪费无度，一面肆力搜括，外则用兵朝鲜，内则农民暴动四起，国家财政又到了破产的地步。

万历前期的国家收入约四百万两，岁出四百五十余万两。

岁出中九边年例一项即占三百六十一万两[153]，后来又加到三百八十余万两。[154]每年支出本来已经不够，内廷还是一味向国库索银，皇帝成婚、皇子出阁成婚、皇女出嫁、营建宫殿种种费用都强逼由国库负担。[155]又从万历六年起，于内库岁供金花银外，又增买办银二十万两为定制。[156]结果是外廷的太仓库、光禄寺库、太仆寺库的储蓄都被刮取得干干净净，内廷内库帑藏山积，国库则萧然一空。[157]万历二十年哮拜反于宁夏，又接连用兵播州，朝鲜战役历时至七年，支出军费至一千余万两。[158]大半出于加派和搜括所得。《明史·孙玮传》记：

> 朝鲜用兵，置军天津，月饷六万，悉派之民间。

所增赋额较二十年前十增其四，民户殷足者十减其五。东征西讨，萧然苦兵[159]。到万历四十六年（1618）辽东兵起，接连加派到五百二十万两：

> 时内帑充积，帝靳不肯发。户部尚书李汝华乃援征倭征播例，亩加三厘五毫，天下之赋增二百万有奇。明年复加三厘五毫。又明年以兵工二部请，复加二厘。通前后九厘，增赋五百二十万，遂为定额。[160]

接着四川、贵州又发生战事，截留本地赋税做兵饷，边饷愈加不够。从万历三十八年到天启七年（1610—1627）负欠各边年例至九百六十八万五千五百七十一两七钱三分。[161]兵部和户部想尽了法子，罗掘俱穷，实在到了无办法的地步，只好请发内库存银，权救边难，可是任凭呼吁，皇帝坚决不理，杨嗣昌在万历四十七年所上的《请帑稿》颇可看出当时情形：

> 今日见钱，户部无有，工部无有，太仆寺无有，各处直省地方无有。自有辽事以来，户部一议挪借，而挪借尽矣。一议加派，而加派尽矣。一议搜括，而搜括尽矣。有法不寻，有路不寻，则是户部之罪也。至于法已尽，路已寻，再无银两，则是户部无可奈何，千难万苦，臣等只得相率恳请皇上将内帑多年蓄积银两，即日发出亿万，存贮太仓，听户部差官星夜赍发辽东，急救辽阳。如辽阳已失，急救广宁，广宁有失，急救山海等处，除此见钱急着，再无别法处法。[162]

疏上留中，辽阳、广宁也相继失陷。

天启时诸边年例又较万历时代增加六十万，京支银项增加二十余万。[163]辽东兵额九万四千余，岁饷四十余万，到天启二年关上兵止十余万，月饷至二十二万[164]，军费较前增加六倍。新兵较旧军饷多，在招募时，旧军多躅入新营为兵，一面仍保留原额，政府付出加倍的费用募兵，结果募的大部仍是旧军，卫所方面仍须发饷。[165]从泰昌元年十月到天启元年十二月，十四个月用去辽饷至九百二十五万一千余两，较泰昌岁入总数超过三倍。[166]

崇祯初年，一方面用全力防遏建州的入侵，一方面"流寇"四起，内外交逼，兵愈增，饷愈绌。崇祯二年三月户部尚书毕自严疏言："诸边年例自辽饷外，为银三百二十七万八千有奇。今蓟、密诸镇节省三十三万，尚应二百九十四万八千。统计京边岁入之数，田赋百九十六万二千，盐课百十一万三千，关税十六万一千，杂税十万三千，事例约二十万，凡三百二十六万五千有奇。而逋负相沿，所入不满二百万，即尽充边饷尚无赢余。乃京支杂项八十四万，辽东提塘三十余万，蓟、辽抚赏十四万，辽东旧饷改新饷二十万，出浮于入已一百十三万六千。况内供召买，宣大抚赏，及一切不时之需，又有出常额外者。"[167]

除辽饷不算，把全国收入全部用作兵费还差三分之一。崇祯三年又于加派九厘外，再加三厘，共增赋一百六十五万四千有奇。[168]同年度新旧兵饷支出总数达八百七十余万，收入则仅七百十余万，不敷至百六十万。[169]崇祯十年增兵十二万，增饷二百八十万，名为剿饷：

其筹饷之策有四：曰因粮，曰溢地，曰事例，曰驿递。因粮者，因旧额之粮，量为加派，亩输粮六合，石折银八钱，伤地不与，岁得银百九十二万有奇。溢地者，民间土地溢原额者，核实输赋，岁得银四十万六千有奇。事例者，富民输赀为监生，一岁而止。驿递者，前此邮驿裁省之银，以二十万充饷……初嗣昌增剿饷，议一年而止，后饷尽而贼未平，诏征其半。至是督饷侍郎张伯鲸请全征。[170]

崇祯十二年又议练兵七十三万，于地方练民兵，又于剿饷外，增练饷七百三十万。时论以为：

> 九边自有额饷，概予新饷，则旧者安归。边兵多虚额，今指为实数，饷尽虚糜而练数仍不足。且兵以分防不能常聚，故有抽练之议。抽练而其余遂不问。且抽练仍虚文，边防愈益弱。至州县民兵益无实，徒糜厚饷。

以嗣昌主之，事钜，莫敢难也。[171]

从万历末年到这时，辽饷的四次递加，加上剿饷、练饷，一共增赋一千六百九十五万两。这是明末农民在正赋以外的新增负担！崇祯十六年索性把三饷合为一事，省得农民弄不清楚和吏胥作弊。[172]

因外族侵略和农民起义而增兵，因增兵而筹饷，因筹饷而加赋。赋是加到农民头上的，官吏的严刑催逼和舞弊，迫使农民非参加起义不可，《明史》卷二五五《黄道周传》附《叶廷秀传》说：

催科一事，正供外有杂派，新增外有暗加，额办外有贴助。小民破产倾家，安得不为盗贼！

结果是朱明的统治被推翻。"流寇"领袖攻陷北京的李自成起事的口号是：

从闯王，不纳粮！

《中国社会经济史集刊》第五卷第二期
1937年6月于北平

明初的学校

一

专制独裁的君主，用以维持和巩固统治权的法宝，是军队、法庭、监狱、特务和官僚机构，用武力镇压，用公文办事。

明太祖朱元璋原来是红军大帅郭子兴的亲兵，一步步升官，做到韩宋的丞相国公，龙凤十年（1364，元顺帝至正二十四年）做吴王，四年后爬上宝座做明朝的开国皇帝。本来是靠武力起的家，化家为国后，有的是队伍，红军嫡系的，敌军收买过来的，投降的杂牌军，官民犯罪充军的，不够，再按户口抽壮丁，总数约莫有两百万，编制作卫（师）所（团），分驻全国各地，执行武装弹压警戒的任务。

明太祖明白，武力可用以夺取政权，却不能用以治国，而且，军官大多数不识字，也办不了公文。即使有识字的，也不能做高级执政官，武人当政，历史上的例子说明不是好办法。结论是要治国必须建立一个得心应手，御用的官僚机构，而官僚必得用文人。于是，问题来了。从朝廷到地方，从省府部院寺监到州县，各级官僚得十几万人，白手成家的明太祖，从哪儿去找这么些忠心的而又能干的文人？

当然，第一个想到的是元朝的旧官僚。除了在长期战争中被消灭了的一部分之外，剩下的会办事有才力的一批，早已来投效了；不肯来的，用威吓手段，说是"智谋之士"，"坚守不起，恐有后悔"，也不敢不来。[173]其余有的是贪官污吏，有的人老朽昏庸，有的人怀念元朝的恩宠，北逃沙漠[174]，有的人厌恶、恐惧新朝，遁迹江湖，埋名市井[175]。尽管新朝用尽了心机，软话硬拉，要凑齐这个大班子，人数还差得太远。

第二想到的是元朝的吏。元朝是以吏治国的。元世祖以后，甚至执政大臣也用吏来充当，造成风气，中原一带，稍稍识字能办公文的，投身台阁做吏，显亲扬名。南方的士人既不能从科举出身，又不甘心作吏，境况日渐没落，不免对北方的吏发生妒忌嫌恨的感情。[176]明太祖是南方人，当然不免怀有南方人共同的看法。他又深知法令愈繁冗，条格愈详备，一般人不会办，甚至不能懂，吏就愈方便作弊，舞文弄法，闹成吏治代替了官治，代替了君治，这是对皇家统治有严重损害的。[177]而且，办公文的诀窍，程序格式条例，成为专业，不是父子，就是师徒世传，结成行帮，自成团体。行帮是可怕的，把治权交给行帮，起腐蚀作用，更可怕。因此，吏不但不能用，而且得用种种方法来防范、压制。在明代，吏不许做官，国子监生有罪罚充吏役，便是这个道理。

第三只好任用没有做过官的读书人。读书人当然想做官，可是有的人也有顾忌，顾忌的是失身份："海岱初云扰，荆蛮遂土崩。王公甘久辱，奴仆尽同升。"[178]和奴仆同升也许还不太重要，重要的是这个政权还不太巩固，对内未统一，北边蒙古还保有强大力量。有的人顾忌的是这个政权是淮帮，大官位都给淮人占完了：

"两河兵合尽红巾,岂有桃源可避秦?马上短衣多楚客,城中高髻半淮人。"[179]有的人顾忌的是做了官一有不是,有杀头的,有戴斩罪办事的,有镣足办事的,有罚做苦工的,有抄家的,甚至还有抽筋剥皮的刑罚。朝官上朝,战战兢兢,下朝回家,这天侥幸平安,便阖家欢祝(详见作者《朱元璋传》)。做官固然可以发财,可是,要拼着命,甚至带上阖家阖族的命,有一些人是要多多考虑的。明太祖要读书人出来做官,还是有人借故逃避,没办法,甚至立下"寰中士夫不为君用",不肯做官就要杀头的条文,也可以看出明初官僚人才的缺乏和需要的迫切了。

第四是任用地主做官,称为荐举。有富户、耆民、孝弟力田、税户人才(纳粮最多的大地主)等名目。有一出来便做尚书府尹、副都御史、布政使、参政、参议等大官的,最多的一次到过三千七百多人。[180]可是,还不够用,而且,这些地主官僚的作风也不完全适合新朝的要求。

旧的人才不够用,只好想法培养新的了。明太祖用自己的训练方法,造成大量的新官僚。这个官僚养成所叫作国子监。《明史·选举志》说:"学校有二,曰国学,曰府州县学。"

二

研究明代国子监的材料,除《明史·选举志》以外,关于南京国子监的,有黄佐的《南雍志》,北京国子监有《皇明太学志》。此外,《大明会典》卷七八《学校门》也有简单的记载。

明初制度，参加科举的必须是学校的生员，学校生员做官则不一定经由科举。以此，学校是做官所必由的大路，政府和社会都极看重。可是，从明成祖以后，进士独占了做官的门路，监生出路日坏。从明景帝开生员纳粟纳马人监之例以后，国子监成为富豪子弟的京师旅邸，日渐废弛。明武宗以后，非府州县学生也可以纳银入监，做个挂名学生，以依亲为名，根本不必入学，国子监到此完全失去初创的意义，只剩下一个招牌了。因之，研究明代学校和政治的关系，洪武一朝是最有代表性的时期。

国子监的前身是国子学。宋龙凤十一年（1365，元顺帝至正二十五年）以元故集庆路儒学改建。有博士、助教、学正、学录、典乐、典书、典膳等官。在建学的前一年，未有校址，先已任命了国子博士和国子助教，在内府大本堂教皇子和胄子（贵族大官子弟）。吴元年（1367）定国子学官制，祭酒正四品，司业正五品，博士正七品，典簿正八品，助教从八品，学正正九品，学录从九品，典膳省注。洪武四年（1371）中书省户部定文武官禄，祭酒二百七十石，司业一百八十石，博士八十石，典簿七十石，助教六十五石，学正六十石，学录五十石。十四年又更定官员品数，祭酒一人，从四品；司业二人，正六品；监丞二人，正八品；博士五人，助教十五人，典簿一人，俱从八品；学正十人，正九品；学录七人，典籍一人，俱从九品；掌馔二人，杂职。又改建国子学于鸡鸣山之南。十五年改国子学为国子监。二十四年，又改司业监丞各一人[181]。从祭酒到掌馔都是朝廷命官，任免都出于吏部。

学校官在学的职务分工，据洪武十五年钦定的监规：祭酒是正官，衙门首长，专总理一应事务，要整饬威仪，严立规矩，表率属官，模范后进。属官赴堂禀议事务，质问经史，皆须拱立听受，不得即便坐列，正官亦不得要求虚誉，辄自起身，有紊礼制。祭酒和其他同僚，是长官和属僚的关系，就国子监说，是一监之长，勉强比附现代名词，相当于校长，但是，这个校长并无聘任教员之权，因为一切教员都是部派的。监丞品位虽低，却参领监事，凡教官怠于师训，生员有戾规矩，并课业不精，廪膳不洁，并从纠举。务要夙夜尽公，严行约束，毋得徇情，以致废弛。[182]不但管学生规矩课业，还兼管教员教课成绩，办公处叫"绳愆厅"，器用除公案公椅以外，特备有行扑红凳二条，拨有直厅皂隶二名，"扑作教刑"。刑具是竹篦，皂隶是行刑人，红凳是让学生伏着挨打的。[183]照规定，监丞立集愆册一本，各堂生员敢有不遵学规，即便究治。初犯记录（记过），再犯决竹篦五下，三犯决竹篦十下，四犯发遣安置（开除，充军，罚充吏役）。[184]监丞对学生，不但有处罚权，而且有执行刑罚之权，学校法庭刑场合而为一。当然，判决和执行都是片面的，学生绝对没有辩解申说和要求上诉的权利。这职位就管束学生而论，有点像现代的训导长。掌馔是管师生膳食的，膳夫由朝廷拨囚徒充役，洪武十五年六月敕谕监丞等："囚徒膳夫，俱系死囚，若不听使令，三更五点不起，有误生员饮食，一两遍不听，打五十竹篦，三遍不听处斩，做贼的割了脚筋。若监丞典簿掌馔管束不严，打一百圆棍，如不死，仍发云南。有通了学里学外人偷了学里诸物者处斩，家下人发云南，钦此。"[185]这种刑法是超出当时的《大明律》的。典簿职掌文案，凡一应学务，并支销钱粮，季报课业文册等项，皆须明白稽考。又管出纳，又管教务，类似现代学校里的总务长和教务长。典籍是图书馆长。

祭酒同时也是教员，和博士助教学正学录等官，职专教诲，务在严立课程，用心讲解，以臻成效。如或怠惰，不能自立，以致生员有戾规矩者，举觉到官，各有责罚。[186] 换言之，教员如不能使生员循规蹈矩，所遭遇到的不是解聘，而是更严重的刑事处分。

学校的教职员全是官。学生呢？来源有两类，一类是官生，一类是民生。官生又分两等，一等是品官子弟，一等是土司子弟和海外学生（留学生）。官生是由皇帝指派分发的，出自特恩，民生由各地方官保送。[187] 官生入学的目的，是为了"皇子将有天下国家之责，功臣子弟将有职任之寄"。皇子在内府大本堂，功臣子弟入国学。教之道，以正心为本，学的是如何统治的"实学"，不必像文士那样记诵辞章。[188] 洪武十六年文渊阁大学士宋讷任国子监祭酒，明太祖特派太师韩国公李善长、礼部尚书任昂和谏院、翰林院等官到监，举行特别考试，考定教官生员高下，分别班次。又以公侯子弟在学读书，怕不服教员训诲，特派重臣曹国公李文忠兼领国子监事，将军做校长，扑罚违教的官生，整顿学风。[189] 官生中有云南、四川等处土官子弟，日本、琉球、暹罗诸国学生，琉球学生来得最多。就洪武一朝官民生比例，据《南雍志》卷一五《储养考》：

洪武四年	官民生 2728 名	——	——
洪武十五年	官民生 577 名	——	——
洪武十六年	官民生 766 名	——	——
洪武十七年	官民生 980 名	——	——
洪武二十三年	官民生 969 名	——	——
洪武二十四年	官民生 1532 名	官生数 45 名	民生数 1487 名

续表

洪武二十五年	官民生 1309 名	官牛数 16 名	民生数 1293 名
洪武二十六年	官民生 8124 名	官牛数 4 名	民生数 8120 名
洪武二十七年	官民生 1520 名	官生数 4 名	民生数 1516 名
洪武三十年	官民生 1829 名	官生数 3 名	民生数 1826 名

国子学时代只有洪武四年的生员总数,据《大明礼令》:"凡国学生员,一品至九品文武官子孙弟侄,年一十二岁以上者充补,以一百名为额。民间俊秀年一十五岁以上,能通《四书》大义,愿入国学者,中书省闻奏入学,以五十名为额。"[190]则在洪武四年以前,官生与民生的比例是二比一。官生是主体,民生不过陪衬而已。国子监时代,洪武十五年到二十三年,只举官民生总数,无法知道比例。从二十四年到三十年,有五个年度的在学人数记录,二十四年官生占总数 1/34,二十五年 1/82,二十六年 1/2030,二十七年 1/330,三十年 1/610。在这个记录中,值得指出的:第一,官生占监生总数比例极小;第二,官生就学比例逐年减少,从四十五名降为三名;第三,洪武二十六年监生员数突然激增,次年又突然减少;第四,官生中琉球生悦慈从洪武二十五年到三十年,留学至少有六年之久。[191]

如上文所说,明太祖建立国子学的目的,是为了教育胄子(贵族官僚子弟),甚至在改组为国子监以后,还特派重臣勋戚李文忠兼领,管束官生。为什么从二十四年以后,官生数目反而年少一年,和民生的比例,从二比一到一比二千零三十,主体变为附庸,完全失去立学的用意呢?这道理说来也极为简单:公侯子弟成年的袭爵任官,不必入学,未成年的入学得经圣旨特派,纨绔少年,束发受经,不过虚应故事,爵位官职原来不靠书本辞章。那么，除非皇帝特命，又何必入学？此其一。从洪武十三年胡惟庸党案发作后，功臣宿将，连年被杀，到洪武末年，除汤和、耿炳文、李景隆、徐辉祖几家以外，其余的差不多杀干净了。功臣本人被杀，子弟如何能入学？此其二。至于官僚子弟的入学令，限一百名的有效期限恐怕只是适用在洪武三年之前，以后实施极为严格，非奉特旨，不能入学，人数当然不可能太多。此其三[192]。而且，大官子弟自有荫官一途，用不着走国子监这条路，这样，国子监就自然而然演变为专门训练民生做官的衙门了。

洪武二十六年监生人数突增的原因，是因为有新的政治任务，人手不够，特别扩大保送，说详下文。

三

民生的来源，分贡监、举监两类。国子监的学生通称监生。贡监出于岁贡，原来依据历史上的成规，地方官有贡"士"于朝廷的义务。洪武元年令民间俊秀能通文义者，充国子学生。二年立府州县学。四年正月，诏择府州县学生之俊秀通经者入国学，得二千七百二十八人。到十五年正月，礼部以州县所贡子弟，推选未至，奏令各按察司，于年二十以上，厚重端秀者，务拔其尤，岁贡一人入监，着为令。从这一命令，可以看出在此以前，保送监生是州县官的任务，此后则改归按察司选送。洪武四年以前，选士于民间，四年以后，选士于地方学校，州县学和国子监成为学制上的联系衔接衙门，民生在地方学校受初级训练，选拔到国子监受高级训练，国子监成为全国青年人才集中的场所。十六年又令礼部榜谕天下府州县学，自明年为始，岁贡生员各一人，正月至京师，从翰林院试经义、四书义各一道，判语一条，中试的（及格）入国子监，不中的原学教官罚停廪禄（扣薪水），生员罚为吏。则又把贡士之权改归地方学校教官，贡生在入监之前，得经翰林院主持的甄别试验。[193]

学生入监，主持选送的是府州县官、按察司官、本学教官。入学考试，主持考试的是翰林院官。入监后主持训育的是国子监官。受训完毕后，监生的出路，而且是唯一的出路，是替皇帝做官，"学而优则仕"。

贡监据洪武十五年十六年的法令，府州县学岁贡生员一人，是有一定名额的。这定额在洪武朝发生过两次例外，第一次在洪武二十五年四月，"初令天下府学岁贡二人，州学二岁贡三人，县学每岁贡一人入监，明年如常"。突然增加保送名额，照例岁贡生应于次年正月到京师，因为这法令，洪武二十六年的官民生总数就增加到八千一百二十四名。第二次在洪武三十年，这一年"本监以坐堂（在学）人少，诚恐诸司再取办事不敷，移文礼部，上令照二十五年例。于是入监遂众"。据上文记录，三十年度的官民生总数是一千八百二十九名，三十一年的名额，虽然没有记录，大概和二十六年度的相差不远。从后一例子的理由，可以明白这两次增加名额的原因，是因为朝廷诸司办事人员的迫切需要，说明了在学监生同时也是朝廷的办事人员。

举监是举人入监。洪武初年择年少举人入国子监读书。洪武十八年，又令会试下第举人送监卒业，是补习班或先修班的意思。

监生入学后，还得再经过一次编级考试，分堂（级）肄业。

国子监分六堂，六堂又分三等。初等生员通四书、未通经书的，入正义、崇志、广业三堂，修业期一年半以上。初等生修业期满、文理条畅的，升中等，入修道、诚心二堂，修业期一年半以上。中等生修业期满、经史兼通、文理都优的升高等，入率性堂。生员升入率性堂，依学规规定，根据勘合文簿（点名册）坐堂时日，满七百天才够资格。

司业二名，分为左右，各提调三堂。博士五员，分五经，于彝伦堂西设座教训六堂，依本经考课。[194]

功课内容，分《御制大诰》《大明律令》《四书》《五经》刘向《说苑》等书（后来又加上《御制为善阴骘》《孝顺事实》《五伦书》等书）[195]，最主要的是《大诰》。《大诰》是明太祖自己写的，有《续编》《三编》《大诰武臣》，一共四册，主要内容是列举他所杀的人的罪状，使人民知所警戒，教人民守本分、纳田租、出夫役，替朝廷当差的训话。洪武十九年以《大诰》颁赐监生，二十四年三月，特命礼部官说："《大诰》颁行已久，今后科举岁贡人员，俱出题试之。"礼部行文国子监正官，严督诸生熟读讲解，以资录用，有不遵者，以违制论。[196]违制是违抗圣旨的法律术语，这罪名是很大的。皇帝颁布的杀人罪状，列作学生的必修功课，而且，作为考试的科目，用法令强迫全国生员非熟读讲解不可，这道理是用不着什么解释的。其次，训练学生的目的是做官，《大明律令》必然是必读书，而且"载国家法制，参酌古今之宜，观之者亦可以远刑辟"。《四书》《五经》是儒家的经典，洪武五年，明太祖面谕国子博士赵俶："尔等一以孔子所定经书诲诸生"。[197]孔子的思想是没有问题的，尊王正名，君君臣臣父父子子这一套，最合帝王的需要。可是，孟子就不同了，洪武三年，他开始读《孟子》，读到有几处对君上不客气的地方，大发脾气，对人说："这老头要是活到今天，非严办不可！"下令国子监撤去孔庙中孟子配享的神位，把孟子逐出孔庙。他认为这本书有反动的毒素，得经过严密的检查。洪武二十七年（1394）特别敕命组织一个"审查委员会"，执行检删任务的是当时的老儒刘三吾，把《尽心篇》的"民为贵，社稷次之，君为轻"；《梁惠王篇》"国人皆曰贤"，"国人皆曰可杀"一章；"时日曷丧，予及汝偕亡！"和《离娄篇》"桀纣之失天下也，失其民也，失其民者，失其心也"一章；《万章篇》"天与贤则与贤"一章；"天视自我民视，天听自我民听"；"君有大过则谏，反覆之而不听，则易位"；以及类似的"闻诛一夫纣矣，未闻弑君也"；"君之视臣如草芥，则臣视君如寇仇"一共八十五条，以为这些话不合"名教"，全给删节掉了。只剩下一百七十几条，刻板颁行全国学校。这一部经过大手术切割的书，叫作《孟子节文》。所删掉的八十五条，"课士不以命题，科举不以取士"。[198]至于《说苑》，则因为"多载前言往行，善善恶恶，昭然于方册之间，深有劝诫"是当作修身或公民课本被指定的。此外，也消极地禁止某些书不许诵读，如洪武六年面谕赵俶时所说："若苏秦、张仪，縢战国尚诈，故得行其术，宜戒勿读。"由此可见，学校功课的项目，内容的去取，必读书和禁读书，学校教官是无权说话的，一切都由皇帝御定。[199]有时高兴，连考试的题目也出，例如圣制策问十六道，试举一例，敕问文学之士，整个题目如下：

  吁，时士之志，奚不我知，其由我不德而致然耶？抑士晦志而有此耶？呜呼艰哉！君子得不易，我知，人惟彼苍之昭鉴，必或福志之将期，然迩来云才者群然而至，及其用也，才志异途，空矣哉！[200]

日常功课，监规规定：一是写字。每日写仿一幅，每幅十六行，行十六字，不拘家格，或羲、献、智、永、欧、虞、颜、柳，点画撇捺，必须端楷有体，合格书法，本日写完，就于本班先生处呈改，以圈改字少为最。逐月通考，违者痛决（打）。二是背书。三日一次背书，每次须读《大诰》一百字，本经一百字，四书一百字，即平均每日背一百字。不但熟记文词，务要通晓义理。若背诵讲解全不通者，痛决十下。三是作文。每月务要作课六道：本经义二道，四书义二道，诏诰章表策论判语（公家文书）内科（选）二道。不许不及道数，仍要逐月作完送改，以凭类进。违者痛决。

升到率性堂的学生，采积分制。积分之法，孟月试本经义一道，仲月试论一道，诏诰章表内科一道，季月试经史策一道，判语二条。每试文理俱优与一分，理优文劣者半分，文理纰缪者无分。岁内积至八分者为及格，与出身（官职）。不及格仍坐堂肄业（留级）。试法一如科举之制，果有才学超越异常者，呈请皇帝特别加恩任官。[201]

四

国子监坐堂监生最多的时期，将近万人，校舍规模是相当宏大的，校址东至小教场，西至英灵坊，北至城坡土山，南至珍珠桥。左有龙舟山，右有鸡鸣山，北有玄武湖，南有珍珠河。"延袤十里，灯火相辉。"监内建筑，正堂一，支堂六，每堂一十五间，是师生讲习的地方。有馔堂二所，是会馔的地方。书楼十四间藏书。光哲堂十五间住琉球官生。号房（学生宿舍）约二千间。此外有射圃、仓库、酱醋房、水磨房、晒麦场、菜圃、养病房等建筑。规模最宏大的是供奉孔子和列代贤哲的文庙。[202]

监生穿一定的服装，形式也是明太祖钦定的，用玉色绢布，宽袖皂缘，皂绦软巾，叫作襕衫。每年冬夏衣由朝廷颁赐。膳食公费，全校会馔。有家眷的特许带家眷入学，每月支食粮六斗。皇帝特赐，有时赐及学生的家长，例如洪武十二年赐诸生父母帛各四匹。或赐及妻子，如洪武二十七年，赐监生有家属的六百二十五人，每人钞五锭（这年官民生总数是一千五百二十人，有家眷的占百分之三十八）。三十年又赐监生夏布大小人五匹，家属每人二匹。[203]

监生请假休学，只有在弃丧、完姻、父母年已七十必须侍养，或妻子死亡等情形下，才被准许。而且得由皇帝亲自准许。请假日期有严格规定，洪武十六年令监生入监三年，有父母者，照地远近，定限归省。其挈洁家成婚者亦如之，俱不许过限。父母丧照例丁忧。伯叔兄长丧而无子者，亦许立限奔丧。十八年令监生有父母年老无次丁者，许还原籍侍养，其妻死子幼者许送还乡，给予脚力，立限还监，违者罚之。二十二年，礼部奏准，监生毕姻般取，照省亲例入监三年者方许。三十年令监生省亲等事，量道路远近，定具在途往还日月：每日水路一百里，陆路六十里；直隶限四阅月，河南、山东、江西、浙江、湖广限六阅月，北平、两广、福建、山西、陕西限八阅月。其住家月日：省亲三阅月，毕姻两阅月，送幼子还乡一阅月，丁忧照官员例不计闰，俱二十七月。凡过限两月以上者，送问复监。同年有违限监生二百一十七人，祭酒比例拟奏，发充吏役。三十一年又有违限监生二百二十人，命吏部铨除远方典史以困役之。

不但监生请假休学，要得特许，连教员请假，也必得经过同样程序，如洪武十二年助教吴伯宗奏请省亲，明太祖特许给假四个月就是一个例子。

坐堂期间，管制极端严格，表面上历次增订的监规，总共五十六款，除关于教官部分以外，关于约束防闲监生的，如：

> 生员在学读书，务要明体适用，以须仕进。宜各遵承师训，循规蹈矩，凡出入起居，升堂会馔，毋得有犯学规。违者痛治。

> 各堂生员每日诵受书史，并须在师前立听讲解。其有疑问，必须跪听，毋得傲慢，有乖礼法。

绝对禁止学生对人对事的批评和团结组织，甚至班与班之间也禁止来往：

> 今后诸生……毋得到于别堂，往来相引，议论他人长短，因而交结为非。违者从绳愆厅究察，严加治罪。

> 有等无志之徒，往往不行求师问道，专务结党恃顽，故言饮食污恶，切详此等之徒，果系何人之子？其所造饮食，千百人所用皆善，独尔以为不善，果君子欤？小人欤？是后必有此生事者，具实奏闻，令法司枷镣，禁锢终身，在学役使，以供生徒。

生员往来议论，就难免对学校设施，对政治良窳有意见，有结论，就难免不发生学潮，针对的办法是隔离和孤立。至于结党，发生组织力量，就无法管束和训导了，非严办不可。在太祖朝严刑重法、大量屠杀的恐怖空气中，监生不能也不敢提出原则性的反抗，只好从生活不满的方面来发泄，因之，故言饮食污恶，对饥饿的抗议就成为学潮的主题了。抗议饥饿的行动，如不是集体提出，学规另有专条："生员毋得擅入厨房，议论饮食美恶，及鞭挞膳夫。违者笞五十，发回原籍，亲身当差。"这和枷镣禁锢终身役使的处分，轻重相去是极大的。此外禁例，如不许穿常人衣服；有事先于本堂教官处禀之，毋得径行烦渎；凡遇出入，务要有出恭入敬牌；以及无病称病，出外游荡，会食喧哗，点问（名）不到，不许燕安怠惰，解衣脱巾，喧哗嬉笑。号房不许私借他人住坐，不许作秽，不许酣歌夜饮等二十七条，下文都是"违者痛决！"最最严重的一款是：

> 在学生员，当以孝弟忠信礼义廉耻为本，必先隆师亲友，养成忠厚之心，以为他日之用。敢有毁辱师长及生事告讦者，即系干名犯义，有伤风化，定将犯人杖一百，发云南地面充军。[204]

明太祖寄托培养官僚的全部责任于国子监，这一条款就是授权国子监教官，用刑法清除所有不服从不听调度的反抗分子。毁辱师长的含义是非常广泛的，无论是语言、行动、思想、文字上的不同意，以至批评，都可任意解释。被周纳的犯人是不能也不许可有辩解的机会的。至于生事告讦，更可随便运用，凡是不遵从学规的，不满意现状的，要求对某方面教学或生活有所改进的，都可以用生事告讦的罪状片面判决之，执行之。国子监第一任祭酒宋讷是这条学规的制定人，明初人说他办学极意严酷，以求符合明太祖的政策。在他的任内，监生走投无路，经常有人被强制饿死（这也是有学规的依据的，洪武十五年第二次增订学规：师生如有病患，不能行履者，许令膳夫供送。若无病不行随众会食者，不与当日饮食），以至自缢死。他连死尸也不肯放过，一定要当面验明，才许棺殓。[205] 后来他的儿子宋复祖继任司业，也学他父亲"诫诸生守讷学规，违者罪至死"。[206] 学录金文征反对宋讷的过分残暴，想法子救学生，向明太祖提出控诉说："祭酒办学太严，监生饿死了不少人。"太祖不理会，说是祭酒只管大纲，监生饿死，罪坐亲教之师，和祭酒无干。文征又设法和同乡吏部尚书余熂商量，由吏部出文书令宋讷以年老退休（洪武十八年宋讷七十五岁，已经过了法令规定该致仕的年龄了）。不料宋讷在辞别皇帝时，说出并非真心要辞官，太祖大怒，追问缘因，立刻把余熂、金文征和学录田子真、何操，学正陈潜夫都杀了，还把罪状出榜在国子监前面，也写在《大诰》里头。这次反迫害的学潮，在一场屠杀后被压平，从此再也没有人敢替饿死缢死的学生说话了。[207]

洪武二十七年第二次学潮又起，监生赵麟受不了虐待，出壁报提出抗议，学校以为是犯了毁辱师长罪。照学规是杖一百充军。为了杀一儆百，明太祖法外用刑，把赵麟杀了，并且在国子监前立一长竿，枭首示众（这在明太祖的口头语，叫枭令，比处死重一等）。二十八年又颁行《赵麟诽谤册》和《警愚辅教》二录于国子监。三十年七月二十三日，又召集祭酒司业和本监教官，监生一千八百二十六员名，在奉天门当面训话。训词说：

恁学生每听着：先前那宋讷做祭酒呵，学规好生严肃，秀才每循规蹈矩，都肯向学，所以教出来的个个中用，朝廷好生得人。后来他善终了，以礼送他回乡安葬，沿路上着有司官祭他。

近年着那老秀才每做祭酒呵，他每都怀着异心，不肯教诲，把宋讷的学规都改坏了，所以生徒全不务学，用着他呵，好生坏事。

如今着那年纪小的秀才官人每来署学事，他定的学规，恁每当依着行。敢有抗拒不服，撒泼皮，违犯学规的，若祭酒来奏着恁呵，都不饶：全家发向武烟瘴地面去，或充军，或充吏，或做首领官。

今后学规严紧，若无籍之徒，敢有似前贴没头帖子，诽谤师长的，许诸人出首，或绑缚将来，赏大银两个。若先前贴了票子，有知道的，或出首，或绑缚将来呵，也一般赏他大银两个。将那犯人凌迟了，枭令在监前，全家抄没，人口迁发烟瘴地面。钦此！[208]

这篇有名的训词，在中国教育史上是空前的。唯一可以比拟的，大概是北魏太平真君五年（444）禁止民间私立学校，违者"师身死，主人门诛"那道敕令吧。国子监前面的长竿，是专作枭令学生用的，一直到正德十四年（1519）明武宗南巡，这个顽皮年轻皇帝，学他祖宗的榜样，化装出来侦察，走过国子监前，看见这个怪竿子（那时代还没有挂旗子的礼俗），弄糊涂了，问明白说是挂学生脑袋的。他说："学校岂是刑场！"而且，"哪个学生又敢犯我的法令！"才叫人撤去。这竿子一共竖了一百二十六年。[209]

其实，并不是明武宗比他的祖宗更仁慈，而是一百多年来，进士科已经完全代替了国子监的地位，做官的不再从国子监出来，国子监已是破落的冷而又穷的衙门，会馔因为经费不够停止了，连房子倒塌了，朝廷也不肯修理，靠募捐才能补葺一下。它已失去了明初官僚养成所的地位，当然，也用不着这根刺目的不相称的竿子了。

国子监既然是为皇家制造官僚的工厂，用严刑峻法来捏塑官僚，那么，皇家对这工厂的技师，自有其划一的雇用标准。和监规的尺度一样，明初的国子监教官，是被严刑约束着，连一丝一毫自由的气氛也不许有的。例如第一任国子学博士和祭酒许存仁，在明太祖幕府十年，是从龙旧臣，洪武元年被劾逮死狱中。表面上的罪名是私用学宫什器，娶妾饰床以象牙，非师臣体，实际上是因为明太祖刚即位做皇帝，存仁便告辞回家，犯了忌讳。司业刘丞直劝他："主上方应天顺人，兴高采烈，你要回家，也该等待一会儿。"存仁没理会，果然因此致死。[210]第二任祭酒梁贞也得罪放归田里。第三任魏观，后来在苏州知府任上被杀。第四任乐韶凤以不职病免。第五任李敬以罪免。第六任吴颙因为武官子弟怠学，宽纵不能制裁被斥免。国子监第一任祭酒是宋讷，屠杀生徒，最被恩礼，可是明太祖还不放心，经常派人伺察，有时还在暗中画他的相貌，一喜一怒，都有报告。[211]第二任龚敩，得罪的罪状是有监生告假还家，没有报告皇帝，祭酒便准了假。明太祖大怒，以为"卖放"，"置于法"。第三任胡季安坐胡惟庸党案得罪。第四任杨淞，因为擅自分配学生宿舍，原来有廊房二十间，所住学生以罪被逐，留下空屋，明太祖令北城兵马司封钥，杨淞因为宿舍不够住，自作主张，准许学生住进去，结果是因此"掇祸"。[212]最末一任张显宗就是奉天门训话里的年纪小的秀才官人，上任不久，明太祖便死了，算是侥幸没有意外。统计三十多年来的历任祭酒，只有以残酷著名的宋讷是善终在任上，死后的恩礼也特别隆重，可以说是例外，其他的不是得罪，便是被杀。

痛决，充军，罚充吏役，枷镣终身，饿死，自缢死，枭首示众，明初的国子监是学校，又是监狱，又是刑场。不止是学生，也包括教官在内，受死刑所威胁的训练，造成绝对服从的、奴性的官僚。

五

明初的国子学、国子监，所负荷的制造和训练官僚的任务，据《南雍志》和《明史·选举志》所记：

> 洪武二年，择国子生试用之，巡行列郡，举其职者，竣事覆命，即擢行省左右参政、各道按察司佥事及知府等官。
>
> 五年四月，以国子生王铎摄监察御史，擢浙江布政司左参政。
>
> 六年九月，纂修日历，选善书者誊写，国子生陈益旸等与焉。令吏部选国子生之成才者，量材授主事、给事中、御史等官。
>
> 八年三月，命丞相往国子学，考校老成端正、学博经通者，分教天下，令郡县廪其生徒而立学焉。又

命御史台精选以分教北方。于是选国子生林伯云等三百六十六人，给廪食赐衣服而遣之。六月以国子生李扩等为监察御史。

九年三月，以武英堂纪事国子生黄义为湖广行省参政，赵信为考功监丞。九月，遣国子生往陕西祭平凉卫指挥秦虎。国子生奉命出使自此始。寻命国子生分行列郡，集事之未完者，如古行人之职，皆量道路远近，赐钞为费而遣之。

十年正月，国子生试用于列郡者，皆授县丞主簿，人赐夏衣一袭，宝钞三十贯。命中书省臣，凡有亲在者，量程给假归省，然后之官。十月，召国子生分教郡县者还京师，令吏部擢用。

十二年，上以国子生多未仕者，谓中书省臣曰："朕甚欲尊显诸生，虑其未悉朕意。且诸生入学之日久矣，其令归省其亲，赐其父母帛各四匹。有妻孥者携以来，月与粟钱，务得其欢心。"于是王文冏等一百三十四人皆告归，有司如诏赍之。

十四年八月，以国子生茹瑺为承敕郎。

十七年三月，令礼部颁行科举成式，凡三年大比，子午卯酉年乡试，辰戌丑未年会试，祭酒司业择国子生之性资敦厚，文行可称者应之。是年国子生升至率性堂者，入试文渊阁，擢杨文忠为首，除永福县丞。

十八年二月会试，比揭榜，国子生多在前列（会试黄子澄第一，殿试丁显、练子宁居首甲），上大喜。

十九年四月，吏部奏用监生十四人，皆为六品以下官。五月，上以天下郡县多吏弊民蠹，皆由杂流得为牧民官。乃命祭酒司业择监生千余人送吏部，除授知州知县等职。

二十年二月，鱼鳞图册成。先是上命户部核实天下土田，而苏松富民，畏避徭役，以田产诡寄亲邻佃仆，相习成风，奸弊百出。于是富者愈富，贫者愈贫。上闻之，遣国子生武淳等往，随税粮多寡，定为几区，每区设粮长四人，使集里甲耆民，躬履田亩以量度之。量其方圆，次其字号，悉书主名及尺丈四至，编类为册，绘状若鱼鳞然，故名。至是浙江、直隶、苏州等府县册成进呈，上喜，赐淳等钞锭有差。三月，监生古朴奏言，家贫顾仕，冀得禄以养母，上嘉之，除工部主事，迎养就京师。十二月，擢监生李庆署都察院右佥都御史。

二十一年三月，殿试，监生任亨泰廷对第一，召祭酒宋讷褒谕之。命撰进士题名记，立碑于监门。

二十二年二月，初令监生同御史王英、进士齐德照刷文卷。

二十四年三月，以监生许观会试殿试皆第一，召国子监官褒奖之。八月，初令监生往后湖清查黄册（全国户籍）。户部所贮天下黄册，俱送后湖收架，委监察御史二员、户科给事中一员、监生一千二百名，以旧册比对清查，如有户口田粮埋没差错等项，造册径奏。是年选监生有练达政体者，得方文等六百三十九人，命行御史事，稽核天下百司案牍。

二十五年七月，擢监生师逵、墨麟等为监察御史，夏原吉为户部主事。

二十六年十月，诏祭酒胡季安选监生年三十以上能文章者三百四十一人，命吏部除授教谕等官。以监生刘政、龙镡等六十四人为行省布政使、按察两使及参政参议副使、佥事等官。

二十七年八月，遣监生及人才分诣天下郡县，督吏民修治水利，给道里费而行。

二十九年四月，令吏部以次录用国子监生，毋使淹滞。六月初令监生年长者，分拨诸司，历练政事。凡历事监生，随本衙门司务，分勤谨平常才力不及奸顽等项引奏。勤谨者仍历事，阙官以次取用。平常再历，才力不及送监读书，奸顽充吏（计南京五府六部等衙门历事监生二百一十八名，户部等衙门写本监生二十八名，差拨内外衙门办事监生一百二十四名），称为拨历法。

三十年二月，擢监生卢祥为刑部郎中。

明代官制，都察院右佥都御史正四品，郎中正五品，主事正六品，监察御史正七品，给事中从七品。布政使从二品，参政从三品，参议从四品，按察使正三品，副使正四品，佥事正五品。知府正四品，知州从五品，知县正七品，县丞正八品，主簿正九品。教谕无品级。从洪武二年到三十一年这一时期监生任官的情形来看，第一，监生并没有一定的任官资序，最高的可以做到地方大吏从二品的布政使，最低的做正九品的县主簿，以至无品级的教谕。第二，监生也没有固定的任官性质，部院官、监察官、地方最高民政财政官、司法官，以至无所不管的亲民的府州县官和学校官，监生几乎无官不可做。第三，除做官以外，在学的监生，有奉命出使的，有奉命巡行列郡的，有稽核百司案牍的，有到地方督修水利的，有执行丈量记录土地面积定粮的任务的，有清查黄册的，有写本的，有在各衙门办事的，有在各衙门历事的。第四，三十年来监生的任官，以洪武二年和二十六年为最高，十九年为最多。"故其时布列中外者，太学生最盛。"[213]大体来说，从国子学改为国子监以后，监生的出路已渐渐不如初年，从做官转到做事，朝廷利用大批监生做履亩定粮，督修水利，清查黄册等基层技术工作。至于为什么洪武二年和二十六年大量任用监生做高官呢？理由是第一，刚开国人才不够，只能以国子生出任高官。第二，洪武二十六年二月蓝玉被杀，牵连致死的文武官僚、地方大吏为数极多，多少衙门都缺正官，监生因之大走官运。至于为什么洪武十九年监生任官的竟有千余人之多呢？那是因为上一年闹郭桓贪污案，供词牵连到直省官吏因而系死者有几万人，下级官吏缺得太多的缘故。至于为什么在洪武十五年以后，监生做官的出路一天不如一天呢？那是因为从十五年以后，会试定期举行，每三年一次，进士在发榜后即刻任官，要做官的都从进士科出身，甚至监生也从进士科得官，国子监已不再是唯一的官僚养成所了。进士释褐授给事御史主事中书行人评事太常国子博士和府推官知州知县等官[214]，监生原来的出路为进士所夺，只好去做基层技术工作和到诸司去历事了。

六

明代地方学校的建立，始于洪武二年。明太祖以为元代学校之教，名存实亡，战争以来，人习于战斗，唯知干戈，莫识俎豆。他常说治国之要，教化为先，教化之道，学校为本。如今京师已有太学，而地方学校尚未兴办，面谕中书省臣令府州县都立学校，礼延师儒，教授生徒，讲论圣道。于是大设学校，府设教授，州设学正，县设教谕各一，训导府四州三县二，生员府学四十人，州三十人，县二十人。师生月廪米人六斗，地方官供给鱼肉。[215]

入学生员享受免役特权，除本身外，还免其家差徭二丁。[216]在学专治一经，以礼乐射御书数设科分教。

统治地方学校情形，完全和国子监一致。洪武十五年颁禁例十二条于全国学校，镌立卧碑，置于明伦堂之左，不遵者以违制论，禁例中最重要的有下列各条：

  一、今后州县学生员，若有大事干于己家者，许父兄弟侄具状入官辩诉。若非大事，含情忍性，毋轻至于公门。

  二、生员之家，父母贤智者少，愚痴者多，其父母欲行非为，则当再三恳告。

这两条，前一条不许生员交结地方官，后一条要使生员为皇家服务，在民间替朝廷清除"非为"。[217]另一条：

  三、军民一切利病，并不许生员建言。果有一切军民利病之事，许当该有司、在野贤才、有志壮士、质朴农夫、商贾技艺皆可言之，诸人毋得阻当。唯生员不许！

军民一切利病即政治问题，地方官、在野人士，甚至农工商人都可提出建议，任何人都有权讨论政治，唯独不许学生说话。并且在同一条文内，重复地说"不许生员建言"，"唯生员不许"，声色俱厉，呼之欲出。明太祖为什么单单剥夺了生员讨论政治的权利呢？因为他害怕群众，害怕组织，尤其害怕有群众基础有组织能力的知识分子。他认清，这个力量会危害他的统治，因之，非加以高压，严厉禁止，不许有声音不可。至于其他人士，个别的发言，个别的建议，没有群众做后盾，不发生力量，他不但不禁止，反而形式上加以奖励，学学古代帝王求言的办法，倒使他可以得到好名誉。

知识青年对于现实政治不能说话，不许有声音，明太祖的统治就巩固了。可是，他没有想到代替说话的是农民的竹竿和锄头，朱家的政权，到后来还是被竹竿和锄头所倾覆。

地方学校之外，洪武八年又诏地方立社学（乡村小学），延师儒以教民间子弟。

府州县学和社学都以《御制大诰》和《律令》做主要必修科。[218]

在官僚政治之下，地方学校只存形式，学生不在学，师儒不讲论。社学且成为官吏迫害剥削人民的手段，明太祖曾大发脾气，申斥地方官吏说："好事难成。且如社学之设，本以导民为善，乐天之乐，奈何府州县官不才酷吏，害民无厌。社学一设，官吏以为营生。有愿读书者无钱不许入学，有三丁四丁不愿读书者受财卖放，纵其愚顽，不令读书。有父子二人，或农或商，本无读书之暇，却乃逼令入学，有钱者又纵之。无钱者虽不暇读书，亦不肯放，将此凑生员之数，欺诳朝廷。"

他怕"逼坏良民不暇读书之家",只好住罢(停办)社学,不再"导民为善"了。[219]

从国子监到社学,必读的书,必考的书,是明太祖所亲自写定的《大诰》(从文理不通、思想昏乱、词语鄙陋、语气狂暴、态度蛮横几点看来,确非儒生所能代笔),想用以为治国平天下,统一思想的"圣经宝典"。他在书末指出:

> 朕出是诰,昭示祸福,一切官民诸色人等,户户有此一本,若犯笞杖徒流罪名,每减一等,无者每加一等。所在人民,熟观为戒。[220]

又说:

> 朕出斯令,一曰《大诰》,一曰《续编》,斯上下之本,臣民之至宝,发布天下,务必户户有之。敢有不敬而不收者,非吾治化之民,迁居化外,永不令归,的的不虚示。[221]

以帝王之威,用减刑用充军,利诱威胁,命令人民读他的"至宝",命令学生熟读讲解他的"至宝",可惜,人民是不识"宝"的,利诱不理,威胁无用。成化时(1465—1487)陆容记《大诰》的下落说:

> 国初惩元之弊,用重典以新天下,故分行禁止,若风草然。然有面从于一时而心违于身后者,如《大诰》,

唯法司拟罪云有《大诰》减一等云尔，民间实未之见，况复有讲读者乎！[222]

明太祖有方法统治学校，屠杀学生，可是，他没办法办社学，也没办法使人民读他的《大诰》。有生死人之权，有富贵贫贱人之权，而终于无人读他藏他的"至宝"，不要说读，人民甚至连看都没有看见，这大概是专制独裁者应有的、共有的悲哀吧！

原载《清华学报》十五卷一期

1948年2月3日于清华园

明代的锦衣卫和东西厂

一

在旧式的政体之下，皇帝只是代表他的家族以及外环的一特殊集团的利益，比较被统治的人民，他的地位不但孤立，而且永远是在危险的边缘，尊严的神圣的宝座之下，酝酿着待爆发的火山。为了家族的威权和利益的持续，他们不得不想尽镇压的法子，公开的律例、刑章，公开的军校和法庭不够用，也不便用，他们还需要造成恐怖空气的特种组织，特种监狱和特种侦探，来监视每一个可疑的人，可疑的官吏。他们用秘密的方法侦伺，搜查，逮捕，审讯，处刑。在军队中，在学校中，在政府机关中，在民间，在茶楼酒馆，在集会场所，甚至在交通孔道，大街小巷，处处都有这类人在活动。执行这些任务的特种组织，历代都有。在汉有"诏狱"和"大谁何"，在唐有"丽景门"和"不良人"，在宋有"诏狱"和"内军巡院"，在明有"锦衣卫"和"东西厂"，在袁世凯时代则有"侦缉队"。

锦衣卫和东西厂，明人后称为厂卫。从十四世纪后期一直到十七世纪中叶，这两机关始终存在（中间曾经几度短期地废止，但不久即复设）。锦衣卫是内廷的侦察机关，东厂则由宦官提督，最为皇帝所亲信，即锦衣卫也受其侦察。锦衣卫初设于明太祖时，是内廷亲军，皇帝的私人卫队，不隶都督府。其下有南北镇抚司，南镇抚司掌本卫刑名，北镇抚司专治诏狱，可以直接取诏行事，不必经过外廷法司的法律手续，甚至本卫长官亦不得干预。[223]锦衣卫的正式职务，据《明史·职官志》说是"掌侍卫缉捕刑狱之事，凡盗贼奸宄街涂沟洫，密缉而时省之"。经过嘉靖初年裁汰后，缩小职权，改为"专察不轨妖言人命强盗重事"。[224]其实最主要的还是侦察"不轨妖言"，不轨指政治上的反动者或党派，妖言指宗教的集团如弥勒教、白莲教、明教等。明太祖出身于香军，深知"弥勒降生"和"明王出世"等宗教传说，对于渴望改善生活的一般农民，所发生的政治作用是如何重大。他尤其了解聚众结社对现实政权有何等重大的意义和威胁，他从这两种活动中得到政权，也已为这政权立下基础，唯一使他焦急的问题是如何才能永远子子孙孙都能不费事地继承这政权。他所感觉到的严重危机有两方面：其一是并肩起事的诸将，个个都身经百战，枭悍难制。其二是出身豪室的文臣，他们有地方的历史势力，有政治的声望，又有计谋，不容易对付。这些人在他在位的时候，固然镇压得下，但也还惴惴不安。身后的继承人呢，太子忠厚柔仁，只能守成，不能应变。到太子死后，他已是望七高龄，太孙不但幼稚，而且比他儿子更不中用，成天和一批腐儒接近，景慕三王，服膺儒术，更非制驭枭雄的角色。他为着要使自己安心，要替他儿孙斩除荆棘，便不惜用一切可能的残酷手段，大兴胡蓝党案，屠杀功臣，又用整顿吏治，治乱国用重刑的口实，把中外官吏地主豪绅也着实淘汰了一下，锦衣卫的创立和授权，便是发挥这个作用。经过几次的大屠杀以后，臣民侧足而立，觉得自己的地位已经安定了。为了缓和太过紧张的气氛，洪武二十年（1389）下令焚毁锦衣卫刑具，把锦衣卫所禁闭的囚徒都送刑部。再隔六年，胡党蓝党都已杀完，不再感觉到政治上的逼胁了，于是又解除锦衣卫的典诏狱权，诏内外狱毋得上锦衣卫，大小案件都由法司治理。天下从此算太平了。[225]

不到十年，帝位发生争执，靖难兵起，以庶子出藩北平的燕王入居大位，打了几年血仗；虽然到了南京，名义上算做了皇帝，可是地位仍不稳固。因为第一，建文帝有出亡的传说，宫内自焚的遗体中不能确定建文帝是否也在内，万一建文帝未死，很有起兵复国的可能。第二，他以庶子僭位，和他地位相同的十几个亲王看着眼红，保不住也重玩一次靖难的把戏（这一点在他生前算是过虑，可是到孙子登位后，果然又闹了一次叔侄交兵）。第三，当时他的兵力所及的只是由北平到南京一条交通线，其他地方只是外表表示服从。第四，建文帝的臣下，在朝的如曹国公李景隆、驸马都尉梅殷等，在地方的如盛庸、平安、何福等都曾和他敌对作战。其他地方官吏文武臣僚也都是建文旧人，不能立刻全盘更动。更使他感觉有临深履薄的恐惧。在这样的情况之下，他用得着他父亲传下的衣钵，于是锦衣卫重复活动，一直到亡国，始终做皇帝的耳目，担任猎犬和屠夫的双重任务。

锦衣卫虽然亲近，到底是外官，也许会徇情面，仍是不能放心。明成祖初起时曾利用建文帝左右的宦官探消息，即位以后，以为这些内官忠心可靠，特设一个东厂，职务是"缉访谋逆妖言大逆等"，完全和锦衣卫相同。属官有贴刑，以锦衣卫千百户充任，所不同的是用内臣提督，通常都以司礼监秉笔太监第二人或第三人派充，关系和皇帝最密切，威权也最重。[226] 后虽有时废罢，名义也有时更换为西厂或外厂，或东西厂、内外厂并设，或在东西厂之上加设内行厂，连东西厂也在伺察之下。但在实际上，厂的使命是没有什么变更的。

厂与卫成为皇帝私人的特权侦探机关，其统系是锦衣卫监察侦伺一切官民，东（西）厂侦察一切官民及锦衣卫，有时或加设一最高机构，侦探一切官民和厂卫，如刘瑾的内行厂和冯保的内厂，皇帝则直接监督一切侦缉机关。如此层层缉伺，层层作恶，人人自疑，人人自危，造成了政治恐怖。

二

厂卫同时也是最高法庭，有任意逮捕官吏平民，加以刑讯判罪和行刑的最高法律以外的权力。

卫的长官是指挥使，其下有官校，专司侦察，名为缇骑。嘉靖时陆炳官缇帅，所选用卫士缇骑皆都中大豪，善把持长短，多布耳目，所睚眦无不立碎。所招募畿辅秦晋鲁卫骈胁超乘迹射之士以千计。卫之人鲜衣怒马而仰度支者凡十五六万人。[227]四出迹访："凡缙绅之门，各有数人往来其间，而凡所缉访，止属风闻，多涉暧昧，虽有心口，无可辩白。各类计所获功次，以为升授。凭其可逞之势，而邀其必获之功，捕风捉影，每附会以仇其奸，非法拷讯，时威逼以强其认。"[228]结果，一般仕宦阶级都吓得提心吊胆，"常晏起早阖，毋敢偶语，旗校过门，如被大盗"。[229]抓到了人时先找一个空庙祠宇榜掠了一顿，名为打桩，"有真盗幸免，故令多攀平民以足数者，有括家囊为盗赃，而通棍恶以证其事者，有潜种图书陷人于妖言之律者，有怀挟伪批坐人以假印之科者，有姓名仿佛而荼毒连累以死者。"访拿所及，则"家资一空，甚至并同室之有而席卷以去，轻则匿于档头火长校尉之手，重则官与瓜分"。被访拿的一入狱门，便无生理，"五毒备尝，肢体不全。其最酷者曰琵琶，每上百骨尽脱，汗下如水，死而复生，如是者二三次，荼酷之下，何狱不成。"[230]

其提人则止凭驾帖，弘治元年（1488）刑部尚书何乔新奏："旧制提人，所在官司必验精微批文，与符号相合，然后发遣，近者中外提人，只凭驾帖，既不用符，真伪莫辨，奸人矫命，何以拒之？"当时虽然明令恢复批文提人的制度，可是锦衣旗校却依旧只凭驾帖拘捕。[231]正德初周玺所说："迩者皇亲贵幸有所奏陈，陛下据其一面之词，即行差官赍驾帖拿人于数百里之外，惊骇黎庶之心，甚非新政美事。"[232]便是一个例子。

东厂的体制，在内廷衙门中最为隆重。凡内官奉差关防皆曰某处内官关防，唯东厂篆文为"钦差监督东厂官校办事太监关防"。[233]《明史》记"其隶役皆取给于卫，最轻巧儇佶者乃充之。役长曰档头，帽上锐，衣青素裤褶，系小绦，白皮靴，专主伺察。其下番子数人为干事，京师之命诖财挟仇视干事者为窟穴，得一阴事，由之以密白于档头，档头视其事大小先予之金，事曰起数，金曰买起数。既得事，帅番子至所犯家，左右坐曰打桩，番子即突入执讯之无有左证符碟，贿如数径去，稍不如意，榜治之名曰乾酢酒，亦曰搬署儿，痛楚十倍官刑，且授意使牵有力者，有力者予多金即无事，或靳不予，予不足，立闻上，下镇抚司狱，立死矣。"对于行政官吏所在，也到处派人伺察："每月旦，厂役数百人掣签庭中，分瞰官府。"有听记坐记之别，"其视中府诸处会审大狱，北镇抚司拷讯重犯者曰听记，他官府及各城门缉访曰坐记"。所得秘密名为打事件，即时由东厂转呈皇帝，甚至深更半夜也可随时呈进，"以故事无大小，天子皆得闻之，家人米盐猥事，宫中或传为笑谑,上下惴惴,无不畏打事件者"。[234]

锦衣卫到底是比不上东厂亲近,报告要用奏疏,东厂则可以直达。以此,厂权就高于卫。

东厂的淫威,试举一例。当天启时,有四个平民半夜里偷偷在密室喝酒谈心。酒酣耳热,有一人大骂魏忠贤,余三人听了不敢出声。骂犹未了,便有番子突入,把四人都捉去,在魏忠贤面前把发话这人剥了皮,余三人赏一点钱放还,这三人吓得魂不附体,差一点变成疯子。

锦衣卫狱即世所称诏狱,由北镇抚司专领。北镇抚司本来是锦衣卫指挥使的属官,品秩极低,成化十四年(1478)增铸北司印信,一切刑狱不必关白本卫,连卫所行下的公事也可直接上请皇帝裁决,卫指挥使不敢干预,因之权势日重。[235]外廷的三法司(刑部、大理寺、都察院)不敢与抗。嘉靖二年(1523),刑科给事中刘济上言:"国家置三法司以理刑狱,其后乃有锦衣卫镇抚司专理诏狱,缉访于罗织之门,锻炼于诏狱之手,裁决于内降之旨,而三法司几于虚设矣。"[236]其用刑之惨酷,有非人类所能想象,沈德符记:"凡厂卫所廉谋反杀逆及强盗等重辟,始下锦衣之镇抚司拷问,寻常只曰打着问,重者加好生二字,其最重大者则曰好生着实打着问,必用刑一套,凡十八种,无不试之。"[237]用刑一套为全刑,曰械,曰镣,曰棍,曰桚,曰夹棍,五毒备具,呼号声沸然,血肉溃烂,宛转求死不得。[238]诏狱"室卑入地,墙厚数仞,即隔壁号呼,悄不闻声,每市一物入内,必经数处验查,饮食之属十不能得一,又不得自举火,虽严寒不过啖冷炙披冷衲而已。家人辈不但不得随入,亦不许相面。唯于拷问之期,得遥于堂下相见。"[239]天启五年(1625)遭党祸被害的顾大章所作《狱中杂记》里说："予入诏狱百日而奉旨暂发（刑）部者十日，有此十日之生，并前之百日皆生矣。何则，与家人相见，前之遥闻者皆亲证也。"拿诏狱和刑部狱相比，竟有天堂地狱之别。瞿式耜在他的《陈时政急著疏》中也说："往者魏崔之世，凡属凶网，即烦缇骑，一属缇骑，即下镇抚，魂飞汤火，惨毒难言，苟得一送法司，便不啻天堂之乐矣。"[240] 被提者一入抚狱，便无申诉余地，坐受榜掠。魏大中《自记年谱》："十三日入都羁锦衣卫东司房，二十八日许显纯崔应元奉旨严鞫，许既迎二魏（忠贤、广微）意，构汪文言招辞而急毙之以灭口。对簿时遂断断如两造之相质，一梦敲一百，穿梭一夹，敲五十板子，打四十棍，惨酷备至，而抗辩之语悉不得宣。""六君子"被坐的罪名是受熊廷弼的贿赂，有的被刑自忖无生理，不得已承认，希望能转刑部得生路，不料结果更坏，厂卫勒令退赃，"遂五日一比，惨毒更甚。比时累累跪阶前，河诟百出，裸体辱之，弛杻则受桬，弛桬则受夹，弛桬与夹则仍戴杻镣以受棍，创痛未复，不再宿复加榜掠。后讯时皆不能跪起荷桎梏，平卧堂下。"[241] 终于由狱卒之手秘密处死，死者家人不知其死法及死期，苇席裹尸出牢户，虫蛆腐体。六君子是杨涟、左光斗、顾大中、袁化中、周朝瑞、顾大章，都是当时的清流领袖，朝野表率，为魏忠贤所忌，天启五年（1625）相继死于诏狱。

除了在狱中的非刑以外，和厂卫互相表里的一件恶政是廷杖，锦衣卫始自明太祖，东厂为明成祖所创设，廷杖却是抄袭元朝的。

在元朝以前，君臣之间的距离还不十分悬绝，三公坐而论道，和皇帝是师友，宋朝虽然臣僚在殿廷无坐处，却也还礼貌大臣，绝不加以非礼的行为，"士可杀不可辱"这一传统的观念，上下都能体会。蒙古人可不同了，他们根本不了解士的地位，也不能用理论来装饰殿廷的庄严。他们起自马上，生活在马上，政府中的臣僚也就是军队中的将校，一有过错，拉下来打一顿，打完照旧办事，不论是中央官，地方官，在平时，或是在战时，臣僚挨打是家常便饭，甚至中书省的长官，也有在殿廷被杖的记载。明太祖继元而起，虽然一力"复汉官之威仪"，摒弃胡俗胡化，对于杖责大臣这一故事，却习惯地继承下来，著名的例子，被杖死的如亲侄大都督朱文正、工部尚书薛祥、永嘉侯朱亮祖父子，部曹被廷杖的如主事茹太素。从此殿陛行杖，习为祖制。正德十四年（1519）以南巡廷杖舒芬等百四十六人，死者十一人。嘉靖三年（1523）以大礼之争廷杖丰熙等百三十四人，死者十六人。循至方面大臣多毙杖下，幸而不死，犯公过的仍须到官办事，犯私仇者再下诏狱处死。[242]至于前期和后期廷杖之不同，是去衣和不去衣，沈德符说："成化以前诸臣被杖者皆带衣裹毡，不损肤膜，然犹内伤困卧，需数旬而后起，若去衣受笞，则始于逆瑾用事，名贤多死，今遂不改。"[243]廷杖的情形，据艾穆所说，行刑的是锦衣官校，监刑的是司礼监："司礼大珰数十辈捧驾帖来，首喝曰带上犯人来，每一喝则千百人一大喊以应，声震甸服，初喝跪下，宣驾帖杖吾二人，着实打八十棍，五棍一换，总之八十棍换十六人。喝着实打，喝打阁上棍，次第凡四十六声，皆大喊应如前首喝时，喝阁上棍者阁棍在股上也。杖毕喝踩下去，校尉四人以布袱曳之而行。"[244]天启时万璟被杖死的情形，樊良材撰《万忠贞公传》说："初璟劾魏珰疏上，珰恚甚，矫旨廷杖一百。褫斥为民。彼一时也，缇骑甫出，群聚蜂拥，绕舍骤禽，饱恣拳棒，摘发捉肘，拖沓摧残，曳至午门，已无完肤。迨行杖时逆珰领小竖数十辈奋袂而前，执金吾（锦衣卫指挥使）止之曰留人受杖，逆珰瞋目监视，倒杖张威，施辣手而甘心焉。杖已，血肉淋漓，奄奄待尽。"

廷杖之外，还有立枷，创自刘瑾，锦衣卫常用之："其重枷头号者至三百斤，为期至二月，已无一全。而最毒者为立枷，不旬日必绝。偶有稍延者，命放低三数寸，则顷刻殒矣。凡枷未满期而死，则守者掊土掩之，俟期满以请，始奏闻领埋，若值炎暑，则所存仅空骸耳，故谈者谓重于大辟云。"[245]

诏狱、廷杖、立枷之下，士大夫不但可杀，而且可辱，君臣间的距离愈来愈远，"天皇圣明，臣罪当诛"，打得快死而犹美名之曰恩谴，曰赐杖，礼貌固然谈不到，连主奴间的恩意也因之而荡然无存了。

三

厂卫之弊，是当时人抗议最集中的一个问题，但是毫无效果，并且愈演愈烈。著例如商辂《请革西厂疏》说："近日伺察太繁，法令太急，刑网太密，官校提拿职官，事皆出于风闻，暮夜搜检家财，初不见有驾帖，人心汹汹各怀疑畏，内外文武重臣，托之为股肱心膂者也，亦皆不安于位，有司庶府之官，资之以建立政事者也，举皆不安于职。商贾不安于市，行旅不安于途，士卒不安于伍，黎民不安于业。"[246]在这情形下，任何人都有时时被捕的危险。反之，真是作恶多端的臣奸大憝，只要能得到宫廷的谅解，更可置身法外。《明史·刑法志》说："英宪以后，钦恤之意微，侦伺之风炽，巨恶大憝，案如山积，而旨从中下，纵不之问。或本无死理，而片纸付诏狱，为祸尤烈。"明代二祖设立厂卫之本意，原在侦察不轨，尤其是注意官吏的行动。隆庆中刑科给事中舒化上疏只凭表面事理立论，恰中君主所忌，他说："朝廷设立厂卫，所以捕盗防奸细，非以察百官也。驾驭百官乃天子之权，而奏劾诸司责在台谏，朝廷自有公论。今以暗访之权归诸厂卫，万一人非正直，事出冤诬，是非颠倒，殃及善良，陛下何由知之。且朝廷既凭厂卫，厂卫必委之番役，此辈贪残，何所不至！人心忧危，众目睚眦，非盛世所宜有也。"[247]至于苛扰平民，则更非宫廷所计及，杨涟劾魏忠贤二十四大罪疏中曾特别指出："东厂原以察奸细，备非常，非扰平民也。自忠贤受事，鸡犬不宁，而且直以快恩怨，行倾陷，片语违，则驾帖立下，造谋告密，日夜未已。"[248]甚至在魏忠贤失败以后，厂卫的权力仍不因之动摇，刘宗周上疏论其侵法司权限，讥为人主私刑，他说："我国家设立三法司以治庶狱，视前代为独详，盖曰刑部所不能决者，都察院得而决之，部院所不能平者，大理寺得而平之，其寓意至深远。开国之初，高皇帝不废重典以惩巨恶，于是有锦衣之狱。至东厂缉事，亦国初定都时偶一行之于大逆大奸，事出一时权宜，后日遂相沿而不复改，得与锦衣卫比周用事，致人主有私刑。自皇上御极以后，此曹犹肆罗织之威，日以风闻事件上尘睿览，辇毂之下，人人重足。"结果是："自厂卫司讥访而告奸之风炽，自诏狱及士绅而堂廉之等夷，自人人救过不给而欺罔之习转盛，自事事仰承独断而谄谀之风日长，自三尺法不伸于司寇而犯者日众。"[249]

厂卫威权日盛，使厂卫二字成为凶险恐怖的象征，破胆的霹雳，游民奸棍遂假为恐诈之工具，京师外郡并受荼毒，其祸较真厂卫更甚。崇祯四年（1631）给事中许国荣《论厂卫疏》历举例证说："如绸商刘文斗行货到京，奸棍赵瞎子等口称厂卫，捏指漏税，密擒于崇文门东小桥庙门，诈银二千余两。长子县教官推升县令，忽有数棍拥入其寓内，口称厂卫，指为营干得来，诈银五百两。山西解官买办黑铅照数交足，众棍窥有余剩在潞绸铺内，口称厂卫，指克官物，捉拿玉铺等四家，各诈银千余两……蓟门孔道，假侦边庭，往来如织……至于散在各衙门者，借口密探，故露踪迹，纪言纪事，笔底可操祸福，书吏畏其播弄风波，不得不醵金阴饵之，遂相沿为例而莫可问。"[250]崇祯十五年（1642）御史杨仁愿疏《论假番及东厂之害》说："臣待罪南城，所阅词讼多以假番故称冤，夫假称东厂，害犹如此，况其真乎？此由积重之势然也。所谓积重之势者，功令比较事件，番役每悬价以买事件，受买者至诱人当奸盗而卖之，番役不问其从来，诱者分利去矣。挟愤首告，诬以重法，挟者志无不逞矣。伏愿宽东厂事件而后东厂之比较可缓，东厂之比较缓而番役之买事件与卖事件者俱可息，积重之势庶可稍轻。"[251]抗议者的理由纵然充分到极点，也不能消除统治者孤立自危的心理。《明史》说："然帝（思宗）倚厂卫益甚，至国亡乃已。"

民国二十三年十二月旧稿

三十三年五月为纪念甲申三百周年重写于昆明

《原载大公报·史地周刊》第十三期

1934年12月14日

明教与大明帝国

一 吴元年与明之国号

我国历史上之朝代称号,或从初起之地名,或因所封之爵邑,或追溯其所自始,要皆各有其独特之意义,清赵翼曾畅论之:

三代以下建国号者,多以国邑旧名:王莽建号曰新,亦以初封新都侯故也。公孙述建号成家,亦以据成都起事也。賨人李雄建号大成,盖亦袭述旧称也。金太祖始取义于金之坚固,遂不以国邑而以金为号。[252]然犹未用文义也。金末宣抚蒲鲜万奴据辽东,僭称天王,国号大真,始有以文义而为号者。元太祖本无国号,但称蒙古,如辽之称契丹也。世祖至元八年(1271)因刘秉忠奏,始建国号曰大元,取"大哉乾元"之意,国号取文义自此始。其诏有曰:"诞膺景命,必有美名,唐之为言荡也,虞之为言乐也……世降以还,事殊非古;称秦称汉者,著从初起之地名,曰隋曰唐者,即因所封之爵邑,是皆徇百姓见闻之狃习,要一时经制之权宜。今特建国号曰大元,取《易经》乾元之义"云。命世之君,创制显庸,必有以新一代之耳目,而不肯因袭前代,此其一端也。[253]

唯明太祖以至正二十七年(1367)称吴元年,次年即帝位,始定国号曰大明,纪元洪武。吴非国号,亦非年号。至大明则既非初起之地名,亦非所封之爵邑,亦非如后唐后汉之追溯其所自始,如以其文义"光明"言,亦无所归属。《明实录》、《明史》诸书记太祖即位诏书,仅著"定有天下之号曰大明"一语,明清两代学人著述,亦从未涉及"吴元年"及"大明"一名词之意义者。[254]

按太祖起自红军,奉宋帝小明王韩林儿正朔。宋龙凤七年(1361,元至正二十一年)封吴国公[255],十年进爵为吴王。[256]军中文移布告均称"皇帝圣旨吴王令旨"。[257]十二年弑宋帝,宋亡。是所谓吴元年者,如以为吴王受封之吴,则当为吴四年,如以为国号,则先此张士诚已据吴称吴王,且太祖时方遣将伐吴,不应蹑袭敌国之称号。如以为纪元之称,则有史以来,从未有一字之年号!又其时天完、吴、夏、汉诸国,国号纪元,皆粲然备具。太祖后起,且承宋后,为红军正统,不应既无国号,又无纪元,仅称无所指属之吴元年也。太祖幕中多儒生,不应瞢忽至此!颇疑太祖于杀韩林儿后,仍称宋国,仍奉龙凤十三年正朔。其称吴元年者,开国后讳其起于红军,更讳言臣于小明王,曾奉其正朔。遂于宋明之际,追改龙凤十三年为吴元年,以示其非承宋而起也。推度当时情事,应是如此。然明初史迹经《太祖实录》之三修,已湮没不可详,姑系臆说于此。

至"大明"之国号,则私见以为出于韩氏父子之"明王",

明王出于《大小明王出世经》。《大小明王出世经》为明教经典，明之国号实出于明教。明教自唐代输入，至南宋而益盛，穷流溯源，因并及之。明教又与出自佛教之弥勒佛传说及白莲社合，文中牵连述及，仅凭史书。至二教经典则以滇中无从得书，参合比较，请俟异日。所述明教唐宋二代史迹，大部分多从沙畹（E.Chavannes）《摩尼教流行中国考》[258]、王国维先生《摩尼教流行中国考》[259]、陈垣先生《摩尼教入中国考》[260]、牟润孙先生《宋代摩尼教》[261]诸文引用，他山之助，谨申谢意。

二　明教

明教即摩尼教（Manichaeism），波斯人摩尼（Maui，216—277）所创。我国史籍中有称之为牟尼者，摩尼之异译也。有称之为末摩尼者，古波斯文（Pehlavi）mar mani之译文，华言摩尼主也。有称之为末尼者，末摩尼之省文也[262]。其教杂糅祆教、基督教、佛教而成，主要经典有《二宗三际经》，二宗者明与暗也，明暗斗争，时有轩轾，明终克暗，至安乐处。法国巴黎图书馆藏《摩尼教残经出家仪·第六·初辩二宗》：

> 求出家者，须知明暗各宗，性情悬隔，若不辨识，何以修为？

三际者，过去未来现在也。同上《次明三际》：

> 一、初际，二、中际，三、后际。
> 初际者未有天地，但殊明暗，明性智慧，暗性愚

痴，诸所动静，无不相背。

中际者，暗既侵明，恣情驰逐，明来入暗，委质推移，大患厌离于形体，火宅愿求于出离，劳身救性，圣教固然，即妄为真，孰闻听命？事须辨识，求解脱缘。

后际者，教化事毕，真妄归根，明既归于大明，暗亦归于积暗，二宗各复，两者交归。

初际明暗相背，中际明暗混糅，后际明暗划分。明为善，为理；暗则为恶，为欲。其神为明使，亦称明尊，即摩尼也。有净风善母二光明使。又以净气、妙风、妙明、妙水、妙火为五明使。北平图书馆藏《摩尼教残经》：

若有明使，出兴于世，教化众生，令脱诸苦。

又云：

其惠明使亦复如是，既入故城，坏惠敌已，当即分判明暗二力，不令杂乱。

又云：

《应轮经》云：若电那勿（Denavari，玄奘《西域记》译作提那跋）等身具善法，光明父子及净法风，皆于身中每常游止。其明父者即是明界无上明尊，其明子者即是日月光明，净法风者即是惠明。

经述"明"以种种方法困"暗","暗"后以种种方法囚"明"。"明""暗"交争,一起一伏,最后明使为植十二明王宝树:

> 惠明相者,第一大王,二者智惠,三者常胜,四者欢喜,五者勤修,六者平等,七者信心,八者忍辱,九者直意,十者功德,十一者齐心一等,十二者内外俱明。如是十二光明大时,若入"相"、"心"、"念"、"思"、"意"等五种国土,一一尊逵,无量光明,各各现果,亦复无量,其果即于清静徒众而具显现。

此明教徒之十二美德也。每一树又有五记验,如第一大王树有五记验,一者不乐久住一处,二者不悭,三者贞洁,四者近智惠,五者常乐清静徒众。每一记验又各有定义,如不悭:"所至之处,若得衬施,不私隐用,皆纳大众。"合十二树六十记验,教徒具备六十种美德,乃入光明极乐世界。明使讲经已,结云:

> 如是等名为十二明王宝树,我从常乐光明世界,为汝等故,持至于此。欲以此树栽于汝等清静众中,汝等上相善慧男女,当须各自于清净心中栽植此树,令更增长,犹如上好无砂卤地,种一收万,如是辗转,至无量数。汝等令者欲成就无上大明清净果者,皆当庄严如宝树,令得具足。何以故?汝等善子,依此树果,得离四难,及诸有身,出离生死,究竟常胜,至安乐处。

又有《大小明王出世经》等经，释志磐《佛祖统纪》引《释门正统》：

> 准国朝（宋）法令，诸以《二宗经》及非《藏经》所载不根经文传习惑众者，以左道论罪。二宗者谓男女不嫁娶，互持不语，病不服药，死则裸葬等。不根经文者，谓《佛吐恋师》、《佛说啼哭》、《大小明王出世经》、《开元括地变文》、《齐天论》、《五来子曲》之类。

又有《日光偈》《月光偈》等偈，《宋会要·刑法门》二上：

> 明教之人所念经文及绘画佛像，号曰《讫思经》、《证明经》、《太子下生经》、《父母经》、《图经》、《文缘经》、《七时偈》、《日光偈》、《月光偈》、《平文》、《策汉赞》、《策证明赞》、《广大忏》、《妙水佛帧》、《先意佛帧》、《夷数佛帧》、《善恶帧》、《太子帧》、《四天王帧》。已上等经佛号，即于道释经藏并无明文记载，皆是妄诞妖怪之言，多引尔时明尊之事，与道释经文不同。至于字音又难辨认，委是狂妄之人，伪造言辞，诳愚惑众，上僭天王太子之号。

其教仪节为经典所规定者为斋食。巴黎藏《摩尼教残经·寺宇仪》第五：

> 私室厨库，每日斋食，俨然待施。若无施着，乞丐

以充。唯使听人，勿蓄奴婢及六畜等非法之具。

且日食一餐，日晚乃食[263]。北平图书馆藏《摩尼教残经》：

日一受食，不以为难。

不饮乳酪。[264]死则裸葬。巴黎藏《残经》：

□宿死尸，（此处原文为□）若有覆藏，还同破戒。

其僧侣有拂多诞，古波斯语 Fur-sta-dan 之译音也，华言"知教义者"。有慕阇，亦古波斯语 Mozak 之译音，华言"师"也。[265]

三 明教与回鹘

明教经典之输入我国，始于唐武后延载元年（694）。志磐《佛祖统纪》卷三十九：

延载元年，"波斯国人拂多诞（西海大秦国人）持《二宗》伪经来朝。未四十年而遭禁断。"

杜佑《通典》卷四：

开元二十年（732）七月敕：末摩尼法本是邪见，妄称佛教，诳惑黎元，宜严加禁断。以其西胡等既是乡法，当身自行，不须科断者。

至肃宗宝应元年（762）回鹘入唐，击史朝义于洛阳，次年携居留洛阳之摩尼师归国，明教遂入回鹘，为其朝野所信奉。据《九姓回鹘爱登里罗泊没密施合毗伽可汗圣神文武碑》（李文田《和林金石录》，《灵鹣阁丛书》本）：

> 师将睿思等四僧入国，阐指二祀，洞澈三际。况法师妙达明门，精研七部，才高海岳，辩若悬河，故能开政教于回鹘。（第八行）
>
> 今悔前非，愿归正教。奉旨宣示，此法微妙，难可受持，再三恳□，往者无识，谓鬼为佛，今已误真，不可复事。特望□□，□□□□，既有志诚，任即持受。应有刻画魔形，悉令焚爇，祈神拜鬼，并□□（第九行）（此处原文为□）
>
> □受明教，薰血异俗，化为茹饭之乡，宰杀邦家，变为劝善之国。故□□之在人，上行下效，法王闻受正教，深赞处□□□□□德领诸僧尼入国阐扬，（此处原文为□）□后慕阇徒众，东西循环，往来教化。（第十行）

碑立于宪宗元和九年（814），已有明教、明门之称。尤可注意者为明教徒不奉像设，不事鬼神，斋食禁杀三事。

明教入回鹘后，其徒清修苦行，回鹘可汗或与议国事[266]。以回鹘可汗之护持，遂要求唐室为其建寺：

回鹘可汗王令明教僧进法入唐。大历三年（768）六月二十九日敕赐回鹘摩尼为之置寺，赐额为大云光明。六年正月敕赐荆、洪、越等州，各置大云光明寺一所。[267]

北则两都、太原，南则荆、扬、洪、越等州，当时重镇，无不有明教徒之祠宇。[268] 其徒白衣白冠[269]，日晚乃食，饮水而不茹荤，不饮乳酪。[270] 其徒有解天文者[271]，有擅求雨之术者[272]，有善作法劾鬼者。[273]

明教在唐之得势，以有回鹘护法故，唐室羁縻回鹘，遂不得不优待明教。至开成会昌间（840—843），回鹘为黠戛斯（Kirghiz）所残破。会昌二年（842）遂敕权停江淮诸摩尼寺，只令于两都及太原信向处行教。[274] 时回鹘复屡入寇掠，三年遂诏讨回鹘，大破之。李德裕《讨回鹘制》：

其回鹘既已破灭，义在剪除，宜令诸道兵马，并同进讨……其回鹘及摩尼等庄宅钱物，并委功德使与御史台京兆府各差精强干事官点检收录……摩尼等僧委中书门下即时条疏闻奏。

明教至此，遂全遭禁断。《新唐书》卷二一七下：

诏回鹘营功德使（摩尼）在二京者悉冠带之。有司收摩尼书若象，烧于道，产赀入之官。

明教徒则被屠杀，日本僧圆仁记：

> 会昌三年四月中旬敕，下令杀天下摩尼师，剃发令着袈裟作沙门形而杀之。[275]

宋僧赞宁亦记：

> 会昌三年，敕天下摩尼寺并废入官。京城女摩尼十二人皆死。及在此国回纥诸摩尼等配流诸道，死者大半。[276]

四　明教之传播（上）

自唐会昌禁黜后，明教遂成为秘密结社，攀附佛道，以图幸存。教旨既晦，名谓亦更。至梁末帝贞明时遂有上乘宗之起事。其教不食荤茹，宵聚昼散：

> 贞明六年（920）冬十月，陈州妖贼母乙、董乙伏诛。陈州里俗之人喜习左道，依浮屠氏之教，自立一宗，号曰上乘。不食荤茹，诱化庸民，揉杂淫秽，宵聚昼散。州县因循，遂致滋蔓……群贼乃立母乙为天子，其余豪首，各有署置。至是发禁军及数郡兵合势追击。贼溃，生擒母乙等首领八十余人，械送阙下，并斩于都市。[277]

据《佛祖统纪》，上乘宗盖即明教。志磐记：

> 梁贞明六年，陈州末尼聚众反，立母乙为天子。朝廷发兵擒母乙斩之。其徒以不茹荤饮酒，夜聚淫秽，画魔王踞坐，佛为洗足，方佛是大乘，我法乃上之乘。

按南北朝隋唐间三阶教流播颇广，其教有上上乘、上乘之说，开元二十年与明教同时遭禁。母乙之反自称上乘宗，而志磐则以为是明教，则当唐末五代时，明教已与三阶教混合矣。[278] 此所记陈州末尼所奉为魔王，又素食。魔王盖即摩尼，以明教有明王出世之说，而摩尼又称明使也。明教不事神鬼，其所供奉摩尼夷数（耶稣）诸画像，均为波斯或犹太族，深目高鼻。其教又为历来政府及佛徒所深嫉，佛徒每斥异己者为魔，易摩为魔，斥为魔王，为魔教，合其斋食而呼之，则为吃菜事魔。

陈州起事失败后不久，至后唐、石晋时明教又潜兴布教，赞宁《僧史略》下：

> 梁贞明六年，陈州末尼党类立母乙为天子，累讨未平，及贞明中诛斩方尽。后唐石晋时复潜兴，推一人为主，百事禀从。或画一魔王踞坐，佛为其洗足，盖影佛教所谓相似道也。

复南播而至闽，徐铉《稽神录》曾记明教徒在闽活动之情形：

> 清源都将杨某为本郡防遏营副将。有人见一鹅负纸钱入其第，俄化为双髻白发老翁，变怪遂作。二女惊

病，召巫立坛治之；鬼亦立坛作法，愈甚于巫；巫惧而去。后有善作魔法者，名曰明教，请为持经一宿，鬼乃唾骂而去。

清源即泉州。据明人何乔远所记，以明教入闽者为呼禄法师：

> 会昌中汰僧，明教在汰中。有呼禄法师者，来入福唐，授侣三山，游方泉郡，卒葬郡北山下。[279]

至宋真宗大中祥符间（1008—1016）敕编《道藏》，明教徒闽富人林世长遂赂主者，以《二宗三际经》编入。[280] 张君房《云笈七签》序：

> 臣于时尽得所降《道书》……及朝廷续降到福建等州道书明使《摩尼经》等，与道士商校异同，铨次成藏，都四千五百六十五卷，题曰《大宋天宫宝藏》。天禧三年（1019）春写进之。

自此闽南遂成明教最重要之教区，洪迈《夷坚志》：

> 吃菜事魔，三山尤炽。为首者紫帽宽衫。妇人黑冠、白服，称为明教会。所事佛衣白，引经中所谓白佛，言世尊，取《金刚经》一佛二佛三四五佛，以为第五佛。又名末摩尼，采《化胡经》乘自然光明道气，

飞入西那玉界苏邻国中，降诞王宫为太子，出家称末摩尼，以自表证。其经名《二宗三际》，二宗者明与暗也，三际者过去未来现在也。大中祥符兴《道藏》，富人林世长赂主者，使编入藏，安于亳州明道宫……其修持者，正午一食，裸尸以葬，以七时作礼，盖黄巾之遗习也。

陆游记其习尚，谓烧必乳香，食必红蕈，士人宗子，亦从之游云：

> 闽中有习左道者，谓之明教。亦有《明教经》甚多，刻板摹印，妄取《道藏》中校定官衔赘其后。烧必乳香，食必红蕈，故二物皆翔贵。至有士人宗子辈众中自言，今日赴明教会。予尝诘之："此魔也，奈何与之游？"则对曰："不然。男女无别者为魔，男女不亲授者为明教。明教遇妇人所作食则不食。"然尝得所谓明教经观之，诞谩无可取，直俚俗习妖妄者所为耳。又或指名族士大夫家曰，此亦明教也。不知信否？[281]

复由闽入浙，据《宋会要》所记，北宋末年，温州一地，即有明教斋堂四十余处：

> 政和四年（1114）十一月四日，臣僚言："温州等处狂悖之人，自称明教，号为行者。今来明教行者各于所居乡村，建立屋宇，号为斋堂。如温州共有四十余

处，并是私建无名额堂。每年正月内取历中密日，聚集侍者、听者、姑婆、斋姊等人建设道场，鼓扇愚民男女，夜聚晓散。"奉御笔，仰所在官司根究指实，将斋堂等一切拆毁。所犯为首之人依条施行外，严立赏格，许人陈告。今后更有似此去处，州县官并行停废，以违御笔论。廉访使者失觉察，监司失按劾与同罪。[282]

其长老名行者，徒众则有侍者、听者、姑婆、斋姊等。恪遵明教规律，于密日［日曜日，康居语（Sogdian）Mir之译音］持斋（沙畹《摩尼教流行中国考》）。至南宋初期，已遍播于淮南、两浙、江东、江西、福建东南一带，因地异名。孝宗乾道二年（1166）陆游《条对状》云：

> 自古盗贼之兴，若止因水旱饥馑，迫于寒饿，啸聚攻劫，则措置有方，便可抚定，必不能大为朝廷之忧。惟是妖幻邪人，平时诳惑良民，结连素定，待时而发，则其为害，未易可测。伏缘此色人处处皆有，淮南谓之二桧子，两浙谓之牟尼教，江东谓之四果，江西谓之金刚禅，福建谓之明教、揭谛斋之类，名号不一。明教尤甚，至有秀才吏人军兵亦相传习，其神号曰明使，又有肉佛、骨佛、血佛等号，白衣乌帽，所在成社。伪经妖像，至于刻板流布。假借政和中道官程若清等为校勘，福州知州黄裳为监雕，以祭祖考为引鬼，永绝血食。以溺为法水，用以沐浴。其他妖滥，未易概举。烧乳香则乳香为之贵，食菌蕈则菌蕈为之贵。更相结习，有同胶

漆。万一窃发，可为寒心。汉之张角，晋之孙恩，近岁之方腊，皆是类也。伏乞朝廷戒敕监司守臣，常切觉察，有犯于有司者，必正典刑，毋得以习不根经教之文，例行阔略。仍多张晓示，见令传习者，限一月听赍经像衣帽，赴官自首，与原其罪。限满重立赏，许人告捕。其经文印版令州县根寻，日下焚毁。仍立法，凡为人图画妖像，及传写刊印明教等妖妄经文者，并从徒一年论罪。庶可阴消异时窃发之患。[283]

二桧子即二祀或二宗也。金刚禅则以明教徒亦诵持《金刚经》名，揭谛斋则以明教徒斋食之故。唯四果为佛教之白云宗，非明教。白云宗、白莲社与明教至宋后期及元代，已混杂不清，据陆游所言，则在南宋初期，已开始合流矣。

五　明教之传播（中）

明教传播既遍东南，为避免政府之禁令，每与其他秘密会社合，而因地异名，不可究诘。政府则统谓之为左道、妖贼、妖教，或举其特点为吃菜事魔，为吃菜。当时明教之组织、习尚、教规、仪式，屡见于反对明教之政府人士记载中。如结党、火葬，廖刚《乞禁妖教剳子》：

今之吃菜事魔，传习妖教……臣访闻两浙江东西此风方炽，创自一人，其从至于千百为群，阴结死党。犯罪则人出千钱或五百行赇。死则人执柴烧变，不用棺椁衣衾，无复丧葬祭祀之事，一切务灭人道。[284]

斋食、清修，方勺记：

> 凡魔拜必北向……原其平时不饮酒食肉，甘枯槁，趋静默，若有志于为善者。然男女无别，不事耕织，衣食无所得，则务攘夺以挺乱。[285]

不事神佛祖先，不会宾客，裸葬，诵《金刚经》，拜日月，旦望烧香，庄季裕记：

> 事魔食菜，法禁甚严。有犯者家人虽不知情，亦流于远方，以财产半给于告人，余皆没官。而近时事者益众。云自福建流至温州，遂及二浙……闻其法断荤酒，不事神佛祖先，不会宾客。死则裸葬。方敛尽饰衣冠，其徒使二人坐于尸旁，其一问来时有冠否？则答曰无，遂去其冠。逐一去之，以至于尽。乃云来时何有？曰有胞衣，则以布囊盛尸焉。云事之后致富。小人无识，不知绝酒肉燕祭厚葬，自能积财焉。又始投其党有甚贫者，众率财以助，积微以至于小康矣。凡出入经过虽不识，党人皆馆谷焉。人物用之无间，谓为一家，故有无碍被之说，以是诱惑其众。其魁谓之魔王，佐者谓之魔翁魔母，各诱化人。旦望人出四十九钱于魔翁处烧香，翁母则聚所得缗钱，以时纳于魔王，岁获不赀云。亦诵《金刚经》，取以色见我为邪道，故不事神佛，但拜日月，以为真佛。其说经如是法平等无有高下，则以无字连上句，大抵多如此解释……而又谓人生为苦，若杀之

是救其苦也，谓之度人，度多者则可以成佛。

故结集既众，乘乱而起，甘嗜杀人，最为大患。尤憎忌释氏，盖以戒杀与之为戾耳。[286]

由此知明教徒信奉其教规律至严，历唐宋二代数百年仍无改其教旨也。所记馆谷党人，用恤贫难，与明教戒悭之旨合。朔望出钱烧香，有类于今日党社之社费。魔王为摩尼化身，魔翁魔母则又明教之明父善母也。至所云度人之说，则显与明教戒杀之旨忤。前所引《九姓回鹘可汗碑》："薰血异俗，化为茹饭之乡，宰杀邦家，变为劝善之国。"可证也。按北魏时有大乘教，主杀人，杀一人者为一住菩萨，杀十人者为十住菩萨，《资治通鉴》卷一百四十八：

> 延昌四年（515）六月，魏冀州沙门法庆惑众以妖幻，与渤海人李归伯作乱，推法庆为主。法庆以归伯为十住菩萨平魔军司定汉王。自号大乘。（《魏书》法庆以杀一人者为一住菩萨，杀十人者为十住菩萨）又合狂药，令人服之，父子兄弟不复相识，唯以杀害为事……所在毁寺舍，斩僧尼，烧经像，云新佛出世，除去众魔。

秘密宗教中原有度人一派邪教，庄季裕为宋绍兴时人，身经方腊、余五婆之起事，或者尔时教禁方严，教外人不明底蕴，误信官方指摘之文告，遂笔之于书也。至明教徒之组织及背景，则绍兴四年（1134）五月，起居舍人王居正曾备述之，居正奏：

伏见两浙州县有吃菜事魔之俗。方腊以前，法禁尚宽，而事魔之俗犹未至于甚炽。方腊之后，法禁愈严，而事魔之俗愈不可胜禁……臣闻事魔者，每乡每村有一二桀黠，谓之魔头，尽录其乡村姓氏名字，相与诅盟为魔之党。凡事魔者不肉食。而一家有事，同党之人皆出力以相赈恤。盖不肉食则费省，费省故易足。同党则相亲，相亲故余恤而事易济。臣以为此先王导其民使相亲相友相助之意。而甘淡薄，务节俭，有古淳朴之风。今民之师帅，既不能以是为政，乃为魔头者窃取以蛊惑其党，使皆归德于其魔，于是从而附益之以邪僻害教之说。民愚无知，谓吾从魔之言，事魔之道而食易足，事易济也，故以魔头之说为皆可信而争趋归之。此所以法禁愈严而愈不可胜禁。[287]

明教互助合作之精神，淳朴节俭之生活，虽其抨击者亦赞叹言之。然在朝廷行之则为王道，在民间倡之则为叛逆。究之法禁愈严而明教之传播愈广，朝廷既不能以是为政，而又深嫉仁政之出于民间，惧移鼎祚。于是从而压制之，强民之就苛政。不听则以兵力剿平之，血流漂杵而明教之传播如故。此读史论今者之不能不深致慨也。佛徒嫉明教最甚，然于其戒律之恪守，则亦叹美无贬辞。《释门正统·斥伪志序》：

原其滥觞，亦别无他法，但以不茹荤酒为尚。其渠魁者鼓动流俗，以香为信，规其利养，昼寝夜兴，无所不至。阴相交结，称善友。一旦郡邑少隙，则狠者凭愚以作乱，自取诛戮，方腊、吕昂之辈啸聚者是也。其说亦称不立文字，尝曰：天下禅人但传卢行者十二部假禅，若吾徒者即是真禅耳。乃云菩提子，达摩，心地种，透灵台，即其语也。人或质之，则曰不容声也。果容声则吾父母妻子兄弟先得矣。或有问焉，终何所归？则曰不升天，不入地，不成佛，不涉余途，直过之也。以此自陷，亦以陷人。此所谓事魔妖教也。如此魔教愚民皆乐为之。其徒以不杀不饮不荤辛为至严，沙门有行为不谨，反遭其讥，出家守法，可不自勉。[288]

则在南宋后期，明教且合于禅宗，自以为真禅矣。上文引《摩尼教残经》有明使种十二明王宝树之说，与菩提子达摩栽之禅宗传说极近似，宋儒多引禅宗以讲学，明教则遂与之合矣。

六 明教之传播（下）

明教在北宋末南宋前期，流行于淮南、两浙、江东、江西、福建诸地，深入农村。农民入其教者，一因素食节用而食足；一因结党互助而事济，向之受官吏地主压迫剥削者，均得借入教而得荫庇。信仰既深，蟠结愈固，在平时安居乐业，固皆良民，一旦政府诛求过甚，揭竿而起，立成劲旅，成为农民暴动农民革命之核心力量。

宋代明教徒所领导之暴动，恰与其传教地域合，前仆后起，历久勿衰。其著者如北宋徽宋宣和二年（1120）方腊、吕师囊起于睦州、台州。[289] 南宋高宗建炎四年（1130）王念经（宗石）起于信州。[290] 绍兴三年（1133）余五婆起事于衢州。[291] 十年东阳县"魔贼"起事。[292]十四年俞一起事于泾县[293]，二十年信州贵溪"魔贼"起事。[294]理宗绍定六年（1233）陈三枪、张魔王据松梓山，出没江西、广东，跨三路数州六十寨。[295]

方腊之起事，以红巾为识，《泊宅编》记：

> 腊自号圣公，改元永乐。置偏裨将，以巾色饰为别，自红巾而上凡六等。无甲胄，惟以鬼神诡秘事相扇诱。

余五婆之起事，其徒亦衣赭服，《鸡肋编》中：

> （绍兴）三年，偶邑人以私怨告众事魔，有白马洞缪罗者杀保正，怒其乞取。其弟四六辄衣赭服，传宣喧动，乃遣官兵往捕，一方被害。

明教徒以明使为白佛，故其徒白衣白冠。至宋南渡前后，又有尚红色紫色之新风气。洪迈所记三山明教徒为首者紫帽宽衫，及方腊余五婆之红巾赭服是也。此种变化，或与祆教佛教有关，以明教原系杂糅祆教佛教而成，祆教之火神色尚红，而佛教净土宗之阿弥陀佛又属红色之故也。白莲社奉阿弥陀佛，明教与白莲社之混合或早在北宋已开其端，故明教徒党又以红色为其举事之标识也。[296]方腊之起事，其徒又佩明镜，楼钥《跋先大父（异）徽猷阁直学士诰》，记其祖楼异守处州日，方腊徒党以舟师进犯情形：

> 少随侍处州。闻其来处也，止以数舟载百余人，绛

帛帕首，带镜于上，日光照耀，自龙泉山间，乱鸣钲鼓，顺流而下。[297]

各地起义行动虽均被政府军所镇压，然明教之流行固自若也。且其势力更进而渗入军伍。李心传记：

> 绍兴十五年（1145）二月庚辰，上曰："闻军士亦有吃菜者，此曹多素食，则俸给有余，恐骄怠之心易生，可谕诸统兵官严行禁饬。"[298]

军士吃菜，事至寻常，何至劳皇帝注意？因素食而俸给有余，正应奖励之不暇，何至严行禁饬？盖此吃菜实加入明教之别名，而又不欲显言其为明教，惧失军心，故隐约言之耳。越十一年而有朝绅吃菜之狱，则朝野士大夫亦有皈依明教者矣。李心传又记：

> 绍兴二十三年（1153）十月庚申，大府寺丞兼权刑部员外郎史祺孙令吏部差监临江军新涂县酒税。时武臣孙士道等习幻怪之术，而朝士或与之游。祺孙至执弟子礼。大理正石邦哲、谢邦彦皆从之。侍御史魏师逊奏祺孙伤俗败教。上曰："士大夫学先王之道，乃从妄人习妖怪之术，以欺愚惑众，若不罢斥，无以戒后人。"乃有是命。时士道已系狱，于是邦哲、邦彦皆坐免官。[299]

此记朝官史祺孙、石邦哲、谢邦彦从孙士道执弟子礼，习妖怪之术，伤俗败教。曰妄人，曰妖术，究不知其何教何术，记录不明。越三年邦哲、邦彦再被论罢，始知前后二贬，皆与明教有关，案中诸人皆明教徒也：

> 绍兴二十六年四月己卯，左朝请郎两浙西路提点刑狱公事谢邦彦、大理寺丞石邦哲、右通直郎提举两浙西路常平茶盐公事司马俌，并罢。先是平江土居右朝散郎曹云召邦彦、俌于其家，与之蔬食。侍御史汤鹏举论云平江大侩，以卖卜为业，交结士大夫，遂得一官。邦彦、邦哲顷与妖人交游，论列放罢，因钟世明荐于魏良臣，复得起用，尚不知自新。俌与王会、曹云为死党。今又赴云吃菜之会，闻坐间设出山佛相，邦彦为师，云为弟子，事实怪诞，臣安得不论。乃并罢之，仍移云郴州居住。[300]

至宁宗时，沈继祖弹朱熹，亦加以吃菜事魔之罪，叶绍翁记：

> 庆元三年（1197）春二月癸丑，省札："臣窃见朝奉大夫秘阁修撰提举鸿庆宫朱熹……剽张载程颐之余论，寓以吃菜事魔之妖术，以簧鼓后进，收召四方无行义之徒，以益其党伍，相与飧粗食淡，衣褒带博……潜形匿影，如鬼如魅。"[301]

朱熹居山中，食惟脱粟饭。[302]其刻苦节约类明教徒。其所言理欲二元论又与明教之二宗说,明与暗,善与恶之斗争近。故当时抨击道学者,持以为中伤之柄。道学遭禁,朝廷欲驱斥儒者,则指为道学。明教久已遭禁,时人欲中伤异己,亦指为吃菜或事魔。林栗论熹,太常博士叶适独上《封事》辩之曰:

> 近忽创为道学之目,郑丙唱之,陈贾和之,居要路者密相付授,见士大夫有稍务洁修,粗能操守,辄以道学之名归之,殆如吃菜事魔影迹犯败之类。[303]

由此可知庆元党禁正密时,明教所处之地位,以及明教与道学之关系。当时政府对明教之禁令极严,《宋会要稿·刑法门》记绍兴敕:

> 吃菜事魔,或夜聚晓散,传习妖教者绞;从者配三千里;妇人千里编管。托幻变术者减一等,皆配千里;妇人五百里编管。情涉不顺者绞。以上不以赦降原减。情重者奏裁。非传习妖教,流三千里。许人捕至死。财产备赏,有余没官。其本非徒侣而被诳诱,不曾传授他人者减二等。

明教徒因再改名称,或与他教合,以逃避法律制裁。温、台等处或名白衣礼佛会及假天兵号迎神会,千百成群,夜聚晓散。[304]宁宗开禧三年(1207)李谦任台州守,著戒事魔诗十首,刻石传布,以劝郡人。[305]至嘉定二年(1209)江、浙、闽等地有所谓"道民"、"白衣道者"、"女道",看经念佛,烧香燃灯,私置庵察，混杂男女，亦明教也。[306]降至元代，亦被禁斥，《元史·刑法志》：

诸以白衣善友为名，聚众结社者，禁之。

然福建泉州府晋江县有祀摩尼佛之草庵，元代所建也，至万历时犹存。[307]

七　弥勒佛白莲社与明教

秘密宗教之传播，因受统治阶级压迫故，最易与其他秘密会社结合，如江河之赴海，汇为一体。明教在会昌禁断后，已合于佛，已混于道，又与出自佛教之大乘教、三阶教合。至北宋末又与出自佛教净土宗之白莲社合，与出自佛教净土宗之弥勒佛教合。（或更前，今未能定。）至元末遂有红军之全面起义。

弥勒教与白莲社，其源均出于佛教净土宗。我国净土之教大别有二：一弥勒净土，奉弥勒佛；二阿弥陀净土，奉阿弥陀佛。弥勒（Maitnaya）受记于释迦，留住为世间决疑。佛教徒又相传"弥勒菩萨应三十劫当成无上正真等觉"。[308]佛薄伽梵（Buddha Bhagavat）灭度后八百年、胜军王都有阿罗汉名难提蜜多罗（Nandimitra）在涅槃前预言：人寿七万岁时，十六阿罗汉既护法藏毕，造窣堵波（Stupa）赞叹已，至窣堵波金地之中，入般涅槃，释迦牟尼正法遂灭：

次后弥勒如来应正等觉出现世间时，瞻部洲（Jambudirpa）广博严净，无诸荆棘，溪谷堆阜，平正润泽,金沙覆地,处处皆有清池茂林,名华瑞草,及众宝聚,更相辉映,甚可爱乐。人皆慈心,修行十善,以修善故,寿命长远,丰乐安稳。士女殷稠,城邑邻次,鸡飞相及。所营农稼,一营七获,自然成实,不须耕耨。[309]

瞻部洲佛教徒以之指中国。南北朝初叶时已流传佛教已入末法时代之说,三阶教徒尤持此说甚力。[310]佛涅槃后,世界立入苦境,一切恶趣,次第显现。至弥勒现世后,则立成极乐世界,广博严净,丰乐安稳。此与明教之二宗说,明暗斗争,善恶斗争之说比,恰相吻合,则二教之混合,实非偶然也。弥勒经典之迻译盛于两晋,礼拜信仰,无间僧俗。南北朝时佛教造像最多者为弥勒及阿弥陀佛。晋释道安(112—185)与其徒八人于弥勒前立誓,往生兜率。[311]至梁傅大士自称为弥勒降生,济度群生。梁武帝迎之入都,上殿讲论,侍以殊礼。[312]至隋炀帝时遂有自称弥勒佛,入宫为乱者,《隋书·炀帝纪》:

大业六年(610)春正月癸亥朔旦,有盗数十人,皆素冠练衣,焚香持华,自称弥勒佛,入自建国门,监门者皆稽首。既而夺卫士仗,将为乱,齐王暕遇而斩之。于是都下大索,与相连坐者千余家。

《隋书·五行志》:

大业九年,帝在高阳。唐县人宋子贤善为幻术,每夜楼上有光明，能变作佛形，自称弥勒出世。又悬大镜于堂上，纸素上画为蛇为兽及人形。有人来礼谒者，辄侧其镜，遣观来生形象。或映见纸上蛇形，子贤辄告云："此罪业也，当更礼念。"又令礼谒，乃转人形示之。远近惑信，日数百千人。遂潜谋作乱，将为无遮佛会，因举兵，欲袭击乘舆。事泄，鹰扬郎将以兵捕之，夜至其所，达其所居，但见火坑，兵不敢进。郎将曰："此地素无坑，此妖妄耳。及进，无复火矣。"遂擒斩之，并坐其党与千余家。其后复有桑门向海明于扶风自称弥勒佛出世，潜谋逆乱，人有归心者辄获吉梦。由是人皆惑之，三辅之士翕然称为大圣，因举兵反，众至数万，官军击破之。[313]

奉弥勒佛者皆素冠练衣，知弥勒佛亦当衣白。先是隋初已有白衣天子之谣，温大雅《大唐创业起居注》一：

开皇（581—600）初，太原童谣云："法律存，道德在，白旗天子出东海。"亦云白衣天子。故隋主恒服白衣，每向江都，拟于东海。

或即奉弥勒佛者所造作宣传，为后来举事准备，故越二十余年而有建国门之事也。至唐玄宗开元三年（715）十一月十七日遂下敕禁断，敕云：

比有白衣长发，假托弥勒下生，因为妖讹，广集徒侣，释解禅观，妄说灾祥。或别作小经，诈云佛说。或辄畜弟子，号为和尚。多不婚娶，眩惑闾阎，触类实繁，蠹政为甚。[314]

事在明教遭禁之前十七年。由上引数事知弥勒和尚白冠练衣，与明教徒之白衣白冠同，亦焚香，亦说灾祥，亦有小经，亦集徒侣，与后起之明教盖无不相类。至唐末河西一带"白衣为主"之谣又甚盛，敦煌本《手决》备记其事。后来张承奉自号为金山白衣天子，即欲应此谶也。[315] 至北宋仁宗庆历七年（1047）贝州（今河北清河）宣毅军小校王则又倡弥勒出世，杀官吏据城起事，《宋史》记：

恩（贝州）冀俗妖幻，相与习《五龙》、《滴泪》等经，及图谶诸书，言释迦佛衰，弥勒佛当持世。初则去涿，母与之诀别，刺福字于其背以为记。妖人因妄传字隐起，争信事之……巫以七年冬至叛……僭号东平郡王……建国曰安阳，榜所居门曰中京，居室厩库，皆立名号。改年曰得圣，以十二月为正月……旗帜号令，率以佛为称。[316]

《五龙经》、《滴泪经》即唐开元敕所云小经。小经者对佛教弥勒净土经典言，或即明教之《五苦子曲佛说啼哭经》，或宋法令所指不根经文。《五苦子曲佛说啼哭经》原属弥勒小经，以二教合流，故遂指为明教经典也。

白莲社源出于佛教之阿弥陀净土宗，其历史可远溯至东晋庐山慧远之莲社，其所崇礼者为阿弥陀佛，主念佛修行，其最后之归宿为西方净土。慧远尊信弥陀，于晋安帝元兴元年（402）与同志百二十三人于阿弥陀佛像前，建斋立誓，期生净土。[317]云生无量寿国，宝幢为之前导，金莲为之受质。[318]或云弥陀佛国以莲花九品次第接人。[319]阿弥陀佛色红，明教初起已含有祆教教义，祆教大神色尚红。弥陀净土宗为隋唐以来之显教，则明教遭禁后，混入显教以托庇，亦意中事也。宋宁宗开禧时李谦所著《戒事魔诗十首》，其一云：

> 金针引透白莲池，此语欺人亦自欺。何似田桑家五亩，鸡豚犬豕勿违时。[320]

西方净土白莲池为白莲教徒所憧憬之往生地，诗劝民勿信明教而涉及白莲池，则可知明教之久已合于白莲社。《佛祖统纪》于卷末述事魔邪党摩尼、白莲、白云三派下，注引《释门正统》：

> 良诸曰："此三者皆假名佛教以诳愚俗，犹五行之有冷气也。今摩尼尚扇于三山，而白莲、白云处处有习之者。大抵不事荤酒，故易于裕足，而不杀物命，故近于为善。愚民无知，皆乐趋之，故其党不劝而自盛。甚至第宅姬女，为魔女所诱，入其众中，以修忏念弥佛为名，而实通奸秽，有识士夫，宜加禁止。"

由此知三派佛教徒并斥为事魔邪党。不事荤酒，不杀物命，修忏念佛，均托于佛教，则三派之混合已久可知。至元代对宗教采放任政策，白莲社亦得公开传教。元成宗时（1295—1307）并曾特降旨许其受政府保护。其教徒并建有寺院，有报恩堂、清应堂、复一堂诸祠宇，以都掌教为首领。[321] 武宗至大元年（1308）五月丙子，下诏禁白莲社，毁其祠宇，以其人还隶民籍。[322] 英宗至治二年（1322）又下诏禁白莲佛事。[323] 自此白莲社遂成秘密团体，不能公开活动。

八　弥勒降生，明王出世

白莲社遭禁后十七年，民间又流行"弥勒降生"之传说，《元史》记：

> 泰定二年（1325）六月，"息州民赵丑厮、郭菩萨妖言弥勒佛当有天下，有司以闻。命宗正府刑部枢密院御史台及河南行省官杂鞫之。"[324]

后赵丑厮、郭菩萨均被杀。[325] 息州今河南息县。十二年后棒胡又以弥勒为号召，起事于信阳。《元史》记：

> 至元三年（1337）二月，"棒胡反于汝宁信阳州。棒胡本陈州人，名闰儿，以烧香惑众，妄造妖言，作乱，破归德府鹿邑，焚陈州，屯营于杏冈。命河南行省左丞庆童领兵讨之……己丑汝宁献所获棒胡弥勒佛小旗、伪宣敕并紫金印、量天尺。"[326]

信阳今河南信阳。棒胡为陈州人，盖即后梁贞明时明教徒母乙、董乙之乡里。二次起事前后相距四百余年，在同一地区，此中亦不无线索可寻也。同年朱光卿等起事于广东，自拜其徒为定光佛：

> 正月癸卯，广州增城县民朱光卿反，其党石昆山、钟大明率众从之，伪称大金国，改元赤符。命指挥狗札里江西行省左丞沙的讨之……四月……己亥惠州归善县民聂秀卿、谭景山等造军器，拜戴甲为定光佛，与朱光卿相结为乱。命江西行省左丞沙的捕之。[327]

次年四月袁州（今江西宜春）民周子旺起义。据《明太祖实录》卷八：

> 庚子（至正二十年，1360）闰五月"戊午……初袁州慈化寺僧彭莹玉以妖术惑众，其徒周子旺因聚众欲作乱。事觉，元江西行省发兵捕诛子旺等。莹玉走至淮西匿民家，捕不获。既而麻城人邹普胜复以其术鼓妖言，谓弥勒佛下生，当为世主，遂起兵为乱。以（徐）寿辉相貌异众，乃推以为主，举红巾为号。"

彭莹玉为袁州僧，赣、饶、信一带盖南宋初明教徒屡次发难之根据地也。莹玉为西系红军之组织者及领导者，初命周子旺举事失败，亡命十数年，卒得邹普胜、徐寿辉等为徒侣，拥之起事。时人记蕲、黄红军，多属之彭和尚，如叶子奇云：

至正壬辰癸巳（1352—1353）间，浙江潮不波，其时彭和尚以妖术为乱，陷饶、信、杭、徽等州。未几克复，又为张九四（士诚）所据。浙西不复再为元有。[328]

明陆深《平胡录》亦云：

先是浏阳人彭和尚名翼，号妖彭，能为揭颂，劝人念弥勒佛号，遇夜燃火炬名香，念偈礼拜。愚民信之，其徒遂众。

彭翼即彭莹玉。莹玉所推举领袖徐寿辉以至正十一年（1351）称帝于蕲水，建天完国。至正二十年（1360）为其下陈友谅所杀。友谅因寿辉之基业建汉国。寿辉之别将明玉珍先率兵入蜀，闻天完亡，不肯臣友谅，遂于至正二十三年称帝于成都，建国号夏，下令尽去释老二教，止奉弥勒（黄标《平夏录》）。汉夏后均为东系"红军"朱元璋所灭。

与彭莹玉同时活动于河南北一带者为白莲教首领韩山童。山童败死，其子林儿称小明王，建国号宋，建元龙凤。林儿立十二年为其下朱元璋所杀。元璋因小明王之基业，削平群雄，建大明帝国。《元史》卷四二《顺帝纪》：

初栾城人韩山童祖父以白莲会烧香惑众，谪徙广平永平县。至山童倡言天下大乱，弥勒佛下生，河南及江淮愚民皆翕然信之。（刘）福通与杜遵道、罗文素、盛文郁、王显忠、韩咬儿复鼓妖言，谓山童实宋徽宗八世孙，当为中国主。福通等杀白马黑牛誓告天地，欲同起兵为乱。事觉，县官捕之急，福通遂反，山童就擒。其妻杨氏其子韩林儿逃之武安。

"时天下承平已久，法度宽纵，贫富不均，多乐从乱，不旬日众殆数万人。"[329] 时顺帝至正十一年（1351）五月也。起事时以红巾为号，故号"红军"。以烧香礼弥勒佛，又号香军。[330] 林儿父子又倡"明王出世"之说，明代官书如《元史》及《明实录》多讳言之，清人修《明史》亦不之及。唯明代私家著述有涉及者，如高岱《鸿猷录》：

> 山童自其祖父以白莲会烧香惑众，至山童倡言：天下当大乱，弥勒佛下生，明王出世。河南江淮之人翕然信之。[331]

何乔远《名山藏》：

> 小明王韩林儿者，徐人群盗韩山童子。自其祖父为白莲会惑众，众多从之。元末山童倡言：天下乱，弥勒佛下生，明王出。江淮之人骚然皆动。黄河南徙，元用贾鲁凿求禹故道。山童阴作石人一眼，当道埋之，镌其背曰石人一眼，天下四反。河下掘得相惊诧。于是颍人刘福通与其党杜遵道、盛文郁、罗文素等告众曰：山童，宋徽宗八世孙也，当帝天下。我刘光世后，合辅之。聚众三千人于白鹿庄，杀黑牛白马，誓告天地，约

起兵，兵用红巾为志。[332]

以"弥勒降生"与"明王出世"并举，明其即以弥勒当明王。山童唱明王出世之说，事败死，其子继称小明王，则山童生时之必以明王或大明王自称可决也。此为韩氏父子及其徒众胥属明教徒，或至少羼入明教成分之确证。韩氏父子自号大小明王出世，另一系统据蜀之明玉珍初不姓明，亦改姓为明以实之。朱元璋承大小明王之后，因亦建国曰大明。至明人修《元史》以韩氏父子为白莲教世家，而不及其"明王出世"之说。试证以元末明初人之记载，如徐勉《保越录》、权衡《庚申外史》、叶子奇《草木子》、刘辰《国初事迹》诸书，记韩氏父子及其教徒事（包括明太祖在内）均称为"红军"，为红巾，为红寇，为香军。言其特征，则烧香，诵偈，奉弥勒。无一言其为白莲教者。则知《元史》所记，盖明初史官之饰辞，欲为明太祖讳，为明之国号讳，盖彰彰明甚矣。

韩山童起事后，同年（至正十一年）八月萧县李二及老彭、赵君用亦起义，陷徐州。李二号芝麻李，亦以烧香聚众起事。[333]时彭莹玉一系已起事于蕲、黄，亦以红巾为号。与韩林儿一系成东西呼应之局面，皆称红军。除此二大系之红军外，时又有南锁红军、北锁红军，权衡《庚申外史》云：

至正十一年五月，颍川红军起，号为香军，盖以烧香礼弥勒佛得名也。其始出赵州栾城韩学究家。已而河东襄陕之民翕然从之。故荆汉许汝山东丰沛，以及两淮红军皆起应之。起颍上者推杜遵道为首，陷朱皋，据仓粟，从者数十万，陷汝宁光息信阳；起蕲、黄者，宗彭莹玉和尚，推徐真逸（寿辉）为首，陷德安沔阳武昌江陵江西诸郡；起湘汉者，推布三王孟海马号南锁红军，奄有均房襄阳荆门归峡；起丰沛者，推芝麻李为首，亦奄有徐州近县，及宿州五河虹县丰沛灵璧，西并安丰濠泗。

九　明太祖与红军

明太祖曾为僧，为明教徒，为红军小卒，超擢以至为大将，封公封王，终至于杀其所尝臣事之宋主，代之而建新朝。中间其诸将且曾一度欲奉小明王，以诸将皆濠泗丰沛子弟，夙受彭莹玉之教化，且多为宋主部曲，天完汉降将，其人又皆明教徒也。终为新进之浙东儒生地主刘基、宋濂、叶琛、章溢等所阻。儒生斥佛为异端，且基辈均与小明王父子无渊源，又皆浙东巨室豪绅，遵封建礼法，重保守传统，相率团结土著，捍地方，卫家业，与红军异趣；自成一系统，利用明太祖之雄厚军力，拥之建新朝，以保持千年来传统之秩序习惯与巨室豪绅之特殊利益：遂与出自明教红军之诸将，成地主与农民、儒生与武将相持之局，赞助明太祖以阴谋杀小明王，自为领袖。明太祖亦利用巨室豪绅之护持、儒术之粉饰，建帝王之业。自树势力，终于取宋而代之。第以其部曲多红军，为笼络宋主旧部、徐陈降将，为迎合民心，均不能放弃"明王出世"之说。建大明为国号，一以示其承小明王而起，一以宣示"明王"已出世，使后来者无所借口。儒生辈所乐于讨论者：则以"明"义为光明，分之则为日月，礼有祀"大明"、"朝日"、"夕月"之文；千余年来"大明"日月均列为正祀，无论列为郊祭或特祭，均为历朝所重视；且新朝自南方建国，与历史上之以北定南者异势；以阴阳五行之说，则南方为火，为祝融，北方属水，为玄冥；元建都于北平，起自更北之蒙古，以火克水，以明制暗，斯又汉以来儒生所津津喜道者：故亦力赞以明为国号。一从明教教义，一从儒家经说，并行不悖，人自以为如其所计度。凡此皆明人所讳言，明官书所不载，今据明初记载及太祖自述，以年分列太祖与红军之关系，以实吾说。《明史·太祖本纪》：

> 至正四年（1344）旱蝗大饥疫，太祖时年十七。

是太祖生于元天历元年（1328）也。先是至元三年（1337）棒胡起义于信阳，太祖时年十岁。次年周子旺起义于袁州，彭莹玉亡命淮西传教，太祖时年十一岁。《纪》又言：至正四年"入皇觉寺为僧，逾月游食合肥……凡历光、固、汝、颍诸州，三年复还寺。"光、固、汝、颍诸州为红军杜遵道之根据地，亦即彭莹玉所曾布教之区域，太祖之接受明教教义，当为此三年内事。至正八年（1348），太祖年二十一岁。复还皇觉寺。《御制皇陵碑》：

> 一浮云乎三载，年方二十而强。时乃长淮盗起，民生攘攘。于是思亲之心昭著，日遥盼乎家邦。已而既归，乃复业于皇觉。

至正十一年（1351），太祖二十四岁。五月刘福通、徐寿辉东西二系红军兵起。

至正十二年（1352），太祖二十五岁。二月定远人郭子兴与其党孙德崖等起兵濠州。子兴烧香聚众，称亳州节制元帅。[334]《御制皇陵碑》：

> 住方三载，而又雄者跳梁，起自汝、颍，次及凤阳之南厢。未几陷城，深高城隍，拒守不去，号令彰彰。友人寄书，云及趋降。既忧且惧，无可筹详。旁有觉者，将欲声扬。当此之际，逼迫而无已，试与知者相商。乃告之曰："果束手以待毙，亦奋臂而相戕。"知者为我画计，且默祷以阴相。如其言往卜去守之何详？神乃阴阴乎有警，其气郁郁乎洋洋，卜逃卜守则不吉，将就凶而不妨。

《皇朝本纪》：

> 天下兵乱，过寺，寺焚僧散。将晓，上归祝伽蓝，以珓卜吉凶……时神意必从雄而后已，因是固守所居。未旬日友人以书从乱离中来，略言从雄大意，览毕即焚之。又旬日有人告旁有知书来者，意在觉其事，上心知之。复三日，斯人果至，与语观其辞色未见相，复礼待而归。复几旬日，又有来告，先欲觉知事者今云不忍，欲令他人来加害，乞幽察以从告。上深思之，以四境逼迫，讹言蜂起，乃决意从诸雄。[335]

闰三月甲戌朔入濠州,《御制纪梦》:"以壬辰闰三月初一日至城门,守者不由分诉,执而欲斩之,良久得释。"《御制皇陵碑》:"即起趋降而附城,几被无知而创,少顷获释,身体安康。从愚朝暮,日日戎行。""子兴收为步卒,入伍既两月余为亲兵,终岁如之。"[336]

至正十三年(1353),太祖二十六岁。以功升镇抚。[337]

宋龙凤元年(元至正十五年,1355),太祖二十八岁。

"三月郭子兴卒。时刘福通迎立韩山童子林儿于亳(号小明王),国号宋,建元龙凤。"檄授子兴子天叙为都元帅,子兴部将张天祐为右副元帅,太祖为左副元帅。[338]"乃用其年号以令军中。"[339]

"九月都元帅郭天叙、右副元帅张天祐战死,太祖独任元帅府事。"[340]

宋龙凤二年(元至正十六年,1356),太祖二十九岁。

"三月亳都升太祖为枢密院同签,以帅府都事李士元为经历。寻升太祖为江南等处行中书省平章。以故元帅郭天叙弟天爵为右丞。经历李士元改名善长,为左右司郎中,以下诸将皆升元帅。"[341]

宋龙凤四年(元至正十八年,1358),太祖三十一岁。

"五月宋将刘福通破汴梁,迎(宋帝)韩林儿都之。"十二月太祖自将克婺州,改为宁越府。"辟范祖乾、叶仪、许元等十三人,分直讲经史。"[342]于宁越置中书分省,于省门建二旒大黄旗,上书:"山河奄有中华地,日月重开大宋天。"下揭二牌:"九天日月开黄道,宋国江山复宝图。"[343]

宋龙凤五年(元至正十九年,1359),太祖三十二岁。

"五月升仪同三司江南等处行中书省左丞相。"[344]"八月元察罕帖木儿复汴梁,(刘)福通以林儿(宋帝)退保安丰(今安徽寿县)。"

宋龙凤六年(元至正二十年,1360),太祖三十三岁。[345]

"三月戊子征刘基、朱濂、章溢、叶琛至。"[346]

宋龙凤七年(元至正二十一年,1361),太祖三十四岁。"正月封吴国公。"[347]

宋龙凤九年(元至正二十三年,1363),太祖三十六岁。

"二月张士诚将吕珍破安丰,杀刘福通。三月辛丑,太祖自将救安丰,珍败走,以(宋帝)韩林儿归滁州"。[348]"十四日制赠太祖曾祖父三代为司空、司徒、太尉等官。"[349]

宋龙凤十年(元至正二十四年,1364),太祖三十七岁。

宋帝在滁州。

"春正月丙寅朔,李善良等率群臣劝进……乃即吴王位,建百官。"[350]

"初太祖以韩林儿称宋后,遥奉之。岁首中书省设御座行礼,(刘)基独不拜曰:'牧竖耳,奉之何为?'因见太祖陈天命所在。"[351]

宋龙凤十一年(元至正二十五年,1365),太祖三十八岁。

宋帝在滁州。

"冬十月戊戌,下令讨张士诚。"[352]

宋龙凤十二年(元至正二十六年,1366),太祖三十九岁。

宋帝在滁州。

五月二十一日,太祖以檄数张士诚罪状:"皇帝圣旨,吴王令旨:近睹有元之末,王居深宫,臣操威福,官以贿成,罪以情免,宪台举亲而劾仇,有司差贫而优富。庙堂不以为忧,方添冗官,又改钞法,役数千万民,湮塞黄河,死者枕藉于道,哀苦声闻于天。致使愚民,误中妖术,不解偈言之妄诞,误信弥勒之真有,冀其治世,以苏其苦,聚为烧香之党,根据汝颍,蔓延河洛。妖言既行,凶谋遂逞,焚荡城郭,杀戮士夫,荼毒生灵,无端万状。元以天下钱粮兵马大势而讨之,略无功效,愈见猖獗,终不能济世安民。是以有志之士,旁观熟虑,乘势而起,或假元氏为名,或托香军为号,或以孤军独立,皆欲自为。由是天下土崩瓦解。余本濠县之民,初列行伍,渐至提兵,灼见妖言不能成事,又度胡运难与立功,遂引兵渡江……龙凤十二年五月二十一日。"[353]

"十二月遣廖永忠沉宋帝小明王韩林儿于瓜步,宋亡。"[354]

宋龙凤十三年(元至正二十七年,1367),太祖四十岁。

大明洪武元年(元至正二十八年,1368),太祖四十一岁。

"春正月乙亥……(太祖)即皇帝位,定有天下之号曰明,建元洪武。"[355]

十 大明帝国与明教

太祖因明教建国,故以明为国号。然"明王出世"、"弥勒降生"均含有革命意义,明暗对文,互为消长,而终克于明。弥勒则有三十次入世之说。使此说此教仍继续流传,则后来者人人可自命为明王,为弥勒,取明而代之,如明太祖之于宋小明王。以此明太祖虽以红军小卒起事,自龙凤十二年以后即讳言其为红军支系。于讨张士诚檄中,且深斥弥勒之传说,以为妄诞,以为妖言,而于"明王出世"之说则不及只字。此盖受刘基、宋濂等反红军系儒生地主之劝说，隐去旧迹，为建新朝地步也。越一年而建国。洪武元年四月甲子幸汴梁，闰七月丁未还南京，因李善长之请，诏禁白莲社及明尊教。王世贞撰《李善长传》：

> 高帝幸汴还……又请禁淫祀白莲社、明尊教、白云巫觋，扶鸾祷圣书符咒水邪术。诏可。[356]

遂著于律。《明律》十一《礼一》：

> 凡师巫假降邪神，书符咒水，扶鸾祷圣，自号端公太保师婆，及妄称弥勒佛、白莲社、明尊教、白云宗等会，一应左道乱正之术，或隐藏图像，烧香集众，夜聚晓散，伴修善事，扇惑人民，为首者绞，为从者各杖一百，流三千里。
>
> 原注：西方弥勒佛、远公白莲社、牟尼明尊教、释氏白云宗是四样。

牟尼即摩尼，明尊教即明教也，说见前文。

时温州仍有大明教流行。熊鼎以洪武元年任浙江按察司佥事，分部台温。[357]以大明教名犯国号禁绝之，宋濂《故岐宁卫经历熊府君墓铭》：

> 洪武改元……温有邪师曰大明教，造饰殿堂甚侈，民之无业者咸归之。君以其瞽俗眩世，且名犯国号，奏毁之，官没其产，而驱其众为农。[358]

泉州晋江县华表山亦有明教徒所立之摩尼庵，因郁新杨隆请得不毁。何乔远《闽书》卷七《方域志》：

> 华表山山背之麓有草庵，元时物也，祀摩尼佛。摩尼佛名末摩尼光佛，苏邻国人，又一佛也，号具智大明使……会昌中汰僧，明教在汰中。有呼禄法师者，来入福唐，授侣三山，游方泉郡，卒葬郡北山下。至道中，怀安士人李廷裕得佛像于京城卜肆，鬻以五十千钱，而瑞相遂传闽中。真宗朝，闽士人林世长取其经以进，授守福州文学。
>
> 皇朝太祖定天下，以三教范民，又嫌其教名上逼国号，摈其徒，毁其宫。户部尚书郁新、礼部尚书杨隆奏留之。[359]

温泉之明教均相继以"教名上逼国号"被禁断。温之明教自后遂不见于记载。闽则易名为师氏法，亦式微矣。何氏又记：

> 今民间习其术者，行符咒，名师氏法，不甚显云。

政府对明教之压迫虽严，而明教徒仍数数起事。洪武永乐间陕西田九成自称后明皇帝，改元龙凤，帝号与年号均直称小明王。其党则称弥勒佛四天王等。《明成祖实录》卷六五：

> 永乐七年（1409）七月戊戌，"妖贼王金刚奴伏诛。金刚奴陕西阶州人，自洪武初聚众作耗，称三元帅，往

来劫掠，而于沔县西黑山天池平等处潜住，常以佛法惑众。后又与两沔县贼首邵福等作耗。其党田九成者僭号后明皇帝，改元龙凤。高福兴称弥勒佛，金刚奴称四天王，前后攻破屯塞，杀死官军。会长兴候耿炳文引兵剿捕，余党悉散。惟金刚奴与贼仇占儿等未获，仍逃聚黑山天池平，时出劫掠。至是潜还本州，为官军所擒，械送京师伏诛。"

永乐四年（1406）蕲州有白莲社之狱。《明成祖实录》卷四五：

> 九月丙子，"湖广蕲州广济县妖僧守座聚男女立白莲社，毁形断指，假神扇惑。事觉，官捕诛之。"

田九成起事于西北，即红军入西北者之余党，至蕲州则彭莹玉、徐寿辉起事之地也。至永乐七年复有李法良之起事，《明成祖实录》卷六六：

> 九月"辛未，诛叛贼李法良。法良江西人，行弥勒教，流入湘潭，聚众为乱"。

江西又宋代明教之重要传教区也。至十六年又有刘化自称弥勒佛。《明成祖实录》卷一一〇：

> 十六年五月辛亥，"顺天府昌平县民刘化以谋叛伏

诛。化初名僧保，畏避从军，逃匿保定府新城县民家，衣道人服，自称弥勒佛下世，当主天下，演说《应劫五公》诸经，鼓诱愚民百四十余人，皆信从之。已而真定容城山西洪洞等县人民皆受戒约，遂相聚为乱。事闻，悉捕诛之。"

永乐以后，类似之暴动史不绝书，姑举其著者数事，如宣宗朝转轮王出世之狱。《明宣宗实录》卷六一：

宣德五年（1430）正月戊申，"山东文登县执妖僧明本、法钟等解京师。明本等皆栖霞县大平寺僧，以化缘至成山卫，依百户朱胜。因涂改旧领敕谕度牒，为妖言惑众，诈称转轮王出世，作伪诏记湧安年号，遣法钟持诣文登，诱惑愚民。县官执之以闻，而成山卫亦执胜等械至京……付锦衣卫穷治之。"

英宗朝"七佛祖师"之暴动。《明英宗实录》卷一二：

宣德十年（1435）十二月己亥，"妖贼张普祥伏诛。普祥真定卫军，以妖书惑众，潜居井陉县，自号七佛祖师，遣其党往河南山东山西直隶等处度人，约先取彰德城，以次攻夺诸城。其党李名显等百余人入磁州城，焚千户所，官军攻败之。普祥挈家属窜伏柏乡县，递运大使魏景原引官军至其党张林家土洞内获之，械送京师。上命廷臣鞫实诛之。"

宪宗朝贵州有"明王"之起事，托称为明玉珍后裔，《明史》记：

> 成化十一年（1475），总兵官李震奏：乌罗苗人石全州妄称元末明氏子孙，僭称明王，纠众于执银等处作乱，邻洞多应之。因调官军往剿，石全州已就擒，而诸苗攻劫未已，命镇巡官设策抚捕，未几平。[360]

至嘉靖时李福达自称弥勒佛，与武定侯郭勋交通，至起大狱。[361]天启二年（1622）有山东白莲教徒王好贤、徐鸿儒之起事。[362]溯其源流，又皆明教之余响也。

原载《清华学报》十三卷一期

1940年12月25日于昆明东郊萝莎坡唐祠

明代的科举情况和绅士特权

明、清两代五六百年间的科举制度，在中国文化、学术发展的历史上作了大孽，束缚了人们的聪明才智，阻碍了科学的进展，压制了思想，使人们脱离实际，脱离生产，专读死书，专学八股，专写空话，害尽了人，也害死了人，罪状数不完，也说不完。

这些且不说，光就考试时的情况说，也是气死人的。明末艾南英《天佣子文集》有一篇文章专讲考举人时的苦处：

> 考试这一天，考场打了三通鼓，秀才们即使遇到大冷天，冰霜冻结，也得站在门外等候点名。督学呢，穿着红袍坐在堂上，灯烛辉煌，围着炉子取暖，好不舒服。
>
> 秀才们得解开衣裳，左手拿着笔砚，右手拿着布袜，听候府县官点名，挨个儿站在甬道里，依次到督学面前。每一个秀才，有两个搜检军侍候，从头发搜到脚跟，光着肚子光着腿，要好几个时辰才能全搜完，个个冻得牙齿打战，腰以下都冻僵了，摸着也不像是自己的皮肤。要是大热天呢，督学穿着纱衣裳，在阴凉地里，喝着茶，摇着扇子，凉快得很。秀才们呢，十百一群，

挤立在尘埃飞扬的太阳地上，按制度不能扇扇子，穿的又是大布厚衣。到了考场，几百人夹坐在一起，腥气、秽气，蒸着、熏着，大汗通身，衣裳都湿透了，却一滴水也不敢入口。虽然公家有人管茶水，但谁也不敢喝，喝了就有人在你卷子上打一个红记号，算是舞弊犯规，文章尽管写得好，也要扣分，降一等。

冷天也罢，热天也罢，都得吃苦头。

考的时候，东西两面站着四个瞭望军，是监场的，谁也不敢抬头四面看，有人困了站一下，打一个呵欠，和隔壁考生说话，以至歪着坐，又是一个红记号打上了，算犯规，文章尽管好，也扣分，降一等。弄得人人腰脊酸痛，连大小便也不得自由，得忍着些。

连动手动脚、抬头伸腰的自由也被剥夺了，苦哉！

考试坐位呢，是衙门里的工吏包办的，他们得赚一点钱，贪污了一大半经费，临时对付，做得很窄小，两个手膀也张不开；又偷工减料，薄而脆，外加裂缝，坐下重一点，就怕塌下。加上同号的总有十几个人，座位是用竹子连着的，谁的手脚稍动一下，联号的座位便都动摇了，成天没个停，写的字也就歪歪扭扭了。

这篇文章写得实在好，道尽了考生的苦处，也道尽了封建统治者不把学生当人的恶毒待遇。文章里用督学的拥炉、挥扇相对衬，更把考生的苦况突出了。清朝继承了明朝这一套，《儿女英雄传》写安骥殿试时，自己背桌子考篮的情况，可以参看。

这样苦，为什么人们还是抢着考，唯恐吃不到这苦头呢？是为了做官。顾公燮《消夏闲记摘抄》记明朝人中举人的情况：

> 明朝末年的绅士，非常之威风。凡是中了举人，报信的人都拿着短棍，从大门打起，把厅堂窗户都打烂了，叫作"改换门庭"。工匠跟在后面，立时修整一新，从此永为主顾。
>
> 接着，同姓的地主来和您通谱，算作一家，招女婿的也来了，有人来拜你做老师，自称门生。只要一张嘴，银子上千两地送，以后有事，这些人便有依靠了。
>
> 出门呢，坐着大轿，前面有人拿着扇啦，掌着盖啦，诸如此类，连秀才出门，也有门斗张着油伞引路。
>
> 有婚丧事的时候，绅士和老百姓是不能坐在一起的，要另搞一个房子叫大宾堂，有功名的人单坐在一起。

清人吴敬梓所作《儒林外史》，穷秀才范进中举一段绝妙文字，正是顾公燮这一段记载的绝妙注脚。

到中了进士，就更加威风了。上任做官，车啦，马啦，跟班啦，衣服用具啦，饮食用费啦，都自然会有人支应。上了任，债主也跟着来，按期还债。[363]

即使中不了进士，光是秀才、举人，也就享有许多特权了。其一是免役，只要进了学，成为秀才，法律规定可免户内二丁差役。明朝里役负担是很重的，要是有二十亩田地的中农，假如家里不出一个秀才，一轮到里役，便得破家荡产。[364] 以此，一个县里秀才举人愈多，百姓便越穷，因为他们得把绅士的负担分担下来。[365]第二是可以有奴婢使唤；明制，平民百姓是不许存养奴婢的，《大明律》规定："庶民之家，存养奴婢者，杖一百，即放从良。"第三是法律的优待，明初规定一般进士、举人、贡生犯了死罪，可以特赦三次，以后虽然没有执行，但是，还是受到优待，秀才犯了法，地方官在通知学校把他开除之前，是不能用刑的。如犯的不是重罪，便只通知学校当局，加以处分了事。第四是免粮，家道寒苦，无力完粮的，可由地方官奏销豁免。因此，不但秀才自己免了役，免了赋，甚至还能包揽隐庇，借此发财。廪生照规定由国家每年给膏火银一百二十两，不安分的便揽地主钱粮在自己名下，请求豁免，"坐一百，走三百"，不动腿，每年一百二十两，多跑跑县衙门，一年三百两，是当时的民间口语。第五便是礼貌待遇了。顾公燮所记的大宾堂是有法律根据的，洪武十二年（1379）八月明太祖颁布法令，规定绅士只能和宗族讲尊卑的礼法，至于宴会，要另设席位，不许坐于无官者之下。和异姓无官者相见，不必答礼。庶民见绅士要用见官礼谒见。违反的按法律制裁。

有了这么多特权，吃点苦头又算什么呢？

明、清两代的知识分子，在通过考试之前，封建统治者不把他们当人看待，加以种种虐待。但是，在成为秀才、举人、进士之后，便成为统治集团的一员了，和庶民不同了，他们分享了统治阶级的特权，成为特权阶级了。最近有人讲明朝后期情况，把秀才也算在市民里面，把他们下降为庶民，在我看来，是不符合客观存在的历史事实的。

原载《灯下集》

明代的殉葬制度

——"美德组成的黄金世界"之一斑

明天顺八年（1464）正月英宗大渐，遗诏罢宫妃殉葬。[366]这是明史上一件大事。在此以前，宫妃殉葬是明代的成例。毛奇龄《彤史拾遗记》说："初太祖……四十六妃陪葬孝陵，其中所殉唯宫人十数人。洪武三十一年七月建文帝以张凤……十一人由锦衣卫所试百户散骑舍人、带刀舍人进为本所千百户，其官皆世袭，以诸人皆西宫殉葬宫人父兄，世所称朝天女户者也。成祖……十六妃葬长陵，中有殉者。仁宗殉五妃，其余三妃以年终别葬金山。宣宗殉十妃。嗣后皆无殉，自英宗始。唯景泰帝尚以唐妃殉，则天顺元年事在遗诏前。"[367]不但是皇帝，即诸王亦有殉葬例。《明史·周王传》："有燉正统四年薨，无子。帝（英宗）赐书有爝曰：周王在日，尝奏身后务从俭约，以省民力。妃夫人以下不必从死，年少有父母者遣归。既而妃巩氏，夫人施氏、欧氏、陈氏、张氏、韩氏、李氏皆殉死，诏谥妃贞烈，六夫人贞顺。"帝王之薨，由群臣议殉葬，一经指定，立即执行。《彤史拾遗记·唐妃传》："郕王薨，群臣议殉葬及妃，妃无言，遂殉之，葬金山。"

殉葬时的情形，《朝鲜李朝世宗实录》有一段记载："六年（永乐二十二年，1424）十月戊午登极，使臣礼部郎中李琦，通政司参议彭璟言，前后选献韩氏等女皆殉大行皇帝。帝崩宫人殉葬者三十余人。当死之日，皆饷之于庭，饷辍俱引升堂，哭声震殿阁。堂上置木小床，使立其上，挂绳围于其上，以头纳其中，遂去其床，皆雉经而死。韩氏临死顾谓金黑曰：娘，吾去！娘，吾去！语未竟，旁有宦者去床，仍与崔氏俱死。诸死者之初升堂也，仁宗亲入辞诀。"[368]韩妃、崔妃俱朝鲜人，金黑为韩妃乳母。

宫妃殉葬后，除优恤其家人外，例加死者谥号，《明英宗实录》卷三记："宣德十年（1435）三月庚子，赠皇庶母惠妃何氏为贵妃，谥端肃。赵氏为贤妃，谥纯肃。吴氏为惠妃，谥贞顺。焦氏为淑妃，谥庄静。曹氏为敬妃，谥庄顺。徐氏为顺妃，谥贞惠。袁氏为丽妃，谥恭定。诸氏为恭妃，谥贞靖。李氏为充妃，谥恭顺。何氏为成妃，谥肃僖。谥册有曰：'兹委身而蹈义，随龙驭而上宾，宜荐徽称，用彰节行。'"景泰帝之崩，殉葬宫人除唐妃外，当时并曾提及汪皇后，幸为李贤所救免。《明史·景帝废后汪氏传》："景帝崩，英宗以其后宫唐氏等殉，议及后。李贤曰：妃已幽废，况两女幼，尤可悯。帝乃已。"

从英宗以后，明代帝王不再有殉葬的定例，可是，在另一方面，自任为名教代表的仕宦阶级，却仍拥护节烈，提倡殉夫，死节。举一个例子，黄宗羲《南雷文案·唐烈妇曹氏墓志铭》："烈妇曹氏年十九归同邑唐之坦，之坦疾革，谓其夫曰：'君死我不独生……'除夕得间，取其七尺之余布，自经夫柩之旁，年二十五，许邑侯诣庐祭之，聚观者数千人，莫不为叹息泣下。"

原载《大公报·史地周刊》第十七期
1935年1月11日

明初卫所制度之崩溃

一

《明史·刘基传》：

太祖即皇帝位，基奏立军卫法。

《兵志序》：

明以武功定天下，革元旧制，自京师达于郡县，皆立卫所。外统之都司，内统于五军都督府。而上十二卫为天子亲军者不与焉。征伐则命将充总兵官，调卫所军领之。既旋则将上所佩印，官军各回卫所，盖得唐府兵遗意。

卫所的组织。《兵志二·卫所门》记：

天下既定，度要害地系一郡者设所，连郡者设卫。大率五千六百人为卫，千一百二十人为千户所，百十有二人为百户所。所设总旗二，小旗十，大小联比以成军。

卫有指挥使，所有千户、百户，总旗辖五十人，小旗辖十人，卫统于都指挥使司，简称都司。洪武二十六年（1393）时定天下都司卫所，共计都司十七（北平、陕西、山西、浙江、江西、山东、四川、福建、湖广、广东、广西、辽东、河南、贵州、云南、大宁等），行都司三（北平、江西、福建），留守司一（中都），内外卫三百二十九，守御千户所六十五。成祖以后，多所增改，都司增为二十一，留守司二，内外卫增至四百九十三。守御屯田群牧千户所三百五十九。约计明代卫所军兵的总数在三百万人以上。

卫所军兵的来源。《兵志二》记：

> 其取兵有从征，有归附，有谪发。从征者诸将所部兵，既定其地，因以留戍。归附则胜国及僭伪诸降卒，谪发以罪迁隶为兵者，其军皆世籍。

从征、归附两项军兵大部分是建国前期所组织，谪发一项当为建国以后的新兵，又名恩军。《明太祖实录》卷二三二：

> 洪武二十七年四月癸酉，诏兵部凡以罪谪充军者，名为恩军。

此外，最大的来源为垛集军。《兵志四》：

> 明初垛集令行，民出一丁为军，卫所无缺伍，且有羡丁……成祖即位，遣给事等官分阅天下军，重定垛集

军更代法。初三丁巳上垛正军一,别有贴户,正军死,贴户丁补。至是令正军贴户更代,贴户单丁者免,当军家蠲其一丁徭。

一被征发,便世世子孙都附军籍,和民户分开。《明太祖实录》卷一三一记:

> 洪武十三年五月乙未,诏曰:军民已定籍,敢有以民为军,乱籍以扰吾民者,禁止之。

户有一丁被垛为军,优免原籍一丁差役,使其供给军装盘缠。《明会典》卷一五五:

> 凡军装盘缠,宣德四年令每丁一名,优免原籍户丁差役。若在营余丁,亦免一丁差役,令其供给军士盘缠。

二

除从征和归附的军兵以外,谪发和垛集军是强迫被征的,被威令所逼,离开他们所惯习的农田和家属,离开了他们所惯习的日常生活,被安排到一个辽远的陌生的环境中去,替国家服务。一代一代下去,子子孙孙永远继承着这同一的命运和生活。在这情形下,大部分的军士发生逃亡的现象。章潢《图书编》说:

> 国初卫军籍充垛集,大县至数千名,分发天下卫

所，多至百余卫，数千里之远者。近来东南充军亦多发西北，西北充军亦多发东南。然四方风土不同，南人病北方之苦寒，北人病南方之暑湿，逃亡故绝，莫不由斯，道里既远，勾解遂难。

初期国家法令尚严，卫军比较能安分服务。稍后政府不能约束官吏，卫军苦于虐待和乡土之思，遂逃亡相继，据王琼的观察，逃亡者的比例竟占十之八九。他在《清军议》中说：

> 国初乘大乱之后，民多流离失恒产。然当是时官皆畏法不敢虐下，故建卫从军，多安其役。自后日渐承平，流罪者悉改充戍，故人有怀土之思，不能固守其新业。于是乎逃亡者十常八九，而清勾之令遂不胜其烦扰矣。

卫所官吏一方面剥削卫军，使其不能生活，被逼逃亡。《明宣宗实录》卷一〇八记：

> 宣德九年二月壬申，行在兵部右侍郎王骥言：中外都司卫所官，惟故肥己，征差则卖富差贫，征办则以一科十。或占纳月钱，或私役买卖，或以科需扣其月粮，或指操备减其布絮，衣食既窘，遂致逃亡。

刘大夏《刘忠宣公集》卷一《条列军伍利弊疏》说：

> 在卫官军苦于出钱，其事不止一端。如包办秋青草

价，给与勇士养马，比较逃亡军匠，责令包工雇役。或帮贴锦衣卫夷人马匹，或加贴司苑局种菜军人内外官人造坟皆用夫价，接应公差车辆，俱费租钱，其他使用，尚不止此。又管营内外官员，率与军伴额数之外，谪发在营操军役使，上下相袭，视为当然。又江南军士，漕运有修船盘削之费，有监收斛面之加，其他掊克，难以枚举。以致逃亡日多，则拨及全户，使富者日贫；贫者终至于绝。江南官军每遇京操，虽给行粮，而往返之费，皆自营办。况至京即拨做工雇车运料，而杂拨纳办，有难以尽言者。

一方面私役兵士，借以渔利。《明成祖实录》卷六一八：

> 永乐五年六月辛卯，御史蒋彦禄言：国家养军士以备功战，暇则教之，急则用之，今各卫所官夤缘为奸，私家役使，倍蓰常数，假借名义以避正差，贿赂潜行，互相蔽隐。

《明史·李邦华传》：

> 京营故有占役、虚冒之敝。占役者，其人为诸将所役，一小营至四五百人，且有卖闲、包操诸弊。虚冒者，无其人，诸将及勋戚、庵寺、豪强以苍头冒充选锋壮丁，月支厚饷。

结果是除大批的卫军逃亡外，又逼使一部分为盗贼，扰乱地方治安。《明英宗实录》卷一二六：

> 正统十年二月辛亥，直隶御史李奎奏：沿海诸卫所官旗，多克减军粮入己，以致军士艰难，或相聚为盗，或兴贩私盐。

卫军逃亡缺额，竟成为卫所官旗的利源，一方面他们可以干预没逃亡者的月粮，一方面又可以向逃亡者索贿。以此一任行伍空虚，不加过问。《明成祖实录》卷一五七：

> 永乐十二年十月辛巳，上谕行在兵部臣曰：今天下军伍不整肃，多因官吏受赇，有纵壮丁而以罢弱充数者，有累岁缺伍不追补者，有伪作户绝及以幼小纪录者，有假公为名而私役于家者，遇有调遣，十无三四，又多是幼弱老疾，骑士或不能引弓，步卒或不能荷戈，缓急何以济事。

五年后，监察御史邓真上疏说军卫之弊。也说：

> 内外各卫所军士，皆有定数，如伍有缺，即当勾补。今各卫所官吏，惟耽酒色货贿，军伍任其空虚。及至差人勾补，纵容卖放，百无一二到卫。或全无者。又有在外聚妻生子不回者。官吏徇私蒙蔽，不行举发。又有勾解到卫而官吏受赃放免，及以差使为由，纵其在外，不令服役，此军卫之弊也。[369]

卫军或秘密逃亡。如《明英宗实录》卷四七所记：

> 正统三年十月辛未，巡按山东监察御史李纯言：辽东军士往往携家属潜从登州府运船，越海道逃还原籍，而守把官军受私故纵。饬严加禁约。

或公开请假离伍。如同书卷一四一所记：

> 正统十一年五月己卯福建汀州府知府陆征言：天下卫所军往往假称欲往原籍取讨衣鞋，分析家资，置借军装。其官旗人等，贪图贿赂，从而给与文引遗之。及至本乡，私通官吏邻里，推称老病不行，转将户丁解补，到役未久，托故又去，以致军伍连年空缺。

其因罪谪戍的，则预先布置，改易籍贯，到卫即逃，无从根补。《明宣宗实录》卷一〇七：

> 宣德八年十二月庚午，巡按山东监察御史张聪言：辽东军士多以罪谪戍，往往有亡匿者。皆因编发之初，奸顽之徒，改易籍贯，至卫即逃，比及勾追，有司谓无其人，军伍遂缺。

在这种情形之下，卫所制度建立的第一天就已伏下崩溃的因素。《明史·兵志四》记起吴元年十月到洪武三年十一月，军士逃亡者四万七千九百余。到正统三年这数目就一跳跳到一百二十万有奇，占全国军伍总数的三分之一。[370] 同年据巡按山东监察御史李纯的报告，他所视察的某一百户所，照理应有旗军一百二十人，可是逃亡所剩的结果只留一人。[371]

这制度等不到土木之变，等不到嘉靖庚戌之变和倭寇的猖獗的试验，已经完全崩溃了。

三

卫所制度是明代立国的基础，卫所军兵之不断逃亡，一方面表明了这制度内在的弱点，一方面也泄露出统治权动摇的消息。这情形使政府感觉到非常恐慌，极力想法补救。把追捕逃军的法律订而又订，规定得非常严格。《明史·兵志四》记：

> 大都督府言，起吴元年十月至洪武三年十一月，军士逃亡者四万七千九百余。于是下追捕之令，立法惩戒。小旗逃所隶三人，降为军。上至总旗、百户、十户皆视逃军多寡夺俸降革。其从征在外者罚尤严。

把逃军的责任交给卫所官旗，让他们为自己的利益约束军士。这制度显然毫无效果，因为在十年后又颁布了同样性质的科令。《明太祖实录》卷一三一：

> 洪武十三年五月庚戌，上谕都督府臣曰：近各卫士卒，率多逋逃者。皆由统之者不能抚恤，宜量定千百户罚格。凡一千户所逃至百人者千户月减俸一石，逃至二百人减二石。一百户所逃及十人者月减俸一石，二十

人者减二石。若所管军户不如数及有病亡事故残疾事，不在此限。

洪武十六年命五军府檄外卫所，速逮缺伍士卒，给事中潘庸等分行清理之。洪武二十一年以勾军发生流弊，命卫所及郡县编造军籍。《明太祖实录》卷一九三：

> 九月庚戌，上以内外卫所军伍有缺，遣人追取户丁，往往鬻法且又骚动于民。乃诏自今卫所以亡故军士姓名乡贯编成图籍送兵部，然后照籍移文取之，毋擅遣人，违者坐罪。寻又诏天下郡县，从军户类造为册，具载其丁口之数，如遇取丁补伍，有司按籍遣之，无丁者止，自是无诈冒不实，役及亲属同姓者矣。

卫所的军额是一定的，卫军的丧失，无论是死亡或逃亡，都须设法补足。补额的方法，是到原籍拘捕本人或其亲属。同年又置军籍勘合。

> 是岁命兵部置军籍勘合，遣人分给内外卫所军士，谓之勘合户田，其中间写从军来历，调补卫所年月，及在营丁口之数。遇点阅则以此为验。其底簿则藏于内府。

这两种制度都为兵部侍郎沈溍所创，《明史·唐铎传》曾对这新设施的成效加以批评：

> 明初，卫所世籍及军卒勾补之法，皆溍所定。然名目琐细，簿籍繁多，吏易为奸。终明之世，颇为民患，

而军卫亦日益耗减。

实际上不到四十年，这两种制度都已失其效用，不但不能足军，反而扰害农民。第一是官吏借此舞弊。《明宣宗实录》卷九九：

> 宣德八年二月庚戌，行在兵部请定稽考司军之令。盖故事都司卫所军旗伍缺者，兵部预给勘合，从其自填，遣人取补。及所遣之人，事已还卫，亦从自销。兵部更无稽考。以故官吏夤缘为弊，或移易本军籍贯，或妄取平民为军，勘合或给而不销，限期或过而不罪，致所遣官旗，迁延在外，娶妻生子，或取便还乡，二三十年不回原卫所者。虽令所在官司执而罪之，然积弊已久，猝不能革。

使奉命勾军的官旗，自身也成逃军。第二是军籍散失，无法勾稽。《明宣宗实录》卷一○四：

> 宣德八年八月壬午，河南南阳府知府陈正伦言：天下卫所军士，或从征，或屯守，或为事调发边卫。其乡贯姓名诈冒吏改者多。洪武中二次勘实造册；经历年久，簿籍鲜存，致多埋没。有诈名冒勾者，官府无可考验虚实。

政府虽然派大臣出外清理军伍，宣德三年且特命给事御史按期清军，清军的条例也由八条而增为十九条，又增百二十二条,军籍也愈来愈复杂。嘉靖三十一年又于原定户口收军勾清三册以外,增编军贯、兜底、类卫、类姓四册。可是这一切只是多给予官吏以剥削的便利和机会,军伍由之愈空,平民由之愈苦。结果,卫所军士既不能作战,也不能保卫地方,徒然给国家和民众增加一个不必要的负担。

四

勾军之弊,洪熙元年兴州左屯卫军士范济曾上书言:

> 臣在行伍四十余年,谨陈勾军之弊:凡卫所勾军有差官六七员者,百户所差军旗或二人或三人者,俱是有力少壮及平日结交官长、畏避征差之徒。重贿贪饕官吏,得往勾军。及至州县,专以威势虐害里甲,既丰其馈馔,又需其财物,以合取之人及有丁者释之,乃诈为死亡,无丁可取,是以宿留不回,有违限二三年者,有在彼典雇妇女成家者,及还,则以所得财物,贿其枉法官吏,原奉勘合,曚眬呈缴,较其所取之丁,不及差遣之官,欲求军不缺伍,难矣。[372]

正统元年九月分遣监察御史轩𫐐等十七人清理军政,在赐敕中也指出当时的弊害,促令注意。《明英宗实录》卷二二记:

> 武备国立之重事,历岁既久,弊日滋甚。户本存而谓其为绝,籍本异而强以为同,变易姓名,改易乡贯,

夤缘作弊，非止一端。推厥所由，皆以军卫有司及里主人等贪赂挟私，共为欺蔽，遂致妄冒者无所控诉，埋没者无从追究，军缺其伍，民受其殃。

不但是法外的弊害使平民受尽苦痛，即本军本户的勾捕，也使一家人倾家荡产，消耗了国家的元气。试举两例说明，第一例可以看出这制度曾破坏了多少美满的家庭，残酷到何种程度。《明太祖实录》卷二一七：

> 洪武二十五年四月壬子，怀远县人王出家儿年七十余，二子俱为卒从征以死。一孙甫八岁，有司复追逮捕伍。出家儿诉其事于朝，命除其役。

这简直是杜甫《石壕吏》的本事，所不同的只是杜甫所写的是战时情形，这是平时情形而已。第二例子可以看出在这制度下的经济损失。《明成祖实录》卷一〇三：

> 永乐八年四月戊戌，湖广郴州桂阳县知县梁善言：本县人民充军数多，户有一丁者发遣补役，则田地抛荒，税粮无征，累及里甲。乞将军户一丁者存留，当差纳粮。或发遣当军，则以所遗田地与军屯种，开除粮额，庶军民两便。礼部仪军户一丁应合承继者仍令补役。田土付丁多之家佃种。如果无人承种，准开粮额。从之。

一到大举清军时，危害更甚。《明史·赵豫传》：

（官松江知府）清军御史李立至，专务益军，勾及姻戚同姓，稍辨，则酷刑榜掠，人情大扰。诉枉者至一千一百余人。

《张宗琏传》：

谪常州同知。朝遣李立理江南军籍，檄宗琏自随。立受黜军词，多逮平民实伍。

《唐侃传》：

（正德中官武定知州）会清军籍，应发遣者至万二千人。侃曰：武定户口三万，是空半州也。力争之……得寝。

《王道顺渠先生文录》卷四论清军之弊有三，第一是清勾不明，第二是解补太拘，第三是军民并役。他说：

清勾之始，执事不得其人，上官不屑而委之有司，有司不屑而付之吏胥。贿赂公行，奸弊百出，正军以富而幸免。贫民无罪而干连，有一军缺而致死数人之命，一户绝而破荡数家之产者矣。此清勾不明之弊一也。国初之制，垛集者不无远近之异，谪戍者多雁边卫之科。

承平日久，四海一家，或因迁发，填实空旷，或因商宦，流寓地方，占籍既久，桑梓是怀。今也勾考一明，必欲还之原伍，远或万里，近亦数千，身膺桎梏，心恋庭闱，长号即终，永诀终天，人非木石，谁能堪此，此解补太拘之弊二也。尔年以来，地方多事，民间赋役，十倍曩时，鬻卖至于妻子，算计尽乎鸡豚，苦不聊生，日甚一日，而又忽加之以军伍之役，重之以馈送之系，行责居送，天地可以息肩，死别生离，何时为之聚首，民差军需，交发互至，财殚力竭，非死即亡，此军民并役之弊三也。

至嘉靖时法令愈严，有株累数十家，勾摄经数十年者，丁口已尽，犹移复纷纭不已。顾起元《客座赘语》卷二《勾军可罢》条说：

> 南都各卫军在街者，余尝于送表日见之，尪羸饥疫，色可怜，与老稚不胜衣甲者居其大半。平居以壮仪卫，备国容犹不足，脱有事而责其效一臂力，何可得哉？其原籍尺籍，皆系祖军，死则必其子孙或族人充之，非盲瞽废疾，未有不编于伍者。又户绝，必清勾，勾军多不乐轻去其乡，中道辄逃匿。比至，又往往不耐水土而病且死，以故勾军无虚岁，而什伍日亏。且勾军之害最大，勾军之文至邑，一户而株累数十户不止，此勾者至卫所，官识又以需索困苦之，故不病且死，亦多以苦需索而荒。

卫军已逃亡的,"勾军无虚岁,而什伍日亏"。未逃亡或不能逃亡的,却连"平居以壮仪卫,备国容犹不足"。这是卫所制度崩溃后的现象。同时这崩溃的因素,又早已孕育在卫所制度初建立的那天。

关于卫所制度崩溃的其他原因,及屯田之破坏等,另详专文。

原载南京《中央日报·史学》第三期

1936年3月19日

注　释

[1]《明史》卷九一《兵志》，弘治十四年（1501）兵部侍郎李孟旸《请实军伍疏》："天下卫所官军原额二百七十余万。"

[2]《明史》卷九一《兵志》，弘治十四年（1501）兵部侍郎李孟旸《请实军伍疏》。

[3]《明史》卷一二八《刘基传》。

[4]按《明史》《职官志》五："计天下内外卫，凡五百四十有七，所凡二千五百九十有三。"

[5]左右都督、都督同知、都督佥事。

[6]《明史》卷六八《舆服志》四："武臣受重寄者，征西镇朔平蛮诸将军银印虎纽，方三寸三分，厚九分，柳叶篆文。洪武中尝用上公佩将军印，后以公侯伯及都督充总兵官，名曰挂印将军。有事征伐，则命总兵佩印以往，旋师则上所佩印于朝。"卷七六《职官志》五："其总兵挂印称将军者，云南曰征南将军，大同曰征西前将军，湖广曰平蛮将军，两广曰征蛮将军，辽东曰征虏前将军，宣府曰镇朔将军，甘肃曰平羌将军，宁夏曰征西将军，交阯曰副将军，延绥曰镇西将军（诸印洪熙元年制颁）。其在蓟镇、贵州、湖广、四川及儧运淮安者，不得称将军挂印。"

[7]《明史》卷一四五《张玉传》："帝尝谓英国公辅：'有兄弟可加恩者乎？'辅顿首言：'輗軏蒙上恩，借近侍，然皆奢侈。独从兄侍郎信贤可使也。'帝召见信曰：'是英国公兄耶？'趣武冠冠之，改锦衣卫指挥同知世袭。时去开国未远，武阶重故也。"

[8]敖英《东谷赘言》下："我国初都督府军数，太仆寺马数，有禁不许人知。"

[9]陈衍《槎上老舌》："祖制五府军外人不得预闻，惟掌印都督司其籍。前兵部尚书邝埜向恭顺侯吴某索名册稽考，吴按例上闻，邝惶惧疏谢。"《明史》卷六九《兵志》一："先是京师立神机营，南京亦增设，与大小二教场同练军士，常操不息，风雨方免，有逃籍者。宪宗命南给事御史时至二场点阅。成国公朱仪及太监安宁不便，诡言军机密务，御史诘问名数非宜。帝为罪御史，仍令守备参赞官阅视，著为令。"

[10]《明史》卷九一《兵志》，弘治十四年（1501）兵部侍郎李孟旸《请实军伍疏》："天下卫所官军原额二百七十余万。"

[11]《大明会典》卷一二九至一三〇各镇分列。

[12]《明太祖实录》卷二三二："洪武二十七年（1394）四月癸酉，诏兵部凡以罪谪充军者，名为恩军。"

[13]陆容《菽园杂记》八："本朝军伍皆谪发罪人充之，使子孙世世执役，谓之长生军。"

[14]黄佐《双槐岁钞》四："齐（泰）、黄（子澄）奸恶九族外亲姻连亦皆编伍，有遍一县连蔓尽而及他邦者，人最苦之。"

[15]《明史》卷一八七《项忠传》。

[16]《明太祖实录》卷一三一："洪武十三年（1380）五月乙未，诏曰：军民已有定籍。敢有以民为军，乱籍以扰吾民者禁止之。"

[17]宋濂《宋学士文集》补遗三《棣州高氏先茔石表辞》："北兵戍南土者宗族给其衣费，谓之封桩钱。"这名称到明代也仍沿用。

[18]《大明会典》卷一五五。

[19]《明史》卷二三《潘埙传》："故事每军一，佐以余丁三。"

[20]《明史》卷二〇五《李遂传》："嘉靖三十九年（1560）江北河池营卒以千户吴钦革其帮丁，殴而缚之竿。帮丁者操守卒给一丁，资往来费也。"

[21]《明史》卷一七七《李秉传》："景泰二年（1451）上边备六事，言：军以有妻为有家，月饷一石。无妻者减其四。即有父母兄弟而无妻，概以无家论，非义，当一体增给。从之。"《明史》卷二〇五《李遂传》："旧制南军有妻者月粮米一石，无者减其四。春秋二仲月米石折银五钱。"

[22]《明史》卷八二《食货志》六《俸饷》。

[23]《明史》卷一七七《王复传》。

[24]《明史》卷一八五《吴世忠传》："弘治十一年（1498）言：国初设七十二卫，军士不下百万。"《明史》卷八九《兵志》一："嘉靖二十九年（1550）吏部侍郎王邦瑞摄兵部，因言：国初京营劲旅不减七八十万。"

[25]《明史》卷一五四《张辅传》。

[26]《明史》卷一七一《王骥传》。

[27]《明史》卷一八一《李东阳传》，卷一九三《费宏传》："太仓无三年之积，而冗食日增，京营无十万之兵，而赴工不已。"《明史》卷一九四《梁材

传》:"嘉靖六年(1527)时修建两宫七陵,役京军七万,大役频兴,役外卫班军四万六千人,郭勋借其不至者,责输银雇役,廪食视班军。"

[28]《明史》卷二六五《李邦华传》。

[29]《明史》卷八九《兵志》一。

[30]《明史》卷八九《兵志》一。

[31]《明史》卷二五二《吴甡传》。

[32]《明史》卷一八○《张宁传》:"景泰七年言:京卫带俸武职,一卫至二千余人。通计三万余员,岁需银四十八万,米三十六万,并他折俸物动经百万。耗损国储,莫甚于此。而其间多老弱不娴骑射之人。"

[33]《明史》卷二一四《刘体乾传》。

[34]《明史》卷一九○《杨廷和传》。

[35]《明史》卷一九六《夏言传》。

[36]《明史》卷一四《刘体乾传》。

[37]《明史》卷二七五《解学龙传》:"天启二年(1622)疏言:国初文职五千四百有奇,武职二万八千有奇。神祖时文增至一万六千余,武增至八万二千余。今不知又增几倍。"

[38]《明史》卷一八一。

[39]《明史》卷一八三《倪岳传》。

[40]《大诰》武臣科敛害军第九。

[41]章潢《图书编》卷一一七。

[42]王琼《清军议》。

[43]《明宣宗实录》卷一○八。

[44]《刘忠宣公集》卷一。

[45]《明成祖实录》卷六八:"永乐五年(1407)六月辛卯,御史蒋彦禄言:国家养军士以备攻战。暇则教之,急则用之。今各卫所官夤缘为奸,私家役使,倍蓰常数。假借名义以避正差,贿赂潜行,互相蔽隐。"

[46]《明史》卷一七七《年富传》:"英国公张懋及郑宏各置庄田于边境,岁役军耕种。"

[47]王鏊《王文恪公文集》卷一九《上边议八事》:"今沿边之民,终年守障,辛苦万状。而上之人又百方诛求,虽有屯田而子粒不得入其口,虽有月粮而升斗不得入其家,虽有赏赐而或不得给,虽有首级而不得为己功。"《明史》卷

一八二《刘大夏传》:"弘治十七年召见大夏于便殿……问军,对曰:穷与民等。帝曰:居有月粮,出有行粮,何故穷?对曰:其帅侵克过半,安得不穷!"《明英宗实录》卷一二六:"正统二年十月辛亥,直隶巡按御史李奎奏:沿海诸卫所官旗,多克减军粮入已,以致军士艰难,或相聚为盗贼,或兴贩私盐。"

[48]《明史》卷一六四《曹凯传》:"景泰中擢浙江右参政。时诸卫武职役军办纳月钱,至四千五百余人。"同书卷一八〇《汪奎传》:"成化二十一年言:内外坐营监枪内官增置过多,皆私役军士,办月钱。多者至二三百人。武将亦多私役健丁,行伍惟存老弱。"甚至余军亦被私役,《明英宗实录》卷一八六:"正统十四年十二月壬申,兵科给事中刘斌奏:近数十年典兵官员既私役正军,又私役余丁。甚至计取月钱,粮不全支。是致军士救饥寒之不暇,尚何操习训练之务哉!"

[49]《明史》卷二二七《萧廪传》。

[50]《明史》卷一七六《刘定之传》。

[51]《明英宗实录》卷四七。

[52]《明英宗实录》卷一四一。

[53]《明宣宗实录》卷一百七。

[54]《野获编》补遗。

[55]《明成祖实录》卷一五七。

[56]《明成祖实录》卷二一九。

[57]《明英宗实录》卷四六:"正统三年九月丙戌,行在兵部奏:天下都司卫所发册坐勾逃故军士一百二十万有奇。今所清出,十无二三。未几又有逃故,难以遽皆停止。"

[58]《明英宗实录》卷四七。

[59]《明史》卷一九九《李承勋传》。

[60]《荆川外集》卷二。

[61]胡宗宪《筹海图编》卷一一《经略》一《实军伍》。

[62]胡宗宪《筹海图编》,兵部尚书张时彻语。

[63]《明太祖实录》卷一三一。

[64]《明太祖实录》卷一九三。

[65]《筹海图编》卷一一《实军伍》,兵部尚书张时彻云:"(卫军)无妻者辄罢革。"《明史》卷九二《兵志》四:"军士应起解者皆佥妻。"

[66]《明太祖实录》卷一九五。

[67]《明史》卷一三八《唐铎传》。

[68]《明宣宗实录》卷九九。

[69]《明宣宗实录》卷一〇四。

[70]《大明会典》卷一五五《兵部》三八《军政》二《册单》："凡大造之年，除军黄总册照旧攒造外，又造兜底一册，细开各军名贯，充调来历，接补户丁，务将历年军册底查对明白，毋得脱漏差错。又别造类姓一册，不拘都图卫所，但系同姓者摘出类编。又别造类卫一册，以各卫隶各省，以各都隶各卫，务在编类详明，不许混乱。其节年问发永远新军亦要附入各册，前叶先查概县军户总数以递合图，以图合都，以都合县。不许户存户绝，有无勾单，务寻节年故牒，补足前数。每于造册之年，另造一次，有增无减，有收无除。每县每册各造一样四本，三本存各司府州县，一本送兵部备照。册高阔各止一尺二寸，不许宽大，以致吏书作弊。"按军黄《明史》及《明史稿·兵志》均作军贯，今从《会典》。

[71]《明宣宗实录》卷五。

[72]《明英宗实录》卷二二。

[73]《明太祖实录》卷二七。

[74]《明成祖实录》卷一〇二。

[75]《明史》卷二二三《徐贞明传》。

[76]《明史》卷九二《兵志》清理军伍。同书卷一三八《陈修传》附《翟善传》："翟善迁吏部尚书，帝欲除其家戍籍。善曰：'戍卒宜增，岂可以臣破例。'帝益以为贤。"

[77]《明史》卷一四二《陈彦回传》："彦回，莆田人。父立诚为归安丞，被诬论死，彦回谪戍云南，家人从者多道死，惟彦回与祖母郭在。会赦又弗原，监送者怜而纵之，贫不能归，依乡人知县黄积良……彦回后擢徽州知府……当彦回之戍云南也，其弟彦因亦戍辽东。至是诏除彦困籍。"按以罪谪戍者，如罪不至全家，经请求得由子弟代役，《明史》卷一四三《高巍传》："由太学生试前军都督府左断事……寻以决事不称旨当罪，减死戍贵州关索岭。特许弟侄代役，曰旌孝子也。"《周缙传》："遗戍兴州，有司遂捕缙械送戍所。居数岁，子代还。"

[78]《大明会典》卷一五四。

[79]《大明会典》卷一五四。

［80］《明史》卷二八一《赵豫传》，同上《张宗琏传》："朝遣李立理江南军籍，檄宗琏自随。立受黠军词，多逮平民实伍。"吴宽《匏翁家藏集》卷三三《崔巡抚辩诬记》："宣德初所谓军政条例始行于天下。御史李立往理苏、常等府。立既刻薄，济以苏倅张徽之凶暴，专欲括民为军。民有与辩者，徽辄怒曰：'汝欲为鬼耶？抑为军耶？'一时被诬与死杖下者，多不可胜数。苏人恨入骨髓。然畏其威，莫敢与抗也。"

［81］《明史》卷二八一《唐侃传》。

［82］《顺渠先生文集》卷四。

［83］《明史》卷九二《兵志》四。

［84］顾起元《客座赘语》二勾军可罢："南都各卫军在卫者，余尝于送表日见之。尪羸饥疲，色可怜，与老稚不胜衣甲者居大半。平居以壮仪卫、备国容犹不足，脱有事而责其效一臂力，何可得哉！其原繇尺籍，皆系祖军，死则其子孙或其族人充之，非盲瞽废疾，未有不编于伍者。又户绝必清勾，勾军多不乐轻去其乡，中道辄逃匿，比至又往往不习水土，而病且死。以故勾军无虚岁而什伍日亏。且勾军之害最大，一户而株累数十户不止。比勾者至卫所，官卫又以需索困苦之，故不病且死，亦多以苦需索而窜。"

［85］《明史》卷一四五《朱能传》："朱勇以南北诸卫所军，备边转运，错互非便。请专令南军转运，北军备边。"

［86］《明史》卷一五三《陈暄传》。

［87］《明史》卷七九《食货志》三漕运。

［88］《刘忠宣公集》卷一《乞休疏》中语。

［89］《明史》卷二一四《靳学颜传》。

［90］《明史》卷一六五《丁瑄传》："当是时浙闽盗所在剽掠为民患，将帅率玩寇，而文吏励民兵拒贼往往多斩获。闽则有张英、王得仁之属，浙江则金华知府石玠擒遂昌贼苏杆。处州知府张佑击贼众，擒斩千余人。"

［91］《明史》卷一六五《叶祯传》、卷一七七《叶盛传》："天顺二年巡抚两广，时两广盗贼蜂起，所至破城杀将，诸将怯不敢战，杀平民冒功，民相率从贼。"

［92］《明史》卷一八七《马中锡传》。

［93］狼兵和土兵是湖南、广西一带土司的军队，参看《明史》卷三一〇《土司传》和毛奇龄《蛮司合志》。

[94]《明史》卷一八七《洪钟传》:"正德五年,保宁贼起。官兵不敢击,潜蹑贼后,馘良民为功,土兵虐民尤甚。时有谣曰:贼如梳,军如篦,土兵如剃。"

[95]《明史》卷一八七《陈金传》:"正德六年,江西盗起。金以所属郡兵不足用,奏调广西狼土兵,累破剧贼。然所用目兵,贪残嗜杀,剽掠甚于贼。有巨族数百口阖门罹害者。所获妇女率指为贼属,载数千艘去。民间谣曰:土贼尤可,土兵杀我。金亦知民患之,方倚其力不为禁。"

[96]蒙古降人和内地的土著蒙古人。

[97]《明史》卷一五六《毛胜传》。

[98]《明史》卷一五六《和勇传》。

[99]《明史》卷九一《兵志》。

[100]《阳明集要·经济集》一选拣民兵。

[101]顾炎武《亭林文集》卷六《兵制论》:"正德末始令郡县选民壮。弘治中制里金二名若四五名。有调发官给行粮。正德中计丁粮编机兵银,人岁食至七两有奇,悉赋之民。此之谓机(兵)快(手)民壮,而兵一增,制一变。又久备益弛,盗发雍豫,蔓延数省,民兵不足用,募新兵,倍其糈,以为长征之军,而兵再增,制再变。屯卫者曰:我乌知兵,转漕耳。守御非吾任也。故有机壮而屯卫为无用之人。民壮曰:我乌知兵,给役耳。调发非吾任也。故有新募而民壮为无用之人。"

[102]《明史》卷一五七《杨鼎传》:"也先将寇京师,诏行监察御史募兵兖州。"同书卷一六〇《石璞传》:"景帝即位,出募天下义勇。"卷一七二《白圭传》:"从军驾北征,陷土木。脱还,景帝命往泽州募兵。"按同书卷一六四《左鼎传》附《练纲传》:"初京师戒严,募四方民壮分营训练,岁久多逃,或赴操不如期。建议编之尺籍。(练)纲等言:招募之初,激以忠义,许事定罢遣。今展转轮操,已孤所望。况其逃亡,实迫寒馁。岂可遽著军籍!边方多故,倘更招募,谁复应之。诏即除前令。"此为景泰四年事,距招募入伍时已五年。似乎这次所募的大部分是各地民壮,虽未著录于中央军籍,却已入伍四五年,编营训练,其性质和后来的兵相同了。至于《杨鼎传》和《白圭传》所记的募兵,当即为和军对称并行的兵,并非地方的民壮。又募兵须由中央,地方长官不得擅募。《明史》卷一六四记李信以擅募被劾可证:"景事中曹凯擢浙江右参政。镇守都督李信擅募民为军,糜饷万余石。凯劾奏之。信虽获宥,诸助信募军者皆获罪。"

传中军当作兵。

[103]《七修类稿续稿》卷三。

[104]《明史》卷二一二《戚继光传》。

[105]《明史》卷二二二《谭纶传》。

[106]《明史》卷二〇五《李遂传》："振武营者（南京）兵部尚书张鏊募健儿以御倭，素骄悍。（以给饷逾期哗变）遂奏调振武军护陵寝，一日散千人。"

[107]《明史》卷一九九《郑晓传》："募盐徒骁悍者为兵。"

[108]《明史》卷二一二《戚继光传》："朱先募海滨盐徒自为一军。"

[109]《明史》卷二一二《俞大猷传》："嘉靖四十二年，惠州府参将谢敕与伍端温七战失利，以俞家军至恐之。"

[110]《明史》卷二〇四《翟鹏传》："嘉靖二十一年。起鹏宣大总督……修边墙……得地万四千九百余顷。募军千五百人，人给五十亩，省仓储无算。"

[111]《大明会典》卷一二九。

[112]《明史》卷二一二《戚继光传》。

[113]《明史》卷二一二《戚继光传》，《谭纶传》。

[114]《明史》卷八九《兵志》一。

[115]《明史》卷二五一《蒋德璟传》："文皇帝设京卫七十二，计军四十万。畿内八府军二十八万，又有中都、大宁、山东、河南入卫班军十六万，春秋入京操演。深得居重驭轻之势。且自来征讨，皆用卫所官军，嘉靖末始募兵，遂置军不用，至加派日增，军民两困。"

[116]《客座赘语》卷二。

[117]《熊襄愍公集》卷三。

[118]《明史》卷二三七《冯应京传》："辽阳陷，时议募兵。何栋如自请行。遂赍帑金赴浙江，得六千七百人……所募兵畏出关，多逃亡。"

[119]《明史》卷二五九《熊廷弼传》："刘国缙募辽人为兵，所募万七千人，逃亡过半。"并参阅《熊襄愍公集》卷四《新兵全伍脱逃疏》。

[120]《明史》卷二五六《毕自严传》。

[121]《明史》卷二五九《袁崇焕传》。

[122]《明史》卷二六四《李梦辰传》："崇祯六年冬……累迁本科给事中。复言：将骄军悍，邓玘、张外嘉之兵弑主而叛，曹文诏、艾万年之兵望贼而奔，尤世威、徐来朝之兵离汛而遁。今者张全昌、赵光远之兵且倒戈为乱矣。荥泽劫

库杀人,偃师列营对垒,且全昌等会剿豫贼,随处逗留,及中途兵变,全昌竟东行,光还始西向。骄抗如此,安可不重治。帝颇采其言。"

[123]《明史》卷二七三《左良玉传》。

[124]《明太祖实录》卷六。

[125]《西隐文稿》卷一〇《守边策略》。

[126]《明史》卷七七《食货志》一《田制》。

[127]《明史》卷二五七《王洽传》。

[128]《明史》卷一五〇《郁新传》。

[129]《明史》卷二二〇《王遴传》。

[130]《明史》卷七九《食货志》三《仓储》。

[131]《明史》卷一六四《范济传》。

[132]《明史》卷一五七《柴车传》:"宣德六年,山西巡按御史张勖言:大同屯田多为豪右占据。命车往按得田几二千顷,还之军。"卷一七六《商辂传》:"塞上腴田率为势豪占据,辂请核还之军。"卷一五五《蒋贵传》:"成化十年,蒋琬上言:大同、宣府诸塞腴田,无虑数十万,悉为豪右所占。"卷一八六《张泰传》:"弘治五年泰言:甘州膏腴地,悉为中官武臣所据,仍责军税。城北草湖,资戍卒牧马,今亦被占。"卷二六二《孙传庭传》:"崇祯九年……西安四卫旧有屯田二万四千余顷,其后田归豪右,军尽虚籍。"

[133]侯朝宗《壮悔堂文集》卷四《代司徒公屯田奏议》:"(诸阃帅荫职以)肥区归己,而以其瘠硗者移之军士,久则窜易厥籍,而粮弥不均。于是不得不寄甲于势要,而欺隐遂多。欺隐多于是不得不摊税于佃军,而包赔愈苦。流病相仍,非朝伊夕,人鲜乐耕,野多旷土,职此之繇。"

[134]《明史》卷七七《食货志》一《田制》。

[135]《明史》卷一八五。

[136]《明史》卷二二五《王国光传》。

[137]《明史》卷二一四《马森传》。

[138]毕自严《石隐园藏稿》卷六《议覆屯田疏》。

[139]《明史》卷一八一《刘健传》。

[140]《明史》卷一八一《谢迁传》。

[141]《明史》卷二三五《王德完传》。

[142]《明史》卷一九二《张原传》。

[143]《明史》卷二〇一《周金传》。

[144]《明史》卷二〇八《黎贯传》:"嘉靖二年疏言:国初夏秋二税,麦四百七十万,而今损九万;米二千四百七十三万,而今损二百五十万。以岁入则日减,以岁出则日增。"

[145]《明史》卷一九四《梁材传》。

[146]《明史》卷二一四《刘体乾传》。

[147]《明史》卷二〇〇《孙应奎传》:"俺答犯京师后,羽书旁午征兵饷。应奎乃建议加派,自北方诸府暨广西、贵州外,其他量地贫富,骤增银一百十五万有奇,而苏州一府乃八万五千。"

[148]《明史》卷七八《食货志》二《赋役》。

[149]《明史》卷二五五《李戴传》。

[150]《明史》卷二〇二《孙应奎传》,《明史》卷二三五《王德完传》。

[151]《明史》卷二一四《马森传》。

[152]《明史》卷二一四《刘体乾传》。

[153]《明史》卷二二四《宋纁传》:"万历十四年迁户部尚书。言:边储大计,最重屯田、盐筴。近诸边年例银增至三百六十一万,视弘治初八倍。"

[154]《明史》卷二三五《王德完传》:"万历十四年进士……累迁户科都给事中,上筹划边饷议言:诸边岁例,弘正间止四十三万,至嘉靖则二百七十余万,而今则三百八十余万。"

[155]《明史》卷二二〇《王遴传》:"故事户部银专供军国,不给他用。帝大婚,暂取济边银九万两为织造费。至是复欲行之,遴执争。未几诏取金四千两为慈宁宫用,遴又力持,皆不纳。"卷二二七《万象春传》:"皇女生,诏户部光禄寺各进银十万两,象春力谏不听。"卷二二〇《赵世卿传》:"福王将婚,进部帑二十七万,犹以为少……至三十六年七公主下嫁,宣索至数十万。世卿引故事力争,诏减三之一。世卿复言:陛下大婚止七万,长公主下嫁止十二万,乞陛下再裁损,一仿长公主例。帝不得已从之。"卷二四〇《朱国祚传》:"万历二十六年诏旨采办珠宝二千四百万,而天下赋税之额乃止四百万。"卷二三五《王德完传》:"今皇长子及诸王册封冠婚至九百三十四万,而袍服之费复二百七十余万。"卷二四一《张问达传》:"帝方营三殿,采木楚中,计费二百二十万有奇。"

[156]《明史》卷七九《食货志》三《仓库》。

[157]《明史》卷二三〇《汪若霖传》:"万历三十六年巡视库藏,见老库止

银八万,而外库萧然。诸边军饷积逋至百余万。"

[158]《明史》卷二三五《王德完传》:"万历二十八年起任工科,极陈国计匮乏,言:近岁宁夏用兵费百八十余万,朝鲜之役七百八十余万,播州之役二百余万。"按毕自严所记与此不同,《石隐园藏稿》卷六《清查九边军饷疏》:"征哱拜之费用过一百余万,两次征倭之费用过五百九十五万四千余两,征播之费用过一百二十二万七千余两。"

[159]《明史》卷二一六《冯琦传》。

[160]《明史》卷七八《食货志》二《赋役》,《明史》卷二二〇《李汝华传》。

[161]《石隐园藏稿》卷六《详陈节欠疏》。

[162]《杨文弱集》卷二。

[163]《石隐园藏稿》卷六《清查九边军饷疏》。

[164]《明史》卷二七五《解学龙传》。

[165]《明史》卷二七五,《杨文弱集》卷一,万历四十七年九月,《请立兵册清查辽饷确数稿》:"新兵原食一两二钱,今递加至一两八钱。旧兵原食四钱,今递加至一两二钱。新兵递加,往开元等一两八钱,往铁岭等一两六钱。旧兵递加,其上等一两二钱,中等者八钱。"天启元年六月《三覆议山东河北增兵用饷稿》:"定辽西新旧兵例分为五等,一等月给银二两,二等月给银一两八钱,三等月给银一两五钱,四等月给银一两二钱,五等月给银八钱。"

[166]《杨文弱集》卷四《述辽饷支用全数疏》。

[167]《明史》卷二五六《毕自严传》。

[168]《明史》卷二五六《毕自严传》:"兵部尚书梁廷栋请增天下田赋,自严不能止。于是旧增五百二十万之外,更增百六十五万有奇,天下益耗矣。"《明史》卷二五七《梁廷栋传》:"亩加九厘之外,再增三厘,于是增赋百六十五万有奇,海内益怨咨。"按《明史》卷二五二《杨嗣昌传》:"神宗末年增赋五百二十万,崇祯初再增百四十万。统名辽饷。"作百四十万,误。

[169]《石隐园藏稿》卷七《兵饷日增疏》。

[170]《明史》卷二五二《杨嗣昌传》。

[171]《明史》卷二五二《杨嗣昌传》。

[172]《明史》卷二六五《倪元璐传》。

[173]《明史》卷二八五《张以宁传》附《秦裕伯传》。

[174]《明史》卷一二四《扩廓帖木儿传》附《蔡子英传》。

[175]《明史》卷二八五《杨维桢传》、《丁鹤年传》。

[176] 余阙《青阳文集》卷四《杨君显民诗集序》。

[177]《明太祖实录》卷二六、卷一二六。

[178] 贝琼《清江诗集》卷八《述怀·二十二韵寄钱思复》。

[179] 贝琼《清江诗集》卷五《秋思》。

[180]《明史》卷七一《选举志》三。

[181] 黄佐《南雍志》卷一《事纪》。

[182]《南雍志》卷九《学规本末》。

[183]《南雍志》卷一六《器用》。

[184]《南雍志》卷九《学规本末》。

[185]《南雍志》卷一〇《谟训考》。

[186]《南雍志》卷九《学规本末》。

[187]《南雍志》卷一五。

[188]《南雍志》卷一《事纪》。

[189]《明史》卷六九《选举志》。

[190]《皇明制书》。

[191] 琉球生入南监,最后一次是嘉靖十七年,二十三年回去的(1538—1544)。《明史·选举志》作"成化正德时(1465—1521),琉球生犹有至者",是错的。

[192]《南雍志》卷一《事纪》,《明史·选举志》。

[193]《南雍志》卷一《事纪》,《明史·选举志》。

[194]《南雍志》卷九《学规本末》。

[195]《皇明太学志》卷七。

[196]《南雍志》卷一《事纪》。

[197]《南雍志》卷一《事纪》。

[198]《明史》卷一三九《钱唐传》,《明史》卷五四《礼志》四,李之藻《领官礼乐疏》卷二,全祖望《鲒琦亭集》卷三五《辨钱尚书争孟子事》,北平图书馆藏洪武二十七年刊本《孟子节文·刘三吾〈孟子节文题辞〉》:"《孟子》一书,中间词气之间抑扬太过者八十五条。其余一百七十余条,悉颁之中外校官,俾读是书者知所本旨。自今八十五条之内,课士不以命题,科举不以取士,壹以圣贤中正之学为本。"

[199]《南雝志》卷一《事纪》。

[200]《南雝志》卷一〇《谟训考圣制策问》。

[201]《南雝志》卷九《学规本末》。

[202]《南雝志》卷七卷八《规制考》。

[203]《南雝志》卷一《事纪》。

[204]《南雝志》卷九《学规本末》。

[205] 赵翼《廿二史札记》卷三一《明史立传多存大体条》引叶子奇《草木子》，按坊本《草木子》无此条。

[206]《明史》卷一三七《宋讷传》。

[207]《南雝志》卷一《事纪》、《南雝志》卷一〇《谟训考》、《明史·宋讷传》。

[208]《南雝志》卷一〇《谟训考》。

[209]《南雝志》卷四《事纪》。

[210]《南雝志》卷一《事纪》，卷二一《刘丞直传》，《明史·宋讷传》，刘辰《国初事迹》。

[211]《明史·宋讷传》。

[212]《南雝志》卷一《事纪》。

[213]《明史》卷六九《选举志》。

[214]《明史》卷七〇《选举志》。

[215]《南雝志》卷一《事纪》，《明史》卷六九《选举志》。

[216]《大明会典》卷七八《学校》。

[217] "非为"是明太祖的口头和文字上常用术语，含有特别内容，和他常用的"异为"、"他为"同义。

[218]《大明会典》卷七八《学校》。

[219]《御制大诰·社学》第四十四。

[220]《御制大诰·颁行大诰》第七十四。

[221]《大诰续编·颁行续诰》第八十七。

[222]《菽园杂记》卷五。

[223] 王世贞《锦衣志》。

[224]《明史》卷九五《刑法志》。

[225]《明史》卷九五《刑法志》。

[226]《明史》卷九五《刑法志》，卷七五《职官志》。

[227] 王世贞《锦衣志》。

[228] 傅维麟《明书》卷七三。

[229]《明史》卷九五《刑法志》。

[230]《明史》卷七三。

[231]《明史》卷九五《刑法志》。

[232]《垂光集》卷一《论治化疏》。

[233] 刘若愚《中志》卷一六。

[234]《明史》卷九五《刑法志》。

[235]《明史》卷九五《刑法志》。

[236]《明世宗实录》。

[237]《万历野获编》卷二一。

[238]《明史》卷九五《刑法志》。

[239]《万历野获编》卷二一。

[240]《瞿忠宣公集》卷一。

[241]《明史纪事本末》卷七一。

[242]《明史》卷九五《刑法志》。

[243]《万历野获编》卷一八。

[244]《熙亭先生文集》卷四《恩谴记》。

[245]《万历野获编》卷一八。

[246]《商文毅公集》卷一。

[247]《春明梦余录》卷六三。

[248]《杨忠烈公文集》卷二。

[249]《刘子全书》卷一六《痛陈时艰疏》，卷一七《敬循职掌疏》。

[250]《春明梦余录》卷六三。

[251]《明史》卷九五《刑法志》。

[252] 按《金志》太祖以国产金，且有金水源，故称大金。

[253]《廿二史札记》卷二九《元建国始用文义》。

[254] 日人和田清君曾撰《关于明之国号》一文，刊《东洋学报》，滇中无从得此书，未能论列。

[255] 钱谦益《国初群雄事略》引俞本《皇明纪事录》，《明史·太祖纪》

系称吴国公事于至正十六年。

[256]《国初群雄事略》引《龙凤事迹》。

[257]《国初群雄事略》。

[258] 冯承钧译,商务印书馆版。

[259]《海宁王静安先生遗书》册一一。

[260] 北京大学《国学季刊》一卷二号。

[261] 辅仁大学《辅仁学志》七卷一、二期

[262] 沙畹《摩尼教流行中国考》。

[263] 李肇《唐国史补》,《新唐书》卷二一七上。

[264] 李肇《唐国史补》,《新唐书》卷二一七上。

[265] 沙畹《摩尼教流行中国考》。

[266] 李肇《唐国史补》下,《唐书·回鹘传》,《资治通鉴》卷二三七。

[267] 胡三省《通鉴》注引《唐会要》卷一九。

[268]《佛祖统纪》卷四一,赞宁《僧史略》下,《旧唐书》卷一四,《册府元龟》卷九九九。

[269]《佛祖统纪》卷四一。

[270] 李肇《唐国史补》下。

[271]《册府元龟》卷九九七。

[272]《唐会要》卷四九。

[273] 徐铉《稽神录》。

[274] 李德裕《会昌一品集》卷五《赐回鹘可汗书》。

[275]《入唐求法巡礼行记》卷三。

[276]《僧史略》卷下。

[277]《旧五代史·梁书·末帝纪》。

[278] 此承向觉明先生教。三阶教,日人矢吹庆辉著有《三阶教之研究》。

[279]《闽书》卷七《方域志》。

[280]《佛祖统纪》引洪迈《夷坚志》。

[281]《老学庵笔记》。

[282]《宋会要稿·刑法》二上。

[283]《渭南文集》卷五。

[284]《高峰先生文集》卷二。

［285］《泊宅编》卷五。

［286］《鸡肋编》中。

［287］李心传《建炎以来系年要录》卷七六。

［288］《佛祖统纪》卷三九引。

［289］方勺《泊宅编》，《宋史·童贯传》附《方腊传》。

［290］《建炎以来系年要录》卷三二至三六。

［291］《建炎以来系年要录》卷六三，庄季裕《鸡肋编》中。

［292］《建炎以来系年要录》卷一三八。

［293］《建炎以来系年要录》卷一五一。

［294］《建炎以来系年要录》卷一七六。

［295］《宋史》卷四一九《陈𬇹传》。

［296］沙畹《摩尼教流行中国考》。

［297］《攻媿集》卷七三。

［298］《建炎以来系年要录》卷一五三。

［299］《建炎以来系年要录》卷一六五。

［300］《建炎以来系年要录》卷一七三。

［301］《四朝见闻·丁集》。

［302］《宋史》卷三九四《胡纮传》。

［303］《宋史》卷三九四《林栗传》。

［304］《宋会要稿·刑法》二上。

［305］《嘉定赤城志》卷三七《风土门》。

［306］《宋会要稿·刑法》二下。

［307］何乔远《闽书》七《方域志》。

［308］《增一阿含》第四十二品八难品八大人念经。

［309］《大阿罗汉难提蜜多罗所说法注记》。

［310］汤用彤《汉魏两晋南北朝佛教史》三《阶教之发生》。

［311］慧皎《高僧传·道安传》。

［312］道宣《续高僧传·感通》。

［313］《隋书》卷二三。

［314］《唐大诏令集》卷一一三。

［315］《北平图书馆刊》九卷六号王重民《金山国坠事零拾》，此亦承向觉

明先生教。

[316]《宋史》卷二九二《明镐传》，李攸《宋朝事实》卷一六。

[317]《高僧传·慧远传》。

[318]《宋戒珠净土往生传序》。

[319] 宋道诚《释氏要览》卷一。

[320]《嘉定赤城志》卷三七。

[321]《元典章》卷三三《礼部》六《白莲教》。

[322]《元史》卷二二《武宗纪》。

[323]《元史》卷二八《英宗纪》。

[324]《元史》卷二九《泰定帝纪》。

[325]《新元史》卷一九《泰定帝纪》。

[326]《元史》卷三九《顺帝纪》。

[327]《元史》卷三九《顺帝纪》。

[328]《草木子》卷三《克谨篇》。

[329]《草木子》卷三《克谨篇》。

[330] 权衡《庚申外史》。

[331]《鸿猷录》卷七《宋事始末》。

[332]《名山藏》卷四三《天因记》。

[333]《元史》卷四二《顺帝纪》。

[334]《明史》卷一《太祖纪》，俞本《皇明纪事录》。

[335] 参看沈节甫《纪录汇编》本《御制纪梦》及《天潢玉牒》。

[336]《御制纪梦》。

[337]《明史》卷一《太祖纪》。

[338]《明史》卷一《太祖纪》，参《皇朝本纪》。

[339]《明史》卷一《太祖纪》，参《皇朝本纪》。

[340]《皇明纪事录》。

[341]《皇明纪事录》。

[342]《明史》卷一《太祖纪》。

[343]《皇明纪事录》。

[344]《皇明纪事录》。

[345]《明史》卷一《太祖纪》。

［346］《明史》卷一《太祖纪》。

［347］《皇明纪事录》。

［348］《明史》卷一《太祖纪》。

［349］钱谦益《国初群雄事略》引《龙凤事迹》。

［350］《明史》卷一《太祖纪》。

［351］《明史》卷一二八《刘基传》，高岱《鸿猷录二·宋事始末》："诸将议于中书省设御座奉韩林儿，刘基从后踢上所坐胡床曰：'牧竖子耳！奉之何为？'密陈天命所在。上意悟。会陈友谅来入寇，遂议征讨，不果奉。"何乔远《名山藏·天因记》："龙湾之捷（按陈友谅龙湾之败，事在至正二十年闰五月，时宋帝在安丰），诸将欲奉小明王为帝，刘基怒不许，陈天命所在。然高帝用其年纪如初。"

［352］《明史》卷一《太祖纪》。

［353］吴宽《平吴录》，祝允明《九朝野史》卷一。

［354］朱权《通鉴博论》，钱谦益《太祖实录辨证》。

［355］《明史》卷二《太祖纪》。

［356］《名卿绩纪》卷三。

［357］《明史》卷二八九《熊鼎传》。

［358］《芝园续集》卷四。

［359］按《明史》卷一一一《七卿年表》太祖朝与郁新任户部尚书同时之礼部尚书为李原名、任亨泰、门克新、郑沂、陈迪、宋礼、李至刚等，无杨隆名。卷一五〇《郁新传》："新，临淮人"，仕迹亦未尝履闽。

［360］《明史》卷三一六《贵州土司传》铜仁。

［361］详《明史》、《明史纪事本末》、《世庙识余录》。

［362］《明史》卷二五七《赵彦传》，《明史纪事本末》。

［363］陶奭龄《小柴桑喃喃录》上；周顺昌《烬余集》卷二《与吴公如书二》。

［364］《温宝忠遗稿》卷五《士民说》。

［365］顾炎武《亭林文集·生员论》。

［366］《明史》卷一二《英宗后纪》；卷一七六《彭时传》。

［367］《明史》卷一一三《郭嫔传》，事同稍简。

［368］《朝鲜李朝世宗实录》卷二六。

[369]《明成祖实录》卷二一九。
[370]《明英宗实录》卷四六。
[371]《明英宗实录》卷四七。
[372]《明宣宗实录》卷五。

吴晗论明史

下

吴晗 著

中原出版传媒集团
中原传媒股份公司

河南电子音像出版社

·郑州·

第三编　世情百态

明初社会生产力的发展

一 农业生产的恢复和发展

"地主阶级对于农民的残酷的经济剥削和政治压迫，迫使农民多次举行起义，以反抗地主阶级的统治。从秦朝的陈胜、吴广、项羽、刘邦起，中经汉朝的新市、平林、赤眉、铜马和黄巾，隋朝的李密、窦建德，唐朝的王仙芝、黄巢，宋朝的宋江、方腊，元朝的朱元璋，明朝的李自成，直至清朝的太平天国，总计大小数百次的起义，都是农民的反抗运动，都是农民的革命战争。中国历史上的农民起义和农民战争的规模之大，是世界历史上所仅见的。在中国封建社会里，只有这种农民的阶级斗争、农民的起义和农民的战争，才是历史发展的真正动力。因为每一次较大的农民起义和农民战争的结果，都打击了当时的封建统治，因而也就多少推动了社会生产力的发展。"[1]

明初的社会生产力的发展是元末农民起义的结果，它首先表现在农业生产的恢复和发展方面。

经过二十年长期战争的破坏，人口减少，土地荒芜，是明朝初年的普遍现象。例如唐宋以来的交通要道、繁华胜地的扬州，为青军（又名一片瓦、长枪军，是地主军队）元帅张明鉴所据，军队搞不到粮食，每天杀城里的老百姓吃。龙凤三年朱元璋部将缪大亨攻克扬州，张明鉴投降，城中居民仅余十八家。新任知府以旧城虚旷难守，只好截西南一隅筑而守之。[2]如颍州，从元末韩咬儿在此起义以后，长期战乱，民多逃亡，城野空虚。[3]特别是山东河南地区，受战争破坏最重，"多是无人之地"[4]。洪武元年闰七月大将军徐达率师发汴梁，徇取河北州县，时兵革连年，道路皆榛塞，人烟断绝。[5]有的地方，积骸成丘，居民鲜少。[6]洪武三年，济南府知府陈修和司农官报告：北方郡县近城之地多荒芜。[7]到洪武十五年晋府长史致仕桂彦良还说，"中原为天下腹心，号膏腴之地，因人力不至，久致荒芜"。二十一年河北诸处，还是田多荒芜，居民鲜少。三十年常德、武陵等十县土旷人稀，耕种者少，荒芜者多。[8]名城开封，以户粮数少，由上府降为下府。[9]洪武十年，以河南、四川等布政司所属州县，户粮多不及数，凡州改县者十二，县并者六十。十七年令凡民户不满三千户的州改为县者三十七。[10]

针对这种情况，朱元璋于吴元年五月下令凡徐、宿、濠、泗、寿、邳、东海、襄阳、安陆等郡县及今后新附土地人民，桑麻谷粟税粮徭役，尽行蠲免三年，让老百姓喘一口气，把力量投入生产。[11]集中力量，振兴农业，用移民屯田、开垦荒地的办法调剂人力的不足。兴修水利，种植桑棉，增加农业生产的收入。官给耕牛种子，垦荒地减免三年租税，遇灾荒优免租粮等措施，解决农民的困难。此外，还设立预备仓、养济院等救济机关。

他常说："四民之中，莫劳于农，观其终岁勤劳，少得休息。时和岁丰，数口之家犹可足食，不幸水旱，年谷不登，则举家饥困……百姓足而后国富，百姓逸而后国安，未有民困穷而国独富安者。"[12]又说："夫农勤四体，务五谷，身不离畎亩，手不释末粗,终岁勤动,不得休息。其所居不过茅茨草榻,所服不过练裳布衣,所饮食不过菜羹粝饭,而国家经费皆其所出……凡一居处服用之间,必念农之劳,取之有制,用之有节,使之不至于饥寒,方尽为上之道。若复加之横敛,则民不胜其苦矣。"[13]政府收入主要来自农村,粮食布帛棉花、人力都靠农民供给,农业生产如不恢复和发展,这个政权是支持不下去的。

移民的原则是把农民从窄乡移到宽乡,从人多田少的地方移到人少地广的地方。洪武三年六月,徙苏州、松江、嘉兴、湖州、杭州无业农民四千多户到濠州种田,给牛具种子,三年不征其税。又移江南民十四万户于凤阳。九年十月徙山西及真定民无产者于凤阳屯田。十五年九月迁广东番禺、东莞、增城降民二万四千四百余人于泗州屯田。十六年迁广东清远瑶民一千三百七人于泗州屯田,以上皆为繁荣起义根据地及其附近的措置。二十一年八月以山东、山西人口日繁,迁山西泽、潞二州民之无田者往彰德、真定、临清、归德、太康诸处闲旷之地,置屯耕种。二十二年以两浙民众地狭,务本者少而事末者多,命杭、湖、温、台、苏、松诸郡民无田者许令往淮河迤南滁、和等处起耕。山西贫民徙居大名、广平、东昌三府者,凡给田二万六千七十二顷。二十五年徙山东登、莱二府贫民五千六百三十五户就耕于东昌,二十七年迁苏州府崇明县无田民五百余户于昆山开种荒田。二十八年青、兖、登、莱、济南五府民五丁以上及小民无田可耕者起赴东昌,编籍屯种,凡一千五十一户,四千六百六十六口。到二十八年十一月东昌三府屯田迁民共五万八千一百二十四户,政府收租三百二十二万五千九百八十余石,棉花二百四十八万斤。彰德等四府屯田凡三百八十一处，屯田租二百三十三万三千三百一十九石，棉花五百零二万五千五百余斤。[14]凡移民垦田都由政府给予耕牛种子路费。洪武三年定制，北方郡县荒芜田地，召乡民无田者垦辟，户给十五亩，又给地二亩种蔬菜，有余力的不限顷亩，皆免三年租税。其马驿巡检司急递铺应役者，各于本处开垦，无牛者官给之。若王国所在，近城存留五里以备练兵牧马，余处悉令开耕。[15]又令凡开垦荒田，各处人民先因兵燹遗下田土，他人开垦成熟者听为己业。业主已还，有司于附近荒田拨补。复业人民现在丁少而原来田多者，不许依前占护，止许尽力耕垦为业。见今丁多而原来田少者，有司于附近荒田验丁拨付。[16]洪武二十四年令公侯大官以及民人，不问何处，唯犁到熟田，方许为主。但是荒田，俱系在官之数。若有余力，听其再开。又令山东概管农民，务见丁著役，限定田亩，著令耕种。敢有荒芜田地流移者，全家迁发化外充军。二十八年令，二十七年以后新田地，不论多寡，俱不起科（收田租），若地方官增科扰害者治罪。鼓励人民大力开垦。[17]

也有从少数民族地区移民到内地屯垦的，如徐达平沙漠，徙北平山后民三万五千八百余户散处诸府卫，充军的给衣粮，为民的给田土。又以沙漠遗民三万二千八百多户屯田北平，置屯二百五十四，开地一千三百四十三顷。

此外，吴元年十月徙苏州富民到濠州居住，因为他们帮着张士诚抵抗，还不断说张王好话的缘故。[18]洪武十五年命犯笞杖罪的犯人都送到滁州种苜蓿。[19]二十二年命户部起山东流民居京师，人赐钞二十锭，俾营生业。[20]二十八年徙直隶、浙江民二万户于京师，充仓脚夫。[21]

江南苏、松、杭、嘉、湖一带十四万户富民被强迫迁住凤阳，离开了原来的乡里田舍，还不许私自回去。这举动对于当时东南地主阶级是极大的打击。旧社会的旧统治阶级离开了原来占有的土地，同时也就丧失了社会地位和政治上的作用。相对的以朱元璋为首的新统治阶级却从而加强了对这一地区人民的控制了。这十几万家富户从此以后，虽然不敢公开回原籍，但却伪装成乞丐，以逃荒为名，成群结队，老幼男妇，散入江南诸郡村落乞食，到家扫墓探亲，第二年二三月间又回到凤阳。年代久了，也就成为习惯。五六百年来凤阳花鼓在东南一带是妇孺皆知的民间艺术。歌词是：

　　家住庐州并凤阳，凤阳原是好地方，自从出了朱皇帝，十年倒有九年荒。[22]

朱元璋在克集庆后，便注意水利。建国以后，越发重视，用全国的财力人力进行大规模的水利工程。洪武元年修江南和州铜城堰闸。周回二百余里。四年修治广西兴安县灵渠，可以溉田万顷。六年开上海胡家港，从海口到漕泾千二百余丈，以通海船。八年开山东登州蓬莱阁河，浚陕西泾阳县洪渠堰，溉泾阳、三原、醴泉、高陵、临潼田二百余里。九年修四川彭州都江堰。十二年修陕西西安府甜水渠，引龙首渠水入城，居民从此才有甜水可吃。十四年筑海盐海塘，浚扬州府官河。十七年筑河南磁州漳河决堤。决荆州岳山坝以通水利，每年增官田租四千三百余石，修江南江都县深港坝河道。十八年修筑黄河、沁河、漳河、卫河、沙河堤岸。十九年筑福建长乐海堤。二十三年修江南崇明海门决堤二万三千九百余丈，役夫二十五万人。疏四川永宁所辖水道。二十四年修浙江临海横山岭水闸、宁海奉化海堤四千三百余丈，筑上虞海堤四千丈，改建石闸。浚定海、鄞二县东钱湖，灌田数万顷。二十五年凿江南溧阳银墅东坝河道四千三百余丈，役夫四十万人。二十七年浚江南山阳支家河。凿通广西郁林州相隔二十多里的南北二江，设石陡诸闸。二十九年修筑河南洛堤。三十一年修治洪渠堰，浚渠十万三千余丈。这些规模巨大用人力到几十万人的工程，没有统一的安定的全国力量的支持，是不可能设想的。除此以外，元璋还要全国各地地方官，凡是老百姓对水利的建议，必须即时报告。洪武二十七年又特别嘱咐工部工员，凡是陂塘湖堰可以蓄水泄水防备旱灾潦灾的，都要根据地势一一修治。并派国子生和人才到全国各地督修水利。二十八年综计全国郡县开塘堰四万九百八十七处[23]，河四千一百六十二处，陂渠堤岸五千四十八处。[24]

移民屯田、开垦荒地、兴修水利是增加谷物产量，增加国家租税的主要措施。也就是经过革命斗争后，政府不得不稍为对农民让步的具体表现。此外，元璋还特别着重经济作物的增产，主要的是桑麻木棉和枣柿栗胡桃等。龙凤十一年六月下令凡农民有田五亩到十亩的，栽桑麻木棉各半亩，十亩以上的加倍，田多的照比例递加。地方官亲自督视，不执行命令的处罚。不种桑的使出绢一匹，不种麻和木棉的出麻布或棉布一匹。[25]洪武元年把这制度推广到全国，并规定科征之额，麻每亩科八两，木棉每亩四两，栽桑的四果以后再征税。二十四年于南京朝阳门钟山之麓，种桐、棕、漆树五千余万株，岁收桐油棕漆，为修建海船之用。[26]二十五年令凤阳、滁州、庐州、和州每户种桑二百株，枣二百株，柿二百株。令天下卫所屯田军士每人种桑百株，随地宜种柿栗胡桃等物，以备岁歉。二十七年令户部教天下百姓务要多种桑枣和棉花，并教以植之法。每一户初年种桑枣二百株，次年四百株，三年六百株。栽种过数目造册回奏，违者全家发遣充军。执行的情况，如湖广布政司二十八年的报告，所属郡县已种果木八千四百三十九万株。全国估计，在十亿株以上。二十九年以湖广诸郡宜于种桑，而种之者少，命于淮安府及徐州取桑种二十石，派人送到辰、沅、靖、全、道、永、宝庆、衡州等处（今湖南及广西北部一带），各给一石，使其民种之。发展这一地区蚕丝生产和丝织工业。[27] 为了保证命令的贯彻执行，下诏指出农桑为衣食之本，全国地方官考课，一定要报告农桑的成绩，并规定二十六年以后栽种桑枣果树，不论多少，都免征赋。[28] 作为官吏考绩的主要内容，违者降罚。又设置老人击鼓劝农，每村置鼓一面，凡遇农种时月，五更摇鼓，众人闻鼓下田，该管老人点闸（名）。若有懒惰不下田的，许老人责决，务要严切督并，见丁著业（每人都做活），毋容惰夫游食。若是老人不肯劝督，农民穷窘，为非犯法到官，本乡老人有罪。平时老人每月六次手持木铎，游行宣讲勤农务本的道理。[29] 颁发教民榜文说："今天下太平，百姓除粮差之外，别无差遣，各宜用心生理，以足衣食，如法栽种桑麻枣柿棉花，每岁养蚕，所得丝绵，可供衣服，枣柿丰年可以卖钞，俭年可当粮食。里老尝督，违者治罪。"[30]

洪武元年下诏田器不得征税。[31] 四年、二十五年遣官往广东、湖广、江西买耕牛以给中原屯种之民。[32] 二十八年命乡里小民或二十家或四五十家团为一社，每遇农急之时有疾病，则一社助其耕耘，庶田不荒芜，民无饥窘。户部以此意广泛晓谕。[33]各地报告修城垣建营房浚河道造王宫等工程，都反复告以兴作不违农时的道理，等秋收农隙时兴工。[34]对农业增产有成绩的地方官，加以擢升。如太平知府范常积极鼓励农民耕作，贷民种子数千石，到秋成大丰收，官民都庾廪充实。接着兴学校，延师儒，百姓很喜欢。召为侍仪。[35]陶安知饶州，田野开辟，百姓日子过得好，离任时，百姓拿他初来时情况比较，歌颂他："千里榛芜，侯来之初；万姓耕辟，侯去之日。"南丰百姓也歌唱典史冯坚："山市晴，山鸟鸣，商旅行，农夫耕，老瓦盆中洌酒盈，呼嚣隳突不闻声。"[36]农村里呈现出一片繁荣欢乐的气象。

对贪官污吏，用严刑惩治。洪武二年二月元璋告谕群臣说："尝思昔在民间时，见州县官吏多不恤民，往往贪财好色，饮酒废事，凡民疾苦，视之漠然，心实恨之。故今严法禁，但遇官吏贪污蠹害吾民者，罪之不恕。"[37]四年十一月立法凡官吏犯赃罪的不赦。下决心肃清贪污，说："此弊不革，欲成善政，终不可得。"二十五年又编《醒贪简要录》，颁布中外。[38]官吏贪赃到钞六十两以上的枭首示众，仍处以剥皮之刑。府州县衙门左首的土地庙，就是剥皮的刑场，也叫皮场庙。有的衙门公座旁摆人皮，里面是稻草，叫做官的触目惊心，不敢做坏事。[39]地方官上任赏给路费，家属赐衣料。来朝时又特别诰诫以："天下新定，百姓财力俱困，如鸟初飞，木初植，勿拔其羽，勿撼其根。"[40]违法的按法惩办。从开国以来，两浙、江西、两广、福建的地方官，因贪赃被法办，很少人做到任满。[41]

苏、松、嘉、湖田租特别重，洪武十三年下诏减削。[42]凡各地闹水旱灾荒歉收的，蠲免租税。丰年无灾荒，也择地瘠民贫的地方特别优免。灾重的免交二税之外，还由官府贷米，或赈米和布、钞。各地设预备仓，由地方耆老经管，存储粮食以备救灾。设惠民药局，凡军民之贫病者，给以医药。设养济院，贫民不能生活的许入院赡养，月给米三斗，薪三十斤，冬夏布一匹，小口给三分二。灾伤州县，如地方官不报告的，特许耆民申诉，处地方官以死刑。二十六年又令户部，授权给地方官在饥荒年头，得先发库存米粮赈济，事后呈报，立为永制。三十多年来，赏赐民间布、钞数百万，米百多万石，蠲免租税无数。[43]

几十年的安定生活，休养生息，积极鼓励生产的结果，社会生产力不但恢复，而且大大发展了：

第一表现在垦田数目的增加，以洪武元年到十三年的逐年增加的垦田数目来作例：

洪武元年　七百七十余顷

二年　八百九十八顷

三年　二千一百三十五顷（山东、河南、江西的数字）

四年　十万六千六百六十二顷

六年　三十五万三千九百八十顷

七年　九十二万一千一百二十四顷

八年　六万二千三百八顷

九年　二万七千五百六十四顷

十年　一千五百十三顷

十二年　二十七万三千一百四顷

十三年　五万三千九百三十一顷

十三年中增加的垦田数字为一百八十万三千一百七十一顷。到洪武十四年全国官民田总数为三百六十六万七千七百一十五顷。增垦面积的数字占十四年全国官民田数字的二分之一。由此可知洪武元年的全国已垦田面积不过一百八十多万顷（不包括东北、西北未定地方和夏的领土四川和云贵等地）。再过十年，十四年的数字为三百八十七万四千七百四十六顷。[44] 经过多年的垦辟和大规模全面的丈量，二十六年的数字为八百五十万七千六百二十三顷。[45] 比十四年又增加了四百八十四万顷，比洪武元年增加了六百七十万顷。

第二表现在本色税粮收入的增加，洪武十八年全国收入麦米豆谷二千八十八万九千六百一十七石[46]，二十三年为三千一百六十万七千六百石[47]，二十四年为三千二百二十七万八千九百八十三石[48]，二十六年为三千二百七十八万九千八百石。[49] 二十六年比十八年增加了三分之一的收入。和元代全国岁入粮数一千二百一十一万四千七百余石相比，增加了差不多两倍。[50] 历史家记述这时期生产发展的情况说："是时宇内富庶，赋入盈羡，米粟自输京师数百万石外，府县仓廪蓄积甚丰，至红腐不可食。岁歉，有司往往先发粟赈贷，然后以闻。"[51]

第三表现在人口数字的增加，洪武十四年统计，全国有户一千六十五万四千三百六十二，有口五千九百八十七万三千三百五。[52] 二十六年的数字为户一千六百五万二千八百六十，口六千五十四万五千八百十二。[53] 比之元朝极盛时期，元世祖时代的户口：户一千一百六十三万三千二百八十一，口五千三百六十五万四千三百三十七[54]，户增加了三百四十万，口增加了七百万。

第四表现在府县的升格，明制以税粮多少定府县等级：县分上中下三等，标准为田赋十万石、六万石、三万石以下。府也分三等，标准为田赋二十万石以上、以下，十万石以下。[55]从洪武八年起，因为各地方经济的恢复和发展，垦田和户口的增加，田赋收入增加了，不断地把府县升格，例如开封原为下府，因为税粮数超过三十八万石，八年正月升为上府，河南怀庆府税粮增加到十五万石，陕西平凉府户口田赋都有增加，三月升为中府。十二月以太原、凤阳、河南、西安岁收粮增加，升为上府，扬州、巩昌、庆阳升为中府，明州之鄞县升为上县。山东莱州税粮不及，降为中府。[56]扬州残破最重，经过八年时间，已经恢复到收田赋二十万石下的中府了，从这个名城的恢复，可以推知全国各地社会生产力的恢复和发展的情况。

第五由于粮食的增产，特别是桑麻棉花和果木的普遍种植，农民的收入增加了，生活改善了，购买力提高了。农业生产的恢复和发展，一方面为纺织工业提供了原料；一方面农民所增加的购买力又促进了刺激了商业市场的繁荣，出现了许多新的以纺织工业为中心和批发绸缎棉布行号的城市。

二　棉花的普遍种植和工商业

棉布传入中国很早，南北朝时从南洋诸国输入，称为吉贝、白叠。[57]国内西北高昌（今新疆吐鲁番）产棉，唐灭高昌，置西州交河郡，土贡氎布。布就是白叠。[58]宋元间已有许多地区种棉，但是在全国规模内普遍种植和纺织技术的提高，则是明朝初年的事情。[59]

在明代以前，平民穿布衣，布衣指的是麻布的衣服。[60]冬衣南方多用丝棉作袍，北方多用毛皮作裘。虽然也有用棉布作衣服卧具的，但因为"不自本土所产，不能足用"。[61]唐元稹诗："木绵温当棉衣。"元太祖世祖遗衣皆縑素木绵，动加补缀。[62]宋谢枋得诗："洁白如雪积，丽密过锦纯，羔缝不足贵，狐腋难比伦……剪裁为大裘，穷冬胜三春。"[63]可见棉布到宋末还是很珍贵的物品。

宋代福建、广东种植棉花的日多[64]，琼州是纺织中心之一，妇女以吉贝织为衣衾，是当地黎族的主要副业生产。[65]元代从西域输入种子，种于陕西，捻织毛丝，或棉装衣服，特为轻暖。[66]元灭南宋后，浙东、江东、江西、湖广诸地区也推广棉花的种植，生产量增加，棉布成为商品，服用的人日多。[67]至元二十六年（1289）四月置浙东、江东、江西、湖广、福建木绵提举司，责令当地人民每年输纳木绵十万匹，以都提举司总之。二十八年五月罢江南六提举司岁输木棉。[68]成宗元贞二年（1296）始定江南夏税输以木绵布绢丝绵等物。[69]由于种棉面积的增加，种植和纺织的技术需要总结和交流，元世祖至元十年司农司编印《农桑辑要》，以专门篇幅记棉花的种植方法。[70]纺织的工具和技术由于各地方劳动人民的创造和交流，日益进步。据十二世纪八十年代间的记载，雷化廉州南海黎峒的少数民族，采集棉花后，"取其茸絮，以铁筋辗去其子，即以手握茸就纺"。[71]稍后的记载提到去子后，"徐以小弓，弹令纷起，然后纺织为布"。[72]到十三世纪中期，诗人描写长江流域纺织情形说："车转轻雷秋纺雪，弓湾半月夜弹云。"[73]已经有纺车、弹弓和织机了。江南地区的织工，"以铁铤辗去其核，取如绵者，以竹为小弓，长尺四五寸许，牵弦以弹绵，令其匀细，卷为小筒，就车纺之，自然抽绪如缫丝状"。但是所织的布，不如闽广出产的丽密。[74]琼州黎族人民所织的巾，上出细字，杂花卉，尤为工巧。[75]黄河流域主要陕西地区的纺织工具和技术比较简陋，只有辗去棉子的铁杖和木板，棉花的用途只是捻织粗棉线和装制冬衣。[76]一直到十三世纪末年，松江乌泥泾的人民，因为当地土地硗瘠，粮食不够，搞副业生产，从闽广输入棉花种子，还没有蹋车椎弓这些工具，用手剖去子，用线弦竹弧弹制，工具和技术都很简陋，产品质量不高，人民生活还是很艰苦。[77]

元成宗元贞间（1295—1296）乌泥泾人黄道婆从琼州附海舶回来，她从小就在琼州旅居，带回来琼州黎族人民的先进纺织工具和技术，教会家乡妇女以做造、扦、弹、纺、织之具，和错纱、配色、综线、絜花的技术，织成被褥带帨，其上折技、团凤、棋局、字样，粲然若写。一时乌泥泾所制之被成为畅销商品，名扬远近，当地人民生活提高，靠纺织生活的有一千多家。[78]诗人歌咏她："崖州布被五色缫，组雾钏云粲花草，片帆鲸海得风回，千柚乌泾夺天造。"[79]当地妇女参加纺织生产的情形，诗人描写："乌泾妇女攻纺织，木棉布经三百尺，一身主宰身窝低，十口勤劳指头直。"[80]到了明朝初年，不但江南地区的农村妇女普遍参加纺织劳动，连有些地主家庭的妇女，也纺纱绩布，以给一岁衣资之用了。[81]松江从此成为明代出产棉布的中心，"其布之丽密，他方莫并"。[82]"衣被天下。"[83]松江税粮宋绍兴时只有十八万石，到明朝增加到九十七万石，其他杂费又相当于正赋，负担特别重，主要是依靠纺织工业的收入，"上供赋税，下给俯仰"。[84]

黄道婆传入琼州制棉工具和技术之后的二十年，王祯所著《农书》，列举制棉工具有搅车即踏车，是去棉子用的。二弹弓，长四尺许，弓身以竹为之，弦用绳子。三卷筳，用无节竹条扞棉花成筒。四纺车。五拨车，棉纱加浆后稍干拨于车上。六淡车，用以分络棉线。七线架。到元末又有了檀木制的椎子，用以击弦。[85]生产工具更加完备和提高了，为明代纺织工业的发展准备了技术条件。

朱元璋起事的地区，正是元代的棉业中心之一。灭东吴后，又取得当时全国纺织业中心的松江，原料和技术都有了基础，使他深信推广植棉是增加农民收入和财政收入的有效措施。龙凤十一年下令每户农民必须种木棉半亩，田多的加倍。洪武元年又把这一法令推广到全国。棉花的普遍种植和纺织技术的不断提高，明代中叶以后，棉布成为全国流通的商品，成为人民普遍服用的服装原料，不论贵贱，不论南北，都以棉布御寒，百人之中，止有一人用茧绵，其余都用棉布。过去时代人穿的缊袍，用旧絮装的冬衣，完全被用木棉装的胖袄所代替了。[86]就全国而论，北方河南、河北气候宜于植棉，地广人稀，种植棉花的面积最大，是原料的供给中心。南方特别是长江三角洲一带，苏州、松江、杭州等地人民纺织技术高，是纺织工业的中心。这样又形成原料和成品的交流情况，原棉由北而南，棉布由南而北。[87]从经济上把南方和北方更紧密地联系起来了。

明初松江之外，另一纺织工业中心是杭州，由于简单商品经济的发展，出现了置备生产工具和原料的大作坊资本家，和除双手以外一无所有出卖劳动力的手工业工人。资本家雇用工人，每天工作到夜二鼓，计日给工资。这种新的剥削制度的出现，正表示着社会内部新的阶级的形成，除封建地主对农民的剥削以外，又产生了大作坊资本家对手工业工人的剥削关系。明初曾经做过杭州府学教授徐一夔所作的《织工对》，典型地记述了这种新现象：

> 钱塘相安里有饶于财者，率居工以织，每夜至二鼓。老屋将压，杼机四五具南北向，列工十数人，手提足蹴，皆苍然无神色。日佣为钱二百，衣食于主人。以日之所入，养父母妻子，虽食无甘美而亦不甚饥寒。于凡织作，咸极精致，为时所尚。故主之聚易以售；而佣之直亦易以入。
>
> 有同业者佣于他家，受直略相似。久之，乃曰：吾艺固过于人，而受直与众工等，当求倍直者而为之佣。已而他家果倍其直。佣之主者阅其织果异于人，他工见其艺精，亦颇推之。主者退自喜曰：得一工胜十工，倍其直不吝也。[88]

由此可见明初大作坊的一般情况，值得注意的是：在同一里巷，有若于同一性质的大作坊；大作坊主人同时也是棉布商人；从个体的生产到大作坊的集体生产，有了单纯协作，出品精致畅销；经营这种大作坊有利可图，资本家很赚钱，作坊也多了。资本家付给技术高的工人工资，虽为一般工人工资的两倍，但仍可得到五倍的剩余价值。

棉花棉布的生产量大大增加，政府的税收也增加了，以税收形式缴给国库的棉花棉布，成为供给军队的主要物资和必要时交换其他军需物资的货币代用品。洪武四年七月诏中书省："自今凡赏赐军士，无妻子者给战袄一袭；有妻子者给棉布二匹。"[89]每年例赏，如洪武二年六月以木棉战袄十一万赐北征军士[90]，四年七月，赐长淮卫军士棉布人二匹，在京军士十九万四百余人棉布人二匹。[91]十二年给陕西都指挥使司并护卫兵十九万六千七百余人棉布五十四万余匹，棉花十万三千三百余斤。[92]北平都指挥使司卫所士卒十万五千六百余人布二十七万八千余匹，棉花五万四千六百余斤。[93]十三年赐辽东诸卫士卒十万二千一百二十八人，棉布四十三万四百余匹，棉花十七万斤。十六年给四川等都司所属士卒五十二万四千余人，棉布九十六万一千四百余匹，棉花三十六万七千余斤。[94]十八年给辽东军士棉布二十五万匹，北平燕山等卫棉布四十四万三千匹，太原诸卫士卒棉布四十八万匹，等等。[95]平均每年只赏赐军衣一项已在百万匹上下，用作交换物资的如洪武四年七月以北平、山西运粮困难，以白金三十万两、棉布十万匹，就附近郡县易米，以给将士。又以辽东军卫缺马，发山东棉布贯马给之。[96]十三年十月，以四川白渡纳溪的盐换棉布，遣使人西羌买马。[97]十七年七月诏户部以棉布往贵州换马，得马一千三百匹。三十年以棉布九万九千匹往"西番"换马一千五百六十匹。[98]皇族每年供给，洪武九年规定亲王冬夏布各一千匹，郡王冬夏布各一百匹。[99]在特殊需要的情况下，临时命令以秋粮改折棉布，如六年九月诏直隶府州和浙江、江西二行省，今年秋粮以棉布代输，以给边戍。[100]

和鼓励普遍植棉政策相反，朱元璋对矿冶国营采取消极的方针。往往听任人民自由开采。磁州临水镇产铁，元时尝于此置铁冶，炉丁万五千户，每年收铁百余万斤。洪武十五年有人建议重新开采，元璋以为利不在官则在民，民得其利则利源通而有利于官，官专其利则利源塞而必损于民。而且各冶铁数尚多，军需不缺，若再开采，必然扰民。把他打了一顿，流放海外。[101]济南、青州、莱州三府每年役民二千六百六十户，采铅三十二万三千多斤，以凿山深而得铅少，也命罢采。[102]十八年以劳民罢各布政司煎炼铁冶。二十五年重设各处铁冶，到二十八年内库贮铁三千七百四十三万斤，后备物资已经十分充足，又命罢各处铁冶。并允许人民自由采炼，岁输课程，每三十分取其二。三十一年以内库所贮铁有限，而营造所费甚多，又命重开铁冶。[103]综计洪武时代设置的铁冶所：江西进贤、新喻、分宜，湖广兴国、黄梅，山东莱芜，广东阳山，陕西巩昌，山西交城、吉州，太原、泽、潞各一所共十三所。此外还有河南均州新安、四川蒲江、湖南茶陵等冶，每年输铁一千八百四十余万斤。[104]

宫廷和军队所需的一切物品，都由匠户制造。匠户是元明两代的一种特殊制度，把有技艺的工匠征调编为匠户，子孙世袭。分为民匠、军匠二种。明初匠户的户籍，完全依据元代的旧籍，不许变动。[105]洪武二十六年定每三年或二年轮班到京役作的匠户名额为二十三万二千八十九名[106]，由工部管辖。固定做工的叫住坐匠户，由内府内官监管辖。军匠大部分分属于各地卫所，一部分属于内府兵仗局、军器局和工部的盔甲厂。[107]属各地卫所的军匠总数二万六千户。[108]每户正匠做工，得免杂差，仍免家内一丁以帮贴应役。余丁每名每年出办缴纳工食银三钱，以备各衙门因公务取役雇觅之用。正匠每月工作十天，月粮由官家支给。[109]

轮班匠户包括六十二行匠人。后来又细分为一百八十八种行业，从纸、表背、刷印、刊字、铁匠、销金、木、瓦、油、漆、象开、纺棉花，到神箭、火药等等，每种人数由一人到八百七十五人不等。内廷有织染局、神帛房，和后湖（今南京玄武湖）织造局，四川、山西诸行省和浙江绍兴织染局，规模都较大。留在地方的匠户除执役于本地织染局的以外，如永平府就有银、铁、铸铁、锡、钉铰、穿甲等二十二行。[110]

匠户人数多，分工细，凡是宫廷和军队所需用的手工业制造品，都由匠户执役的官手工业工场的各局制造供给。这种封建制度的生产，使得宫廷和军队的需要，不需依靠市场，便可得到满足；同时它所生产的成品，亦不在市场流通，这样，就直接对社会上的私人手工业作坊的扩大生产起了束缚和阻碍的作用。官手工业工场的生产是不须计较成本的，因为劳力和原料都可以向人民无代价征发或由全国各地贡品的方式供给，不受任何限制，官营手工业工场的产品即使有部分作为商品而流入市场，私人手工业作坊的产品也不能和它竞争；在另一面，自元代以来就把技术最好的工人签发为匠户，子孙世袭，连技术也被垄断了，私人手工业作坊所能雇用的只是一般工人，技术提高受了一定的限制。明初把匠户分作住坐、轮班两种，轮班的除分班定期轮流应役以外，其余的时间归自己支配，制成的产品可以在市场出售，对于技术的钻研及其改进发生一定的刺激作用，所以轮班制对于社会生产力的发展是比较为害略小的。但是总而言之，这种无偿的强制的劳役，不能不引起匠户的反抗，逃亡之外，唯一可以采取的手段是怠工和故意把成品质量降低。以此，匠户制度虽然曾经在个别情况下对生产技术的改进起了作用，推进了社会生产力的发展，但就其全面而说，则是束缚和阻碍生产技术的不断提高；妨碍私人手工业工场的发展；隔绝商品的流通；对社会生产力的发展和原始资本积累都起着扼制、停滞的消极作用。

朱元璋对商业采轻税政策，凡商税三十分取一，过此者以违令论。税收机构在京为宣课司，府县为通课司。洪武元年诏中书省，命在京兵马指挥司并管市司，三日一次校勘街市斛斗秤尺，稽考牙侩姓名，规定物价。在外府州各城门兵马，一体兼管市司。[111]十三年谕户部，自今军民娶嫁丧葬之物，舟车丝布之类都不征税。并大量裁减税课司局三百六十四处。南京人口密集，军民住宅都是公家修建，连廊枅比，没有空地。商人货物到京无处存放，有的停在船上，有的寄放城外，牙侩从中把持价格，商人极以为苦。元璋了解这种情况以后，就叫人在三山门等门外盖几十座房子，叫作塌坊，专放商货，上了税后听其自相贸易。[112]为了繁荣市面，二十七年命工部建十五座楼房于江东诸门之外，令民设酒肆其间，以接四方宾客，名为鹤鸣、醉仙、讴歌、鼓腹、来宾、重译，等等。修好后还拿出一笔钱，让文武百官大宴于醉仙楼，庆祝天下太平，与民同乐。[113]

棉花的普遍种植，棉布质量的提高，工资制手工业作坊的产生，新的蚕丝纺织工业区的开辟，轮班匠的技术和产品的投入市场，等等，加上税收机构的减缩和轻税政策的刺激，商业市场大大活跃了，不但联系了南方和北方，也联系了城市和乡村以及全国的边远地区，繁荣了经济，改善了提高了人民生活，进一步地加强了国家的统一。

商品的生产和吐纳的中心，手工业作坊和批发行号的所在地，集中着数量相当巨大的后备工人和小商摊贩，城市人口剧烈地增加了。明初的工商业城市有南京、北平、苏州、松江、镇江、淮安、常州、扬州、仪真、杭州、嘉兴、湖州、福州、建宁、武昌、荆州、南昌、吉安、临江、清江、广州、开封、济南、济宁、德州、临清、桂林、太原、平阳、蒲州、成都、重庆、泸州等地。[114]

随着生产的恢复和发展，工商业的活跃，作为贸易媒介的全国统一货币的需要是愈来愈迫切了。

在朱元璋称王以前，元代的不兑现纸币中统交钞因为发行过多，军储供给，赏赐犒劳，每日印造，不可数计，舟车装运，轴轳相接，京师用钞十锭（一锭为钞五十贯，一贯钞的法定价格原为铜钱一千文）换不到一斗米。[115] 至正十六年中统交钞已为民间所拒用，交易都不用钞，所在郡县都以物货相交易。[116] 十七年铸至正之宝大钱五品称为权钞，以硬币代替纸币，结果纸币也罢，大钱代钞也罢，人民一概不要。人民嘲笑权钞的歌谣中说："人吃人，钞买钞，何曾见？"

朱元璋占应天后，首先铸大中通宝钱，以四百文为一贯，四十文为两，四文为一钱。平陈友谅后，命江西行省置货泉局。即帝位后，发行洪武通宝钱，分五等：当十、当五、当三、当二、当一。当十钱重一两，当一钱重一钱。应天置宝源局，各行省都设宝泉局专管铸钱，严禁私铸。洪武四年改铸大中洪武通宝大钱为小钱。虽然有了统一的货币，但是铜钱分量重，价值低，不便于数量较大的交易，也不便于远地转运，并且，商人用钞已经有了长期的历史，成为习惯了；用钱感觉不方便，很有意见。[117]

铜钱不便于贸易，决定发行纸币。七年设宝钞提举司，下设抄纸、印钞二局，宝钞、行用二库。八年命中书省造"大明宝钞"，以桑穰为纸料，纸质青色，高一尺，广六寸，外为龙纹花栏，上横额题"大明通行宝钞"，其内上栏之两旁各篆文四字：右旁篆"大明宝钞"，左旁篆"天下通行"。其中图绘钱贯形状，以十串为贯，标明币值一贯，下栏是："中书省（十三年后改为户部）奏准印造大明宝钞，与铜钱通行使用，伪造者斩，告捕者赏银二十五两。（十三年后改为赏银二百五十两）仍给犯人财产。洪武年月日。"背和面都加盖朱印。边沿标记字号一贯的画钱十串，五百文的画五串，以下是四百文、三百文、二百文、一百文，共六种。规定每钞一贯准钱千文，银一两。四贯准黄金一两。二十一年加造从十文到五十文的小钞。[118]

为了保证宝钞的流通，在发行时就以法律禁止民间不得以金银物货交易，违者治罪，告发者就以其物给赏。人民只准以金银向政府掉换宝钞。并规定商税钱钞兼收，比例为收钱十分之三，收钞十分之七，一百文以下的只收铜钱。[119]在外卫所军士每月食盐给钞，各盐场给工本钞。十八年命户部凡天下官禄米以钞代给，每米一石支付钞二贯五百文。[120]

宝钞的发行是适合当时人民需要的，对商业的繁荣起了作用。但是朱元璋抄袭元朝的钞法，只学了后期崩溃的办法，没有懂得元代前期钞法之所以通行，受到广大人民喜爱的道理。原来元初行钞，第一，有金银和丝为钞本准备金，各路无钞本的不发新钞；第二，印造有定额，计算全国商税收入的金银和烂钞兑换数量作为发行额数；第三，政府有收有放，丁赋和商税都收钞；第四，可以兑换金银，人民持钞可以向钞库换取金银。相反，元代钞法之所以崩溃，是因为把钞本动用光了；无限制滥发造成恶性膨胀，只发行不收回；不能兑换金银；烂钞不能换新钞。[121]洪武钞法以元代后期钞法作依据，因之，虽然初行的几年，由于行用方便和习惯，还能保持和物价的一定比例，但是，由于回收受限制，发行量没有限制，发行过多，收回很少，不兑现纸币充斥于市场，币值便不能维持了。

宝钞发行的情况，以洪武十八年二月二十五日到十二月止为例，宝钞提举司钞匠五百八十名所造钞共九百九十四万六千五百九十九锭。[122]明代以钞五贯为一锭，这一年的发行额约为五千万贯；合银五千万两。明初每年国库银的收入，不过几万两，一年的发行额竟相当于银的收入一千倍左右，加上以前历年所发，数量就更大了。更由于印制的简陋，容易作假，伪钞大量投入市场[123]，币值就越发低落了。二十三年两浙市民以钞一贯折钱二百五十文[124]，二十七年降到折钱一百六十文。[125]到三十年杭州诸郡商贾，不论货物贵贱，一以金银定价，索性不用宝钞了。[126]元璋很着急，三番五次地申明：钞一贯应折钱一千文、旧钞可以换新钞、禁用铜钱；禁用金银交易等办法，还是不济事，钞值还是日益低落，不被人民所欢迎。到成化时（1465—1487）洪武钱民间全不通行，宝钞只是官府在用，一贯仅值银三厘，或钱二文，跌到原定法价的千分之二。[127]

大约百年以后由于对外贸易的发展，银子流入国内的一天天增多了。这样，在官府和市场就同时使用两种货币，官府支出用价值极低的纸币，收入却要银子，市场出入都用银子。银子终于逐渐代替了宝钞成为全国通行的通货。

三　人民的义务

红军起义的目的，就民族解放战争而说，洪武元年解放大都，蒙古统治集团北走。民族压迫的政权被推翻，这一历史任务是光辉地完成了。但是，另一个目的，解除阶级压迫的任务，却不可能完成。一部分旧的地主参加了新政权，出身农民的红军将领也由于取得政权而转化成新的地主阶级了，其中朱元璋和他的家族便是新地主阶级的代表人物。

元末红军起义对旧地主阶级发生了淘汰的作用，一部分地主被战争所消灭了，一部分地主却由于战争而巩固和上升了他们的地位。

元末的农民，大部分参加了革命战争。他们破坏了旧秩序和压迫人民的统治机构。地主们正好相反，他们要保全自己的生命财产，就不能不维护旧秩序，就不能不拥护旧政权，阶级利益决定了农民和地主分别站在敌对的阵营。在战争爆发之后，地主们用全力组织武装力量，称为"民"军或"义"军，建立堡砦，抵抗农民军的进攻。现任和退休的官吏、乡绅、儒生和军人是地主军的将领，他们受过教育，有文化，有组织能力，在地方上有威望，有势力。虽然各地方的地主军人各自为战，没有统一指挥和作战计划，军事力量也有大小强弱的不同，但因为数量多，分布广，作战顽强，就成为反对红军的主要敌人了。经过二十年的战争，长江南北的巨族右姓，有的死于战争，有的流亡到外地。[128] 参加扩廓帖木儿、孛罗帖木儿两支地主军的湖、湘、关、陕、鲁、豫等地的地主，也随着这两支军队的消灭而消灭了。一部分地主为战争所消灭，另一部分地主如刘基、宋濂、叶琛、章溢等则积极参加了红军，共同建立新政权，成为大明帝国新统治集团的组成部分，和由农民起义转化的新地主们一起，继续对广大农民进行压迫和剥削。

朱元璋和他的将领都是农民出身的，过去曾亲身经受过地主的压迫和剥削。但在革命战争过程中，本身的武装力量不够强大，为了壮大自己，孤立敌人，又非争取地主们参加不可，浙东这几家大族的合作，是他之所以取得胜利的基本条件之一。到了他自己和将领们都转化成为大地主以后，和旧地主们的阶级利益一致了，但又发生了新的矛盾，各地地主用隐瞒土地面积、荫庇漏籍人口等手段和皇家统治集团争夺土地和人力，直接危害到帝国的财政税收，地主阶级内部矛盾的深化，促成了帝国赋役制度的整顿和改革。

  元璋于龙凤四年取金华后，选用宁越（金华）七县富民子弟充宿卫，名为御中军。[129]照当时的军事形势看来，这是很重要的军事措施，因为把地主们的子弟征发为禁卫军人，随军征战，等于作质，就不必担心这些地区地主的军事反抗了。洪武十九年选取直隶应天诸府州县富民子弟赴京补吏，凡一千四百六十人[130]，也是一样作用。对地主本身，洪武三年作的调查，以田税多少比较，浙西的大地主数量最多，以苏州一府为例，每年纳粮一百石以上到四百石的四百九十户；五百石到一千石的五十六户；一千石到二千石的六户；二千石到三千八百石的二户，共五百五十四户，每年纳粮十五万一百八十四石。[131]三十年又作了一次调查，除云南、两广、四川以外，浙江等九布政司，直隶应天十八府州，地主们田在七顷以上的共一万四千三百四十一户。编了花名册，把名册藏于内府印绶监，按名册以次召来，量才选用。[132]

  对地主的政策，双管齐下，一是任为官吏或粮长；一是迁到京师。在科举法未定之前，选用地主做官，叫作税户人才，有做知县、知州、知府的，有做布政使以至朝廷的九卿的。[133]又以地主为粮长,以为地方官都是外地人,不熟悉本地情况,吏胥土豪作弊,任意克削百姓。不如用有声望的地主来征收地方赋税,负责运到京师,可以减少弊病。[134]洪武四年九月命户部计算土田租税,以纳粮一万石为一区,选占有大量田地纳粮最多的地主为粮长,负责督收和运交税粮。[135]如浙江行省人口一百四十八万七千一百四十六户,每年纳粮九十三万三千二百六十八石,设粮长一百三十四人。[136]粮长下设知数一人,斗级二十人,运粮夫千人。[137]并规定对粮长的优待办法,凡粮长犯杂犯死罪和徒流刑的可以纳钞赎罪。[138]三十年又命无下郡县每区设正副粮长三名,编定次序,轮流应役,周而复始。[139]凡粮长按时运粮到京师的,元璋亲自召见,合意的往往留下做官。[140]元璋把征粮和运粮的权力交给地主,以为"此以良民治良民,必无侵渔之患矣"。[141]"免有司科扰之弊,于民甚便。"[142]事实上恰好相反,地主做了粮长以后,在原来对农民剥削的基础上,更加上了国家赋予的权力,如虎傅翼,农民的痛苦更深更重了。如粮长邾阿乃起立名色,科扰民户,收舡水脚米、斛面米、装粮饭米、车脚钱、脱夫米、造册钱、粮局知房钱、看米样中米,等等,通计苛敛米三万二千石,钞一万一千一百贯。正米止该一万,邾阿乃个人剥削部分竟达米二万二千石,钞一万一千一百贯。农民交纳不起,强迫以房屋准折,揭屋瓦,变卖牲口以及衣服段匹布帛锅灶水车农具,等等。[143]又如嘉定县粮长金仲芳等三名巧立名色征粮附加到十八种。[144]农民吃够了苦头,无处控诉。[145]朱元璋也发觉粮长之弊,用严刑制裁,尽管杀了一些人,粮长的作恶,农民的被额外剥削,依然如故。[146]

除任用地主做官收粮以外，同时还采用汉高祖徙天下豪富于关中的政策，洪武二十四年徙天下富户五千三百户于南京。[147] 三十年又徙富民一万四千三百余户于南京，称为富户。元璋告诉工部官员说："昔汉高祖徙天下豪富于关中。朕初不取，今思之，京师天下根本，乃知事有当然，不得不尔。"[148]

地主们对做官做粮长当然很高兴，感激和支持这个维护本阶级利益的政权。但同时也不肯放弃增加占领田土和人力的机会，用尽一切手段逃避对国家的赋税和徭役，两浙地主所用的方法，把自己田产诡托（假写在）亲邻佃仆名下，叫作"铁脚诡寄"。普遍成为风气，乡里欺骗州县，州县欺骗府，奸弊百出，叫作"通天诡寄"。[149] 此外，还有洒派、包荒、移丘换段等手段。元璋在处罚这些地主以后，气愤地指出：

民间洒派、包荒、诡寄、移丘换段，这等都是奸顽豪富之家，将次没福受用财赋田产，以自己科差洒派细民；境内本无积年荒田，此等豪猾买嘱贪官污吏及造册书算人等，其贪官污吏受豪猾之财，当科粮之际，作包荒名色征纳小户，书算手受财，将田洒派、移丘换段，作诡寄名色，以此靠损小民。[150]

地主把负担转嫁给贫民，结果是富的更富，穷的更穷。[151] 地主阶级侵占了皇家统治集团应得的租税和人力，农民加重了负担，国家一方面田赋和徭役的收入、供应减少；一方面农民更加穷困饥饿，动摇了侵蚀了统治集团的经济基础，阶级内部发生矛盾，斗争展开了。

经过元末二十年的战争，土地簿籍多数丧失，保存下来的一部分，也因为户口变换，实际的情况和簿籍不相符合。大部分土地没有簿籍可查，逃避了国家赋役；有簿籍的土地，登记的面积和负担又轻重不一，极不公平。朱元璋抓住这中心问题，向地主进行斗争。方法是普遍丈量土地和调查登记人口。

洪武元年正月派周铸等一百六十四人往浙西核实田亩，定其赋税。[152] 五年六月派使臣到四川丈量田亩。[153] 十四年命全国郡县编赋役黄册。二十年命国子生武淳等分行州县，编制鱼鳞图册。[154] 前后一共用了二十年的时间，才办好这两件事。

丈量土地所用的方法，是派使臣往各处，随其税粮多少，定为几区，每区设粮长四人，会集里甲耆民，量度每块田亩的方圆，做成简图编次字号，登记田主姓名和田地丈尺四至，编类各图成册，以所绘的田亩形状像鱼鳞，名为鱼鳞图册。

人口普查的结果，编定了赋役黄册。把户口编成里甲，以一百一十户为一里，推丁粮多的地主十户做里长，余百户为十甲。每甲十户，设一甲首。每年以里长一人，甲首一人，管一里一甲之事。先后次序根据丁粮多少，每甲轮值一年。十甲在十年内先后轮流为国家服义务劳役，一甲服役一年，有九年的休息。在城中的里叫坊，近城的叫厢，乡都的皆叫作里。每里编为一册，里中有鳏寡孤独不能应役的，带管于一百一十户之外，名曰畸零。每隔十年，地方官以丁粮增减重新编定服役的次序，因为册面用黄纸，所以叫作黄册。

鱼鳞图册是确定地权的所有权的根据，赋役黄册是征收赋役的根据，通过土地和人户的普查，制定了这两种簿籍，颁布了租税和徭役制度。不但大量漏落的土田人口被登记固定了，国家增加了物力和人力，稳定了巩固了统治的经济基础，同时，也有力地打击了一部分地主阶级，从他们手中夺回对一部分土地和人口的控制，从而大大增强了皇家统治集团的权力，更进一步走向高度的集中、专制。朱元璋的政权，比过去任何一个时代，都更加强大、集中、稳定、完备了。

对城乡人民，经过全国规模的土地丈量，定了租税，在册上详细记载土地的情况，原坂、坟衍、下隰、沃瘠、沙卤的区别，并规定凡置买田地，必须到官府登记及过割税粮，免掉贫民产去税存的弊端，同时也保证了政府的税收，十年一次的劳役，使人民有轮流休息的机会，这些措施，确实减轻了人民的负担，鼓舞了农民的生产情绪，对于社会生产力的推进，起了显著的作用。

对破坏农业生产的吏役，用法律加以制裁，例如"松江一府坊厢中不务生理，交结官府者一千三百五十名，苏州坊厢一千五百二十一名，皆是市井之徒，不知农民艰苦，帮闲在官，自名曰小牢子、野牢子、直司、主文、小官、帮虎，其名凡六。不问农民急务之时，生事下乡，搅扰农业。芒种之时，栽种在手，农务无隙，此等赍执批文，抵农所在，或就水车上锁人下车者有之，或就手内去其秧苗锁人出田者有之……纷然于城市乡村扰害人民"。[155]元璋下令加以清理，除正牢子合应正役以外，其他一概革除，如松江府就革除了小牢子、野牢子等九百余名。[156]一个地方减少了四分之三为害农民的吏役，这对于农民正常进行生产有很大好处。

朱元璋虽然对一部分地主进行了斗争，对广大农民作了让步；一部分地主力量削弱了，农民生产增加了。但是，这个政权毕竟是地主阶级的政权，首先为地主阶级服务，即使对农民采取了一些让步的措施，其目的也还是为了巩固和强化整个地主阶级的统治权。无论是查田定租,无论是编户定役,执行丈量的是地主,负责征收粮米的还是地主,当里长甲首的依然是地主,在地方和朝廷做官的更非地主不可,从下而上,从上而下的重重地主统治:地主首先要照顾的是自己家族和亲友的利益,决不会照顾到小自耕农和佃农。由于凭借职权的方便,剥削舞弊都可以通过国家政权来进行,披上合法的外衣,农民的痛苦越发无可申诉;而且,愈是大地主,愈有机会让子弟受到教育,通过科举和税户人才等成为官僚绅士,官僚绅士享有合法的免役权,洪武十年朱元璋告诉中书省官员:"食禄之家,与庶民贵贱有等,趋事执役以奉上者,庶民之事也。若贤人君子,既贵其身,而复役其家,则君子野人无所分别,非劝士待贤之道。自今百司见任官员之家有田土者,输租税外,悉免其徭役,著为令。"洪武十二年又下令:"自令内外官致仕还乡者,复其家终身无所与。"[157]连乡绅也享有免役权了。在学的学生,除本身免役外,户内还优免二丁差役。[158]这样,现任官、乡绅、生员都豁免差役,有办法逃避租税,完粮当差的义务,便完全落在自耕农和贫农身上了。自耕农和贫农不但要出自己的一份,其实官僚绅士地主的一份,亦何尝不由农民实际负担,官僚地主不交的那一份,他们也得一并承担下来。官僚绅士越多的地方,人民的负担就越重。

人民的负担用朱元璋的话叫作"分",即应尽的义务。洪武十五年他叫户部出榜晓谕两浙江西之民说:"为吾民者当知其分,田赋力役出以供上者,乃其分也。能安其分,则保父母妻子,家昌身裕,为忠孝仁义之民。"不然呢?则"不但国法不容,天道亦不容矣"!应该像"中原之民……惟知应役输租,无负官府"。只有如此,才能"上下相安,风俗淳美,共享太平之福"。[159]

朱元璋要求人民尽应役输税的义务，定下制度，要官吏奉公守法，严惩贪污，手令面谕，告诫谆谆，期望上下相安，共享太平之福。但是官吏并不肯照他的话办事，地主做官只是管百姓，并不想替百姓办事，结果许多制度命令都成为空文，官僚政治的恶果当时便有人明确地指出：

> 今之守令，以户口钱粮狱讼为急务。至于农桑学校，王政之本，乃视为虚文而置之，将何以教养斯民哉！以农桑言之，方春，州县下一白帖，里甲回申文状而已，守令未尝亲视种艺次第，旱涝戒备之道也。

官吏办的是公文。公文上办的事应有尽有，和实际情况全不相干。上官按临地方检查的也是公文，上下都以公文办事，"法出而奸生，令下而诈起"。这是洪武九年的情形。[160] 十二年后，解缙奉诏上万言书，也说：

> 臣观地有盛衰，物有盈虚，而商税之征，率皆定额，是使其或盈也，奸黠得以侵欺；其歉也，良善困于补纳。夏税一也，而茶椒有粮，果丝有税，既税于所产之地，又税于所过之津，何其夺民之利至于如此之密也。且多贫下之家，不免抛荒之咎。今日之土地无前日之生植，而今日之征聚有前日之税粮，或卖产以供税，产去而税存；或赔办以当役，役重而民困，土田之高下不均，起科之轻重无别，膏腴而税反轻，瘠卤而税反重。[161]

道理也清楚得很，正因为是"贫下之家"，才被迫抛荒，地主负担特别轻,不但不会抛荒,而且尽力兼并。膏腴之田是地主的,瘠卤之田是贫民的,地主阶级自己定的税额,当然是膏腴轻而瘠卤重。

严惩贪污,贪污还是不能根绝,用朱元璋自己的话来证明吧,他说:"浙西所在有司,凡征收,害民之奸,甚如虎狼。且如折收秋粮,府州县官发放,每米一石,官折抄二贯,巧立名色,取要水脚钱一百文,车脚钱三百文,口食钱一百文。库子又要办验钱一百文,蒲篓钱一百文,竹篓钱一百文,沿江神佛钱一百文。害民如此,罪可宥乎!"[162]

折粮原来是便民的措施,浙西运粮一石到南京,要花四石运费,百姓困苦不堪。[163]改折为钞,可以减轻了浙西农民五分之四的负担。钞是用不着很大运费和蒲竹篓包装的,但地方官还是照运粮的办法苛敛,用种种名色加征至九百文,约合折价的百分之五十。急得朱元璋只是跺脚,说:"我欲除贪赃官吏,奈何朝杀而暮犯!今后犯赃者,不分轻重皆诛之!"[164]

洪武一朝,"无几时不变之法,无一日无过之人"。[165]是历史上封建政权对贪污进行斗争最激烈的时期,杀戮贪官污吏最多的时期。虽然随杀随犯,不可能根本清除贪污,但是朱元璋下定决心,随犯随杀,甚至严厉到不分轻重都杀,对贪污的减少是起了作用的,对人民有好处,人民是感谢他、支持他的。

原载《历史研究》第三期,1955 年 6 月

1955 年 4 月 14 日

资本主义萌芽问题

关于资本主义萌芽问题,现在学术界还在争论,有许多不同的意见。有的人认为资本主义萌芽很早,有的人认为很晚。所提供的史料的时间性都很不肯定,从 8 世纪到 16、17 世纪都有。特别是关于《红楼梦》的社会背景的讨论,展开以后更是如此。是在什么情况下产生了《红楼梦》这部作品?它的社会基础是什么?《红楼梦》中的贾宝玉反对科举、尊重妇女的思想是从哪里来的?他骂念书人,骂那些举人、秀才都是禄蠹,说女孩子是水做的,男人是泥做的,这样的思想认识是在什么情况下发生的?对于这一系列的问题提出了各种不同的看法,各有各的论据。而且关于"萌芽"这个词的意义也有不同的理解。比如种树,种子种下去以后,慢慢地露出了头,这叫萌芽;又如泡豆芽菜,把豆子放在水里,长出一点东西,这也叫萌芽。既然只是萌芽,它就不是已经成熟了的东西,还只是那么一点点。假如是整棵的菜,那就不是萌芽;至于开了花、结了果的东西,就更不是萌芽了。所以要把这些情况区别开。可是现在某些讨论中存在这样的问题:将萌芽看成是已经开花结果的东西。这实际上就不是资本主义萌芽,而是资本主义的成熟阶段了,还有人认为中国资本主义早已经成熟了,中国社会早已经进入了资本主义社会。这样一来就发生了一系列的大问题:中国既然早已进入资本主义社会,那么，怎么解释1840年以后中国进入了半殖民地半封建的社会？一百年来我们反对封建主义、反对帝国主义的问题怎么解释？

关于这个问题，我自己有些看法，也不一定成熟，提出来大家讨论。我想，要说明某个时期有某个事物萌芽，必须要有一个界限。这个界限是什么呢？就是要具体地指出一些事实，这些事实是以往的时期所不可能发生和没有发生过的，只有到了这个时候才能发生的。没有这个界限，就会把历史一般化了。试问：这个时期发生过，一百年以前发生过，五百年以前也发生过，这怎么能说明问题？而且这些新发生的东西不应该是个别的。仅仅只在某个时期、某个地区出现的个别的东西能不能说明问题呢？不能说明问题。因为我们的国家这样大，经济发展不平衡，有先进的，有落后的，沿海和内地不同，平原和山区也不同。不要说别的地方，就说北京吧，全市面积有一万七千平方公里，市内和郊区就不同，因此，个别时期所发生的个别的事情也会有所不同。所以作为一个事物的萌芽，必须是这个东西过去没有发生过；现在发生了，而且不是个别的。只有这样看，才比较科学。现在我们根据这个精神来看资本主义萌芽问题。我想把问题局限在14世纪到16世纪所发生的主要事件上面，特别是16世纪中叶这个明朝人自己已感觉到发生巨大变化的时期，着重提出那些在这个时期以前所没有发生，或虽已发生而很不显著，这个时期以后成为比较普遍、比较显著的一些问题。

第一，关于手工工场。在明朝初年的时候，有一个人叫徐一夔，他写了一本书叫《始丰稿》。这本书里面有一篇文章叫《织工对》。这篇文章讲到元末明初，在浙江杭州有许多手工业纺织工场。这些纺织工场的经营方式是怎样的呢？有若干间房子和若干部织机，工人都是雇工，他们不占有生产工具。生产工具是谁的呢？是工场老板的。老板出房子、出机器、出原料，工人出劳动力。工人在劳动以后可以取得若干计日工资，工资随着工人的技术熟练程度不同而有高有低，其中有一些技术水平比较高的，可以得到比一般工人加倍的工资，假如这家工场不能满足他的要求，别的工场可以拿更高的工资把他请去，劳动强度很高，把工人弄得面黄肌瘦。这是元末明初（14世纪）的情况，当时这样的工场在杭州不止一个。但是能不能说在14世纪时就已经普遍地有了资本主义萌芽呢？因为只有这一个地区的资料，我看不能。但是从这里可以看出，在14世纪中期，个别地区已经有了这样相当大的手工工场，老板通过这样的生产手段来剥削雇佣工人的历史事实。这说明当时已经有一部分农村劳动力转化为城市雇佣劳动者。这种情况在14世纪以前是没有的。

第二，新的商业城市兴起。在讨论中有不少文章笼统地提到明朝有南京、北京、苏州等三十三个新的商业城市，来说明这个时期商业的发展。有三十三个商业城市是不错的，但是时间有问题。因为并不是整个明朝都是这样的情况。事实上，这些城市之所以成为商业城市是在明成祖以后。当明成祖建都北京以后，为了解决粮食的运输问题，把运河挖深、加宽了。这样，通过水运不仅保证了粮食的运输，其他商品的运输也畅通了，因而促进了南北物资的交流。这样，到了宣宗时期（15世纪中期），沿运河一带的许多城市开始繁荣起来。这时候，由于农业、手工业的发展，国内市场扩大了。这是一方面。另一方面，当时为了保证货物的流通，沿长江、运河及布政使司所在地建立了三十三个钞关。明朝用的货币叫宝钞（纸币）。关于纸币的情况这里不能详细说了，只说明一条，明朝的纸币很不合理，它不兑现，开始拿一张钞票还能换到一些物资，后来就不行了。政府只发钞票，越发越多，超过了实际物资的几百倍。在这种情况下，钞票就贬值了。明朝政府为了提高钞票的信用，采取收回钞票的政策。怎样收回呢？其中一个办法就是增加税额。因此，就在各个商业城市设立了一个机构，叫作"钞关"。一共设立了三十三个钞关。钞关干什么呢？就是向往来的货物收税。纳税时就用钞票交纳。钞关设在商业城市，有三十三个钞关就有三十三个商业城市，这是不错的。但有些人就根据这个数字说整个明朝只有三十三个商业城市，这就不确切了。因为设立钞关是明宣宗时候的事情，宣宗以前没有。而就商业城市来说，在明成祖的时候就不止三十三个，后来又有所增加。因此，不标明确切的时间，以一个时期的情况来概括整个明朝，是不符合当时存在的客观事实的。随着商业城市的增加，商人、手工业工人也增加了，这就形成了一个市民阶层（这个阶层主要是指手工业者、中小商人）。这些人为了保卫他们自己的利益，建立了很多行会，有事情共同商量，采取一致的行动。在这种情况下就发生了明朝末年的市民暴动。这里应该指出：所谓"市民"，这个概念不能乱用。有些人把当时的进士、举人、秀才等官僚都算作市民，这就模糊了阶级界限。这些人都是当时的统治者，不是被统治者。把市民阶层扩大化，混淆统治者与被统治者之间的界限，这是不对的。

  第三，倭寇、葡萄牙海盗和沿海通商问题。明朝中叶，以朱纨为中心的一派人反对对外通商，对海盗采取镇压的政策，因而引起沿海地主阶级的反对，形成一个政治上的斗争。在这个斗争中，朱纨最后失败了。这种性质的斗争在以往的历史上是从来没有过的。汉朝、唐朝、宋朝、元朝都有过对外通商，有时还很繁盛，大量的中国人到海外去经商；不但如此，国内有不少地方还住有许多外国商人。在唐朝的时候，广州就有数量众多的蕃商。其中主要是阿拉伯人，他们住的地方叫蕃坊。其他如扬州、长安等地方也住了不少的外国商人，对外通商也很频繁。但是像明朝那样，代表通商利益的官僚地主在政治上形成一种力量，和内地一些反对通商的地主进行斗争，这种斗争并影响到政府的政策，这种情况却是以往的历史上所没有的。为什么明朝会出现这种新的情况呢？因为明朝国内、国外的市场日益扩大，商业资本日益发展，商人地主在政府里有了自己的代言人。商人地主在政治上有了地位，这在历史上是个新问题。关于这个问题，近年来也有人持不同的意见。北京大学有个学生写了一篇文章，说朱纨镇压海盗是爱国的行为。朱纨是个爱国者，这观点是没有问题的，朱纨确实是爱国者，可是不能拿这个来否认当时在政治上存在着不同的意见。当时已经出现了代表沿海通商地主利益的政治活动家，这和朱纨是否爱国是两回事。我们并没有说朱纨不爱国。这点不必争论。问题在于这个时期出现了两种不同的意见：一种意见主张通商，一种意见反对通商，这是历史事实，是过去所没有的。

　　第四，内地的某些官僚地主也参加商业活动和经营手工工场。这方面的例子很多，大家所熟悉的《游龙戏凤》中的正德皇帝（明武宗），他就开了许多皇店。这是16世纪初期的事情。嘉靖时有个贵族叫郭勋（《三国演义》最早的刻本是他搞的），在北京开了许多店铺。另外有个外戚叫周瑛，在河西务开店肆做买卖。现在这个地方已经很萧条了。可是在明朝的时候，由于南方的粮食、物资运到北方来都要经过这里，因此是个很繁华的地方。这样的例子举不胜举。在地方上，明朝四品以上的官到处经商。四品有多大呢？知府就是四品。知县是七品。原来明朝有一条规定，禁止四品以上的官员做买卖。但是行不通。事实上官做得越大，买卖也做得越多越大。特别是像苏州这样的地方，很多退休官员开各种各样的铺子，有的发了大财，成了百万富翁。官员经商过去也有，但是在明初还多半是武官，到了明朝中叶这种情况就改变了，不但武官经商，文官也经商；不但小官经商，大官也经商；不但经商，而且还经营手工工场。华亭人徐阶做宰相时，"家中多蓄织妇，岁计所织，与市为贾"。这种现象也是过去没有过的。过去的官僚认为做买卖有失身份，社会上看不起。士、农、工、商，商放在最后。孟子就骂商人是"垄断"，认为他们不劳动，出卖别人生产的东西从中取利，是不道德的事情，有身份的人不干这种事。汉朝以来，各个历史时期都曾不同程度地实行过重农抑商的政策。当时社会上一般是看不起商人的，当然也有个别地区有个别例外的情况。但是到16世纪以后，这种看法就改变了，不只武官，就连皇帝、贵族、官僚都抢着做买卖，商人的社会地位也提高了。

第五，当时的人对这个时期社会情况变化的总结。16世纪中期社会经济情况发生的变化，明朝人看得很清楚，有不少人就各方面变化的情况作出了总结。

首先，从社会风俗方面来说。明朝人认为嘉靖以前和嘉靖以后是两个显著不同的时代。有不少著书的人指出了正德、嘉靖以后社会风俗的变化。在嘉靖以前，妇女的服装很朴素；嘉靖以后变了，很华丽，讲究漂亮了。宴会请客，原来一般是四碗菜一碗汤，后来变成六碗、八碗，以至十二碗、十六碗菜。山东《郓城县志》记载在嘉靖以前老百姓很朴素、很老实，嘉靖以后变了，讲排场了，普通老百姓穿衣服向官僚看齐，向知识分子看齐。穷人饭都吃不上，找人家借点钱也要讲排场。总之，从吃饭、娱乐到家庭用具都不像过去了。这个时候，看到一些老实、朴素的人，大家认为不好，耻笑他。《博平县志》讲嘉靖以后过去好的风气没有了，过去乡村里没有酒店，也没有游民，嘉靖中期以后变了，到处都有酒店，二流子很多。当时有一种风气，一个人有名，有字，还要起别号。嘉靖皇帝就有很多别号。不但知识分子起别号，就连乞丐也有别号。

其次，在文化娱乐方面。嘉靖以前唱的歌曲主要是北曲，嘉靖以后南曲流行了，而且唱的歌词主要是讲男女恋爱的。嘉靖以前不大讲究园亭建筑，嘉靖以后，到处修假山、建花园，光南京就有园亭一百多所，苏州有好几十所，北方就更多了，清华园这些地方都是过去的园亭。明朝前期有一条规定，官员禁止嫖娼妓，嘉靖以后，这个纪律不生效了，文人捧妓女成为风气，为她们写诗、写文章，甚至选妓女为状元、榜眼、探花。戏剧方面，过去只有男戏，嘉靖以后就有女戏了。很多做过大官的人写剧本，像《牡丹亭》的作者汤显祖就是一个官。元曲的作者没有一个是高级官员，都是一些下层社会的人，有的在衙门里当一个小办事员，有的做医生；可是明朝戏曲的作者，大部分都是举人、进士，有些还是高级官员。明朝后期盛行赌博，官吏、士人以不会赌博、打纸牌为耻。

再次，从政治方面来看。《明史·循吏传序》提到嘉靖以前一百多年，一方面休养生息，发展生产；另一方面政治上比较清明，好官比较多。譬如大家知道的《十五贯》里面有个况钟，连做十几年的苏州知府，是个好官。另外一个好官是周忱，他做苏州巡抚二十一年，在《十五贯》里被刻画坏了，这是不对的。此外，像于谦连做河南、山西巡抚十九年。嘉靖以前，有好些巡抚连任几年甚至十几年的，这是明朝后期所没有的情况。明朝后期好官就少了。做官讲资格，一讲资格就坏事了，只要活得长就可以做大官；相反，真正能给老百姓做点事情的人就到处碰壁。像海瑞就是这样，到处遭到大地主阶级的反对，办不了好事情。明朝后期有个知识分子陈邦彦对吏治的这种变化作了总结，他说：在嘉靖以前，做官的人还讲个名节，做官回到家里，人家问他赚多少钱，他要生气；嘉靖以后发生了根本性的变化，做官等于做买卖，计较做这个官赚钱多还是赚钱少，在这个地方做官赚钱多，另外换一个赚钱少的地方就不愿意去。到富庶的地方去做官，亲友设宴庆贺；如果到穷地方去，大家就叹息。做官和发财连起来了，念书是为了做官，做官是为了发财。当时升官是凭什么呢？一个是凭资格，一个是凭贿赂。当时叫"送礼"。地方官三年期满要进京，朝廷要考核他的成绩。这时就是他"送礼"的时候了。送了礼就可以升官。所谓送上黄米、白米若干担，即指黄金、白银若干两。后来改为送书若干册，书的后面附上金子、银子，叫作"书帕"。所以明朝后期的地方官上任以后先刻书。但是他们又没有什么学问，于是粗制滥造，乱抄一气。

以上这些情况说明，由于整个社会经济的变化，即农业、手工业生产的发展，商业的繁荣，影响到了社会各方面。一些大地主把一部分从土地剥削所得的财产投资于手工业和商业，这样，过去被社会上所歧视的商人的地位就提高了。国家的高级官员有不少人变成了商人。经商成为社会风气。商人赚了钱就奢侈浪费，造成社会上的虚假繁荣现象。封建秩序、封建礼法开始受到冲击，从而在文学艺术方面也出现了反映这种社会生活的作品。

第六，货币经济的发展。在明朝以前，白银已经部分使用，但是还不普遍，还没有作为正式的货币。元朝使用钞票。明朝初年用铜钱，由于老百姓已经有了用钞票的习惯，反而不习惯用铜钱，只好仍然用钞票。但是由于明朝对钞票管理不善，无限制地发行，又不兑现，因而引起通货膨胀，钞价贬值，由一贯钞值银一两贬至只值一两个钱，钞票的经济意义逐渐没有了。钞票不能用，铜钱的重量又太大，短途进行交易还可以，像从南到北的远距离交易，带大量的铜钱就不行，几万、几十万铜钱很重，不方便。在这种情况下白银就日渐流通于市场。白银有它的优点：它的质量不会变，既能分割，化整为零，又能把一些分散的银子铸成一锭，化零为整。白银价值比较高，一两白银可以抵一千钱。因此社会上对白银的需要越来越迫切。

上次讲过，明朝建都北京，粮食主要要从南方运来。四五百万石粮食的运费要由农民负担，运费超过粮食价格的几倍，农民负担很重。所以到明英宗时，逐渐改变了这种办法。有些地方税收开始改折"金花银"，像这个地区应该送四石粮食，现在不要你交粮食了，改交一两银子。政府用一两银子同样可以买到四石粮食。由于国内市场的扩大和税收折银的结果，银子的需要量就大大增加了，原有的银子不够市场上的需要。因此在万历时期就出现了采银的高潮。政府征发许多人，到处开银矿，苛征暴敛，引起国内人民的反对。

通过对外贸易的出超，大量的白银输入了。西班牙人从墨西哥运白银到吕宋，由吕宋转运中国，以换取中国的丝织品和瓷器。到后期，墨西哥的银元也大量流入中国。这样，国内白银数量逐渐增加。所以到万历初年，赋役制度大改变，把原来的田赋制度改为"一条鞭法"，使赋役合一。从此大部分地区的赋税和徭役改折银两。

由于手工业和商业的发展，商品流通的客观需要，远距离的大量的交易需要共同的货币作媒介，因而白银普遍地应用起来了。这种情况也是以往历史上所没有发生过的。

第七，文学作品上的反映。唐朝、宋朝也有传奇小说，里面的主角是些什么人？主要是官僚、士大夫、文人等，写市井人物的作品很少。到明代中叶以后出现了以市井人物为主人公的作品。例如《白蛇传》的故事。在《西湖三塔记》中的三怪是：乌鸡、水獭、白蛇，男主角是将门之后——奚宣赞（岳飞部下的将官奚统制之子）。而《洛阳三怪记》的三怪是：赤斑蛇、白猫精、白鸡精，男主角却是开金银铺的老板潘松了。流传到现在的《白蛇传》只剩下二怪：白蛇和青蛇，男主角则是开生药铺的许仙。故事的主角从将门之后的奚宣赞转变为生药铺的许仙，这一变化是值得我们注意的。

又如《金瓶梅》，是万历二十二年（1594）以后的作品，写嘉靖、万历年间的事。主角西门庆也是开生药铺的。与西门庆来往的篾片、清客都是官僚地主的后人，原来的地位比西门庆高，后来没落了，成为西门庆的门客。以这样一些人物为中心的小说，在过去是没有的。

此外，在"三言"、"二拍"中，如《卖油郎独占花魁》、《倒运汉巧遇洞庭红》等，主角是卖油小贩和偶然发财的穷汉，这也都是当时的社会现实在文艺作品中的具体反映。

  第八，明朝后期有了一些替商人说话的政治家。譬如徐光启，他是上海人，是最早接受西洋科学，介绍和传播西洋科学（如物理学、化学、天文学）的一个人。他家里原来是地主，后来兼营商业。他本人中了进士，做过宰相。在他的思想中，反映了保护商人特权的要求，他提出了维护商人利益的具体建议。当时国家财政困难，西北有许多荒地，他就主张政府允许各地的地主阶级招募农民来开垦荒地。开垦荒地多的，除了粮食给他外，还可以允许这个地主家里的子弟有多少人考秀才、多少人上学，给他以政治保证。从他这种主张来看，他是当时从地主转为商人的这一集团在政治上的代表人物。

  总的来说，上面所讲的这些问题是明朝以前没有发生过的，或者虽然发生过，但并不显著。当时的人也认识到了嘉靖前和嘉靖后所发生的这种巨大变化。当然，他们还不能理解这叫作资本主义萌芽。从我们今天来看，这个变化是旧的东西改变了，新的东西露出了头。这些例子都可以作为资本主义萌芽来看。但是这些萌芽并没有成长，以后又遭到了压力，因此到鸦片战争以前中国还不能进入资本主义社会。资本主义还处在萌芽状态。

  这方面的材料直到现在还是不够完备的，还没有进行认真的研究。上面谈的只是个人的看法，不一定对，更不一定成熟，只供同志们参考。

郑和下西洋

首先说明西洋是指什么地方。明朝时候把现在的南洋地区统称为东洋和西洋。西洋指的是现在的印度半岛、马来半岛、印度尼西亚、婆罗洲等地区；东洋指的菲律宾、日本等地区。在元朝以前已经有了东、西洋之分，为什么有这样的分法呢？因为当时在海上航行要靠针路（指南针），针路分东洋指针和西洋指针，因此在地理名词上就有"东洋"和"西洋"。郑和下西洋指的是什么地方呢？主要是指现在的南洋群岛。

中国人到南洋去的历史很早，并不是从郑和开始的。远在公元以前，秦朝的政治力量已经达到现在的越南地区。到了汉武帝的时候，现在的南洋群岛许多地区已经同汉朝有很多往来。这种往来分两类：一类是官方的，即政府派遣的商船队；一类是民间的商人。可是像郑和这样由国家派遣的船队，一次出去几万人、几十条大船（这些船是当时世界上最大的船，也就是当时世界上最大的海军），不但到了现在南洋群岛的主要国家，而且一直到了非洲。其规模之大，人数之多，范围之广，那是历史上前所未有的，就是明朝以后也没有。这样大规模的航海，在当时世界历史上也没有过。郑和下西洋比哥伦布发现新大陆早87年，比迪亚士发现好望角早83年，比达·伽马发现新航路早93年，比麦哲伦到达菲律宾早116年。比世界上所有著名的航海家的航海活动都早。可以说郑和是历史上最早的、最伟大的、最有成绩的航海家。

问题是为什么在15世纪的前期中国能派出这样大规模的航海舰队，而不是别的时候？这个问题历史记载上有一种说法，说郑和下西洋仅仅是为了寻找建文帝的下落。这种说法是不正确的。上次我们讲到，明成祖从北京打到南京，夺取了他的侄子建文帝的帝位。建文帝是明太祖的孙子，他做了皇帝以后，听信了齐泰、黄子澄等人的意见，要把他的一些叔叔——明太祖封的亲王的力量消灭掉，以加强中央集权。他解除了一些亲王的军事权力，有的被关起来，有的被废为庶人。于是燕王便起兵反抗，打了几年，最后打到南京。历史记载说燕王军队打到南京后，"宫中火起，帝不知所终"。"帝不知所终"这句话是经过了认真研究的，因为当时宫里起了火，把宫里的人都烧死了，烧死的尸首分不清到底是谁。于是就发生了一个建文帝到底死了没有的疑案。假如没有死，他跑出去了的话，那么，他就有可能重新组织军队来推翻明成祖的统治。从当时全国的形势来看是存在这个问题的。因为建文帝是继承他祖父明太祖的，全国各个地方都服从他的指挥。明成祖虽然在军事上取得了胜利，但是并没有把建文帝的整个军事力量摧毁，他的军事力量只是在今天从北京到南京的铁路沿线上，其他地方还是建文帝原来的势力范围。因此明成祖就得考虑建文帝到底还在不在？如果是逃出去了，又逃到了什么地方？他得想办法把建文帝逮住。于是他派了礼部尚书（相当于现在的内务部长）胡濙，名义上是到全国各地去找神仙（当时传说有一个神仙叫张三丰），实际上是去寻找建文帝。前后找了二三十年。《明史·胡濙传》说胡濙每次找了回来都向明成祖报告。最后一次向皇帝报告时，成祖正在军中，胡濙讲的什么别人都听不到，只见他讲了以后明成祖很高兴。历史学家们认为，最后这一次报告，可能是说建文帝已经死了。另外，明成祖又怕建文帝不在国内，跑到国外去了。所以他在派郑和下西洋的时候，要郑和在国外也留心这件事。这是可能的，但这不是郑和下西洋的主要目的。郑和下西洋主要是由于经济上的原因。

这里插一个问题，讲讲明成祖和建文帝之间的斗争说明什么问题。明成祖以后的各代对建文帝的下落一事也非常重视。万历皇帝就曾经同他的老师谈起这个问题，问建文帝到底到哪里去了，为什么经过一百多年还搞不清楚。当时出现了很多有关建文帝的书，这些书讲建文帝是怎么逃出南京的，经过些什么地方，逃到了什么地方。有的书说他到了云南，当了和尚，跟他一起逃走的那些人也都当了和尚。诸如此类的传说越来越多。此外，记载建文帝事迹的书也越来越多。这说明什么问题呢？说明一个政治问题。建文帝在位期间，改变了他祖父明太祖的一些做法。他认为明太祖所定下来的一些制度，现在经过了几十年，应该改变。当时建文帝周围的一些人都是些儒生，缺乏实际斗争经验，他们自己出的一些办法也并不高明。尽管如此，建文帝的这种举动还是得到了不少人的支持。但是明成祖起兵反对他。在明成祖看来，明太祖所规定的一切制度都是尽善尽美的。他不容许建文帝改变祖先的东西。因此，明成祖和建文帝之间的斗争就是保持还是改变明太祖所定的旧制度的斗争。在这个斗争中建文帝失败了。明成祖做了皇帝以后，把建文帝改变了的一些东西又全部恢复过来。一直到明朝灭亡，两百多年都没有变动。

在这种情况下，有不少的知识分子对明成祖的政治感到不满，不满意他的统治。他们通过什么方式来表达这种不满呢？公开反对不行，于是通过对建文帝的怀念来表达。他们肯定建文帝，赞扬建文帝，实际上就是反对明成祖。因此，关于建文帝的传说就越来越多了。现在我们到四川、云南这些地方旅行，到处可以发现所谓建文帝的遗址。这里有一个庙说是建文帝住过的；那里有一个寺院，里头有几棵树，说是建文帝栽的。有没有这样的事情呢？没有。明末清初有个文人叫钱谦益（这个人政治上很糟糕）写了文章专门研究这个问题。当时许多书上都说：当南京被燕兵包围时，城门打不开，建文帝便剃了头发，跟着几个随从的人从下水道的水门跑出去了。钱谦益说这靠不住，南京下水道的水门根本不能通出城去。他当时做南京礼部尚书，对宫殿里的情况是很熟悉的。此外，还有很多不合事实的传说，他都逐条驳斥了。最后他作了这样的解释：假如建文帝真的跑出去了，当时明成祖所统治的地区只是从北京到南京的交通线附近，只要建文帝一号召，全国各地都会响应他，他还可以继续进行斗争。但结果没有这样。这就可以得出一个结论：建文帝是死在宫里了。但当时不能肯定，万一他跑了怎么办？所以就派人去找。我认为这样解释比较说得通。

现在我们继续讲郑和下西洋的问题。如果说郑和下西洋的主要目的是为了找建文帝，那是不合事实的；但也不能说完全没有这方面的动机。因为当时的怀疑不能解决，通过他出去访问，让他注意这个问题是可能的。那么，郑和下西洋的主要目的到底是什么呢？这就是上次所说的，是国内经济发展的必然结果。经过1348 年到 1368 年二十年的战争，经济上受到了很大的破坏。但是经过洪武时期采取的恢复生产、发展生产的措施以后，人口增加了，耕地面积扩大了，粮食、棉花、油料的产量都提高了，人民的生活有了改善，政府的财政税收比以前多了。随之而来，对国外物资的需要也增加了。这种对国外物资需要的增加主要在两个方面：一方面是人民日常生活所需要的物资，主要是香料、染料。香料主要是用在饮食方面作调料，就是把菜做得更好一些，或者使某种菜能收藏得更久。像胡椒就是人民所需要的东西。胡椒从哪里来呢？是从印度来的，一直到现在还是如此。还有其他许多香料也大多是从南洋各岛来的。在南洋有个香料岛，专门出产香料。另一种是染料，为什么对染料的需要这样迫切呢？明朝以前，我们的祖先常用的染料都是草木染料，譬如蓝色是草蓝；或者是矿物染料。这样的染料一方面价钱贵，另一方面又容易退色。进口染料就可以解决这些问题。朝鲜族喜欢穿白衣服，我们国内有些人也喜欢穿白衣服，为什么？原因很简单，因为买不起染料。封建社会里，皇帝穿黄衣服，最高级的官穿红衣服，再下一级的官穿紫衣服、穿蓝衣服，最下等的穿绿衣服。为什么用衣服的颜色来区别呢？也很简单，染料贵。老百姓买不起染料，只好穿白衣服。所以古人说"白衣"、"白丁"，指的是平民。这些封建礼节都是由物质基础决定的。因此就有向国外去寻找染料的要求。这一类，是人民的日常生活所需要的。另外一类是毫无意义的消费品，主要是珠宝。这是专门供贵族社会特别是宫廷里享受的。有一种宝石叫"猫儿眼"，还有一种叫"祖母绿"，过去谁也不知道是什么样子，只知道是宝石。最近我们在万历皇帝的定陵里发现了这两种东西。这些东西都是从外国买来的。除了珠宝以外，还有一些珍禽异兽。当时的人把一种兽叫作麒麟，实际上就是动物园里的长颈鹿。与对外物资需要增加的同时，由于国内经济的发展，一些可供出口的物资，如绸缎、瓷器（主要是江西瓷，其他地区也有一些）、铁器（主要生产工具）的产量也增加了。

除了经济上的条件以外，还有一个很重要的条件，就是当时中国对外的航海通商已有悠久的历史。从秦朝开始，经过唐朝、南宋到元朝，在这个漫长的时期内，政府的商船队、私人的商船队不断出去。有些私人商船队发了财。到了明朝，由于长期的积累，已经具备了丰富的航海知识和有经验的航海人员。有了这些条件，就出现了从明成祖永乐三年（1405）到他的孙子明宣宗宣德八年（1433）近三十年之间以郑和为首的七次下西洋的事迹。

郑和出去坐的船叫作"宝船"，政府专门设立了制造宝船的机构。这种船有多大呢？大船长四十丈，宽十八丈；中船长三十七丈，宽十五丈。当时在全世界再没有比这更大的船了。一条船可以载多少人呢？根据第一次派出的人数来计算，平均每条船可以坐四百五十人。每次出去多少人呢？有人数最多的军队，此外还有水手、翻译、会计、修船工人、医生等，平均每次出去两万七八千人。这样的规模是了不起的，后来的哥伦布、麦哲伦航海每次不过三四只船，百把人，是不能和这相比的。谁来带领这么多人的航海队呢？明朝政府选择了郑和。因为郑和很勇敢，很有能力。同时，当时南洋的许多国家都是信奉回教的，而郑和也是个回教徒（但他同时也信仰佛教），他的祖父和父亲都曾经朝拜过麦加。回教徒一生最大的愿望就是到麦加去磕一个头，凡是去过麦加的人就称为哈只。选派这样的回教徒到信奉回教的地方去就可以减少隔阂，好办事。在郑和带去的翻译里面也有一些人是回教徒，这些人后来写了一些书，把当时访问的一些国家的情况记载下来了。这些书有的流传到现在。有人问：郑和是云南人，他怎么成了明成祖部下的大官呢？这很简单，洪武十四年（1381）的时候，明太祖派兵打云南，把元朝在云南的残余势力打败了，取得了云南。在战争中俘虏了一些人，郑和就是在这次战争中被俘虏的。他当时还是一个小孩，后来让他做太监，分给了明成祖。他跟明成祖出去打仗时，表现很勇敢，取得了明成祖的信任。因此明成祖让他担负了到南洋各国去访问的任务。

他们第一次出去坐了六十二艘大船，带了很多军队。这里发生了这样的问题：他们既然是到外国去通商、去访问，为什么要带这么多军队？这是因为当时从中国去南洋群岛的航线上有海盗，这些海盗不但抢劫中国商船，而且也抢别的国家到我们这里来做买卖的商船。郑和用强大的军事力量把海盗消灭了，这样就保证了航路的畅通。另外，为了防止外国来侵犯他们，也需要带足够的军事力量。郑和到锡兰的时候，锡兰国王看到中国商船队的物资很多，他就抢劫这些物资。结果郑和把他打败了，并把他俘虏到北京。后来明朝政府又把他放回去，告诉他，只要你今后不再当强盗就行了。可见为了航行的安全，郑和带军队去是必要的。郑和率领的军事力量虽然很强大，用现在的话来说，他带去了好几个师的军队，而当时南洋没有一个地区有这样强大的军事力量。但是郑和的军队只是用于防卫的。他所进行的是和平通商。尽管当时有这样的力量，这样的可能，但是没有占领别人的一寸土地。后来，比郑和晚一百年的西方人到东方来就不同了。他们一手拿商品，一手拿宝剑，把所到的地方都变成他们的殖民地。如葡萄牙人到了南洋以后就占领了南洋的一些岛屿。当然，在我们的历史上个别的时候也有占领别人的土地的事情。但总的来说，我们国家不是好侵略的国家，我们国家没有占领别国的领土，这和西方资本主义国家有本质的不同。根据当时保留下来的记载，可以看出郑和和南洋各国所进行的贸易是平等的，而不是强加于人的。交易双方公平议价，有些书上记载得很具体，说双方把手伸到袖子里摸手指头议价。现在我们国内有些地方还用这种办法。郑和所到的地区都有中国的侨民，有开矿的，有做工的，有做买卖的，各方面的人都有。有的地方甚至是以华侨为中心，华侨在经济上占主导地位。因此郑和每到一个地方都受到欢迎。

郑和每到一个国家，除了把自己带去的大量商品卖给它们外，也从这些国家带一些商品到中国来。从第一次出去以后，他就选择了南洋群岛的一个岛屿作为根据地，贮积很多货物，以此地为中心，分派商船到各地贸易，等各分遣船队都回到此地后，再一同回国。在前后不到三十年的时期中，印度洋沿岸地区他都走到了，最远到达了红海口的亚丁和非洲的木骨都束。木骨都束就是今索马里的首都，现在叫作摩加迪沙。前年摩加迪沙的市长访问北京的时候，我们对他讲：我们的国家五六百年前就有人访问过你们。他听了很高兴。

通过郑和七次下西洋，中国和南洋的航路畅通了，对外贸易大大地发展了，出国的华侨也就更多了。通过这几十年的对外接触，中国跟南洋这些地区的关系越来越深，来往也越来越多。由于华侨的活动，以及中国的先进生产工具传入这些国家，这样，南洋地区的生产也越来越进步。所以，郑和下西洋的历史事实说明，我们这个国家有这样一个很好的传统：就是不去侵略人家。正因为这样，直到现在，尽管时间过去了五六百年，但是郑和到过的国家，很多地方都有纪念他的历史遗址。因为郑和叫三宝太监，所以很多地方都用三宝来命名。像郑和下西洋这样的事以往历史上是没有的，明朝以后也没有，这是明朝历史上一件很突出的事情。

现在要问：郑和第七次下西洋以后，为什么不去第八次呢？这里有客观的原因，也有主观的原因。客观原因是八十多年以后，欧洲人到东方来进行殖民活动，阻碍了中国和南洋诸国的往来。主观的原因有这几方面：第一，政治上的原因。明成祖死了以后，他的儿子做皇帝。这个短命皇帝很快又死了，再传给下一代，这就是宣宗。宣宗的儿子英宗做皇帝时还是个八九岁的小孩，不懂事。于是宫廷里便由他的祖母当权，政府则由三杨（杨士奇、杨荣、杨溥）掌握。三杨在朝廷里当了二三十年的机要秘书。三个老头加上一个老太太掌握国家大权。这些人和明成祖不一样。明成祖有远大的眼光。他们却认为他多事，你派这么多人出去干什么？家里又不是没吃的、没喝的。不过明成祖在世时他们不敢反对，明成祖一死，他们当了家，就不准派人出去了。第二，组织这样的商队需要一个能代替郑和的人，因为郑和这时已经六十多岁，不能再出去了。第三，经济上的原因。从外国进口的物资都是消费物资，不能进行再生产。无论是香料还是染料，都是消费品，珠宝就更不用说了，更是毫无意义的东西。以我们有用的丝绸、铁器、瓷器来换取珠宝，这样做划不来。虽然能解决沿海一些人的生活问题，但是好处不大，国家开支太多。所以，为了节约国家的财政开支，后来就不派遣商队出国了。正当明朝停止派船出国的时候，欧洲人占领了南洋的香料岛，葡萄牙人占领了我们的澳门。他们是用欺骗手段占领澳门的。开头他们向明朝的地方官说：他们的商船经常到这个地方来，遇到风浪把货物打湿了，要租个地方晒晒货物。最初还给租钱，后来就不给了，慢慢地侵占了这个地方，一直到现在还占领着。[166]

从欧洲人到东方来占领殖民地以后，中国的形势就改变了。经过清朝几百年，特别是鸦片战争以后，许多帝国主义国家从几个方面包围中国：印度被英国占领了，缅甸被英国占领了，越南被法国占领了，菲律宾先被西班牙占领，后又被美国占领了，东方的日本走上了资本主义道路，向外进行侵略扩张活动。所以近百年的中国，四面被资本主义国家和帝国主义国家所包围，再加上清朝政府的日益腐败，就使中国逐步变成了半殖民地、半封建的国家，进入了半封建、半殖民地的社会。

明代之农民

一

按照职业的区分，明代的户口有民户、军户、医户、儒户、灶户、僧户、道户、匠户[167]、阴阳户[168]、优免户、女户、神帛堂户[169]、陵户、园户、海户、庙户[170]……之别。户有户籍户帖：

> 洪武三年（1370）十一月辛亥核民数给以户帖。户部制户籍户帖，各书其户之乡贯丁口名岁，合籍与帖，以字号编为勘合，识以部印，储藏于部，帖给之民。仍令有司岁计其户口之登耗，类为籍册以进，著为令。[171]户籍藏于户部，户帖给民收执。"父子相承，徭税以定。"[172]令有司各户比对，不合者遣戍，隐匿者斩，男女田宅，备载于后。[173]若诈冒避免，避重就轻者杖八十，其官司妄准脱免，及变乱版籍者罪同。[174]洪武十四年（1381）改为赋役黄册，以一百十户为一里，推丁粮多者十户为长，余百户为十甲，甲凡十人，岁役里长一人，甲首一人，董一里一甲之事，先后以丁粮多寡为序，凡十年一周曰排年。在城曰坊，近城曰厢，乡都

曰里。里编为册，册首总为一图，鳏寡孤独不任役者附十甲后为奇零，僧道给度牒，有田者编册如民科，无田者亦为奇零，每十年有司更定其册，以丁粮增减而升降之。册凡四，一上户部，其三则布政司、府、县各存一焉。上户部者册面黄纸，故谓之黄册。其后黄册只具文，有司征税编徭则自为一册，曰白册云。[175]

各色户口中占绝大多数的是民户，民户中占绝大多数的是农民。（也可以说民户即指农民，一小部分的小商也包括在内。曾任官吏的则另称为宦户）其次是军户和匠户。民由有司，军由卫所，匠由工部管理。[176]农民人数最多，和土地的关系最密切，对国家的担负也最重。他们的生活也最值得我们注意。

农民中的富民和大地主的子弟有特权享受最好的教育，在科举制度下，他们可以利用所受的教育，一经中试便摇身变成儒户，一列仕途，便又变成宦户。退休后又变成乡绅，不再属于民户。或则买官捐监，也可以使一家的身份提高。贫农中也有由子弟的努力而成为儒户、宦户的，不过身份一改，便面目全非，对国家的负担和社会上的待遇便全然不同。他们不但不再属于民户，反而掉转头来自命为上层阶级，去剥削他从前所隶属的集团了。

二

农民的本分是纳赋和力役，明太祖告诉他的百姓说："为吾民者当知其分。田赋力役出以供上者乃其分也。能安其分则保其父母妻子，家昌身裕，为仁义忠孝之民，刑罚何由及哉。"[177]赋役都以黄册为准，册有丁有田，丁有役，田有租，租曰夏税，曰秋粮，凡二等。丁曰成丁，曰未成丁，凡二等。民始生籍其名曰不成丁，年十六曰成丁，成丁而役，六十而免。役曰里甲，曰均徭，曰杂泛，凡三等。以户计曰甲役，以丁计曰徭役，上命非时曰杂役，皆有力役，有雇役，田租大略以米麦为主，而丝绢与钞次之。[178]

要农民安于本分，使永远不能离开其所耕种的土地，除有黄册登记土地户口外，并设路引的制度，百里内许农民自由通行，百里外即须验引："凡军民等往来但出百里者，即验文引。"[179] 天下要冲去处设立巡检司，专一盘诘无引面生可疑之人。军民无文引必须擒拿送官，仍许诸人首告，得实者赏，纵容者同罪。[180] 此制在洪武初年即已施行：

> 洪武六年（1373）七月癸亥，常州府吕城巡检司盘获民无路引者送法司论罪。问之，其人以祖母病笃，远出求医急，故无验。上闻之曰："此人情可矜，勿罪。"释之。[181]

于是农民永远被禁乡里，只好硬着头皮为国家尽本分。

田赋和力役只是农民负担的一小部分。除了对国家以外，农民还要对地方官吏、豪绅、地主……尽种种义务，他们要受四重甚至五重的剥削。官吏则巧立名目，肆行科敛，即在开国时严刑重法，也还有此种情形，明太祖极为愤怒，他很生气地训斥一般地方官说：

> 置造上中下三等黄册，朝觐之时，明白开谕，毋得

扰动乡村。止将黄册底册就于各府州县官备纸札，于底册内挑选上中下三等以凭差役，庶不靠损小民，所谕甚明。及其归也，仍前着落乡村，巧立名色，团局置造，科敛害民。[182]

科敛之害，甚于虎狼。如折收秋粮，府州县官发放，每米一石官折钞二贯，巧立名色，取要水脚钱一百文，车脚钱三百文，口食钱一百文。库子又要辨验钱一百文，蒲篓钱一百文，竹篓钱一百文，沿江神佛钱一百文。[183]政府之惩治虽严，而官吏之贪污如故，剥削如故，方震孺整饬吏治疏言：

> 一邑设佐贰二三员，各有职掌。司捕者以捕为外府，收粮者以粮为外府，清军者以军为外府，其刑驱势逼，虽绿林之豪，何以加焉。稍上而有长吏，则有科罚，有羡余，曰吾以备朝京之需，吾以备考满之用，上言之而不讳，下闻之而不惊，虽能自洗刷者固多，而拘于常例者不尽无也。又上之而为郡守方面，岁时则有献，生辰则有贺，不谋而集，相摩而来，寻常之套数不足以献芹，方外之奇珍始足以下点，虽能自洗刷者固多，而拘于常例者不尽无也。萧然而来，捆载而去。夫此捆载者非其携之于家，雨之于天，又非输于神，运于鬼，总皆为百姓之脂膏，又穷百姓卖儿卖女而始得之耳。[184]

其剥削之方法，多用滥刑诛求，英宗时江西按察司佥事夏时言：

> 今之守令冒牧民之美名，乏循良之善政，往往贪泉一酌而邪念顿兴，非深文以逞，即钩距是求。或假公营私，或诛求百计。经年置人于犴狱，滥刑恒及于无辜。甚至不任法律而颠倒是非，高下其手者有之，刻薄相尚，而避己小嫌，入人大辟者有之。不贪则酷，不怠则奸，或通吏胥以贾祸，或纵主案以肥家，殃民蠹政，莫敢谁何。[185]

地方官以下之粮长吏胥，则更变本加厉，横征暴敛，如《续诰》所记嘉定县粮长金仲芳等额外敛钱之十八种名色：

> 一定舡钱，一包纳运头米钱，一临运钱，一造册钱，一车脚钱，一使用钱，一络麻钱，一铁炭钱，一申明旌善亭钱，一修理仓廒钱，一点舡钱，一馆驿房舍钱，一供状户口钱，一认役钱，一黄粮钱，一修墩钱，一盐票钱，一出由子钱。[186]

又如粮长邾阿乃起立名色，科扰粮户，至超过正税数倍：

> 其扰民之计，立名曰舡水脚米，斛面米，装粮饭米，车脚钱，脱夫米，造册钱，粮局知房钱，看米样中米，灯油钱，运黄粮脱夫米，均需钱，棕软蔑钱一十二色。通计敛米三万七千石，钞一万一千一百贯。

正米止该一万，便做加五收受，尚余二万二千石，钞一万一千一百贯。民无可纳者，以房屋准者有之，变卖牲口准者有之，衣服段匹布帛之类准者亦有之，其锅灶水车农具尽皆准折。[187]

隶快书役为害尤甚："民之赋税每郡小者不过数万，大者不过数十万，而所以供此辈者不啻倍之。"[188]

地方豪绅不但享有优免赋役的特权（参看《大公报·史地周刊》《明代仕宦阶级的生活》、《晚明之仕宦阶级》二文），并且也创立种种苛税，剥削农民。有征收道路通行税的：

宣德八年（1432）十一月丙午，顺天府尹李庸言："比奉命修筑桥道，而豪势之家，占据要路，私搭小桥，邀阻行人，榷取其利，请行禁革。"上曰："豪势擅利至此，将何所不为。"命行在都察院揭榜禁约。[189]

有私征商税的：

正统元年（1436）十二月甲申，驸马都尉焦敬令其司副李于文明门外五里建广鲸店，集市井无赖，假牙行名，诈税商贩者，钱积数十千。又于武清县马驹桥遮截磁器鱼枣数车，留店不遣。又令阍者马进于张家湾溧阳闸河诸通商贩处，诈收米八九十石，钞以千计。[190]

有擅据水利的：

正统八年十二月戊戌，吏部听选官胡秉贤言："臣原籍江西弋阳，县有官陂二所。民田三万余亩借其灌溉。近年被沿改豪强之人，私创碓磨，走泄水利，稍有旱暵，民皆失望。"[191]

叶盛《水东日记》卷十四亦记：

杭州西湖傍近，编竹节水，可专菱芡之利，而惟时有势力者可得之。故杭人有俗谣云："十里湖光十里笆，编笆都是富豪家，待他十载功名尽，只见湖光不见笆。"

盐粮马草之利亦尽为势豪所占，《明英宗实录》卷一一五记：

九年四月壬辰，敕户部曰："朝廷令人易纳马草、开中盐粮，本期资国便民。比闻各场纳草之人，多系官豪势要，及该管内外官贪图重利，令子侄家人伴当假托军民，出名承纳。各处所中盐粮，亦系官豪势要之家占中居多，往往挟势将杂糙米上仓，该管官司畏避权势，辄与收受，以致给军多不堪用。及至支盐，又嘱管盐官搀越关支，倍取利息。致无势客商，守支年久不能得者有之，丧赀失业，嗟怨莫伸，其弊不可胜言。"

更有指使家人奴仆，私自抽分的。《明律条例》名例条：

成化十五年（1479）十月二十二日节该，钦奉宪宗皇帝圣旨：管庄佃仆人等占守水陆关隘抽分，揹取财物，挟制把持害人的，都发边卫永远充军，钦此！

地主则勾结官吏，靠损小民，《续诰》第四五：

民间洒派包荒诡寄，移丘换段，这等都是奸顽豪富之家，将次没福受用财赋田产，以自己科差洒派细民。境内本无积年民田，此等豪猾买嘱贪官污吏及造册书算人等，其贪官污吏受豪猾之财，当科粮之际，作包荒名色，征纳小户。书算手受财，将田洒派，移丘换段，作诡寄名色，以此靠损小民。

或隐匿丁粮，避免徭役，一切负担均归小民：

宣德六年（1431）六月庚午，浙江右参议彭璟言："豪富人民每遇编充里役，多隐匿丁粮，规避徭役，质朴之民皆首实。有司贪贿，更不穷究。由是徭役不均，细民失业"。[192]

或营充职事，使小民受累，《明英宗实录》卷八九记：

七年（1442）二月丁酉应天府府尹李敏奏："本府上元、江宁二县富实丁多之家，往往营充钦天监太医院阴阳医生、各公主府坟户、太常光禄二寺厨役及女户者，一户多至一二十丁，俱避差役，负累小民。"

一面以其财力，兼并小农，例如：

景泰元年（1450）六月丙申，巡抚直隶工部尚书周忱言："江阴县民周珪本户原置田三百七十二顷，又兼并诱买小民田二百七顷五十余亩，诛求私租，谋杀人命。"[193]

因之，富者愈富，贫者愈贫。更加以苛捐杂税之搜括，农民至无生路可走，甚至商税派征，其负担者亦为农民：

榷税一节，病民滋甚。山右僻在西隅，行商寥寥。所有额派税银四万二千五百两，铺垫等银五千七百余两，百分派于各州府持。于是斗粟半菽有税，沽酒市脂有税，尺布寸丝有税，赢特寒卫有税，既非天降而地出，真是头会而箕敛。[194]

负担过重，伶俐富厚点的也跟着一般地主的榜样，诡谋图免，大部分的农民无法可处，只得辗转沟壑，流为盗贼。侯朝宗曾痛论其弊云：

明之百姓，税加之，兵加之，刑加之，役加之，水旱灾祲加之，官吏之食渔加之，豪强之吞并加之，是百姓一而所以加之者七也。于是百姓之富者争出金钱而入学校，百姓之黠者争营巢窟而充吏胥。是加者七而因而诡之者二也。即以赋役之一端言之，百姓方苦其积极而无告而学校则除矣,吏胥则除矣,举天下以是为固然而莫之问也。百姓之争入于学校而争出于吏胥者,亦莫不利其固然而为之矣。约而计之,十人而除一人,则以一人所除更加之九人,百人而除十人,则以十人所除更加之九十人,展转加焉而不可穷,争诡焉而不可禁。天下之学校吏胥渐多而百姓渐少,是始犹以学校吏胥加百姓,而其后逐以百姓加百姓也。彼百姓之无可奈何者,不死于沟壑即相率而为盗贼耳,安得而不乱哉。[195]

除此以外,农民还有两条路可走。第一条大路是当僧道,不过如被发觉,反要吃苦。例如《明太祖实录》卷二二七所记:

> 二十六年五月乙丑,道士仲守纯等一百二十五人请给度牒。礼部审实皆逃民避徭役者。诏隶锦衣卫习工匠。

第二条路是抛弃土地,逃出做"流民"。

三

洪武三年(1370)时曾有一次关于苏州一府地主的统计:

> 先是上问户部天下民孰富,产孰优?户部臣对曰:"以田税之多寡较之,惟浙西多富民巨室。以苏州一府计之,民岁输粮一百石以上至四百石者四百九十户。五百石至千石者五十六户。千石至二千石者六户。

二千石至三千八百石者二户。计五百五十四户，岁输粮十五万一百八十四石。"[196]

苏州府在洪武二十六年（1393）时的户口统计是四十九万一千五百一十四户。[197]二十年中户口相差大致不会很远。如以此数估计，则五十万户中有地主五百户，地主占全户口千分之一。不过这统计不能适用于别处，苏松财赋占全国三分之一，以照此例和在全国所纳的田赋比较，和其他各地至少要相差三十倍，即平均要三万户中才有一户地主。

地主有政治势力的保障，即使有水旱兵灾，也和他们不相干。而且愈是碰到灾荒，愈是他们发财的机会。第一是荒数都分配给地主，农民却须照样纳税。王鏊曾说：

时值年丰，小民犹且不给，一遇水旱，则流离被道，饿殍塞川，甚可悯也。惟朝廷轸念民穷，亦尝蠲免荒数，冀以宽之。而有司不奉德音，或因之为利，故有卖荒送荒之说。以是荒数多归于豪右，而小民不获沾惠。[198]

而且贫农无田，所种多为佃田，即有恩恤，好处也只落在地主身上，如《明英宗实录》卷五所记：

宣德十年五月乙未，行在刑科给事中年富言：江南小民佃富人之田，岁输其租。今诏免灾伤税粮，所蠲特及富室，而小民输租如故。乞命被灾之处，富人田租如例蠲免。从之。

第二是乘农民最困乏时，作高利贷的剥削。法律所许可的利率是百分之三十。[199]遇到灾荒时，地主便抬高利率，农民只能忍痛向其借贷，不能如期偿还，家产人口便为地主所没收，《明英宗实录》卷一六七记：

> 十三年六月甲申，浙江按察使轩輗言："各处豪民私债，倍取利息，至有奴其男女，占其田产者，官府莫敢指叱，小民无由控诉。"

政府虽明知有这种兼并情形，也只能通令私债须等丰收时偿还，期前不得追索。可是结果地主因此索性不肯借贷，政府又不能救济，贫农更是走投无路。只好取消了这禁令，让地主得有自由兼并的机会：

> 景泰二年（1451）八月癸巳，刑部员外郎陈金言：军民私债，例不得迫索，俟丰稔归其本息。以此贫民有急，偏叩富室，不能救济。宜听其理取。从之。[200]

贫农向地主典产，产去而税存：

> 正统元年六月戊戌，湖广辰州府沅陵县奏："本县人民多因赔纳税粮，充军为事贫乏，将本户田产，典借富人钱帛，岁久不能赎，产去税存，衣食艰难。"[201]

抵押房屋，过期力不能偿，即被没收：

> 正统六年五月甲寅，直隶淮安府知府杨理言："本府贫民以供给繁重，将屋宅典与富民，期三年赎以原本，过期即立契永卖。以是贫民往往趁食在外，莫能招抚。"[202]

或借以银而偿则以米，取数倍之息，顾炎武记：

> 日见凤翔之民，举债于权要，每银一两，偿米四石。此尚能支持岁月乎？[203]

于是小地主由加力剥削而成大地主，贫农则失产而为佃农，佃农不堪压迫，又逃而为流民，《明宣宗实录》卷九四宣德七年八月辛亥条：

> 苏州田赋素重，其力耕者皆贫民。每岁输纳，粮长里胥率厚取之，不免贷于富家，富家又数倍取利，而农益贫。

《明英宗实录》卷一九三景泰元年六月庚辰条：

> 处州地瘠人贫，其中小民，或因充军当匠而废其世业，或因官吏横征而克其资财，或因豪右兼并而侵渔其地，或因艰苦借贷而倍出其偿。恒产无存，饥寒不免。

况富民豪横，无所不至，既夺其产，或不与收粮而征科如旧，或诡寄他户而避其粮差，激民为盗，职此之由。

在京都附近的农民，则田产更有无故被夺的危险。例如弘治时外戚王源占夺民产至二千二百余顷。《明史·王镇传》：

外戚王源赐田，初止二十七顷，乃令其家奴别立四至，占夺民产至二千二百余顷。及贫民赴告，御史刘乔徇情曲奏，致源无忌惮，家奴益横。

正统时诸王所夺人民庄宅田地至三千余顷。[204]南京中官外戚所占田地六万三千三百五十亩，房屋一千二百二十八间。[205]边将史昭、丁信广置庄田，各有二十余所，霸占鱼池，侵夺水利。[206]景泰初顺天、河间等府县地土，多被宦豪朦胧奏讨及私自占据，或为草场，或立庄所，动计数十百顷。间接小民纳粮地亩，多被占夺，岁赔粮草。[207]夏言奉敕勘报皇庄及功臣国戚田土疏曾极言其弊：

近年以来，皇亲侯伯凭藉宠昵，奏讨无厌，而朝廷眷顾优隆，赐予无节。其所赐地土多是受人投献，将民间产业夺而有之。如庆阳伯受奸民李政等投献，奏讨庆都、清苑、清河三县地五千四百余顷。如长宁伯受奸民魏忠等投献，奏讨景州、东光等县地一千九百余顷。如指挥佥事沈傅、吴让受奸民马仲名等投献，奏讨沧州静海县地六千五百余顷。以致被害之民，构讼经年，流离失所，甚伤国体，大失群心。[208]

从天顺以来，又纷纷设立皇庄，至嘉靖初年有皇庄数十所，占地至三万七千五百九十五顷四十六亩，扰害农民，不可计极，夏言云：

皇庄既立，则有管理之太监，有奏带之旗校，有跟随之名下，每处动至三四十人……擅作威福，肆行武断。其甚不靖者则起盖房屋，则架搭桥梁，则擅立关隘，则出给票帖，则私刻关防。凡民间撑架舟车，牧放牛马，采捕鱼虾螺蚌茭蒲之利，靡不括取。而邻近土地则辗转移筑封堆，包打界至，见亩征银。本土豪猾之民，投为庄头，拨置生事，帮助为恶，多方掊克，获利不赀。输之宫闱者曾无什之一二，而私入囊橐者盖不啻什八九矣。是以小民脂膏，吮剥无余，繇是人民逃窜而户口消耗，里分减并而粮差愈难。卒致辇毂之下，生理寡遂，闾阎之间，贫苦到骨。[209]

结果是："公私庄田，逾乡跨邑，小民恒产，岁朘月削。产业既失，税粮犹存，徭役苦于并充，粮草困于重出，饥寒愁苦，日益无聊，辗转流亡，靡所底止。以致强梁者起而为盗贼，柔善者转死于沟壑。其巧黠者或投充势家庄头家人名目，资其势以转为良善之害，或匿入海户、陵户、勇士、校尉等籍，脱免徭役，以重困敦本之人。凡所以蠹民、命脉，竭民膏血者，百孔千疮，不能枚举。"[210]这情形是由中央特派调查庄田的官吏所发表，当时的统治阶级也已深知此种举动之不合理，足以引起变乱。然而当这报告书发表以后，外戚陈万言又向皇帝乞得庄田，这庄田的来源还是"夺民田产"：

> 嘉靖三年，泰和伯陈万言乞武清、东安地各千顷为庄田，诏户部勘闲田给之。给事中张汉卿疏谏，帝竟以八百顷给之。巡抚刘麟、御史任洛复言不宜夺民地。勿听。[211]

景泰王于嘉靖四十年之国，多请庄田，其他土田湖陂侵入者数万顷。[212]潞王居京邸时，王店、王庄遍畿内。居藩多请赡田、食盐无不应，田多至四万顷。[213]福王之国时，诏赐庄田四万顷，中州腴土不足，取山东、湖广田益之。尺寸皆夺之民间，伴读、承奉诸官假履亩为名，乘传出入，河南北、齐、楚间，所至骚动。[214]

皇室、中官、外戚、勋臣、地方官吏、豪绅、地主、胥役……这一串统治者重重压迫，重重剥削，他们的财富，他们所享受的骄奢淫逸的生活，不但是由括尽农民身上的血汗所造成，并且也不知牺牲了多少农民的性命，才能换得他们一夕的狂欢。"尺寸皆夺之民间"，农民之血汗尽，性命过于不值钱，只好另打主意。

四

在平时，对政府的负担也使农民喘不过气来。因为在立法时并不曾顾虑到地主和贫农的差别悬殊，使他们一律出同样的力役，结果是地主行无所事，而贫农则破家荡产。此弊自元末以来即有之。王祎说：

> 今州县之地，区别其疆界谓之都，而富民有田往往遍布诸都。税之所入以千百计者，类皆一户一役而止。其斗升之税不能出其都者，亦例与富民同受役。而又富民之田不肯自名其税，假立户名，托称兄弟所分，与子女所受，及在城异乡人之业，飞寄诡窜，以避差徭。故富者三岁一役曾不以为多，贫者一日受役，而家已立破，民之所病，莫斯为甚。[215]

至正十年（1350）婺州路始行鱼鳞类姓鼠尾之籍，税之所在，役即随之，甚多田者兼受他都之役而不可辞，少者称其所助而无幸免。[216]洪武元年（1368）行均工夫之法，田一顷出丁夫一人，不及顷者以他田足之。黄册成后，行里甲法，以上中下三户三等五岁均役。一岁中诸色杂目应役者，编第均之，银力从所便。后法稍弛，编徭役里甲者以户为断，放大户而勾单小，富商大贾免役而土著困，官吏里胥轻重其手而小民益穷蹙。又改行鼠尾册法，论丁粮多少，编次先后，市民商贾家殷足而无田产者听自占以佐银差。可是官府公私所需，仍责坊里长营办，给不能一二，供者或十百。甚至无所给，唯计值年里甲只应夫马饮食，而里甲病。一被佥为上供解户，往往为中官所留难，贡品被挑剔好坏，故意不收，只能就地改买进奉，率至破家倾产。[217]斗库粮长之役亦使民不聊生，王鏊曾痛陈其弊，他说：

> 田之税既重，又加以重役，今之所谓均徭者大率

以田为定，田多为上户，上户则重，田少则轻，无田又轻，亦不计其资力之如何也。故民惟务逐末而不务力田，避重役也。所谓重役者大约有三：曰解户，解军需颜料纳之内库者也。曰斗库，供应往来使客及有司之营办者也。曰粮长，督一区之税输之官者也。颜料之入内府亦不为多，而出纳之际，百方难阻，以百作十，以十作一，折阅之数，不免出倍称之息，称贷于京以归，则卖产以偿，此民之重困者一也。使客往来，厨传不绝，其久留地方者日有薪炭潼菜膏油之供，加以馈送之资，游宴之费，罔不取给，此民之重困者二也。太祖患有司之刻民也，使推殷实有行义之家，以民管民，最为良法，昔之为是役者未见其患。顷者朝廷之征求既多，有司之侵牟滋甚，旧惟督粮而已，近又使之运于京，粮长不能自行，奸民代之行，多有侵牟，京仓艰阻，亦且百方，又不免称贷以归。不特此也，贪官又从而侵牟之，公务有急则取之，私家有需则取之，往来应借则取之。而又常例之输，公堂之刻，火耗之刻，官之百需多取于长，长能安不多取于民。及逋租积负，官吏督责如火，则拆屋伐木，鬻田鬻子女，竟不免死于榜掠之下，此民之重困者三也。三役之重，皆起于田，一家当之则一家破，百家当之则百家破，故贫者皆弃其田以转徙，富者尽卖其田以避其役。[218]

在原则上，都应"佥有力之家充之，名曰大户。究之所佥非富民，中人之产，辄为之倾"。[219]地主富民能和官吏勾结，受另一集团的保障，中农以下的平民，便只能忍受着破产倾家的苦痛，为国家服务。斗库之害，霍与瑕说得更为明白：

> 慈溪每年于均徭内额编绍兴府余姚县常丰四五仓斗级，每仓四名，每名役银五两，凡遭此役，无不破家，本县徭差内实为上等苦役。据原编常丰四仓斗级某等连名开称，俱为官攒等役剥削科取，每遇斗级上役，仓官先取分例银二十四两，家人取分例银三两，攒典书手各二两，及年烛开仓开印封印猪酒作福猪胙岁造文册歇家包办府县差人饭食，每月买办纸札，迎送新旧官盘费，收粮放粮官并过往官员下程礼物买办家火等项，皆出斗级，每年用百数余两。后泹烂贴补米石，年纳二三百石。[220]

外夷入贡，例于指定地方驻扎，一切支给，俱出里甲。《明英宗实录》卷五八琉球馆臣是其一例：

> 正统四年八月庚寅，巡按福建监察御史成规言：琉球国往来使臣俱于福州停住，馆谷之需，所费不赀。此者通事林惠、郑长所带番梢人从二百余人，除日给廪米之外，其茶盐醢酱等物出于里甲，相沿已有常例。乃故行习蹬，勒折铜钱，及今未半年，已用铜钱七十九万六千九百有余，按数取足，稍或稽缓，辄肆詈殴。

政府有特别需要，便行科差，最为贫农之害。凡朝廷科买一物，辄差数人促办。所差之人又各有无赖十数人为之鹰犬，百倍科敛，民被箠楚，不胜其毒，百分之一归官，余皆入于私室。[221]给价则十不及一，辗转克减，上下靡费，至于物主所得无几，名称买办，无异白取。[222]有时中间又需经过里长的一道剥削，土产或忍痛奉献，非土产则便要破家为朝廷征求：

> 永乐五年（1407）五月甲子，开平卫卒蒋文霆言：今有岁办各色物料，里长所领官钱悉入己，名为和买，其实强取于民，若其土产，尚可措办，非土地所有，须多方征求，以致倾财破产者有之。凡若此者，非止一端。[223]

洪熙元年（1425）行在都察院右副都御史弋谦告诉皇帝说："一夫耕作，上农不过百亩，中下之农，仅有其半。除夏秋二税，所存无几，苟再分外侵耗，使民不贫而困者寡矣。"[224]可是警告虽然提出，科买却依旧举行，三年后宣宗也警告他的臣下说：

> 比者所司每缘公务，急于科差，贫富困于买办，丁中之民，服役连年，公家所用，十不二三，民间耗费，常十数倍。加以郡邑官鲜得人，吏肆为奸，征收不时，科敛无度，假公营私，弊不胜纪。以致吾民衣食不足，转徙逃亡。凡百应输，年年逋欠。国家仓庾，月计不足。[225]

他们也明知"竭泽而渔",不是一个办法。可是还是要图享用,还是要科买,结果是"百姓逃亡,仓廪不足"。

在农民方面,土地分配不均和赋税过重是当时最严重的问题。例如北直隶的富农与贫农的比较:

> 正统五年(1440)四月庚子,大理寺右少卿李畛奏:北直隶洪武永乐时人稀,富家隐藏逃户,辟地多而纳粮少,故积有余财而愈富,贫家地少而差役繁重,故典卖田宅,产去税存而愈贫。[226]

税粮的分配也极不公道,例如归有光所记:

> 江右田地不相悬,而税入多寡殊绝。如南昌新建二县仅百里,多山湖,税粮十六万。广信县六,赣州县十,皆六万。南安四县粮二万。三郡二十县之粮不及两县,盖国初以次削平僭伪,田赋往往因其旧贯。论者谓苏州田不及淮安半,而吴赋十倍淮阴,松、江二县粮与畿内八府百二十七县埒,其不均如此。[227]

又有官粮、民粮之别,政府希望减轻农民的负担,减轻或免除民粮,结果却适得其反,又予地主以兼并的机会:

> 旧例应天、镇江、太平、宁国、广德四府一州官粮减半征收,民粮全免以致富家多民粮,下户多官粮,富者愈富,贫者愈贫。[228]

官田粮重，民田粮轻，官田价轻，民田价重，地主利粮轻，贫民利价重，故民田多归地主，官田粮重，贫民不能负担，只能逃税，出做流民，王鏊说：

> 吴中有官田，有民田。官田之税一亩有五斗六斗至七斗者。其外又有加耗，主者不免多收，盖几于一石矣。民田五升以上，似不为重，而加耗愈多，又有多收之弊也。田之肥瘠不甚相远，而一丘之内，咫尺之间，或为官，或为民，轻重悬绝。细民转卖，官田价轻，民田价重，贫者利价之重，伪以官为民，富者利粮之轻，甘受其伪而不疑。久之，民田多归于豪右，官田多留于贫穷。贫者不能供，则散之四方，以逃其税。税无所出，则摊之里甲。故贫穷多流，里甲坐困，去住相牵，同入于困。[229]

于是有"逃民"，有"流民"。

五

逃民和流民的分别，《明史·食货志》说："其人户避徭役者曰逃户，年饥或避兵他徙者曰流民。"其实都是在本地不能生活，忍痛离开朝夕相亲的田地，漂流异地的贫农。

除开上文所引述的一切人为的压迫和剥削外，贫农又受自然的摧残，一有水旱，便不能生活：

> 困穷之民，田多者不过十余亩，少者或六七亩，或

二三亩，或无田而佣佃于人。幸无水旱之厄，所获亦不能充数月之食，况复旱涝乘之，欲无饥寒，胡可得乎？[230]

或有疾病，便致流离：

农民之中，有一夫一妇受田百亩或四五十亩者，当春夏时耕种之务方殷，或不幸夫病而妇给汤药，农务既废，田亦随荒。及病且愈，则时已过矣。上无以供国赋，下无以养其室家。穷困流离，职此之由。[231]

或不能备牛具种子，无法耕种自己的田土，只好降为佃农，或乞丐度日，到处漂流。《明英宗实录》卷三四记：

正统二年（1437）九月癸巳，行在户部主事刘善言：比闻山东、山西、河南、陕西并直隶诸郡县，民贫者无牛具种子耕种，佣丐衣食以度日，父母妻子啼饥号寒者十室八九。有司既不能存恤，而又重征远役，以故举家逃窜。

洪熙元年（1425）闰七月，广西布政使周干奉命到苏、常、嘉、湖等府巡视民瘼。据他的报告，民之逃亡皆由官府弊政困民及粮长弓兵害民所致：

如吴江昆山民田亩旧税五升，小民佃种富室田亩，出私租一石，后因没入官，依私租减二斗，是十分而取其八也。拨赐公侯驸马等项田，每亩旧输租一石，后因事故还官，又如私租例尽取之。且十分而取其八，民犹不堪，况尽取之乎？尽取则无以给私家，而必至冻馁，欲不逃亡，不可得矣！又如杭之仁和、海宁，苏之昆山，自永乐十二年以来，海水沦陷官民田一千九百三十余顷，逮今十有余年，犹征其租，田没于海，租从何出？常之无锡等县，洪武中没入公侯田庄，其农具水车皆腐朽已尽，如而有司犹责税如故，此民之所以逃也。粮长之设，专以催征税粮。近者常、镇、苏、松、湖、杭等府无籍之徒，营充粮长，专掊克小民以肥私已。征收之时，于各里内置立仓囤，私造大样斗斛而倍量之，有立样米抬斛米之名以巧取之，约收民五倍。却以平斗正数付与小民，运付京仓输纳，缘途费用，所存无几，及其不完，著令赔纳，至有亡身破产者，连年逋欠，倘遇恩免，利归粮长，小民全不沾恩。积习成风，以为得计。巡检之设，从以弓兵，本用盘诘奸细，缉捕盗贼。常、镇、苏、松、嘉、湖、杭等府巡检司弓兵不由府县佥充，多是有力大户令义男家人营谋充当，专一在乡设计害民，占据田产，骗要子女，及稍有不从，辄加以拒捕私盐之名，各执兵仗，围绕其家，擒获以多桨快船送司监收，挟制官吏，莫敢谁何，必厌其意乃已。不然，即声言起解赴京，中途绝其饮食，或戕害致死。小民畏之，甚于豺虎，此粮长弓兵所以害民而致逃亡之事也。[232]

苏、松、常、镇、嘉、湖、杭一带，是全国财赋中心，农民所受的压迫,从一位政府官吏口中的报告已是如此,其他各地的情形更可想见了。

各地的赋役都有定额,由被禁锢在土地上的农民负责输纳。逃亡的情形一发生,未逃亡或不能逃亡的一部分农民便为已逃亡的农民负责,尽双重义务。原来的自己所负的一份已觉过重,又加上替人的一份,逼得没有办法,也只好舍弃一切,跟着逃亡。这情形中最先倒霉的是里长,《明成祖实录》卷九九记:

> 永乐七年(1409)十二月丙寅,山西安邑县言:"县民逃徙者田土已荒,而税粮尚责里甲赔纳,侵损艰难,请暂停之,以俟招抚复业,然后征纳。"上谕行在户部尚书夏原吉曰:"百姓必耕以给租税,既弃业逃徙,则租税无出。若令里甲赔纳,必致破产,破产不足,必又逃徙,租税愈不足矣。"

次之是贫农,例如沅陵县的农民,多因赔纳而破产:

> 正统元年六月戊戌,湖广辰州府沅陵县奏:本县人民因多赔纳税粮,充军为事贫乏,将本户田产典借富人钱帛,岁久不能赎,产去税存,衣食艰难。[233]

清苑、临晋两县的未逃农民,幸得邀特典而暂缓赔纳:

> 正统三年正月辛亥,行在户部奏:直隶清苑县,人民逃移五百九十余户,遗下秋粮六百六十余

石，草一万三千四百余束。山西临晋县人民逃移四千五百七十余户，遗下秋粮三万四千一百四十余石，草六万八千二百九十余束。此二县各称，见存人户该纳粮草，尚且逋欠，若又包纳逃民粮草，愈加困苦，乞暂停征。上以民无食故逃，其无征之税责于不逃之民，是又速其逃也，宜缓其征，逃民其设法招抚。[234]

可是也只怕把未逃的农民也逼逃，这已逃农民的粮草还是要追征，而未逃的农民追征，只是追征的手续叫地方官办得慢一点而已。

农民逃亡的情形，试再举诸城县的情形作例：

正统十二年（1447）四月戊申，巡按山东监察御史史濡等奏：山东青州府地瘠民贫，差役繁重，频年荒歉，诸城一县逃移者一万三百余户，民食不给，至扫草子削树皮为食。续又逃亡三千五百余家。地亩税粮，动以万计。[235]

单是一县逃亡的户数已达一万三千八百户。正统十四年据河南右布政使年富的报告，单是陈、颖二州的逃户就不下万余。[236]试再就逃民所到处作一比较，同年五月据巡抚河南山西大理寺少卿于谦的报告，各处百姓递年逃来河南者将及二十万，尚有行勘未尽之数。[237]《明史·孙原贞传》也说：

景泰五年冬，（原贞）疏言：臣昔官河南，稽诸逃民籍凡二十余万户，悉转徙南阳唐邓襄樊间，群聚谋生。

成化初年荆襄盗起，流民附贼者至百万。项忠用兵平定，先后招抚流民复业者九十三万余人。[238]成化十二年原杰出抚荆襄，复籍流民，得户十一万三千有奇，口四十三万八千有奇。[239]

农民离开他的土地以后，同时也离去了登记他的户籍的黄册。虽然失去了倚以为生历代相传的田地，可是也从此脱离了国家的约束，不再向国家尽无尽的义务。他可以拣一个荒僻的地带，重新去开垦，做一个自由的农民。例如河南、湖广等处的客朋，《明英宗实录》卷一六记：

> 正统元年四月甲子，巡抚陕西行在户部右侍郎李新奏：河南南阳府邓州内乡等州县及附近湖广均州光化等县居民鲜少，郊野荒芜，各处客商有自洪武永乐间潜居于此，娶妻生子成家业者，丛聚乡村号为客朋，不当差役，无所钤辖。

郧阳一带多山，地界湖广、河南、陕西三省间，又多旷土，山谷阨塞，林菁蒙密，中有草木，可采掘食，正统二年岁饥，民徙入不可禁，聚既多，无所禀约束。[240]从此不再有任何压迫，也不再有任何负担，自耕自食，真是农民的理想生活。然而，地主不肯让农民逃走，因为他们感觉到没有人替他们耕种和服役的恐慌。官吏和胥役不肯让农民逃走，因为农民逃了不回来，他们便失去剥削的对象。国家更不肯让农民躲着不受约束，因为他们最需要农民的力量，农民最驯良，最肯对国家尽责任，国家需要他们的血汗来服役，更需要他们用血汗换来的金钱，供皇家和贵族们挥霍。

他们都是农民头上的寄生虫，他们非要农民回来不可。于是有招抚逃民之举。

六

凡逃户，明初督令还本籍复业，赐复一年。老弱不能归及不愿归者，令所在着籍，授田输赋。[241]是要责成所在地的官吏勒令逃民回到原籍去，给以一年的休息，第二年起还是照未逃亡前一样生活着。事实上不能强迫回到原籍去的，便令落籍在所逃亡的地方，照常尽百姓的义务，依旧被圈定在一土地的范畴。仍是不堪剥削，依旧逃亡。宣宗时特增府县佐贰官，专抚逃民。《明宣宗实录》卷七七宣德六年（1431）三月丁卯条：

> 先是巡按贵州监察御史陈斌言："各处复业逃民，有司不能抚绥，仍有逃窜者。乞令户部都察院各遣官同布政司、按察司取勘名数及所逃之处，取回复业。府县仍增除佐贰官一员，专职抚绥。"上命行在户部兵部议。太子太师郭资等议："在外逃民多有复业而再逃者，今当重造籍册，民若逃亡，籍皆虚妄。今拟南北直隶遣御史二员，各布政司府州县皆添设佐贰官一员，专抚逃民。"上曰："凡郡县官俱以抚民为职，何用增设。官多徒为民蠹，其更令吏部拟议以闻。"至是吏部言："河南、山东、山西、湖广、浙江、江西有巡抚侍郎，其府

州县七百三十五处已于额外增官一员，凡七百三十五员，宜改为抚民官。其余府州县宜各添设佐贰官一员。"上从之曰："此亦从权，若造册完，取回别用。"于是增除府州县佐贰官三百七十一员。

因为是刚到十年一度重造黄册的期间，质以特别增设抚民官。希望人口土地和册籍一致。可是这种重床叠屋的官制，头痛医头的办法，仍不能阻止农民的再度逃亡。《明英宗实录》卷一八正统元年六月甲寅条：

> 山西左参政王来言：逃民在各处年久成家，虽累蒙恩诏抚回，奈其田产荒凉，不能茸理，仍复逃去，深负朝廷矜恤之意，请令随处附籍当差。

农民逃亡后在另一地域已开垦成一新家，硬又让他们回到久已荒芜的老家去，自然不能不作第二次的逃亡。同年闰六月戊寅条：

> 巡抚河南山西行在兵部右侍郎于谦言："山西河南旱荒，人民逃移，遗下粮草，见在人户包纳。是以荒芜处所，民愈少而粮不减，丰熟地方，民愈多而粮无增。乞令各处入籍，就纳原籍粮草，庶税无亏欠，国无靠损。"

以此重又下令命逃民占籍于所寓地方。同年十一月庚戌条：

先是行在户部奏："各处民流移就食者，因循年久，不思故土。以致本籍田地荒芜，租税逋负。将蠲之则岁入不足，将征之则无从追究。宜令各府县备籍逃去之家并逃来之人，移交互报，审验无异，令归故乡。其有不愿归者，令占籍所寓州县，授以地亩，俾供租税。则国无游食之民，野无荒芜之地矣。"上命下廷臣议。至是佥以为便，从之。

这也只是一个理想的办法，因为经过几十年的流移，册籍早已混乱，无从互报。而且即使册籍具在，也不过是文字上的装饰，和实际情形毫不相干。例如宿州知州王永隆所说造册报部的情形：

正统二年二月辛酉，直隶凤阳府宿州知州王永隆奏："近制各处仓库储蓄及户口田土并岁入岁用之数，俱令岁终造册送行在户部存照。州县唯恐后期，预于八月臆度造报。且八月至岁终，尚有四月，人口岂无消息，费用岂无盈缩，以此数目不清，徒为虚文。"[242]

正统五年四月又规定逃民抚恤办法：

一、各处抚民官务要将该管逃民设法招抚，安插停当，明见下落。其逃民限半年内赴所在官司首告，回还原籍复业，悉免其罪，仍优免其户下一应杂泛差役二年。有司官吏里老人等并要加意抚恤，不许以公私债负需索扰害，致其失所。其房屋田地，复业之日，悉令退还，不许占据，违者治罪。

二、逃民遗下田地，见在之民或有耕种者，先因州县官吏里老人等，不验所耕多寡，一概逼令全纳逃民粮草，以致民不敢耕，田地荒芜。今后逃户田地，听有力之家尽力耕种，免纳粮草。

三、逃民既皆因贫困不得已流移外境，其户下税粮，有司不恤民难，责令见在里老亲邻人等代纳，其见在之民被累艰苦以致逃走者众。令后逃民遗下该纳粮草，有司即据实申报上司，暂与停征，不许逼令见在人民包纳。若逃民已于各处附籍，明有下落者，即将本户粮草除豁。违者处以重罪。[243]

抚民官的派出，目的本在抚辑流亡。可是恰和实际情形相反，恤民之官累设而流亡愈多[244]，他们不但不能安抚，反加剥削，纵容吏胥里老人等生事扰害。[245]正统十年从张骥言，取回济南等府抚民通判等官。[246]一面又于陈州增设抚民知州，令负责招抚[247]，又置山东东昌府濮州同知、直隶凤阳府颍州府亳县县丞各一员，专管收籍逃户。[248]专负抚民的，河南山西巡抚于谦则抚定山东、山西、陕西等处逃民七万余户，居相近者另立乡都里，星散者就地安插。[249]

可是不到一年，又复逃徙，同书卷一四六正统十一年十月乙巳条：

河南左布政使饶礼奏："外境逃民占河南者，近遇水旱，又复转徙，甚者聚党为非。"

另一面则虽设官招抚，逃民亦不肯复业。例如景泰三年（1452）五月敕巡抚河南左副都御史王暹所言："河南流民，虽常招抚，未见有复业者。"[250]

虽然有黄册，有逃户周知册，可是都只是官样文章，簿上的数目和实际上完全不符。由此发生两种现象，第一是户口和土地的减少；第二是分配不均的尖锐化。成化中（1465—1487）刘大夏上疏言：

> 今四方民穷则竭，逃亡过半。版籍所载，十去四五。今为之计，必须痛减征敛之繁，慎重守令之选，使逃民复业，人户充实，庶几军士可充，营伍可实。[251]

从户口方面看，王世贞《弇山堂别集》卷十八户口登耗之异条：

> 国家户口登耗之异，有绝不可信者，如洪武十四年（1381）天下承元之乱，杀戮流窜，不减隋氏之末，而户尚有一千六百五十万四千三百六十二，口五千九百八十七万三千三百五。其后休养生息者二十余年，至三十五年（建文四年，1402），而户一千六十二万六千七百七十九，口五千六百三十万一千二百二十六。计户减二万二千五百八十三，口减三百五十七万二千二百七十九，何也？其明年为永乐元年，则户一千一百四十一万九千八

百二十九，口六千六百五十九万八千三百三十七。夫是时靖难之师，连岁不息，长淮以北，鞠为草莽，而户骤增至七十八万九千五十余，口骤增至一千二十九万七千三百十一，又何也？明年户复为九百六十八万五千二十，口复为五千九十五万四百七十，比之三十五年，户却减九十四万一千七百五十九，口减五百三十五万五百五十六，又何也？……自是休养生息者六十年，而为天顺七年，户仅九百三十八万五千一十二，口仅五千六百三十七万二百五十，比于旧有耗而无登者何也？然不一年而户为九百一十万七千二百五，减二十七万七千八百七十二，口为六千四十七万九千三百三十，增四百一十二万九千八十，其户口登耗之相反，又何也？成化中户不甚悬绝，二十二年（1486）而口至六千五百四十四万二千六百八十，此盛之极也。二十三年而仅五千二十万七千一百三十四，一年之间而减一千五百二十三万五千五百四十六，又何也？……然则有司之造册，与户部之稽查，皆儿戏耳。

实际上这数目突升突降的古怪，倒并不是儿戏，只是一种虚伪的造作。洪武十四年的户口数，也许是实际上经过调查，永乐元年的数字，只是臣下故意假造，去博得皇帝高兴的趋奉行为。以后流亡渐多，原额十去四五，册籍只是具文，州县官臆度造报，中央也就假装不知道。以此忽升忽降，竟和实际情形毫不相干。在田土数目方面也是同样的可怪，洪武二十六年（1393）时核天下水田，总八百五十万七千六百二十三顷，到弘治十五年

(1502)天下土田止剩四百二十三万八千五十八顷,一百零九年间,天下额田已减强半。[252] 户口和土田日渐消减,当然有其他种种原因,不过,农民的逃亡却是一个最重要的因素。逃亡的情形因政治的腐败而更加速度发展,登记人口和土田的黄册制度由之破坏,使农民和土地不相联系。这影响,一方面,慢慢的,统治阶级的基础因之日益动摇;一方面,治安不能维持,农民叛乱接踵而起。在反面,逃民此往彼来,被抛弃的土地为地主所兼并,农民却跑到另一地带去和人争地。土地分配因之愈加不均,地主和贫农的关系也愈趋恶化。在这情形下,从天顺到正德爆发了几次空前的农民叛乱。

作者附识:这原是我预备要写的《明代的农民》一文中的一段札记。因为篇幅的限制,材料未及全盘整理,行文系统未能如意。凌乱破碎之讥,自知不免。阅者谅之。

原载天津《益世报·史学》第十二、十三期

1935年10月1日、15日

明代的奴隶和奴变

一　奴隶的来源

元末明初的学者陶宗仪，在所著《辍耕录》卷十七奴婢条，说明这时代的奴隶情形，他指出了几点：第一蒙古、色目人的臧获，男曰奴，女曰婢，总称为驱口，这类人是元初平定诸国所俘到的男女匹配为夫妇，所生的子孙，永为奴婢。第二是由于买卖，由元主转卖与人，立券投税，称为红契买到。第三是陪送，富人嫁女，用奴婢标拨随女出嫁。这三类来源不同，性质一样，在法律上和奴隶对称的是良人，买良为驱，就法律说是被禁止的，因为良人是国家的公民，驱口或奴隶则是私人的财产。

其次，奴隶的婚姻限于同一阶级，奴婢止可自相婚嫁，例不许聘娶良家，除非是良家自愿娶奴隶的女儿，至于奴娶良家妇女，则绝对为法律为社会所不容许。

主奴关系的改变，有一种情形。奴隶发了财，成为富人，主子眼红，故意找出一点小过错，打一顿关起来，到他家席卷财物而去，名为抄估。家倾了，产荡了，依然是奴才。除非是自己识相，自动献出家财以求脱免奴籍，主人出了放良凭执，才能取得自由人的地位。

在法律上，私宰牛马杖一百，打死驱口或奴隶呢，比平人减死一等，杖一百七，奴隶的生命和牛马一样！

奴婢所生的子女叫家生孩儿。

买卖奴隶的红契，据姚燧《牧庵集》十二《浙西廉访副使潘公神道碑》说：凡买卖人口，都要被卖人在契上打手指印，用的是食指，男左女右，以指纹的疏密来判断人的短长壮少。这位潘廉访就曾用指纹学，集合同年龄的十个人的指纹，来昭雪一件良人被抑为奴的冤狱。

买奴的事例，最值得我们注意的是1555年杨继盛的遗嘱，他在被杀前写信给儿子处分后事，有一条说："曲钺，他若守分，到日后亦与他地二十亩，村宅一小所。若是生事，心里要回去，你就和你两个丈人商议告着他。——原是四两银子买的他，放债一年，银一两得利六钱，按着年问他要，不可饶他，恐怕小厮们照样行，你就难管。"

奴隶作为财产处分的实例。小说《今古奇观》"徐老仆义愤成家"是根据《明史》二百九十卷《阿寄传》写的，淳安徐家兄弟三人分家，大哥分得一匹马，二哥分得一条牛，老三被欺侮，分得五十多岁的老奴阿寄，寡妇成天悲哭，以为马可以骑，牛可以耕田，老奴才光会吃饭，老奴才气急了，发愤经商，发了大财，临死时说："老奴牛马之报尽矣！"

二 《大明律》中的奴隶

驱口这一名词在明代似乎不大用了，奴隶的社会地位和生活情形却并不因为朝代之改变而有所不同。

为了维持阶级的尊严，庶民是不许蓄养奴隶的，《明律》四《户律》一：

庶民之家养奴婢者，杖一百，即放一奴婢从良。

良贱绝对不许通婚，《明律》六《户律》一：

凡家长与奴娶良人女为妻者，杖八十。女家减一等。不知者不坐，其奴自娶者罪亦如之。家长知情者减二等，因而入籍为婢者杖一百。若妄以奴婢为良人而与良人为夫妻者，杖九十，各离异改正。

奸淫的处刑也不问行为，只问所属阶级，《明律》二十五《刑律》八：

凡奴及雇工人奸家长妻女者各斩。妾各减一等，强者亦斩。凡奴奸良人妇女者，加凡奸罪一等。良人奸他人婢者减一等，奴婢相奸者以凡奸论。

殴骂杀伤也是一样，《明律》二十《刑律》三：

凡奴婢殴良人等加凡人一等，至笃疾者绞，死者斩。其良人殴伤他人奴婢者减凡人一等，若死及故杀者绞。若奴婢自相殴伤杀者，各依凡斗伤法，相侵财物者不用此律。

凡奴婢殴家长者皆斩，杀者皆凌迟处死，过失杀者绞，伤者杖一百，流三千里。

若奴婢殴旧家长，家长殴旧奴婢者以凡人论。

凡奴婢骂家长者绞。若雇工人骂家长者，杖八十，徒二年。

大体地说来，私人畜养的奴隶愈多，国家的人民就愈少，租税力役的供给就会感觉到困难。因此政府虽然为代表官僚贵族地主的少数集团利益而存在，但是，这少数集团的过分发展将要动摇政府生存的基础时，政府也会和这少数集团争夺人口，发生内部的斗争。例如洪武五年（1372）五月下诏解放过去因战争流亡，因而为人奴隶的大量奴隶。正统十二年（1447）云南鹤庆军民府因为所辖诸州土官，家童庄户，动计千百，不供租赋，放逸为非，要求依照品级，量免数丁，其余悉数编入民籍，俾供徭役。政府议决的方案是四品以上免十六丁，五品六品免十二丁，七品以下递减二丁，其余尽数解放，归入民籍，但是，实际上，这些法令是不会发生效力的，因为庶民不许畜养奴隶，而畜养奴隶的人正是支持政府的这少数官僚贵族地主集团，法令只是为庶民而设，刑不上大夫，这法令当然是落空的。

三　奴隶的生活

明代统治集团畜养奴婢的数量是值得注意的，单就吴宽《匏翁家藏集》的几篇墓志铭说，卷五十七《先世事略》：

先母张氏，勤劳内助，开拓产业，僮奴千指，衣食必均。

七十四《承事郎王应详墓表》：

家有僮奴千指。

何乔新《何文肃公集》三十一《故承事郎赵孺人董氏墓表》：

无锡赵氏族大资厚，僮使千指。

唐顺之《荆川文集》十一《葛母传》：

葛翁容庵，游于商贾中，殖其家，僮婢三百余指。

嘉靖时名相徐阶家人多至数千。[253] 至于军人贵族，那更不用说了，洪武时代的凉国公蓝玉蓄庄奴假子数千人[254]，武定侯郭英私养家奴百五十余人。[255]

大量奴隶的畜养，除开少数的家庭奴隶，为供奔走服役的以外，大部分是用来作为生产力量的。用于农业的例子如《匏翁家藏集》五十八《徐南溪传》：

徐讷不自安逸，率其僮奴，服劳农事，家用再起。

六十五《封文林郎江西道监察御史王公墓志铭》：

吴江王宗吉置田使僮奴隶以养生，久之，囷有余粟。

《何文肃公文集》三十《先伯父稼轩先生墓志铭》：

> 买田一区，帅群僮耕之。

用于商业的例子如《鲍翁家藏集》六十一《裕庵汤府君墓志铭》：

> 世勤生殖，有兄弟八人，其仕者曰渭，他皆行货于外，其家出者，率僮奴能协力作居，而收倍蓰之息。

六十二《李君信墓志铭》：

> 益督僮奴治生业，入则量物货，出则置田亩，家卒赖以不堕。

用于工业的如《穀山笔麈》所记：

> 吴人以织作为业，即士大夫家多以纺织求利，其俗勤啬好殖，以故富庶。然而可议者如华亭相（徐阶）在位，多蓄织妇，岁计所织，与市为贾，公仪休之所不为也。

高度的劳动力的剥削，造成这些统治集团大量的财富，奴隶过着牛马一样的生活，在精神上也被当作牛马一样看待。谢肇淛《五杂俎》十四《事部》说，福建长乐奴庶之别极严，为人奴者子孙不许读书应试，违者必群击之。新安之俗，不禁出仕，而禁婚姻。江苏娄县则主仆之分尤严，据《研堂见闻杂记》：

吾娄风俗极重主仆，男子入富家为奴，即立身契，终身不敢雁行立。有役呼之，不敢失尺寸。而子孙累世不得脱籍，间有富厚者，以多金赎之，即名赎而终不得与等肩，此制御人奴之律令也。

四　明末的奴变

奴隶在统治集团的政治和军力控制之下，受尽了虐待，受尽了侮辱。然而，一到这集团腐烂了，政治崩溃了，军队解体了，整个社会组织涣散无力了，他们便一哄而起，要索还身契，解放自己和他的家族了。明代末年的奴隶——奴隶解放运动，可以说是历史上最光辉的一件大事。这运动从崇祯十六年到弘光元年（1644—1646），地域从湖北蔓延到江浙。

徐鼒《小腆纪年》卷二：

崇祯十六年四月，张献忠连陷麻城。楚士大夫仆隶之盛甲天下，而麻城尤甲于全楚。梅刘田李诸姓家僮不下三四千人，雄张里间间。寇之将作也，（奴）思齐以民伍为相蔽，听其纠率同党，坎牲为盟为里仁会。诸家兢饰衣冠以夸耀之，其人遂炮烙衣冠，推刃故主，城中大乱。城外义兵围之，里仁会之人大惧，其渠汤志杀诸生六十人，而推其与己合者曰周文江为主，缒城求救于献忠。献忠自残破后，步卒多降于自成，麾下惟骑士七千人，闻麻城使至，大喜，进兵城下，义兵解围走，献忠逐入麻城，城中降者五万七千人，献忠别立一军名曰新营，改麻城为州，以文江知州事。

次年北都政权覆灭后，嘉定又起奴变，《小腆纪年》卷六：

> 崇祯十七年五月，嘉定华生家客勾合他家奴及群不逞近万人，突起劫杀，各缚其主而数之，倨坐索身契。苏松巡抚祁彪佳捕斩数人，余尽掩诣狱，令曰，有原主来者得免死，于是诸奴搏颡行匄原主以免。

金堡《徧行堂集》卷六《朱它园传》：

> 东南故家奴树党叛主，所在横行。翁家骜奴谋乘宗祠长至之祀，围而焚之。翁即从山中，归预祭毕，门外剑戟林立，翁久以恩信孚诸健儿，里无赖闻声辄敛手。至是出叱之去，群奴尽靡，翁密语当涂，诛其首恶，主仆之分始明。

虽然被地方政府用军力压服，可是这运动还是在继续发展，《研堂见闻杂记》记1646年娄县的情形：

> 乙酉乱，奴中有黠者，倡为索契之说，以鼎革故，奴例何得如初。一呼千应，各至主门，立逼身契。主人捧纸待，稍后时即举火焚屋，间有缚主人者。虽最相得受恩，此时各易面孔为虎狼，老拳恶声相加。凡小奚佃婢在主人所者，立即扶出，不得缓半刻。其大家不习井饪事者，不得不自举火。自城及镇及各村，而东村尤甚，鸣锣聚众，每日有数千人，鼓噪而行，群夫至家，

主人落魄，焚劫杀掠，反掌间耳，如是数日而势稍定。

到建州政权在各地奠定以后，这些旧地主官僚和资本家又得到新主人的荫庇了，他们替新主人镇压人民，维持秩序，搜括财富，征发劳役，自然，所得到的报酬是财产的尊重和奴隶的控制。

一部分人民的厄运，又因大清帝国的成立，而延续了将近三百年。

原载《灯下集》

记大明通行宝钞

元末钞以无本滥发而废不能用，转而用钱，而钱之弊亦日甚，官使一百文民用八十文，或六十文，或四十文，吴越各不同，湖州嘉兴每贯仍旧百文，平江五十四文，杭州二十文，法不归一，民不便用。又钱质薄劣，易于损坏[256]。钞钱俱不能用，遂一退而为古代之物物交易。

明太祖初起，即于应天置宝源局铸钱，制凡数变。时乏铜鼓铸，有司责民纳私铸钱，毁器皿输官，民颇苦之。而商贾沿元旧习，便用钞，亦苦于钱之不便转运。钱法既绌，于是又转而承之元之钞法，以为元代用钞百四十年，其制可因也。顾仅承其制度之表面而忽其本根：元钞法之通以有金银或丝为钞本，各路无钞本者不降新钞；以印造有定额，量全国课程收入之金银及倒换昏钞数为额，俭而不溢，故钞尝重；以有放有收，丁赋课程皆收钞，钞之用同于金银；以随时可兑换，钞换金银，金银换钞，以昏钞可倒换新钞；以钞与金银并行，虚实相权。且各地行用库之颁发钞本也，以行用库原有金银为本，新钞备人民之购取，金银则备人民之换折，故出入均有备，钞之信用借以维持。其坏也以无钞本，以滥发，以发而不收，以不能兑换，以昏钞不能倒换新钞。明太祖及其谋议诸臣生于元代钞法沮坏之世，数典忘祖，以为钞法固如是耳，于是无本、无额、有出无入之不兑现钞乃复现于明代。行用库之钞本成为无本之钞，不数年而法坏。又为剜肉补疮之计，禁金银，禁铜钱，立户口食盐钞法、课程赃罚输钞法、赎罪法、商税法、钞关法等法令，欲以重钞，而钞终于无用。

洪武七年（1374）初置宝钞提举司，下设钞纸印钞二局、宝钞行用二库[257]。八年三月始诏中书省造大明宝钞，取桑穰为钞料，其制方高一尺，广六寸，质青色，外为龙纹花栏，横题其额曰"大明通行宝钞"，其内上两旁复为篆文八字曰"大明宝钞，天下通行"。中图钱贯，十串为一贯，其下云"中书省奏准印造大明宝钞，与铜钱通行使用，伪造者斩，告捕者赏银二十五两，仍给犯人财产"。[258]若五百文则书钞文为五串，余如其制而递减之。其等凡六，曰一贯、曰五百文、四百文、三百文、二百文、一百文。每钞一贯准钱千文，银一两；四贯准黄金一两。十三年废中书省，乃以造钞属户部，而改宝钞文中书省为户部，与旧钞兼行。二十二年（1389）更造小钞，自十文至五十文。[259]建文四年（1420）十一月，户部尚书夏原吉言："宝钞提举司钞版岁久篆文销乏，且皆洪武年号，明年改元永乐，宜并更之。"成祖曰："板岁久当易则易，不必改洪武为永乐，盖朕所遵用皆太祖成宪，虽永用洪武可也。"[260]自是终明世皆用洪武年号云。

宝钞颁发时，即诏禁民间不得以金银物货交易，违者治罪，告发者就以其物给赏，若有以金银易钞者听。凡商税课钱钞兼收，钱十之三，钞十之七，一百文以下则止用铜钱。[261]钞昏烂者许就各地行用库纳工墨值易新钞。寻罢在外行用库。洪武十三年五月户部言："行用库收换昏钞之法，本以便民，然民多缘法为奸诈，每以堪用之钞，辄来易换者。自今钞虽破软而贯佰分明，非挑描剜补者，民间贸易及官收课程并听行使。果系贯伯昏烂，方许入库易换，工墨直则量收如旧。在京一季，在外半年送部，部官会同监察御史覆视，有伪妄欺弊者罪如律，仍追钞偿官。但在外行用库裁革已久，令宜复置。凡军民倒钞，令军分卫所，民分坊厢，轮日收换，乡民商旅各以户帖路引为验。"于是复置各地行用库。[262]七月罢宝钞提举司。[263]十五年置户部宝钞广源库、广惠库，入则广源掌之，出则广惠掌之。在外卫所军士月盐均给钞。各盐场给工本钞。[264]十八年十二月命户部凡天下有司官禄米以钞代给之，每钞二贯五百文代米一石。[265]时钞值低落，二十三年十月太祖谕户部尚书赵勉曰："近闻两浙市民有以钞一贯折钱二百五十文者，此甚非便。尔等与工部议，凡两浙市肆之民，令其纳铜送京师铸钱，相兼行使，凡钞一贯准钱一千文，榜示天下知之。"[266]二十四年八月复命户部申明钞法。时民间凡钞昏烂者，商贾贸易率多高其值以折抑之，比于新钞增加至倍。又诸处税务河泊所每收商税课程，吏胥为奸利，皆取新钞，及至输库，辄易以昏烂者。由是钞法益滞不行，虽禁约屡申而弊害滋甚。太祖因谓户部臣曰："钞法之行，本以便民交易，虽或昏烂，然均为一贯，何得至于抑折不行，使民损赀失望。今当申明其禁，但字贯可验真伪，即通行无阻。且以钞之弊者，揭示于税务河泊所，令视之为法，有故阻者罪之。"[267]二十五年设宝钞行用库于东市，凡三库，库给钞三万锭为钞本，倒收旧钞送内府。二十六年令：凡印造大明宝钞典历代铜钱相兼行使，每钞一贯准铜钱一千文。其宝钞提举司每岁于三月内兴工印造，十月内住工。其所造钞锭，本司具印信长单及关领勘合，将实进钞锭照数填写送内府库收贮，以备赏赐支用。其合用桑穰数目，本部每岁预为会计，行移浙江、山东、河南、北平及直隶、淮安等府出产去处，依例官给价钞收买。[268]二十七年八月诏禁用铜钱。时两浙之民重钱轻钞，多行折使，至有以钱百六十文折钞一贯者，福建、两广、江西诸处大率皆然。由是物价涌贵，而钞法益坏不行。于是令悉收其钱归官，依数换钞，敢有私自行使及埋藏毁弃铜钱者罪之。[269]并罢宝钞行用库。[270]三十年三月，以杭州诸郡商贾，不论货物贵贱，一以金银定价，由是钞法阻滞，公私病之，因禁民间无以金银交易。[271]时法繁禁严，奸民因造伪钞以牟利，数起大狱，句容杨馒头伪钞事觉，捕获到官，自京师至句容九十里间，所枭之尸相望云。[272]

　　成祖即位后，复严金银交易之禁：犯者准奸恶论；有能首捕者，以所交易金银充赏；其两相交易而一人自首者免坐，赏与首捕同。[273]二年（1404）正月诏，自今有犯交易银两者，免死徙家兴州屯戍。[274]八月，都察院左都御使陈瑛言："比岁钞法不通，皆缘朝廷出钞太多，收敛无法，以致物重钞轻。今莫若暂行户口食盐之法，以天下通计，人民不下一千万户，官军不下二百万家，若是大口月食盐二斤，纳钞二贯，小口一斤，纳钞一贯，约以一户五口计，可收五千余万锭，行之数月，钞必可重。"户部会群臣会议，皆以为便。但大口令月食盐一斤，纳钞一贯，小口月食盐半斤，纳钞五百文，可以行久。从之。[275]五年（1407）于京城设官库，令民以金银倒换官钞，在外则于州县倒换。令各处税粮课程赃罚俱准折收钞，米每石三十贯，小麦豆每石二十五贯，大麦每石一十五贯，青稞荞麦每石一十贯，丝每斤四十贯，棉每斤二十五贯，大绢每匹五十贯，小绢每匹三十贯，小苎布每匹二十贯，大苎布每匹二十五贯，大棉布每匹三十贯，小棉布每匹二十五贯，金每两四百贯，银每两八十贯，茶每斤一贯，盐每大引一百贯，芦柴每束三贯，其有该载不尽之物，但照彼中时价折收。[276]准之洪武初颁钞时之物价，盖不啻贬值百倍矣。七年设北京宝钞提举司，十七年四月又申严交易金银之禁。[277]十九年三殿灾，求直言，邹缉上疏言时政，谓"民间至伐桑枣以供薪，剥桑皮以为楮，加之官吏横征，日甚一日，如前岁买办颜料，本非土产，动科千百，民相率敛钞购之他所，大青一斤价至万六千贯"。[278]二十年又令盐官许军民人等纳旧钞支盐，发南京抽分场积薪龙江提举司竹木鬻之军民收其钞，应天岁办芦柴征钞十之八。[279]九月成祖谕户部都察院臣曰："昔太祖时钞法流通，故物贱钞贵，交易甚便。令市井交易，唯用新钞，稍昏软辄不用，致物价腾踊，其榜谕之。如仍蹈前弊，坐以大辟，家仍罚钞徙边。如有倚法强市人物，亦治罪不宥。"[280]先是成祖在北京，或奏南京钞法为豪民沮坏，遣邝埜廉视，众谓将起大狱，埜执一二市豪归奏曰："市人闻令震惧，钞法通矣。"事遂已。[281]然钞法实未尝通也。

仁宗监国，诏令笞杖定等输钞赎罪。[282]及即位，以钞不行，询户部尚书夏原吉，原吉言："钞多则轻，少则重。民间钞不行，缘散多敛少，宜为法敛之。请市肆门摊诸税度量轻重加其课程。钞入官，官取昏软者悉毁之。自今官钞宜少出，民间得钞难，则自然重矣。"乃下令曰："所增门摊课程，钞法通即复旧，金银布帛交易者亦暂禁止。"[283]永乐二十二年（1424）十月革两京户部行用库。[284]洪熙元年（1425）议改钞法，夏时力言其扰市肆，无裨国用。疏留中。钞果大沮，民多犯禁。

议竟寝。[285]宣宗即位，兴州左屯卫军士范济年八十余矣，诣阙言：元因唐飞钱、宋会子交子之旧，"造中统交钞，以丝为本，银五十两，易丝钞一百两。后又造中统钞，一贯同交钞一两，二贯同白金一两。久而物重钞轻，公私俱弊。更造至元钞颁行天下，中统钞通行如故，率至元钞一贯当中统钞五贯，子母相权，官民通用，务在新者无冗，旧者无废。又令民间以昏钞赴平准库倒换，商贾欲图轻便，以中统钞五贯赴库换至元钞一贯。又其法日造万锭，计官吏俸给，内府供用，诸王岁赐出支若干，天下日收税课若干，各银场窑冶日该课程若干，计民间所存贮者万无百焉，以此愈久，新旧行之无厌，由计虑之得其宜也。自辛卯（1351）兵起，天下瓜分，藩镇各据疆土，农事尽废，而楮币无所施矣……我国家混一天下，物阜民安……太祖皇帝命大臣权天下财物之轻重，造大明通行宝钞，一贯准银一两，民欢趋之，华夷诸国，莫不奉行，迄今五十余年，其法少弊，亦由物重钞轻所致……伏祈陛下断自宸衷，谋之勋旧，询之大臣，重造宝钞，一准洪武初制，务使新旧兼行。取元日所造之数而损益之，审国家之用而经度之。每季印造几何，内府供用几何，给赐几何，天下课税日收几何，官吏俸给几何，以此出入之数，每加较量用之不奢，取之适宜，俾钞罕而物广，钞重而物轻，则钞法流通，永永无弊。又其要在严伪造之条，凡伪造者必坐及亲邻里甲。又必开倒钞库，专收昏烂不堪行使之钞，辨其真伪，每贯取工墨五分，随解各干上司。又或一季或一月，在内都察院五府户部刑部委官，在外巡按监察御史三司官府县官，公同以不堪之钞烧毁，实为官民两便"。[286]时不能用，民卒轻钞。至宣德初（1426）米一石用钞五十贯，乃弛布帛米麦交易之禁。府县卫所仓粮积至十五年以上者盐粮悉收钞，秋粮亦折钞三分。[287]又严钞法之禁，时行在户部奏："比者民间交易，唯用金银，钞滞不行，请严禁约。"因命行在都察院揭榜禁之，凡以金银交易及藏匿货物、高抬价值者，皆罚钞。[288]凡官员军民人等赦后赃罚亏欠，俱令纳钞，金每两八千贯，银二千贯，犯笞刑罪每二十赎钞一千贯。[289]三年六月诏停造新钞，已造完者悉收库不许放支，其在库旧钞委官选拣堪用者备赏赉，不堪者烧毁。立阻滞钞法罪，有不用钞一贯者，罚纳千贯，亲邻里老旗甲知情不首，依犯者一贯罚百贯。其关闭店铺潜自贸易及抬高物价之人，罚钞万贯。知情不首罚千贯。[290]十一月复申用银之禁，凡交易银一钱者，买者卖者皆罚钞一千贯，一两者罚钞一万贯，仍各追免罪钞一万贯。[291]四年正月行在户部以钞法不通，皆由客商积货不税，市肆鬻卖者沮挠所致，奏请依洪武中增税事例，凡顺天、应天、苏、松、镇江、淮安、常州、扬州、仪真、杭州、嘉兴、湖州、福州、建宁、武昌、荆州、南昌、吉安、临江、清江、广州、开封、济南、济宁、德州、临清、桂林、太原、平阳、蒲州、成都、重庆、泸州共三十三府州县，商贾所集之处，市镇店肆门摊税课增旧五倍，俟钞法通悉复旧。[292]时巨富商民并权贵之家，率以昏烂之钞中盐，一人动计千引，及支盐发卖，专要金银，钞法由是愈滞。[293]六月立塌坊等项纳钞例：一、南北二京公侯驸马伯都督尚书侍郎都御史及内官内使与凡官员军民有蔬菜果园，不分官给私置，但种蔬果货卖者，量其地亩棵株，蔬地每亩月纳旧钞三百贯，果每十株岁纳钞一百贯。其塌坊车房店舍停塌客商货物者，每间月纳钞五百贯。二、驴骡车受雇装载物货，或出或入，每辆纳钞二百贯，委监察御史、锦衣卫、兵马司各一员于各城门外巡督监收。三、船只受雇装载，计其载料之多少，路之远近，自南京至淮安，淮安至徐州，徐州至济宁，济宁至临清，临清至通州，俱每一百料纳钞一百贯。其北京直抵南京，南京直抵北京者，每百料纳钞五百贯。委廉干御史及户部官于沿河人烟辏集处监收。[294]钞关之设自此始。六年二月以江西各府县征纳户口食盐钞，有司但依黄册所编丁口征收，有死亡无从征者，有老疾贫难及居深山穷谷无钞纳者，有将男女典雇易钞者，小民无所告诉。诏令有司开除亡故老疾及山谷之民，止令城中墟镇及商贾之家纳钞。[295]七年三月诏湖广、广西、浙江商税鱼课办纳银两者，自宣德七年为始，皆折收钞，每银一两纳钞一百贯。[296]

宣德十年（1435）正月，英宗即位大赦诏：各处诸色课程旧折收金银者，今后均照例收钞。[297]十二月广西梧州府知府李本奏：

"律载宝钞与铜钱相兼行使。今广西、广东交易用铜钱，即问违禁，民多不便。乞照律条，听其相兼行使。"从之。[298]正统元年（1436）三月，少保兼户部尚书黄福言："宝钞本与铜钱兼使，洪武间银一两当钞三五贯，今银一两当钞千余贯，钞法之坏，莫甚于此。宜量出官银，差官于南北二京各司府州人烟辏集处，照彼时值倒换旧钞，年终解京，俟旧钞既少，然后量出新钞换银解京"。[299]时钞一贯仅值银一厘，较国初已贬值千倍，福议以银换钞，紧缩旧钞之流通额，提高钞之信用，实救时唯一良法，顾朝廷重于出银，竟不能用也。会副都御史周铨、江西巡抚赵新请于不通舟楫地方，田赋折收金银，户部尚书黄福、胡濙共主之，于是定制米麦一石折银二钱五分。南畿、浙江、江西、湖广、福建、广东、广西米麦共四百余万石，折银百余万两入内承运库，谓之金花银，其后概行于天下。[300]遂减诸纳钞者，而以米银钱当钞。弛用银之禁，朝野率皆用银，其小者乃用钱，唯折官俸用钞。钞壅不行。[301]四年六月以民纳盐钞而盐课司十年五年无盐支给，诏减半收钞以苏民力。塌房及车辆亦减半征收。[302]五年十一月刑部都察院大理寺议："洪武初年定律之时，钞贵物贱，所以枉法赃至一百二十贯者免绞充军。即今钞贱物贵，令后文职官吏人等受枉法赃比律该绞者，有禄人估钞八百贯之上，无禄人估钞一千二百贯之上，俱发北方边卫充军。其受赃不及前数者，照见行例发落。"从之。[303]七年六月，诏灾伤处人民愿折钞者，每石折钞一百贯解京缴纳。[304]八年七月敕免各城门军民人等驴驮柴米等物出入者钞贯。[305]十三年五月免在京菜户纳钞。仍戒今后有沮滞钞法者，令有司于所犯人每贯追一万贯入官，全家发戍边远。[306]仍禁使铜钱。时钞既不行，而市廛仍以铜钱交易，每钞一贯折铜钱二文。因出榜禁约，令锦衣卫五城兵马司巡视，有以铜钱交易者，擒治其罪，十倍罚之。[307]

景帝景泰三年（1452）六月，命在京文武官吏俸钞俱准时值给银，每五百贯给一两，以钞法不通，故欲少出以为贵之也。[308]天顺中弛用钱之禁。宪宗令内外课程钱钞兼收，官俸军饷亦兼支钱钞。是时钞一贯不能值钱一文，而计钞征之民，则每贯征银二分五厘，民以大困。孝宗弘治元年（1488）京城税课司、顺天、山东、河南户口食盐俱收钞，各钞关俱钱钞兼收。[309]弘治六年各关钱钞折银，钱七文折银一分，钞一贯折银三厘。[310]自后率沿以为例，钞唯用于官府，以给俸饷，得者全无所用，民间亦视如废纸，盖名存实亡，徒以祖制仍存其名义而已。[311]计太祖时赐钞千贯则为银千两，金二百五十两，永乐中千贯犹作银十二两，金二两五钱。及弘治时赐钞千贯，仅银三两余矣。于是上议者，请"仿古三币之法，以银为上币，钞为中币，钱为下币，以中下二币为公私通用之具，而一准上币以权之焉。盖自国初以来有银禁，恐其或阏钞钱也。而钱之用不出于闽、广。宣德以来，钱始行于西北。自天顺以来，钞之用益微，必欲如宝钞属镪之行，一贯准钱一千，银一两，复初制之旧，非用严刑不可也。然严刑亦非盛世所宜有。今日制用之法，莫若以银与钱钞相权而行，每银一分易钱十文，新钞每贯亦十文，四角完全未甚折者每贯五文，中折者三文，昏烂而有一贯字者一文，通诏天下，以为定制。而严立擅自加减之罪，虽物生有丰敛，货殖有贵贱，而银与钱钞交易之数一定而永不可易矣"，孝宗不听。正德中，以内库钞匮乏，无以给赐，复令天下钞关征解本色。[312]十年（1515）钱宁私遣使至浙鬻钞三万块，每块勒索银三两（钞一块千贯），已敛银二万四千两，有司征价，急于星火，输银之吏，络绎于途。时宁方贵幸用事，以废纸摊索民间现银，地方不敢抗。于是左布政使方良永上疏极论之曰："四方盗甫息，疮痍未瘳,浙东西雨雹。宁厮养贱流,假义子名,跻公侯之列,赐予无算,纳贿不货,乃敢攫取民财,戕邦本,有司奉行,急于诏旨,胥吏缘为奸,椎肤剥髓,民不堪命。镇守太监王堂、刘璟畏宁威,受役使。臣何敢爱一死,不以闻。乞陛下下宁诏狱,明正典刑,并治其党以谢百姓。"宁惧,留疏不下,谋遣校尉捕假势鬻钞者以自饰于帝,而请以钞直还之民,阴召还前所遣使。宁初欲散钞遍天下,先行之浙江、山东,山东为巡抚赵璜所格,而良永白发其奸,宁自是不敢鬻钞矣。[313]世宗嘉靖初,御史魏有本上言:"国初关税全征钞贯,嗣后改令钱钞兼收。迩年以来,钞法不通,钱法亦弊,而关税仍收钱钞,无益于国,有损于民。以收钞言之,每钞一张为一贯,每千张为一块,时价每块值银八钱,官价每块准银三两,是官以三两之银,反易八钱之钞,此则上损国用。以收钱言之,各处低钱盛行,好钱难得,官价银一钱,值好钱七十文,时价每银一钱,易好钱不过三十文,是小民费银二钱以上,充一钱之数,此则下损民财。每银约一万两内,五千收钞,该钞将二千块,计用大柜五百方。又五千两收钱,该钱四千串,用柜四百方。而水陆脚价进纳,犹难计议。"疏入,命钱钞留各地方,而内库用银,则钱钞皆不入矣。[314]嘉靖四年(1525)复令宣课分司收税,钞一贯折银三厘,钱七文折银一分。是时钞久不行,钱亦大壅,益专用银矣。[315]天启时(1621—1627)给事中惠世扬复请造钞行用。[316]思宗崇祯八年四月,给事中何楷亦以为请。[317]十六年六月召见桐城诸生蒋臣于中左门,臣言钞法申世扬说,其言曰:"经费之条,银钱钞三分用之,纳钱银买钞者,以九钱七分为一金,民间不用以违法论。岁造三千万贯,一贯价一两,岁可得银三千万两,不出五年，天下之金钱尽归内帑矣。"给事中马嘉植疏争之，不听。擢臣为户部司务，侍郎王鳌永、尚书倪元璐力主之。条议有十便十妙之说：一、造之之费省；二、行之之途广；三、赍之也轻；四、藏之也简；五、无成色之好丑；六、无称兑之轻重；七、革银匠之奸偷；八、杜盗贼之窥伺；九、钱不用而用钞，其铜可铸军器；十、钞法大行，民间货买可不用银，银不用而专用钞，天下之银竟可尽实内帑。帝大喜，特设内宝钞局，即刻造钞，立发仪制司所藏乡会中式朱墨二卷，与直省优劣科岁试卷，为钞质之赀本；押工部收领，限日搭厂，拨官选匠计工。如有阻其事者，法同十恶。辅臣蒋德璟言："百姓虽愚，谁肯以一金买一纸。"帝不听。昼夜督造，募商发卖，无一人应者。又因局官言，取桑穰二百万斤于畿辅、山东、河南、浙江，德璟力争，帝留其揭不下。工部查二祖时典故，造钞工料纸六皮四，皮者桦皮也，产于辽东。有纸无皮，无从起工。乃令工部召商，工部仍以库洗为辞。正拟议间，得"流寇"渡河息，事遂已。次年而北都墟，明社覆。[318]

与钞法有关者，除户口、食盐、钞关、商税以外，较重要者尚有俸给及赎法二事。

明代官员俸给，按正从品级分别规定，自正一品岁俸米一千四十四石至从九品六十石有差。俸给有本色折色，本色给米，折色则有银布胡椒苏木之类。洪武十三年（1380）定内外文武官岁给禄米俸钞之制。[319]永乐元年（1403）令在京文武官一品二品四分支米，六分支钞；三品四品米钞中半兼支；五品六品六分米，四分钞；七品八品八分米，二分钞。每米一石折钞十贯。宣德八年定每俸米一石折钞十五贯；折俸布一匹折钞二百贯，嘉靖七年改定为折银三钱。如正一品岁该俸一千四十四石，内本色俸三百三十一石二斗，折色俸七百一十二石八斗。本色俸内除支来一十二石外，折银俸二百六十六石，折绢俸五十三石二斗，共该银二百四两八钱二分。折色俸内折布俸三百五十六石四斗，该银一十两六钱九分二厘，折钞俸三百五十六石四斗，该本色钞七千一百二十八贯。总计正一品官岁得俸给全额为米一十二石，银二百十五两五钱一分二厘，钞七千一百二十八贯。正七品官岁该俸九十石，内本色俸五十四石，折色俸三十六石。本色俸内除支米一十二石外，折银俸三十五石，折绢俸七石，共该银二十六两九钱五分。折色俸内折布俸一十八石，该银五钱四分，折钞俸一十八石，该本色钞三百六十贯。总计正七品官岁得俸给全额为米一十二石，银二十七两四钱九分，钞三百六十贯。在外文武官俸，洪武二十六年（1393）定每米一石折钞二贯五百文，宣德八年（1433）增为十五贯，正统六年（1441）又增为二十五贯[320]，成化七年（1471）从户部尚书杨鼎请，以甲字库所积之绵布，以时估计之，阔白布一匹可准钞二百贯，请以布折米，仍视折钞例，每十贯一石。先是折俸钞米一石钞二十五贯，渐减至十贯，是时钞法不行，钞一贯值二三钱，是米一石仅值钱二三十文，至是又折以布，布一匹时估不过二三百钱，而折米二十石，则是米一石仅值十四五钱也。自古百官俸禄之薄，未有如此者，后遂为常例。[321]

赎罪之法以纳钞为本。永乐十一年令死罪情轻者斩罪赎钞八千贯，绞罪及榜例死罪六千贯，流徒杖笞纳钞有差。宣德二年（1427）定笞杖罪囚每十赎钞二十贯，徒流罪名每徒一等折杖二十，三流并折杖一百四十，其所罚钞悉加笞杖所定。景泰元年（1450）增为二百贯，每十以二百贯递加，至笞五十为千贯；杖六十七千八百贯，每十以三百贯递加，至杖百为三千贯。天顺五年（1461）令罪囚纳钞，每笞十钞二百贯，余四笞递加百五十贯；至杖六十增为千四百五十贯，余杖各递加二百贯。弘治十四年（1501）定折收银钱之制，每杖百应钞二千二百五十贯，折银一两，每十以二百贯递减，至杖六十为银六钱；笞五十应减为钞八百贯，折银五钱，每十以百五十贯递减，至笞二十为银二钱，笞十为钞二百贯，折银一钱。正德二年（1507）定钱钞兼收之制，如杖一百应钞二千二百五十贯者，收钞千一百二十五贯，钱三百五十文。嘉靖七年（1528）更定凡收赎者每钞一贯折银一分二厘五毫，如笞一十赎钞六百文，则折银七厘五毫，以罪重轻递加折收赎。此有明一代赎罪钞法之大概也。然罪无一定，而钞法则日久日轻，赎罪钞数因亦随之递增，至弘治而钞竟不可用，遂开准钞折银之例，赎法步钞法之变而变，终则实纳银而犹存折钞之名，则以祖制不敢废也。[322]

元承金制，铸银五十两为一锭。元钞从银，故亦以五十贯或五十两为一锭，钞二锭值银一锭，钞二贯或二两值银一两。[323]明钞则以钱相权，钞一贯值钱千文，银一两，四贯为金一两。钱五贯或五千文为一锭。《明史·食货志》云，嘉靖三十二年（1553）铸洪武至正德九号钱，每号百万锭，嘉靖钱千万锭，一锭五千文。万历五年（1577）张居正疏言："工部题议制钱二万锭，该钱一万万文。"[324]天启时户部尚书侯恂言："收钱每五千文为一锭。"[325]以明代后期之史实推之，则明初之钱锭亦必为五千文可决也。因之钞亦以五贯为一锭。王世贞曰："钞一锭为五贯，贯直白金一两。"[326] 顾炎武记漳州府田赋亦云"钞五贯为一锭"，可证也。[327] 钞锭之上为块，每钞一张为一贯，每千张即千贯为一块，见嘉靖初御史魏有本《论钞法疏》，详前文。

原载《人文科学学报》二卷一期，1943年

1943年4月19日于昆明瑞云巷三号

《明史》小评

在官修之正史中，自来学者多推崇《明史》，以为"近代诸史自欧阳公《五代史》外，《辽史》简略，《宋史》繁芜，《元史》草率，唯《金史》行文雅洁，叙事简括，稍为可观；然未有如《明史》之完善者"[328]。理由是（一）修史时间极长，从康熙十八年至乾隆四年，历时凡六十年[329]；（二）纂修者多系一时专门学者，如朱彝尊、毛奇龄、汤斌、吴志伊、汪琬、万斯同、姜宸英、刘献廷、李清等——遗老如黄宗羲，顾炎武虽被罗致而不就，但亦与有相当关系[330]；（三）立传存大体[331]；（四）去前朝未远，故事原委，多得其真[332]；（五）事详文简。

反面的批评以为《明史》不能算尽善尽美，因为（一）清帝钳禁太甚，致事多失实；（二）因学派门户之偏见，致颠倒失实；（三）搜访之漏落；（四）明清关系多失真相[333]；（五）弘光迄永历之终，事多失实。[334]

其他褒扬的和贬责的批评，百数十年来聚讼纷纭，而大要不过如上二说。关于《明史》本身的评价和缺失，在这篇短文中我们不能一一详论。我在此所要指出的是《明史》不是一部完好可读的史籍。我们纵不能把它重新改造，至少也应该用清儒治学的精神，替它再逐一校勘一遍，补缺正误，方不致贻误学者。

《明史》因修纂时间过长，从顺治二年数起有九十五年，如从康熙再开史局数起也有六十几年。中间不知道更换了多少总裁，多少批纂修。不由一手始终其事，所以纪传志表，往往抵牾。并且卷帙过多，替它逐一审校一过也不是一件容易的事。我们如将一切明代史籍，清人传述，和汤斌、尤侗、汪琬、朱彝尊、杨椿、毛奇龄一班人所撰的史稿，黄宗羲、全祖望、王夫之一班人所撰的诗文集，和《明史》一一互校，便可发现《明史》有若干部分有脱文断句，有若干部分有讹字误文，有若干部分重复，有若干部分漏落。这些小问题向来不被人注意，粗心一下读过去也就算了。可是我们如要可信的史实，要利用这些史料时，便非先费一番工夫，做几次辛苦的校读工作不可。

为要引起一般学者对这一小问题的兴趣，以下试约略举出几条《明史》中较为显著的错误，作为例证。

（一）脱文

卷二八五《赵壎传》附《乌斯道传》："傅恕字如心，鄞人，与同郡乌斯道、郑真皆有文名……斯道字继善，慈溪人……子缉亦善诗文，洪武四年举乡试第一，授临淮教谕，入见赐之宴，赋诗称旨，除广信教授，自号荥阳外史。"这一段小传，我们如不参校旁书，便一辈子也不会明白它的错误，以为荥阳外史即是乌缉的别号，"子缉"下一段都是乌缉的传文了。但试一检王鸿绪《明史稿》[335]的传文，乌缉又作乌熙，"子缉亦善诗文"下"洪武四年举乡试第一"上有"真字千之"四字。这样一来，"洪武四年"以下一段便都成为郑真的小传，和乌氏父子毫不相干了。按张时彻《宁波府志·文学传·乌斯道传》："子熙光，字缉之，为国子监丞，亦以诗文擅名。"《慈溪县志·文苑传》所载完全相同。由此可知斯道子名熙光，字缉之，《明史》作名缉固然错了，《明史稿》作名熙也不能算不错。《明史稿》"真字千之"四字是承上文"与同郡乌斯道、郑真皆有文名"说的。《明史》疏忽，落此四字，便张冠李戴[336]，闹了笑话。

（二）错误

卷三《太祖本纪》三："十五年十一月戊午置殿阁大学士，以邵质、吴伯宗、宋纳、吴沉为之。"故宫出版乾隆四十二年重纂《明史本纪》文同。按宋纳即宋讷，纳为讷之讹文。卷一三七有《吴讷传》。《吴伯宗吴沉传》同见卷一三七。王鸿绪《明史稿·本纪》三只说："十一月戊午仿宋制置殿阁学士。"邵质不见《明史》及其他诸书，竟不知他到底是什么人。考王氏《明史稿·太祖本纪》的撰人是汤斌。检《拟明史稿》卷三："戊午初置殿阁学士，以礼部尚书刘仲质为华盖殿大学士，翰林学士宋讷为文渊阁大学士，检讨吴伯宗为武英殿大学士，典籍吴沉为东阁大学士。"据此，邵质原作刘仲质。证以《明史》卷一百十一《七卿年表》，"洪武十五年二月壬戌刘仲质任礼部尚书，十一月改大学士"，再考北平图书馆所藏《太祖高皇帝实录》，"洪武十五年十一月始仿宋殿阁之制，置大学士官，同拜命者宋讷、吴伯宗、吴沉、刘仲质四人"，都足证明《明史本纪》所说的邵质实即刘仲质。《仲质传》附见《明史》卷一三六《崔亮传》：

> 刘仲质字文质，分宜人。洪武初以宜春训导荐入京，擢翰林典籍，奉命校正《春秋本末》。十五年拜礼部尚书……是年冬改华盖殿大学士，帝为亲制诰文。

刘、仲、邵三字毫无瓜葛，这断不能委为当时手民之误。并且有《七卿年表》的本证在，我们实在想不出错误的由来。

（三）事误

卷一三六《陶安传》："安坐事谪知桐城，移知饶州。陈友定兵攻城，安召吏民谕以顺逆，婴城固守。援兵至，败去。"按《陶安传》出汪琬手，陈友定兵攻城一事，《汪氏传家集钝翁续稿》卷三八《陶安传》作"信州盗萧明攻饶安"。汤斌《拟明史稿》卷一，《太祖本纪》一："至正二十五年冬十月癸丑，信州贼萧明犯饶州，知府陶安败之。"这一件事，《明史本纪》削去不书。考当时情势，陈友定据有八闽后，只有一次派兵攻明方的处州，被胡深打败，从此就关门自守，自顾还来不及，哪儿还有能力来向外发展，并且是越浙攻饶！朱国祯《开国臣传》亦作"信州贼萧明攻饶安"，就是汪琬撰史稿的根据。《明史》改作陈友定，显然是一个严重的错误。

（四）重出

郑定事迹见卷二八六《林鸿传》："郑定字孟宣，尝为陈友定记室。友定败，浮海亡交广间，久之还居长乐，洪武中征授延平府训导，历国子助教。"卷一二四《陈友定传》又说："郑定字孟宣，好击剑，为友定记室。及败，浮海人交广间，久之还居长乐。洪武末累官至国子助教。"这两篇传文相差不过几个字，并出朱彝尊《曝书亭集》卷六三《林鸿传》，不过省去历延平府训导下"历齐府纪善"五字而已。

（五）矛盾

胡惟庸得罪被杀，党案牵连十几年，被杀的武官文臣知识分子富豪平民有好几万，是明初一件大事。不过他的获罪之由，却传闻异辞，莫衷一是。[337]《明史》卷三二四《外国·占城传》以为"洪武十二年贡使至都，中书不以时奏。帝切责丞相胡惟庸汪广洋，二人遂获罪"。卷三二二《日本传》又以为"先是胡惟庸谋逆，欲借日本为助，乃厚结宁波卫指挥林贤，佯奏贤罪，谪居日本，令交通其君臣，寻奏复贤职，遣使召之。密致书其王借兵助己。贤还，其王遣僧如瑶率兵卒四百余人诈称入贡，且献巨烛，藏火药刀剑其中，既至而惟庸败，计不行，帝亦未知其狡谋也。越数年，其事始露，乃族贤而怒日本特甚，决意绝之，专意以防海为务"。这就是说，胡惟庸的罪状是谋反。其实，细按当时的记载，便可知这一段史迹出于太祖亲定的《大诰》，一面之词，不可信。况且遍查日本史乘和僧徒传记，就根本没有如瑶这个人。胡惟庸在十二年九月下狱，次年正月处刑。在这短时期中也不能做出这些布置。日本来华商舶，据日方记载和《名山藏》《吾学编》《皇明驭倭录》诸书，他们大多是海贼，好就做买卖，不好就沿海抢掠，带军器以防海贼为名，不算是一件违禁的事，用不着把它藏在大烛中。并且南京是当时首都，大都督府所在，四百多日本人也不济事！胡惟庸即使太笨，也不致笨到这个地步。卷三〇八《胡惟庸传》又说："惟庸既死，其反状犹未尽露，至十八年李存义为人首告，免死安置崇明。十九年十月林贤狱成，惟庸通倭事始著。二十一年蓝玉征沙漠，获封绩……讯得其状，逆谋益大著。"据此则通倭、通虏、谋反三事都发见在惟庸死后的几年中。那么，所谓胡党的罪案，到底是一些什么呢？又如封绩，《明史》说他是"故元遗臣"，其实，据当时的口供《昭示奸党录》所载，他不过是一个不识字的奴才，连北方都从来没有去过。一生没做过官，硬安排他是遗老，明史馆的纂修官未免太"神经过敏"了吧！

（六）简失

卷二八六《林鸿传》："王偁字孟敭。父翰，仕元抗节死，偁方九岁，父友吴海抚教之。洪武中领乡荐，入国学，陈情养母。母殁，庐墓六年。永乐初用荐授翰林检讨，与修大典，学博才雄，最为解缙所重。后坐累谪交阯，复以缙事连及，系死狱中。"——详说王偁的事迹，于他父亲的事只以一语了之。在卷一二四《陈友定传》又附有王翰的小传："王翰字用文，仕元为潮州路总管。友定败，为黄冠，栖永泰山中者十载。太祖闻其贤，强起之，自刎死。有子偁知名。"——述王翰事详细，于他的儿子王偁，也只带及一语。按这两传都出朱彝尊手。见《曝书亭集》卷六三《王偁传》，《王翰传》附及。《明史》把它分开来，以翰为元臣仕闽，故附《陈友定传》。以偁有文名，故附入《文苑·林鸿传》中。互为详略，煞费苦心。可是我们如细读朱氏原传，则似《明史》务为简略，颇失史意。如原传"偁中洪武二十三年乡试"，《明史》简作"洪武中领乡荐"，把一肯定的史实简成模糊，简得没有道理。原传"留永福山中为道士者十年"，《明史》作"为黄冠，栖永泰山中者十载"，把道士译成黄冠，把年译成载，雅是雅了，可是有什么大道理呢！并且《明史》还把这一句改错了。《林鸿传》中明说"永福王偁"，参以原传，我们知道王偁以其父入闽故，所以占籍永福，则永泰山中为永福山中之讹明甚。

（七）互异

关于海盗刘香的下落，《明史》卷二六五《施邦曜传》和卷二六〇《熊文灿传》不同。《施传》说："刘香李魁奇横海上，邦曜絷香母诱之，香就禽。"《文灿传》则以为"郑芝龙合广东兵击香于田尾远洋，香胁（洪）云蒸止兵，云蒸大呼曰：'我矢死报国，急击勿失！'遂遇害。香势蹙，自焚溺死"。

（八）缺漏

关于两次纂修《元史》的纂修官，《明史》卷二八五《赵埙传》说："三年重开史局，仍以宋濂、王祎为总裁，征四方文学士朱右、贝琼、朱廉、王彝、张孟兼、高逊志、李懋、李汶、张宣、张简、杜寅、殷弼、俞寅及埙为纂修官。先后纂修三十人，两局并与者埙一人而已。"按二年修《元史》之纂修官，据同传为汪克宽、胡翰、宋僖、陶凯、陈基、曾鲁、高启、赵访、张文海、徐尊生、黄篪、王锜、傅著、谢徽、傅恕、赵埙十六人。合三年之纂修官十四人为三十人。可是赵埙以一人而参与前后两次史局，实际上只能算是一人。所以两次的纂修官的总数，据《明史》只有二十九人，和三十人之数不合。

按所缺一人为王廉，朱彝尊《曝书亭集》卷六二有传："王廉字希阳，青田人，侨居上虞，洪武二年用学士危素荐授翰林编修，明年与修《元史》。又明年偕典籍牛谅使安南还，改工部员外郎。固辞，出为渑池县丞。十四年擢陕右左布政使。无子，卒葬杭州之西山。"大约是当时馆臣不留心，偶然忘了王廉的名字，又无法凑成三十人，便把赵壎算成两人，抵三十人的数额了。

（九）偏据

卷二八五《戴良传》："太祖初定金华，命（良）与胡翰等十二人会食省中，日二人更番讲经史，陈治道。明年用良为学正，与宋濂叶仪辈训诸生。太祖既旋师，良忽弃官逸去。元顺帝用荐者言，授良江北行省儒学提举。良见时事不可为，避地吴中，依张士诚。久之，见士诚将败，挈家泛海抵登莱，欲间行归扩廓军。道梗，寓昌乐数年，洪武六年始南还，变姓名隐四明山，太祖物色得之。十五年召至京师，试以文，命居会同馆，日给大官膳，欲官之，以老疾固辞，忤旨。明年四月暴卒，盖自裁也。"此出黄存吾《闲中录》。《曝书亭集》卷六三《良传》与之多异。"元末以荐授淮南江北等处行中书省儒学提举。时太祖兵已定浙东，良乃避地吴中。久之挈家浮海至胶州，欲投扩廓军前，不得达，侨居昌乐。洪武六年变姓名隐四明山。十五年征入京……"这样说是戴良在洪武十五年前不但没有做过明朝的官，并且也没有见过太祖，始终是元遗臣。十五年后被征，强迫他投降做官，所以自杀明志。全祖望《九灵先生山房记》也力辩其仕明之诬，说良在十五年前和明绝无关系。竹垞谢山诸熟明代掌故，所说都有根据。《明史》却偏信一家之说，引为信史，这种不阙疑不求真的态度，实不足取。

（十）字讹

卷二八三《湛若水传》："湛氏门人最著者永丰李怀，德安何迁……怀字汝德，南京太仆少卿。"按李怀，黄宗羲《明儒学案》卷三八作吕怀，"号巾石，嘉靖壬辰进士，著有《律吕古义》《历考》《庙议》诸书"。《明史》卷二八二《唐伯元传》："伯元受业于永丰吕怀。"卷二〇八《洪垣传》又附有吕怀小传："吕怀，广信永丰人，亦若水高弟子，由庶吉士授兵科给事中，改春坊左司直郎，历右中允，掌南京翰林院事，每言王氏之良知与湛氏之礼认天理同旨，其要在变化气质，作《心统图说》以明之，终南京太仆少卿。"这样，《湛若水传》中之"李怀"可信为即《洪垣传》中之"吕怀"，李为吕之讹。揆以《明史》传中涉及另外一人，如这人有专传时，即以"自有传"了之，不更述其字号籍贯行历之例，这也不能不说是重传了。

原载《图书评论》第一卷第九期
1933年5月

《明史》中的小说

《明史》所包括的时代从洪武元年到崇祯十七年（1368—1644），三百年。《明史》的纂修时期是从顺治二年到乾隆四年（1645—1739），前后约共百年。因此在研究《明史》的时候，我们应当知道这书所记载的是从十四世纪后半期到十七世纪上半期的史事，它的纂修人的时代却属于十七、十八两个世纪。历史的目的是求真。纂修人所采录的当然是他们所认为真确无疑的史料。以此就《明史》的史料而论，所记载的是十四世纪到十七世纪的社会史料，同时却也表明了十七、十八两个世纪的人对于同一时代思想的态度。

从小说演进的历史来看，秦汉间属于神话与传说时代（今所见汉人小说皆属伪托），六朝则多言鬼神及志怪，唐宋产生传奇文，题材多取材于男女间情事及通常生活，宋人又喜言怪异，元明间有讲史起，明人又喜谈神魔及人情小说，清代则流行讽刺、人情、狭邪、侠义、公案、谴责小说。大抵由非人而至人，又由人而至非人，恰如波涛起伏，随时代而异其趋向。若就史书而论，则除记人类活动外，实亦兼收志怪、鬼神诸非人的记载。虽数量有多寡不同之别，以大旨论，则在史书中，人与非人的记载，两千年来实有平行的趋势。且两者每互纠而不可分。

先就非人的鬼神、志怪而论，自秦汉间到我们所叙述的时代,甚至一直到我们自己所处的时代实属同一信仰时期。这信仰是"天人合一",天地一大宇宙,人身一小宇宙,天人互相感应,最好的人的能耐就是"能明天人之际"。稍后鬼神果报之说输入,又和天人合一说混杂,形成一种奇怪的非驴非马式的信仰。例如名人或恶人的出生,必和天上的星辰或神祇有关。《明史》卷一四一《景清传》:

> 一日早朝,(景)清衣绯怀刃入。先是日者奏异星赤色犯帝座甚急,成祖故疑清。及朝,清独着绯。命搜之,得所藏刃。

景清上应天上赤色异星,成祖则在天上亦有帝座。帝座下应人王,非人事所能挠,即所谓天命。卷二九九《周颠传》:

> 太祖将征友谅,问曰:"此行可乎?"对曰:"可。"曰:"彼已称帝,克之不亦难乎?"颠仰首示天,正容曰:"天上无他座。"

若不应天象,即使成了大事,登了宝座,也还是为鬼神所不容,卷三〇九《李自成传》:

> 自成谓真得天命,牛金星率贼众三表劝进,乃从之,令撰登极仪,诹吉日。及自成升御座,忽见白衣人长数丈,手剑怒视,座下龙爪鬣俱动,自成恐,亟下。铸金玺及永昌钱皆不就。

若名臣伟人则多为紫衣神降生，卷一八三《倪岳传》：

倪岳，上元人。父谦奉命祀北岳，母梦绯衣人入室，生岳，遂以为名。

卷二八三《薛瑄传》：

薛瑄，河津人。母齐梦一紫衣人谒见，已而生瑄。

或梦日而生，卷二八六《李梦阳传》：

李梦阳，庆阳人。母梦日堕怀而生，故名梦阳。

或梦星而生，卷三〇九《李自成传》：

李自成，米脂人。父守忠，无子，祷于华山，梦神告曰："以破军星为若子。"已，生自成。

或梦神而生，卷三〇〇《李伟传》：

李伟，神宗生母李太后父也。儿时嬉里中，有羽士过之，惊语人曰："此儿骨相，当位极人臣。"嘉靖中，伟梦空中五色彩辇，旌幢鼓吹导之下寝所，已而生太后。

在李太后未出生前，她的父亲尚是孩子的时候已具必生太后的贵相。

卷一九五《王守仁传》：

> 守仁娠十四月而生，祖母梦神人自云中送儿下，因名云，五岁不能言。异人拊之，更名守仁，乃言。

无心中说破异征，便被罚做哑子，若不遇见异人，也许明朝后期的历史要换一个样子了。

韩文是文彦博转生，卷一八六本传：

> 生时父梦紫衣人抱送文彦博至于家，故名之曰文。

史可法则是文天祥转生，卷二七四本传：

> 祖应元举于乡，官黄州知府，有惠政。语其子从质曰："我家必昌。"从质妻尹氏有身，梦文天祥入其舍，生可法，以孝闻。

其生平亦约略相似。名臣伟人不但在未生前即已注定，并且即使在死时也必表现有异征。如王恕、雍泰死时均有雷霆之声，卷一八二《王恕传》：

> 正德三年四月卒，年九十三。平居食啖兼人。卒之日少减，闭户独坐，忽有声若雷，白气弥漫，瞰之瞑矣。

卷一八六《雍泰传》：

> 谨诛，复官致仕。年八十卒。卒时榻下有声若霆者。

杨爵则因名属鸟类，其先祖杨震曾有一段大鸟的故事。故其死时亦有大鸟之异。卷二〇九《杨爵传》：

> 一日晨起，大鸟集于舍。爵曰："伯起之祥至矣！"果三日而卒。

或则死后为神，卷一四〇《道同传》：

> （同条朱亮祖不法事奏之）未至，亮祖先劾同讪傲无礼状，帝不知其由，遂使使诛同，会同奏亦至，帝悟，以为同职甚卑而敢斥言大臣不法事，其人骨鲠可用，复使使宥之，两使者同日抵番禺，后使者甫到，则同已死矣。县民悼惜之，或刻木为主，祀于家，卜之辄验，遂传同为神云。

卷一六一《周新传》：

> （纪纲诬奏周新）后帝若见人绯衣立日中，曰"臣周新已为神，为陛下治奸贪吏"云。

若忠臣之死，则异征更多。小至蝇蚋，亦知此尸为忠臣而不敢近，且有烈风异云之异。卷二八九《孙燧传》：

燧生有异质，两目烁烁夜有光。死之日，天忽阴惨，烈风骤起，凡数日，城中民大恐，走收两（燧与许逵）尸，尸未变，黑云蔽之，蝇蚋无近者。

卷一四二《陈彦回传》：

张彦方龙泉人。应诏勤王，帅所部抵湖口被执，械至乐平斩之。枭其首谯楼，当暑月一蝇不集，经旬面如生，邑人窃葬之清白堂。

无知如犬虎，亦知对忠臣表敬意，卷二六三《朱之冯传》载野犬独不食其尸：

贼至城下，总兵王承允开门入之，讹言贼不杀人，且免徭赋，则举城哗然皆喜，结彩焚香以迎。左右欲拥之冯出走，之冯斥之，乃南向叩头草遗表劝帝收入心励士节，自缢而死。贼弃尸濠中，濠旁犬日食人尸，独之冯无损也。

卷二七九《严起恒传》记虎负其尸出水且为营葬：

孙可望将贺九仪怒，格杀起恒，投尸于江，时顺治八年二月也。起恒既死，尸流十余里，泊沙诸间，虎负之登崖，葬于山麓。

贺逢圣之死，且有神守其尸，卷二六四本传：

> 贼陷武昌，执逢圣，叱曰："我朝廷大臣，若曹敢无礼！"贼麾使去，遂投墩子湖死也。贼来自夏，去以秋云。大吏望衍以祭，有神梦于湖之人，我守贺相殊苦，汝受而视之，有黑子在其左手，其征是。觉而异之，俟于湖，赫然而尸出，验之果是，盖沉之百有七十日，面如生，以冬十一月壬子殓，大吏挥泪而葬之。

黄观妻及颜容暄之死，均有血影石之异。卷一四三《黄观传》：

> 初，观妻投水时，呕血石上，成小影，阴雨则见，相传为大士像。僧舁至庵中，翁氏见梦曰："我黄状元妻也。"比明，沃以水，影愈明，有愁惨状。后移至观祠，名翁夫人血影石，今尚存。

卷二九二《尹梦鳌传》：

> 凤阳知府颜容暄囚服匿于狱，释囚获之，容暄大骂，贼杖杀之，血浸石阶，宛如其像，涤之不灭，士民乃取石立家，建祠奉祀。

即忠臣所书墨迹，亦复显示灵异。卷二九五《王励精传》：

王励精官崇庆知州，十七年张献忠陷成都，州人惊窜。励精朝服北面拜，又西向拜父母。从容操笔书文天祥"成仁取义"四语于壁，登楼缚利刃柱间，而置火药楼下，危坐以俟，俄闻贼骑渡江，即命举火，火发，触刃贯胸而死。贼叹其忠，葬敛之。其墨迹久逾新，涤之不灭。后二十余年，州人建祠奉祀，祀甫毕，壁即颓，远近叹异。

忠臣之尸虽火亦不焚，卷二九二《王焘传》：

王焘官随州知州。十年正月大贼奄至，且守且战，相持二十余日，无大风雪，守者多散。焘知必败，入署整冠带自经，贼焚其署，火独不及焘死所，尸直立不仆，贼望见骇走。已，觅州印，得之焘所立尺土下。

凡事皆有前定，生固有所自来，即生平遭遇及死法皆早已注定，不能强求或避免。如陆完事败谪戍福建靖海卫，其戍所已早见于梦中，卷一八七本传：

初完尝梦至一山曰大武，及抵戍所，有山如其名，叹曰："吾戍已久定，何所逃乎？"竟卒于戍所。

卷二九四《卢学古传》记朱士完之死节，已先见梦于其初举乡试时：

> 有朱士完者，潜江举人。乡试揭榜夕，梦墨帜堕其墓门，粉书"乱世忠臣"四字。至是贼破承天，长驱陷潜江，士完被执，械送襄阳，道由泗港，啮指血书已尽节处，遂自经。贼所过焚毁，士完所题壁独存。

关永杰亦同，卷二九三本传：

> 状貌奇伟，类世人所绘壮缪候像。崇祯四年会试入都，与侪辈游壮缪祠，有道士前曰："昨梦神告，吾后人当有登第者，后且继我忠义，可语之。"永杰愕然颇自喜，已果登第，后官睢陈兵备佥事。陈州破，格杀数贼，身中贼刃而死。

人生不但完全被命定，无丝毫人的自由，而也在被祖宗的枯骨所束缚，人之所以为人，只在"听天由"。如卷二六二《汪乔年传》记李自成祖墓事：

> 初，汪乔年之抚陕西也，奉诏发自成先冢。米脂令边大受，河间静海（按当作任丘，《任丘县志》边大受作边大绶）举人，健令也。诇得其族人为县吏者，掠之，言："去县二百里曰李氏村，乱山中十六家环而葬，中其始祖也。相传，穴仙人所定，圹中铁灯檠，铁灯不灭李氏兴。"如其言发之，蝼蚁数石，火光荧荧然，斸

棺，骨青黑，被体黄毛，脑后穴大如钱，赤蛇盘，三四寸，角而飞，高丈许，咋咋吞日光者六七，反而伏。乔年函其颅骨腊蛇以闻，焚其余，杂以秽，弃之。

人能穷天人之变，明天人之际，即能前知。因为人身即一小宇宙，天之风云雷雨，即人之咳喘喜怒，人可由表情而探知其内心及举动，天亦可由其表情以究其意向。即数百年后事亦可预知，卷三〇记诸葛亮预言张献忠之死：

> 成都东门外镇江桥回澜塔，万历中布政余一龙所修也。张献忠破蜀毁之，穿地取砖，得古碑，上有篆书云："修塔余一龙，拆塔张献忠，岁逢甲乙丙，此地血流红，妖运终川北，毒气播川东，吹箫不用竹，一箭贯当胸。汉元兴元年，丞相诸葛孔明记。"清兵西征，献忠被射而死，时肃王为将。

程济预言燕兵叛变月日和祭碑除名，卷一四三《牛景先传》：

> 程济朝邑人，有道术。惠帝即位，济上书言某月日北方兵起，帝谓非所宜言，逮至将杀之。济大呼曰："陛下幸囚臣，臣言不验，死未晚。"乃下之狱，已而燕兵起，释之。

> 徐州之捷，诸将树碑纪功，济一夜往祭，人莫测。后燕王过徐，见碑大怒，趣左右椎之，再椎，遽曰："止，为我录文来。"

已，按碑行诛，无得免者。而济名适在椎脱处。

刘基且能预知飞炮及否，趣太祖易船。卷一二八本传：

> 太祖自将救洪都，与陈友谅大战鄱阳湖，一日数十接。太祖坐胡床督战，基侍侧，忽跃起大呼，趣太祖更舟，太祖仓卒徙别舸，坐未定，飞炮击旧所御舟立碎，友谅乘高见之大喜，而太祖舟更进，汉军皆失色。

周颠能预知风时，多著灵异，明太祖是一个佛门弟子，也替他写一篇《周颠仙传》来张扬其事。卷二九九本传：

> 太祖携之行，舟次安庆，无风，遣使问之，曰："行则有风。"遂命牵舟进，须臾风大作，直抵小孤。

宇宙形成的元素是金木水火土五行，相生相胜。如能明白这五个元素的生胜之理，也就可以决定未来的事和求得所需要的事。例如《刘基传》说：

> 时湖中相持三日未决，基请移军湖口扼之，以金木相犯日决胜，友谅走死。

大旱则决滞狱即可以致雨（同上）：

> 大旱，请决滞狱，即命基平反，雨随注。

卷一八〇《汪奎传》：

汪舜民官福建按察使，岁旱，祷不应，躬莅临福州狱，释枉击轻罪者，所部有司皆清狱，遂大雨。

通常的方法是祈祷于神。卷二八一《汤绍恩传》：

汤绍恩官绍兴知府。岁大旱，徒步祷烈日中，雨即降。

《丁积传》：

官新会知县。岁大旱，筑坛圭峰顶，昕夕伏坛下者八日，雨大澍，而积遂得疾以卒。

卷二六七《马从聘传》：

耿荫楼天启中任临淄知县，久旱，囚服暴烈日中，哭于坛，雨立澍。摄寿光，祷雨如临淄。

卷一六二《杨瑄传》：

山东旱饥盗起，改盛颐为左都御史往抚。颐至，露祷，大雨霑溉，槁禾复苏。

卷一八一《方克勤传》：

> 永嘉侯朱亮祖尝率舟师赴北平。水涸，役夫五千浚河，克勤不能止，泣祷于神，天忽大雨，水深数尺，舟遂达，民以为神。

清官祈雨最灵，一求就下，成为求雨专家。卷二六三《蔡懋德传》：

> 官井陉兵备。旱，懋德祷即雨，他乡争迎以祷，又辄雨。

卷二九一《彦胤绍传》：

> 陈三接知河间县，岁旱饥，人相食。三接至，雨即降。

也有用威吓当时城隍神的手段以致雨者，卷二五九《熊廷弼传》：

> 岁大旱，廷弼行部金州，祷城隍神，约七日雨，不雨毁其庙。及至广宁，逾三日，大书白牌封剑，使使往斩之，未至，风雷大作，雨如注，辽人以为神。

卷三六六《王章传》：

> 出按甘肃，两河旱。章檄城隍神："御史受钱或戕害人，神殛御史毋虐民。神血食兹土，不能请上帝苏一方，当奏天子易尔位。"檄焚，雨大注。

在遇到他们所认为不能解决的事，如水灾、蝗灾、虎灾、瘟疾等情形的时候，唯一的方法也只是向神祈祷，求神恩惠。如卷二六一《邱民仰传》：

> 官东安知县。河啮，岁旱蝗，为文祭祷，河他徙，蝗亦尽。

一祷之力，竟能使河徙故道，真是太便宜的事！卷二八一《谢子襄传》：

> 子襄治处州，声绩益著。郡有虎患，岁旱蝗，祷于神，大雨二日，蝗尽死，虎亦遁去。

《汤绍恩传》：

> 绍恩遍行水道，至三江口，见两山对峙，喜曰："此下必有石根，余其于此建闸乎？"募善水者探之，果有石脉横亘两山间，遂兴工，先投以铁石，继以笼盛鳖屑沉之，工未半，潮冲荡不能就，怨谤烦兴，绍恩不为动，祷于海神，潮不至者累日。工遂竣。

日照民江伯儿祷神求疗母疾，甚至杀子以祀。卷二九六《沈德四传》：

> 日照民江伯儿母疾，割胁肉以疗，不愈，祷岱岳神；母疾瘳，愿杀子以祀，巳果瘳，竟杀其三岁儿。

在神祇中也有像《史记》所描写的那种游侠一流的人物，见了忠臣孝子节妇一流人遭了不幸时，便自动地出来帮忙。卷二八九《花云传》：

> 云被执，妻郜赴水死，侍儿孙瘗毕，抱其三岁儿行，被掠至九江。孙夜投渔家，脱簪珥属养之，乃汉兵败，孙复窃儿走渡江、遇溃军，夺舟弃江中，浮断木入苇洲，采莲实哺儿，七日不死，夜半有老父雷老挈之行，逾年达太祖所，抱儿拜泣，太祖亦泣，置儿膝上曰："将种也。"赐雷老衣，忽不见。

卷三〇二《李孝妇传》的神僧，也是成功不居和雷老同一行径：

> 李孝妇名中姑，适江西桂廷凤。姑邓患痰疾将不起，妇涕泣忧悼，闻有言乳肉可疗者，心识之。一日煮药，献香祷灶神，自割一乳，昏仆于地，气已绝，廷凤呼药不至，出现见血流满地，大惊呼救，倾骇城市，邑令长皆诣其庐，命巫治，俄有僧踵门曰："以室中蕲艾

傅之，即愈。"如其言，果苏，比求僧不复见矣。乃取乳和药奉姑，姑竟获全。

神或从梦中指示，做义务医生，卷二九四《徐学颜传》：

母疾，祷于天，请以身代。夜梦神从授药，旦识其形色广觅之，得荆沥，疾遂愈。

或指示窖藏，使节妇不致饿死。卷三〇二《玉亭县君传》：

万历二十一年河南大饥，宗禄久缺，纺织三日，不得一餐，母子相持恸哭。夜分梦神语曰："汝节行上闻于天，当有以相助。"晨兴，母子述所梦皆符，颇怪之。其子曰：取屋后土作坯，易粟。其日掘土得钱数百，自是每掘辄得钱。一日，舍旁地陷，得石炭一窖，取以供爨，延两月余，官俸亦至。

或指示孝子以父兄所在，使得完聚。卷二九七《赵重华传》：

七岁时，父廷瑞游江湖间久不返，重华长谒郡守请路引，榜其背曰万里寻亲……且行且乞，遇一老僧呼问其故，笑曰："汝父客无锡南禅寺中。"语讫忽不见，重华急趋至寺，果其父，出路引示之，相与恸哭，留数日乃还云南。

《丘绪传》：

　　绪生母黄，为嫡余所逐，不相闻已二十年。一夕，梦人告曰："若母在台州金鳌寺前。"辗转追寻，卒得母迎归，备极孝养。（节录）

王原之寻得其父，则靠神祠一梦，得人解释：

　　正德中父珣以家贫役重逃去，既娶，号泣辞母去，遍历山东南北，去来者数年。一日渡海至田横岛，假寐神祠中，梦至一寺，当午炊莎和肉羹食之。一老父至，惊觉，原告之梦，请占之，老父曰："若何为者。"曰："寻父。"老父曰："午者，正南位也，莎根附子，肉和之，附子脍也。求诸南方，父子其会乎。"原喜谢去，而南逾洺漳至辉县带山，有寺曰梦觉，原心动，入访之，其父果在。

黄玺之寻得其兄，亦靠神示：

　　兄伯震商十年不归。玺出求之，经行万里不得踪迹，最后至衡州，祷南岳庙，梦神人授以"缠绵盗贼际，狼狈江汉行"二句，一书生告之曰："此杜甫《舂陵行》诗也。舂陵今道州，盍往寻之。"玺从其言，果得伯震以归。

孝肃皇后之寻得失去之弟，系由伽蓝神梦示，且与英宗同时梦见。卷三〇〇《周能传》：

> 先是孝肃有弟吉祥，儿时出游去为僧，家人莫知所在，孝肃亦若忘之。一日梦伽蓝神来言："后弟今在某所。"英宗亦同时梦。旦遣小黄门以梦中言物色，得之报国寺伽蓝殿中。

施邦曜之作兽吻，亦由神示。卷二六五本传：

> 魏忠贤欲困之，使拆北堂，期五日，适大风拔屋，免谴责。又使作兽吻，仿嘉靖间制，莫考，梦神告之，发地得吻，嘉靖旧物也。忠贤不能难。

遇有人间不平事时，天亦表示意见，如卷三〇七《门达传》：

> 逯杲所遣校尉诬宁府弋阳王奠楷母子乱。帝遣官往勘，事已白。靖王奠楷等亦言无左验。帝怒责杲，杲执如初，帝竟赐奠楷母子死。方舁尸出，大雷雨，平地水数尺，人咸以为冤。

有时且采积极行动，卷三〇二《马氏传》：

> 马氏年十六归诸生刘濂，十七而寡，翁家甚贫，利其再适，必欲夺其志……阴纳沈氏聘，其姑诱与俱出，

令女奴抱持纳沉舟,妇投河不得,疾呼天救我,须臾风雨昼晦,疾雷击舟,欲覆者数四,沈惧,乃旋舟还之。

甚至为人复仇,卷三〇一《姚孝女传》:

招远有孝女不知其姓。父采石南山,为蟒所吞。女哭之,愿见父尸同死,俄倾大雷电击蟒堕女前,腹裂见父尸,女负土掩,触石而死。

鬼的灵异也不下于神,死后的性情完全和生前无异,且能附身人体和人对话。卷一六五《毛吉传》是一个好例子:

方吉出军时,赍千金犒,委驿丞余文司出入,已用十之三。吉既死,文悯其家贫,以所余金授吉仆,使持归治丧。是夜,仆妇忽坐中堂作吉语,顾左右曰:"请夏宪长来。"举家大惊,走告按察使夏壎,壎至,起揖曰:"吉受国恩,不幸死于贼。今余文以所遗官银付吉家,虽无文簿可考,吉负垢地下矣。愿亟还官,无污我。"言毕仆地,顷之始苏。于是归金于官。

亦能报生前之仇,卷一七三《范广传》:

广与石亨、张轨不相能。及英宗复辟,亨、轨恃夺门功,诬广党附于谦,谋立外藩,遂下狱论死。明年春轨早朝还,途中为拱揖状,左右怪问之,曰"范广过也"。遂得疾不能睡，痛楚月余而死。

卷一六二《尹昌隆传》：

吕震数陷昌隆，谷王谋反事发，以王前奏昌隆为长史，坐以同谋，诏公卿杂问，昌隆辩不已，震折之，狱具，置极刑死，夷其族。后震病且死，号呼尹相，言见昌隆守欲杀之云。

《刘球传》：

球下诏狱，（王振）属指挥马顺杀球，顺深夜携一小校持刀至球所，球方卧，起立大呼太祖太宗，颈断，体犹植，遂支解之，瘗狱户下。顺有子病久，忽起捽顺发，拳且击之曰："老贼，令尔他日祸逾我，我刘球也。"顺惊悸，俄而子死，小校亦死。球死数年，英宗北狩，振被杀，朝士立击顺，毙之。

《列女传二》记蔡烈女死后拘凶人自首事：

蔡烈女，少孤，与祖母居，一日祖母出，有逐仆为僧者来乞食，挑之不从，挟以刃，女徒手搏之，受伤十余处，骂不绝，宛转死灶下，贼遁去。官行验，忽来首优，官怪问故，贼曰："女拘我至此。"遂抵罪。

《列女传三》又记刘烈女死后报仇的直事：

> 刘烈女，钱塘人。少字吴嘉谏。邻富儿张阿官屡窥之，一夕缘梯入，女呼父母共执之，将讼官，张之从子倡言刘女海淫，缚人取财，人多信之。女呼告父曰："贼污我名，不可活矣。我当诉帝求直耳。"即自缢，盛暑待验，暴日下无尸气。嘉谏初惑人言不哭，徐察之，知其诬也，伏尸大恸，女目忽开，流血泪数行，若对泣者。张延讼师丁二执前说，女傅魂于二曰："若以笔污我，我先杀汝。"二立死。时江涛震吼，岸土裂崩数十丈，人以为女冤所致，有司遂杖杀阿官及从子。

子孙有危祸时，其祖宗之鬼不能挽回，聚哭暗中，卷一八八《蒋钦传》：

> 钦复草疏劾刘瑾，方属草时，灯下微闻鬼声，钦念疏上且掇奇祸，此殆先人之灵欲吾寝此奏耳。因整衣冠立曰："果先人，盍厉声以告。"言未已，声出壁间，益凄怆，钦叹曰："业已委身，义不得顾私，使缄默负国，为先人羞，不孝孰甚。"复坐奋笔曰："死即死，此稿不可易也。"声遂止。

卷一八九《何遵传》：

> 林公黼夜草疏时，闻暗中泣叹声，不顾。

或指示出自己死处，使其子孙得以觅骨安葬。卷一三四《王溥传》：

> 初溥未仕时，奉母叶氏避兵贵溪，遇乱与母相失，凡十八年。尝梦母若告以所在。至是从容言于帝，请归省坟墓，许之，且命礼官具祭物。溥率士卒之贵溪，求不得，昼夜号泣。居人吴海言：夫人为贼逼，投井中死矣。溥求得井，有鼠自井出，投溥怀中，旋复入井，汲井索之，母尸在焉，哀呼不自胜，乃具棺敛，即其地以葬。

卷二八五《丁鹤年传》：

> 丁鹤年，回族人。至正壬辰武昌被兵，鹤年年十八，奉母走镇江，母殁，盐酪不入口者五年。避地四明……及海内大定，牒请还武昌，而生母已道阻前死，瘗东村废宅中，鹤年恸哭行求。母告以梦，乃啮血泌骨，敛而葬焉。

卷二九六《李德成传》：

> 幼丧父。元末，年十二，随母避寇至河滨，寇骑迫，母投河死。德成长，娶妇王氏，抟土为父母像，与妻朝夕事之。方严冬大雪，冰坚至河底，德成梦母曰："我处冰下，寒不得出。"觉而大恸，旦与妻徒跣行三百

里抵河滨，卧冰七日，冰果融数十丈，恍惚若见其母，而他处坚冻如故。久之乃归。

在幼稚的农业社会中，农人不敢有什么奢望。他们唯一的安慰只是在一个安定的环境中能本分地过活着。只要能活，吃苦也是本分。在积极方面，他们唯一的希望是能使农产品丰收，不遭什么天灾人患的困厄，因此一遇到旱灾、水灾，地方上的父母官唯一的办法便是把这责任交给神。只要地方官真能像样地玩一套求神许愿的把戏，机会碰得巧，灵，这一方的老百姓得救，这一地方官也就成了理想的好官，"万家生佛"。居多是神道不给面子，不灵，这一方的老百姓就遭了殃，只好吃草根树皮捧着肚子过日子，反正老天爷要这样，活该挨饿，没办法。在消极方面，老百姓唯一的希望是能过平平安安的日子。一遭了不幸的事，非得打官司不可的时候，他们需要一个像包龙图那样的清官，能一是一，二是二，把案子断清楚，只要不受冤，不吃亏，也就心满意足，愿意这好官永远不离开。在官的方面，碰到没办法的旱、水灾，唯一的办法是求神，在碰到没办法的疑案的时候，唯一的办法也是求神，或者找一个兆头去猜谜。反正判错了案子，大不了丢官，碰巧判准，还可以得一个好名声。求神，又不费脑力，又省事，又显得勤劳，又对老百姓的脾胃，真是一个做官的好办法。

老百姓理想的好官是清官，是包龙图，因此能判案能求神的好官也特别多，下面所引的一些就是那时代的公案。能判案的官分两级，第一级是人官，用一切人事所及的方法去察情，观色，分析，研究，决定所受理案件的是非。第二级是神官。人官所认为办不了的事，才去请教神官。例如卷二八九《黄宏传》：

  知万安县。民好讼，讼辄祷于神。宏毁其祠曰："令在，何祷也。"讼至辄片言折之。

民不祷于人官而先祷于神官，这是越诉。人官所能解决的公案不应诉于神官。人官判案的方法有凭主观的方法，察情观色以定罪人之是非者，如卷一四〇《王观传》：

  杨卓……官广东行省员外郎。田家妇独行山中，遇伐木卒，欲乱之，妇不从，被杀。官拷同役卒二十人，皆引服。卓曰："卒人众，必善恶异也，可尽抵罪乎！"列二十人庭下，熟视久之，指两卒曰："杀人者汝也。"两卒大惊，服罪。

卷一五〇《刘季箎传》：

  河南逆旅朱、赵二人异室寝，赵被杀，有司疑朱杀之，考掠诬服。季箎独曰："是非夙仇，且其装无可利。"缓其狱，竟得杀赵者。

卷一五八《章敞传》：

  山西盗发，捕逮数百人。敞察其冤，留词色异者一人，余悉遣生。明日讯之，留者盗，余非也。

卷一五九《刘孜传》：

邢宥出巡福建。民十人被诬为盗，当刑呼冤，宥为缓之，果得真盗。

《杨继宗传》：

善辨疑狱。河间获盗，遣里民张文、郭礼送京师。盗逸，文谓礼曰："吾二人并当死，汝母老，鲜兄弟，以我代盗，庶全汝母子命。"礼泣谢，从之。文桎梏诣部，继宗察非盗，竟辨出之。

雍泰刚廉强直，亦以折狱名。卷一八六本传：

民妾亡去，妾父讼其夫密杀女匿尸湖石下。泰诘曰："彼密杀汝女，汝何以知匿所？且此非两月尸，必汝杀他人女，冀得赂耳。"一考而服。

和谢士元的辨田券，都是应用科学的考证方法。卷一七二《张瓒传》：

谢士元长东人。天顺七年擢建昌知府。地多盗为军将所庇。士元以他事持军将，奸发辄得。民怀券讼田宅，士元叱曰："伪也，券今式，而所讼乃二十年事。"民惊服，讼为衰止。

客观地凭物证人证的综合结果以决是非。卷一五〇《刘季篪传》：

> 民有为盗所引者，逮至，盗已死，乃召盗妻子使识之，听其辞，诬也，释之。
>
> 扬州民家，盗夜入杀人，遗刀尸旁，刀有记识，其邻家也，官捕鞫之，邻曰："失此刀久矣。"不胜掠，诬服。季篪使人怀刀就其里潜察之，一童子识曰："此吾家物。"盗乃得。

《虞谦传》：

> 严本官大理寺正。苏州卫卒十余人夜劫客舟于河西务，一卒死，惧事觉，诬邻舟解囚人为盗，其侣往救见杀，皆诬服。本疑之曰："解人与囚同舟，为盗，囚必知之。"按验果得实，遂抵卒罪。

卷一五八《鲁穆传》：

> 漳民周允文无子，以侄为后，晚而妾生子，因析产与侄，属以妾子。允文死，侄言儿非叔子，逐去，尽夺其资。妾诉之。穆召县父老及周宗族密置妾子群儿中，咸指儿类允文，遂归其产。民呼"鲁铁面"。

卷一六一《周新传》：

（浙江）冤民系久，闻新至，喜曰："我得生矣！"至果雪之。初，新入境，群蚋迎马头，迹得死人榛中，身系小木印。新验印，知死者故布商，密令广市布，视印文合者捕鞫之，尽获诸盗……一商暮归，恐遇劫，藏金丛祠石下，归以语其妻。旦往求金不得，诉于新。新召商妻讯之，果商妻有所私。商骤归，所私尚匿妻所，闻商语，夜取之。妻与所私皆论死。其他发奸摘伏，皆此类也。

周忱、戚贤则均以机警决狱，卷二〇八《戚贤传》：

归安县有萧总管庙，报赛无虚日。会久旱，贤祷不验，沉木偶于河。居数日，身过其地，木偶跃入舟，舟中人皆惊，贤徐笑曰："是特未焚耳。"趣焚之，潜令健隶入岸旁社，诫之曰："水中人出，械以来。"已，果获数人。盖奸民慕善泅者为之也。

卷一五三《周忱传》：

性机警，尝阴为册记阴晴风雨。或言某日江中遇风失米，忱言是日江中无风。其人惊服。有奸民故乱其旧案尝之，忱曰："汝以某时就我决事，我为汝断理，敢相绐耶。"

人官如能不畏豪强，替百姓申冤理枉，则往往因此知名。卷一七七《李秉传》：

　　官延平推官。沙县豪诬良民为盗而淫其室，秉捕治豪，豪诬秉坐下狱。副使侯轨直之，论豪如法。由是知名。

卷一八一《张淳传》：

　　授永康知县。吏民素多奸黠，连告罢七令。淳至，日夜阅案牍，讼者数千人，剖决如流，吏民大骇，服，讼浸减。凡赴控者，淳即示审期，两造如期至，片晷分析无留滞，乡民裹饭一包即可毕讼，因呼为"张一包"，谓其敏断如包拯也。

《明史》告诉我们张淳捕盗的两个著例：

　　巨盗卢十八剽库金，十余年不获。御史以属淳，淳刻期三月必得盗，而请御史月下数十檄。及檄累下，淳阳笑曰："盗遁久矣，安从捕！"寝不行。吏某妇与十八通，吏颇为耳目，闻淳言以告十八，十八意自安。淳乃令他役诈告吏负金，系吏狱，密召吏责以通盗死罪，复教之请以妇代系，而已生营赀以偿。十八闻，亟往视妇，因醉而擒之。及报御史，仅两月耳。

　　久之，以治行第一赴召去永，甫就车，顾其下曰："某盗已事,去此数里,可为我缚来。"如言迹之,盗正濯足于河,系至,盗伏辜。永人骇其事,谓有神告,淳曰:"此盗捕之急则遁,今闻吾去乃归耳。以理卜,何神之有!"

其最为社会及后人所乐道者是人官的微行,人官变服装成一种职业人的模样,私自下乡去探案,察访。卷二八一《周济传》:

> 正统初,擢御史,大同镇守中官以骄横闻,敕济往廉之。济变服负薪入其宅,尽得不法状还报,帝大嘉之。

周新的微行入狱一事,尤为后来公案小说所本,卷一六一本传:

> 新微服行部,忤县令,令欲拷治之,闻廉使且至,系之狱。新从狱中询诸囚,得令贪污状,告狱吏曰:"我按察使也。"令惊谢罪,劾罢之。

周忱久抚江南,亦以微行民间为人著称,卷一五三本传:

> 既久任江南,与吏民相习若家人父子。每行村落,屏去驺从,与农夫饷妇相对,从容问所疾苦,为之商略处置……暇时以匹马往来江上,见者不知其为巡抚也。

次之是神官的决狱,有几种不同的方式。第一种方式是人官不能解决,因而乞灵于神,卷一六一《张昺传》记虎来伏罪事:

寡妇唯一子，为虎所噬，诉于昺。昺期五日，乃斋戒祀城隍神。及期，二虎伏庭下，昺叱曰："孰伤吾民，法当死。无罪者去。"一虎起敛尾去，一虎伏不动，昺射杀之，以畀节妇，一县称神。

卷二八一《李骥传》记狼来伏罪：

有嫠妇子啮死，诉于骥，骥祷城隍神，深自咎责。明旦，狼死于其所。

《谢子襄传》记城隍神获盗事：

有盗窃官钞，子襄檄城隍神。盗方阅钞密室，忽疾风卷堕市中，盗即伏望。

又记黄信中事亦同：

盗杀一家三人，狱久不决，信中祷于神，得真盗，远近称之。

卷二三四《马经纶传》记神遣蝴蝶指示真盗：

林培为新化知县。民有死于盗者不得，祷于神，随蝴蝶所至获盗，时惊为神。

卷二三三《谢延赞传》：

　　谢相为东安知县。奸人杀四人弃其尸，狱三年不决，相祷于神，得尸所在，狱遂成。

《张昺传》所记邪神妖巫数事尤怪异：

　　昺性刚明，善治狱，有嫁女者，及婿门而失女，互以讼于官，不能决。昺行邑界，见大树妨稼，欲伐之，民言树有神巢其巅，昺不听，率众往伐，有衣冠三人拜道左，昺叱之，忽不见，比伐树，血流出树间，昺怒，手斧之，卒仆其树，巢中堕二妇人，言狂风吹至楼上，其一即前所嫁女也。

妖巫不怕刑笞，只有官印能治他：

　　有巫能隐形，淫人妇女，昺执巫痛杖之，无所苦，已，并巫失去。昺驰缚以归，印巫背鞭之，立死。

卷一六〇《石璞传》又记猜谜获盗事：

　　璞善断疑狱。民娶妇，三日归宁，失之，妇翁讼婿杀女，诬服论死。璞祷于神，梦神示以麦字。璞曰："麦者两人夹一人也。"比明，械囚趣行刑，未出，一童子窥门屏间，捕入则道士徒也。叱曰："尔师令尔侦事乎?"童子首实,果二道士匿妇槁麦中,立捕,论如法。

第二种方式是神或鬼先示以征象,如旋风大旱,或动物如蛇蛙之属代死者诉冤,因而祷神,为之平反。卷一八五《黄绂传》:

> 官四川左参政。按部崇庆,旋风起舆前不得行,绂曰:"此必有冤,吾当为理。"风遂散。至州,祷城隍神,梦若有言州西寺者。寺去州四十里,倚山为巢,后临巨塘,僧夜杀人沉之塘下,分其赀。且多藏妇女于窟中。绂发吏兵围之,穷诘,得其状,诛僧毁其寺。

卷二〇二《王时中传》:

> 官鄢陵知县。尝出郊,旋风拥马首,时中曰:"冤气也。"迹得尸瘗井,乃妇与所私者杀之,遂伏辜。

卷一六一《周新传》:

> 一日视事,旋风吹叶堕案前,叶异他树,询左右,独一僧寺有之。寺去城远,新意僧杀人,发树果见妇人尸,鞫实殛僧。

决狱失当,则天必示变,卷一六一《张昺传》:

铅山俗，妇人夫死辄嫁，有病未死，先受聘供汤药者。昺欲变其俗，令寡妇皆具牒受判，署二木。曰"羞"，嫁者跪之；曰"节"，不嫁者跪之。民傅四妻祝誓死守，舅姑给令跪"羞"木下，昺判从之，祝投后园池中死。邑大旱，昺梦妇人泣拜，觉而识其里居姓氏，往诘其状，及启土，貌如生，昺哭之恸曰："杀妇者吾也。"为文以祭，改葬焉，天遂大雨。

蛇虽然是一种讨厌的爬虫，也能替死人诉冤。卷二八一《叶宗人传》：

尝视事，有蛇升阶，若有所诉。宗人曰："尔有冤乎？吾为尔理。"蛇即出，遣隶尾之，入饼肆炉下，发之得僵尸。盖肆主杀而瘗之也。邑民以为神。

卷二八九《熊鼎传》记蛙诉冤事：

宁海民陈德仲支解黎异，异妻屡诉不得直。鼎一日览牒，有青蛙立案上，鼎曰："蛙非黎异乎？果异，止弗动。"蛙果弗动。乃逮德仲鞫实，立正其罪。

马能报仇，卷二八九《王祯传》：

祯官夔州通判，成化二年荆襄石和尚流劫至巫山，督盗同知王某者怯不救，祯面数之，即代勒所部兵民……击散之。还甫三日，贼复劫大昌，祯趣同知行，不应，指挥曹能、柴成与同知比，激祯……往，伪许相左右。祯上马挟二人与俱，夹水阵。既渡，两人见贼即走，祯被围……死。所乘马奔归，血淋漓，毛尽赤……子广鬻马为归赀，王同知得马不偿直。榇既行，马夜半哀鸣。同知起视之，马骤前啮项，捣其胸，翼日呕血死。人称为义马。

石能作怪，卷二八一《王源传》：

西湖山上有大石为怪，源命凿之，果获石骷髅，怪遂息。乃琢为碑大书："潮州知府王源除怪石。"

天人合一，人心不但能通于天心，且能通于禽兽及一切自然界象征。最著名的例是孝子的感应，如章溢、蔡毅中、王俊、石鼐、谢用诸传所记的反风却水却虎诸异迹。卷一二八《章溢传》：

父殁未葬，火焚其庐，溢搏颡顾天，火至柩所而灭。

卷二九七《谢用传》：

用居丧以孝闻。邻人失火延数十家，将至用舍，风反火息。

《王俊传》：

母卒，俊扶榇还葬，刈草莱为苫舍，寝处茔侧。野火延蓺将及，俊叩首痛哭，火及茔树而止。

杨敬母殁，柩在堂，邻家失火，烈焰甚迫，敬抚柩哀号，风止火灭。

《石鼐传》：

父殁，庐墓初成。天大雨，山水骤涨，鼐仰天号哭，水将及墓，忽分两道去，墓获全。

精诚所至，即使是六月也能结冰，卷二一六《蔡毅中传》：

方母病，盛夏思冰，盂水忽冻。

虎亦能知礼不犯，卷一五〇《师逵传》：

少孤，事母至孝。年十三，母疾，思藤花菜，逵出城南二十余里求之，及归，夜二鼓，遇虎，逵惊呼天，虎舍之去，母疾寻愈。

卷二九六《谢定住传》：

年十二，家失牛，母抱幼子追逐，定住随母后，虎跃出噬其母，定住奋前击之，虎逸去。取弟抱之，扶母行，虎复追啮母颈，定住再击之，虎复去。行数步，虎还啮母足，定住复取石击虎乃舍去。母子三人并全。

最惨的莫如割臂割肝去治尊长的疾病，因为在这混杂的天人合一论下生活着的老实人，以为天人相通，在遭了人力所不能治疗的痼疾时候，忍死割肉或能引起天和神的同情心，赐以神迹的痊愈。并且他们也真相信人身上的紧要部分和致死部分的肝、心等有疗疾的神秘功效。打开史书的孝义传一看，所记载的差不多全是这一类残酷非人的记载。在此举两个例，卷三〇一《杨泰奴传》：

张氏姑病，医百方不效，一方士至其门曰："人肝可疗。"张割左胁下得膜如絮，以手探之没腕，取肝二寸许，无少痛，作羹以进，姑病遂瘳。

卷三〇二《倪氏传》：

姑鼻患疽垂毙，躬为吮治不愈。乃夜焚香告天，割左臂肉以进，姑啖之愈，远近称孝妇。

初刊于《文学》第二卷第十号
1934年

《金瓶梅》的著作时代及其社会背景

要知道《金瓶梅》这部书的社会背景,我们不能不先考定它的产生时代。同时,要考定它的产生时代,我们不能不把一切关于《金瓶梅》的附会传说肃清,还它一个本来面目。

《金瓶梅》是一部现实主义作品,所集中描写的是作者所处时代的市井社会的奢靡淫荡的生活。它细致生动的白描技术和汪洋恣肆的气势,在未有刻本以前,即已为当时的文人学士所叹赏惊诧。但因为作者敢对于性生活作无忌惮的大胆的叙述,便使社会上一般假道学先生感觉到逼胁而予以摈斥,甚至怕把它刻板行世会有堕落地狱的危险,但终之不能不佩服它的艺术的成就。另一方面一般神经过敏的人又自作聪明地替它解脱,以为这书是"别有寄托",替它捏造成一串可歌可泣悲壮凄烈的故事。

无论批评者的观点怎样,《金瓶梅》的作者,三百年来都公认为王世贞而无异词。他们的根据是:

一、沈德符的话:说这书是嘉靖中某大名士作的。这一位某先生,经过几度的附会,就被指实为王世贞。

二、因为书中所写的蔡京父子,相当于当时的严嵩父子。王家和严家有仇,所以王世贞写这部书的目的是(甲)报仇,(乙)讽刺。

三、是据本书的艺术和才气立论的。他们先有了一个"苦孝说"的主观之见，以为像这样的作品非王世贞不能写。现在我们不管这些理由是否合理，且把他们所乐道的故事审查一下，看是王世贞作的不是。

一 《金瓶梅》的故事

《金瓶梅》的作者虽然已被一般道学家肯定为王世贞（他们以为这样一来，会使读者饶恕它的"猥亵"描写），但是他为什么要写这书？书中的对象是谁？却众说纷纭，把它归纳起来不外是：

甲、复仇说　对象（1）严世蕃
　　　　　　　　（2）唐顺之
乙、讽刺说　对象——严氏父子

为什么《金瓶梅》会和唐顺之发生关系呢？这里面又包含着另外一个故事——《清明上河图》的故事。

(一)《清明上河图》和唐荆川

《寒花盦随笔》：

"'世传《金瓶梅》一书为王弇州（世贞）先生手笔，用以讥严世蕃者。书中西门庆即世蕃之化身，世蕃亦名庆，西门亦名庆，世蕃号东楼，此书即以西门对之。'‘或谓此书为一孝子所作，所以复其父仇者。盖孝子所识一巨公实杀孝子父，图报累累皆不济。后忽侦知巨公观书时必以指染沫，翻其书叶。孝子乃以三年之力，经营此书。书成黏毒药于纸角，觇巨公外出时，使人持书叫卖于市，曰天下第一奇书，巨公于车中闻之，即索观，车行及其第，书已观讫，啧啧叹赏，呼卖者问其值，卖者竟不见，巨公顿悟为所算，急自营救已不及，毒发遂死。'今按二说皆是，孝子即凤洲（世贞号）也，巨公为唐荆川（顺之），凤洲之父忬死于严氏，实荆川赞之也。姚平仲《纲鉴絜要》载杀巡抚王忬事，注谓'忬有古画，严嵩索之，忬不与，易以摹本。有识画者为辨其赝。嵩怒，诬以失误军机杀之'。但未记识画人姓名，有知其事者谓识画人即荆川，古画者《清明上河图》也。

"凤洲既抱终天之恨，誓有以报荆川，数遣人往刺之，荆川防护甚备。一夜，读书静室，有客自后握其发将加刃，荆川曰：'余不逃死，然须留遗书嘱家人。'其人立以俟，荆川书数行，笔头脱落，以管就烛，佯为治笔，管即毒弩，火热机发，镞贯刺客喉而毙。凤洲大失望！

"后遇于朝房，荆川曰：'不见凤洲久，必有所著。'答以《金瓶梅》，实凤洲无所撰，姑以诳语应耳。荆川索之急，凤洲归，广召梓工，旋撰旋刊，以毒水濡墨刷印，奉之荆川。荆川阅书甚急，墨浓纸黏，卒不可揭，乃屡以纸润口津揭书，书尽毒发而死。

"或传此书为毒死东楼者。不知东楼自正法，毒死者实荆川也。彼谓以三年之力成书，及巨公索观于车中云云，又传闻异词耳。"

这是说王忬进赝书于严嵩，为唐顺之识破，致陷忬于法。世贞图报仇，进《金瓶梅》毒死顺之。刘廷玑的《在园杂志》也提到此事，不过把《清明上河图》换成《辋川真迹》，把识画人换成汤裱褙，并且说明顺之先和王忬有宿怨。他说："明太仓王思质（忬）家藏右丞所写《辋川真迹》，严世蕃闻而索之。思质爱惜世宝，予以抚本。世蕃之裱工汤姓者，向在思质门下，曾识此图，因于世蕃前陈其真赝，世蕃衔之而未发也。会思质总督蓟辽军务，武进唐应德（顺之）以兵部郎官奉命巡边，严嵩饬之内阁，微有不满思质之言，应德领之。至思质军，欲行军中驰道，思质以己兼兵部堂衔难之，应德怫然，遂参思质军政废弛，虚縻国帑，累累数千言。先以稿呈世蕃，世蕃从中主持之，逮思质至京弃市。"

到了清人的《缺名笔记》又把这故事变动一下：

《金瓶梅》为旧说部中四大奇书之一，相传出王世贞手，为报复严氏之《督亢图》。或谓系唐荆川事。荆川任江右巡抚时有所周纳，狱成，罹大辟以死。其子百计求报，而不得间。会荆川解职归，遍阅奇书，辄叹观止。乃急草此书，渍砒于纸以进，盖审知荆川读书时必逐页用纸黏舌，以次披览也。荆川得书后，览一夜而毕，蓦觉舌木强涩，镜之黑矣。心知被毒，呼其子曰："人将谋我，我死，非至亲不得入吾室。"逾时遂卒。

旋有白衣冠者呼天抢地以至，蒲伏于其子之前，谓曾受大恩于荆川，愿及未盖棺前一亲其颜色。鉴其诚许之入，伏尸而哭，哭已再拜而出。及殓则一臂不知所往，始悟来者即著书之人，因其父受缳首之辱，进鸩不足，更残其支体以为报也。

（二）汤裱褙

识画人在另一传说中，又变成非大儒名臣的当时著名装潢家汤裱褙。这一说最早的要算沈德符的《野获编》，他和世贞同一时代，他的祖、父又都和王家世交，所以后人都偏重这一说。《野获编补遗》卷二《伪画致祸》：

> 严分宜（嵩）势炽时，以诸珍宝盈溢，遂及书画骨董雅事。时鄢懋卿以总醓使江淮，胡宗宪、赵文华以督兵使吴越，各承奉意旨，搜取古玩，不遗余力。时传闻有《清明上河图》手卷，宋张择端画，在故相王文恪（鏊）胄君家，其家巨万，难以阿堵动。乃托苏人汤臣者往图之，汤以善装潢知名，客严门下，亦与娄江王思质中丞往还，乃说王购之。王时镇蓟门，即命汤善价求市，既不可得，遂嘱苏人黄彪摹真本应命，黄亦画家高手也。
>
> 严氏既得此卷，珍为异宝，用以为诸画压卷，置酒会诸贵人赏玩之。有妒王中丞者知其事，直发为赝本。严世蕃大惭怒，顿恨中丞，谓有意绐之，祸本自此成。或云即汤姓怨弇州伯仲自露始末，不知然否？

这一说是《清明上河图》本非王忬家物，由汤裱褙托王忬想法不成功，才用摹本代替，末了还是汤裱褙自发其覆。顾公燮《消夏闲记摘抄》作"《金瓶梅》缘起王凤洲报父仇"一则即根据此说加详，不过又把王鏊家藏一节改成王忬家藏，把严氏致败之由，附会为世蕃病足，把《金瓶梅》的著作目的改为讥刺严氏了：

  太仓王忬家藏《清明上河图》，化工之笔也。严世蕃强索之，忬不忍舍，乃觅名手摹赝者以献。先是忬巡抚两浙，遇裱工汤姓流落不偶，携之归，装潢书画，旋荐之世蕃。当献画时，汤在侧谓世蕃曰："此图某所目睹，是卷非真者，试观麻雀小脚而踏二瓦角，即此便知其伪矣。"世蕃恚甚，而亦鄙汤之为人，不复重用。

  会俺答入寇大同，忬方总督蓟、辽，鄢懋卿嗾御史方辂劾忬御边无术，遂见杀。后范长白公允临作《一捧雪》传奇，改名为《莫怀古》，盖戒人勿怀古董也。

  忬子凤洲（世贞）痛父冤死，图报无由。一日偶谒世蕃，世蕃问坊间有好看小说否？答曰有，又问何名，仓促之间，凤洲见金瓶中供梅，遂以《金瓶梅》答之，但字迹漫灭，容钞正送览。退而构思数日，借《水浒传》西门庆故事为蓝本，缘世蕃居西门，乳名庆，暗讥其闺门淫放，而世蕃不知，观之大悦。把玩不置。

  相传世蕃最喜修脚，凤洲重赂修工，乘世蕃专心阅书，故意微伤脚迹，阴擦烂药，后渐溃腐，不能入直，独其父嵩在阁，年衰迟钝，票本批拟，不称上旨，宠日以衰。御史邹应龙等乘机劾奏，以至于败。

徐树丕的《识小录》又以为汤裱褙之证画为伪，系受贿不及之故，把张择端的时代由宋升至唐代，画的内容也改为汴人掷骰：

> 汤裱褙善鉴古，人以古玩赂严世蕃必先贿之，世蕃令辨其真伪，其得贿者必曰真也。吴中一都御史偶得唐张择端《清明上河图》临本馈世蕃而贿不及汤。汤直言其伪，世蕃大怒，后御史竟陷大辟。而汤则先以诖调遣戍矣。
>
> 余闻之先人曰《清明上河图》皆寸马豆人，中有四人樗蒲，五子皆六而一犹旋转，其人张口呼六，汤裱褙曰："汴人呼六当撮口，而令张口是采闽音也。"以是识其伪。此与东坡所说略同，疑好事者伪为之。近有《一捧雪》传奇亦此类也，特甚世蕃之恶耳。

（三）况叔祺及其他

梁章钜《浪迹丛谈》记此事引王襄《广汇》之说，即本《识小录》所载，所异的是不把识画人的名字标出，他又以为王忬之致祸是由于一诗一画：

> 王襄《广汇》："严世蕃常索古画于王忬，云值千金，忬有临幅绝类真者以献。乃有精于识画者往来忬家有所求，世贞斥之。其人知忬所献画非真迹也，密以语

世蕃。会大同有房警，巡按方辂劾忏失机，世蕃遂告嵩票本论死。"

又孙之骤《二申野录注》："后世蕃受刑，弇州兄弟赎得其一体，熟而荐之父灵，大恸，两人对食，毕而后已。诗画贻祸，一至于此，又有小人交构其间，酿成尤烈也。"

按所云诗者谓杨椒山（继盛）死，弇州以诗吊之，刑部员外郎况叔祺录以示嵩，所云画者即《清明上河图》也。

综合以上诸说，归纳起来是：

1.《金瓶梅》为王世贞作，用意（甲）讥刺严氏，（乙）作对严氏复仇的《督亢图》，（丙）对荆川复仇。

2. 唐荆川谮杀王忬，忬子世贞作《金瓶梅》，荆川于车中阅之中毒卒。

3. 世贞先行刺荆川不遂，后荆川向其索书，遂撰《金瓶梅》以毒之。

4. 唐、王结怨之由是荆川识《清明上河图》为伪，以致王忬被刑。

5.《金瓶梅》为某孝子报父仇作，荆川因以被毒。

6. 汤裱褙识王忬所献《辋川真迹》为伪，唐顺之行边与王忬忤，两事交攻，王忬以死。

7.《清明上河图》为王鏊家物，世蕃门客汤臣求之不遂，托王忬想法也不成功，王忬只得拿摹本应命，汤裱褙又自发其覆，遂肇大祸。

8. 严世蕃强索《清明上河图》于王忬,忬以赝本献,为旧所提携汤姓者识破。

9. 世蕃向世贞索小说,世贞撰《金瓶梅》以讥其闺门淫放,而世蕃不知。

10. 世贞赂修工烂世蕃脚,不能入直,严氏因败。

11. 王忬献画于世蕃,而贿不及汤裱褙,因被指为伪,致陷大辟。

12. 王忬致祸之由为《清明上河图》及世贞吊杨继盛诗触怒严氏。

以上一些五花八门的故事,看起来似乎很多,其实包含着两个有联系的故事——《清明上河图》和《金瓶梅》。

二 王忬的被杀与《清明上河图》

按《明史》卷二〇四《王忬传》:

> 嘉靖三十六年(1557)部臣言:"蓟镇额兵多缺,宜察补。"乃遣郎中唐顺之往核。还奏额兵九万有奇,今惟五万七千,又皆羸老,忬与……等俱宜按治……三十八年二月,把都儿、辛爱数部屯会州挟朵颜为乡导……由潘家口入渡滦河……京师大震。御史王渐、方辂遂劾忬及……罪,帝大怒……切责忬令停俸自效。至五月辂复劾忬失策者三,可罪者四,遂命逮忬及……下诏狱……明年冬竟死西市。忬才本通敏,其骤拜都御史及屡更督抚也,皆帝特简,所建请无不从。为总督,数

以败闻，由是渐失宠。既有言不练主兵者，帝益大恚，谓忬怠事负我。嵩雅不悦忬，而忬子世贞复用口语积失欢于嵩子世蕃，严氏客又数以世贞家琐事构于嵩父子，杨继盛之死，世贞又经纪其丧，嵩父子大恨，滦河变闻，遂得行其计。

当事急时，世贞"与弟世懋日蒲伏嵩门涕泣求贷，嵩阴持忬狱，而时为谩语以宽之。两人又日囚服跽道旁，遮诸贵人舆搏颡乞救，诸贵人畏嵩，不敢言"[338]。

王忬死后，一般人有说他"死非其罪"的，也有人说他是"于法应诛"的，他的功罪我们姑且不管，要之，他之死于严氏父子之手，却是一件不可否认的事实。

我们要判断以上所记述的故事是否可靠，先要研求王忬和严氏父子结仇的因素，关于这一点最好拿王世贞自己的话来说明。

《弇州山人四部稿》卷一二三《上太傅李公书》：

……至于严氏所以切齿于先人者有三：其一，乙卯冬仲芳兄（杨继盛）且论报，世贞不自揣，托所知向严氏解救不遂，已见其嫂代死疏辞戆，少为笔削。就义之后，躬视含殓，经纪其丧。为奸人某某（按即指况叔祺）文饰以媚严氏。先人闻报，弹指唾骂，亦为所诇。其二，杨某为严氏报仇曲杀沈𬭼，奸罪万状，先人以比壤之故，心不能平，间有指斥。渠误谓青琐之抨，先人预力，必欲报之而后已。其三，严氏与今元老相公（徐阶）方水火，时先人偶辱见收葭莩之末。渠复大疑有所弃就，奸人从中构牢不可解。以故练兵一事，于拟票内一则曰大不如前，一则曰一卒不练，所以阴夺先帝（嘉靖帝）之心而中伤先人者深矣。预报贼耗，则曰王某恐吓朝廷，多费军饷。虏贼既退，则曰将士欲战，王某不肯。兹谤既腾，虽使曾参为子，慈母有不投杼者哉！

以上三个原因是（1）关于杨继盛，（2）关于沈鍊，（3）关于徐阶，都看不出有什么书画肇祸之说。试再到旁的地方找去，《明史》卷二八七《王世贞传》说：

奸人阎姓者犯法，匿锦衣都督陆炳家，世贞搜得之。炳介严嵩以请，不许。杨继盛下吏，时进汤药。其妻讼夫冤，为代草。既死，复棺殓之。嵩大恨。吏部两拟提学，皆不用。用为青州兵备副使。父忬以滦河失事，嵩构之论死。

沈德符《野获编》卷八《严相处王弇州》：

王弇州为曹郎，故与分宜父子善。然第因乃翁思质（忬）方总督蓟、辽，姑示密以防其忮，而心甚薄之。每与严世蕃宴饮，辄出恶谑侮之，已不能堪。会王弟敬美继登第，分宜呼诸孙切责以"不克负荷"诃诮之，世蕃益恨望，日谮于父前，分宜遂欲以长史处之，赖徐华亭（阶）力救得免，弇州德之入骨。后分宜因唐荆川阅边之疏讥切思质，再入鄢剑泉（懋卿）之赞决，遂置思质重辟。

这是说王忬之得祸，是由于世贞之不肯趋奉严氏和谑毒世蕃，可用以和《明史》相印证。所谓恶谑，丁元荐《西山日记》曾载有一则：

> 王元美先生善谑，一日与分宜冑子饮，客不任酒，冑子即举杯虐之，至淋漓巾帻。先生以巨觥代客报世蕃，世蕃辞以伤风不胜杯杓，先生杂以诙谐曰："爹居相位，怎说出伤风？"旁观者快之。

也和《清明上河图》之说渺不相涉。

现在我们来推究《清明上河图》的内容和它的流传经过，考察它为什么会和王家发生关系，衍成如此一连串故事的由来。

《清明上河图》到底是一幅怎样的画呢？李东阳《怀麓堂集》卷九《题清明上河图》一诗描写得很清楚详细：

> 宋家汴都全盛时，四方玉帛梯航随，清明上河俗所尚，顷城士女携童儿。城中万屋翚甍起，百货千商集成蚁，花棚柳市围春风，雾阁云窗粲朝绮。芳原细草飞轻尘，驰者若飙行若云，红桥影落浪花里，捩舵撇篷俱有神。笙声在楼游在野，亦有驱牛种田者，眼中苦乐各有情，纵使丹青未堪写！翰林画史张择端，研朱吮墨镂心肝，细穷毫发伙千万，直与造化争雕镌。图成进入缉熙殿，御笔题签标卷面，天津一夜杜鹃啼，倏忽春光几回

变。朔风卷地天雨沙，此图此景复谁家？家藏私印屡易主，赢得风流后代夸。姓名不入《宣和谱》，翰墨流传藉吾祖，独从忧乐感兴衰，空吊环州一抔土！丰亨豫大纷彼徒，当时谁进流民图？乾坤仰意不极，世事荣枯无代无！

关于这图的沿革，钱谦益《牧斋初学集》卷八五《记清明上河图卷》：

> 嘉禾谭梁生携《清明上河图》过长安邸中，云此张择端真本也……此卷向在李长沙家，流传吴中，卒为袁州所钩致，袁州籍没后已归御府，今何自复流传人间？书之以求正于博雅君子。天启二年壬戌五月晦日。

按长沙即李东阳，袁州即严嵩。据此可知这图的收藏经过是：

1. 李东阳家藏。
2. 流传吴中。
3. 归严氏。
4. 籍没入御府。

一百年中流离南北，换了四个主人，可惜不知道在吴中的收藏家是谁。推测当分宜籍没时，官中必有簿录，因此翻出《胜朝遗事》所收的文嘉《钤山堂书画记》，果然有详细的记载，在

《名画部·宋》有：

> 张择端《清明上河图》。图藏宜兴徐文靖（徐溥）家，后归西涯李氏（东阳），李归陈湖陆氏，陆氏子负官缗，质于昆山顾氏，有人以一千二百金得之。然所画皆舟车城郭桥梁市廛之景，亦宋之寻常画耳，无高古气也。

按田艺蘅《留青日札》严嵩条记嘉靖四十四年（1565）八月抄没清单有：

> 石刻法帖三百五十八册轴，古今名画刻丝纳纱纸金绣手卷册共三千二百零一轴。内有……宋张择端《清明上河图》……乃苏州陆氏物，以千二百金购之，才得赝本，卒破数十家。其祸皆成于王彪、汤九、张四辈，可谓尤物害民。

这一条记载极关重要，它所告诉我们的是：

1. 《清明上河图》乃苏州陆氏物。
2. 其人以千二百金问购，才得赝本，卒破数十家。
3. 诸家记载中之汤裱褙或汤生行九，其同恶为严氏鹰犬者有王彪、张四诸人。

考陈湖距吴县三十里，属苏州。田氏所记的苏州陆氏当即为文氏所记之陈湖陆氏无疑。第二点所指明的也和文氏所记吻合。由苏州陆氏的渊源，据《钤山堂书画记》："陆氏子负官缗，质于昆山顾氏。"两书所说相同，当属可信。所谓昆山顾氏，考《昆新两县合志》卷二〇《顾梦圭传》：

> 顾懋宏字靖甫，初名寿，一字茂俭，潜孙，梦圭子。十三补诸生，才高气豪，以口过被祸下狱，事白而家壁立。依从父梦羽蕲州官舍，用蕲籍再为诸生。寻东还，游太学，举万历戊子乡荐。授休宁教谕，迁南国子学录，终莒州知州。自劾免。筑室东郊外，植梅数十株吟啸以老。

按梦圭为嘉靖癸未（1523）进士，官至江西布政使。他家世代做官，为昆山大族。其子懋宏十三补诸生。嘉靖四十一年（1562）五月严嵩事败下狱，四十四年三月严世蕃伏诛，严氏当国时代恰和懋宏世代相当，由此可知传中所诮"以口过被祸下狱，事白而家壁立"一段隐约的记载，即指《清明上河图》事，和文田两家所记相合。

这样，这图的沿革可列如下：

1. 宜兴徐氏。
2. 西涯李氏。
3. 陈湖陆氏。
4. 昆山顾氏。
5. 袁州严氏。

6. 内府。

在上引的史料中，最可注意的是《钤山堂书画记》。因为文嘉家和王世贞家是世交，他本人也是世贞好友之一。他在嘉靖四十四年（1565）应何宾涯之召检阅籍没入官的严氏书画，到隆庆二年（1568）整理所记录成功这一卷书。时世贞适新起用由河南按察副使擢浙江布政使司左参政分守湖州。假如王氏果和此图有关系，并有如此悲惨的故事包含在内，他决不应故没不言！

在以上所引证的《清明上河图》的经历过程中，很显明安插不下王忬或王世贞的一个位置。那么，这图到底是怎样才和王家在传说中发生关系的呢？按《弇州山人四部稿续稿》卷一六八《清明上河图别本跋》：

> 张择端《清明上河图》有真赝本，余均获寓目。真本人物舟车桥道宫室皆细于发，而绝老劲有力，初落墨相家，寻籍入天府为穆庙所爱，饰以丹青。
>
> 赝本乃吴人黄彪造，或云得择端稿本加删润，然与真本殊不相类，而亦自工致可念，所乏腕指间力耳，令在家弟（世懋）所。此卷以为择端稿本，似未见择端本者。其所云于禁烟光景亦不似，第笔势遒逸惊人，虽小麓率，要非近代人所能办，盖与择端同时画院祗候，各图汴河之胜，而有甲乙者也。吾乡好事人遂定为真稿本，而谒彭孔嘉小楷，李文正公记，文徵仲苏书，吴文定公跋，其张著、杨准二跋，则寿承、休承以小行代之，岂惟出蓝！而最后王禄之、陆子傅题字尤精楚。陆

于逗漏处，毫发贬驳殆尽，然不能断其非择端笔也。使画家有黄长睿那得尔？

其第二跋云：

按择端在宣政间不甚著，陶九畴纂《图绘宝鉴》，搜括殆尽，而亦不载其人。昔人谓逊功帝以丹青自负，诸祗候有所画，皆取上旨裁定。画成进御，或少增损。上时时草创下诸祗候补景设色，皆称御笔，以故不得自显见。然是时马贲、周曾、郭思、郭信之流，亦不致泯然如择端也。而《清明上河》一图，历四百年而大显，至劳权相出死构，再损千金之值而后得，嘻！亦已甚矣。择端他图余见之殊不称，附笔于此。

可知此图确有真赝本，其赝本之一确曾为世贞爱弟世懋所藏，这图确曾有一段悲惨的故事："至劳权相出死构，再损千金之值而后得。"这两跋都成于万历三年（1575）以后，所记的是上文所举的昆山顾氏的事，和王家毫不相干。这一悲剧的主人公是顾懋宏，构祸的是汤九或汤裱褙，权相是严氏父子。

由以上的论证，我们知道一切关于王家和《清明上河图》的记载，都是任意捏造，牵强附会。无论他所说的是《辋川真迹》，是《清明上河图》，是黄彪的临本，是王鏊家藏本，还是王忬所藏的，都是无中生有。事实的根据一去，当然唐顺之或汤裱褙甚至第三人的行谱或指证的传说，都一起跟着不存在了。

但是，像沈德符、顾公燮、刘廷玑、梁章钜等人，在当时都是很有名望的学者，沈德符和王世贞是同一时代的人，为什么他们都会捕风捉影，因讹承讹呢？

这原因据我的推测，以为是：

一是看不清《四部稿》两跋的原意，误会所谓"权相出死力构"是指他的家事，因此而附会成一串故事。二是信任《野获编》作者的时代和他与王家的世交关系，以为他所说的话一定可靠，而靡然风从，群相应和。三是故事本身的悲壮动人，同情被害人的遭遇，辗转传述，甚或替它装头补尾，虽悖"求真之谛"亦所不惜。

次之因为照例每个不幸的故事中，都有一位丑角在场，汤裱褙是当时的名装潢家，和王、严两家都有来往，所以顺手把他拉入做一点缀。

识画人的另一传说是唐顺之，因为他曾有疏参王忬的事迹，王忬之死他多少应负一点责任。到了范允临的时候，似乎又因为唐顺之到底是一代大儒，不好任意得罪，所以在他的剧本——《一捧雪》传奇中仍旧替回了汤裱褙。几百年来，这剧本到处上演，剧情的凄烈悲壮，深深地感动了千万的人，于是汤裱褙便永远留在这剧本中做一位挨骂的该死丑角。

三 《金瓶梅》非王世贞所作

最早提到《金瓶梅》的，是袁宏道的《觞政》：

凡《六经》、《语孟》所言饮式，皆酒经也。其下

> 则汝阳王《甘露经酒谱》……为内典……传奇则《水浒传》、《金瓶梅》为逸典……[339]

袁宏道写此文时，《金瓶梅》尚未有刻本，已极见重于文人，拿它和《水浒》并列了。可惜袁宏道只给了我们一个艺术价值的暗示，而没提出它的著者和其他事情。稍后沈德符的《野获编》卷二五《金瓶梅》所说的就详细多了，沈德符说：

> 袁中郎《觞政》以《金瓶梅》配《水浒传》为外典，予恨未得见。丙午（1606）遇中郎京邸，问曾有全帙否？曰第睹数卷甚奇快，今惟麻城刘延白承禧家有全本，盖从其妻家徐文贞录得者。又三年小修（袁中道，宏道弟）上公车，已携有其书，因与借抄挈归。吴友冯犹龙见之惊喜，怂恿书坊以重价购刻。马仲良时榷吴关，亦劝予应梓人之求，可以疗饥。予曰："此等书必遂有人板行，但一刻则家传户到，坏人心术，他日阎罗究诘始祸，何辞置对？吾岂以刀锥博泥犁哉！"仲良大以为然，遂固箧之。未几时而吴中悬之国门矣。然原本实少五十三回至五十七回。遍觅不得。有陋儒补以入刻，无论肤浅鄙俚，时作吴语，即前后血脉，亦绝不贯串，一见知其赝作矣。
>
> 闻此为嘉靖间大名士手笔，指斥时事，如蔡京父子则指分宜，林灵素则指陶仲文，朱勔则指陆炳，其他各有所属云。

关于有刻本前后的情形和书中所影射的人物，他都讲到了，单单我们所认为最重要的著者，他却只含糊地说了"嘉靖间大名士"了事，这六个字的含义是：

1. 作者是嘉靖时人。
2. 作者是大名士。
3. 《金瓶梅》是嘉靖时的作品。

几条嘉靖时代若干大名士都可适用的规限，更不妙的是他指这书是"指斥时事"的，平常无缘无故的人要指斥时事干什么呢？所以顾公燮等人便因这一线索推断是王世贞的作品，牵连滋蔓，造成上述一些故事。康熙乙亥（1696）刻的《金瓶梅》谢颐作的序便说：

《金瓶梅》一书传为凤洲门人之作也。或云即出凤洲手。然洋洋洒洒一百回内，其细针密线，每令观者望洋而叹。

到了《寒花盒随笔》《缺名笔记》一些人的时代，便索性把或字去掉。一直到近人蒋瑞藻《小说考证》还认定是弇州之作而不疑：

《金瓶梅》之出于王世贞手不疑也。景倩距弇州时代不远，当知其详。乃断名士二字了之，岂以其诲淫故为贤者讳欤！

其实一切关于《金瓶梅》的故事，都只是故事而已，都不可信。应该根据真实史料，把一切荒谬无理的传说，一起踢开，还给《金瓶梅》以一个原来的面目。

第一，我们要解决一个问题，要先抓住它的要害点，关于《清明上河图》在上文已经证明和王家无关。次之就是这一切故事的焦点——作《金瓶梅》的缘起和《金瓶梅》的对象严世蕃或唐荆川之被毒或被刺。因为这书据说是作者来毒严氏或唐氏的，如两人并未被毒或无被毒之可能时，这一说当然不攻自破。

甲，严世蕃是正法死的，并未被毒，这一点《寒花盦随笔》的作者倒能辨别清楚。顾公燮便不高明了，他以为王忬死后世贞还去谒见世蕃，世蕃索阅小说，因作《金瓶梅》以讥刺之。其实王忬被刑在嘉靖三十九年（1560）十月初一日，殁后世贞兄弟即扶柩返里，十一月二十七日到家，自后世贞即屏居里门，到隆庆二年（1568）始起为河南按察副使。另一方面严嵩于四十一年五月罢相，世蕃也随即被刑。王忬死后世贞方痛恨严氏父子之不暇，何能腼颜往谒贼父之仇？而且世贞于父死后即返里屏居，中间无一日停滞，南北相隔，又何能与世蕃相见？即使可能，世蕃已被放逐，不久即死，亦何能见？如说此书之目的专在讽刺，则严氏既倒，公论已明，亦何所用其讽刺？且《四部稿》中不乏抨责严氏之作，亦何庸写此洋洋百万言之大作以事此无谓之讽刺？

再次，顾氏说严氏之败是由世贞贿修工烂世蕃脚使不能入直致然的，此说亦属无稽，据《明史》卷三〇八《严嵩传》所言：

嵩虽警敏，能先意揣帝指，然帝所下手诏语多不可晓，惟世蕃一览了然，答语无不中。及嵩妻欧阳氏死，

> 世蕃当护丧归，嵩请留侍京邸，帝许之，然自是不得入
> 直所代嵩票拟，而日纵淫乐于家。嵩受诏多不能答，遣
> 使持问世蕃，值其方耽女乐，不以时答，中使相继促
> 嵩，嵩不得已自为之，往往失旨。所进青词又多假手他
> 人不能工，以是积失帝欢。

则世蕃之不能入直是因母丧，嵩之败是因世蕃之不代票拟，也和王世贞根本无关。

乙，关于唐顺之，按《明史》卷二〇五："顺之出为淮扬巡抚，兵败力疾过焦山，三十九年春卒。"王忬死在是年十月，顺之比王忬早死半年，世贞何能预写《金瓶梅》报仇？世贞以先一年冬从山东弃官省父于京狱，时顺之已出官淮扬，二人何能相见于朝房？顺之比王忬早死半年，世贞又安能遣人行刺于顺之死后？

第二，"嘉靖中大名士"是一句空洞的话，假使可以把它牵就为王世贞，那么，又为什么不能把它归到曾著有杂剧四种的天都外臣汪道昆？为什么不是以杂剧和文采著名的屠赤水、王百谷或张凤翼？那时的名士很多，又为什么不是所谓前七子、广五子、后五子、续五子以及其他的山人墨客？我们有什么反证说他们不是"嘉靖间的大名士"？

第三，再退一步承认王世贞有作《金瓶梅》的可能（自然，他不是不能作）。但是问题是他是江苏太仓人，并且是土著，有什么保证可以断定他不"时作吴语"？《金瓶梅》用的是山东的方言，王世贞虽曾在山东做过三年官（1557—1559），但是能有证据说他在这三年中，曾学会了，甚至能和土著一样地使用当地

的方言吗？假使不能，又有什么根据使他变成《金瓶梅》的作者呢？

前人中也曾有人断定王世贞绝不是《金瓶梅》的作者，清礼亲王昭梿就是其中的一个，他说：

> 《金瓶梅》其淫亵不待言。至叙宋代事，除《水浒》所有外，俱不能得其要领。以宋、明二代官名羼杂其间，最属可笑。是人尚未见商辂《宋元通鉴》者，无论宋元正史！弇州山人何至谫陋若是，必为赝作无疑也。[340]

作小说虽不一定要事事根据史实，不过假如是一个史学名家作的小说，纵使下笔十分不经意，也不至于荒谬到如昭梿所讥。王世贞在当时学者中堪称博雅，时人多以有史识史才许之，他自身亦以此自负。且毕生从事著述，卷帙甚富，多为后来修史及研究明代掌故者所取材。假使是他作的，真的如昭梿所说："何至谫陋若是！"不过昭梿以为《金瓶梅》是赝作，这却错了。因为以《金瓶梅》为王世贞作的都是后来一般的传说，在《金瓶梅》的本文中除掉应用历史上的背景来描写当时的市井社会奢侈放纵的生活以外，也丝毫找不出有作者的什么本身的暗示存在着。作者既未冒王世贞的名字，来增高他著述的声价，说他是赝作，岂非无的放矢。

四 《金瓶梅》是万历中期的作品

小说在过去时代是不登大雅之堂的，尤其是"猥亵"的作品。因此小说的作者姓名往往因不敢署名，而致埋没不彰。更有若干小说不但不敢署名，还故意淆乱书中史实，极力避免含有时代性的叙述，使人不能捉摸这一作品的著作时代。《金瓶梅》就是这样的一个作品。

但是，一个作家要故意避免含有时代性的记述，虽不是不可能，却也不是一件容易的事。因为他不能离开他的时代，不能离开他的现实生活，他是那时候的现代人，无论他如何避免，在对话中，在一件平凡事情的叙述中，多少总不能不带有那时代的意识。即使他所叙述的是假托古代的题材，无意中也不能不流露出那时代的现实生活。我们要从这些作者所不经意的疏略处，找出他原来所处的时代，把作品和时代关联起来。

常常又有原作者的疏忽为一个同情他的后代人所删削遮掩，这位同情者的用意自然是匡正作者，这举动同样不为我们所欢迎。这一事实可以拿《金瓶梅》来做一例证。

假如我们不能得到一个比改订本更早的本子的时候，也许我们要被作者和删节者瞒过，永远不能知道他们所不愿意告诉我们的事情。

幸而，最近我们得到一个较早的《金瓶梅词话》刻本，在这本子中我们知道许多从前人所不知道的事。这些事都明显地刻有时代的痕迹。因此我们不但可以断定这部书的著作时代，并且可以明白这部书产生的时代背景，和为什么这样一部名著却包含那样多的描写性生活部分的原因。

（一）太仆寺马价银

《金瓶梅词话》本第七回页九之十有这样一段对话：

张四道："我见此人有些行止欠端，在外眠花宿柳，又里虚外实,少人家债负,只怕坑陷了你!"

妇人道:"四舅,你老人家,又差矣!他就外边胡行乱走,奴妇人家只管得三层门内,管不得那许多三层门外的事,莫不成日跟着他走不成!常言道:世上钱财倘来物,那是长贫久富家。紧着来,朝廷爷一时没有钱使,还问太仆寺支马价银子来使。休说买卖人家,谁肯把钱放在家里!各人裙带上衣食,老人家倒不消这样费心。"

在崇祯本《金瓶梅》(第七回第十页)和康熙乙亥本《第一奇书》(第七回第九页)中,孟三儿的答话便删节成:

妇人道:"四舅,你老人家又差矣!他少年人就外边做些风流勾当,也是常事。奴妇人家,哪里管得许多。若说虚实,常言道,世上钱财倘来物,那是长贫久富家。况姻缘事皆前生分定,你老人家倒不消这样费心。"

天衣无缝,使人看不出有删节的痕迹。

朝廷向太仆寺借银子用,这是明代中叶以后的事,《明史》卷九二《兵志·马政》:

成化二年以南土不产马,改征银。四年始建太仆寺常盈库,贮备用马价……隆庆二年,提督四夷馆太常少卿武金言,种马之设,专为孳生备用,备用马既别买,则种马可递省。今备用马已足三万，宜令每马折银三十两解太仆，种马尽卖输兵部，一马十两，则直隶山东河南十二万匹，可得银百二十万，且收草豆银二十四万。御史谢廷杰谓祖制所定，关军机，不可废。兵部是廷杰言。而是时内帑乏，方分使括天下逋赋，穆宗可全奏，下部议。部请养、卖各半，从之。太仆之有银也自成化时始，然止三万余两。及种马卖，银日增。是时通贡互市，所贮亦无几。及张居正作辅，力主尽卖之议……又国家有兴作赏赉，往往借支太仆银，太仆帑益耗。十五年，寺卿罗应鹤请禁支借。二十四年，诏太仆给陕西赏功银，寺臣言先年库积四百余万，自东西二役兴，仅余四之一。朝鲜用兵，百万之积俱空。令所存者止十余万。况本寺寄养马岁额二万匹，今岁取折色，则马之派征甚少，而东征调兑尤多，卒然有警，马与银俱竭，何以应之！章下部，未能有所厘革也。崇祯初，核户、兵、工三部借支太仆马价至一千三百余万。

由此可知太仆寺之贮马价银是从成化四年（1468）起，但为数极微。到隆庆二年（1568）百年后定例卖种马之半，藏银始多。到万历元年（1573）张居正做首相尽卖种马，藏银始建四百余万两。又据《明史》卷七九《食货志三·仓库》：

　　太仆，则马价银归之……隆庆中……数取光禄太仆银，工部尚书朱衡极谏不听……至神宗万历六年……久之，太仓光禄、太仆银括取几尽，边赏首功向发内库者亦取之太仆矣。

则隆庆时虽会借支太仆银，尚以非例为朝臣所谏诤。到了张居正死后（1582），神宗始无忌惮地向太仆支借，其内库所蓄，则靳不肯出。《明史》卷二一三《张居正传》载居正当国时：

> 太仓粟充盈可支十年。互市饶马，乃减太仆种马，而令民以价纳，太仆金亦积四百余万。

在居正当国时，综核名实，令出法行，所以国富民安，号称小康，即内廷有需索，亦往往为言官所谏止，如《明史》卷二二九《王用汲传》说：

> 万历六年……上言……陛下……欲取太仓、光禄，则台臣科臣又言之，陛下悉见嘉纳，或遂停止，或不为例。

其用途专充互市抚赏，《明史》卷二二二《方逢时传》说：

> 万历五年召理戎政……言……财货之费，有市本有抚赏，计三镇岁费二十七万，较之曩时户部客饷七十余万，太仆马价十数万，十才二三耳。

到了居正死后，朝政大变，太仆马价内廷日夜借支，宫监佞幸，为所欲为，专以货利导帝，《明史》卷二三五《孟一脉传》说：

> 居正死，起故官。疏陈五事：言……数年以来，御用不给，今日取之光禄，明日取之太仆，浮梁之磁，南海之珠，玩好之奇，器用之巧，日新月异……锱铢取之，泥沙用之。不到十年工夫，太仆积银已空。

《明史》卷二三三《何选传》：

> 光禄、太仆之帑，括取几空。

但还搜括不已，恣意赏赐，如《明史》卷二三三《张贞观传》所记：

> 三王并封制下……采办珠玉珍宝费至三十六万有奇，又取太仆银十万充赏。

中年内外库藏俱竭，力靳内库银不发，且视大仆为内廷正供，廷臣请发款充军费，反被谯责。万历三十年时：

> 国用不支，边储告匮……乞发内库银百万及太仆马价五十万以济边储，复忤旨切责。[341]

万历时代借支太仆寺马价银的情形，朱国桢《涌幢小品》卷二说得很具体：

太仆寺马价隆庆年间积一千余万，万历年间节次兵饷借去九百五十三万。又大礼大婚光禄寺借去三十八万两。零星宴赏之借不与焉。至四十二年老库仅存八万两。每年岁入九十八万余两，随收随放支，各边年例之用尚不足，且有边功不时之赏，其空虚乃尔，真可寒心。

明神宗贪财好货，至为御史所讥笑，如《明史》卷二三四《雒于仁传》所载四箴，其一即为戒贪财：

十七年……献四箴……传索帑金，括取币帛，甚且掠问宦官，有献则已，无则谴怒，李沂之疮痍未平，而张鲸之赀贿复入，此其病在贪财也。

再就嘉靖、隆庆两朝内廷向外库借支情况作一比较，《明史》卷二〇六《郑一鹏传》：

嘉靖初……宫中用度日侈，数倍天顺时，一鹏言：今岁灾用诎，往往借支太仓。

《明史》卷二一四《刘体乾传》：

嘉靖二十三年……上奏曰：又闻光禄库金自嘉靖改元至十五年，积至八十万，自二十一年以后，供亿日增，余藏顿尽……隆庆初进南京户部尚书……召改北部，诏取太仓银三十万两……是时内供已多，数下部取太仓银。

据此可知嘉、隆时代的借支处只是光禄和太仓，因为那时太仆寺尚未存有大宗马价银，所以无借支的可能。到隆庆中叶虽曾借支数次，却不如万历十年以后的频数。穆宗享国不到六年（1567—1572），朱衡以隆庆二年九月任工部尚书，刘体乾以隆庆三年二月任户部尚书，刘氏任北尚书后才疏谏取太仓银而不及太仆，则朱衡之谏借支太仆银自必更在三年二月以后。由此可知在短短的两三年内，即使借支太仆，其次数绝不甚多，且新例行未久，其借支数目亦不能过大。到了张居正当国，厉行节俭，足国富民，在这十年中帑藏充盈，无借支之必要，且神宗慑于张氏之威凌，亦无借支之可能。由此可知《词话》中所指"朝廷爷还问太仆寺借马价银子来使"必为万历十年以后的事。

《金瓶梅词话》的本文包含有万历十年以后的史实，则其著作的最早时期必在万历十年以后。

（二）佛教的盛衰和小令

《金瓶梅》中关于佛教流行的叙述极多，全书充满因果报应的气味。如丧事则延僧作醮追荐（第八回、第六十二回），平时则许愿听经宣卷（第三十九回、第五十一回、第七十四回、第一百回），布施修寺（第五十七回、第八十八回），胡僧游方（第四十九回），而归结于地狱天堂，西门庆遗孤且入佛门清修。这不是一件偶然的事实，假如作者所处的时代佛教并不流行，或遭压迫，在他的著作中绝不能无中生有捏造出这一个佛教流行的社会。

明代自开国以来，对佛道二教，初无歧视，后来因为政治关系，对喇嘛教僧稍予优待，天顺、成化间喇嘛教颇占优势，佛教徒假借余光，其地位在道教之上。到了嘉靖时代，陶仲文、邵元节、王金等得势，世宗天天在西苑玄修作醮，求延年永命，一般方士偶献一二秘方，便承宠遇。诸官僚翰林九卿长贰入直者往往以青词称意，不次大拜。天下靡然风从，献灵芝、白鹿、白鹊、丹砂，无虚日。朝臣亦天天在讲符瑞，报祥异，甚至征伐大政，必以告玄。在皇帝修养或做法事时，非时上奏的且得殊罚。道士遍都下，其领袖贵者封侯伯，位上卿，次亦绾牙牌，跻朝列，再次亦凌视士人，作威福。一面则焚佛牙，毁佛骨，逐僧侣，没庙产，熔佛像，佛教在世宗朝算是销声匿迹，倒尽了霉。

到隆、万时，道教失势了，道士们或贬或逐，佛教徒又承渥宠，到处造庙塑佛，皇帝且有替身出家的和尚，其煊赫比拟王公（明列帝俱有替身僧，不过到万历时代替身僧的声势，则为前所未有）。《野获编》卷二七《释教盛衰》条：

> 武宗极喜佛教，自列西番僧，呗唱无异。至托名大庆法王，铸印赐诰命。世宗留心斋醮，置竺乾氏不谈。初年用工部侍郎赵璜言，刮正德所铸佛镀金一千三百两。晚年用真人陶仲文等议，至焚佛骨万二千斤。逮至今上，与两宫圣母首建慈寿、万寿诸寺，俱在京师，穹丽冠海内。至度僧为替身出家，大开经厂，颁赐天下名刹殆遍。去焚佛骨时未二十年也。

由此可知武宗时为佛教得势时代，嘉靖时则完全为道教化的时代，到了万历时代佛教又得势了。《金瓶梅》书中虽然也有关于道教的记载，如六十二回的潘道士解禳，六十五回的吴道士迎殡，六十七回的黄真人荐亡，但以全书论，仍是以佛教因果轮回天堂地狱的思想做骨干。假如这书著成于嘉靖时代，绝不会偏重佛教到这个地步！

再从时代的习尚去观察，《野获编》卷二五《时尚小令》：

> 元人小令行于燕、赵，后浸淫日盛。自宣、正至成、宏后，中原又行《锁南枝》、《傍妆台》、《山坡羊》之属，李崆峒先生初自庆阳徙居汴梁，闻之以为可继国风之后。何大复继至，亦酷爱之。今所传《泥捏人》及《鞋打卦》、《熬髻髶》三阕为三牌名之冠，故不虚也。自兹以后，又有《耍孩儿》、《驻云飞》、《醉太平》诸曲，然不如三曲之盛。嘉、隆间乃兴《闹五更》、《寄生草》、《罗江怨》、《哭皇天》、《干荷叶》、《粉红莲》、《桐城歌》、《银纽丝》之属，自两淮以至江南，渐与词曲相远，不过写淫媟情态，略具抑扬而已。比年以来又有《打枣竿》、《挂枝儿》二曲。其腔调约略相似，则不问南北，不问男女，不问老幼良贱，人人习之，亦人人喜听之，以至刊布咸逸，举世传诵，沁人心腑。其谱不知从何来，真可骇叹！又《山坡羊》者，李、何二公所喜，今南北词俱有此名，但北方惟盛爱数落《山坡羊》，其曲自宣、大、辽东三镇传来。今京师妓女惯以此充弦索北调，其语秽亵鄙浅，并桑濮之音亦离去已远，而羁人游婿嗜之独深，丙夜开樽，争先招致。

《金瓶梅词话》中所载小令极多，约计不下六十种。内中最流行的是《山坡羊》，综计书中所载在二十次以上（见第一、八、三十三、四十五、五十、五十九、六十一、七十四、八十九、九十一诸回），次为《寄生草》（见第八、八十二、八十三诸回），《驻云飞》（见第十一、四十四诸回），《锁南枝》（见第四十四、六十一诸回），《耍孩儿》（见第三十九、四十四诸回），《醉太平》（见第五十二回），《傍妆台》（见第四十四回），《闹五更》（见第七十三回），《罗江怨》（见第六十一回），其他如《绵搭絮》《落梅风》《朝天子》《折桂令》《梁州序》《画眉序》《锦堂月》《新水令》《桂枝香》《柳摇金》《一江风》《三台令》《货郎儿》《水仙子》《荼蘼香》《集贤宾》《一见娇羞》《端正好》《宜春令》《六娘子》……散列书中，和沈氏所记恰合。在另一方面，沈氏所记万历中年最流行的《打枣竿》《挂枝儿》二曲，却又不见于《词话》。《野获编》书成于万历三十四年（丙午，1606），由此可见《词话》是万历三十四年以前的作品，词话作者比《野获编》的作者时代略早，所以他不能记载到沈德符时代所流行的小曲。

（三）太监、皇庄、皇木及其他

太监的得势用事，和明代相终始。其中只有一朝是例外，这一朝代便是嘉靖朝。从正德宠任刘瑾、谷大用等八虎，坏乱朝政以后，世宗即位，力惩其弊，严抑宦侍，不使干政作恶。嘉靖九年（1530）革镇守内臣。十七年（1538）从武定侯郭勋请复设，在云贵、两广、四川、福建、湖广、江西、浙江、大同等处各派内臣一人镇守，到十八年四月以彗星示变撤回。在内廷更防微极严，不使和朝士交通，内官因之奉法安分，不敢恣肆。根基不厚的大珰，有的为了轮值到请皇帝吃一顿饭而破家荡产，无法诉苦。在有明一代中嘉靖朝算是宦官最倒霉失意的时期。反之在万历朝则从初年冯保、张宏、张鲸等柄用起，一贯地柄国作威，政府所有设施，须先请命于大珰，初年高拱任首相，且因不附冯保而被逐。张居正在万历初期的新设施，新改革，所以能贯彻实行，是因为在内廷有冯保和他合作。到张居正死后，宦官无所顾惮，权势更盛，派镇守，采皇木，领皇庄，榷商税，采矿税。地方官吏降为宦侍的属下，承其色笑，一拂其意，缇骑立至。内臣得参奏当地督抚，在事实上几成地方最高长官。在天启以前，万历朝可说是宦官最得势的时代。

《词话》中有许多关于宦官的记载，如清河一地就有看皇庄的薛太监，管砖厂的刘太监，花子虚的家庭出于内臣，王招宣家与太监缔姻。其中最可看出当时情形的是第三十一回西门庆宴客一段：

说话中间，忽报刘公公、薛公公来了。慌得西门庆穿上衣，仪门迎接。二位内相坐四人轿，穿过肩蟒，缨枪队喝道而至。西门庆先让至大厅上，拜见叙礼，接茶。落后周守备、荆都监、夏提刑等武官，都是锦绣服，藤棍大扇，军牢喝道，僚掾跟随，须臾都到了门口，黑压压的许多伺候，里面鼓乐喧天，笙箫迭奏。上坐递酒之时，刘、薛二内相相见。厅正面设十二张桌席，都是帏拴锦带，花插金瓶，桌上摆着簇盘定胜，地下铺着锦茵绣球。

西门庆先把盏让坐次，刘、薛二内相再三让逊："还有列位大人！"周守备道："二位老太监齿德俱尊。

常言三岁内官,居于王公之上,这个自然首坐,何消泛讲。"彼此逊让了一回。薛内相道:"刘哥,既是列位不首,难为东家,咱坐了罢。"

于是罗圈唱了个喏,打了恭,刘内相居左,薛内相居右,每人膝下放一条手巾,两个小厮在旁打扇,就坐下了。其次者才是周守备、荆都监众人。

一个管造砖和一个看皇庄的内使,声势便煊赫到如此,在宴会时座次在地方军政长官之上,这正是宦官极得势时代的情景,也正是万历时代的情景。

皇庄之设立,前在天顺、景泰时代已见其端,正德时代达极盛期。世宗即位,裁抑恩幸,以戚里佞幸得侯者着令不许继世。中唯景王就国,拨赐庄田极多。《明史》卷七七《食货志一》说:

> 世宗初命给事中夏言等清核皇庄田,言极言皇庄为厉于民。自是正德以来投献侵牟之地,颇有给还民者。而宦戚辈复中挠之。户部尚书孙交造皇庄新册,额减于旧,帝命核先年顷亩数以闻,改称官地,不复名皇庄。诏所司征银解部。由此可知嘉靖时代无皇庄之名,只称官地。

《食货志一》又记:

> 神宗赉予过侈,求无不获。潞王、寿阳公主恩最渥,而福王分封,括河南、山东、湖广田为王庄,至

四万顷，群臣力争，乃减其半。王府官及诸阉丈地征税，旁午于道，扈养厮役，廪食以万计，渔敛惨毒不忍闻，驾帖捕民，格杀庄佃，所在骚然。

由此可知《词话》中的管皇庄太监，必然指的是万历时代的事情。因为假如把《词话》的时代放在嘉靖时的话，那就不应称为管皇庄，应该称为管官地的才对。

所谓皇木，也是明代一桩特别的恶政，《词话》第三十四回有刘百户盗皇木的记载：

> 西门庆告诉："刘太监的兄弟刘百户因在河下管芦苇场，撰了几两银子。新买了一所庄子。在五里店拿皇木盖房……"

明代内廷兴大工，派官往各处采大木，这木就叫皇木。这事在嘉靖万历两朝特别多，为民害极酷。《明史》卷八二《食货志六》说：

> 嘉靖元年革神木千户所及卫卒。二十年宗庙灾，遣工部侍郎潘鉴、副都御史戴金于湖广、四川采办大木。
> 二十六年复遣工部侍郎刘伯跃采于川、湖、贵州。湖广一省费至三百三十九万余两。又遣官核诸处遗留大木，郡县有司以迟误大工，逮治褫黜非一，并河州县尤苦之。
> 万历中三殿工兴，采楠杉诸木于湖广、四川、贵

州，费银九百三十余万两，征诸民间，较嘉靖年费更倍。而采鹰平条桥诸木于南直、浙江者，商人逋直至二十五万。科臣劾督运官迟延侵冒，不报。虚糜干没，公私交困焉。

按万历十一年慈宁宫灾，二十四年乾清、坤宁二宫灾，《词话》中所记皇木，当即指此而言。

《词话》第二十八回有"女番子"这样一个特别名词。

经济道："你老人家是个女番子，且是倒会的放刁……"

所谓番子，《明史·刑法志三》说：

> 东厂之属无专官，掌刑千户一，理刑百户一，亦谓之贴刑，皆卫官。其隶役悉取给于卫。最轻黠狷巧者乃拨充之。役长曰档头，帽上锐，衣青素褊褶，系小绦，白皮靴，专主伺察。其下番子数人为干事，京师亡命诓财挟仇视干事者为窟穴，得一阴事，由之以密白于档头，档头视其事大小，先予之金。事曰起数，金曰买起数。既得事，帅番子至所犯家左右坐曰打桩，番子即突入执讯之，无有左证符牒，贿如数，径去。少不如意，榜治之名曰干榨酒，亦曰搬罾儿，痛楚十倍宫刑。且授意使牵有力者，有力者予多金，即无事，或靳不予，予不足，立闻上，下镇抚司狱，立死矣。

番子之刺探官民阴事为非作恶如此，所以在当时口语中就称平常人的放刁挟诈者为番子，并以施之女性。据《明史》在万历初年冯保以司礼监兼厂事，建厂东上北门之北曰内厂，而以初建者为外厂，声势煊赫一时，至兴王大臣狱，欲族高拱。但在嘉靖时代，则以世宗驭中官严，不敢恣，厂权且不及锦衣卫，番子之不敢放肆自属必然。由这一个特别名词的被广义地应用的情况说，《词话》的著作时代亦不能在万历以前。

（四）古刻本的发现

以前《金瓶梅》的最早刻本，我们所能见到的是康熙三十四年（乙亥，1695）皋鹤草堂刻本张竹坡批点《第一奇书金瓶梅》和崇祯本《新刻绣像金瓶梅》。在这两个本子中没有什么材料可以使我们知道这书最早刊行的年代。

最近北平图书馆得到了一部刊有万历丁巳序文的《金瓶梅词话》，这本子不但在内容方面和后来的本子有若干处不同，并且在东吴弄珠客的序上也明显地载明是万历四十五年（丁巳，1617）冬季所刻。在欣欣子的序中并具有作者的笔名兰陵笑笑生（也许便是作序的欣欣子吧）。这本子可以说是现存的《金瓶梅》最早的刊本。其内容最和原本相近，从它和后来的本子不相同处及被删改处比较的结果，使我们能得到这样的结论，断定它最早开始写作的时代不能在万历十年以前，退一步说，也不能过隆庆二年。

但万历丁巳本并不是《金瓶梅》第一次的刻本，在这刻本以前，已经有过几个苏州或杭州的刻本行世，在刻本以前并且已有抄本行世。因为在袁宏道的《觞政》中，他已把《金瓶梅》列为逸典，在沈德符的《野获编》中他已告诉我们在万历三十四年（丙午，1606）袁宏道已见过几卷，麻城刘氏且藏有全本。到万历三十七年袁中道从北京得到一个抄本，沈德符又向他借抄一本。不久苏州就有刻本，这一刻本才是《金瓶梅》的第一个本子。

袁宏道的《觞政》在万历三十四年以前已写成，由此可以断定《金瓶梅》最晚的著作时代当在万历三十年以前。退一步说，也绝不能后于万历三十四年。

总结上文所论，《金瓶梅》的成书时代大约是在万历十年到三十年这二十年（1582—1602）中。退一步说，最早也不能过隆庆二年，最晚也不能后于万历三十四年（1568—1606）。

五　金瓶梅的社会背景

《金瓶梅》是一部现实主义小说，它所写的是万历中年的社会情形。它抓住社会的一角，以批判的笔法，暴露当时新兴的结合官僚势力的商人阶级的丑恶生活。透过西门庆的个人生活，由一个破落户而土豪、乡绅而官僚的逐步发展，通过西门庆的社会联系，告诉了我们当时封建统治阶级的丑恶面貌和这个阶级的必然没落。在《金瓶梅》书中没有说到那时代的农民生活，但在它描写市民生活时，却已充分地告诉我们那时农村经济的衰颓和崩溃的必然前景。当时土地集中的情形，万历初年有的大地主拥田到七万顷，粮至二万石[342]。据万历六年全国田数七百一万三千九百七十六顷计算，这一个大地主的田数就占全国田数的百分之一。又如皇庄，嘉靖初年达数十所，占地至三万七千多顷。夏言描写皇庄破坏农业生产的情形说：

　　皇庄既立，则有管理之太监，有奏带之旗校，有跟随之名目，每处动至三四十人……擅作威福，肆行武断……起盖房屋，架搭桥梁，擅立关隘，出给票帖，私刻关防。凡民间撑架舟车，牧放牛马，采捕鱼虾蟹蚌菱蒲之属，靡不括取。而邻近土地，则辗转移筑封堆，包打界至，见亩征银。本土豪猾之民，投为庄头，拨置生事，帮助为恶，多方掊克，获利不赀。输之宫闱者曾无十之一二，而私入囊橐者盖不啻十八九矣。是以小民脂膏，吮剥无余，由是人民逃窜而户口消耗，里分减并而粮差愈难。卒致辇毂之上，生理寡遂，闾阎之间，贫苦到骨，道路嗟怨，邑里萧条。

公私庄田，跨庄逾邑，小民恒产，岁朘月削，产业既失，税粮犹存，徭役苦于并充，粮草苦于重出，饥寒愁苦，日益无聊，辗转流亡，靡所底止。以致强梁者起而为盗贼，柔善者转死于沟壑。其巧黠者或投存势家庄头家人名目，恣其势以转为善良之害，或匿入海户陵户勇士校尉等籍，脱免徭役，以重困敦本之人。凡所以蹙民命脉，竭民膏血者，百孔千疮，不能枚举。[343]

虽然说的是嘉靖前期的情况，但是也完全适用于万历时代，而且应该肯定，万历时代的破坏情形只会比嘉靖时代更严重。据《明史》景王、潞王、福王等传：景恭王于"嘉靖四十年（1562）之国……多请庄田……其他土田湖陂侵入者数万顷"。潞王"居京邸，王店王庄遍畿内……居藩多请赡田食盐无不应……田多至四万顷"。福王之国时，"诏赐庄田四万顷……中州腴土不足，取山东、湖广田益之"，尺寸皆夺之民间，"伴读承奉诸官假履亩为名，乘传出入，河南北、齐、楚、间所至骚动"。潞王是明穆宗第四子，万历十七年之藩；福王是明神宗爱子，万历四十二年就藩。三王的王庄多至十数万顷，加上宫廷直属的皇庄和外戚功臣的庄田，超经济的剥削，造成人民逃窜，户口消耗，道路嗟怨，邑里萧条，强梁者起而为"盗贼"，柔善者转死于沟壑的崩溃局面。

除皇庄以外，当时农民还得摊派商税，如毕自严所说山西情形：

> 榷税一节，病民滋甚。山右僻在西隅，行商寥寥。所有额派税银四万二千五百两，铺垫等银五千七百余两，皆分派于各州府。于是斗粟半菽有税，沽酒市脂有税，尺布寸丝有税，羸特骞卫有税，既非天降而地出，真是头会而箕敛。[344]

明末侯朝宗描写明代后期农民的被剥削情况说：

> 明之百姓，税加之，兵加之，刑加之，役加之，水旱灾稼加之，官吏之渔食加之，豪强之吞并加之，是百姓一而所以加之者七也。于是百姓之富者争出金钱而入学校，百姓之黠者争营巢窟而充吏胥，是加者七而因而诡之者二也。即以赋役之一端言之，百姓方苦其穷极而无告而学校则除矣，吏胥则除矣……天下之学校吏胥渐多而百姓渐少……彼百姓之无可奈何者，不死于沟壑即相率而为盗贼耳，安得而不乱哉。[345]

农民的生活如此。另一面，由于倭寇的肃清，商业和手工业的发达，海外贸易的扩展，国内市场的扩大，计亩征银的一条鞭赋税制度的实行，货币地租逐渐发展，高利贷和商业资本更加活跃，农产品商品化的过程加快了。商人阶级兴起了。从亲王勋爵官僚士大夫都经营商业，如"楚王宗室错处市廛，经纪贸易与市民无异。通衢诸绸帛店俱系宗室。间有三吴人携负至彼开铺者，亦必借王府名色"。[346]如翊国公郭勋京师店舍多至千余区。[347]如庆云伯周瑛于河西务设肆邀商贾，虐市民，亏国课。周寿奉使多挟商艘。[348]如吴中官僚集团的开设囤房债典百货之肆，黄省曾《吴风录》说：

> 自刘氏、毛氏创起利端，为鼓铸囤房，王氏债典，而大村名镇必张开百货之肆，以榷管其利，而村镇之负担者俱困。由是累金百万。至今吴中搢绅仕夫，多以货殖为急，若京师官店六郭开行债典兴贩屠酤，其术倍克于齐民。

嘉靖初年夏言疏中所提到的"见亩征银"和顾炎武所亲见的西北农民被高利贷剥削的情况：

> 日见凤翔之民，举债于权要，每银一两，偿米四石，此尚能支持岁月乎！[349]

商人阶级因为海外和内地贸易的关系，他们手中存有巨额的银货，他们一方面利用农民要求银货纳税的需要，高价将其售出，一方面又和政府官吏勾结，把商品卖给政府，收回大宗的银货，如此循环剥削，资本积累的过程，商人阶级壮大了，他们日渐成为社会上的新兴力量，成为农民阶级新的吸血虫。

西门庆所处的就是这样一个时代，他代表他所属的那个新兴阶级，利用政治的和经济的势力，加紧地剥削着无告的农民。

在生活方面，因此就表现出两个绝对悬殊的阶级，一个是荒淫无耻的专务享乐的上层阶级，上自皇帝，下至市侩，莫不穷奢极欲，荒淫无度。就过去的历史事实说："皇帝家天下"，天下的财富即是皇帝私人的财富，所以皇帝私人不应再有财富。可是在这个时代，连皇帝也殖私产了，金花银所入全充内帑，不足则更肆搜刮。太仓、太仆寺所藏本供国用，到这时也拼命借支，藏于内府，拥宝货做富翁。日夜希冀求长生，得以永葆富贵。和他的大臣官吏上下一致地讲秘法，肆昏淫，明穆宗、谭纶、张居正这一些享乐主义者的死在醇酒妇人手中和明神宗的几十年不接见朝臣，深居宫中的腐烂生活正足以象征这个时代。社会上的有闲阶级，更承风导流，夜以继日，妓女、小唱、优伶、赌博、酗酒，成为日常生活，笙歌软舞，穷极奢华。在这集团下面的农民，却在另一尖端，过着饥饿困穷的生活。他们受着十几重的剥削，不得不在水平线下生活着，流离转徙，一遭意外，便只能卖儿鬻女。在他们面前只有两条道路：一条是转死沟壑，一条是揭竿起义。

西门庆的时代，西门庆这一阶级人的生活，我们可以拿两个地方记载来说明。《博平县志》卷四《人道六·民风解》：

> ……至正德、嘉靖间而古风渐渺，而犹存什一于千百焉……乡社村保中无酒肆，亦无游民……畏刑罚，

怯官府，窃铁攘鸡之讼，不见于公庭……由嘉靖中叶以抵于令，流风愈趋愈下，惯习骄吝，互尚荒佚，以欢宴放饮为豁达，以珍味艳色为盛礼。其流至于市井贩鬻厮隶走卒，亦多缨帽细鞋，纱裙细袴，酒庐茶肆，异调新声，泊泊浸淫，靡焉勿振。甚至娇声充溢于乡曲，别号下延于乞丐……逐末游食，相率成风。

截然地把嘉靖中叶前后分成两个时代。崇祯七年刻《郓城县志》卷七《风俗》：

郓地……称易治。迩来竞尚奢靡，齐民而士人之服，士人而大夫之官，饮食器用及婚丧游宴，尽改旧意。贫者亦椎牛击鲜，合飨群祀，与富者斗豪华，至倒囊不计焉。若赋役施济，则毫厘动心。里中无老少，辄习浮薄，见敦厚俭朴者窘且笑之。逐末营利，填衢溢巷，货杂水陆，淫巧恣异，而重侠少年复聚党招呼，动以百数，椎击健讼，武断雄行。胥隶之徒亦华侈相高，日用服食，拟于市宜。

所描写的"市井贩鬻""逐末营利"商业发展情形和社会风气的变化及其生活，不恰好就是《金瓶梅》时代的社会背景吗？

我们且看西门庆和税关官吏勾结的情形：

西门庆叫陈经济后边讨五十两银子来，令书童写了一封书，使了印色，差一名节级，明日早起身，一同去

下与你钞关上钱老爹，叫他过税之时，青目一二。（第五十八回）

西门庆听见家中卸货，吃了几盅酒，约掌灯以后就来家。韩伙计等着见了，在厅上坐的，悉把前后往回事，说了一遍。西门庆因问钱老爹书下了，也见些分上不曾？韩道国道："全是钱老爹这封书，十车货少使了许多税钱，小人把缎箱两箱并一箱，三停只报两停，都当茶叶马牙香，柜上税过来了。通共十大车，只纳了三十两五钱钞银子，老爹接了报单，也没差巡捕拦下来查点，就把车喝过来了。"

西门庆听言，满口欢喜，因说："到明日少不得重重买一份礼，谢那钱老爹。"（第五十九回）

和地方官吏勾结，把持内廷进奉的情形：

应伯爵领了李三来见西门庆……李三道："令有朝廷东京行下文书，天下十三省，每省要万两银子的古器，咱这东平府，坐派着二万两，批文在巡按处，还未下来。如令大街上张二官府破二百两银子，干这宗批要做，都看有一万两银子寻……"西门庆听了说道："批文在哪里？"李三道："还在巡按上边，没发下来呢。"西门庆道："不打紧，我这差人写封书，封些礼，问宋松原讨将来就是了。"李三道："老爹若讨去，不可迟滞，自古兵贵神速，先下米的先吃饭，诚恐迟了，行到府里，乞别人家干的去了。"西门庆笑道："不怕他，设

使就行到府里，我也还教宋松原拿回去就是，胡府尹我也认的。"（第七十八回）

当时商人进纳内廷钱粮的内幕：

> 李三黄四商量向西门庆再借银子，应伯爵道："你如今还得多少才够？"黄四道："李三哥他不知道，只要靠着问那内臣借一般，也是五分行利。不如这里借着，衙门中势力儿，就是上下使用也省些。如今找着，再得出五十个银子来，把一千两合用，就是每月也好认利钱。"

应伯爵听了，低了低头儿，说道："不打紧……管情就替你说成了。找出了五百两银子来，共捣一千两文书，一个月满破认他五十两银子，那里不去了，只当你包了一个月老婆了。常言道秀才取添无真，进钱粮之时，香里头多上些木头，蜡里头多搀些柏油，那里查账去！不图打点，只图混水，借着他这名声儿，才好行事。"（第四十五回）

西门庆不但勾结官吏，偷税漏税，营私舞弊，并且一般商人还借他作护符，赚内廷的钱！

在另一方面，另一阶级的人，却不得不卖儿鬻女。《词话》第三十七回：

> 冯妈妈道："爹既是许了，你拜谢拜谢儿。南首赵嫂儿家有个十三岁的孩子，我明日领来与你看，也是一

个小人家的亲养孩儿来,他老子是个巡捕的军,因倒死了马,少桩头银子,怕守备那里打,把孩子卖了,只要四两银子,教爹替你买下吧!"

这样的一个时代,这样的一个社会,农民的忍耐终有不能抑制的一天。不到三十年,火山口便爆发了!张献忠、李自成的大起义,正是这个时代这个社会的必然发展。

这样的一个时代,这样的一个社会,才会产生《金瓶梅》这样的一部作品。

原载《文学季刊》创刊号

1934年1月

注　释

[1]《毛泽东选集》卷二。

[2]《明太祖实录》卷五。

[3]《明太祖实录》卷三三。

[4]顾炎武《日知录》卷一〇《开垦荒地》。

[5]《明太祖实录》卷二九。

[6]《明太祖实录》卷一七六。

[7]《明太祖实录》卷五三。

[8]《明太祖实录》卷一四八、二五〇。

[9]《明太祖实录》卷九六、一九三。

[10]《明太祖实录》卷一一二、一六四。

[11]《明太祖实录》卷一八。

[12]《明太祖实录》卷二五〇。

[13]《明太祖实录》卷二二。

[14]《明太祖实录》卷二二三、二三六、二四三，《明史》卷七七《食货志》一。

[15]《明太祖实录》卷五三。

[16]《大明会典》卷一七《户部田土》。

[17]《大明会典》，《明太祖实录》卷二四三。

[18]《明太祖实录》卷二一。

[19]《明太祖实录》卷一四三。

[20]《明太祖实录》卷一九六。

[21]《明太祖实录》卷二四三，《明史》卷七七《食货志》一。

[22]赵翼《陔余丛考》卷四一《凤阳丐者》。

[23]《明太祖实录》，《明史》卷八八《河渠六·直省水利》。

[24]《明太祖实录》卷二四三，顾炎武《日知录》卷一二《水利》。

[25]《明太祖实录》卷一五，《明史》卷一三八《杨思义传》。

[26]《明太祖实录》卷二七、二〇七，查继佐《罪惟录》，《明太祖本纪》一。

[27]《明太祖实录》卷二一五、二二二、二三二、二四三、二四六，《明会

典》，朱国桢《大政记》，《明通纪》。

[28]《明太祖实录》卷七七、二四三。

[29]《明太祖实录》卷二五五，谷应泰《明史纪事本末》卷一四《开国规模》。

[30]《古今图书集成》《农桑部》。

[31]《明太祖实录》卷三〇。

[32]《明太祖实录》卷六一、二二三。

[33]《明太祖实录》卷二三六。

[34]《明太祖实录》卷一一二、一一八、一五三、一五九、一六三。

[35]《明太祖实录》卷二七。

[36]朱彝尊《明诗综》卷一〇〇。

[37]《明太祖实录》卷三八。

[38]《明太祖实录》卷六九、二二〇。

[39]赵翼《廿二史札记》卷三三《重惩贪吏》。

[40]《明史》卷二八一《循吏传序》。

[41]《大诰续编》。

[42]《明太祖实录》卷一三〇。

[43]《明太祖实录》卷五三、二〇二、二一一、二三一，朱健《古今治平略》，《明史》卷七八《食货志二》。

[44]《明太祖实录》卷一四〇、二一四。

[45]《明史》卷七七《食货志一·田制》。

[46]《明太祖实录》卷一七六。

[47]《明太祖实录》卷二〇六。

[48]《明太祖实录》卷二一四。

[49]《明太祖实录》卷二三〇。《明史·食货志》："赋役作夏秋二税，收麦四百七十余万石，米二千四百七十余万石。"

[50]《元史》卷九三《食货志·税粮》。

[51]《明史》卷七八《食货志》二《赋役》。《明太祖实录》卷二四一："山东济南府广储、广丰二仓，粮七十五万七千百，蓄积既多，岁久红腐。"

[52]《明太祖实录》卷一四〇、卷二一四："二十四年为户一千零六十八万四千四百三十五，口五千六百七十七万四千五百六十一。"口数比十四

年少三百万，是不应该的，可能传写有错误，今不取。

[53]《明史》卷七七《食货志·户口》。

[54]《元史》卷九三《食货志》。

[55]《明史》卷七八《食货志》二《赋役》。

[56]《明太祖实录》卷九六、九八、一〇二。

[57] 张勃《吴录·地理志》；《南史》，《呵罗单传》《干陀利传》《婆利传》、《中天竺传》、《渴盘陀传》；《北史·真腊传》；《梁书·林邑传》；《唐书·环王传》。

[58]《南史·高昌传》，《唐书·地理志》。

[59] 明丘濬《大学衍义补》："至我国朝，其种乃遍布于天下，地无南北皆宜之，人无贫富皆赖之，其利视丝枲盖百倍焉。故表出之，使天下后世，知卉服之利，始盛于今代。"

[60] 孔鲋《小尔雅》："麻纻葛曰布。"桓宽《盐铁论》："古者庶人耋老而后衣丝，其余则仅麻枲，故曰布衣。"《陈书·姚察传》："门生送麻布一端，谓之曰：'或所衣者，止是麻布。'"

[61] 元王桢《木绵图谱序》，引《诸番杂志》。

[62]《元史·英宗本纪》。

[63]《古今书图集成》《木绵部》。

[64] 周去非《岭外代答》卷六；赵汝适《诸番志》下。方勺《泊宅编》："闽广多种木绵。"彭乘《续墨客挥犀》上："闽岭以南多木棉，土人竞植之，有至数千株者，采其花为布，号吉贝布。"《通鉴》卷一五九胡三省注："木绵江南多有之……织以为布，闽广来者尤为丽密。"邱濬《大学衍义补》："宋元之间始传其种入中国，关陕闽广首得其利，盖此物出外夷，闽广通海舶，关陕壤接西域故也。"李时珍《本草纲目》："此种出南番，宋末始入江南。"

[65]《宋史·崔与之传》。

[66]《农桑辑要》卷二。

[67] 王桢《木绵图谱序》："木绵产自海南，诸种艺制作之法，骎骎北来，江淮川蜀既获其利。至南北混一之后，商贩于此，被服渐广，名曰吉布，又曰棉布。"

[68]《元史》卷一五《世祖本纪》。

[69]《元史》卷九三《食货志·税粮》。

［70］《农桑辑要》卷二。

［71］赵汝适《诸番志》下，周去非《岭外代答》卷六。

［72］方勺《泊宅编》中。

［73］陆心源《宋诗纪事补》卷七五，艾可叔《木棉诗》。

［74］《资治通鉴》卷一五九，胡三省注。

［75］方勺《泊宅编》中。

［76］《农桑辑要》。

［77］陶宗仪《辍耕录》卷二四《黄道婆》。

［78］王逢《梧溪集》卷三《黄道婆祠》。

［79］王逢《梧溪集》卷三《黄道婆祠》。

［80］《梧溪集》卷七《半古歌》。

［81］《旌义编》二：" 诸妇每岁公堂（公共所有）于九月俵散木棉，使成布匹，限以次年八月交收，通卖钱物，以给一岁衣资之用。"郑涛是浙江浦江著名大族地主郑义门的族长，《旌义编》有洪武十一年宋濂序。

［82］《群芳谱》。

［83］《梧浔杂佩》。

［84］徐光启《农政全书》卷三五《木棉》。

［85］参看俞正燮《癸巳类稿》卷一四《木棉考》。冯家升《我国纺织家黄道婆对于棉织业的伟大贡献》，载《历史教学》，1954。

［86］宋应星《天工开物》卷上《乃服》。

［87］王象晋《木棉谱序》，徐光启《农政全书》卷三五《木棉》。

［88］《始丰稿》卷一。徐一夔，天台人，《明史》卷二八五有传。

［89］《明太祖实录》卷六七。

［90］《明太祖实录》卷四二。

［91］《明太祖实录》卷六七。

［92］《明太祖实录》卷一二五。

［93］《明太祖实录》卷一二八。

［94］《明太祖实录》卷一五〇、一五六。

［95］《明太祖实录》卷一七二、一七四。

［96］《明太祖实录》卷六七。

［97］《明太祖实录》卷一三四。

[98]《明太祖实录》卷一六三、二五二。

[99]《明太祖实录》卷一四。

[100]《明太祖实录》卷八五。

[101]《明太祖实录》卷一四五。

[102]《明太祖实录》卷一五〇。

[103]《明太祖实录》卷一七六、二四二、二五六。

[104]《明史》卷八一《食货志》、《铁冶所》,《大明会典》。

[105]《大明会典》卷一九《户口》。

[106]《大明会典》卷一八九,《明史·严震直传》。

[107]《大明会典》卷一八八。

[108]《明史》卷一五七《张本传》。

[109]《大明会典》卷一八九。

[110] 吴晗《元明两代之"匠户"》,载《云南大学学报》第一期,1938年。

[111]《明太祖实录》卷三四。

[112]《明太祖实录》卷二一一,《明史》卷八一《食货志·商税》。

[113]《明太祖实录》卷二三四。

[114]《明宣宗实录》卷五〇。

[115]《元史》卷九七《食货志·钞法》。

[116] 孔齐《至正直记》卷一,《元史》卷九七《食货志·钞法》。

[117]《明史》卷八一《食货志·钞法》。

[118]《大明会典》卷三一《钞法》,《明史》卷八一《食货志·钞法》。

[119]《大明会典》卷三一《钞法》。

[120]《明太祖实录》卷一七六。

[121] 参看1946年7月《中国社会科学集刊》七卷二期吴晗《元史食货志钞法补》、1943年6月《人文科学学报》二卷一期吴晗《记大明通行宝钞》二文。

[122]《大诰续编·钞库作弊第三二》。

[123]《大诰·伪钞第四八》:"宝钞通行天下,便民交易。其两浙江东西民有伪造者,句容县民杨馒头木人起意,县民合谋者数多,银匠密修锡板,文理分明,印纸马之户同谋刷印,捕获到官。自京至于句容,所枭之尸相望。"

[124]《明太祖实录》卷二〇五。

[125]《明太祖实录》卷二三四。

[126]《明太祖实录》卷二五一。

[127] 陆容《菽园杂记摘抄》卷五。

[128] 贝琼《清江集》卷八《送王子渊序》。

[129]《明太祖实录》卷六。

[130]《明太祖实录》卷一七九。

[131]《明太祖实录》卷四九。

[132]《明太祖实录》卷二五二、二五四。

[133] 吴宽《匏翁家藏集》卷七五《施孝先墓表》。

[134] 宋濂《朝京稿》卷五《上海夏君新圹铭》,吴宽《匏翁家藏稿》卷五二《恭题粮长敕谕》。

[135]《明太祖实录》卷六八。

[136]《明太祖实录》卷七〇。

[137]《明太祖实录》卷八五。

[138]《明太祖实录》卷一〇二。

[139]《明太祖实录》卷二五四。

[140]《明史》《食货志·赋役》,《匏翁家藏稿》卷四三《尚书严公流芳录序》。

[141]《明太祖实录》卷六八。

[142]《明太祖实录》卷一〇二。

[143]《大诰续诰》卷四七。

[144]《大诰续诰》卷二一。

[145] 黄省曾《吴风录》。

[146] 宋濂《朝京稿》卷五《上海夏君新圹铭》。

[147]《明太祖实录》卷二〇。

[148]《明太祖实录》卷二〇。《明史》卷七七《食货志》一。

[149]《明太祖实录》卷一八〇。

[150]《大诰续诰》第四五《靠损小民》。

[151]《明太祖实录》卷一八〇。

[152]《明太祖实录》卷二九。

[153]《明太祖实录》卷一七四。

[154]《明太祖实录》卷一三五、一八〇。

[155]《大诰续诰》《罪除滥役》第七四。

[156]《大诰续诰》松江《逸民为害》第二。

[157]《明太祖实录》卷一一一、一二六。

[158] 张居正《太岳集》卷三九《请申旧章饬学致以振兴人才疏》。

[159]《明太祖实录》卷一五〇。

[160]《明史》卷一三九《叶伯巨传》。

[161]《明史》卷一四七《解缙传》。

[162]《大诰》《折粮科敛》第四一。

[163] 宋濂《芝园续集》卷四《故歧宁卫经历熊府君墓铭》。

[164] 刘辰《国初事迹》。

[165]《明史》卷一四七《解缙传》。

[166] 澳门已于1999年回归。——编者注

[167]《弘治会典》卷一一。

[168]《弘治会典》卷二〇,引《大明令》。

[169]《明史》卷二八一《庞嵩传》。

[170]《明史》卷七八。

[171]《明太祖实录》卷五八。

[172]《明宣宗实录》卷六九。

[173] 谈迁《枣林杂俎》,《逸典》。

[174]《明律四·户一》。

[175]《明史》卷七七《食货志·户口》。

[176]《弘治会典》卷二〇。

[177]《明太祖实录》卷一五〇。

[178]《明史》卷七八《食货志·赋役》。

[179]《弘治会典》卷一三〇。

[180]《弘治会典》卷一三〇。

[181]《明太祖实录》卷八三。

[182]《大诰》第四四。

[183]《大诰》第四一。

[184]《方孩未集》卷一。

[185]《明英宗实录》卷四〇。

[186]《续诰》第二一。

［187］《续诰》第四七。

［188］吴应箕《楼山堂集》卷一二《江南汰胥役议》。

［189］《明宣宗实录》卷一一七。

［190］《明英宗实录》卷二五。

［191］《明英宗实录》卷一一一。

［192］《明宣宗实录》卷七九。

［193］《明英宗实录》卷一九三。

［194］《石隐园藏稿》卷五《嵩祝陛辞疏》。

［195］《壮悔堂文集》正百姓。

［196］《明太祖实录》卷四九。

［197］《明史》卷四〇《地理志》。

［198］《王文恪公集》卷三六《吴中赋税书与巡抚李司空》。

［199］《明律九》，《户六》。

［200］《明英宗实录》卷二七〇。

［201］《明英宗实录》卷一八。

［202］《明英宗实录》卷七九。

［203］《亭林文集》卷三《病起与蓟门当事书》。

［204］《明英宗实录》卷七二。

［205］《明英宗实录》卷二九。

［206］《明英宗实录》卷一〇三。

［207］《明英宗实录》卷二〇一。

［208］《桂洲文集》卷一三。

［209］《桂洲文集》卷一三。

［210］《桂洲文集》卷一三。

［211］《明史》卷三〇〇《陈万言传》。

［212］《明史》卷一二〇《景王传》。

［213］《明史》卷一二〇《潞王传》。

［214］《明史》卷一二〇《福王传》、《潞王传》。

［215］《王忠文公集》卷六《婺州路均役记》。

［216］《王忠文公集》卷六《婺州路均役记》。

［217］《明史》卷七八《食货志》二。

[218]《王文恪公文集》卷三六《吴中赋税书与巡抚李司空》。
[219]《明史》卷七八《食货志》二。
[220]《霍勉斋集》卷一八《为乞恩痛革仓弊以苏民困事申察院》。
[221]《明宣宗实录》卷五四。
[222]《明宣宗实录》卷四下。
[223]《明成祖实录》卷六七。
[224]《明宣宗实录》卷四下。
[225]《明宣宗实录》卷三九。
[226]《明英宗实录》卷六六。
[227]《震川集》卷二五《李公行状》。
[228] 王恕《王端毅公文集》卷六《石渠老人履历略》。
[229]《王文恪公文集》卷三六《吴中赋税书与巡抚李司空》。
[230]《明英宗实录》卷一八六。
[231]《明太祖实录》卷二三六。
[232]《明宣宗实录》卷六。
[233]《明英宗实录》卷一八。
[234]《明英宗实录》卷三八。
[235]《明英宗实录》卷一五二。
[236]《明英宗实录》卷一八四。
[237]《明英宗实录》卷一五四。
[238]《明史》卷一七八《项忠传》。
[239]《明史》卷一五九《原杰传》。
[240]《明史纪事本末》卷三八《平郧阳盗》。
[241]《明史》卷七七《食货志·户口》。
[242]《明英宗实录》卷二七。
[243]《明英宗实录》卷六六。
[244]《明英宗实录》卷八二。
[245]《明英宗实录》卷六六。
[246]《明英宗实录》卷一三三。
[247]《明英宗实录》卷一三二。
[248]《明英宗实录》卷一三五。

[249]《明英宗实录》卷一三四。

[250]《明英宗实录》卷二一六。

[251]《刘忠宣公遗集》卷一《处置军伍疏》。

[252]《明史》卷七七《食货志》一。

[253] 于慎行《谷山笔麈》卷五。

[254]《明太祖实录》卷二二五。

[255]《明太祖实录》卷一五五。

[256] 孔齐《至正直记》卷一。

[257]《明史》卷七二《职官志》。

[258]《大明会典》中书省作户部，二十五两作二百五十两。

[259]《大明会典》卷三一《钞法》，《明史》卷八一《食货志·钱钞》。

[260]《明成祖实录》卷一四。

[261]《大明会典》卷三一《钞法》。

[262]《明太祖实录》卷一三一。

[263]《明太祖实录》卷一三二。

[264]《明史》卷八一《食货志·钱钞》。

[265]《明太祖实录》卷一七六。

[266]《明太祖实录》卷二〇五。

[267]《明太祖实录》卷二一一。

[268]《大明会典》卷三一《钞法》。

[269]《明太祖实录》卷二三四。

[270]《大明会典》卷三一《钞法》。

[271]《明太祖实录》卷二五一。

[272]《大诰·伪钞第四八》。

[273]《明成祖实录》卷一八永乐元年四月丙寅条。

[274]《明成祖实录》卷二七。

[275]《明成祖实录》卷三三。

[276]《大明会典》卷三一《钞法》。

[277]《大明会典》卷三一《钞法》。

[278]《明史》卷一六四《邹缉传》。

[279]《明史》卷八一《食货志·钱钞》。

[280]《明成祖实录》卷一二四。

[281]《明史》卷一六七《邝埜传》。

[282]《明仁宗实录》永乐二十二年十月癸卯。

[283]《明史》卷八一《食货志·钱钞》。

[284]《明史》卷八《仁宗纪》。

[285]《明史》卷一六一《夏时传》。

[286]《明宣宗实录》卷五,《明史》卷一六四《范济传》。

[287]《明史》卷八一《食货志·钱钞》。

[288]《明宣宗实录》卷一九。

[289]《明宣宗实录》卷二二。

[290]《明宣宗实录》卷四三。

[291]《明宣宗实录》卷四八。

[292]《明宣宗实录》卷五〇。

[293]《明宣宗实录》卷五五。

[294]《明宣宗实录》卷五五。

[295]《明宣宗实录》卷七六。

[296]《明宣宗实录》卷八八。

[297]《明英宗实录》卷一。

[298]《明英宗实录》卷一二。

[299]《明英宗实录》卷一五。

[300]《明史》卷七八《食货志·赋役》。

[301]《明史》卷八一《食货志·钱钞》。

[302]《明英宗实录》卷五四。

[303]《明英宗实录》卷七二。

[304]《明英宗实录》卷九三。

[305]《明英宗实录》卷一〇六。

[306]《明英宗实录》卷一六六。

[307]《明英宗实录》卷一六六。

[308]《明英宗实录》卷二一八。

[309]《明史》卷八一《食货志·钱钞》。

[310]《大明会典》卷三五《钞关》。

[311] 陆容《菽园杂记》卷一〇,《明史》卷八一《食货志·钱钞》。

[312] 傅维鳞《明书》卷八一《食货志·钞法》。

[313]《明史》卷二〇一《方良永传》,《明臣奏议》卷一四《方良永劾朱宁书》。

[314]《明书》卷八一《食货志·钞法》。

[315]《明书》卷八一《食货志·钞法》。

[316]《明书》卷八一《食货志·钞法》。

[317]《崇祯长编》。

[318]《明史》卷二五一《蒋德璟传》,计六奇《明季北略》卷一九《蒋臣奏行钞法》、《捣钱造钞》,花村看行侍者《谈往·捣钱造钞》。

[319]《明史》卷八二《食货志·俸饷》。

[320]《大明会典》卷三九《俸给》。

[321]《明宪宗实录》成化七年十月丁丑条,《日知录》卷一二《俸禄》条引《明史》卷八二《食货志·俸饷》。

[322]《明史》卷九三《刑法志·赎刑》。

[323] 详《元代之钞法六·释锭》。

[324]《张文忠公集》奏疏八《请停止输钱内库供赏疏》。

[325] 孙承泽《春明梦余录》卷三八。

[326]《弇山堂别集》卷一四。

[327]《天下郡国利病书》卷九三。

[328] 赵翼《廿二史札记》卷三一《明史》。

[329] 赵翼《廿二史札记》卷三一《明史》。清修《明史》起顺治二年,未几罢。至康熙十八年始开馆重修,规模极大。

[330]《鲒埼亭集》卷一一《梨洲先生神道碑文》,卷一二《亭林先生神道表》。

[331]《廿二史札记》卷三一,《明史》立传多存大体。

[332]《廿二史札记》卷三一,《明史》条。

[333] 参看孟森《清朝前纪》及故宫博物院《明清史料》。

[334]《国学论丛》一卷四期,陈守实《明史抉微》。

[335]《明史稿》五百卷原出万斯同手,殁后为王鸿绪所盗,攘为己撰。见全祖望《鲒埼亭集》、钱大昕《潜研堂集》、魏源《古微堂集》诸书。

[336] 郑真字千之号荥阳外史的证据,是《四库总目》、《荥阳外史集》

七十卷（两淮盐政采进本）——明郑真撰。真字千之，鄞县人，成化《四明郡志》称其研穷六经，尤长于《春秋》。吴澄尝策以治道十二事，皆经史之隽永，真答之无凝滞。洪武四年乡试第一，授临淮教谕，升广信府教授。

[337] 作者另撰有《胡惟庸党案考》一文，可参看。

[338]《明史》卷二八七《王世贞传》。

[339]《袁中郎全集》卷一四，十之《掌故》。

[340]《啸亭续录》卷二。

[341]《明史》卷二二〇《赵世卿传》。

[342] 张居正《张文忠公集·书牍》六《答应天巡抚宋阳山论均粮足民》。

[343]《桂洲文集》卷十三《奉敕勘报皇庄及功臣国戚田土疏》。

[344]《石隐园藏稿》卷五《嵩祝陛辞疏》。

[345]《壮悔堂文集·正百姓》。

[346] 包汝揖《南中纪闻》。

[347]《明史》卷一三〇《郭英传》。

[348]《明史》卷三〇〇《周能传》。

[349]《亭林文集》卷三《病起与蓟门当事书》。

第四编　风云人物

第四篇　民法大意

明代民族英雄于谦

有一首《石灰吟》：

千锤万击出深山，烈火焚烧若等闲。
粉骨碎身全不惜，要留清白在人间。

这首诗是明朝民族英雄于谦写的，经过千锤万击，不怕烈火焚烧，不怕粉骨碎身，要留下清白在人间，写的是石灰，同时也象征了于谦自己的一生。

于谦（1398—1457），字廷益，浙江钱塘（今杭州）人，小时候很聪明，性格坚强，明成祖永乐十九年（1421）二十四岁时中了进士。明宣宗宣德初年（1426）他做了御史（监察官），明宣宗的叔父汉王高煦在山东造反，明宣宗亲自带兵讨伐，高煦投降，明宣宗叫于谦当面指斥高煦罪状，于谦义正词严，说得有声有色，明宣宗很赏识他，认为是个了不起的人才。接着于谦被派巡按江西，发现有几百件冤枉的案件，都给平反了。

宣德五年（1430），明朝政府为了加强中央的权力，特派中央比较能干的官员去治理重要的地方，五月间派况钟、何文渊等九人为苏州等府知府。到九月又特派于谦、周忱等六人为侍郎（中央的副部长），巡抚各重要省区。明宣宗亲自写了于谦的名字给吏部，破格升官为兵部右侍郎（国防部的副部长），巡抚河南、山西两省，宰相也支持这主张。明朝制度，除了南北两直隶（以北京和南京为中心的中央直辖地区）以外，地方设有十三个布政使司，每个布政使司（通称为省）设有布政使管民政赋税，按察使管刑名司法，此外还有都指挥使管军政，号称三司，是地方上三个最高长官，职权不同，彼此都不能互相管辖。布政使是从二品官，按察使是正三品官，都指挥使是正二品官，兵部右侍郎虽只是正三品官，却因为是中央官，又是皇帝特派的，奉有敕书（皇帝的手令）可以便宜行事，是中央派驻地方的最高官员，职权就在三司之上了。

于谦做河南山西巡抚，前后一共十九年（1430—1448），除周忱连任江南巡抚二十一年以外，他是当时巡抚当中任期最长的一个。

于谦极重视调查研究工作，一上任便骑马到处视察，所到地方都延请当地有年纪的人谈话，了解地方情况，政治上的得失利弊，老百姓的负担、痛苦，该办的和不该办的事，一发现问题，立刻提出具体意见，写报告给皇帝。遇有水灾、旱灾，也及时上报，进行救济。他对地方的情况很清楚，政治上的措施也很及时，因之，得到人民的歌颂和支持。

明英宗正统六年（1441），他向皇帝报告，为了解决缺粮户的暂时困难，当时河南、山西仓库里存有几百万石粮食，建议在每年三月间，由州县官调查，报告缺粮户数和所需粮食数量，依数支借，到秋收时归还，不取利息。对老病和穷极不能归还的特许免还。还规定所有州县都要存有预备粮，凡是预备得不够数的，即使任期满了也不许离任，作为前一措施的物质保证，这一款由监察官按时查考。皇帝批准了这一建议。这样一来，广大的缺粮户，在青黄不接的时候，就可以免除地主的高利贷剥削了，他为穷困的农民办了好事。

黄河经过河南，常常闹决口，造成水灾。于谦注意水利，在农闲时动用民力，加厚堤身，还按里数设亭，亭设亭长，负责及时督促修缮。在境内交通要道，都要种树、凿井，十几年间，榆树、柳树都成长了，一条条的绿化带，无数的水井，使行道的人都觉得阴凉，沿途都有水喝。

大同是边上要塞，巡按山西的官员很少到那里去，于谦建议专设御史监察。边地许多将领私自役使军人，为他们私垦田地，国家的屯田日益减少，边将私人的垦田却日益增加，影响到国家的收入和边防的力量，于谦下令没收边将的私田为国家屯田，供给边军开支。

于谦做了九年巡抚，政治清明，威信很高，强盗小偷都四散逃避，老百姓过上了比较安定的生活。由于他政治上的成就，明朝政府升他为兵部左侍郎，支二品俸禄，仍旧做巡抚的官。

在这九年中，于谦的建议到了北京，早上到，晚上就批准，是有其政治背景的。原来这时的皇帝是年轻人，明英宗当皇帝时才十岁，太皇太后和皇太后（皇帝的祖母和母亲）很敬重元老重臣三杨：杨士奇、杨溥、杨荣，这三个老宰相都是从明成祖时就当权的，比较正直，有经验，也有魄力，国家大事都由他们作主张。他们同意于谦做巡抚，对于谦很信任，于谦有了朝廷上三杨的支持，才能在地方办了一些好事。到了正统后期，正统五年（1440）杨荣死，七年杨士奇死，太皇太后死，十一年杨溥死，三杨死后，朝廷上不但没有支持于谦的力量，反对于谦的政治力量反而日益增加了，于谦的政治地位动摇了。

反对于谦的政治力量主要来自两方面，一是宦官，一是权贵。

宦官王振是明英宗的亲信，英宗做了皇帝，他也做了内廷的司礼监太监（皇帝私人秘书长）。英宗年轻，什么事都听他的，只是宫里有老祖母管着，朝廷上有三杨当家，王振还不大敢放肆。到了正统五年以后，太皇太后死了，杨荣也死了，杨士奇因为儿子犯法判死罪不管事，杨溥老病，新的宰相名位都较轻，王振便当起家来了，谁也管不住了，英宗叫他作先生，公侯勋贵叫他作翁父，专权纳贿，无恶不作。他恨于谦不肯逢迎，正统六年三月，趁于谦入朝的时候，借一个题目，把于谦关在牢里，判处死刑。关了三个月，找不出于谦的罪状，只好放了，降官为大理寺少卿。

另一种反对于谦的力量是权贵。照例地方官入朝，是要送礼以至纳贿赂给朝廷权贵的。于谦是清官，在山西、河南十九年，父母和儿子住在杭州，老婆留在北京，单身过着极清苦的生活。每次入朝，不但不送礼、纳贿，连普通的人事也不送，空手去，空手回。他有一首著名的诗，为河南人民所传诵的：

> 手帕蘑菇与线香，本资民用反为殃。
> 清风两袖朝天去，免得闾阎话短长。

他这样做，老百姓虽然很喜欢，朝廷权贵却恨死他了。虽然如此，山西、河南的官吏和百姓却非常想念于谦，到北京请愿要求于谦回去的有一千来起。河南的周王和山西的晋王（皇帝的家族）也说于谦确是好官。朝廷迫于民意，只好让于谦再回去做巡抚。

这时，山东、陕西闹灾荒，流民逃到河南的有二十几万人，于谦请准朝廷，发放河南、怀庆两府的存粮救济，又安排田地和耕牛、种子，让流民安居乐业。

这十九年中，于谦的父母先后死了，照当时礼法，应该辞官在家守孝三年，父母两丧合计六年。朝廷特别命令他"起复"，不要守孝，回家办了丧事便复职。

正统十三年（1448）于谦被召入京，回到兵部左侍郎任上。

第二年发生"土木之变"。

瓦剌是蒙古部族之一，可汗脱脱不花，太师也先，知院阿剌各拥重兵，以也先为最强，各自和明朝通好往来，也经常和明朝发生军事冲突。照规定，每次来的使臣不超过五十人，明朝政府按照人数给予各种物资，也先为了多得物资，逐年增加使臣到两千多人，明朝政府要他减少人数，也先不肯。瓦剌的使臣往来，有时还沿途杀掠。到正统末年，也先西破哈密，东破兀良哈，威胁朝鲜，军事力量日益强大。明朝使臣到瓦剌的，也先提出各种无理要求，使臣怕事，一一答应，回来后又不敢报告，也先看到使臣所答应的事都没有下落，认为明朝背信，极不高兴。正统十四年也先派使臣三千人到北京，还虚报名额，交换的马匹也大多驽劣，礼部（管对外工作和朝廷礼仪的部）按实有人数计算，对提出要求的物资也只给予五分之一，还减了马价，也先大怒，决定发兵入侵。

正统十四年（1449）七月，瓦剌大举入侵，脱脱不花攻辽东，阿剌知院攻宣府（今河北张家口市宣化区），也先亲自领军围大同，参将吴浩战死，羽书警报，不断送到北京。

军事情况紧急，王振决策，由明英宗亲自率领军队阻击，朝廷大臣以吏部尚书王直和兵部尚书邝野、兵部左侍郎于谦为首坚决反对，王振不听，命令英宗的弟弟郕王留守，带领朝廷主要官员和五十万大军向大同出发。邝野随军到前方，于谦留在北京管理部事。

王振的出兵是完全没有计划的。他根本不会打仗，却指挥着五十万大军。大同守将西宁侯宋瑛、武进伯朱冕、都督石亨等和也先战于阳和（今山西阳高），为王振的亲信监军太监郭敬所制，胡乱指挥，全军覆没，宋瑛、朱冕战死，石亨、郭敬逃归。明英宗的大军到了大同，连日风雨，军中夜惊，人心恟惧，王振还要向北进军，郭敬背地里告诉他敌军情况，才决定退兵。路上又碰着大雨，王振原来打算取道紫荆关经过他的家乡蔚州（今河北蔚县），请明英宗到他家做客的，走了一程，又怕大军过境，会糟蹋他家的庄稼，又下令取道宣府，这样一折腾，闹得军士晕头转向。到宣府时，也先大军追上袭击，恭顺侯吴克忠据战败死。成国公朱勇、永顺伯薛绶带四万人迎战，到鹞儿岭，敌军设下埋伏，又全军覆没。好容易走到土木堡（今北京市官厅水库附近），诸将商量进入怀来县城据守，王振要保护行李辎重，便下令就地宿营。这地方地形高，没有荫蔽，无险可守，掘地两丈还不见水，也先大军追到，把水源都占据了，军士又饥又渴，挤成一堆。第二天，也先看到明军不动，便假装撤退，王振不知是计，立刻下令移营，阵脚一动，瓦剌骑兵便四面冲锋，明军仓皇逃命，阵势大乱，敌军冲入，明军崩溃，死伤达几十万人，明朝政府的高级官员五十多人都被敌军所杀，王振也死在乱军中。明英宗被敌军俘虏。这次不光彩的战役就叫"土木之变"。

土木败报传到北京，北京震动。这时明军的精锐都已在土木覆没了，北京空虚，形势极为危急。翰林院侍讲（为皇帝讲书的官）徐珵是苏州人，在土木变前，看到局面不好，就打发妻子老小回苏州去了。败报传到后，郕王召集文武百官商量对策，徐珵大声说，从天文看，从历数看，天命已去了。只有南迁，才能免祸。这个主意是亡国的主意，当时要照他的意见办，明朝政府从北京撤退到南方，瓦剌进占北京，黄河以北便会全部沦陷，造成历史上南北朝和金宋对立的局面。于谦坚决反对说，北京是全国根本，一动便大事去了，宋朝南渡的覆辙，岂可重蹈。并且说主张南迁的人应该杀头。大臣胡濙、陈循和太监金英都赞成于谦的主张，郕王也下了坚守的决心，徐不敢再说话了，从此恨死了于谦。

明朝政府虽然决定坚守，但是北京剩下的老弱残兵不满十万人，上上下下都胆战心惊，怕守不住。于谦建议征调各地军队到京守卫，分别部署前方要塞军事，人心才稍稍安定。郕王十分信赖于谦，升他为兵部尚书（国防部长），领导北京的保卫战。

王振是土木败军的祸首，群臣提出要追究责任，王振的党羽马顺还倚仗王振的威风，当面叱责提出这主张的人，引起了公愤，给事中（官名，管稽察六部和各机关的工作）王竑抓住马顺便打，群臣也跟着打，把马顺打成肉泥，朝班大乱，连守卫的卫士也呼噪起来了。郕王吓得发抖，站起来要走，于谦赶紧上前拉住，并教郕王宣布马顺有罪应该处死，这才扭转了乱纷纷的局面。退朝时，于谦穿的衣裳，袖子和下襟都裂开了。吏部尚书（管选用罢免官员的部长）王直看到他，拉住手叹口气说，国家只靠着你！像今天的事，一百个王直也办不了。从此，郕王和朝廷大臣，京城百姓都倚靠于谦，认为他有担当，可以支撑危局。于谦也毅然决然把国家的事情担当起来。

英宗被俘，他的儿子还是小孩子，当时形势，没有皇帝是不行的。大臣们商量立郕王为皇帝，郕王再三推辞。于谦说，我们是为国家着想，不是为了任何个人。郕王才答应。九月，郕王即位为皇帝，是为明景帝。

于谦建议景帝，瓦剌得胜，一定要长驱南下。一要命令守边诸将协力防守；二要分道招募民兵；三要制造兵器盔甲；四要派遣诸将分守九门，结营城外；五要迁城关居民入城，免遭敌军杀掠；六要派军队自运通州存有的大量粮食作为军饷，不要被敌人利用。又保荐一些有能力的文官出任巡抚，军官用为将帅。景帝一一依从，并命令于谦提督各营军马，统帅全军。

也先带着明英宗，率军南下，每到一个城池，便说皇帝来了，要守将开门迎接，守将遵从于谦的指示，说我们已经有了皇帝了，拒不接受。也先利用明英宗要挟明朝政府不成功，很丧气。明朝北部各个城池虽然因此保住了，明英宗却也因此对于谦怀恨在心。

瓦剌大军突破紫荆关，直入包围北京。都督石亨主张收兵入城，坚壁据守。于谦反对，认为怎么可以向敌人示弱，使敌人越发轻视呢。下令诸将统兵二十二万分别在九门外据守，亲自率领石亨和副总兵范广、武兴列阵德胜门外，和也先决战。通告全军，将不顾军，先退者斩其将，军不顾将，先退者后队斩前队。将士知道只有决战才有生路，都奋勇争先。由于于谦保卫北京的主张是和北京人民的利益一致的，获得了广大人民的支持。也先原来认为北京不战可下，一见明军严阵以待，便泄气了，派人提出要大臣出迎明英宗，要索金帛，和于谦等大臣出来商议等条款，都被拒绝，越发气沮。进攻德胜门，明军火器齐发，也先弟中炮死。转攻西直门，又被击退。进攻彰义门，当地的老百姓配合守军，爬上房顶呐喊，投掷砖石，又被击退。相持了五天，敌军始终没有占到便宜，听说各路援军就要到达，怕归路被截断，只好解围退兵，北京的保卫战就此胜利结束。景帝以于谦功大，加官为少保（从一品），总督军务。

景泰元年（1450），大同守将报告也先派人来讲和，于谦严令申斥守将，从此边将都坚决主战，没有一个人敢倡议讲和的。

也先看到明朝有了新皇帝，不承认明英宗，便在蒙古重立英宗为皇帝，来和明朝对抗，结果明朝政府置之不理，这个法宝也不灵了。俘虏到皇帝，不但没有用处，还得供养，成了累赘，便另出花招，派使臣声明愿意送还皇帝，制造明朝统治阶级的内部矛盾。明朝大臣都主张派使迎接，景帝很不高兴，说我本来不愿做皇帝，是你们要我当的。于谦说，皇位已定，不可再变。也先既然提出送回皇帝，理当迎接，万一有诈，道理在我们这面。景帝一听说皇位不再更动，忙说依你依你。派大臣接回英宗，一到北京，就把这个皇帝关在南宫里。

从景泰元年到景泰七年（1450—1456），于谦在兵部尚书任上，所提的意见，明景帝没有不同意的。朝廷用人，也一定先征求于谦意见，于谦不避嫌怨，有意见便说，由此，有些做不了大官的人，都恨于谦，有些大官作用比不上于谦的，也恨于谦，特别是徐珵，他一心想做大官，拜托于谦的门客，想做国子祭酒（大学校长），于谦对景帝说了，景帝说，这人倡议逃亡，心术不正，怎能当这官，败坏学生风气。徐珵不知于谦已经推荐，反而以为是于谦阻挠，仇恨越发深了。改名有贞，等候机会报复。大将石亨原先因为打了败仗削职，于谦保荐领军抗敌立了功，封侯世袭。他嫌于谦约束过严，很不乐意。保卫北京之战，于谦是主帅，功劳最大，结果石亨倒封了侯爵，心里过意不去，写信给景帝，保荐于谦的儿子做官。于谦说国家多事，做臣子的照道理讲不该顾私恩。石亨是大将，没有举荐一个好人，一个行伍有功的，却单单举荐我的儿子，这讲得过去吗？而且我对军功，主张防止侥幸，决不敢以儿子冒功。石亨巴结不上，反而碰了一鼻子灰，越发生气。都督张打仗失败，为于谦所劾。太监曹吉祥是王振门下，也深憾于谦。这批人共同对于谦不满，便暗地里通声气，要搞倒于谦，出一口气，作升官的打算。

于谦性格刚直，处在那样一个时代，遇事都有人出来反对，只靠景帝的信任，做了一些事。他在碰到不如意事情的时候，便拍胸叹气说：这一腔热血，竟洒何地？他又看不起那些庸庸碌碌的大臣和勋臣贵戚，语气间时常流露出来，恨他的人便越发多了。他坚决拒绝讲和，虽然明英宗是因为明朝拒和，也先无法利用才被送回来的，心里却不免有些不痛快。这样，在明景帝统治的七年间，在表面上，于谦虽然权力很大，在另一面，却上上下下都有人对他怀恨，只是不敢公开活动而已。

于谦才力过人，当军务紧急，顷刻变化的时候，他指挥若定，眼睛看着报告，手头屈指计算，口授机宜，合于实际，底下的工作人员看着，不由得不衷心佩服。号令严明，不管是勋臣宿将，一有错误，便报告皇帝行文申责，几千里外的守将，一得到于谦指示，无不奉行。思虑周密开阔，当时人没有能比得上的。

忧国忘身，虽然立了大功，保住了北京城，接还了皇帝，却很谦虚，口不言功。生性朴素俭约，住的地方才蔽风雨，景帝给他一所西华门内的房子，几次辞谢不许才搬过去。土木之变后，索性住在办公室里不回家。晚年害了痰病，景帝派人去看，发现他生活过于俭约，特别叫宫内替他送去菜肴。有人说皇帝宠待于谦太过了，太监兴安说，这人日日夜夜为国家操心，不问家庭生活。他要去了，朝廷哪儿能找得这样的人！死后抄家，除了皇帝给的东西以外，更没有别的家财。

景泰八年正月，明景帝害了重病，不能起床。派石亨代他举行祭天仪式。石亨认为景帝活不长久了，便和徐有贞、曹吉祥、张等阴谋打开南宫，迎明英宗复位，史称夺门之变。明英宗第三次做了皇帝，办的第一件事就是把于谦和大学士（宰相）王文关在牢里。石亨等诬告于谦、王文谋立外藩（明朝皇帝的本家，封在外地的），法司判处谋逆，应处死刑。审案时，王文据理申辩，于谦笑着说，这是石亨等人的主意，申辩有什么用。判决书送到明英宗那里，英宗还觉得有些过意不去，说于谦实在有功。徐有贞说，不然，不杀于谦，夺门这一招就说不出名堂来了。于谦、王文同时被杀，明景帝也被绞死，这一年于谦六十岁，明景帝才三十岁。

于谦死后，家属被充军到边地。大将范广，贵州巡抚蒋琳也因为是于谦所提拔的牵连被杀。还刻板通告全国，说明于谦的罪状，这个板子一直到成化三年（1467）才因有人提出意见毁掉。

曹吉祥是于谦的死对头，可是他的部下指挥朵儿却深感于谦的忠义，到刑场祭奠痛哭，曹吉祥大为生气，把他打了一顿。第二天，朵儿又去刑场祭奠了。都督同知陈逵冒着危险，收拾于谦的尸首殡葬，过了一年，才归葬杭州。

广大人民深深悼念于谦，当时不敢指名，作了一个歌谣：

> 鹭鸶冰上走，何处觅鱼嗛？

鱼嗛是于谦的谐音，这个民族英雄的形象是永远留存在人民的记忆中的。明末抗清民族英雄张煌言有一首诗：

> 国亡家破欲何之？西子湖头有我师。
> 日月双悬于氏庙，乾坤半壁岳家祠。

于谦的事迹直接教育了这个有骨气的好汉，宁死勿屈，保持了民族的正气。

石亨的党羽陈汝言代于谦做兵部尚书，不到一年就撤职抄家，有很多金银财宝，明英宗叫大臣们参观，并说，于谦在景泰朝极被亲信，死后没有一点家业，陈汝言怎么会有这么多！石亨听了，说不出一句话。过些日子，边防传来警报，英宗很发愁，恭顺侯吴瑾在旁边说，要是于谦在的话，不会有这情况。英宗听了也说不出一句话。

于谦的政敌都先后失败，徐有贞充军云南，石亨下狱死，曹吉祥造反灭族。

明宪宗成化初年（1465），于谦的儿子于冕遇赦回家，写信给皇帝申冤，明宪宗恢复了于谦的官位，派人祭奠，祭文中说："当国家之多难，保社稷以无虞，惟公道之独持，为权奸所并嫉，在先帝已知其枉，而朕心实怜其忠。"这几句话，传诵一时。于谦的名誉恢复了。明孝宗弘治二年（1489）谥于谦为肃愍，并建立祠堂，号为旌功。明神宗万历时又改谥忠肃。杭州、开封、山西和北京的人民都建立了他的祠堂，广大人民永远纪念这个保卫北京城的民族英雄，永垂不朽！

于谦的著作流传到今天的有《于肃愍公集》八卷，《少保于公奏议》十卷。演绎他的故事的小说有孙高亮所著的《于少保萃忠全传》十卷。

原载《新建设》第六期

1961年

海瑞的故事

一

　　海瑞的时代，是明封建王朝从全盛走向衰落的时代。他生在正德九年，死于万历十五年（1514—1587），一生经历了正德、嘉靖、隆庆、万历四个皇帝。这几十年中，社会情况发生了很大变化，土地更加集中了。皇帝侵夺百姓的土地，建立无数皇庄，各地亲王和勋戚、贵族、大官僚都有庄田，亲王的庄田从几千顷到几万顷。嘉靖时的宰相严嵩和徐阶都是当时最大的地主。万历时期有一个地主的田地多到七万顷。农民的土地被地主所侵夺，沦为佃农、庄客，过着牛马般的生活。庄园的庄头作威作福，欺侮百姓。贵族和官僚的家里养着无数的奴仆，有的是用钱买的，有的是农民不堪赋役负担，投靠来的。他们终年为主人服役，除家庭劳役外，有的学习歌舞、演戏，有的纺纱织布，四处贩卖，有的替主人经营商业，开设店铺，没有工资，也没有自由，世代子孙都陷于同一命运。国家所控制的人口减少了，因为一方面农民大量逃亡，流散四方，另一方面一部分人口沦落为奴仆，户口册上的人口数字日渐减少。同时土地的数字也减少了，这是因为农民流亡，田地抛荒；庄田数目越来越大，庄田主的贵族和官僚想法不交或少交钱粮，这样，向国家缴纳地租的土地就越来越少。更严重的是中小地主和上中农为了逃避赋役，隐蔽在大地主户下，大地主的土地越多，势力越大，把应出的赋役分摊在农民的头上，农民的负担便越重，阶级矛盾便越尖锐。

这个时期，是阶级矛盾日益尖锐的时期。

贪污成为政治风气，正德时刘瑾和他的党羽焦芳等人，公开索取贿赂；嘉靖时的严嵩父子、赵文华、鄢懋卿等人，从上到下，都要弄钱，不择手段。以知县来说，附加在田赋上的各项常例[1]就超过应得的薪俸多少倍；上京朝见，来回路费和送京官的贿赂都要农民负担。徐阶是当时有名的宰相，是严嵩的对头，但是，他家就是松江最大的富豪，最大的地主，也是最大的恶霸。

京官、外官忙于贪污，水利没有人关心了，许多河流淤塞了。学校没有人关心了，府县学的生员名为学生，到考试时才到学校应付。许多农民产业被夺，田地没有了，却得照旧纳税，打官司的人愈来愈多了。

这个时期是政治最为腐败，贪污成为风气的时期。

也正是这个时期，倭寇（日本海盗）猖獗，沿海一带，经常受到倭寇的威胁。浙江、福建两省被倭寇侵略最严重。明朝政府集中了大量兵力，把这两省合成一个防御性的军事体系，设总督[2]管辖军事。军队增加了，军饷相应增加，这些负担也自然落在农民身上。

大地主的兼并，官吏的贪污，倭寇的侵略，使得农民生活日益困苦。表面上熙熙攘攘，一片繁荣景象，骨子里却蕴藏着被压抑的千千万万农民的愤怒，一触即发。

海瑞的时代就是这样一个时代。

二

海瑞任浙江淳安知县的时候，总督是严嵩的亲信胡宗宪。

淳安是山区，土地贫瘠，老百姓都很穷，山上只产茶、竹、杉、柏，山下的好田地都被大族占了，老百姓穷得吃不上饭。这个县又处在新安江下游，是水陆交通的枢纽，朝廷使臣，来往官僚过客，都要地方接待。例如经过一个普通官，就要用银二三十两；经过巡盐御史、巡按御史等监察官员[3]，要用银一二百两；巡抚[4]出巡，则要用银三四百两。这都要百姓赔垫。他们坐船要支应船夫，走陆路要支应马匹夫役。地方穷，负担重。

有一次，胡宗宪的儿子经过淳安，仗着是总督公子，作威作福，嫌驿站（传递文书的站）的马匹不称心，供应不周到，大发脾气，喝令跟人把驿吏捆了，倒挂在树上。驿站的人慌了，跑到县衙要办法，海瑞说："不慌，我自有主张。"他带人走到驿站，一大堆人在围着看热闹。鲜衣华服的胡公子还在指手画脚骂人，一看海瑞来，正要分说。海瑞不理会，径自进驿站去，一看胡公子带的大箱子小箱子几十个，都贴着总督衙门封条，就有了主意。立刻变了脸色，叫人把箱子打开，都沉甸甸的，原来装着好几千两银子呢。海瑞对着众人说："这棍徒真可恶，竟敢假冒总督家里人，败坏总督官声！上次总督出来巡查时，再三布告，叫地方上不要铺张，不要浪费。你们看这棍徒带着这么多行李，这么多银子，怎么会是胡总督的儿子，一定是假冒的，要严办！"把几千两银子都充了公，交给国库，写一封信把情由说了，连人带行李一并送交胡宗宪。胡宗宪看了，气得说不出话，怕海瑞真个把事情闹大，自己理屈，只好算了，竟自不敢声张。

海知县拿办总督公子的新闻轰动了淳安，传遍了东南，老百姓人人称快，贵族官僚子弟个个头痛，骂他不识时务。

更使人高兴称快的是另一件事：海瑞挡了都御史的驾，拒绝他入境。这在当时说来，是件了不得的骇人听闻的大事。

鄢懋卿是当时宰相大奸臣严嵩父子的亲信，嘉靖三十五年（1556）以左副都御史的身份，出京来总理两浙（浙东、浙西）、两淮（淮南、淮北）、长芦、河东盐政。

都察院左副都御史是朝廷最高级的监察官员之一，出巡地方时是钦差[5]，掌握着进退升降官吏的建议权。总理盐政是名目，实质上是皇帝要钱用，叫他从产盐、卖盐上打点主意，多搞些钱。

鄢懋卿以监察官、钦差大臣的身份，加上有严家父子做靠山，一到地方，威风得很，利用职权，收受贿赂，给钱的是好官，给多的便答应升官，给少的便找题目磨难，非吃饱了不走。总之，不管官大官小，什么地方，什么官，非给他钱不可，非给够了不走。不这样做，除非不打算做官才行。

不只送贿赂，还要大大地铺张供应、迎送。地方长官巡抚、按察使、知府[6]、知县，大大小小都得跪着接送。吃饭要供应山珍海味，住处要张灯结彩。在扬州，地方请吃饭，一顿饭就花了一千多两银子。他还带着老婆一起，老婆坐五彩搭的轿子，用十二个女子抬。连厕所都用锦缎做垫，便壶都用银子做。

一天，轮到要巡查严州（今浙江建德）了，要路过淳安。全县人都焦急，不知怎么办才好。

钦差、监察官、地方长官到地方巡查，照例都要发一套条约或告示，说明来意和地方应注意事项，并且大体上也都按着老规矩，照前任的抄一遍。告示内少不得要说些力戒铺张，务从节俭等冠冕堂皇的话。海瑞研究了好久，一想对了，即以其人之话还治其人之身。便对差官说，淳安地方小，百姓穷，容不下都老爷的大驾，请从别处走吧，省得百姓为难。他亲自写一封信给鄢懋卿，信上说：

  细读您的布告，知道您一向喜欢简朴，不喜欢逢迎。您说："凡饮食供应，都应俭朴，不要过分奢侈，浪费人民钱财。"您又说："现在民穷财尽，宽一分，人民就得一分好处，一定要体谅。"您的种种恳切的教导，说得很多。我相信您的话是为国为民，是从心里说出来的，绝非空话。

  但是，您奉命南下以后，沿途情况，浙江派的前路探听的人都说，各处都办酒席，每席要花三四百两银子，平常伙食都是山禽野味，不易弄到的东西。供应极为华丽，连便壶都用银子做。这种排场，是和您颁行的布告大大相反的。

  都察院长官出来检查盐政，是少有的事。因为少有，所以百姓有疾苦的要求告状，有贪酷行为的官要改正，百姓也会得到少有的好处。现在情况是州县怕接待不周到，得罪都察院长官，极力买办。百姓为出钱伤脑筋，怨声不绝。百姓没有得到少有的好处，反而苦于少有的破费。这可能是地方官属奉承您，以为您喜欢巴结，不喜欢说实话，揣摩错了您的真正用心吧。

  盐法毛病，我晓得一些，没有全盘研究，不敢乱说。只是这一件事，是我耳闻目见的。您如来了，东西准备了，纵使您一概不受，但是东西既然买了，必然要用许多钱，百姓怨恨，谁当得起？地方官属以今时俗例来猜测您，我又很怕您将来会因为地方官属瞎张罗，不利于执守礼法，而后悔不及。这个害比盐法不通还要大，所以敢把这些意见一一告诉您。

义正词严，话又说得很委婉。鄢懋卿看了，气得发抖，想寻事革掉他的官，但他是清官，名声好，革不得。就此过去，又气不过。只好放在心中，把这封信藏起来，批"照布告办"，严州也不去了。

严州知府正忙着准备迎接，听说都老爷忽然不来了，正在纳闷，怕出了什么岔子。后来才知道是海知县写了信，惹了祸。怕连累自己，大怒，海瑞一进来，就拍桌子大骂："你多大的官儿，敢这样！"骂不停口。海瑞不说一句话，等骂完了，气稍平了，作了一个揖就走，以后也不再说什么。等到鄢懋卿巡查完了，走了，严州府上下官员一个也没出事，知府这才放了心，过意不去，见海瑞时连说："好了淳安百姓，难为了你，难为了你！"

鄢懋卿恨极海瑞，要报复，叫他管辖的巡盐御史袁淳想主意。袁淳也是恨海瑞的，他巡查地方时，海瑞照规矩迎送，迎得不远，送得也不远，供应不丰富，有什么需索，也是讨价还价。这回正好一举两得，也报了自己的私仇。这时海瑞已得朝命升任嘉兴通判（知府的副职），便找一个公文上的手续不对，向朝廷告发，把海瑞降职为江西兴国知县。

三

海瑞从江西调到北京，后来又调到南京做了几年官，在隆庆三年（1569）六月才被派为江南巡抚，巡抚衙门设在苏州。第二年四月被革职回家，只做了半年多巡抚。

他最恨贪污，一上任，便发出布告，严禁贪污，打击豪强。他敢说敢做，连总督、都御史都不怕，谁还敢不怕他。属下的地方官员有贪污行为的听说他来了，吓得心惊胆战，罪恶较大的赶忙自动辞官。有的大族用朱红漆大门，一听海都堂要来，怕朱红大门太显耀，连夜把大门改漆成黑色。管织造的太监，时常坐八人轿子，这时吓得减去一半。大地主们知道海瑞一向主张限田，要贯彻均平赋税的主张，实行一条鞭法[7]，也都心怀鬼胎，提心吊胆，时刻不安。

他在做江南巡抚的几个月中，主要做了两件大事。一件是"除弊"，一件是"兴利"。

除弊，主要的是打击豪强，打击大地主，要他们把非法侵占农民的田地退出一部分还给农民。

擒贼要先擒王，江南最大地主之一是宰相徐阶，这时正罢官在家。海瑞要他家退田，徐阶只好退出一部分。海瑞不满意，写信给徐阶，要他退出大半，信上说：

> 看到您的退田册，更加钦佩，您是这样使人意想不到的大贤大德。但是已退的田数还不很多，请您再加清理，多做实际行动。从前有人改变父亲的做法，把七个屋子储藏的钱，一会儿便都散光了。您以父亲的身份来

改正儿子的做法，有什么做不到的呢？

把非法侵占民田的责任算在他儿子账上，给他留点面子。这样做，朝廷大官和地方乡官都怕了，人人自危，怨声四起。海瑞在给李石麓阁老信中说：

> 存翁（徐阶）近来受了许多小人的累，很吃了点苦头。他家产业之多，真叫人惊奇，吃苦头是他自取的。要不退出大半，老百姓是不会甘心的。有钱人尽干坏事，如今吃了苦头，倒是一条经验。我要他退出大半田产，也正是为他设想，请不要认为奇怪。

官僚舆论说他矫枉过直，搞得太过火了，他说并不过火。在给谭次川侍郎的信上说：

> 矫枉过直，是从古到今一样的道理，不严厉地改革，便不能纠正过错。我所改革的都不是过直的事，一定会办好，请放心。

又说：

> 江南粮差之重，天下少有，古今也少有。我所到过的地方，才知道所谓富饶全是虚名，而苦难倒很严重，这中间可为百姓痛苦，可为百姓叹息的事，一句话是说不完的。

他不但要坚持下去，还要进一步解除百姓的痛苦，可惜几个月后，他便被革职丢官了。

徐家的田退出，徐阶的弟弟徐陟，做过侍郎，为非作歹，残害百姓，海瑞把他逮捕了依法制裁。地方官奉行政令，不敢延误，大地主们走不动的只好依法退田，有的便逃到别的地方避风头。穷人田地被夺的都到巡抚衙门告状申诉，海瑞一一依法判处。老百姓欣喜相告，从今以后有活路了。地主官僚却非常恨海瑞，暗中组织力量，制造舆论，要把他赶走。

退田只是帮助穷民办法的一种，另一种有效的办法是清丈，把土地的面积弄清楚了，从而按每块土地等级规定租税。以此，海瑞做知县、做巡抚，都以清丈为第一要事，在这基础上，贯彻一条鞭的法令，在一条鞭规定所应征收的以外，一毫不许多取。这对当时农民来说，是减轻徭役，明确负担，提高生活，发展生产的有效措施，是对人民的德政。

兴利是兴水利。江苏的吴淞江泄太湖之水，原来沿江的田亩，都靠这条江水灌溉。年代久了，没有修治，江岸被潮水冲蚀，通道填淤，一有暴雨，便成水灾，淹没田亩，水利成为水害。海瑞在亲自巡行调查之后，决定修治，正月兴工，同月又修治常熟县的白茆河、杨家滨等河，结合赈济饥民，用工代赈；他亲自坐小船往来江上，监视工程的进行，不久就都完工了，人民大得好处。原来老百姓是不敢指望开河的，一来想这样的政府不会做这样的好事，二来想要做也无非要老百姓出钱。因此流传的民谣中有两句话说："要开吴淞江，除是海龙王。"意思是永世也开不了。现在人民的愿望实现了，河修好了，没有花老百姓一个钱。

在朝官僚，在野的乡官大族都恨海瑞。过往官僚因为海瑞裁节交通机构过多的费用，按制度办事，奉朝命该供应马匹和交通工具的只按制度供应，节约民力和费用，凭人情但是不合制度的一概不供应，不管你是什么来头，这样一来，这些人受了委屈，也恨海瑞。他们先后向皇帝告状，说他偏，说他做得太过火，说他包庇坏人，打击乡绅，只图自己有个好名声，破坏国家政策。海瑞成为大官僚、大地主的公敌，被夺去巡抚职权，改督南京粮储，专管粮饷。这时，高拱做宰相，海瑞骂过他，他也是恨海瑞的，又把管粮的职务归并到南京户部[8]，这样，海瑞的职权全被剥夺，只好告病回家了。

在排挤、污辱、攻击海瑞，保卫自己的利益的这群朝官中，吏科给事中[9]戴凤翔是个代表人物。他向皇帝告状，说江南在海瑞的治理下，百姓成为老虎，乡官是肉，海瑞叫百姓拿乡官当肉吃，把乡官弄苦了。海瑞很生气，立刻回击，也上疏[10]给皇帝说：

> 华亭县（今上海市松江区）乡官田宅特别多，奴仆特别多，老百姓十分怨恨。这种情况，恐怕在全国各地都找不出……老百姓告乡官霸占田产的有几万人……二十年以来，地方府县官都偏听乡官、举人、监生[11]的话，替他们撑腰，弄得老百姓的田产一天天少下去，乡官却一天天富起来……凤翔说百姓是老虎，乡官是肉。他却不知道乡官已经做了二十多年老虎，老百姓做了二十多年的肉。今天乡官的肉，本是老百姓原有的肉；原先被抢走，如今还出来，本来也不是乡官的肉

啊!何况过去乡官抢占老百姓十分,如今只还一分,还得并不多,却就大叫大闹了。我看凤翔在家乡,也是这样的乡官。

话说得非常锋利,有力量,既说明了情况,也指出了问题。乡官二十多年来做老虎吃老百姓,你们不说话。如今只要乡官还给老百姓原来属于他们自己的一点田地,而且只还了十分之一,你们就说老百姓是老虎吃乡官了。就说是肉吧,也是老百姓原有之肉,先前你们硬夺老百姓的肉,如今就该还,这有什么值得大惊小怪的。末了,一针见血地指出,戴凤翔替乡官诉苦,这些是乡官的话,也是戴凤翔自己的话。戴凤翔要是不在朝,住在家里,也一定是只专吃老百姓的老虎。

海瑞不断遭到乡官在朝代言人的攻击,很愤慨。他给人的信中说:"一切计划,只有修治吴淞江的水患,因进行得快而成功了,其他都是将近成功就中止,怎么办,怎么办!这等世界,做得成什么事业!"给皇帝告养病的疏中说,在他巡抚任上所行兴利除害的一些办法,都是采访人民意见、研究过去制度而规定的,要求不要轻易改变。并说宰相光听一些不负责任的话,多议论,少成功,靠不住;满朝大官都是妇人,皇帝不要听信他们。用"妇人"骂人,是封建时代的错误看法。用"妇人"骂人,而且把满朝大官一概骂尽,也是很不策略的。但是由此可见他的愤慨程度,同时也说明了海瑞这次罢官以后,在朝掌权的人一连十几年都没有理会他,连万历初年名相张居正也不肯起用他的原因。

是的,像海瑞这种爱护人民,一切为老百姓着想,不怕封建官僚势力，不要钱，不怕死的清官，在靠剥削人民存在的封建社会里，又怎么能站得住脚，做得成什么事业呢！

原载《中国历史小丛书·海瑞的故事》
中华书局1963年第2版

论海瑞

看过《三女抢板》(或《生死牌》)的人，大概都记得那个挺身出来反对豪强，救了两家人性命的巡抚海瑞。这是民间流传关于海瑞的许多故事中的一个。海瑞究竟是什么样的一个人呢？

海瑞（1514—1587，明武宗正德九年至神宗万历十五年）是我国16世纪有名的好官、清官，是深深得到广大人民爱戴的言行一致的政治家。他为了巩固封建统治阶级的长远统治，减轻农民市民的负担，向贪婪腐朽的封建官僚、大地主斗争了一生。

明朝人论海瑞

为了了解海瑞，让我们先看看当时的人们是怎样评论他的。

总的评论是当时的人民说他好，当时的大地主说他不好。

但是，有点奇怪，反对海瑞的人中间，有不少人也还是不能不称赞海瑞是好官，是清官。他是为民的，想做好事的，而且，也做了好事。

就明朝人的记载来看海瑞，梁云龙所作海瑞行状，除了叙述他的清廉，为百姓办好事的政绩以外，并说：

> 呜呼！公之出、处、生、死，其关于国家气运，吾不敢知。其学士大夫之爱、憎、疑、信，吾亦不敢知。

第以公之微而家食燕私，显而莅官立朝，质诸其所著《严师教戒》，一一契券，无毫发假。孔子所谓强哉矫，而孟子所谓大丈夫乎！古今一真男子也。

论者概其性甘淡薄，有采薇之风，天挺忠贞，有扣马之节，谓道似伯夷，信矣。然其视斯民由己饥寒，耻厥辟不为尧舜，言动必则古昔、称先王，莅官必守祖宗成宪，挫折不磨，鼎镬不避，即伊尹奚让？望之如泰山壁立，就之如春风太和，接谈无疾言，无遽色，临难无郁气，无怨容，箠楚子弟臧获，亦不见其厉色严声，即柳下惠奚加？

特其质多由于天植，学未进于时中，临事不无或过，而隘与不恭，盖亦有焉。

全面地评价海瑞，指出海瑞是这样一个人，言行一致，他的日常生活和政治作为，和所著《严师教戒》文章对证，一一符合，没有丝毫的假。是"强哉矫"，是大丈夫，是古往今来一个真男子。

他生活淡薄，性格忠贞，看到百姓的饥寒认为是自己的过失，以他的皇帝不像尧舜那样为耻辱。一言一动都要说古代如何，先王如何。做官办事则坚守祖宗朝的成法。不怕挫折，不怕牺牲。又严峻，又温和，谈话的时候，说得不太快，也不摆出一副难看面孔，遭遇危难也不表现那样愤慨抑郁。连打小孩、打奴婢，也看不到他的厉色严声。

像伯夷，像伊尹，像柳下惠。

他的本性是天赋的，但是修养还没有到家，未得中庸之道。

做事有时过了一些，窄了一些，以至有些不恭，这些毛病都是有的。

因为海瑞是被攻击谩骂，死在任上的，所以梁云龙很含蓄地说，这个人和时代的关系，他的出、处、生、死，和国家的关系如何，我不敢知道。学士大夫（封建统治阶级）对他的爱、憎、疑、信，对他的评价到底怎样，我也不敢知道。

梁云龙是海瑞的同乡，海瑞侄女的儿子，和海瑞关系很深，作行状时他在湖广巡抚任上，最了解海瑞。对海瑞的评价大体上应该是可信的。

此外，王宏诲的《海忠介公传》对海瑞也是大赞特赞的，但在末后又说上一句："乃海公之砥节砺行，而缙绅（官僚地主阶级）又多遗议，何也？"这样的好官、清官，为什么官僚地主阶级又多说他不好呢？是什么道理呢？

王宏诲也是海瑞的同乡，琼州定安人。海瑞在因批评皇帝而坐牢以前，王宏诲正在北京，做翰林院庶吉士，海瑞去看他，托其料理后事，关系也很深。

这两个人是海瑞的亲戚、同乡，也许会有人说他们有偏见。再看何乔远所作《海瑞传》，和李贽的《海忠介公传》，何乔远和李贽都是福建晋江人，他们的评价和梁云龙、王宏诲是一致的。清修《明史》，对海瑞一般很称赞（王鸿绪《明史稿》和《明史》一样），末后论断，也说他："意主于利民，而行事不能无偏云。"用意是为人民谋福利，但是有些偏差。汪有典的《史外》歌颂他的政绩以后，又说他：尝时以为朝廷上的人懦弱无为，都像妇人女子，把人骂苦了。有人恨极了，骂他大奸极诈，欺世盗名，诬圣自贤，损君辱国。他还是不理会。

人民是爱戴海瑞的，他做了半年多应天巡抚（应天府今南京，巡抚是皇帝派遣到地方，治理一个政区的行政长官，巡抚有弹劾地方官吏之权，有指挥驻军之权，权力很大），罢职的时候，老百姓沿街哭着送别，有些人家还画了他的像供在中堂里。死在南京右都御史（中央监察机关的长官）任上的时候，百姓非常哀痛，市面停止了营业，送丧穿戴着白色衣冠的行列，夹着江岸悼祭哀哭的百里不绝。

他晚年到南京做官，被御史（监察官）房寰弹劾，也就是汪有典所引的十六字罪状，引起了统治集团内部一部分青年知识分子的公愤，提出抗议，向皇帝写信申救。吏部办事进士顾允成、彭遵古、诸寿贤这三个人代表这一批人说：

> 南直隶提学御史房寰本论右都御史海瑞，大奸极诈，欺世盗名，诬圣自贤，损君辱国……朝野闻之，无不切齿抱愤……不意人间有不识廉耻二字如房寰者。
>
> 臣等自十余岁时即闻海瑞之名，以为当朝伟人，万代瞻仰，真有望之如在天上，人不能及者。
>
> 瑞剔历仕，含辛茹苦，垂白之年，终不使廪有余粟，囊有赢金。
>
> 瑞巡抚南畿时，所至如烈火秋霜，搏击豪强，则权势敛迹，禁绝侵渔，则民困立苏，兴水利，议条鞭，一切善政，至今黄童白叟，皆雅道之。近日起用，海滨无不曰海都堂又起，转相告语，喜见眉睫。
>
> 近在留都，禁绝馈送，裁革奢侈，躬先节俭，以至百僚，振风肃纪，远近望之，隐然有虎豹在山之势，英

风劲气,振江南庸庸之士风,而濯之以清冷之水者,其功安可诬也。

说他们在十几岁时就知道海瑞是当代伟人,万代瞻仰的人物。海瑞做了多年大官,可是生活朴素,头发白了,没剩什么粮食,也没剩什么钱。做巡抚作为像烈火,像秋霜,打击豪强,有权势的人安分了,禁绝贪污,老百姓可以喘一口气了。兴修水利,贯彻一条鞭新法,这些好事,到现在地方上的老老小小都还想念他。听说海都堂又来了,人们互相告诉,非常喜欢。在南京,他禁止送礼,裁革奢侈,带头节俭,做出榜样,整顿纪纲,远近的人看着,有虎豹在山之势,英风劲气,像一股清冷的水,把江南庸庸碌碌的士风都改变了。这样的功绩,谁能抹杀?

房寰的攻击海瑞,把朝野的人都气坏了。想不到人世间有不识廉耻像房寰这样的人!

据后来另一营救海瑞的徐常吉的揭发,弹劾海瑞的房寰是什么样人呢?官是提学御史(管教育的监察官),人呢?是个大贪污犯。海瑞看到南京官员作风拖拉,偷懒,很不像话,下决心整顿,依明太祖的规矩,把一个犯规的御史打了一顿。御史们怕极了,想法子要赶走这个厉害上司。房寰借出外考试学生的机会,让儿子和亲家大收贿赂,送钱多的就录取,名声极坏。怕海瑞弹劾,先下手为强,就带头反对海瑞,造谣造得简直不像话。

乡官(退休居乡的官僚)是反对海瑞的,因为乡官恨他为百姓撑腰,强迫乡官把侵占的田地退还百姓。

大地主是反对海瑞的,因为海瑞一辈子贯彻一条鞭法,依新法,徭役的编派,人丁居四分之一,田粮居四分之三,农民人口多，大地主田地多，这样就减轻了贫农和中农的负担，大地主占地多，按地完粮，负担自然相应加重了，这怎么能不恨？海瑞一辈子主张清丈，重新丈量田地，把大地主少报的隐瞒的田地都清查出来了，要按地纳税，这怎么能不恨？

现任官员也不满意海瑞，因为赋役银两实行官收官解以后，省去一道中间剥削，百姓虽然得些便宜，衙门里却少了一笔收入了，连北京的户部（管税收、财政的部）也很不高兴。海瑞坚持"此事于各衙门人诚不利，于百姓则为甚利"。至于禁止贪污、送礼，直接损害了现任官员们的利益，那就更不用说了。

从嘉靖（世宗）后期经隆庆（穆宗）到万历前期，从海瑞做官之时起，一直到死，这三十多年间，朝廷的首相是严嵩、徐阶、李春芳、高拱、张居正等人，除了严嵩是个大奸臣，李春芳庸庸碌碌以外，其他三个都是有名的宰相，尤以张居正为最。

严嵩不必说了，这个人是不会喜欢海瑞的，其他三个名相为什么也反对这个好官清官呢？

徐阶是严嵩的政敌，是他指使一批中级官员把严家父子参倒的，是他取严嵩地位而代之的。因为搞垮严嵩，很得人心。嘉靖帝死后，他又代草遗诏（遗嘱），革去嘉靖帝在位时一些敝政，名誉很好。但是，这人正是海瑞所反对的乡愿，凡事调停，自居中间，逃避斗争，不肯批评人，遇风转舵，做事圆滑，总留有后路，不肯负责任做好事，也怕坏事沾了边，好比中药里的甘草，什么病都可加上一味，治不好，也坏不了。正因为这样，才能保住禄位，严嵩挤他不掉。也正因为这样，官员们学了样，成为风气。海瑞痛恨这种作风，曾经多次提出批评意见。

当海瑞因批评嘉靖帝而坐牢的时候，嘉靖帝很生气，迟疑了好久，和徐阶商量，徐阶说了些好话，算是保全了海瑞的生命。嘉靖帝死后，海瑞立刻被释放，仍旧做户部主事，不久调兵部，又改任尚宝司丞（管皇帝符玺的官），大理寺丞（管审判的官），升南京右通政（管接受文件的官），外任为应天巡抚。

徐阶草遗诏改革敝政，是件好事，但是没有和同官高拱商量，高拱很有意见。又有人弹劾高拱，高拱以为是徐阶指使的，便两下里结了仇。公元1567年有个御史弹劾徐阶的弟弟和儿子都是大恶霸，有凭有据，海瑞没有搞清楚，以为是高拱指使，故意陷害徐阶，便和其他朝臣一样，给皇帝写信大骂高拱，要求把他罢斥。不久，高拱就免职了。高拱以后又回来做首相，对海瑞当然痛恨。

徐阶年纪太老，又得罪了当权的太监，1568年7月告老还乡。上一年冬天海瑞到南京，1569年6月任应天巡抚。经过近两年的调查研究，他明白自己偏听偏信，徐阶被弹劾的罪状是确实的。徐家有田四十万亩，是江南第一大地主，徐阶的弟弟和儿子都是人民所痛恨的大恶霸，大部分田地都是侵占老百姓的。他一上任就接到无数告徐家的状子，便立刻下令退田。徐阶也知道海瑞不好惹，勉强退出一部分，海瑞不满意，亲自写信给徐阶，一定要退出大半，才能结案。

徐阶虽然很看重海瑞，但是强迫退田，刺痛了心，恨极了。家人作恶，都有罪证，案是翻不了的。千方百计，都想不出办法，又忍不了这口气。最后有人出主意，定下釜底抽薪之计，派人到北京，走新的当权太监的门路，又重贿了给事中（管弹劾的官）嘉兴人戴凤翔，买他出头弹劾海瑞。戴凤翔家也是地主，亲戚朋友中一些人正在怕海瑞强迫退田。这一来，内外夹攻，戴凤翔弹劾海瑞支持老百姓，凌虐缙绅，形容老百姓像虎像狼，乡官像鱼像肉，被吃得很惨，"鱼肉缙绅"的罪状，加上有内线做主，硬把海瑞赶出了巡抚衙门。

也正是海瑞任应天巡抚这一年，高拱在年底被召还入内阁（拜相），第二年升次相，1571年5月首相李春芳退休，高拱任首相。

1572年6月，高拱罢相，张居正任首相。

在徐阶和高拱的政治斗争中，海瑞对这两个人的看法是不正确的，对徐阶只看到他好的一面，对高拱呢，恰好相反，没有看到他好的一面。许多年后，海瑞自编文集，在骂高拱的信后附记："一时误听人言，二公心事均未的确。"改变了对两人的看法，也承认了自己的错误。

1572年张居正做了首相，一直到1582年病死为止。

张居正是1567年2月入阁的。1569年海瑞在应天巡抚任上时，他在内阁中是第三名，对海瑞的行政措施不很赞成。虽然张居正在贯彻一条鞭法这一方面和海瑞一致，但是，用行政命令强迫乡官退田，却不能同意。写信给海瑞说：吴中不讲三尺法已经很久了，你一下子要矫以绳墨，当然他们受不了，谣言沸腾，听的人都弄糊涂了。底下说他不能帮什么忙，很惭愧。意思是嫌海瑞太性急，太过火了。1577年张居正父亲死了，按封建社会礼法，是必须辞官回家守孝的，他不肯放弃权位，叫人说通皇帝，照旧在朝办事，叫作"夺情"。这一来激怒了那些保卫封建礼法的正人君子们，认为是不孝，纷纷抗议。海瑞名气大，又敢说敢为，虽然远在广东琼州，苏州一带的文人们却假造了海瑞反对张居正的弹劾信，到处流传。到后来虽然查清楚和海瑞无关，张居正却也恨极了海瑞。有人建议重用海瑞,他都反对。

尽管如此,高拱对海瑞的评论说:海瑞做的事,说是都好,不对。说是都不好呢?也不对。对他那些过激的不近人情的地方,不加调停(纠正)是不好的。但是,要把他那些改革积敝、为民做主的地方都改掉了,则尤其不可。张居正也说:"海刚峰(刚峰是海瑞的字)在吴,做的事情虽然有些过当,而其心则出于为民。"

地主阶级反对海瑞是当然的,例如何良俊,是华亭(松江)的大地主,父亲是粮长,徐阶的同乡。本人是贡生,是个乡官。他家大概也吃过海瑞的苦头,对海瑞是有意见的,说海瑞性既偏执,又不能和人商量(不和大地主商量),喜自用。而且改革太快,所以失败。不说他做的事情好不好,只骂他搞快了。又说海瑞有些疯颠,寡深识,缺少士大夫风度。说海瑞只养得些刁诈之人(贫农、中农),至于数百为群,闯门要索,要索不遂,肆行劫夺。若善良百姓(富农、地主),使之诈人,尚然不肯,况肯乘风生事乎!此风一起,士夫之家,不肯买田,不肯放债,善良之民,坐而待毙,则是爱之实陷之死也。怎能说是善政呢?幸亏海公转任了,此风稍息,但是人心动摇,到今天还没有安定下来。骂他搞糟了。

何良俊的《四友斋丛说》序文写于1569年,正是海瑞任应天巡抚这一年。他写的这几条批评,按语气应在1570年和1571年,书大概是这年以后刻的。他尽管站在大地主立场,骂了海瑞,但毕竟不能不说几句公道话:"海刚峰不怕死,不要钱,真是铮铮一汉子!"又说:"前年海刚峰来巡抚,遂一力开吴淞江,隆庆四年、五年(1570、1571)皆有大水,不至病农,即开吴淞江之力也。非海公肯担当，安能了此一大事哉！"松江一带乡官兼营工商业，海瑞要加以限制，何良俊认为"吾松士大夫工商不可谓不众矣，民安得不贫哉！海刚峰欲为之制数度量，亦未必可尽非"。

海瑞也还有几个支持他的朋友，一个是1565年入阁的李春芳，第二年升次相，1568年任首相。海瑞疏浚吴淞江和救灾等工作都曾得到李春芳的支持。另一个是朱衡，从任福建提学副使时，就很器重海瑞，后来做吏部侍郎（管铨叙官吏的副部长）推荐海瑞做兴国知县，户部云南司主事；到做了工部尚书（管建筑工程的部长），还支持海瑞大搞水利。一个是陆光祖，海瑞从兴国知县内调，就是他当吏部文选司郎中（吏部的司长）时的事。

在海瑞闲居家乡的时候，有些支持他的人，纷纷建议起用。这些人虽然不一定是他的朋友，但在事业上可以这样说，是同情和崇敬海瑞的。

海瑞是同官僚地主作斗争的。既然如此，为什么官僚地主中又有人称赞他呢？这一方面是由于海瑞在人民中间的威望，一方面也是由于海瑞的斗争究竟还没有突破封建制度所能容许的限度。海瑞在主观上和客观上都还是忠君爱国的，所以何良俊说："海刚峰之意无非为民，为民，为朝廷也。"他和官僚地主有矛盾的一面，但也有一致的一面，因之，有些官僚地主们在大骂、排挤、攻击之后，也还是说海瑞一些好话。

斗争的一生

海瑞的一生是斗争的一生，他反对坏人坏事，不屈不挠，从不灰心丧气，勇敢地把全生命投入战斗。

海瑞，广东琼山人。先世是军人。祖父是举人，做过知县。父亲是廪生，不大念书也不大理家的浪子，在海瑞四岁时便死去了。叔伯四人都是举人，其中一个中了进士，做过御史。

海瑞虽然出生在这样一个官僚家庭，但家境并不好，祖上留下十多亩田地，光收些租子是不够过活的。他母亲谢氏生性刚直严肃，二十八岁死了丈夫，便自己抚育孤儿，做些针线贴补过日子。教儿子读《孝经》《大学》《中庸》这些书。儿子长大了，尽心找严厉通达的先生，督责功课很严格。

这样，海瑞虽然出身于地主阶级，但生活并不宽裕，和穷苦人民接触的机会多，同情贫农、中农，对大地主有反感。另一面，他受了严格的封建教育，遵守封建礼法，在政治上也必然道往古、称先王，维护封建统治阶级的利益。

他不是哲学家，但深受王阳明的影响。当时正是王学盛行的时代，师友中有不少人是王派学者。王学的要点除了主要方面是唯心主义以外，还有提倡知行合一、理论和行动一致的积极方面。海瑞也主张德行属行，讲学属知，德行好的道理也会讲得好，真实读书的人也不肯弃身于小人，知和行绝不是两件事。因此，他一生最恨的是知和行不一致的人，这种人明知是好事而不敢做，明知是坏事而不敢反对，遇事站在中间，逃避斗争，甚至脚踏两头船，一味讲调停，和稀泥。这种人他叫作乡愿，客气一点叫甘草。在《乡愿乱德》一文中说："善处世则必乡愿之为而已。所称贤士大夫，不免正道、乡愿调停行之。乡愿去大奸恶不甚远。令人不为大恶，必为乡愿，事在一时，毒流后世，乡愿之害如此！"他以为孟子之功，不在禹下，以恶乡愿为第一。到处揭露乡愿的罪状，在坐牢以前，去看同乡翰林院庶吉士王宏诲，痛心地说:"现在医国的只一味甘草,处世的只两字乡愿。"这时候当国的首相便是徐阶。后来他在给徐阶的儿子信里也说:"尊翁以调停国手自许,然调停处得之者少,调停处失之者多。"

在《严师教戒》文章中,他指出批评的好处,要求批评,接受批评:"若人能攻我之病,我又能受人之攻,非义友耶?"自问自答,提出做人的标准,不白白活下去的意义:"有此生必求无忝此生,而后可无忝者。圣人我师,一一放而行之,非今所竞跻巍科,陟仕之谓也。……入府县而得钱易易焉,宫室妻女,无宁一动其心于此乎?昔有所操,今或为恼恼者一易之乎?财帛世界,无能屹中流之砥乎?将言者而不能行,抑行则愧影,寝则愧衾,徒对人口语以自雄乎?质冕裳而有媚心焉,无能以义自亢乎?参之衣狐貉而有耻心焉,忘我之为重乎?或疚中而气馁焉,不能长江大河,若浩然而莫御矣乎?小有得则矜能,在人而忌,前有利达,不能无竞心乎?讳己之疾,凡有所事,不免于私己乎?穷天地、亘古今而不顾者,终亦不然乎?夫人非无贿之患,而无令德之难。于此有一焉,下亏尔影,上辱尔先矣。天以完节付汝,而汝不能以全体将之,亦奚颜以立于天地间耶?俯首索气,纵其一举,而终已于卿相之列,天下为之奔趋焉,无足齿也。呜呼!瑞有一于此,不如此死!"大意是:"人不要白活着,要照着圣人的话,一一学着做。不白活着并不是说要中高科,做大官。你到了府县衙门,弄钱很容易,好房子,美丽的妇女,你会动心吗?从前怎么说的,会动摇吗?钱财世界,你挺得住吗?或者只会说可不会做,白天看自己的影子,晚上在床上都觉得惭愧,只会对人说空话充好人?看见大官想巴结,在穿狐皮袍子的人群中觉得自己寒碜,心虚气馁,说的话不成气派;小有成绩便骄傲起来,别人做了顺利的事,便想抢先;掩盖自己的毛病,干什么都存私心;顶天立地的事业,想也不肯想,要知道没钱不是毛病,没德才是毛病!这些事只要有这么一条,便对不住自己,也对不住祖先!上天生你这个人是完全的,但是你把它弄残缺了,毁了自己,你还有脸活在天地间吗?做了这些事,即使做到卿相,天下人都为你奔走,也是不值得的。唉!我要是犯了以上任何一条过错,还不如死的好。"这是他在做县学教谕时对学生的教约,此后几十年,他的生活、行事都一一照着检查自己,照着做,没有一句话没有做到。

他是个唯心主义者,认为"君子之于天下,立己治人而已矣。立己治人孰为之?心为之,心自知之。若得失,心自致之。虽天下之理无微不彰。"在教学上学王阳明,把"训蒙大意"作为教育方针,在行政措施上,也采用了王阳明的保甲法。

中了举人以后,做福建南平县学教谕(校长),主张学校是师长教学生的地方,教师有教师的尊严,不该向上官磕头。提学御史到学校来了,别的人都跪下,只有他站在中间,像个笔架,以后得了外号,叫笔架博士。

升任浙江淳安知县,反对大地主。

淳安山多地少,地方穷苦。地主往往有三四百亩的田产,却没有分毫的税,贫农收不到什么粮食,却得出百十亩的税差。由之富的愈富,穷的就更穷了。徭役也是十分繁重,每丁少的出一两二钱银子,多的要十几两,弄得"小民不胜,惟悴日甚"。解决的办法是清丈,根据实有土地面积,重新规定赋役负担;是均徭,均是按照负担能力分配,按力量多少分配,没有力量就不要负担了。这样,农民的负担才减轻了些,地主们可不乐意了。

此外，他还做了不少事，改革了许多敝政。几年后，他总结经验，把这些措施编成一部书，叫作《淳安政事》。

特别传诵一时的有两件事。

一件是拿办总督胡宗宪的公子。这位少爷路过淳安，作威作福，吊打驿吏。海瑞没收他带的大量银子，还报告胡总督说：此人冒充总督公子，胡作非为，败坏总督官声。弄得胡宗宪哭笑不得，只好自认倒霉。

一件是挡了都御史鄢懋卿的驾。鄢懋卿是严嵩的党羽，以都御史奉命出来巡查盐政，到处贪污勒索，还带着小老婆，坐五彩舆，地方疲于供应。海瑞捡了鄢懋卿牌告上两句照例官话，说淳安地方小，容不下都老爷的大驾。牌告说："素性俭朴，不喜逢迎。"但是听到你以前所到地方，铺张供应，并不如此。怕是地方官瞎张罗的缘故。一封信把鄢懋卿顶回去，绕道过去，不来严州了。

连总督、都御史都敢惹，海瑞的名声逐渐传开了。封建时代的老百姓是怕官的，更怕大官。如今居然有不怕大官，敢顶大官的小官，敢替老百姓撑腰说话的小官，这个官自然就得到老百姓的爱戴了。

加上，海瑞很细心，重视刑狱，审案着重调查研究，注意科学证据和人情事理，几年中平反了几件冤狱。上官因为他精明，连邻县的疑难案件也调他会审了。这些案件的判决书后来都收在文集里，小说家剧作家选取了一些，加以渲染，几百年来在舞台上为人民所欣赏。《大红袍》《小红袍》《生死牌》《五彩舆》和一些公案弹词在民间流传很广，叫作公案小说。也正因为公案小说的流传，海瑞在政治上的作为反而被公案所掩盖了。

因为得罪了胡宗宪、鄢懋卿，虽然治理淳安的政绩很好，还是被排挤调职。1562年海瑞升嘉兴通判，鄢懋卿指使党羽弹劾，降职为江西兴国知县。

在兴国一年半，办了不少好事，清丈了田亩，减少了冗官，减轻了人民的负担。其中最快人心的事是反对乡官张鏊。

张鏊做过兵部尚书，在南昌养老享福。张鏊的侄子张豹、张魁到兴国买木材，作威作福，无恶不作。老百姓气苦得很。海瑞派人传讯，他们倚仗叔父威势，不肯来。一天忽然又跑到县衙门大闹。海瑞大怒，拿下张豹，送到府里，反而判处无罪。张鏊出面写信求情，海瑞不理。张鏊又四处求情设法，这两个坏蛋居然摇摇摆摆回家去了。海瑞气极，写信向上司力争，终于把这两个坏蛋判了罪。

1564年海瑞做了京官，户部云南司的主事。（户部按布政使司分司，云南司是管这一政区的税收的。）

两年以后，他弄清了朝廷的情况，写信给嘉靖帝，提出严厉批评，指斥皇帝迷信道教，妄想长生，二十多年不上朝，自以为是，拒绝批评，弄得君道不正，臣职不明，吏贪将弱，暴动四起。你自号尧斋，其实连汉文帝也赶不上。嘉靖帝看了，气得发昏，丢在地下，想了又想，又捡起来看，觉得说中了毛病。叹口气说："这人倒比得上比干，只是我还不是纣王啊！"

海瑞早就准备好后事，连棺材都托人买了。嘉靖帝一听说这样，倒愣住了。不过后来还是把他关在牢里。嘉靖帝死后，海瑞被释出狱。

1569年6月，海瑞以右佥都御史巡抚应天十府。应天十府包括现在江苏安徽两省大部分地方，巡抚驻在苏州。

海瑞投身到一场激烈的斗争中,他要对大地主,对水灾进行斗争。

这一年江南遭到严重水灾,夏秋多雨,田地被淹,粮食涨价,农民缺粮逃亡,情况很不好。

江南是鱼米之乡,号称全国最富庶的地方。但实际上百姓生活很困苦,因为历史的关系,粮、差的负担特别重,加上土地集中的现象这二十年来特别显著,大地主占有的土地越多,人民的生活便越困苦。特别是松江,乡官田宅之多、奴仆之众,两京十二省找不出第二个。一上任,告乡官夺产的老百姓就有几万人。"二十年来,府县官偏听乡官、举人、监生,民产渐消,乡官渐富。"真是苦难重重,数说不完。

怎么办?一面救灾,一面治水。

怎么办?要大地主退田,还给老百姓;贯彻一条鞭法。

救灾采工赈办法,把赈济和治水结合起来。闹灾荒粮食不够吃,请准朝廷,把应该解京的粮食留下一部分当口粮。闹水的原因,经过亲自勘察,是多年来水利不修,吴淞江淤塞了,太湖的水排不出去,一遇特大雨量,便泛滥成灾,得立刻疏浚。说做就做,趁冬闲开工,他坐上小船,到处巡视督工,灾民一来上工有饭吃,二来工程搞好可以解决水患,变为水利,热情很高,进度很快,不到一个月就完工了。顺带地把吴淞江北面常熟的白茆河也疏浚了。这两项工程对人民,对生产好处很大。并且用的钱都是海瑞从各方面张罗来的,没有加重人民负担。以此,人民很喜欢,很感激。

这样,他战胜了灾荒,也兴修了水利。

最困难的还是限制大地主的过分剥削。要大地主退还侵占农民的田地，等于要他们的命；不这样做，农民缺地无地，种什么，吃什么？海瑞采用了擒贼先擒王的办法，先从松江下手，先拿江南最大的地主乡官徐阶兄弟做榜样，勒令退田。这一来，乡官和大地主害怕了，着慌了，有的逃到外州县躲风头，有的只好忍痛退田。李贽记载这一件好事，加以总结，赞扬说："海瑞卵翼穷民，而摧折士大夫之豪有力者，小民始忻忻有更生之望矣！"老百姓有活路了，大地主们却认为是死路。好事才开头，便被徐阶釜底抽薪，海瑞罢职了。贼没全擒到，反而丢了官，这是海瑞所没有预料到的，也是封建社会统治阶级利益所决定的必然的下场。

解决人民生活问题的关键，在海瑞看来，无过于贯彻执行一条鞭法。这个办法不是海瑞创始的，已经有好几十年历史了，并且各地办法也不尽相同。主要的方面是把过去田赋的各项各款，均徭、力差、银差、里甲等都编在一起，通计一省丁、粮，通派一省徭役，官收官解，除秋粮以外，一律改折银两交纳。简言之，就是把复杂的赋役制度简化了，把实物赋税的大部分改为货币赋税。这个办法不只可以减轻农民的负担，还可以增加国家的收入，并且，在经济发展过程中也是有进步意义的。例如过去南粮北运，由于当时交通困难，运费由农民负担，往往超过正税很多，现在改折银两，省去昂贵的运输费用，人民的负担也就相应减轻了。又如徭役，实行新法以后，不问银差、力差，只要交了钱，由官府雇工应差，农民也就可以安心生产，不再受徭役的挂累了。这样做，对生产的促进是有好处的。只是对大地主不大好，因为按照新法，大地主有些地方的负担，不是减轻，而是加重了，反对的意见很多。海瑞不顾地主们的反对，坚决执行，终于办成了。成绩是田不荒了，人不逃了，钱粮也不拖欠了，生产发展了。当时的人民很高兴，很感激。后来史家的记载也说："行条鞭法，遂为永利。"

应该指出，一条鞭法并不是摧毁封建剥削制度的办法。但是，这个办法简化了项目和手续，比较地平均了土地的负担，特别是减轻了贫农、中农和城市平民的某些负担，对生产的发展是有益的，因而，也是有民主意义和进步意义的。因此，海瑞是当时人民心目中的好官，是历史上有地位的政治家。

海瑞只做了七个月巡抚，便被大地主阶级撵下台，在家乡闲居了十六年。

万历十年（1582）六月，张居正死。万历十三年，海瑞已经七十二岁了，被荐任用为南京都察院右佥都御史，还没到任，又调任南京吏部右侍郎。照一般道理说，七十多岁的老人该退休了，但是，他想了又想，好容易才有着实做一点事的机会，虽然年纪大了，精力差了，还是一股子干劲，高高兴兴到南京上任。

明朝体制，南京是陪都，虽然也和北京一样，有五府、六部、都察院等衙门，但不能决定国家大政，是安排年老的和政治上失势官员的地方，比较清闲。海瑞却并不因为闲官就无所作为，一到职就改革敝政，把多年来各衙门出票要街道商户无偿供应物品的陋规禁止了。他说："要南京五城的百姓，负担南京千百个官员的出入用度，难怪百姓苦了！吏部是六部之首，怎么能不先想到百姓？"

当时贪污成为风气，严嵩父子虽然垮了，但从宫廷到地方，依然贿赂公行，横征勒索。海瑞一辈子反对贪污，从做教官时起，就禁止学生送礼，做县官革去知县的常例（摊派在田赋上补贴县官的陋规，一种合法的贪污）。拒绝给上官行贿，有人劝他随和一些，他愤然说："全天下的官都不给上官行贿，难道就都不升官？全天下的官都给上官行贿，又难道都不降官？怎么可以为了这个来葬送自己呢？"又说："充军也罢，死罪也罢，都甘心忍受。这等小偷行径，却干不得！"知县上京朝觐，照例可以从里甲、杂项摊派四五百两银子以至上千两银子，以便进京行贿，京官把朝觐年看成是收租的年头。海瑞在淳安任上两次上京，只用了路费银四十八两，其他一概裁革。做巡抚时，拒绝人家送礼，连多年老朋友送的人情也婉言谢绝。做了多年官，过的依然是穷书生的日子。在淳安，有一天买了两斤肉，为他母亲过生日，总督胡宗宪听见了，大为惊奇，当作新闻告诉人。罢官到京听调，穿的衣服单薄破烂，吏部的熟人劝他，才置了一件新官服。祖上留下十多亩田地，除了母亲死时，朋友送一点钱添置一点墓田以外，没有买过一亩地。买了一所房子，用银一百二十两，是历年官俸的积余。死前三天，兵部送来柴火银子，一算多了七钱银子，立刻退回去。死后，同官替他清点遗物，全部家财只有新俸银一百五十一两（一说只有十多两），绫、绸、绢各一匹，连丧事都是同官凑钱办的；看见这种情景，人们都忍不住掉下眼泪。

海瑞一生积极反对贪污，反对奢侈，主张节俭，生活朴素，是言行一致的极少见的清官。他恨极了贪官污吏，认为这是人民遭受苦难的根源，要根绝贪污，非用重刑不可。相反，像过去那样，准许贪污犯用钱赎罪，是解决不了问题的。建议恢复枉法赃满八十贯（千）处绞的法律。还提到明朝初年，严惩贪污，把贪污犯剥皮的故事。这一来，贪官污吏恐慌了，着急了，生怕海瑞剥他们的皮，联合起来，反对海瑞。

升任都察院右都御史以后，海瑞整顿纪纲，援引明太祖时的办法，用板子打御史。贪污犯房寰怕海瑞揭发，弹劾海瑞，把海瑞骂得不像人，引起了三进士的抗议。攻击的和为海瑞申雪的人吵开了，统治阶级内部发生严重争论，当国的宰相呢，依然是徐阶的手法，两面都不支持，也不得罪，不参加斗争，希望"调停"了事。最后，房寰的贪污事实被全盘揭露，遮盖不得了，才把他免职，这已经是海瑞死后的事了。

明末人谈迁记这场争论说："时人大为瑞不平，房寰今传三世而绝。"说房寰绝后是因为做了坏事。这虽然是迷信的说法，但是也可以看出当时和以后，有正义感的知识分子是同情海瑞，支持海瑞，歌颂海瑞的。

从当教官时不肯跪接御史时起，一直到建议严惩贪污，海瑞度过了他斗争的一生。

他反对乡官、大地主的兼并；反对严嵩、鄢懋卿的败坏国事，也反对徐阶的"调停"、"圆融"；他反对嘉靖帝的昏庸，只求无望的长生，不理国家政事；也反对地方官的额外需索，增加人民痛苦；他反对奢侈浪费；反对乡愿，总之，他反对坏人坏事。虽然他所处的是那样一个时代，还是坚持自己的信念，不屈不挠地斗争到死。

当时人对他的看法，不是说他做得全不对，而是说过火了一些，做过头了，偏了，矫枉过直了！他不同意，反而说就是要过火，就是要过直，不如此，风气变不过来。在给人的信中说："矫枉过直，古今同之。不过直，不能矫其枉。然生之所矫者，未见其为过直也。"而且："江南粮差之重，天下无有，古今无有。生至地方,始知富饶全是虚名,而苦楚特甚。其间可为百姓痛哭,可为百姓长太息者,难以一言尽也。"这种情况,光是要大地主退还一点非法侵占的田地,又怎么能说是过火,过直呢?应该说是不够,而不是什么过直。就当时当地的情况说,就当时苦楚特甚,可为痛哭,可为长太息的百姓说,过直应该是好得很,而不是糟得很。

当时农民暴动已经发生了。他把农民暴动的原因,明确指出是因为官坏:"广寇大都起于民穷,民穷之故多端,大抵官不得其人为第一之害。"慨叹地说:"今人居官,且莫说大有手段,可为百姓兴其利,除其弊。只是不染一分一文,禁左右人不得为害,便出时套中高人者矣。"把对官的要求降低到不求做好事,只要不做坏事,不贪污,也就难得了。又说:"今人每谓做官自有套子,比做秀才不同,不可苦依死本。俗人俗见,谬妄之甚!区区惟愿……执我经书死本,行己而已。如此不执,虽熟人情,老世故,百凡通融,失己失人,全无用处。"痛斥当时的社会风气,在思想上进行坚决的斗争。

当然,光是执我经书死本,说往古,道先王,是解决不了当前的问题的。要求官吏不落时套,不做坏事,不贪污,不讲人情世故,不百凡通融,而不从社会的根本变革出发,也是不可能成功的。同样,不改变生产关系,简单地要求大地主退还侵占农民的部分田地,少剥削些,农民的苦楚减轻一些,无论事实上做不到,即使做到了,也还是封建的剥削的社会,地主剥削农民的关系依然不变,问题还是没有解决,也是不可能解决的。在当时情况下,这是不可能解决的社会矛盾。海瑞虽然感觉到问题严重,必须坚决地和坏人坏事进行斗争,但是,他没有也不可能从本质上认识和解决这个矛盾。这是时代的矛盾，也是海瑞被大地主阶级的代表们所排挤、攻击，而又取得另一部分地主阶级同情、支持的道理。

海瑞是封建统治阶级的左派，和右派及中间派进行了长期的斗争。尽管遭受多次失败，有时候很愤慨，说出了"这等世界，做得成甚事业！"的气话。但在闲居十六年以后，有重新做事业的机会，他又以头童齿豁的高年参加了。不气馁，不服老，不怕挫折，真是"铮铮一汉子"。

海瑞的历史地位

海瑞在当时，是得到人民爱戴，为人民所歌颂的。

他反对贪污，反对奢侈浪费，主张节俭，搏击豪强，卵翼穷民，主持清丈田亩，贯彻一条鞭法，裁革常例，兴修水利，这些作为对农民，特别对贫农、中农是有利的。农民爱戴他，歌颂他是很自然的。他对城市人民，主要是商户，裁减里甲负担，禁止无偿供应物品等，这些措施对减轻城市工商业者的负担，是有好处的。城市人民爱戴他，歌颂他，也是很自然的。此外，他还注意刑狱，特别是人命案件，着重调查研究，在知县和巡抚任上，都亲自审案，处理了许多积案，昭雪了许多冤狱。对农民和地主打官司的案件，他是站在农民一边的。海知县、海都堂是当时被压抑、被欺侮、被冤屈人们的救星。他得到广大人民的称誉、赞扬，被画像礼拜，被讴歌传颂，死后送丧的百里不绝。他的事迹，主要是审案方面的故事，一直到今天，还流传在广大人民中。

尽管海瑞在他的时代，曾经遭受攻击、排挤、辱骂，坐过牢，丢过官，但是，就封建统治阶级内部来说，他也还是被一部分人所歌颂的，赞扬的。不只是有些青年人仰慕他，以为是当代伟人，连某些反对他的人，大地主阶级的某些代表人物，如高拱、张居正、何良俊等人，都不能不对他说一些好话。死后，被谥为忠介，皇帝派官祭奠，祭文里也说了一大堆赞扬肯定的话。当时的史家何乔远、李贽都写了歌颂他的传记。清修《明史》也把他列入大传，虽然说他行事不能无偏，有些过火，但又说他从做知县一直到巡抚，做的事用意主于利民，也是肯定的。

海瑞在历史上是有地位的。

这样的历史人物，从今天来说，建设社会主义的新时代，该不该肯定，该不该歌颂？

答案是应该肯定，应该歌颂。

评价历史人物，应该从当时当地的情况出发，应该从这个人的作为是否有利于当时的人民、当时的生产出发。从以上的分析，从明朝嘉靖到万历初期这几十年间，从当地，海瑞做过官的地区，江苏、安徽、浙江、江西、福建，那时代那地区的人民，以至更广大地区的人民，是爱戴、歌颂海瑞的。反对他的人也有，只是极少数的大地主大官僚。他的主张和措施，有利于当时人民，有利于当时生产，而不利于某些大地主的兼并，不利于某些大地主的逃避赋役，转嫁给穷苦人民的恶劣勾当。

为广大人民所爱戴、歌颂，为少数大地主大官僚所攻击、反对，这样的人物，难道还不应该为我们所肯定，所歌颂吗？

我们肯定、歌颂他一生反对坏人坏事；肯定、歌颂他一生反对贪污，反对奢侈浪费，反对乡愿；我们肯定、歌颂他一生处处事事为百姓设想，为民谋利；我们肯定、歌颂他一生不向困难低头，百折不挠的斗争精神；我们肯定、歌颂他一生言行一致，里外如一的实践精神。这些品质，都是我们今天所需要学习和提倡的，而且只有社会主义时代，这些品质才能得到充分的发扬，虽然我们今天需要的海瑞和封建时代的海瑞在社会内容上有原则的不同。

在今天，建设社会主义社会的今天，我们需要站在人民立场、工人阶级立场的海瑞，为建成社会主义社会而进行百折不挠斗争的海瑞，反对旧时代的乡愿和今天的官僚主义的海瑞，深入群众、领导群众、鼓足干劲、力争上游的海瑞。

这样，封建时代的海瑞，还是值得我们今天学习的。

但是，绝不能也不许可假冒海瑞，歪曲海瑞。海瑞是为当时人民办好事的，一生反对坏人坏事，从没有反对过好人好事。即使在徐阶和高拱的斗争中，他没搞清楚，对徐阶只看到好的一面，不知道他坏的一面，对高拱只知道他的缺点，没有弄明白他的政治品质好的一面，作了错误的支持和抨击。但是，几年以后，弄清楚了，就自己检查，承认了错误，并且在行动上改正了这个错误。

今天有些人自命海瑞，自封"反对派"，但是，他们同海瑞相反，不站在今天人民方面，不站在今天的人民事业——社会主义事业方面，不去反对坏人坏事，却专门反对好人好事，说这个搞早了，搞快了，那个搞糟了，过火了，这个过直了，那个弄偏了，这个有缺点，那个有毛病，太阳里面找黑子，十个指头里专找那一个有点毛病的，尽量夸大，不及其余，在人民群众头上泼冷水，泄人民群众的气。这样的人，专门反对好人好事的人，反对人民事业的人，反对社会主义事业的人，不但和历史上的海瑞毫无共同之点，而且恰好和当年海瑞所反对而又反对海瑞的大地主阶级代表们的嘴脸一模一样。广大人民一定要把这种人揪出来，放在光天化日之下，大喝一声，不许假冒！让人民群众看清他们的右倾机会主义的本来面目，根本不是什么海瑞！

这样看来，研究海瑞，学习海瑞，反对对于海瑞的歪曲，是有益处的，必要的，有现实意义的。

原载《人民日报》
1959 年 9 月 17 日

况钟和周忱

一 从《十五贯》说起

1956年浙江昆苏剧团上演了改编的昆曲《十五贯》之后,各地其他剧种也纷纷改编上演,况钟这个封建时代的好官,逐渐为成千上万的观众所熟识了。这戏中另一个好官周忱,是况钟的上司和同乡,也被赋予和况钟不同的性格,成为舞台上的人物。

《十五贯》成功地塑造了况钟这个历史人物,刻画了他的性格、思想感情。他通过具体分析,进行现场调查研究,得出正确结论,终于纠正了主观主义、官僚主义的错误判断,平反了冤狱,为人民办了好事。这个戏形象地突出了反对主观主义、反对官僚主义这个主题,是具有现实的教育意义的,是个好戏。

但是,《十五贯》这个故事,其实和况钟并不相干。

《十五贯》的故事出自《宋元话本》的《错斩崔宁》,大概是宋朝的故事。明朝末年,有人把这故事编在一部书里,题名为《十五贯戏言成巧祸》,清初的戏剧家朱素臣又把它改编为《十五贯传奇》。现在上演的本子,是根据朱素臣的本子改编的。从故事改编的发展来说,一次比一次好,迷信成分去掉了,复杂的头绪减少了,人物的形象更典型了,深刻了,也就更生动了;艺术感染力量更强烈了;教育主观主义、官僚主义者的效果也就更好了。

那么，问题就来了，《十五贯》既然是宋朝的故事，况钟却是明朝人，从宋末到明前期，相差有一百几十年，为什么戏剧家一定要把这故事算在况钟名下呢？

这是因为况钟的确是历史上的好官，也的确替当时负屈的老百姓申过冤，救活了不少人命，在当时人民中威信很高。其次，朱素臣是苏州人，对《十五贯》的故事和况钟这个人物的传说都比较熟悉。戏剧家为了集中地突出故事情节，集中地突出历史人物，把民间流传已久的《十五贯》故事，和当时民间极有威望的好官况钟结合起来，一方面符合人民对于清官好官的迫切要求，一方面也反映了一定时期的历史情况，是完全可以允许的艺术处理。

正因为如此，这故事不但得到广大人民的喜爱，连况钟的子孙也认为确有其事了。况钟九世孙况延秀编的《太守列传编年》上说：

> 折狱明断，民有奇冤，无不昭雪。有熊友兰、友惠兄弟冤狱，公为雪之，阖郡有包龙图之颂，为作传奇，以演其事。惜一切谳断，不能尽传于世。

二　况青天

封建时代的官僚，被人民表扬为青天，是很不容易的事。

由于封建统治阶级一贯剥削、虐待人民，和人民对立，老百姓在平常时候，是怕官的。老百姓和官的关系是，一要完粮，二要当差，三呢，遭到冤枉要打官司。这三件事都使老百姓怕官，一有差错，就得挨板子、上夹板，受到种种非刑，关进班房，以至充军、杀头等，老百姓怎能不怕？

但是，一到了阶级矛盾十分尖锐，老百姓忍无可忍，团结起来暴动的时候，情况就完全改变了。人民自己已有了武装，也有了班房，那时候，老百姓就不再怕官了，害怕发抖的是官。以此，历史上每次农民起义，矛头总是首先针对着本地的官员，口号总有杀尽贪官污吏这一条。

由于封建统治阶级的统治基础是建立在对广大农民的剥削、掠夺上面的，封建官僚是为了地主阶级利益服务的；一切政治设施的最后目的，都是为了巩固和加强封建统治。这样，也就不难理解在封建官僚的压迫、奴役下，广大人民对于比较清明、宽大、廉洁政治的向往，对于能够采取一些措施，减轻人民负担，申雪人民冤枉的好官的拥护了。对于这样的好官，人民作了鉴定，叫作青天。

也正由于封建时代的青天极少，所以历史上屈指可数的几个青天，也就成为箭垛式的人物，许多人民理想中的好事都被堆砌到他们身上了。像宋朝的包拯，明朝的况钟和海瑞，都是著名的例子。

也还必须指出，尽管历史上出现了几个青天，是当时人民给的称号。但是，也绝不可以由此得出结论，以为青天就是站在人民立场的政治家。不是的，恰恰相反，他们都是为封建统治阶级利益服务的官僚，在这一点上，也和当时其他封建官僚一样，是和人民对立的。不过，由于他们的出身和其他关系，比较接近人民，了解人民的痛苦，比较正直，有远见，为了维持封建统治阶级的长远利益，缓和阶级矛盾，在不损害封建统治阶级的根本利益前提下,有意识地办了一些好事。这些好事是和封建统治阶级的长远利益一致的,也是和被压迫被剥削的广大人民当前利益一致的,对当时的生产发展,对历史的进展有好处的。因此,他们在当时被人民叫作青天,在历史上也就应该是被肯定的,值得纪念的,在某些方面,还是值得今天学习的人物。

况钟(1383—1442),江西靖安人。从1430年起任苏州知府,一直到1442年死在任上,连任苏州知府十三年。

苏州地方殷富,人口稠密,土地集中,人民贫困,阶级关系比较紧张。在况钟以前,做知府的不要说久任,连称职能够做满任期的也没有一个。况钟以后,也还出过几个好官,不过都比不上他这样有名,为人民所爱戴歌颂。

从唐宋以来,封建王朝任命官僚,主要是用科举出身的人,上过学,会写一定格式的诗、文,通过考试,成为叫作进士或者举人的知识分子。一般在衙门里办事的吏(科员),地位很低,只能一辈子做吏,是做不了官的。明朝初期,科举出身的人还不够多,官和吏的区别还不十分严格,以后就不同了。况钟的父亲是一家地主的养子。况钟从小也念过一点书,但没有考上学校。到成年以后,1406年被选作靖安县的礼曹(管礼仪、祭祀一类事务),一直做了九年的吏。他为人干练精明,通达事务,廉介无私,为县官所重视。也正因为他做了多年的吏,直接和人民打交道,不但了解民间痛苦,也深知吏的贪污害民行径,到后来做了官,便有办法来制裁这些恶吏了。

靖安知县和当朝的礼部尚书(管礼仪、祭祀、考试的部长)是好朋友,当况钟做满九年的吏,照例要到吏部(管任免、考核官员的部)去考绩的时候,靖安知县便写信给这个朋友,推荐况钟的才能。礼部尚书和况钟谈了话，也很器重，便特别向皇帝推荐。明成祖召见况钟，特任为礼部仪制司主事，以后升为郎中，一连做了十五年京官。

在这十五年中，况钟和当时许多有名的政治家来往，成为朋友，交换了对政治上的许多看法。其中主要的是江西同乡的京官。在封建时代，交通很不方便，官僚们对同乡是很看重的，来往较多，政治上也互相影响，这种关系称为乡谊，是一种封建关系。况钟的同乡中有许多是当权的大官，有声名的政治家，况钟深受他们的影响，在况钟以后的政治活动中，也得到他们的支持。

明成祖在打到南京，做了皇帝以后，任命七个官员替他管理机密事务，叫作"入阁"，后来叫作"拜相"。这七个人中有五个是江西人，其中泰和人杨士奇和况钟关系最深，南昌人胡俨、湖北石首人杨溥也是况钟的朋友。此外，江西吉水人周忱和况钟也很要好。

明成祖死后，三杨当国，三杨就是原来七人内阁中的三个，是杨士奇、杨溥和杨荣。这三人都是有能力的政治家，在他们当国时期，政治是比较清明的。

1430年，明封建王朝经过讨论，为了进一步加强统治，增加财政收入，认为全国有九个大府，人众事多，没有管好，其中特别是苏州府，交的税粮比任何一省都多，政治情况却十分不好，官吏奸贪，人民困苦，欠粮最多，百姓逃亡。要百官保举京官中有能力而又廉洁的外任做知府，来加强控制。礼部和吏部都推荐况钟，首相杨士奇也特荐况钟做苏州知府。为了加重况钟的权力，明宣宗还特别给以"敕书"（书面命令），许以便宜行事，并特许他可以直接向皇帝写报告，提建议。

我国在过去漫长时期是农业国，封建王朝的经济基础是农业。王朝的全部收入百分之九十以上出自农民交纳的粮食，服兵役和无偿劳役的也主要是农民。要是农民交不起粮或者少交粮了，农民大量逃亡外地，不当差役了，便会发生严重的政治危机，危害封建王朝的统治地位。

由于宋元以来的历史发展，东南地区的农业经济大大发展了，显出一片繁荣气象。况钟所处的十五世纪前期，正是明王朝的全盛时期。但是，这个地区的繁荣，这个时期的全盛都只是表面上的，内部却包含着严重的危机。

危机是农民负担过重。

就东南一带而说，农民负担之重居全国第一。这时全国的实物收入，夏税秋粮总数约三千万石，其中浙江一省占二百七十五万多石，约占全国收入十分之一弱。苏州一府七个县却占二百八十一万石，比浙江一省交的粮还多。松江府一百二十一万石，也很重。以苏州而论，垦田数只有九万六千五百零六顷，占全国垦田数百分之一点一，交纳税粮呢，却占全国税收的百分之九点五。

为什么江南地区的农民负担特别重呢？这是因为从南宋以来，由于这一带土地肥沃，经济发展，贵族、官僚用种种方法兼并土地，到了政治局面发生变化，旧的贵族、官僚被推翻了，他们所占有的土地就被没收为官田，经过多次变化，官田就越来越多，民田就越来越少了。到明太祖取得这带地方以后，又把原来的豪族地主的田地没收为官田，并且按私租收税，这样，这带地方的官田租税就特别重了。

民田的租税虽然也很重，但是农民向地主交租，多在本地，当天或者几天就可以来回，一改为官田，不但田租特别重，而且收的粮食要交官了，得由农民运送到指定的仓库交纳。在交通不便的情势下，陆运、水运，要用几个月以至更多时间，不但占用了大量劳动力，不能投入生产，而且交纳一石官粮，往往要用两三石以至四五石的运费，有时候遭风翻船了，或者被人抢劫，都得重新补交，所有这些巨大的运费和意外的赔垫，都要由农民负担，农民怎么负担得起？苏州农民因为官田特别多，负担就特别重。

苏州七个县完纳的二百八十一万石税粮中，民粮只有十五万石，官田田租最重的每亩要交三石粮。官粮中有一百零六万石要远运到山东临清交纳，有七十万石要运到南京交纳，运到临清的每一石要用运费四石，运到南京的也要六斗。这样残酷的剥削使人民无法负担，在况钟到苏州以前，四年的欠粮数就达到七百六十多万石。老百姓完不了粮是要挨板子，坐班房的，农民要活下去，就只好全家逃亡，流离外地了。

占全国税粮近十分之一的苏州，欠粮这样多，人口大量外流，是不能不严重地影响到封建王朝的统治基础的。首相杨士奇提出补救方案：蠲免欠粮，官田减租，清理冤狱，惩办贪官，安抚逃民，特派知府等六项措施。况钟就是在这样情况下，被特派到苏州执行这些措施的。

官田减租是得到明宣宗的同意，用诏书（皇帝的命令）下达全国的。但是，有人认为，减掉了租，就减少了王朝的收入，遭到封建统治阶级内部的反对，没有能够贯彻；蠲免欠粮，也同样行不通。隔了两年，还是没有解决。尽管明宣宗和杨士奇为了缓和阶级矛盾，巩固统治基础，下了极大决心要办，并且严厉申斥户部官员，不奉行减租免粮命令的就要办罪，还是办不了，办不好。

况钟在苏州坚决执行封建王朝的政策，在巡抚周忱的支持下，他多次提出官田减租和蠲免欠粮的具体办法，都被户部批驳不准。况钟并不妥协，坚持要办，一直到1432年3月，才得到批准，减去官田租七十二万一千六百多石，荒田租十五万石，官粮远运临清的减去六十万石，运到南京的改为驻军到苏州自运，连同其他各项。每年减省了苏州人民一百五十六万石的负担，假如连因此而省掉的运费、劳力计算，数目就更大了。这对苏州人民来说，确是一件了不起的大好事，对明王朝的统治来说，也确是起了巩固作用。而且，官田虽然减了一些租，因为不欠粮了，王朝的实际收入比前几年反而增加了。

由于官田田租减轻了，逃民回来后复业的就有三万六千六百多户。人民的生活虽然还是很苦，但是毕竟比过去稍微好了一些，生产情绪也提高了。他们欢欣鼓舞，感谢况钟的恩德，到处刻碑纪念这件好事。

况钟在人民中间的威信日益提高，主要的是他还办了以下这几件事：

第一是惩办贪吏。况钟是从吏出身的，精于吏事。在上任以后，却假装不懂公事，许多吏拿着案卷请批，况钟问他们该怎么办，都一一照批。吏们喜欢极了，以为这知府真好对付，以后的事好办了。况钟在经过充分的调查研究，弄清情况以后，过了一个多月，突然叫官员和吏们都来开会，当场宣读"敕书"，其中有"属员人等作奸害民，尔即提问解京"的话，就问这些吏，那一天你办了什么事，受了多少贿赂，对不对？一一问过，立时杀了六个。官员中有十二个不认真办事，疲沓庸懦的，都革了职。另外有几个贪赃枉法的，拿到京师法办。这一来，官吏们都害怕了，守法了，老百姓也少吃苦头了。人们叫他做青天。

苏州人民好容易有了一个青天，松了一口气。第二年，况钟的继母死了，按封建礼制辞官回家守孝。这一来，苏州的天又黑了，风气又变了，官们吏们又重新做坏事了，百姓又吃苦头了。他们想了又想，都是况钟不在的缘故，三万七千多人便联名请求况钟回来。隔了十个多月，况钟又被特派回到苏州，这一回用不着调查了，立刻把做坏事的官吏们都法办了，天又变好了，况钟更加得到人民的支持。

第二是清理冤狱。苏州有七个县，况钟每天问一个县的案，排好日程，周而复始，不到一年工夫，清理了一千五百多件案子，该办的办，该放的放，做得百姓不叫冤枉，豪强不敢为非，老百姓都叫他是包龙图再世。现在舞台上演唱的《十五贯》，虽然事实上和况钟无关，但确也反映了他在这一方面的工作作风，取得的成绩和威信，是符合历史实际的。

第三是抑制豪强。明朝制度，军民籍贯是分开的，军户绝了，要勾追原籍本家男丁补缺。封建王朝派的清军御史蛮横不讲道理，强迫平民充军，弄得老百姓无处诉冤，况钟据理力争，免掉一百六十个平民的军役，免掉一千四百多平民的世役，只是本身当军，不累及子孙。七县的圩田设有圩长圩老九千多人，大部分都是积年退役（在衙门做过事）的恶霸，这制度和这些人得到大官的支持，为非作恶，况钟不管上官的反对，也把它一起革除了。沿海沿江有些地方的军官，借名巡察河道，劫掠商船，为害商旅，况钟都一一拿办。

第四是为民兴利。苏州河道，淤塞成灾，况钟把它疏浚了，成为水利。人民因粮重贫困，向地主借高利贷，弄得卖儿卖女，况钟想法筹划了几十万石粮食，建立济农仓，每到农民耕作青黄不接的时候，便开仓借贷，每人二石，到秋收时如数偿还，遇有灾荒，也用这粮食赈济。又推广义役仓制度，用公共积累的粮食，供应上官采办物料的赔垫消费，免去中间地主们的剥削和贪污，从而减轻人民的负担。

况钟刚正廉洁，极重视细小事件，设想周密，不怕是小事，只要有利于百姓就做，对百姓有害的就加以改革。兴利除害，反对豪强，扶持良善，百姓敬他爱他，把他看作天神一样。第一次回家守孝，百姓想念他，作歌说：

况太守，民父母，众怀思，因去后，愿复来，养田叟。

又有歌说：

众人齐说使君贤，只剪轻蒲为作鞭，
兵仗不烦森画戟，歌谣曾唱是青天。

三年任满，到京师朝见，百姓怕他升官，很担心，到回来复任，百姓又唱道：

太守朝京，我民不宁，
太守归来，我民忻哉！

到九年任满，又照例到吏部候升，吏部已经委派了新的苏州知府了，苏州人民不答应，有一万八千多人联名保留况钟，结果，况钟虽然升了官，又回到苏州管知府的事。

况钟做了十三年知府，死的时候，老百姓伤心痛哭，连做生意的也罢市了。送丧的沿路沿江不绝。苏州和七个县都建立了祠堂，画像祭祀，有的人家甚至把他的画像供在家里。

生性俭朴，住的房子没有什么陈设，吃饭也只用一荤一素。做官多年，没有添置过田产，死后归葬，船上只有书籍和日用器物，苏州人民看了，十分感动。做官办事，不用秘书，一切报告文件都亲自动手，文字质直简劲，不作长篇大论，说清楚了就算。在请求官田减租的报告上，直率批评皇帝失信，毫不隐讳。

和巡抚周忱志同道合，他每次有事到南京，上岸时虽然天黑了，周忱也立刻接见，谈到深夜。况钟在苏州办的许多好事是和周忱的支持分不开的，周忱在巡抚任上办的许多好事，也有况钟的贡献在内。

三　周忱

周忱（1381—1453）从1430年任江南巡抚，一直到1451年，前后共21年，是明朝任期最长的封疆大员，最会理财最能干的好官。

他是进士出身，在刑部（管司法、审判的部）做了二十多年的员外郎（官名，专员），不为人所知。直到大学士（宰相）杨荣推荐为江南巡抚、总督税粮，才出了名。

周忱不摆官僚架子，接近人民，倾听群众意见，心思周密，精打细算，会出主意，极会办事，人民很喜欢他。

江南其他各府县，也和苏州一样，欠了很多税粮。周忱首先找老年农民研究，问是什么缘故。农民们说，交粮食照规矩得加"耗"（附加税），因为仓库存的粮食日子久了分量就减少了，加上麻雀老鼠都要吃粮食，这样，就会有耗损。官府把预计必有的耗损分量在完粮时附加交纳，叫作"耗"。但是，地主们都不肯交纳，光勒掯农民负担全部耗损，农民交纳不起，只好逃亡，税粮越欠越多了。

周忱弄清原因，就创立平米法，把完粮附加的耗米，合理安排，不管是地主是农民，都一律负担，又进一步由工部（管工程的部）制定铁斛，地方准式制造，凡是收放粮食都用同一的标准量器，革除了过去大斗进小斗出的弊病。农民交粮，一向由粮长（地主）经手存放运输，制度紊乱，粮长巧立名目，从中取利，农民负担便越发重了。周忱经过细心研究，制定一套办法，大大减少了粮长做坏事的机会，也减少了耗损。又精打细算，改进了粮食由水路运到北京的办法，节省了人力和粮食。把这些节约的粮食和多出的附加耗米单独设仓贮存，叫作余米，逐年积累，作为机动用费。又和况钟举办了济农仓，减免了苏州和其他各府的官田租粮。经过亲自考察，发现松江、嘉定、上海一带的河流淤塞，就用余米动工疏浚，兴办了许多水利工程。通过这些措施，人民负担减轻了，加上遇有天灾，可以得到及时的救济，不但荒年不必逃荒，连税粮也不欠了，仓库富足了，民生也安定了。

周忱遇事留心研究，找出关键问题，提出解决办法，随时改革不适用的旧办法，适应新的情况。他有便宜行事的职权，地方性和局部性的问题，可以全权管理，以此，他在江南多年，先后办了不少好事。

他有良好的工作习惯，每天都记日记，除记重要的事项以外，也记下这一天的气候，阴、晴、风、雨。有一回，有人谎说，某天长江大风，把米船打翻了。周忱说不对，这一天没有风，一句话把这案子破了。又有一回，一个坏人故意把旧案卷弄乱，想翻案。周忱立刻指出，你在某天告的状，我是怎么判决的。好大胆子，敢来糊弄人！这个坏人只好服罪。江南钱粮的数目上千上万，都记得很清楚，随时算出，谁也欺骗不了他。

也有全局观点，对邻近地区遇事支援。有一年江北闹大饥荒，向江南借米三万石，周忱算了一下账，到明年麦子熟的时候，这点粮食是不够吃的，借给了十万石。

1449年10月瓦剌也先败明军于土木（今河北怀来县），明英宗被俘，北京震动。当国的大臣怕瓦剌进攻，打算把通州存的几百万石粮食烧掉，坚壁清野。这时恰好周忱在北京，他极力主张通州存粮可以支给北京驻军一年的军饷，何不就命令军队自己去运，预支一笔军饷呢？这样，粮食保全住了，驻军的粮饷也解决了。

　　周忱还善于和下属商量办事，即使对小官小吏，也虚心访问，征求意见。对有能力的好官，如苏州知府况钟、松江知府赵豫、常州知府莫愚、同知赵泰等，则更是推心置腹，遇事反复商量，极力支持，使他们能够各尽所长，办好了事。正因为他有这样好的作风，他出的主意，想的办法，也都能通过这些好官，贯彻执行下去。

　　他从不摆大官架子，有时候有工夫，骑匹马沿江到处走，见到的人不知道他是巡抚。在江南年代久了，和百姓熟了，像一家人一样，时常到农村去访问，不带随从，在院子里，在田野里，和农夫农妇面对面说家常话，谈谈心，问问有什么困难，什么问题，帮着出主意。

　　周忱最后还是被地主阶级攻击，罢官离开江南。他刚离开，户部立刻把他积储的余米收为官有，储备没有了，一遇到灾荒、意外，又到处饿死人了。农民完不起粮，又大量欠粮了，逃亡了。百姓越发想念他，到处建立生祠，纪念这个爱民的好官。

　　过了两年，周忱郁郁地死去。

原载《人民文学》
1960 年 9 月号

戚继光练兵

戚继光（1528—1587）是十六世纪后期抗倭的名将，谁都知道。但是他后来在北边十六年，训练边兵，保障国境安宁这一段史事，却为他自己以前抗倭的功绩所掩盖了，不大为人所知。

隆庆二年（1568），戚继光以都督同知被任命为总理蓟州、昌平、保定三镇练兵事，负责北边边防。

在抗倭战争时代，卫所官军腐朽了，不能打仗了。戚继光招募浙江金华义乌一带农民，教以击刺法，长短兵迭用；又以南方多水田薮泽，不利于驰逐，就根据地形，制定阵法；讲求武器精利，练成一支敢战能战的精兵，当时戚家军屡战屡胜的威名，是全国皆知的。

现在，他到北方来了，面对的地形有平原，有半险半易的地形，有山谷厄隘，各种地形都有。敌人呢，是擅长骑马射箭的，也和倭寇不同。用在南方打仗的一套办法来对付新的情况行吗？

经过调查研究，深思熟虑，他制定了一套新的训练办法。首先针对边军畏敌、争功的毛病，把军队重新加以组织，节制严明，有功必赏，有过必罚。行伍、旌旗、号令、行军、扎营都逐一规定了制度。每天下场操练，务要武艺娴熟。他指出："教练之法，自有正门，美观则不实用，实用则不美观。"专拿应付上官检阅那一套来对付敌人是不行的。

为了在防御战上取得优势，他采用了骑、步、车、辎重结合的战术。还制定了阵法，在不同地形都可运用。吸收了和倭寇作战的经验，采用了敌人的武器倭刀和鸟铳，把原来的火器"大将军"、佛朗机、快枪、火箭等都加以改进和提高。长短兵迭用的原则进一步得到发挥。

更重要的是使将士和全军都有共同的目标和信念，在练了两年兵，修筑了防御工事以后，他大会诸将，登坛讲话，三天之内把所有问题都讲透了，要诸将回去以后，传与军士，要人人信服，字字遵守，万人一心。同时编了一部书叫《练兵实纪》分发给每队，每队择一识字人诵训讲解，全队口念心记，充分地做好思想教育工作。

为了给废弛已久的边兵以纪律的榜样，他调来浙江兵三千，刚到便在郊外等候检阅，恰好这天下大雨，从早到晚一刻不停，三千兵像墙一样站着，没有一个乱动的，边军看了，大吃一惊，才懂得什么叫军令、军纪。

在戚继光以前，守边的将军十七年间换了十个，大都是打了败仗换的。戚继光在边镇十六年，敌人不敢入侵，北边安定。他走了以后，继任者继承他的成规，也保持了边方几十年的安定。

经验是从实践得来的，经过总结，提高成为理论。但是实际情况又千差万别，拿此时此地的经验硬应用于彼时彼地，就非碰壁不可。这里又有因时、因地、因人制宜的问题。戚继光在南方、北方军事上的成功，原因是善于从实践总结经验，更重要的是不以成功的经验硬用于不同的地点和敌人，而宁愿从头做起，以具有普遍性的理论原则来指导实践。在这一点上，戚继光练兵的故事在今天说来也还是可以给我们一些启示的。

原载《人民日报》
1962年5月29日

衍圣公和张天师

明王世贞《弇山堂别集》记明宪宗成化二年（1466），中国两个最有历史最受朝野尊敬的家族族长的故事。第一个是孔子的嫡系子孙衍圣公孔弘绪：

> 三月癸卯，衍圣公孔弘绪坐奸淫乐妇四十余人，勒杀无辜四人，法当斩。以宣圣故，削爵为民，以弟弘泰代官。

第二个是张道陵的嫡系子孙正一嗣教大真人张元吉：

> 四月戊午，正一嗣教大真人张元吉坐僭用器物，擅易制书，强奸子女，先后杀平人四十余人，至有一家三人者。坐法当凌迟处死。下狱禁锢。寻杖一百，戍铁岭。而子玄庆得袭。元吉竟以母老放归。

一个在山东，一个在江西，生在同一时代，同一罪名，奸淫杀人，而且判决书上还写着杀的是无辜平民。都因为有好祖宗，不但不受法律处分，连官也不丢，一个给兄弟，一个给儿子。这叫作法治？这叫作中国式的民主？

没有好祖宗，得硬攀一个。再不然，也得结一门好亲戚，此之谓最民主的国家之

国情有别。这两个故事也被记载在《明史》，不重引。

原载《历史的镜子》

献身于祖国地理调查研究工作的徐霞客

要做好任何工作，都要有调查，有研究。

我国古代有不少著名学者，他们之所以能够取得成就，就是因为认真做好了调查研究工作。

17世纪前期的地理学家徐霞客，以他的一生贡献给地理、地质科学的调查研究工作，写的《徐霞客游记》不但科学性强，文艺水平也很高，是研究祖国自然面貌的最珍贵的遗产。

徐霞客（1586—1641），名宏祖，字振之，霞客是他的别号，江苏江阴人。他家世世代代都是大地主，曾祖分家时分得田一万二千五百九十七亩，到祖父时家道中落，父亲和母亲时又成为大地主。霞客因为家庭生活优越，才能和当时的许多名人学者结交，收藏很多书籍，旅行各地，专心做地理、地质科学的调查研究工作。

霞客从二十二岁（1607）这年开始，便出外旅行，到过太湖、泰山、北京、南京、落迦山、天台山、雁宕（荡）山、白岳、黄山、武夷、九曲、庐山、仙游、嵩山、太华山、太和山、荆溪、勾曲、福建、罗浮山、盘山、五台山、恒山、江西、湖南、广西、贵州、云南等地，其中有些地方还去过多次，一直到死前几个月才因病从云南回家。概括地说，他的调查研究工作一直坚持了三十四年之久。

他有文学修养，文章和诗都写得好，但是，和一般地主家庭子弟不同，不参加考试，也不想做官。从儿童时起便喜欢读书，特别是地理书籍，心想到长大了便去游历名山大川，增长知识。到成年以后，认为过去的山经、地志，其中有些记载，由于没有经过实际调查，错误不少。特别是边疆地区，问题更多。要认识祖国的真正面貌，科学地记录地形地貌，一定要经过亲身观测考察。怀抱着这样的志愿，他开始了长期的艰苦的旅行生活。

他身体瘦长，面孔黑黑的，平时说话很少，但只要谈到山经、水脉、地理形势，便滔滔不绝了，像换了个人似的。有人告诉他什么地方应该去，他不说一声，第二天拔腿就走，过些日子回来，人家才知道他又旅行了一次了。在途中每天都写日记，详细记载这天所看到的事物，有时连续赶路，来不及每天写，也是抓住间息的机会补写。从他的游记看，五十二岁那年，还每天记千把字。当时著名学者钱谦益劝朋友印他的书，赞扬他："闻其文字质直，不事雕饰，又多载米盐琐屑，如甲乙账簿，此所以为世间真文字，万万不可改换，失却本来面目也。"从游记的文字看来，确是文字质直，生动流利，够得上世间真文字的评价。至于多载米盐琐屑如甲乙账簿，则不是事实。

潘耒序他的游记也说："向来山经地志之误，厘正无遗；奇踪异闻，应接不暇。然未尝有怪迂侈大之语，欺人以所不知，故吾于霞客之游，不服其阔远而服其精详，于霞客之书，不多其博辨而多其真实。"精详、真实、实事求是地记录所见，是徐霞客研究学问最可宝贵的特色。

当时交通条件是很困难的，除了水路坐木船，陆路有时可以骑马以外，主要是靠步行。霞客身体好，很能走路。一根手杖，一副被服就上路，不一定走官路，只要有值得去的地方，便迂回屈曲去找，先看清山脉如何去来，水脉如何分合，了解大势以后，再一丘一壑，支搜节讨。登山不一定要有路，荒榛密菁，穿着过去；渡水也不一定在渡口，冲湍恶泷，走着过去；越是危峰，越要爬到峰顶；越是深洞，也不放过一个支洞，像蛇行猿挂那样，都要走到；走到没有路时也不害怕，耽误了时间不后悔；没地方睡就睡在树底下、石头边，饿了吃草木的果实；不避风雨，不怕虎狼，不算时间，也不要伴侣；也能忍饿几天，不挑嘴吃，什么东西都可以吃饱。遇见困难不丧气，在西南旅行时，几次被强盗抢劫，跟的人也偷跑了，盘缠没有了，也不肯半途而废。同游僧静闻被强盗杀伤病死，遗嘱希望葬在云南鸡足山，不管怎样困难，他完成了亡友的志愿。沿途遇见正直的文人、官吏、僧侣都一见如故，政治品质不好的便拒绝来往。盘缠断绝了，接受朋友的馈赠，但是，有一个官僚要送他使用国家交通工具的邮符（免票），却毫不迟疑地拒绝了。

徐霞客有坚定的决心和毅力，不达目的决不罢休。游雁宕（荡）山时，拿一根手杖，在深草中攀缘，一步一喘，爬到顶上。游黄山时，山上很陡，雪很深，背阴处结了冰，滑得无法上，他首先上去，拿手杖凿冰，凿了一个孔，容一只脚，再凿一个容另一只脚，就这样，一面凿孔一面上，终于上了最高峰。游武夷山时，看到一个岩山很奇怪，上下都是绝壁，只有一个横坳可以通过，他便伏身蛇行，盘旋而入，胸背都抵住岩石，毕竟爬过去了。游嵩山时，到了炼丹台，再上便是石脊，没有寸土，危崖万级，他手脚并用，爬了七里，才到主峰。游湖南时，为了调查潇郴二水的水源，上了三分岭石麓，峻削得站不住脚，只好攀缘深菁，不能抬头，也不能平行，爬了十里路，天快黑了，只好找棵松树，除去丛菁，开辟块巴掌大地方休息。山高没有水，有火也煮不了饭，只好砍除大木，烧起营火，到天黑时，吼风大作，火星飞舞空中，火焰忽高忽低，忽左忽右，确是奇观，连肚子饿也忘记了。一会儿下雨了，雨越大，风越强，伞遮不住，幸亏火大，还受得住，一直下到快天亮，火也灭了。这一年霞客已经是五十二岁的人了。到云南游石房洞，远远看到层崖上面，有个东向的洞，想爬上去没有路，不上去呢又舍不得，还是决心仰攀而上，崖面陡削，爬了半里之后，土松站不住脚，就用手攀草根，过一会儿草根也松了，幸而有了石头，可是不扎实，踩着就碎，抓住也碎，费了好大事，爬上一块稍黏的石壁了，全身贴着，一动也不能动，要上抓不住东西，想下也下不来。霞客一辈子经历过多少危险，都比不上这次，因为别处有峭壁，却没有这样松的土，流土也有，却没有这样松的石头。紧张了好一会儿，试着两手两脚挨的石头都不动了，才悬空移一只手，跟着悬空移一只脚，再接着移一只手、一只脚，幸好石头不松了，但是，全身力气却使完了，要掉下来了，这时，霞客使尽全身力气，拼命攀登，最后，他上去了。

他不信神鬼，例如游茶陵麻叶洞时，找了向导，拿了火把，却没有人敢带路，说是洞里有神龙奇鬼，没有法术是进去不得的。最后用很多钱说服了一个向导，要脱衣服时，向导知道霞客是读书人不是法师，吓了一跳说：我以为你是法师，才敢领路，你不是，我这条命赔不起！又不干了。霞客不管，就自己拿火把进去，作了精密的观察。回到洞口时，火把也灭了，在洞口看的几十人都说奇怪，以为霞客好久不出来，准是被鬼吃掉了。霞客向众人道了谢，却认为这个洞入口虽窄，里面的情况，却好到从来没有见过，不知道本地人为什么这样害怕。游郁林白石山时，记载说山北有漱玉泉，靠晚时庙里敲钟打鼓，泉水就会沸腾起来，钟鼓声停，泉水就安定下来了。霞客认为奇怪，到了白玉寺，才知道寺里的人连漱玉泉的名字都不知道，更不用说泉水沸腾了。

曲靖的白石江，流量少，只有几丈宽，霞客在亲身检验了以后，指出历史记载明初沐英在这里战败敌军，关于地势险要的描写是夸大的，不符合实际的。

在西南地区的考察，广西、贵州、湖南西南部、云南东南部的山都是纯质石灰岩，支水多潜流，山成圆锥形，他用"石峰离立，分行竞奇"来形容这种现象。从南宁到新宁的水路，他注意到："不特石山最胜，而石岸尤奇，盖江流击山，山削成壁，流回沙转，云根迸出，或错立波心，或飞嵌水面，皆洞壑层开，肤痕縠绉，江既善折，岸石与山辅之恐后，益使江山两擅其奇。"说出了河流侵蚀的原理。

经过实地调查研究，他写了有名的《盘江考》，有了新的发现，改正了过去记载的若干错误。又指出腾越的打鹰山，山顶有潭，是火山的遗迹。

由于到云南丽江、大理等地的考察，他第一次发现礼社（红河）、澜沧、潞江是三个江，分道入南海。知道了金沙江的北源。订正了旧记载上许多水系的错误。特别是他的《江源考》第一次指出金沙江是扬子江的上游，是我国地理学地图学上最重要的发现。综合这些发现，他指出弄清水系的一条原理："分而歧之名愈棻，会而贯之脉自见。"

徐霞客是个乐观主义者，在云南各地旅行时，曾两次绝粮，毫不着急，有朋友请他喝酒，他回信说，一百杯酒抵不上一升粮，还是送点吃的吧。爬石房山这一天，他只有三十个铜钱，只够一天吃的。不料爬山下来，钱丢光了。只好拿身上的褶、袜、裙三件东西，挂在寓所门口拍卖。等了好久，才有人拿二百多钱买了绸裙子去。霞客很高兴，立刻买酒买肉，吃饱了，又趁傍晚去探尖峰之胜了。

在云南鸡足山时，跟他多年的顾姓家人，突然把他的所有东西都卷逃了，有人劝派人去追，他说："不必，一来追不上，二来追上了也不能强迫使其回来，只好算了。只是离家三年了，两人形影相依，忽然把我丢在万里之外，也未免太狠心了。"据游记的题记说，游记有一段缺了十九天，这些天的情况，曾经问过霞客从游的人。由此看来，这个顾姓是逃回家去的，徐霞客回去以后，看来也没有对这件事加以追究。

徐霞客的一生精力，完全用于地理、地质科学的调查研究上，他细心，认真，实事求是，刻苦钻研，走遍万里路，扩大了眼界，提高了当时这门科学的水平，正如潘耒所称赞的："亘古以来，一人而已。"又说他在西南地区的考察，"实中土人创辟之事"。是前人所从来没有做过的事业。

今年是徐霞客逝世的三百二十周年，我们纪念这个著名的学者，就应该学习他的献身于学术研究，认真做调查研究工作，实事求是，努力提高科学水平的优良学风，和文字质直、生动流利的文风。

原载《北京日报》
1961年5月5日

谈迁和《国榷》

一 《国榷》这部书

二十五年前，我在北京图书馆读《明实录》，抄《朝鲜李朝实录》，想从这两部大部头书里，找出一些有关建州的史料，写一本建州史。因为清修《明史》，把它自己祖先这三百年间的历史都隐没了，窜改了，歪曲了，为的是好证明清朝的祖先从来没有臣属于明朝，没有受过明朝的封号，进一步强调建州地区从来不属于明朝的版图等政治企图。为了达到这个目的，在修《四库全书》的时候，把明人有关建州的真实史料都作了一番安排，办法多种多样，一种是毁板，禁止流通；一种是把书中有关地方抽掉，弄成残废；一种是把有关文字删去或改写。推而广之，连明朝以前有关女真历史的著作也连带遭殃，不是被删节便是被窜改了。这样做的结果，从十四世纪到十七世纪中期这一段期间的建州史实，在整个历史上几乎成为空白点，我们对建州族的社会发展、生产情况、生产工具、社会组织、风俗习惯、文化生活、部落分布等不是一无所知，便是知道得很少。这是个历史问题，应该解决。解决的办法是努力收集可能得到的史料，加以组织整理，填补这个人为的空白点，从而充实丰富祖国各族大家庭的可爱的历史。

当时，我从《朝鲜李朝实录》中抄出有关建州和中朝关系的史料八十本，这些史料大部分是朝鲜使臣到明朝和建州地区的工作报告，很具体，很可靠，对研究明朝历史，特别是研究建州历史有极大帮助。这部书定名为《朝鲜李朝实录中之中国史料》。隔了二十多年，最近才抽工夫校补，交给中华书局，正在排印中。

另一个主要史料《明实录》，读来读去，读出了许多困难。第一是这书没有印本，只有万历以后的各种传抄本。私人传录，当时抄书的人，怕这书部头大，有时任意偷懒，少抄或漏抄以至错抄的地方很多。错字脱简，到处都是。更糟的是这书原来就不全，因为崇祯这一朝根本没有实录。天启呢，在清初修《明史》的时候，因为《天启实录》里如实记载了当时宰相冯铨的丑事，冯铨降清以后，凭借职权方便，把记有他丑事的这一部分原本偷走毁灭了，以此，《明实录》的传抄本也缺了这部分。补救的办法是多找一些《明实录》的传抄本，用多种本子互相校补，但是，这个办法在二三十年前的私人研究工作得不到任何方面支持的情况下，是办不到的。另一个是找一部明末清初人的有关明史的较好的著作，这部书就是谈迁的《国榷》。

《国榷》这部书，知道的人很少，因为没有印本流通，只有传抄本，有机会看到的人不多。二十五年前的北平，只有前中央研究院历史语言研究所藏有一部晒印本，很珍贵，不能出借。记得在1932或1933年为了查对一条材料，曾经翻阅过一次，以后便再也没有机会见面了。

想望了二三十年，如今头发都白了，在解放了的祖国，在党的整理文化遗产的正确方针下，中华书局排印了这部六大厚册五百万字的大书，怎能叫人不高兴，不感激，不欢欣鼓舞！这部书就我个人的治学经历来说，也是一个鲜明的今昔对比。

《国榷》一百零四卷，卷首四卷，共一百零八卷。据谈迁《国榷》义例，原稿原来分作百卷，现在的本子是海宁张宗祥先生根据蒋氏衍芬草堂抄本和四明卢氏抱经楼藏抄本互相校补后重分的。这书是明朝的编年史，按年按月按日记载著者认为重大的史事，起元天历元年到明弘光元年（1328—1645）。卷首四卷分作大统、天俪、元潢、各藩、舆属、勋封、恤爵、戚畹、直阁、部院、甲科、朝贡等门，是综合性的叙述，便于读者参考的。

原书有崇祯庚午（1630）新建喻应益序，说："三代而后……野史之繁，亦未有多于今日者，然见闻或失之疏，体裁或失之偏，纪载或失之略。……盐官谈孺木，乃集海盐、武进、丰城、太仓、临朐诸家之书凡百余种，苟有足述，靡不兼收，勒为一编，名曰《国榷》。"天启丙寅（1626）谈迁自序批评了在他以前的几个明代编年史的作者以后，说："故予窃感明史而痛之，屡欲振笔，辄自惭怒臂，不敢称述。间窥诸家编年，于讹陋胕冗者妄有所损益，阅数岁，衷然成帙。"序后又有跋："此丙寅旧稿，嗣更增定，触事凄咽，续以崇祯、弘光两朝，而序仍之，终当复瓿，聊识于后。"由此可见《国榷》初稿完稿于公元1626年，以后陆续改订，过了二十年，1645年以后，又续加了崇祯、弘光两朝。据义例所说《国榷》创稿于公元1621年，1647年被小偷偷走原稿，又发愤重新编写，1653年带稿子到北京又加修订，那么，这部书的编纂时间前后已经超过三十年了。

二　谈迁写《国榷》

《国榷》的主要根据除明列朝实录和崇祯邸抄以外，1630年喻应益《国榷》的序文，说他采诸家著述凡百余种，这话是有事实可查的。试以卷一到三十二的引书为例，谈迁参考过明代人著作有叶子奇、宋濂、王祎、解缙、苏伯衡、方孝孺、金幼孜、杨士奇、吴宽、李贤、李梦阳、丘浚、叶盛、姚福、郑晓、雷礼、王世贞、王世懋、王鏊、王琼、杨守陈、何乔新、薛应旗、陆深、冯时可、袁袠、何乔远、邓元锡、姜南、郭正域、吴朴、周晖、敖英、晏璧、钟士懋、林之盛、陈于陛、马晋允、陶望龄、杨廉、崔铣、罗鹤、袁又新、许重熙、张适、刘凤、顾清、严从简、郭子章、赵汝濂、高岱、廖道南、刘文征、徐学谟、陈仁锡、顾起元、霍韬、黄佐、陈懿典、朱国桢、谢铎、朱鹭、黄瑜、陈建、黄金、李维桢、尹直、杨慎、顾璘、焦竑、田汝成、茅瑞征、杨寅秋、劳堪、郭棐、罗玘、唐枢、王锜、王廷相、张志淳、陈士元、屠隆、黄志清、程敏政、储瓘、于慎行、赵时春、徐日久、陈敬宗、陈涟、冒起宗、包汝楫、周圣楷、陈善、吴中行、罗洪先、李濂、叶向高、胡松、陈廷谔、钱士升、黄省曾、袁懋谦、史继阶、许相卿、叶灿、史桂芳、何景明、陈鎏、张翰、凌翰、朱睦、尹耕、谢彬、姚涞、陈德文、徐必达、陈继儒、张溥、陈子龙、沉德符、屠叔方、姚士磷等一百二十多家。其中引用最多的是海盐郑晓的《吾学编》《今言》，丰城雷礼的《大政记》《列卿记》，太仓王世贞的《弇山堂别集》，武进薛应旗《宪章录》，屠叔方的《建文朝野汇编》，朱鹭的《建文书法拟》，焦竑的《献征录》，徐学谟的《世庙识余录》，邓元锡的《明书》，高岱的《鸿猷录》，等等。

　　黄宗羲撰《谈君墓表》，说他："好观古今之治乱。其尤所注心者在明朝之典故，以为史之所凭者实录耳。实录见其表，其在里者已不可见，况革除之事，杨文贞（士奇）未免失实，泰陵之盛，焦泌阳（芳）又多丑正，神熹之载笔者皆宦逆奄之舍人，至于思陵十七年之忧勤惕厉，而太史遁荒，皇成烈焰，国灭而史亦随灭，普天心痛。于是汰十五朝之实录，正其是非，访崇祯十五年之邸报，补其阙文，成书名曰《国榷》。"朱彝尊《静志居诗话》说他："留心国史，考证皇朝实录宝训，博稽诸家撰述，于万历后尤详，号为《国榷》。"由此可见谈迁原来编撰《国榷》的用意，是因为明列朝实录中有几朝实录有失实、丑正、歪曲的缺点，是因为诸家编年有讹陋肤冗的毛病，才发愤编纂的。到国亡以后，不忍国灭史亦随灭，又访求邸报（政府公报），补述崇祯、弘光两朝史事，寄亡国的悲愤于先朝史书之编修，自署江左遗民，则是以爱国遗民的心情重写国史，和原来的以留心国史、典故的历史家心情编撰国史的时候有所不同了。其次，谈迁编撰《国榷》，主要的根据是列朝实录和邸报，参以诸家编年，但又不偏信实录，也不侧重私家著述；他对史事的记述是十分慎重的，取材很广泛，但选择很谨严，择善而从，不凭个人好恶。第三，建州史料万历以后最关紧要，《国榷》于万历后尤详，特别是崇祯朝没有实录，谈迁根据邸报编述了这十七年间的事迹。由于当时这书并未刊行，因之也没有经过四库馆臣的胡乱删改，我们可以根据《国榷》的记载和清修《明史》核对，就这一点而说，《国榷》这书对研究建州史和明朝后期历史是有积极贡献的。第四，1647年全稿被窃，他并不丧气，为了保存前朝史事，又发愤重新编写，这种忠于学术研究，忠于国家民族的坚贞不拔，不为困难所吓倒的精神气节，是非常值得后人崇敬和学习的。当然，谈迁也有他的时代局限性，如他对农民起义军的仇视，对国内少数民族和邻邦的态度和侈谈灾异迷信，以及文字叙述的过分简约等，都是显著的缺点，也是封建时代史家的一般缺点，我们要取其精华，去其糟粕，用这部书作研究资料时，是要注意到这些缺点的。

还有一点很有意思的，是关于建文帝的记录。《太祖实录》的第三次修改本根本不承认建文帝这一朝代的存在，把建文年号取消，用洪武纪年。《国榷》不但恢复了建文年号，而且纪事也站在建文的立场上，在永乐起兵以前，称永乐为燕王，到起兵以后，建文帝削除燕王位号，便直称永乐为燕庶人了。我们要注意从明仁宗一直到崇祯帝都是永乐的子孙，谈迁是亡国遗民，晚年还到过北京，跑到十三陵去哭过崇祯的坟，但是在历史叙述上，他却站在为永乐所推翻的建文帝一方面。拿这件事和明代后期许多支持建文帝的野史的出版来看，说明了那时期的士大夫，对现实政治的不满和失望；他们不敢公开指斥现实的统治者，只好把同情寄托在以失败而告终的建文帝身上了。他们逃避现实斗争，同情改革失败的统治者，这也是封建时代，有正义感而又骨头软弱的读书人的悲哀吧。

谈迁对史事的真实性态度很严肃，为了求真，不惜一改再改。例如记明末张春被建州俘虏事就改了多次。第一次记录在他所写的《枣林杂俎》智集：

> 庚午三月（1630，这是谈迁记错了，应为辛未，1631，八月）。永平道参政同州张春出关陷穹庐中，误闻殉难，赠都察院右副都御史。居无何，春从塞外求款，始追削，春妾□氏，年二十一，自经客舍。春愧其

妄多矣，盖洪承畴之前茅也。

到1655年，他在北京，和吴伟业谈旧事，才弄清楚张春并未降敌。他又把这一事实写在所著《北游录》上：

> 丁未八月丁卯，过吴太史所，语移时。崇祯初蓟州道张春陷于建州，抗节不屈，以羁死，清史甚称之。余因曰，往时谓张春降敌，追削其秩，夺赠荫，流闻之误如此。

最后在《国榷》卷九十一记：

> 崇祯四年（1631）八月戊辰，是日遇敌于长山，我师败绩，监军太仆寺少卿兼参政张春被执……春被执不屈，愿求一死……因幽之某寺中……后数年，以疾卒。

谈迁加的按语是："夫春实未尝诎膝，流离异域，其志有足悲者。宋王继忠陷契丹，上书言款，即张春之前茅也。继忠见原，春见疑，势有固然，无俟言之毕矣。"便完全改正过来了。张春事迹见《明史》卷二百九十一《忠义传》。

全书叙述是以明列朝实录为基础的，但又不全据实录，如记永乐几次和蒙古的战争，来往行程都用金幼孜的《北征录》《后北征录》和杨荣的《后北征记》，在永乐八年六月庚子次澄清河条，小注，"实录云青杨戍"，可以清楚看出。永乐十年九月记杀大理寺卿耿通。谈迁说此事"实录不载，岂有所讳耶。事具南院故牍，不可不存"。说明这一条实录里原来没有，是他用档案补上的。同样的十四年七月乙巳杀署锦衣卫都指挥佥事纪纲，谈迁也说："读其爰书，未尝不三为之太息也。"可见谈迁是读过处纪纲死刑的判决书的。十九年十二月底有一条"始立东厂，专内臣刺事"，小注："事不见正史。而会典据成化十八年大学士万安奏罢东厂云。文皇帝建立北京，防微杜渐，初行锦衣卫官校，暗行缉访谋逆妖言大奸大恶等事，恐外官徇情，随立东厂，命内臣提督控制之，彼此并行，内外相制云云。不知实录遗此，何也？"可见这一条也是实录原来没有，是谈迁根据会典补上去的。又如《明实录》和《明史》都说明成祖是马皇后生的。谈迁却根据《太常寺志》说明成祖是妃所生等。不止如此，他对实录所记某些史实，还明白指出是说谎，叫人好笑。例如宣德三年（1428）三月癸未，废皇后胡氏，立贵妃孙氏为皇后条，他就说："吾于册储而甚疑当日之事也……（中间指出疑问，从略）乃实录载胡后再请就闲，贵妃再辞坤极，谓其皆诚心，大非人情。后史氏饰美，不为有识者所葫芦乎！"

拿《国榷》和《明实录》对比，《明太祖实录》经过三次修改以后，许多事实都被删改掉了，例如明太祖晚年杀诸将，实录只写某年某月某日某人死，不说是怎样死的。《国榷》却并不隐讳，老老实实把事实如实写上。以《国榷》所记和钱谦益的《太祖实录辨证》对读，完全符合。以《国榷》和清修《明史》对比，《明史》隐去建州史迹，从猛哥帖木儿、阿哈出、释家奴到李满住、凡察、李豆罕一直到努尔哈赤这一段，几乎是空白，《国榷》却从头据实记录，不但建州诸卫和奴儿干都司的设置年月分别记载，连以后各卫首领的承袭也都——记上了。和《明实录》、朝鲜《李朝实录》对比，也可以互相印证。

三　辛勤的劳动

谈迁一生从事学问，手不释卷，国亡后更一意修史，《北游录·纪咏》下《梦中作》：

> 往业倾颓尽，艰难涕泪余，残编催白发，犹事数行书。

是他一生的写实。

公元 1644 年高宏图替他写的《枣林杂俎序》说：

> 谈子孺木有书癖，其在记室，见载籍相饷，即色然喜。或书至猥诞，亦过目始释，故多所采摭。时于坐聆涂听，稍可涉笔者，无一轻置也。铢而寸，积而累，故称杂焉。

他喜欢读书，连坏书也要读一遍。喜欢做笔记，人们谈的，路上听的，只要有点意思，就记录下来。到处借书抄书，甚至跑到百里以外去借去抄。《北游录·纪文·上吴骏公太史书》说：

> 自恨绳枢瓮牖，志浮于量，肠肥脑满，妄博流览，尤于本朝，欲海盐（郑晓）、丰城（雷礼）、武进（薛应旗）之后，尝鼎血指。而家本儋石，饥梨渴枣，遂市阅户录，尝重趼百里之外，苦不堪述。条积匦藏，稍次

年月，矻矻成编。

从天启辛酉（1621）开始，这一年他母亲死了，在家读陈建所著《通纪》，嫌它不好，便着手收集整理材料，一条条地积累，分别年月放在瓯里，愈积愈多，编次条贯改了六次，编成一百卷。不料到丁亥（1647）八月，一股脑儿被小偷偷光了。黄宗羲《谈君墓表》说：

> 当是时，人士身经丧乱，多欲追叙缘因，以显来世，而见闻窄狭，无所凭借。闻君之有是书也，思欲窃之以为己有。君家徒四壁立，不见可欲者。夜有盗入其家，尽发藏稿以去。君喟然曰，吾手尚在，宁遂已乎！从嘉善钱相国借书，复成之。

他自己也说：

> 丁亥八月，盗肤其篋。拊膺流涕曰，噫，吾力殚矣。居恒借人书缀缉，又二十余年，虽尽失之，未敢废也。遂走百里之外，遍考群籍，归本于实录。其实录归安唐氏为善本，携李沈氏武塘钱氏稍略焉，冰毫汗玺，又若干岁，始竟前志。田夫守株，愚人刻剑，予病类之矣。[12]

偷光了，再干，从头做起。以实录为本，而且还参考几种不同的本子。从1647年起第二次编撰《国榷》。为了搜访史料，他多年前就想去北京，1644年高宏图的《枣林杂俎序》提到：

> 惜天限孺木，朝不谋夕，足迹未及燕。而今已矣，三辅黄图之盛，东京梦华之思，孺木即有意乎，亦安所措翰也。悲夫！

北京已经为清人所占领了，怎么能去呢？就是想去，有了材料，也怎么下得笔呢？十年后，公元1653年，义乌朱之锡官弘文院编修，服满进京供职，聘他做书记，在这年闰六月同路从运河坐船到北京。丙申（1656）二月又从运河回到海宁。在北京住了两年半多，收集了不少史料。

朱之锡序《北游录》说他辛勤访集资料：

> 盐官谈孺木，年始杖矣，同诣长安（指北京）。每登涉蹑屩，访遗迹，重研累，时迷径，取道于牧竖村佣，乐此不疲，旁睨者窃哂之不顾也。及坐穷村，日对一编，掌大薄蹄，手尝不辍，或复故纸背，涂鸦萦蚓，至不可辨。或涂听壁窥，轶事绪闻，残堵圮碣，就耳目所及无遗者，其勤至矣。

《北游录·纪闻》自序记访问遗事，随听随记：

> 自北上，以褊贱，所闻寥寥也。而不敢自废，辄耳属一二。辇上贵人，其说翔蒇尘之外，迂朽毋得望。至渊儒魁士，未始多值，间值之，而余颓蒙自怯，嗫嚅久

之，冒昧就质，仅在跬倾，惧其厌苦，手别心帐。余则垣壁桯机之是徇，余之愦愦，不其甚乎。然幸于燕而闻其略也，若锢我荒篱之下，禽籁虫吟，聊足入耳，能倾隃糜之残沉乎！

因为身份地位关系，他只是一个老秀才，帮人做幕友，接触的人不多。就是碰到了，也很难谈得起来，又怕人厌烦，不免很紧张。即使这样，也还是有些收获，如不到北京，这些材料的收集是不可能的。《北游录·纪邮》是他在京时的日记，从日记可以看出他到北京的目的是为了订正《国榷》，访问、借书、抄书的目的也是为了补充《国榷》。来往最多的几个人是太仓吴伟业骏公、同乡秀水曹溶秋壑、武功霍达鲁斋，这三人都是崇祯进士，都是藏书家，熟识明朝掌故。他到京后就写信给吴伟业请求指出《国榷》缺点和借阅有关史籍：

昨蒙延诲，略示讹谬，深感指南。（中述编撰《国榷》经过）而事之先后不悉，人之本末未详，闻见邸抄，要归断烂；凡在机要，非草野所能窥一二也。如天之幸，门下不峻其龙门，辄垂引拨，谓葑菲可采，株朽亦薪。……史事更贵搜订……门下以金匮石室之领袖，闻见广洽，倘不遐弃，祈于讹谬，椽笔拈出，或少札原委。盖性好涉猎，过目易忘，至于任耳，经宿之间，往往遗舛，故于今日，薄有私恳。非谓足辱大君子之纠正，而曲学暗昧，陨堑赴谷，亦门下所矜闵而手援之者也，密迩坛坫，凡有秘帙，藜隙分青，弥切仰企。记室所抄

《春明梦余录》、《宫殿》及《流寇缘起》，乞先假。[13]

《上太仆曹秋壑书》也提出同样要求：

> 蒙示史例，矜其愚瞽，许为搜示。迁本寒素，不支伏腊，购书则夺于粥，贷书则轻于韦布。又下邑褊陋，薄视缃芸，问其邺架，率资帖括。于是问一遗编，卑词仰恳，或更鼎致，靳允不一；尝形梦寐，即携李鼎阀间，亦匍匐以前矣。……幸大君子曲闵其志，托在后乘，假以程限，广赐携阅，旁征侧汇。……先朝召对事述云在朱都谏子美处，及秘录、公卿年表等万乞留意。祠曹或素所厚善者，于宗室薨赗，大臣赍恤，月日可详，特难于萃辑耳。希望万一，企踵之。

由曹秋壑介绍，又和霍鲁斋往来，写信说：

> 凡奥帙微言，悉得颁示。又所呈残稿，荜门圭窦之人，安知掌故，性好采摭，草次就录，涘岁以来，句闻字拾，繁如乱丝，卒未易理，幸逢鸿匠，大加绳削。尊谕云，史非一手一足之力，允佩良规。

从此，谈迁就和这三个学者经常往来，讨论史事了。《纪邮》记：

> 甲午（1654）正月……庚申，曹太仆见枉，语先胡

事二则。

二月……乙丑，晚，共雷常侍语，常侍号飞鸣，尝预司礼监南书房，今贩钱，相邻。访以旧事，不觉泣下，拭袂而别。

甲申，仍访吴太史，语移时，晚招饮，以《国榷》近本就正，多所裁订，各有闻相证也。

丁亥，阴，过曹太仆借书，出刘若愚《酌中志》三帙，孙侍郎北海承泽《崇祯事迹》一帙。《酌中志》旧尝手录，今本加详，盖此阉继编者。……侍郎辑崇祯事若干卷，不轻示人。又著《春明梦余录》若干卷，并秘之。吴太史柬及近事，随答之。

三月……辛丑，吴太史示《流寇辑略》。

乙巳，阴，早至宣武门直舍，盖溧阳之杜邮也。失导而返。

戊申，过吴太史，值金坛王有三选部，重追语江左旧事，不胜遗恨。

四月……丁卯……过吴太史，剧论二十刻。

丁丑……吴太史借旧邸抄若干，邀阅，悉携以归。

戊寅，展抄邸报，梦如乱丝，略次第之。

乙酉……过吴骏公太史，极论旧事。

戊子，早，过吴太史，多异闻，别有纪。

七月……丙辰……过吴太史所，语二十刻，别有纪。

九月……乙巳，晡刻，闻霍大理见枉，遂先之，语李自成陷西安事甚悉，别有纪。

丙午……霍大理征余近录。手致之。又语遗事一二则。

丁未，阴，霍大理示黄石斋先生秘录二帙。

丙辰，录黄石斋秘稿竣，以归霍大理，语久之。

十月……戊辰，霍大理招饮……大理筮仕曹县，语刘泽清事为详。

丙戌，冲寒过（金华）叶山公，未离枕也，亟披衣起。其邻周德润（泽）故嘉定侯之孙，官锦衣，娶驸马都尉王昺孙女，年十七，遭乱，贫甚，偬一室。余欲问遗事，故屡过山公，值之，绨袍不备，有寒色。其人拙讷，语少顷遽去。

十一月……庚戌，前借霍大理《闽书》（晋江何乔远著）阅还。客严氏故游诸彻侯，云：襄城伯李国桢任京营，甲申三月都城陷，刘友□之日，君侯散重兵以归，此元功也，行冠诸臣之右矣。因留其营，尝同食寝。一日纵归，令检橐，因尽录其家。国桢败时，跨马，面如死灰。其舅金华潘某，退曰吾甥事至此，不即死，尚何待乎！此严氏目睹者。今刻本称国桢求葬先帝，刘诚意孔昭上章以明之，其说不知何所始也。

辛亥……午，过霍大理，示所纂《西事》及王渼波《九思集》。

癸丑，阴，往崇文门访严氏，问以遗事，不值。

十二月……辛未，借曹通政（秋壑）《续文献通考》，不值。

乙未（1655）正月……癸亥，风，过霍大理，借

《康对山先生集》。

三月……乙未……过霍大理，问先朝实录，未至也。

五月……丙午早，过少司马霍鲁斋所，问先朝实录，在南道未至也。

六月……丙子，钱瞻伯借我夏彝仲《幸存录》。

八月……甲寅，过吴太史所，值其乡人马又如（允昌），本世弁，崇祯末任四川副总兵，遭乱，开全州。己丑（1649）变出部校，举家遇害，因北降，隶镶红旗下，食四品禄，贫甚。言遗事一二则。

戊午……晡刻，过霍彦华，值咸宁王文宣（弘度），俱目击李自成僭位事。

壬戌……晚，过王文宣、霍彦华，语旧事，知甲申大事记殆唶呓也。

九月壬午……饭于吴太史所。太史同年侍郎孙北海（承泽）撰《四朝人物传》，其帙繁，秘甚。太史恳年余，始借若干首，戒勿泄。特示余曰，君第录之，愿勿著姓氏于人也。

甲辰，吴太史又示我孙氏人物传若干。

十一月……癸卯，阴，先是霍鲁斋购《明实录》而缺熹庙，以问余，所录尚未全，无以应也。

十二月……辛未……借霍鲁斋《万历实录》，向在嘉善钱相国所抄实录，为主书删其半，至是鲁斋以二百金全购。

壬申，朱生生（国寿）来，前兵部郎中，仕清陕西参政。

　　癸酉，答朱生生，生生留饮。……生生语明季事甚悉。

　　丙申（1656）正月……癸巳，大风，寒。过周子俶，值山阳成大成（默），弘光初明经，从左萝石北使，言北使事颇异。

　　戊申，阅《神宗实录》竟，归之。

　　二月癸丑，晚，于周子俶所复值成大成，语良久（关于弘光元年高杰被害事，及甲申之变太子走外家周氏被出首事）。

此外，《北游录·记闻》上《赵朴》条：

　　广宁门外……天宁寺……内侍赵朴连城逃禅于此，尝值之，问以（懿安皇后及太子）遗事云。

记王绍徽、薛国观条，俱霍鲁斋先生说。

从以上所摘录的材料看，谈迁对明季史事的收集，是尽了极大努力的。除了曹溶、吴伟业、霍达以外，他访问了故公侯的门客、降臣、宦官、皇亲等，把所听到的都记录下来，和文献一一核对。他还到过十三陵的思陵，明代丛葬妃嫔王子的金山，和景帝陵，西山和香山的寺庙等，也都写了材料。他把这些目击的史料应用到《国榷》这部书上，以此，《国榷》的史料价值是很高的，特别是万历以后，崇祯、弘光间的记录。崇祯朝的史事根据邸报和访问，弘光朝则他自己在当时的宰相高宏图幕府，并和张慎言等大臣往来，许多事情都得于亲身闻见，因此，是比较可信的。

谈迁在北京两年多的收获很大，但是，也有许多困难。借书访人，都不是容易事。北京尘土飞扬，也不习惯，《北游录·纪文·寄李楚柔书》诉苦说。

> 口既拙讷，年又迟暮，都门游人如蚁，日伺贵人门，对其牛马走，屏气候命，辰趋午俟，旦启昏通，作极欲死，非拘人所堪。于是杜门永昼，而借人书重于卞氏璧，不可复得。主人邺架，颇同故纸，目瞖不开，五步之外，飞埃袭人，时塞口鼻。惟报国寺双松，近在二里，伛偻卷曲，逾旬辄坐其下，似吾尘中一密友也。……顷者，益究先朝史，凡片言只行，犁然有当于心，录之无遗。拟南还后作记传表志，三年为期，不敢辄语人，私为足下道也。

他生性耿介，受不了这样生活，想回南了。《北游录·后纪程序》：

> 余欲归屡矣。乙未春三月欲附朱方庵，秋八月欲附徐道力，而居停见挽，遂不自决。虽蜗沫足濡，而心终不怿。盖追访旧事，稍非其人，则不敢置喙。至于贷书则余交寡，市书则余橐耻，日攒眉故纸，非其好也。追萌归计，而居停适有纂修之命，意效一二，佐其下风，则天禄石渠之藏，残缺失次，既无可资订，遂束身

而南。

原来还想趁朱之锡修书之便，抄一点东西的。到了知道内阁图书已经残缺失次，无可资订，便下了决心，离京回家了。

四 谈迁生平

谈迁的生平，见于《海宁县志·隐逸传》、黄宗羲《谈君墓表》，都很简略。现在根据他所著的《北游录》和《枣林杂俎》，综合叙述如下。

谈迁原名以训，字观若，明亡后改名迁，字孺木，海宁县枣林人，明诸生。他自己题《枣林杂俎》：

> 吾上世……德祐末避兵徙盐官之枣林，今未四百祀，又并于德祐！吾旦暮之人也，安所避哉！求桃源而无从，庶以枣林老耳，书从地，不忘本也。

四百年前宋亡，他的祖先搬到海宁，如今，明朝又亡了，没有地方可搬了。这段话是很哀感的。

据《北游录·纪文·六十自寿序》："癸巳十月癸亥朔，抵长安，明日为揽揆之辰，周一甲子矣。"癸巳为公元1653年，往上推六十年，他生于1593年，明神宗万历二十一年癸巳。公元1621年，二十九岁，开始编撰《国榷》。1644年，他五十二岁，清军入关，北京沦陷。1645年，五十三岁，弘光被俘，南京沦陷。1647年，五十五岁，《国榷》全部手稿被窃，发愤重新撰写。1653年，六十岁了，受聘义乌朱之锡做幕友，到北京收集明代史事，订正《国榷》，1656年，年六十三岁，离京回海宁老家。

他的卒年，据黄宗羲《谈君墓表》："走昌平，哭思陵，西走阳城，欲哭（张慎言）太宰，未至而卒，丙申岁冬十一月也。"按谈迁自撰《北游录》，丙申（1656）五月辛丑，从北京回家。在五月以前，也没有记到阳城的事实。《海宁县志·隐逸传》则说："丁酉夏，以事至平阳，去平阳城数百里远，处士徒步往哭张家宰之墓。……卒年六十有四。"则谈迁死于丁酉年，年六十四岁。黄宗羲《墓表》所说丙申，应是丁酉之误。

他家很贫困，《县志》说他："处士操行廉，虽游大人先生之门，不妄取一介，至今家徒四壁立。"《北游录·纪邮》记他好几次拒绝人送礼物，拒绝人拿钱买他的文章。1656年南归时也不肯求人写介绍信给以方便，《纪程》下小序说："谈迁曰：余北游倦矣，得返为幸。……在燕时，或修贽广谒，而余不能也。别居停，竟长揖出门，不更求他牍。道中蹠一敝屣，殆于决踵。余岂不忧日后耶，忧日后又不如忍目前。余归计决矣，担簦而往，亦担簦而回，箧中录本殆数千纸，余之北游幸哉！余之北游幸哉！"从这段自述，可以看出他性格的耿介，是一个有骨头的老穷汉。

谈迁五十二岁以前的生活情形，不大清楚。从他后半生的生活看来，大概也是靠替人当幕友，办些文墨事务，代写些应酬文字，赚些月俸过日子的。《北游录》里《纪文》一共有十六篇序，除《六十自寿序》以外，其他各篇题目下面都注有代字，是代他的东家朱之锡写的。六十四岁这一年《县志》说他以事至平阳，大概也是替人做幕友，不然，他这样穷，为了私事是出不了这样远门的。《县志》载他的著作有《西游录》两卷，应该就是这次旅行的纪游文字。

黄宗羲《墓表》说："阳城张太宰、胶州高相国皆以君为奇士，颇折节下之。其在南都，欲以史馆处君，不果。无何，太宰、相国相继野死。"《县志》说："崇祯壬午（1642）间，受知阳城张公慎言、胶州高公宏图，二公者天下之望，相与为布衣交。甲申（1644）高入相，张为家宰，凡新政得失，皆就咨于处士，多所裨益。相国以处士谙掌故，荐入史馆，泣辞曰，迁老布衣耳，忍以国之不幸，博一官。高乃止。勋寺交扇，时事日非，处士私语二公曰，公等不去，将任误国之咎。二公用其言，先后乞骸骨。乙酉张客死宣城，高致命会稽，处士归于麻泾之庐。"《北游录·纪文·六十自寿序》说："记甲申正月既望，御史大夫阳城张貔山（慎言）初度，遍集齐、梁、吴、晋之士，余首坐，剧饮。先生顾诸客曰，冠进贤而来者，趾高气扬，仆视其中无所有也。虽一穷褐，胸中有书若干卷。深相礼重。"由此可见从公元1642年起，谈迁就入高宏图幕，并和张慎言往来，被两人所器重，参与谋划。他对国事所提的意见，散见《枣林杂俎》仁集《定策本末》《劝进》《监国仪注》《王肇基》《黄澍》《高杰》等条。

谈迁对明代史事虽然十分重视，用一辈子工夫钻研收集，但对小说戏曲，却非常轻视。如《北游录·纪邮》载：

> 观西河堰书肆，值杭人周清源，云虞德园先生门人也，尝撰西湖小说。噫，施耐庵岂足法哉！

又《纪闻》上《续文献通考》条：

华亭王圻《续文献通考》，其艺文类载《琵琶记》、《乐府》、《水浒传》，谬甚。

他的著作除《国榷》《枣林杂俎》《北游录》以外，有《枣林集》十二卷，《枣林诗集》三卷，《史论》二卷，《西游录》二卷，《枣林外索》六卷，《海昌外志》八卷。

原载《光明日报》
1959 年 7 月 10 日

关于魏忠贤

一　生祠

替活人盖祠堂叫作生祠，大概是从那一个时代父母官"自动"请老百姓替他立长生禄位而扩大之的。单有牌位不过瘾，进一步而有画像，后来连画像也不够格了，进而为塑像。有了画像塑像自然得有宫殿，金碧辉煌，初一、十五文武官员一齐来朝拜，文东武西，环佩铿锵，口中念念有词，好不风光，好不威武。

历史上生祠盖得最多的是魏忠贤，盖得最漂亮的是魏忠贤的生祠，盖得最起劲的是魏忠贤的干儿子、干孙子、干曾孙子、重孙子、灰孙子。

据《明史·魏忠贤传》说，天启六年（1625）魏忠贤大杀反对党，周起元、高攀龙、周宗建、缪昌期、周顺昌、黄尊素、李应升一些东林党人一网打尽之后，修《三朝要典》（《东林罪状录》），立"东林党人碑"之后，浙江巡抚潘汝桢奏请为忠贤建祠。跟着是一大堆官歌颂功德。于是督抚大吏阎鸣泰、刘诏、李精白、姚宗文等抢先建立生祠。风气一成，连军人，做买卖的流氓棍徒都跟着来了，造成一阵建祠热，而且互相比赛，越富丽越好。地皮有的是，随便圈老百姓的，材料也不愁，砍老百姓的。

接着道统论也被提起了，监生陆万龄建议以魏忠贤配享孔子，忠贤的父亲配享启圣公。有谁敢说个不字？

当潘汝桢请建生祠的奏本到达朝廷后，御史刘之待签名迟了一天，立刻革职。苏州道胡士容不识相，没有附和请求，遵化道耿如杞入生祠没有致最敬——下拜，都下狱判死刑。

据《明史·阎鸣泰传》，建生祠最多的是少师兼太子太师、兵部尚书阎鸣泰，在蓟辽一带建了七所。在颂文里有"民心归依，即天心向顺"的话。

潘汝桢所建忠贤生祠，在杭州西湖，朝廷赐名普德。

这年十月孝陵卫指挥李士才建忠贤生祠于南京。次年正月宣大总督张朴、宣府巡抚秦士文、宣大巡按张素养建祠于宣府和大同。应天巡抚毛一鹭、巡按王拱建祠于虎丘。

二月阎鸣泰又和顺天巡抚刘诏、巡按倪文焕建祠于景忠山。宣大总督张朴又和大同巡抚王点、巡按张素养在大同建立第二个生祠。

三月阎鸣泰又和刘诏、倪文焕、巡按御史梁梦环建祠于西密云丫髻山，又建于昌平，于通州。太仆寺卿何宗圣建于房山。

四月阎鸣泰和巡抚袁崇焕建祠于宁前。张朴和山西巡抚曹尔祯、巡按刘弘光又建于五台山。庶吉士李若琳建于蕃育署，工部郎中曾国祯建于卢沟桥。

五月通政司经历孙如洌、顺天府尹李春茂建祠于宣武门外，巡抚朱童蒙建于延绥，巡视五城御史黄宪卿、王大年、汪若极、张枢智，建于顺天，户部主事张化愚建于崇文门外，武清侯李诚铭建于药王庙，保定侯梁世勋建于五军营、大教场，登莱巡抚李嵩、山东巡抚李精白建于蓬莱阁宣海院，督饷尚书黄运泰、保定巡抚张凤翼、提督学政李蕃、顺天巡按倪文焕建于河间、于天津，河南巡抚郭增光、巡按鲍奇谟建于开封，上林监丞张永祚建于良牧嘉蔬林衡三署，博平侯郭振明建于都督府、于锦衣卫。

六月总漕尚书郭尚友建祠于淮安。顺天巡按卢承钦、山东巡按黄宪卿、顺天巡按卓迈，也在六月分别在顺天、山东建祠。

七月长芦巡盐龚萃肃、淮扬巡盐许其孝、应天巡按宋祯汉、陕西巡按庄谦建祠于长芦、淮扬、应天、陕西等地。

八月总河李从心、总漕郭尚友、山东巡抚李精白、巡按黄宪卿、巡漕何可及建祠于济宁。湖广巡抚姚宗文、郧阳抚治梁应泽、湖广巡按温皋谟建祠于武昌，于承天，于均州。三边总督史永安、陕西巡按胡建晏、巡按庄谦、袁鲸建于固原大白山，楚王朱华奎建于高观山，山西巡抚牟志夔、巡按李灿然、刘弘光建于河东。

踊跃修建的官员，从朝官到外官，从文官到武官，从大官到小官，到亲王勋爵、治河官、卖盐官，没有一个不争先恐后，统一建生祠。

建立的地点从都城到省城，到名山，甚至都督府、锦衣卫、五军营等军事衙门，蕃育署、上林监等宫廷衙门，甚至建立到皇城东街。只要替魏忠贤建生祠，没有谁可以拦阻。

每一祠的建立费用，多的要数十万两银子，少的也要几万两，合起今天的纸币要以多少亿计。

开封建祠的时候，地方不够大，毁了民房两千多间，用渗金塑像。

都城几十里的地面，到处是生祠。上林苑一地就有四个。

延绥生祠用琉璃瓦，苏州生祠金像用冕旒。南昌建生祠，毁周程三贤祠，出卖澹台灭明祠做经费。

督饷尚书黄运泰迎像，用五拜三稽首礼，立像后又率文武将吏列阶下五拜三稽首。再到像前祝告，某事幸亏九千岁（这些魏忠贤的党羽子孙称皇帝为万岁，忠贤九千岁）扶持，行一套礼，又某事蒙九千岁提拔，又行一套礼。退还本位以后，再行大礼。又特派游击将军一人守祠，以后凡建祠的都依例派专官看守。

国子监生（大学生）陆万龄以孔子作《春秋》，忠贤作《要典》，孔子杀少正卯，忠贤杀东林党人，应在国学西建生祠和先圣并尊。这简直是孔子再世，道统重光了。国子司业（大学校长）朱之俊接受了这意见，正预备动工。不凑巧天启皇帝驾崩，政局一变，魏忠贤一下子从云端跌下来了。

崇祯帝即位，魏忠贤自杀。崇祯二年（1629）三月定逆案，全国魏忠贤生祠都拆毁，建生祠的官员也列名逆案，依法处刑。

《三朝要典》的原刻本在北平很容易见到，印得非常考究，大有翻印影印流传的必要。

魏忠贤的办公处东厂，原来叫东厂胡同，从沙滩一转弯便是。中央研究院北平办事处在焉，近来改为东昌胡同了，不知是敌伪改的，还是最近改的。其实何必呢？魏忠贤之臭，六君子的血，留着这个名词让北平市民多想想也是好的。

二　义子干孙

魏忠贤不大识字，智力也极平常。他之所以能弄权，第一私通熹宗的奶妈客氏，宫中有内线。熹宗听客氏的话，忠贤就可以为所欲为。第二是熹宗庸骏，十足的阿斗，凡事听凭忠贤作主张。

光是这两点，也不过和前朝的刘瑾、冯保一样，还不至于起党狱，开黑名单，建生祠，称九千岁，闹得民穷财尽，天翻地覆。原因是第一，政府在他手上，首相次相不但和他合作，魏广微还和这位太监攀通家，送情报，居然题为内阁家报。其二是，他有政权，就能养活一批官，反正官爵都出于朝廷，俸禄都出于国库。凡要官者入我门来，于是政权军权合一，内廷外廷合一。魏忠贤的威权不但超过过去任何一个宦官，也超过任何一个权相，甚至皇帝。

《明史》说，内外大权，一归忠贤。内监（宦官）自王体干等外，又有李朝钦、王朝辅、孙进、王国泰、梁栋等三十余人为"左右拥护"。外廷文臣则崔呈秀、田吉、吴淳夫、李夔龙、倪文焕主谋议，号"五虎"。武臣则田尔耕、许显纯、孙云鹤、杨寰、崔应元主杀戮，号"五彪"。又吏部尚书周应秋、太仆卿曹钦程等号"十狗"。又有"十孩儿"、"四十孙"之号。而为呈秀辈门下者又不可数计。

"虎"、"彪"、"狗"都是魏忠贤的义子。举例说，崔呈秀在天启初年巡按淮扬，贪污狡狯，不修士行，看见东林正红得发紫，想尽方法要挤进去，被拒不纳。四年还朝，都察院都御史高攀龙尽列他在淮扬的贪污条款，提出弹劾。吏部尚书赵南星批定充军处分。朝命革职查办。呈秀急了，半夜里到魏忠贤家叩头乞哀，求为养子。结果呈秀不但复职，而且升官，不但升官，而且成为忠贤的谋主，残杀东林的刽子手了。两年后做到兵部尚书兼都察院左都御史。儿子不会作文也中了举，兄弟做浙江总兵官，女婿呢，吏部主事，连姨太太的兄弟、唱小旦的也做了密云参将。

其他四"虎"，吴淳夫是工部尚书，田吉兵部尚书，倪文焕太常卿，李夔龙副都御史。都是呈秀拉纤拜在忠贤门下当义子的。

"十狗"中如曹钦程，《明史》本传说："由座主冯铨父事魏忠贤为十狗之一。于群小中尤无耻，日夜走忠贤门，卑谄无所不至，同类颇羞称之。"到后来，连魏忠贤也不喜欢他了，责以败群革职，可是此狗在被赶出门时，还向忠贤叩头说："君臣之义已绝，父子之恩难忘。"大哭一场而去。忠贤死后，被处死刑，关在牢里等行刑。日子久了，家人也厌烦，不给送饭。他居然有本领抢别人的牢饭，成天醉饱。李自成陷北京，破狱出降。自成失败西走，此狗也跟着，不知所终。

"十孩儿"中有个石三畏，闹了个不大不小的笑话。有一天某贵戚请吃饭，在座的有魏忠贤的侄儿魏良卿。三畏喝醉，点戏点了《刘瑾醉酒》，犯了忌讳。忠贤大怒，立刻革职回籍。忠贤死后，他还借此复官，到头还是被弹劾免职。

这一群虎狗彪儿孙细按本传，有一个共同的特征，几乎没有一个不是贪官污吏。

例外的也有：如造《点将录》的王绍徽，早年"居官强执，颇以清操闻"。还有作《春灯谜》《燕子笺》，文采风流，和左光斗诸人交游的阮大铖，和叶向高同年友好的刘志选，以及《玉芝堂谈荟》作者的周应秋，都肩着当时"社会贤达"的招牌，颇有名气的，只是利欲熏心，想做官，想做大官，要做官迷得发了疯，一百八十度一个大转弯，拜在魏忠贤膝下，终至身败名裂，在《明史》里列名阉党传。阮大铖在崇祯朝寂寞了十几年，还在南京冒充东林，附庸风雅，千方百计要证明他是东林，千方百计要洗去他当魏珰干儿的污迹，结果被一批年轻气盛的东林子弟出了留都防乱揭，"鸣鼓而攻之"，落得一场没趣。孔云亭的《桃花扇》真是妙笔奇文，到今天读了，还觉得这副嘴脸很熟，"如"闻其声，"如"见其人。

三　黑名单

黑名单也是古已有之的，著例还是魏忠贤时代。

《明史·魏忠贤传》说："天启四年（1624）忠贤用崔呈秀为御史。呈秀造天监同志诸录，王绍徽亦造点将录，皆以邹元标、顾宪成、叶向高、刘一燝等为魁，尽罗入不附忠贤者，号曰东林党人，献于忠贤。忠贤喜。于是群小益求媚忠贤，攘臂攻东林矣。"

替魏忠贤造名单的，有魏广微、顾秉谦，都是大学士（宰相）。名单有黑红两种，《明史·顾秉谦传》说："广微和秉谦谋，尽逐诸正人，点《缙绅便览》一册，如叶向高、韩爌、何如宠、成基命、缪昌期、姚希孟、陈子壮、侯恪、赵南星、高攀龙、乔允升、李邦华、郑三俊、杨涟、左光斗、魏大中、黄尊素、周宗建、李应升等百余人目为邪党，而以黄克缵、王永光、徐大化、贾继春、霍维华等六十余人为正人。由阉人王朝用进之，俾据是为黜陟。忠贤得内阁为羽翼，势益张。秉谦、广微亦曲奉忠贤，若奴役然。"

《缙绅便览》是当时坊间出版的朝官人名录。魏广微、顾秉谦根据这名单来点出正人邪人，必定是用两种颜色，以今例古，必定是红黑两种颜色，是可以断言的。

崔呈秀比这两位宰相更进一步，抄了两份。一份是《同志录》,专记东林党人,是该杀该关该革职该充军的。另一份是《天鉴录》,是东林的仇人,也就是反东林的健将,是自己人。据《明史·崔呈秀传》说:"忠贤凭以黜陟,善类为一空。"

《明史·曹钦程传》附《卢承钦传》:"承钦又向政府提出,东林自顾宪成、李三才、赵南星而外,如王图、高攀龙等谓之副帅,曹于汴、汤兆京、史记事、魏大中、袁化中谓之先锋,丁元荐、沈正宗、李朴、贺烺谓之敢死军人,孙丕扬、邹元标谓之土木魔神,请以党人姓名榜示海内。忠贤大喜,敕所司刊籍,凡党人已罪未罪者悉编名其中。"这又更进一步了,不但把东林人列在黑名单上,而且还每人都给一个绰号、匪号,其意义正如现在一些刊物上的闻一多夫、罗隆斯基同。

王绍徽,魏忠贤用为吏部尚书,仿民间《水浒传》,编东林一百零八人为《点将录》献上,令按名黜汰,以是越发为忠贤所喜。绍徽也名列《明史·阉党传》。

这几种黑名单十五六年前都曾读过,记得最后一种《点将录》,李三才是托塔天王,黄尊素是智多星,每人都配上《水浒传》里的绰号,而且还分中军左军右军,天罡地煞,很整齐。似乎还是影印本。可惜记忆力差了,再也记不起在什么丛书中见到。可惜!可惜!

原载《史事与人物》,生活书店
1948年7月

"社会贤达"钱牧斋

就钱牧斋对明初史料的贡献说，我是很推崇这个学者的。二十年前读他的《初学集》《有学集》《国初群雄事略》《太祖实录辨证》诸书，觉得他的学力见解，实在比王弇州（世贞）、朱国桢高。同时也收集了有关他个人的许多史料，如张汉儒控告他和瞿式耜的呈文、《牧斋遗事》《虞山妖异志》《阁讼记略》《钱氏家变录》《牧斋年谱》《河东君殉家难事实》（以上均见《虞阳说苑甲编》）《纪钱牧斋遗事》（《痛史》本）《钱氏家变录》（《荆驼逸史》本）瞿式耜《瞿忠宣公集》文秉《烈皇小识》计六奇《明季北略》，以及《明史·周延儒传》《温体仁传》《马士英传》《瞿式耜传》有关他的记载，和张汉儒呈文的另一印本（刊《文艺杂志》八期）。因为《明史》里不收这个做清朝官的两朝领袖，《清史稿》列他在《文苑传》，极简略。当时就想替此人写点什么。记不得那时候因为什么耽误了，一晃荡便是二十年。

最近又把从前所看过的史料重读一遍，深感过去看法之错误。因为第一他的史学方面成就实在有限，他有机会在内阁读到《昭示奸党录》《清教录》一类秘本，他有钱能花一千二百两银子买一部宋本《汉书》，以及收藏类似俞本《皇明纪事录》之类的秘笈，有绛云楼那样收藏精博的私人图书馆，从而做点考据工作，实在没有什么了不起；第二这个人的人品实在差得很，年轻时是浪子，中年是热中的政客，晚年是投满的汉奸，居乡时是土豪劣绅，在朝是贪官污吏，一生翻翻覆覆，没有立场，没有民族气节，除了想做官以外，从没有想到别的。他的一点儿成就、虚名、享受，全盘建立在对人民剥削的基础上，是一个道地的完全的小人、坏人。

可是，三百年前，他的名气真大，东林巨子，文坛领袖，斯文宗主，而且还是幕后政治的牵线人物。只是做官的日子短，在野的年代长，以他当时的声名而论，倒是个"社会贤达"也。

我正在研究历史上的士大夫官僚绅士地主这类人，钱牧斋恰好具备这些资格，而且还是"社会贤达"，因此把旧材料利用一下，写出这个人，并非毫无意义，而且也了却多年来的心愿，是为记。

一 定论

牧斋是有自知之明的，他明白自己的大节有亏，时常嘴里说的是一套，纸上写的是一套，做的是完全不同的另一套。师友们轰轰烈烈成为一代完人，只有他醉心于功名利禄，出卖了人格灵魂，出卖了民族国家，到头来变成"药渣"，"秋风起，团扇捐"，被新主人一脚踢开，活着对不起人民，死去也羞见当年师友，老年的情怀实实在在是凄楚的、寂寞的、幽怨的，百无聊赖，只好皈依空门，靠念经礼佛来排遣、忏悔。排遣往年的过错，忏悔一生的罪恶。有时候也不免自怨自艾一番，例如《有学集》卷一《次韵茂之戊子秋重晤有感之作》：

残生犹在讶经过，执手只应唤奈何！近日理头梳齿少，频年洗面泪痕多。神争六博其如我，天醉投壶且任他。叹息题诗垂句后，重将老眼向关河。

《再次茂之他字韵》：

覆杯池畔忍重过，谷哭其如泪尽何？故鬼视今真恨晚，余生较死不争多！陶轮世界宁关我？针孔光阴莫羡他！迟暮将离无别语，好将白发喻观河。

戊子是明永历二年，清顺治五年（1648），这年他六十七岁了，为了被控和明朝故老闹"反清"，被羁押在南京，案情严重。想想一辈子居高官，享大名，四年前已经六十四岁了，还不顾名节，首倡投降之议，花了一笔大本钱，满以为新朝一定大用，不料还是做礼部侍郎，二十年前早已做过的官。官小倒也罢了，还被奚落，被哂笑，实在受不了，只好告病回籍。如今又吃这官司，说是为明朝呢，说不上，为清朝呢，更说不上，于是见了人只好唤奈何了，要哭也没有眼泪了，活着比死也好不了多少了。顺治十八年（1661）八十岁大寿，族弟钱君鸿要发起替他征集庆寿诗文，他苦口辞谢说："少窃虚誉，长尘华贯，荣进败名，艰危苟免，无一事可及生人，无一言可书册府，濒死不死，偷生得生。绛县之吏，不记其年，杏坛之杖，久悬其胫。此天地间之不祥人，雄虺之所憗遗，鸺鹠之所接席者也。人亦有言，臣犹知之，而况于君乎？"（《有学集》卷三九《与族弟君鸿论求免庆寿诗文书》）

这一段话每一个字都是真实的、确当的。他的一生定论"荣进败名，艰危苟免"，他一生的言行是"无一事可及生人，无一言可书册府"，明亡而"濒死不死"，降清而"偷生得生"，真是一个为人民所共弃的不祥人，该以杖扣其胫的老怪物。所谓人亦有言，如顺治三年（1646）在北京碰钉子谢病南归，有无名氏题诗虎丘石上《赠钱牧斋宗伯南归》：

入洛纷纷兴太浓，莼鲈此日又相逢，黑头已是羞江总，青史何曾用蔡邕？昔去幸宽沈白马，今归应悔卖卢龙。最怜攀折章台柳，撩乱秋风问阿侬。（此据《痛史》本。《虞阳说苑》本《牧斋遗事》首句作"入洛纷纭意太浓"，"黑头已是"作"黑头早已"，"用蔡邕"作"惜蔡邕"，末二句作"可怜折尽章台柳，日暮东风怨阿侬"。）

如《虞山行》：

一朝铁骑横江来，荧惑入斗天门开。群公蒲伏迎狼纛，元臣拜舞下鸾台。挂寇带笠薰风里，耳后生风色先喜。牛渚方蒙青盖尘，更向龙井钓龙子。名王前席拂朱缨，左拍宗伯右忻城。平吴利得逢双催，投汉何曾有少卿。靡靡北道岁云暮，朔风吹出蚩尤雾。趋朝且脱尚书履，洛中那得司空座。回首先朝一梦中，黄扉久闭沙堤空。终朝襆带嗟何及，挂归去及秋风。……吁嗟盛名古难成，子鱼佐命褚渊生。生前莫饮乌程酒，死来休见石头城！死生恩怨同蕉鹿，空向兴亡恨失足。诗卷终当覆

酒杯，山邱何用嗟华屋。(节引自《痛史》本《纪钱牧斋遗事》)

"牛渚方蒙青盖尘"指福王被虏，"更向龙井钓龙子"指牧斋作书诱降在杭州的潞王。"左拍宗伯右忻城"指文班以牧斋为首，武班以忻城伯赵之龙为首迎降清军。"黄扉久闭沙堤空"，指北上后不得大用，失意而返。和这句相发明的，还有一首《虞山竹枝词》：

十载黄扉事渺茫，重瞻天阙望恩光。凤凰池上无人问，依旧当年老侍郎。

《牧斋遗事》记一故事，说一天牧斋去游虎丘，穿一件小领大袖的衣服，有人揖问："这衣服是什么式样？"牧斋窘了，只好说："小领遵时王之制，大袖乃不忘先朝。"这人连忙改容说："哦，您真是两朝领袖咧！失敬失敬。"

死后，他所迎降的清朝皇家对他的看法，乾隆三十四年（1769）六月上谕："钱谦益本一有才无行之人，在前明时身跻膴仕。及本朝定鼎之初，率先投顺，洊陟列卿，大节有亏，实不足齿于人类。朕从前序沈德潜所选《国朝诗别裁集》，曾明斥钱谦益等之非，黜其诗不录，实为千古纲常名教之大关。彼时未经见其全集，尚以为其诗自在，听之可也。今阅其所著《初学集》《有学集》，荒诞悖谬，其中诋毁本朝之处，不一而足。夫钱谦益果终为明朝守死不变，即以笔墨腾谤，尚在情理之中。而伊既然本朝臣仆，岂得复以从前狂吠之语，列入集中，其意不过欲借此以掩其失节之羞，尤为可鄙可耻！钱谦益业已身死骨朽，姑免追究，但此等书籍悖理犯义，岂可听其流传，必当早为销毁。"于是二集成为禁书。第二年弘历又题《初学集》："平生谈节义，两姓事君王。进退都无据，文章那有光？真堪覆瓮酒，屡见咏香囊。末路逃禅去，原为孟八郎。"四十一年又诏："钱谦益反侧卑鄙，应入《国史贰臣传》，尤宜据事直书，以示传信。"四十三年二月又谕："钱谦益素行不端，及明祚既移，率先归命。乃敢于诗文阴行诋毁，是为进退无据，非复人类。若与洪承畴等同列《贰臣传》，不示差等，又何以昭彰瘅？钱谦益应列入乙编，俾斧钺凛然，合于春秋之义焉。"（《清史列传·贰臣传》乙编）其实这些话是有些冤枉的。《初学集》是牧斋在前明的作品，刊行于崇祯十六年（癸未，1643），确是有好些骂清高宗先人的话。《有学集》是降清以后的结集，对清朝祖先便不敢"奴"长"奴"短了。以牧斋在明朝的作品来责备做清朝卿贰的钱谦益，当然不公道。不过，说他"进退失据，非复人类"，倒是定论。

牧斋对明朝失节，出卖祖国，出卖人民，"更一钱不值何须说！"在清朝呢，名列《贰臣传》，而且还是乙编，比洪承畴之类更下一等。活着含羞，死后受辱，这是投机分子应有的结局。

二　荣进败名

牧斋名谦益，字受之，晚年号蒙叟，亦自称东涧老人，江苏常熟人。生于明神宗万历十年，死于清圣祖康熙三年（1582—1664），年八十三岁。

牧斋一生的经历，十七岁（明神宗万历二十六年，1598）进学，二十五岁中举，二十九岁中探花，授翰林院编修，以父丧丁忧。三十九岁还朝。四十岁（熹宗天启元年，1621）做浙江主考，升右春坊中允。四十一岁以浙闱关节案告病回籍。四十三岁以谕德充经筵日讲官。四十四岁升詹事府少詹事，以东林党案削籍家居。四十七岁（思宗崇祯元年）补詹事府詹事，转礼部右侍郎兼翰林侍读学士，廷推枚卜，是候补宰相名单上的第二名，被温体仁攻讦革职，四十八岁后开始闲居。五十六岁被邑人张汉儒告讦为土豪恶绅，被逮北上下狱。五十七岁狱解南归。六十岁纳妾柳如是。六十四岁明福王立于南京，改元弘光，谦益官礼部尚书兼宫保，清兵进军江南，牧斋以文班首臣迎降，随例北行。六十五岁做清朝的内秘书院学士兼礼部侍郎，充《明史》副总裁。六月告病南归。六十七岁以黄毓祺案被逮到南京下狱。六十八岁狱解归里。八十三岁死。

  牧斋二十岁左右在东南一带便有文名，和东林领袖顾宪成、允成兄弟交游。点探花以后，叶向高是前辈，孙承宗、王图是座主，高攀龙、左光斗、杨涟、周顺昌、姚希孟、黄道周、文震孟、鹿善继诸名流是僚友，瞿式耜是门生，程嘉燧、李流芳诸人是文酒之友，声气震动一世。到东林诸领袖先后被杀之后，"流俗相尊作党魁"，俨然是乡国重望了。张汉儒告讦案解后，"洛中之冠带，汝南之车骑，蜀郡之好事，鄂杜之诸生，闻声造门，希风枉驾，履舃交错，舟船填咽，邑屋阒其无人，空山为之成市"。成为斯文宗主，一代大师，青年人的泰山北斗，社会上第一号的贤达。六十四岁做了两朝领袖之后，声名骤落，做官不得意，做人不像人，"人亦有言"，成天过被哂笑辱骂的日子，再也不谈气节骨格，缩在文人的圈子里，写墓铭寿序弄钱，腼腼觍觍一直到死。

这个人的一生，用他自己的话来说最确当，"荣进败名"，一句话，不顾国家民族的利益，光想做大官，利禄熏心，坏了名节，毁了自己。

天巧星浪子钱谦益

牧斋前半生是东林中佼佼的人物，反东林的阉党阮大铖造《点将录》，献给魏忠贤，黑名单上的重要人物有天罡星托塔天王李三才，及时雨叶向高，天巧星浪子钱谦益，圣手书生文震孟，霹雳火惠世扬，鼓上蚤汪文言，大刀杨涟，智多星缪昌期等三十六人。地煞星神机军师顾大章，青面兽左光斗，金眼彪魏大中，旱地忽律游士任等共七十二人。崔呈秀开的另一黑名单《天鉴录》上也赫然有钱谦益的名字（计六奇《明季北略》卷二）。天启五年杨涟、左光斗诸人被魏忠贤杀害，牧斋也牵连被削籍回里。官虽做不成，名气反而更大，朝野都把他当作东林党魁，他也以此自许，如《初学集》卷六《十一月初六日召对文华殿旋奉严旨革职待罪感恩述事》二十首之一：

破帽青衫又一回，当筵舞袖任他猜，平生自分为人役，流俗相尊作党魁。

如《有学集》卷一六《范勋卿文集序》：

余庚戌通籍，出吾师耀州王文肃公（名图，阉党卢承钦所作《点将录》，和高攀龙并列的东林副帅，此外曹于汴、汤兆京、史记事、魏大中等谓之先锋，丁元荐、沈正宗、李朴等谓之敢死军人，孙丕扬、邹元标谓之土木魔神）之门……余则继耀州之后，目为党魁，饮章录牒，逾冬逮系，受钩党之祸……入甘陵之部，刊元祐之碑，除名削迹，终老而不相贷赏。

可是他一生的行径，却是道地的"浪子"，阉党虽然比他更灭绝人性，寡廉鲜耻，给他的这个绰号倒还中肯，恰如其人的品格身份。

浙闱关节

牧斋虽是东林党人，可是还没有进身就和宦官勾搭。万历三十八年殿试后自以为文名满天下，兼之又有内线，状元是拿稳了。发榜的前一晚，已经得到宫中小太监的密报，说是状元已成定局，司礼监太监和其他宫廷权要都派人送帖子来道喜，京中亲朋故旧络绎户外，牧斋喜极乐极。不料到天亮榜发，牧斋竟是第三名探花，状元是归安人韩敬，这一跟斗摔得真惨，两人从此结下仇。原来韩敬也有内线，早攀上宫中最有势力的大太监，发榜时拿韩敬换了牧斋。牧斋还以为他的老板只此一家，以致上了一回大当。（《虞阳说苑》本《牧斋遗事》）

韩敬做了官，牧斋不服气，使一点手段，在三年京察时，把韩敬革职。

韩敬是浙江人，是反对东林的浙党党人。丢官后恨极，也处心积虑图谋报复。党争和私人怨恨从此纠缠不清。

熹宗天启元年（1621），牧斋奉命做浙江主考官。韩敬和秀水沈德符计议，冒用牧斋的名义，出卖关节，很多人都上了当。名士钱千秋也被说动了，用两千两银子买"一朝平步上青天"的暗号，在每篇文章的结尾嵌入一字。榜发千秋果然考取了。韩敬、沈德符使的人分赃不均，把卖关节的事情嚷开了，韩敬也派人上北京大宣传一气，又联络礼科给事中顾其仁磨勘原卷，找出证据，具疏弹劾。事情闹大，刚好钱千秋已到北京准备会试，牧斋一问果然有真凭实据，急得无法，只好自己上疏检举。经刑部审讯的结果，假冒名义出卖关节的两人枷号发烟瘴充军，钱千秋革去举人充军，牧斋和房官确不知情，以失察罚俸三月，奉旨依拟。这个科场大案，因为牧斋脚力大，就此结束。（文秉《烈皇小识》卷二，《虞阳说苑》本《阁讼记略》，冯舒《虞山妖乱志》卷中）

枚卜之争

明代后期大学士（宰辅）的任用，由吏部尚书领衔，会合廷臣公推，开一张名单，由皇帝点用，叫作枚卜。

崇祯元年十一月，大学士刘鸿训罢，思宗诏廷臣举行会推枚卜大典。

牧斋是庚戌进士，在东林有重名，会推列名是没有问题的。唯一的劲敌是同官宜兴周延儒，延儒是万历四十一年的会元状元，名辈虽然较后，可是不久前曾和思宗谈过话，很投机，如也在会推单上列名，周的被点可能要比钱大。乌程温体仁官礼部尚书，虽然是万历二十六年进士，但是名低望轻，根本挨不上，倒不必顾虑。

周延儒事先布置，勾结外戚郑养性和东厂唐之征，势在必得。

牧斋方面，有门生户科给事中瞿式耜、吏科都给事中章允儒在奔走，瞿式耜尤其出力，联络好廷臣，会推单上十一名，第一名成基命，第二名钱谦益，釜底抽薪，周延儒连提名的资格都被取消了，根本说不上圈定。

　　明思宗性格多疑，正在奇怪怎么会不列周延儒的时候，周延儒的反攻也正在展开，使人散布流言，街巷纷纷传说，这次会推全由钱谦益的党羽操纵，思宗也听见了。温体仁摸清楚情势，上《盖世神奸疏》，弹劾谦益浙闱旧案，说他是盖世神奸，不宜滥入枚卜。思宗召集双方在文华殿面讯，温体仁是有准备的，盛气质询，说话流利，牧斋正在打点做宰相的兴头上，斜刺里挨这一棍，摸不清情况，说不出话，官司便输定了。第二天有旨："钱谦益关节有据，受贿是实。今又滥入枚卜之列，有党可知。祖法凛在，朕不能私，着革了职，九卿科道从公依律会议具奏，不得徇私党比，以自取罪责。"后来钱千秋案虽然由原审人员一致坚持原来的判决，牧斋止于失察，不再深问。可是大学士是被搞掉了，不但做不了大学士，连原官也丢了。革职回籍听勘。

　　崇祯二年十二月周延儒入阁，三年六月温体仁入阁。两个死对头接连当权，牧斋一直闲了十六年，再也不得登朝，只好在乡间做"社会贤达"，干土豪劣绅武断乡曲的勾当。

　　这一次牧斋吃亏的原因：一内线未走好，二被温体仁一口咬定是结党把持，做皇帝的最怕最恨臣下结党，而牧斋恰是结党有据，硬挤周延儒。又吃亏在钱千秋的案子确是有关节。一跤摔倒，再也起不来了。（《明史》卷三〇八《周延儒传》、《温体仁传》，卷二八〇《瞿式耜传》，《烈皇小识》卷二，《阁讼记略》，《虞山妖乱志》中）

贪恶兽官

明代乡绅作恶于民间，是人民最感痛苦的一害。

　　崇祯十年（1637）常熟人张汉儒到北京告御状，告乡绅钱谦益、瞿式耜："不畏明论，不惧清议，吸人膏血，唊国正供，把持朝政，浊乱官评，生杀之权不操之朝廷而操之两奸，赋税之柄不操之朝廷而操之两奸，致令蹙额穷困之民欲控之府县，而府县之贤否，两奸且操之，何也？抚按皆其门生故旧也。欲控之司道，而司道之黜陟，两奸且操之，何也？满朝皆其私党羽翼也。以至被害者无门控诉，衔冤者无地伸冤。"又告发他们："倚恃东林，把持党局，喜怒操人才进退之权，贿赂控江南生死之柄，伦常扫地，虐焰熏天。"开列罪款，一共是五十八款，如侵占地方钱粮，勒索地方大户，强占官地营造市房，霸占湖利强要渔船网户纳常例，私和人命，逼奸良人妻女，出卖生员，霸占盐利，通番走私，占夺故家宝玩财货，毒杀和殴杀平民，占夺田宅等，计赃三四百万。例如：

一、恶钱谦益、瞿式耜每遇抚按提学司道知府推官知县要紧衙门结交，必先托心腹，推用其门生故旧，宣言考选可以力包，以致关说事情，动以千万，灵应如神，诈有不遂者无不立致之死，小民之冤无处申诉，富家之祸无地可容。

二、恶钱谦益、瞿式耜见本县有东西两湖华荡、华汇（《文艺杂志》本作昆城湖、华荡滩），关系民间水利，霸截立桩，上书"礼部右堂钱府"、"户科瞿衙"字样，渔船网户俱纳常例，佃田小民投献常规，每岁诈银七百余两，二十年来计共诈银一万四千余两，地方切齿，通县公愤。

三、恶钱谦益自卖举人钱千秋之后，手段愈辣，凡文宗处说进学者，每名必要银五百两，帮凛者每名银三百两，科举遗才者要银二百两，自家夸口三党之前曰，我的分上，如苏州阊门贝家的药，货真物精，比别人的明明贵些，只落得发去必有应验。

四、恶钱谦益乘媚阉党崔呈秀心爱顾大章家羊脂白玉汉杯，著名一棒雪，价值千金，谦益谋取到手，又造金壶二把，一齐馈送，求免追赃提问，通邑诽笑证。

五、恶钱谦益见刑部郎中赵元度两世科甲，好积古书文画，价值二万余金，后乘身故，鏖抢四十八橱古书归家。

这个告发人张汉儒，牧斋自撰的《丁丑狱志》称为奸人，《明史》上也称为常熟奸民。在封建时代，以平民告发大官，其"奸"可知。不过根据冯舒的《海虞妖乱志》，所记牧斋的秽史确有几件是可以和"奸"民的控词互证的。冯舒是牧斋同县人，被这场官司卷入，闹得几乎不可开交，而且是牧斋这方面的人，牧斋和瞿式耜还为他分辩过。他的话应该有史料价值。他说："钱尚书令（杀人犯）翁源德出三千金造塔（赎罪），源德事既败，塔亦终不就。已而钱尚书必欲成之。凡邑中有公事拟罪者，必罚其赀助塔事，黠士敝民请乞不餍，亦具辞请修塔，不肖缙绅有所攘夺者，公以塔为名，而私实自利。即寿考令终者，亦或借端兴词，以造塔为诈局，邑中谓塔为大尸亲，颇称怨苦。钱尚书亦因是藉藉不理人口，谤亦由是起。"

他详细记出牧斋曾由族人钱斗之手，敲诈族人钱裔肃："裔肃诸弟又以宪副（钱岱）故妓入纳之尚书，裔肃不得已，亦献焉。凡什器之贵重者，钱斗辈指名索取，以为尚书欢。"

张汉儒告发于下，大学士温体仁主持于上，地方大官如巡抚张国维是牧斋的门生，巡按御史路振飞是后辈，也掩饰不了，牧斋和瞿式耜被逮到京拘讯。

官司又眼见得要输了，牧斋自辩二疏，只辨得钱千秋一案，其他各款只咬定是温体仁主使，说他和张汉儒一个鼻孔出气。背地里乞援于司礼监太监曹化淳，因为牧斋往年曾替曹化淳的上司司礼太监王安作过碑文，这门路就走通了。又用贿赂使抚宁侯朱国弼参奏温体仁欺君误国，内外夹攻，转退为进，要翻转这案子。

这时候锦衣卫指挥使是温体仁的人，照理温体仁这着棋是赢定了。不料他走错了一步，在思宗前告发钱谦益和曹化淳的勾结情形，得罪了曹化淳，情势立刻倒过来了，锦衣卫指挥使换了牧斋的朋友，东厂专找温体仁的错，张汉儒枷死，温体仁也接着罢相。第二年秋天牧斋和瞿式耜才出狱。

张汉儒控诉乡绅作恶，一到北京变了质，温体仁用作报复政敌的手段。温体仁得罪了曹化淳，官司又变了质，乡绅作恶的事一字不提，告发人成为"奸"民被处死。牧斋靠内监的庇佑，不但官司没有事，连劣绅恶绅的身份也连带去掉了。(《明史卷》二八〇《瞿式耜传》、冯舒《虞山妖乱志》、《虞阳说苑》本张汉儒《疏稿》，《文艺杂志》本《常熟县民张汉儒控钱谦益、瞿式耜呈词》，《初学集》卷二五《丁丑狱志》，卷八七《微臣束身就系辅臣蜚语横加谨平心剖质仰祈圣明洞鉴疏》)

三 艰危苟免

崇祯十七年三月明思宗自杀的消息传到南方，南京的文武臣僚乱成一团。吵的不是如何出兵，如何复仇，而是如何找一个皇帝，重建封建统治政权。

当时避难到南京附近的有两个亲王：一是潞王，一是福王。论族属亲疏行辈福王当立，论人品潞王有潞佛子的名气，好说话，容易驾驭。可是福王有问题，万历年间为了老福王闹的妖书、梃击、移宫三案，东林是反对老福王的，福王如立，很可能追怨三案，又引起新的党争，不得安稳。立潞王，不但政治上不会出岔子，还可立大功。牧斋先和潞王接了头，首倡立潞王之议，南京大臣兵部侍郎吕大器、右都御史张慎言、詹事姜曰广都赞成，雷縯祚、周镳也为潞王大作宣传。这些人有的是东林，有的是准东林，一句话，东林系的士大夫全支持潞王做皇帝。

反东林的阉党着了慌，尤其是阮大铖，出尽全力，和实力派庐凤督师马士英，操江诚意伯刘孔昭，总兵高杰、刘泽清、黄得功、刘良佐结合，高级军人全拥护福王，南京的议论还没有决定，马士英已经统军拥福王到南京了。文官们没办法，只好向福王劝进，在南京建立了小朝廷，维护这一小部分人的利益。

潞王和福王皇帝地位的争夺，也就是幕后人钱牧斋和阮大铖的斗争。钱牧斋输了，马士英入阁，东林领袖史可法外出督师，阮大铖起用，从兵部右侍郎进尚书兼右副都御史，巡阅江防，红得发紫。

大铖用事后，第一件事是起用阉党，第二件事是对东林报复。他好容易熬了十几年，受尽了"清流"的笑骂，今天才能出这口气，造出十八罗汉五十三参的名目，要把东林一网打尽。雷縯祚、周镳首先被杀，南京城中充满了恐怖空气，逃的逃，躲的躲，弄得人心惶惶。

牧斋一见福王登位，知道情形不妙，立刻转舵，一百八十度大转弯，上疏称颂马士英功德，士英乐了，援引牧斋做礼部尚书。一不做二不休，牧斋索性举荐阉党，还上疏替阮大铖呼冤，大铖由之起用。可是阮大铖还是不肯解憾，黑名单上仍旧有牧斋名字。牧斋无法，只好再求马士英保护，战战兢兢，幸免无事。（《明史》卷三〇八《马士英传》）

弘光元年五月，清军进军江南，牧斋率文班诸臣迎降。南京其他大员送清豫王的礼物动不动就值万两银子，牧斋要表示自己的廉洁，送的礼最薄，这份礼单照抄如下：

太子太保礼部尚书兼翰林院学士臣钱谦益百叩首谨启上贡

计开鋈金壶一具　法琅银壶一具　蟠龙玉杯一进
宋制玉杯一进　天鹿犀杯一进　夔龙犀杯一进
葵花犀杯一进　芙蓉犀杯一进　法琅鼎杯一进
文玉鼎杯一进　珐琅鹤杯一对　银镶鹤杯一对
宣德宫扇十柄　真金川扇十柄　戈阳金扇十柄
戈奇金扇十柄　百子宫扇十柄　真金杭扇十柄
真金苏扇四十柄　银镶象箸十双

顺治二年五月二十六日太子太保礼部尚书兼翰林院学士臣钱谦益。

据目见的人说，牧斋亲自捧帖入府，叩首阶下，向豫王陈说，豫王很高兴，接待得不错。（《说苑》本《牧斋遗事》）

不但第一个迎降，牧斋还派人到苏州大贴告示说："大兵东下，百万生灵，尽为齑粉，招谕之举，未知阖郡士民，以为是乎非乎？便乎不便乎？有智者能辨之矣。如果能尽忠殉节，不听招谕，亦非我之所能强也。聊以一片苦心与士民共白之而已。"又写信给常熟知县曹元芳劝降："主公蒙尘五日后，大兵始至，秋毫无犯，市不易肆。却恐有舟师入越，则吴中未免先受其锋。保境安民之举，不可以不早也。牺牲玉帛待于境上，以待强者而庇民焉，古之人行之矣。幸门下早决之。想督台自有主持。亡国之臣，求死不得，邑中怨家必攘臂而鱼肉之矣，恐亦非便计也，如何？"（《赵水部杂志》）在主俘国破的时候，他不但为敌作伥，招降父母之邦，还念念不忘他家乡那份产业，这封信活画出卖国贼那副嘴脸。

所说"求死不得"是鬼话，他自己曾告诉人，当时宠妾柳如是劝他殉国，他迟疑不肯，柳如是发急，以身作则，奋身自沉，被侍儿抱住。他何曾求过死？连小老婆劝他死也不肯，怎么会"不得"！（顾苓《河东君传》，按顾云美也是牧斋的友人，牧斋曾为撰《云阳草堂记》，见《有学集》卷二六）

牧斋降清后，一意要为清朝立功，时潞王寄居杭州，牧斋又寄书诱降，骗说只要归顺，就可保住爵士。浙江巡抚张秉贞得信，要挟潞王出降，潞王阖家被俘北上（《说苑》本《牧斋遗事》）。牧斋自以为大功既就，而且声名满天下，这次入阁该不成问题了，兴冲冲扬鞭北上，左等右等，等到顺治三年正月，才发表做礼部侍郎管秘书院事，充修《明史》副总裁，不禁大失所望。苦苦挨了半年，又被劾夺职回籍闲住，荣进了一辈子，状元巴不到，阁老爬不上，落得身败名裂，"昔去幸宽沈白马，今归应悔卖卢龙"！（《说苑》和《痛史》本《牧斋遗事》）

牧斋到底悔了没有呢？这头不着巴那头，清朝不要，再投明朝，顺治《东华录记》：

> 五年四月辛卯，凤阳巡抚陈之龙奏：自金逆（声桓）之叛，沿海一带与舟山之寇，止隔一水。故密差中军各将稽察奸细，擒到伪总督黄毓祺，搜获铜铸伪关防一颗，反诗一本，供出江北富党薛继周等，江南王觉生、钱谦益、许念元等，见在密咨拿缉。得旨：黄毓祺着正法，其……钱谦益等马国柱严饬该管官访拿。

据《贰臣传》乙编，牧斋这次吃官司也是被人告密的，告密人叫盛名儒：

> 以钱谦益曾留黄毓祺宿其家，且许助资招兵。诏总督马国柱逮讯。谦益至江宁，诉辩："此前供职内院，邀沐恩荣，图报不遑。况年已七十，奄奄余息，动履借人扶掖，岂有他念。"哀吁问官乞开脱。会首告谦益从逆之盛名儒逃匿不赴质，毓祺病死狱中。乃以毓祺与谦益素不相识定谳。马国柱因疏言："谦益以内院大臣归老山林，子侄三人新列科目，荣幸已极，必不丧心负恩。"于是得释归。

这次狱事，一直到顺治六年春才告结束。同年七月十五日，同县瞿式耜的家人派家童到桂林去看永历帝的桂林留守、牧斋的门生瞿式耜。牧斋脚踏两头船，带一封密信给他，九月十六日到达，这封密信被节引在式耜的《报中兴机会事疏中》中（《瞿忠宣公集》卷五），牧斋指陈当前军事形势，列出全招要招急招。还报告清军将领动态和可能反正的武装部队。式耜的按语说：

> 臣同邑旧礼臣钱谦益寄臣手书一通，累数百言，绝不道及寒温家常字句，惟有忠驱义感，溢于楮墨之间。盖谦益身在房中，未尝须臾不念本朝，而规划形势，了如指掌，绰有成算。

有了这件文字，加上瞿留守的证明，万一明朝恢复天下，看在地下工作的分儿上，大学士的座位，这一回总该坐得上去了吧？

一年后，清军攻下桂林，瞿式耜不屈，慷慨赴义。清人修《明史》，大传的最后一位，便是牧斋早年的门生瞿式耜。这师生二人，在民族兴亡，国家存灭的严重关头，一个经不住考验，做了两朝领袖，名教罪人。一个通过考验，成了明朝的孤臣孽子，忠臣烈士。牧斋地下有知，怕也没面目见到这位高足吧！

原载1948年《中国建设》六卷五期

1948年8月

阮圆海

提起了明末的词人,风流文采、照耀一时的阮圆海,立刻会联想到他的名著《春灯谜》《燕子笺》。云亭山人的《桃花扇》,逼真活现,三百年后,此公形象如在目前。

阮圆海的一生,可以分为若干时期。第一时期声华未著,依附同乡清流东林重望左光斗,以为自重之计。第二时期急于做官,为东林所挤。立刻投奔魏忠贤,拜在门下为干儿,成为东林死敌。第三时期东林党人为魏阉所一网打尽,圆海的官也大了,和干爹相处得很好,可是他绝顶聪明,看出场面要散,就预留地步,每次见干爹,总花钱给门房买回名片。第四时期,忠贤被杀,阉党失势,他立刻反咬一口,清算总账,东林阉党混同攻击,可是结果还是挂名逆案,削官为民。崇祯一朝十七年,再也爬不起来。第五时期,南方诸名士缔盟结社,正在热闹,圆海也不甘寂寞,自托东林人物,谈兵说剑,想借此翻身,不料惹了复社名士的公愤。出了留都防乱揭,指出他是魏珰干儿,一棍打下去。第六时期,北都倾覆,马士英拥立弘光帝,圆海又勾上马士英,重翻旧案,排斥东林,屠死端士,重新引起党案,招引逆案人物,组织特务,准备把正人君子一网打尽。朝政浊乱,贿赂公行,闹到"职方贱如狗,都督满街走"。(职方有点像现在的军政部军政司长,都督相当于总司令。)把南京政权断送了。第七时期清兵南下，圆海叩马乞降，终为清军所杀。

总算圆海一生，前后七变，变来变去，都是从左到右，从右到左，明末三十年是东林党和阉党对立，一起一伏，互相倾轧排陷，变幻莫测，陆离光怪的时代，圆海算是经过所有的风波，用左制右，附右排左，有时不左不右，自命中立，有时不管左右，一味乱咬，有时以东林孽子的道貌求哀于正人，有时又以魏珰干儿的色相求援于阉寺，"有奶便是娘，无官不可做。"于是扶之摇之，魏珰时代他做到太常少卿，马士英时代他做到兵部尚书兼右副都御史。最后是做了降敌的国贼，原形毕露。

明末三十年党争黑暗面的代表是阮圆海，和阮圆海形迹相类的还有几千百人。这一类人可名之曰阮圆海型。

三百年后的历史和三百年前当然不同。最大的不同是如今是人民的世纪，黑白不但分明，而且有人民在裁判。然而，阮圆海型的正人君子们还是车载斗量，朝秦暮楚，南辕北辙，以清流之面目，作市侩之营生：一变两变三变都已记在历史上了，最后的一变将由人民来判决。

阮圆海名大铖，安徽怀宁人，《明史》卷三百八《奸臣传》有传。

原载《历史的镜子》

爱国学者顾炎武

今年是伟大的爱国学者顾炎武逝世二百八十周年。

关于顾炎武的历史评价，全祖望写的《顾先生炎武神道表》最后一段话很中肯。他说：离开顾炎武的时代逐渐远了，读他的书的人虽然很多，但是能够说出他的大节的人却很少。只有王高士不庵曾说：炎武抱着沉痛的心，想表白他母亲的志向，一生奔走流离，心里的话，几十年来也没有机会说出来。可是后起的年轻人，不懂得他的志趣，却只称赞他多闻博学，这对他来说，简直是耻辱，只好一辈子不回家，客死外地了。这段话很好，可以表他的墓。我读了也认为很好，可以使人们对顾炎武这个人有更好的了解。

顾炎武首先是有气节的有骨头的坚强的爱国主义者，其次才是有伟大成就的学者。

顾炎武（1613—1682），字宁人，原来名绛，明亡后改名，有时自称为蒋山佣，学者称为亭林先生，江苏昆山人。他家世代有人做官，藏书很多。祖父和母亲对他的教育十分关心，六岁时母亲亲自教他《大学》，七岁跟老师读《四书》，九岁读《周易》，接着祖父就教他读古代军事家孙子、吴子的著作和《左传》《国语》《战国策》《史记》等书，十一岁读《资治通鉴》，到十三四岁才读完。十四岁进了县学以后，又读《尚书》《诗经》《春秋》

等书，打下了很扎实的学术基础。母亲更时常以刘基、方孝孺、于谦等人的事迹教育他，要他做一个忠于国家、忠于民族的人。

炎武受教育的时代，也正是明王朝政治日益腐化，统治阶级内部分崩离析，互相倾轧，人民负担日益加重，民不聊生，东北建州（后称满族）崛起，明王朝接连打败仗，丧师失地，满汉民族上层统治集团矛盾最尖锐，汉族人民和统治集团矛盾最尖锐的时代。炎武的祖父教炎武读军事学书籍和史书，是有很深的用意的。

当时东南地区的知识分子组织了一个团体叫复社，吟诗作文，议论时事，名气很大，炎武和他的好友归庄也参加了。两人脾气都有些怪，就得了"归奇顾怪"的外号。

炎武的祖父很留心时事，那时候还没有报纸，有一种政府公报叫《邸报》，是靠抄写流传的，到崇祯十一年（1638）才有活版印刷。炎武跟祖父读了泰昌元年（1620）以来的《邸报》，对国家大事有了丰富的知识。二十七岁时考乡试没有录取，他"感四国之多虞，耻经生之寡术"，发愤读书，遍览二十一史和全国州县志书、当代名人文集、章奏文册等，单是志书就读了一千多部，抄录有关材料，以后还随时增补，著成两部书，一部叫《天下郡国利病书》，一部叫《肇域志》。《天下郡国利病书》着重记录各地疆域、形胜、水利、兵防、物产、赋税等资料。《肇域志》则记述地理形势和山川要塞。他晚年游历北方时，用两匹马、两匹骡装着书，到了关、河、塞、障，就访问老兵退卒，记录情况。说的有和过去知道不符合的，就立刻检书查对，力求记载的真实。他这种从实际出发，研究当前现实的学风，一反那个时代空谈性命，不务实际的学风。他这种治学精神、方法，为后来的学术界开辟了道路，指出了方向。

炎武从三十岁以后，读的经书、史书，都写有笔记，反复研究，经过长期的思索、改订，写成了著名的《日知录》。

顺治二年（1645）五月，清兵渡长江，炎武到苏州参加了抗清斗争。清军围昆山，昆山人民合力据守，城破，军民死了四万多人，炎武的好友吴其沆也牺牲了。炎武的母亲绝食自杀，临死时嘱咐炎武不要做异国臣子，不要忘了祖父的教训。炎武在军败、国亡、母死的惨痛、悲愤心情中，昂起头来，进行深入的隐蔽的反清斗争。这时期他写的诗如《秋山》："北去三百舸，舸舸好红颜。"记录了清军掳掠妇女的惨状。"勾践栖山中，国人能致死。叹息思古人，存亡自今始。"以勾践复国自勉，表明了他爱国抗清的坚决意志。在以后的许多诗篇中，也经常流露出这种壮烈情感，如《又酬傅处士（山）次韵》："时当汉腊遗臣祭，义激韩仇旧相家。""三户已亡熊绎国，一成犹启少康家。"如《五十初度时在昌平》："远路不须愁日暮，老年终自望河清。"又如："苍龙日暮还行雨，老树春深更着花。"都表明了他至老不衰的英雄气概。

明宗室福王由崧在南京称帝，改元弘光，任命炎武为兵部司务，炎武到过南京。福王被俘，唐王聿键在福建称监国，改元隆武。鲁王以海也在绍兴称监国。唐王遥授炎武为兵部职方司主事，炎武因母丧未葬不能去，不久，唐王也兵败被杀。鲁王流亡沿海一带。1647年秋天，炎武曾到沿海地方，和抗清力量联系。地方上有汉奸地主要陷害他，炎武不得已伪装成商人，奔走江、浙各地，前后五年。《流转》诗中说："稍稍去鬓毛，改容作商贾。却念五年来，守此良辛苦。畏途穷水陆，仇偶谁在户。故乡不可宿,飘然去其字。"便是这几年间的事。

1655年发生了陆恩之狱。

陆恩是炎武家的世仆。在炎武出游时,投奔到官僚地主叶方恒家。炎武家庭经历丧乱,缺钱使用,把田产八百亩卖给叶家,叶方恒存心想吞并顾家产业,揩勒只给半价,这半价还不给钱,炎武讨了几年才给了一点。恰好陆恩得罪了主人,叶方恒便叫他出面告炎武通海(通海指的是和沿海抗清军事力量勾结,在当时是最大的罪名)。炎武急了,便和家人设法擒住陆恩,扔进水里淹死了。陆恩的女婿又求叶方恒出面告状,用钱买通地方官,把炎武关在叶方恒家奴家里,情况十分危急。炎武的好友归庄只好求救于当时赫赫有名的汉奸官僚钱谦益,谦益说,这也不难,不过要他送一门生帖子才行。归庄知道炎武决不肯这样做,便代写了一个送去。炎武知道了,立刻叫人去要回来,要不回来,便在大街上贴通告,说并无此事。谦益听了苦笑说,顾宁人真是倔犟啊!后来炎武的另一朋友路泽溥认识兵备道,说明了情由,才把案子转到松江府,判处为主杀家奴,炎武才得脱祸。

叶方恒中过清朝进士,做过官,有钱有势,炎武和他结了仇,家乡再也住不下去了。1657年炎武四十五岁,决定到北方游历,一来避仇,二来也为了更广泛地结纳抗清志士,继续进行斗争。

从这一年起,炎武便仆仆风尘,奔走于山东、河北、山西、陕西等地。他的生活情况,在与潘次耕(耒)信中说:"频年足迹所至,无三月之淹,友人赠以二马二骡,装驮书卷,一年之中,半宿旅店。"旅途的艰苦,《旅中》一诗说:"久客仍流转,悉人独远征。釜遭行路夺,席与舍儿争。混迹同佣贩,甘心变姓名。寒依车下草,饥糁枥中羹……买臣将五十,何处谒承明?"他的心境,在《寄弟纾及友人江南》诗中说:"自昔遭难初,城邑遭屠割。几同赵卒坑,独此一人活。既偷须臾生,讵敢辞播越。十年四五迁,今复客天末。田园已侵并,书卷亦剽夺。尚虞陷微文,雉罗不自脱。"是十分沉重、紧张的。

在游历中,结识了孙奇逢、徐夜、王宏撰、傅山、李中孚等爱国学者和李因笃、朱彝尊、毛奇龄等文人,观察了中原地区和塞外的地理形势,并且在山东章丘买了田产,在雁门之北,五台之东,和李因笃等二十多人集资垦荒,建立庐舍,作为进行隐蔽活动的基地。

1663年,南浔庄氏史案发,炎武的好友吴炎、潘柽章牵连被杀,炎武所藏史录、奏状一两千本借给吴、潘两人的,也随同散失。庄廷鑨修史时,也曾托人邀请炎武参加,炎武看了情况,知道庄廷鑨没有学问,不肯留下。书刻版时没有列上炎武姓名,这才幸免于死。

五年后,莱州黄培诗狱案发,炎武又被牵连,从北京赶到山东投案。案情是莱州人姜元衡告发他的主人黄培写逆诗(反对清朝的诗),又揭发吴人陈济生所编《忠节录》,说这书是顾宁人编的,书上有名的牵连到三百多人。李因笃听到消息,立刻赶到北京告急营救,炎武的许多朋友也到济南帮忙,这时朱彝尊正在山东巡抚处做幕僚,几方面想法子,炎武打了半年官司,居然免祸,可也够危险了。

炎武虽然饱经忧患,跋涉半生,却勤勉好学,没有一天不读书,没有一天不抄书,蝇头行楷,万字如一。朋友们有时终日宴饮,他总是皱眉头,客人走了,叹口气说:可惜又是一天白白度过了。读的书越多，游历的地方越多，写的书也越多，名气也就越大。1671年熊赐履要举荐炎武助修《明史》，他当面拒绝说："果有此举，不为介推之逃，则为屈原之死矣。"1678年叶方霭、韩菼又打算举荐炎武应博学鸿儒科，炎武坚决辞谢，一连给叶方霭写了三封信，表明态度，叶方霭知道不能勉强，方才作罢。为了避免这类麻烦，炎武从此再也不到北京来了。

1677年，炎武已经六十五岁了。从山东到陕西华阴，住王宏撰家。王宏撰替他盖了几间房子，决定在此定居。两年后写信告诉他的侄子说：陕西人喜欢经学，看重处士，主持清议，和他省人不同。在此买水田四五十亩，可以维持生活。华阴这地方是交通枢纽，就是不出门，也可以看到各方面来的人，知道各地方的事情。一旦局势有变化，跑进山里去守险，也不过十来里路。要是志在四方呢，一出关门，就可以掌握形势。从这封信可以看出，炎武之定居华阴，是和他的一生志愿抗清斗争密切相关的。

这时候，炎武的三个外甥都已做了大官，徐元文是顺治十六年（1659）状元，康熙十八年（1679）任《明史》监修总裁官，第二年任都察院左都御史。徐乾学是康熙九年（1670）探花，徐秉义是康熙十二年（1673）的探花。三兄弟在青年时都曾得到过炎武的资助和教育。他们看到舅父年老，流离外方，几次写信迎接炎武南归，答应给准备房子和田产，炎武回信坚决拒绝。他不但自己不肯受这几个清朝新贵的供养，连他的外甥要请他的得意门生潘耒去做门客，也去信劝止。义正词严地指出这些人官越大，门客越多，好巴结的人留下，刚正方直的人走开，他们不过要找一两个有学问的人在身边来遮丑而已。应该知道香的和臭的东西是不可以放在一个盒子里的，要记住白沙在泥，与之俱黑的话，不要和狎客豪奴混在一起才是。从这两件事，可以看出炎武的生性刚介和气节。

和他的为人一样，炎武做学问也是丝毫不苟的，总是拿最严格的要求来要求自己，从不自满。所著《音学五书》，前后历时三十多年，所过山川亭障，没有一天不带在身边。稿子改了五次，亲自抄写了三次，到刻版的时候，还改了许多地方。著名的《日知录》，1670年刻了八卷，过了六七年，他的学问进步了，检查旧作，深悔过去学问不博，见解不深，有很多缺点，又渐次增改，写成二十多卷。他很虚心，朋友中有指出书中错误的地方，便立刻改正。又十分郑重，有人问他近来《日知录》又写成几卷了，他说，别来一年，反复研究，只写得十几条。他认为知识是无穷无尽的，过去的成绩不可以骄傲，未来的成就更不可以限制自己。做学问不是一天天进步，便会一天天退步。个人独学，没有朋友帮助，就很难有成就，老是住在一个地方，见闻寡陋，也会习染而不自觉。对于自己在学术上的错误，从不宽恕，在给潘耒信上说：读书不多的人，轻易写书，一定会害了读者，像我《跋广韵》那篇文章便是例子。现在把它作废，重写一篇，送给你看，也记住我的过失。我生平所写的书，类此的也还很多，凡是存在徐家的旧作，可以一字不存。自己思量精力还不很衰，不一定就会死，再过些年，总可以搞出一个定本来。

对搜辑资料，也付出极大的努力。例如他在《金石文字记序》所说：我从年轻时就喜欢访求古人金石文字，那时还不很懂。后来读了欧阳修的《集古录》，才知道可以和史书相证明，阐幽表微，补阙正误，不只是文字之好而已。这二十年来，周游各地，所到名山、大镇、祠庙、伽蓝，无不寻求，登危峰，探窈錾，扪落石，履荒榛，伐颓垣，畚朽壤，只要发现可读的碑文，就亲手抄录，要是得到一篇为前人所没有看到的，往往喜欢得睡不着觉。对写作文字，态度也极为谨严，他立定宗旨，凡是文章不关联到学术的，和当代实际没有关系的，一概不写。并且慨叹像韩愈那样的人，假如只写《原道》《原毁》《争臣论》《平淮西碑》《张中丞传后叙》这几篇，其他捧死人骨头的铭状一概不写，那就真是近代的泰山北斗了！可惜他没有这样做。

他主张为人要"行己有耻"。有耻就是有气节，有骨头，做学问要"好古敏求"，要继承过去的遗产，努力钻研。对明代末期和当时的学风，他是很不以为然的。在《与友人论学书》里说："呜呼！士而不先言耻，则为无本之人，非好古而多闻，则为空虚之学。以无本之人而讲空虚之学，吾见其日从事于圣人而去之弥远也。"也正因为他这样主张，这样做，所以有些人叫他为怪，和他合不来。

炎武于康熙二十一年（1682）正月，因上马失足坠地，病死于山西曲沃，年七十岁。

原载《人民日报》
1962 年 2 月 7 日

注　释

［1］常例是一种附加税，津贴知县用费，变相的但又是合法的贪污行为。

［2］总督是地方的最高长官，辖一省或两、三省，总揽军民要政。

［3］都察院是朝廷负责纠察弹劾的衙门，都御史、左右副都御史是都察院的正副长官，其下有佥都御史，这些都是都察院的高级监察官员。另外对地方各道派有监察御史，按其工作性质分巡按御史（管司法）、巡盐御史（管盐政）、提学御史（管教育）等。巡按御史出巡时亦称按院。

［4］巡抚是比总督低一级的地方高级官员，管一省的军事和政治。也称抚台、都堂。

［5］钦差是由皇帝特派出京，代表皇帝查办政务的官员。

［6］明朝的时候，办理一省刑政和检查官员纪律的机关叫提刑按察使司，简称按察司，长官叫作按察使。明时一省分几个府，一府管几个州、县，府的长官叫知府。

［7］一条鞭法是明朝万历年间，把丁役、土贡等都归并在田赋内，按亩征收的一种收税办法。

［8］明朝自永乐皇帝迁都北京后，仍在南京保留中央政府的组织，和北京同时设有吏、户、礼、兵、刑、工六部，分管各有关的政务。各部的长官叫作尚书，副长官叫作侍郎。户部是管财政经济的。

［9］管检查吏部工作的官员。

［10］封建时代臣下向皇帝陈述事情的报告叫"疏"。

［11］科举取士制度，规定每隔三年开一次乡试，应乡试的是有秀才或监生资格的人，乡试取中的就称为举人。监生，即是对有入国子监读书资格的人的简称。

［12］《国榷》《义例》。

［13］《上吴骏公太史书》。